神经重症监护管理与实践

主　　编　柯开富
副 主 编　崔世维
编　　委　（按姓氏笔画排序）
　　　　　刘文华　汪跃春　张　彬　陆翠华
　　　　　赵映红　贲素琴　胡旻婧　柯开富
　　　　　倪耀辉　高宜录　曹茂红　盛红专
　　　　　崔世维　蔡可夫
学术秘书　何　晟

科学出版社
北　京

· **版权所有　侵权必究** ·

举报电话：010-64030229；010-64034315；13501151303（打假办）

内 容 简 介

神经重症监护是因临床实践应用的需要而产生的，并逐渐形成的一种基于临床生理学的神经系统危重症监护和治疗的专业。本书分为4个部分，系统地介绍了神经重症监护学的主要原理和临床实用技术。首先是学科相关的生理及病理生理原理，如脑血流、脑水肿、体温调控、机械通气及神经药理学等，其次是神经重症监护病房内常用的颅内压、脑血流、血流动力学及电生理等监测技术，再次详述了神经重症监护病房常见的各类疾病的管理，最后还对神经重症监护相关内科合并症的处理作了阐述，帮助神经内科专业医师处理这些疾病，并为相关专业医师的会诊工作提供参考。全书列出了大量影像学资料及临床诊疗流程图表，图文并茂，使读者能更好地了解其中内容。

图书在版编目（CIP）数据

神经重症监护管理与实践／柯开富主编．—北京：科学出版社，2013.1
ISBN 978-7-03-036048-9

Ⅰ．神… Ⅱ．柯… Ⅲ．神经系统疾病-险症-监护（医学） Ⅳ．R741.059.7

中国版本图书馆 CIP 数据核字（2012）第 273462 号

责任编辑：胡治国／责任校对：钟　洋
责任印制：徐晓晨／封面设计：范璧合

版权所有，违者必究。未经本社许可，数字图书馆不得使用

科 学 出 版 社 出版
北京东黄城根北街16号
邮政编码：100717
http://www.sciencep.com

北京九州迅驰传媒文化有限公司印刷
科学出版社发行　各地新华书店经销

*

2013年 1 月第 一 版　开本：787×1092　1/16
2021年 1 月第七次印刷　印张：22 1/4
字数：541 000

定价：298.00 元
（如有印装质量问题，我社负责调换）

前　言

　　神经重症监护是针对重症神经系统疾病患者进行严密监护管理的学科。近30年，神经科危重症专业化监护已发展成为当今神经病学最流行的组成部分。神经重症监护病房（neurological intensive care units，NICU）已成为各种规模医院的常设机构。神经科重症监护内容包括可以威胁中枢神经系统、周围神经系统和骨骼肌功能的所有疾病，将这些疾病患者集中到一个单元，由经过特殊培训的医生和护士专门监控和处理，以望能降低致残率和死亡率。

　　NICU起源于20世纪70年代末的美国，至1988年成立了神经急重症监护专业。这样对神经监护医师培训方案以及解决临床问题的共识、指南就奠定了组织保证。NICU的医护人员需要精通神经病学，有处理神经系统疾病的直接经验，具有核心重症监护方面的知识，并接受过各种专业技能培训（包括呼吸机的使用，急性心血管疾病的处理，中心静脉、动脉压力的监测，气管插管技术），具有处理各种内科重症患者继发疾病的能力和经验，具有颅内压监测、脑电图、各种诱发电位和神经肌肉测试的技能。我科2002年成立神经重症监护病房，经过近10年的运行，从人员、设备和监护治疗水平都有很大的提高。使我们对神经急重症的监护处理有较深的认识和体会。神经重症监护病房广泛应用的监测手段虽然根据监测对象有着不同的要求，但颅内压和脑灌注压的监测仍是特别值得关注的部分。

　　大脑需要连续的血液供应以提供正常代谢所需氧和葡萄糖。当血氧供应不足以满足代谢需求时，就会造成神经系统功能障碍。因此，对脑血流量的连续监测也成为神经重症监护病房的需要。近些年科技的发展产生了几种新的监护技术。例如，可以用激光多普勒或热扩散技术对脑血流量进行直接监测、颅脑氧含量测定可评估局部脑氧饱和度、颈静脉球血氧含量测定能够提供氧供应和消耗的总体评估、脑组织氧分压监测是脑组织氧合一种局部测量方法以及脑组织微透析可以提供神经元糖代谢和微循环方面的信息。尽管这些监测方法有些尚不够稳定和可靠、但只要新的监测技术可为神经重症监护提供脑生理学和代谢方面的关键信息，就能得到更为准确的脑部情况，这样对脑损伤的治疗也就更为准确有效。联合应用这些监测手段，形成神经重症监护病房不同患者的多模监护组合，正是未来神经重症监护监测所努力的目标。

　　本书作者是我院长期从事神经重症监护、重症医学科以及相关领域的专家集自己的临床实践与理论所撰写的心得与体会，尚有很多不完善的部分，恳请读者及相关专家指正。

柯开富

2012年7月15日

目 录

第一篇 神经重症监护原理

第1章 脑血流生理和代谢 (1)
 第一节 脑血流的调节 (1)
 第二节 脑血流量的测定方法 (3)
 第三节 脑的代谢 (4)
 第四节 新陈代谢的贡献 (5)
 第五节 血-脑屏障 (6)
 第六节 温度对代谢的影响 (6)

第2章 脑水肿与颅内压 (8)
 第一节 颅内压的动力学 (8)
 第二节 脑血流和脑灌注压 (8)
 第三节 颅内压增高的原因 (8)
 第四节 脑水肿和颅内压 (9)
 第五节 颅内压增高的治疗 (10)

第3章 体温调控与低温治疗 (15)
 第一节 正常体温调节与发热的机制 (15)
 第二节 NICU中的发热与管理 (18)
 第三节 人工低温治疗 (18)
 第四节 结论 (24)

第4章 机械通气与气道管理 (25)
 第一节 气道管理 (25)
 第二节 机械通气 (29)

第5章 神经药理学 (33)
 第一节 神经药理学基本原理 (33)
 第二节 血管活性药物 (37)
 第三节 抗血小板药物 (38)
 第四节 抗凝治疗 (43)
 第五节 抗癫痫药物 (49)

第6章 血压管理 (56)
 第一节 血压调控 (56)
 第二节 神经内科急症的血压管理 (64)

第7章 镇静、镇痛与神经肌肉阻滞 (68)
 第一节 镇静 (68)
 第二节 镇痛 (75)
 第三节 神经肌肉阻滞 (78)

第二篇 神经监测

第8章 颅内压和脑血流的监测 (82)
 第一节 颅内压监测的适应证 (82)
 第二节 颅内压监测的方法 (83)
 第三节 颅内脑血流的监测 (84)

第9章 昏迷和脑死亡 (87)
 第一节 意识障碍相关概念 (87)
 第二节 意识损害水平评定 (88)
 第三节 意识障碍病史采集及体格检查 (89)
 第四节 意识障碍的实验室及辅助检查 (92)
 第五节 昏迷的病因学 (97)
 第六节 昏迷的处理 (97)
 第七节 昏迷的预后 (98)
 第八节 脑死亡 (99)
 第九节 器官捐赠 (102)

第10章 血流动力学及电生理监测 (104)
 第一节 血流动力学 (104)
 第二节 电生理检测 (106)

第三篇 神经重症监护各类疾病管理

- 第 11 章 急性缺血性卒中 ……………（109）
  - 第一节 急性缺血性卒中患者的评估 ……………（109）
  - 第二节 急性缺血性卒中脑血流重建 ……………（112）
  - 第三节 急性缺血性卒中患者入住 NICU 的指征 ……………（118）
  - 第四节 急性缺血性卒中的 NICU 管理 ……………（119）
  - 第五节 总结 ……………（122）
- 第 12 章 脑出血 ……………（123）
  - 第一节 脑出血的病因及危险因素 ……………（123）
  - 第二节 脑出血的病理生理学表现及机制 ……………（123）
  - 第三节 脑出血的临床表现 ……………（124）
  - 第四节 诊断 ……………（125）
  - 第五节 脑出血的治疗 ……………（125）
  - 第六节 总结 ……………（128）
- 第 13 章 脑静脉及静脉窦血栓形成 ……………（129）
  - 第一节 脑静脉系统解剖学基础 ……………（129）
  - 第二节 病因与发病机制 ……………（129）
  - 第三节 危险因素 ……………（130）
  - 第四节 病理改变 ……………（131）
  - 第五节 临床表现 ……………（131）
  - 第六节 辅助检查 ……………（131）
  - 第七节 诊断及鉴别诊断 ……………（134）
  - 第八节 治疗 ……………（134）
- 第 14 章 蛛网膜下腔出血 ……………（139）
  - 第一节 病因 ……………（139）
  - 第二节 发病机制 ……………（139）
  - 第三节 病理及病理生理 ……………（139）
  - 第四节 临床表现 ……………（140）
  - 第五节 辅助检查 ……………（141）
  - 第六节 诊断和鉴别诊断 ……………（141）
  - 第七节 动脉瘤性 SAH 的危险因素与预防 ……………（142）
  - 第八节 治疗 ……………（142）
  - 第九节 预后 ……………（145）
- 第 15 章 癫痫持续状态 ……………（146）
  - 第一节 癫痫持续状态分类 ……………（146）
  - 第二节 流行病学 ……………（147）
  - 第三节 病因 ……………（147）
  - 第四节 癫痫持续状态的并发症 ……………（148）
  - 第五节 监测 ……………（148）
  - 第六节 治疗 ……………（149）
  - 第七节 癫痫持续状态的治疗步骤 ……………（152）
  - 第八节 抗惊厥药物的药物毒性 ……………（153）
- 第 16 章 神经肌肉疾病 ……………（155）
  - 第一节 神经肌肉疾病所致呼吸衰竭的临床特征 ……………（155）
  - 第二节 格林巴利综合征 ……………（155）
  - 第三节 重症肌无力 ……………（159）
  - 第四节 危重病性多发性神经病 ……………（163）
  - 第五节 危重病性肌病 ……………（164）
- 第 17 章 脑病 ……………（166）
  - 第一节 病因学 ……………（166）
  - 第二节 发病机制 ……………（167）
  - 第三节 谵妄的临床特征 ……………（167）
  - 第四节 诊断与评估 ……………（168）
  - 第五节 鉴别诊断 ……………（169）
  - 第六节 治疗 ……………（169）
  - 第七节 结论 ……………（171）
- 第 18 章 药物滥用、过量与急性中毒 ……………（173）
  - 第一节 药物滥用与依赖 ……………（173）
  - 第二节 药物过量 ……………（174）

第三节　急性中毒 …………(180)

第19章　中枢神经系统感染……(187)
第一节　单纯疱疹病毒性脑炎 …(187)
第二节　化脓性脑膜炎 ………(190)
第三节　结核性脑膜炎 ………(194)
第四节　隐球菌性脑膜炎 ……(198)

第20章　颅脑损伤……………(205)
第一节　流行病学 ……………(205)
第二节　颅脑损伤的类型 ……(205)
第三节　病情轻重程度的分类 …(207)
第四节　颅脑损伤后急性期的并发症 ……………………(208)
第五节　监护 …………………(209)
第六节　治疗 …………………(211)

第21章　脊髓损伤……………(217)
第一节　概论 …………………(217)
第二节　药物治疗 ……………(217)

第三节　心脏和血流动力学 ……(218)
第四节　呼吸道和肺 …………(219)
第五节　胃肠道 ………………(221)
第六节　泌尿系统 ……………(223)
第七节　皮肤 …………………(224)

第22章　神经外科重症监护术后管理 ……………………(226)
第一节　一般处理 ……………(226)
第二节　颈动脉内膜切除术 …(228)
第三节　脑血管病的手术 ……(230)
第四节　幕上开颅颅内肿瘤切除术 ……………………(231)
第五节　颅后窝开颅肿瘤切除术 ……………………(233)
第六节　经蝶垂体瘤切除术 …(235)
第七节　癫痫外科 ……………(237)
第八节　深部脑刺激 …………(238)

第四篇　神经重症监护相关合并症的处理

第23章　心脏疾病……………(239)
第一节　急性冠脉综合征 ……(239)
第二节　心力衰竭 ……………(242)
第三节　心房颤动 ……………(244)
第四节　超声心动图对脑和心脏血栓的评估 …………(246)
第五节　心律失常 ……………(250)

第24章　ICU 相关的感染……(261)
第一节　感染性疾病相关的一般知识 ……………………(261)
第二节　ICU 医院获得性感染的预防策略 ………………(263)
第三节　ICU 相关的特殊感染 …(266)

第25章　肺部疾病……………(277)
第一节　肺栓塞 ………………(277)
第二节　急性呼吸窘迫综合征 …(282)
第三节　神经源性肺水肿 ……(286)
第四节　肺挫伤 ………………(286)
第五节　慢性阻塞性肺病急性加重的处理 …………………(287)
第六节　哮喘持续状态 ………(290)

第26章　内分泌系统疾病……(293)
第一节　低血糖症 ……………(293)
第二节　高血糖 ………………(294)
第三节　糖尿病酮症酸中毒 …(295)
第四节　糖尿病非酮症高渗综合征 ……………………(297)
第五节　甲状腺功能减退与黏液性水肿昏迷 ……………(298)
第六节　甲状腺危象 …………(299)
第七节　肾上腺皮质功能不全 …(301)
第八节　嗜铬细胞瘤 …………(302)
第九节　抗利尿激素分泌异常综合征(SIADH) ……………(304)
第十节　脑耗盐综合征 ………(309)
第十一节　尿崩症 ……………(310)

第27章　消化系统疾病………(321)
第一节　消化道出血 …………(321)

第二节 缺血性肠病 …………… (322)
第三节 急性假性肠梗阻(肠梗阻)
　　　 ………………………… (323)
第四节 恶心和呕吐 …………… (323)
第五节 腹泻 …………………… (323)
第六节 应激性溃疡的预防 …… (324)
第七节 急性肝损伤/肝功能异常
　　　 ………………………… (324)
第八节 终末期肝病 …………… (325)
第九节 急性胰腺炎 …………… (326)
第十节 胆道疾病 ……………… (326)
第十一节 营养 ………………… (327)

第28章 肾脏疾病 ……………… (329)
第一节 肾功能与肾损伤 ……… (329)
第二节 电解质紊乱 …………… (335)
第三节 酸碱平衡紊乱 ………… (343)

第一篇　神经重症监护原理

第1章　脑血流生理和代谢

脑作为人体最重要的器官之一,只占人体体重的2%,但其耗氧量为全身的20%。脑的能量主要由葡萄糖供给,几乎没有能量储备,为了维持正常的生理功能,需要通过血液循环源源不断地供应。正常情况下,平均每100g脑组织每分钟血流量约50ml,其中灰质血流量大于白质,分别为70ml和20ml。一旦脑的血液供应发生障碍,即可出现脑功能异常,当每100g脑组织每分钟血流量低于30ml时,就会出现神经系统症状;下降至15～20ml时,会出现可逆性的神经元电衰竭;下降至10～15ml时,会导致不可逆的神经元损害。而另一方面,脑处于容积相对固定的密闭颅腔中,过度增加的脑血流量会导致颅内压的升高,而产生不利影响甚至危及生命。因而,脑血流必须维持在一个相对恒定的范围内。

第一节　脑血流的调节

脑血流量取决于血黏度、脑灌注压和血管直径。任何能影响脑血流量的因素均可通过改变脑灌注压和血管直径而完成。生理状况下,血压的波动、机体酸碱度变化、血氧及二氧化碳分压、脑代谢等的变化均能调节脑血流量。脑血流量的主要调节形式有自动调节、化学调节、代谢调节和神经调节等。

一、自动调节

脑的自动调节常易与脑血流量的调节相混淆,后者包括了各种形式的血管舒缩调节机制,自动调节只是其中一种类型。自动调节是血压波动时,脑维持脑血流量(CBF)相对恒定的能力,是一种纯粹的压力相关现象。自动调节是在血压升高或降低时通过毛细血管前阻力血管的收缩或舒张而完成。自动调节反应快速,全身小动脉和较大动脉均参与。当平均动脉压(MAPs)在60～150mmHg之间时,通过自动调节能保持脑血流量相对恒定,当然这一血压范围并非绝对。准确的自动调节机制尚不十分清楚,提出的机制包括肌源性假说、内皮假说、神经源性假说、代谢假说等,其中肌源性假说是最广为接受的,代谢假说可能更适用于解释代谢-血流偶联过程而不是自动调节。

1902年Bayliss在观察了犬动脉在血管内压改变直接导致血管收缩和舒张反应后,首先提出了肌源性假说。肌源性假说提出存在一个血管平滑肌基础张力,它受跨壁压变化的影响。它导致血管内压上升时毛细血管前微动脉收缩,血管内压下降时舒张。研究表明在脑的自动调节中可能涉及两种肌源性机制:对压力脉冲的快速反应和对平均动脉压变化的慢反应。

内皮假说提出脑动脉内皮细胞可能扮演着机械性刺激感受器的角色,感受和传导机械因素并转化为血管张力的变化。内皮细胞释放一些血管活性物质,如血管内皮舒张因子、一氧化氮、内皮衍生超极化因子、内皮素-1等。观察发现流速和剪切力的增加并不影响跨壁压却能诱导内皮血管收缩,这提示内皮对血管运动活性的依赖。由内皮细胞释放的舒张或收缩因子的改变带来血管紧张性的变化。

代谢假说提出自动调节由释放血管活性物质完成,它们通过调节脑血管阻力而保持脑血流量的恒定。局部脑血流量的主要决定因素是局部脑代谢活性产物,即代谢-血流偶联。具体是哪一种物质联系代谢-血流偶联过程并未最后确定,已经提出的包括腺苷、钾、前列腺素、一氧化氮。腺苷是一种强有力的血管扩张剂,它由ATP分解形成,在缺氧、缺血、低血糖、神经元活动增强等状态下快速增加。腺苷A1和A2受体分别分布于神经元和血管平滑肌上,腺苷通过与其结合发挥作用。A1受体抑制神经元活动,A2受体激活腺苷酸环化酶介导的第二信使级联反应。当出现血流-代谢不匹配时,腺苷的增加抑制了神经元活动,扩张脑动脉增加脑血流量,共同起到保护作用。神经元兴奋时释放钾离子,在缺氧、电刺激、痫性发作时,血管周围钾离子的增加与脑血流量的增加同时存在。当细胞外液钾离子在2~10mmol/L范围内,由于血管平滑肌细胞的去极化和胞质内钙离子水平的下降导致血管舒张,当浓度超过10mmol/L时,钾离子成为血管收缩剂。花生四烯酸类代谢产物通过影响脑动脉的血管紧张性,在调节脑血流量中发挥作用。它们主要由三大类酶系统代谢产生:环氧化酶(COX)、脂肪氧化酶(LOX)和表氧化酶(EPOX)。其中既有像前列环素(PGI_2)这类的血管舒张剂,也有像血栓素(TXA_2)这类的血管收缩剂。非甾体抗炎药吲哚美辛能够抑制低血压时脑维持灌注恒定的能力,表明前列腺素的重要性。一氧化氮(NO)作为自由扩散分子调节脑血流量,它的半衰期大约6秒钟,通过一氧化氮合酶(NOS)从精氨酸中产生,通过第二信使途径发挥作用使血管平滑肌舒张。

当MAPs在60~150mmHg范围内波动时,通过自动调节能维持脑血流量相对恒定,但低于这一水平,血管扩张变得不足,会导致缺血事件的发生,而高于这一水平,升高的血管内压强有力的扩张动脉导致过度灌注。这种自动调节的突破往往伴随着内皮的损伤和血脑屏障的破坏,导致血浆蛋白渗出、神经元功能障碍及脑水肿形成。许多病理情况会使自动调节受损,包括缺氧、缺血、脑外伤和动脉瘤性蛛网膜下腔出血等。

二、化 学 调 节

(1) 二氧化碳(CO_2):CO_2是最强的血管扩张剂,很早之前就认识到它对CBF的影响。当$PaCO_2$在25~60mmHg之间时,$PaCO_2$每改变1mmHg会引起CBF改变3%~4%。$PaCO_2$降低导致血管收缩,反之则血管舒张。吸入7%的CO_2能增加CBF达100%,而过度通气使$PaCO_2$降低至20mmHg时CBF减少50%。CO_2能快速扩散,易于透过血-脑屏障而进入血管周围间隙和血管平滑肌细胞内。CO_2在碳酸酐酶的作用下生成碳酸氢盐和氢离子。CO_2导致CBF的改变并非直接由其本身介导,而是通过两种不同的机制完成:改变小血管周围细胞外液pH和氢离子直接作用于血管。$PaCO_2$改变后的几秒钟内就会产生效应,并在2分钟之内达到稳定状态。$PaCO_2$慢性变化可被脑脊液中碳酸氢根代偿性变化抵消,从而使脑脊液pH维持在正常范围,使CBF维持在正常范围。小动脉较大动脉对CO_2的反应更强烈。当存在严重颈动脉狭窄、脑外伤、蛛网膜下腔出血、心衰、血管已丧失反应性等情况时,脑血管对$PaCO_2$变化的反应性降低。

(2) 氧(O_2):PaO_2的正常生理范围为60~100mmHg,在此之间波动不会影响CBF,然而当PaO_2下降至50mmHg以下时CBF会发生快速增加,灰质增加更显著。导致CBF增加的重要介质可能是浓度升高的腺苷和细胞外液中糖无氧酵解生成的酸性产物。正常pH

条件下,缺氧引起 CBF 增加,与动脉氧含量呈线性关系,与 PaO_2 呈曲线关系。慢性缺氧时,最初 CBF 是增加的,而后由于碱性代偿作用,CBF 恢复正常。高碳酸血症能增强缺氧所致的血管扩张作用。

三、血液流变学

血黏度指的是血液的稠度或厚度,它决定血液内部摩擦阻力,是构成血流量的决定因素之一。血流量与血黏度呈负相关。正常情况下,血黏度对 CBF 的影响极小,但在脑自动调节受损或完全丧失的区域却承担更重要的作用。影响血黏度的因素包括红细胞的聚集性、可变性、剪切率、血浆黏度和红细胞压积等。红细胞压积是影响全血黏度最重要的因素,贫血时 CBF 增加。这种 CBF 的增加包括两方面的原因:动脉氧含量的减少和血黏度的降低。动物及人体研究表明红细胞压积减少 7%~14%,CBF 增加 19%~50%。

四、颅 内 压

脑灌注压(CPP)被定义为平均动脉压(MAPs)与颅内压(ICP)的差值,它对维持正常的 CBF 起到十分重要的作用。当 MAPs 不变时,ICP 升高会导致 CPP 的下降,进一步导致 CBF 的下降。因此,ICP 的改变可以通过 CPP 对 CBF 产生极大的影响。颅内空间包括了 3 个不可压缩的元素:80% 的脑、10% 的血液和 10% 脑脊液。3 部分中的任何一部分的体积改变必须有其他空间补偿才能维持正常的 ICP。病理状态下,当 ICP 开始升高的初期幅度较小,因为一部分体积的脑脊液流入蛛网膜下腔而起到代偿作用。当这种代偿机制耗尽时,将导致颅内压的明显上升。

第二节 脑血流量的测定方法

一、Kety-Schmidt 测定法

1945 年,Kety 和 Schmidt 首次描述了他们的方法。该方法是基于 Fick 原理,即在单位时间内某种物质进入或离开脑的量等于其在动脉和静脉中浓度差乘以脑血流量。该方法要求吸入弥散性高的惰性气体一氧化二氮作为示踪剂。然后监测其在颈动脉和颈静脉中的浓度计算脑组织的摄入量。该方法的优点是可靠和易重复,并且还可以测定氧、葡萄糖和乳酸在动静脉中的差异来计算脑代谢率。操作具有侵入性、无法提供局部脑血流量的信息、引流静脉变异导致结果不准确是该方法的缺点。

二、非侵入性 ^{133}Xe 法

该方法也是利用 Fick 原理,以 ^{133}Xe 作为惰性物质。^{133}Xe 可以通过静脉注射或者吸入。定位于头部的探测器监测同位素的清除情况,通过分析呼气末 Xe 活性计算动脉血中 Xe 浓度。同位素的清除可被分为两种情况:代表流向灰质的快速清除部分和代表流向白质的慢速清除部分。该方法的优点是不具有侵入性并且可在床边操作。缺点是不能获取如小脑或脑干等深部结构的信息,并且要求血-脑屏障正常。

三、^{133}Xe 增强 CT 扫描

^{133}Xe 增强 CT 扫描是用不具放射性的脂溶性气体 ^{133}Xe 作为 CT 扫描的增强剂。患者

吸入氧气和30%~35% ^{133}Xe的混合气体,Xe在动脉血中的浓度可以从呼气末浓度计算。Xe相对慢的扩散速率可以获得间隔约一分钟的连续高分辨率成像。该技术的优点是经济方便、无同位素污染、无创伤、能进行局部脑血流量的定量分析。缺点是在整个过程中患者必须保持不动并吸入高浓度的Xe。而Xe具有轻微的麻醉作用且能直接增加CBF。

四、单光子发射断层扫描(SPECT)

SPECT利用影像重建技术,将能释放γ光子的放射性示踪剂注入血液循环,它们能够透过血-脑屏障被脑细胞摄取,经代谢形成非脂溶性化合物,从而较长时间滞留于脑组织内,其存留量与局部脑血流量呈正比,通过探头接受脑部发出的γ射线,进行断层显影和重建以了解脑血流和代谢。SPECT能反映局部脑血流量和代谢情况,临床易于操作和应用,缺点是不能准确定量和动态观察脑血流改变。

五、正电子发射断层扫描(PET)

PET利用CT技术和弥散性放射性核素测定局部脑血流量和局部脑代谢。通过静脉或吸入释放正电子的放射性核素标记化合物,根据正电子在脑内的弥散、吸收,在颅外记录放射性脉冲数,计算各断层面上放射性核素的强度,反映脑代谢和脑血流量情况。PET是当前研究脑功能及各种病理生理状态下监测脑血流量和代谢的最有效工具,具有定量准确和空间分辨率高等优点。主要的缺点是价格昂贵,限制了其在临床的广泛应用。

六、经颅多普勒超声(TCD)

TCD应用脉冲波发射超声和傅里叶转换理论,通过多普勒效应使超声波作用于血管内流动的血细胞,经计算机处理实时计算出血细胞的运动速度及运动状态。TCD是一种非常便宜和非侵入性的方法,能够重复和连续监测脑血流量变化。它具有很高的时间分辨率,使其成为研究脑血流动力学快速变化的方法。TCD不能定量测定脑血流量,但可以通过血流速度的变化推测局部脑血流量的改变。

第三节 脑的代谢

脑的代谢指脑利用底物通过一系列酶促反应进行细胞活动的过程,它涉及多种生物化学途径。由于脑几乎没有能量储备,所以高度依赖于外源性持续的能量供给。脑获取15%~20%的心输出量,血压在一个较大的范围内均能维持CBF的相对稳定。这就确保了充足的底物输送。主要的能量底物是高能三磷酸,即三磷酸腺苷(ATP)。中枢神经系统的糖原储备极少,几乎完全依赖于葡萄糖产生能量。与在其他组织中一样,葡萄糖既能通过无氧糖酵解生成乳酸,也可通过氧化磷酸化生成CO_2和H_2O。由于无氧糖酵解较氧化磷酸化的能量输出要小的多,脑通过有氧代谢维持持续的脑功能活动。氧被携带到组织中参与各种各样的细胞反应,但绝大部分是被用于葡萄糖有氧代谢的能量生成。因而,正常意识清醒的人的脑氧代谢率大约时静息状态全身氧耗量的20%,即大约每100g脑组织每分钟150~160μmol,而脑葡萄糖代谢率为每100g脑组织每分钟30~35μmol。脑能量的大部分用于跨膜离子通道的维持和恢复。然而,快速合成、降解、分子转运和突触传导等也都是显著的耗能过程。

一、氧化磷酸化

葡萄糖通过葡萄糖转运体-1 和葡萄糖转运体-3 这两种不同的葡萄糖转运体被转运至中枢神经系统细胞内。葡萄糖转运体-1 分布于胶质细胞和内皮细胞,而葡萄糖转运体-3 分布于神经元表面。葡萄糖进入细胞后,在己糖激酶的作用下生成葡萄糖-6-磷酸。通过糖酵解途径,葡萄糖被代谢为丙酮酸。另一个关键酶和调节位点是磷酸果糖激酶,该酶在高能状态下被抑制,即高浓度 ATP 时能使酶丧失活性,而在低能状态时活化。在氧气存在的情况下,新生成的丙酮酸进入三羧酸循环,丙酮酸被完全氧化为 NADPH、GTP 和 $FADH_2$。进入三羧酸循环的丙酮酸在丙酮酸脱氢酶的作用下被不可逆地脱羧生成乙酰辅酶 A。这是另一个关键调节位点。丙酮酸脱氢酶活性被 NADH 和 ATP 所抑制。NADPH 和 $FADH_2$ 在线粒体中作为电子供体,经呼吸链将电子传递给氧,生成 ATP 和 H_2O。这最后的一步就是氧化磷酸化。整个过程可以用如下公式概括:葡萄糖$+6O_2+38ADP+38Pi\rightarrow 6CO_2+44H_2O+38ATP$。最终,1 分子葡萄糖通过有氧代谢产生 38 分子 ATP。

二、糖 酵 解

当缺氧时发生糖酵解。缺血应激期间,试验证据表明葡萄糖转运体上调以便使更多的葡萄糖转运入细胞内供能。葡萄糖在进入三羧酸循环之前被代谢为丙酮酸。低氧状态下,NADH 被消耗,丙酮酸脱氢酶活性被抑制,导致丙酮酸无法进入三羧酸循环。在乳酸脱氢酶的催化下,丙酮酸经一个可逆反应转化为乳酸。糖酵解的最终代谢产物为乳酸和 ATP。方程式概括为:葡萄糖$+2ADP+2Pi\rightarrow 2$ 乳酸$+2ATP$,即通过糖酵解,1 分子葡萄糖产生 2 分子 ATP。乳酸的堆积可导致乳酸酸中毒,具有潜在的神经毒性。

三、磷酸戊糖旁路

磷酸戊糖旁路的主要作用是维持 5-磷酸核糖和 NADPH 的生成。它是通过代谢 6-磷酸葡萄糖而完成。5-磷酸核糖及其衍生物参与合成许多生物分子,包括 ATP、NAD、FAD、RNA 和 DNA 等。磷酸戊糖旁路对于维持它们的合成至关重要。在正常条件下,进入糖酵解途径的葡萄糖,大约 85% 进入三羧酸循环,5%~10% 通过无氧酵解生成乳酸,最后的 5% 参与磷酸戊糖旁路。

四、酮 症

当细胞在无法利用葡萄糖时,如饥饿或糖尿病,会利用酮体进行代谢。脂肪组织被分解,分解产物被输送至肝脏,生成 β-羟基丁酸和乙酰乙酸,随血液转运至脑。在脑中代谢生成 2 分子乙酰辅酶 A,并进入三羧酸循环。在低血糖的情况下,酮体的氧化能提供高达 75% 的脑部能量需求。

第四节 新陈代谢的贡献

灰质的代谢率是白质的 3~4 倍,这与神经元的功能活动紧密相关。脑能量的大部分都用于维持和恢复细胞跨膜离子梯度。神经元是消耗 ATP 的主要部位,主要用于维持轴突膜上大量的钠离子泵。ATP 也被用于神经递质的代谢、生物合成工作(如蛋白伴侣)及轴突运输。神经元也是通过葡萄糖的有氧代谢生成 ATP,特定条件下也可通过酮体代谢。神经元的代谢副产物对联系脑代谢和脑血流的血流-代谢偶联有调节作用。

胶质细胞几乎占据了脑体积的一半,数量是神经元的 20～50 倍。然而,由于代谢需求较低,它们的能量消耗不足全脑能量的 10%。它们有助于神经元周围体液环境成分的调节。主要是通过以下三种重要方式:①缓冲细胞外钾的浓度;②谷氨酸-谷氨酰胺循环;③乳酸穿梭机制。在神经元活动后,细胞外液中钾离子浓度升高。钾离子既能通过主动方式也能通过被动方式进入星形胶质细胞内。钾离子通过缝隙连接沿着渗透梯度扩散进入星形胶质细胞,这就称为钾的空间缓冲。这一机制十分重要,因为细胞外液中大量钾离子的积聚会影响细胞膜极性。同样,神经元活动后,细胞外液中的谷氨酸也会积聚。除了被神经元再摄取,谷氨酸也能通过星形胶质细胞代谢分解。谷氨酸在谷氨酰胺合成酶的酶催作用下转变成谷氨酰胺,随后被释放到细胞外液中,而被神经元再摄取。通过减少在突触间隙的量从而限制兴奋性神经递质的活动十分重要,而通过谷氨酸-谷氨酰胺循环可以将兴奋性谷氨酸转变为非兴奋性产物。葡萄糖也可以被星形胶质细胞摄取,可通过两种途径代谢。一是通过无氧糖酵解代谢为乳酸,二是转化为糖原。星形胶质细胞产生的乳酸可以转运至神经元,进入三羧酸循环及随后的氧化磷酸化。乳酸氧化代谢产生的能量大约是葡萄糖的一半。

第五节 血-脑屏障

血-脑屏障将脑从人体体液成分的变化中隔离开来,从而为神经元-神经元及神经元-胶质细胞的相互作用提供稳定的环境。首先,它扮演离子和分子"筛子"的角色,通过参与离子转运和小分子物质及蛋白质的选择性转运实现这一功能。除了重要的代谢分子如葡萄糖、氨基酸、乳酸及神经递质前体外,大分子、极性分子通常不能通过血-脑屏障。这些分子进入脑血流依靠特殊的转运机制,比如葡萄糖依靠葡萄糖转运体-1。在应激期间,比如低血糖时,对于已经改变的代谢环境,血-脑屏障会做出适应性的反应,增加转运乳酸和酮体进入脑血流。其次,内皮细胞含有大量的酶,可以保护脑组织免受循环中神经化学物质和毒素的伤害。比如,单胺氧化酶、拟胆碱酯酶、γ-氨基丁酸转移酶、氨基肽酶和碱性磷酸酶存在于脑的毛细血管中,它们能阻止潜在毒素无限制地进入脑内。

第六节 温度对代谢的影响

在低温条件下,进入糖酵解和三羧酸循环的葡萄糖的量减少。脑的能量状态可以通过 ATP/Pi 的值来判断,比值增加表明能量消耗的减少超过 ATP 合成的减少。脑的代谢率的测定发现温度每下降 10℃,脑耗氧率降低 2～4 倍。另一方面,在高温条件下,利用不同动物模型的多项研究发现脑耗氧率的增加,这也支持如下的观点:高温本身导致了全脑能量消耗的增加。

(汪跃春)

参 考 文 献

Branston NM. 1995. Neurogenic control of the cerebral circulation. Cereb Brain Metab Rev, 7(4):338～349

Erecinska M, Thoreson M, Silver IA. 2003. Effects of hypothermiaon energy metabolism in mammalian central nervous system. J Cereb Blood Flow Metab, 23:513～530

Hennerici MG, Meairs SP. 1999. Cerebrovascular ultrasound. Curr Opin Neurol, 12(1):57~63

Markdus HS. 1999. Transcranial Doppler ultrasound. J NeurolNeurosurg Psychiatry, 67(2):135~137

Rebel A, Lenz C, Krieter H, Waschke KF, et al. 2001. Oxygen delivery at high blood viscosity and decreased arterial oxygen content to brains of conscious rats. Am J Physiol Heart Circ Physiol, 280(6):H2591~597

Rebel A, Ulatowski JA, Kwansa H, et al. 2003. Cerebrovascular response to decreased hematocrit: effect of cell-free hemoglobin, plasma viscosity, and CO_2. Am J Physiol Heart Circ Physiol, 285(4):H1600~608

Tomiyama Y, Brian JE Jr, Todd MM. 2000. Plasma viscosity and cerebral blood flow. Am J Physiol Heart CircPhysiol, 279(4):H1949~1954

Vavilala MS, Lee LA, Lam AM. 2002. Cerebral blood flow and vascular physiology. Anesthesiol Clin North Am, 20(2): 247~264, v. 15

第 2 章 脑水肿与颅内压

许多神经系统和非神经系统的病变可以导致颅内压(intracranial pressure,ICP)的升高。随着神经监护技术的创新和专业的神经监护病房的出现,我们可以更好地管理颅内压并且减少与之相关的致残率和死亡率。我们将对颅内压的生理过程和颅内压的监测进行阐述,并且介绍颅高压的治疗。

第一节 颅内压的动力学

正常成人的颅骨是不可变化的,它平均含有 1500ml 的内容物,主要有脑组织、脑脊液和血液三种成分,其中 88% 为脑组织,7.5% 为血液,4.5% 为脑脊液。Kellie 的假说认为:为了保持恒定的颅内压,任何颅内容物的增加必定会导致其他内容物代偿性的减少。如果增加的颅内容物超出了大脑的代偿能力,将会导致颅内压的升高。

在人的一生中,颅内压不是恒定不变的。健康的成人和少年,正常的颅内压为 10~15mmHg。而婴儿和儿童的颅内压为成人的 1/2 以上。如果颅内压持续大于 20mmHg,那么这些患者需要接受治疗。

第二节 脑血流和脑灌注压

大脑接受心脏输出的 15%~20% 的血液。在静息状态下每分钟大脑的血流量大概为 800ml,接受全身 25% 的氧气供应。平均动脉压(mean arterial perfusion pressure,MAP)是维持脑灌注最重要的因素,平均动脉压=1/3 收缩压+2/3 舒张压。脑灌注压(cerebral perfusion pressure,CPP) = MAP - ICP。正常情况下,每分钟 100 克大脑的血流量为 50ml。当 100 克大脑每分钟的血流量低于 12ml 的时候,不可逆的缺血性脑损害将会发生。

恒定的脑灌注主要依靠自身调节,它是一个复杂的动静脉调节系统。自我调节主要有三个方面的调节:肌源性调节、代谢性调节和神经源性调节。肌源性的调节是指通过小动脉平滑肌的收缩和扩张来调节血管的阻力,使正常脑血流的情况下,脑灌注压维持在 50~150mmHg。代谢性调节是指,小动脉血管内二氧化碳、氧气、乳酸、pH 的改变以及腺甘酸、一氧化氮的变化来调节血管的阻力。神经源性的调节是指,脑动脉交感神经的兴奋使血管产生轻度的收缩。而副交感神经对脑的自我调节产生很小的作用。当脑灌注压低于自我调节的下限,脑血流量将会下降。当脑灌注压超过了自我调节的上限,过多的脑血流将超出大脑代谢的需求。

第三节 颅内压增高的原因

(1) 颅内的病变:脑外伤(脑挫裂伤和弥漫性的轴突损伤);颅内血肿(硬膜外、硬膜下血肿,蛛网膜下腔出血,脑实质内出血和肿瘤性出血);脑缺血性梗死继发恶性水肿;颅内肿瘤继发血管源性的水肿;脑积水;颅内感染(脑膜炎,脑炎,脑脓肿,脑囊虫病);癫痫持续状态。

(2) 颅外的病变:低氧血症;高碳酸血症;高热;高血压;低钠血症;颈静脉梗阻;抽搐发作;肝功能衰竭;机械通气时最高的呼气末压力大于基础的颅内压;高原性脑水肿。

第四节　脑水肿和颅内压

颅内最主要的内容物是脑组织，而正常脑组织中含水量很高，占整个脑组织的80%。所以颅内含水量的增多即脑水肿，对颅内压有重要的影响。脑水肿在临床上是一个常见的、有挑战性的问题，同时在急性脑损伤病人的发病率很高，是导致病人死亡的一个重要的原因。脑水肿的病因主要包括：

(1) 外伤性脑损伤。
(2) 缺血性的脑部病变。
(3) 脑内自发性的出血。
(4) 蛛网膜下腔出血。
(5) 原发性的或转移性的肿瘤。
(6) 颅内感染性疾病如脑膜炎、脑室炎、脑脓肿、脑炎。
(7) 中毒和代谢紊乱如低钠血症、肝性脑病等。

根据脑水肿不同的病理改变可以分为以下三类：细胞中毒性水肿、血管源性脑水肿和间质性脑水肿。

(1) 细胞毒性脑水肿：水肿液主要分布于细胞内，包括神经细胞、神经胶质细胞和血管内皮细胞，细胞外间隙不扩大。白质和灰质同时受累，但是主要变化见于白质。这种类型的脑水肿在各种原因的脑损伤早期都会出现，而且目前没有有效的治疗方法。

(2) 血管源性脑水肿：此类脑水肿主要影响脑白质。主要发生在外伤性脑损伤、脑肿瘤、脑内炎症性病变和缺血性脑血管病变后，血-脑屏障破坏使血管的通透性增加，血浆成分从血管内渗出。这类水肿对类固醇激素和渗透性治疗都是敏感的。

(3) 间质性脑水肿：此类脑水肿主要见于急性或慢性脑积水患者。由于脑脊液吸收障碍使跨室管膜脑脊液流动增加，导致液体静脉压的梯度增加所致。这种水肿亚型对类固醇激素不敏感，对渗透疗法的治疗效果不确切，仍然存在争议。

脑疝是颅内压增高的晚期并发症。颅内压不断增高，其自动调节机制失代偿，部分脑组织从压力较高的地方向压力低的地方移位，通过正常生理孔道而疝出，压迫脑组织和相邻的重要血管和神经，出现特有的临床表现并危及生命。根据脑疝发生的不同部位，可以分为以下几类：

(1) 小脑幕切迹疝、颞叶沟回疝或海马沟回疝：是临床上最常见的类型。由于幕上的脑组织的体积增大或水肿等原因，导致颅内压增高，使颞叶中央、颞叶钩回和海马回通过小脑幕切迹被挤向幕下。导致动眼神经、中脑、大脑后动脉受压。临床上病人会出现意识水平降低、同侧瞳孔扩张、对侧轻瘫、去大脑状态、中枢神经性过度换气和颅内压升高。所以观察瞳孔的变化，对发现早期脑疝有重要意义。

(2) 大脑镰下疝或扣带回疝：一侧大脑半球的扣带回经镰下孔被挤入对侧大脑半球，会引起同侧大脑前动脉受压，引起受压部的脑组织软化坏死，导致对侧下肢的轻瘫和排尿障碍等症状。

(3) 枕骨大孔疝或小脑扁桃体疝：主要见于幕下小脑病变时，小脑体积增大，压力增高，使小脑扁桃体从枕骨大孔疝出压迫延髓导致中枢性呼吸衰竭、循环衰竭。表现为血压、呼吸、心率的急剧变化，瞳孔的缩小，凝视障碍和四肢轻瘫。病情很快加重，在短时间内出现呼吸、心跳的停止，昏迷及双侧瞳孔散大，很快死亡。此型脑疝最危险。

第五节　颅内压增高的治疗

颅高压的治疗分为一般措施和特殊治疗,脑水肿和颅内压增高的治疗流程参见图2-1:

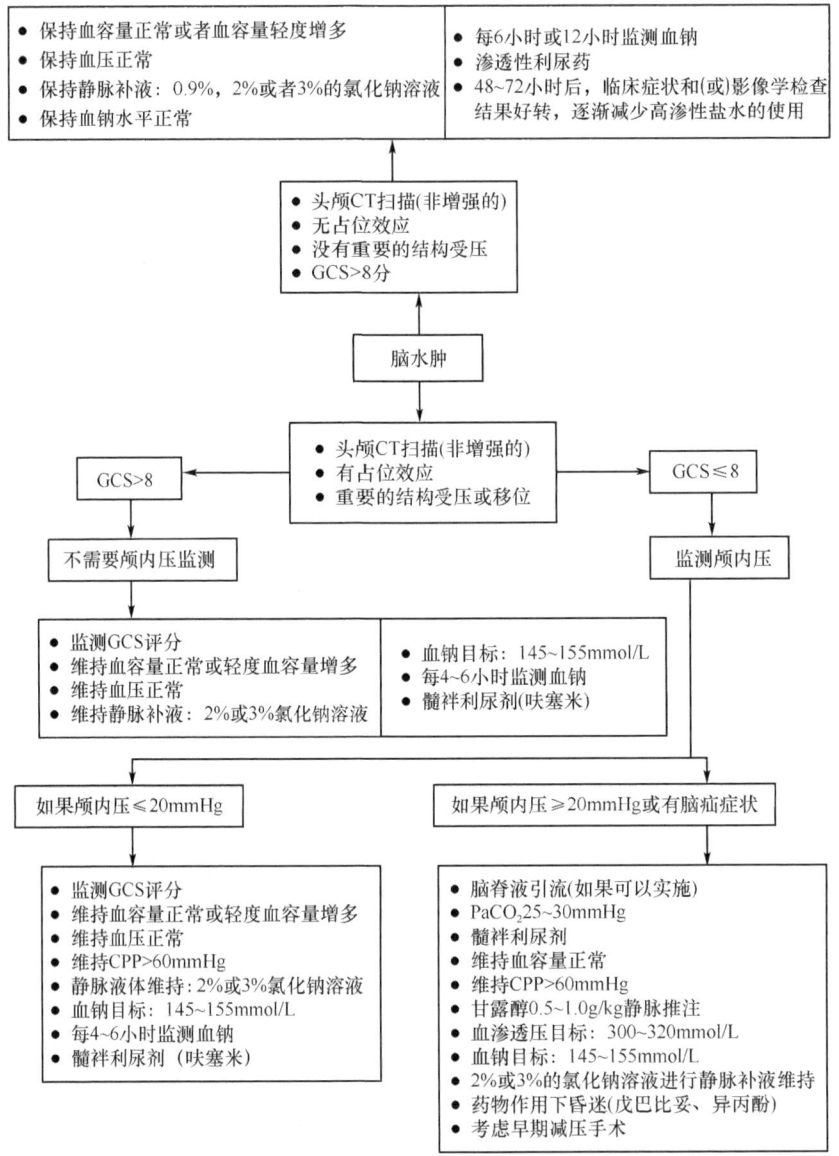

图2-1　脑水肿和颅内压增高的治疗流程

一、一 般 措 施

这些措施主要是减少可能引起颅内压增高的脑水肿,优化脑的灌注和氧合作用以及脑静脉的引流,减少脑的代谢。这些一般措施包括:

(1) 头和颈的位置:已有研究表明,正常人或有脑损伤的患者,头部抬高可以降低颅内压。这些结果指导大部分临床医师,将那些大脑调节功能差的患者头部抬高至30°。但是,头部抬高可能使缺血性脑梗死患者缺血脑组织的灌注减少,所以需要小心。

(2) 机械呼吸和氧合作用：脑的生理研究表明，缺氧和高碳酸血症使脑血管扩张，脑水肿病人应该避免。

在没有脑疝和颅内压没有显著增高的时候，动脉二氧化碳分压（$PaCO_2$）维持在约35mmHg，能使受损脑组织有足够的局部脑灌注。二氧化碳分压严重的急剧下降可能会引起血管收缩导致脑水肿。避免低氧血症，动脉氧分压（PaO_2）维持在约100mmHg。

(3) 维持血容量和脑灌注：脑灌注压应保持在60mmHg以上，压力低于60mmHg可能会导致死亡率的增加。避免血压急剧的升高和降低。监测每天的体液平衡情况、体重和血电解质，避免脱水、水中毒，电解质紊乱和酸碱平衡的失调。

(4) 预防癫痫发作：对外伤性脑损伤的病人，患者昏迷并且头颅CT检查有异常，推荐预防性使用抗惊厥药，可以减少癫痫相关的脑水肿和颅高压。当前对蛛网膜下腔出血，脑出血，缺血性中风，脑肿瘤的有效性尚未得到证实。

(5) 发热的处理：由于病人脑损伤后体温的调节功能变差，或者由于继发的感染，导致病人的体温升高。有大量的研究表明，发热使患者脑组织的耗氧量增加，脑水肿加重。常用的降温方法为物理降温和对乙酰氨基酚直肠给药。有些患者为中枢性高热，此种治疗方法效果差，可采用亚低温治疗。

(6) 胰岛素治疗：对缺血性发作、脑出血和外伤性脑损伤病人的临床研究表明高血糖症和临床结局是反向的关系。高血糖症可以加重脑损伤和脑水肿。血糖应维持在正常水平。

(7) 营养支持：在所有急性脑损伤病人中，营养支持是必需的。除了有禁忌证以外，肠外营养是首选的。应该要关注成分的渗透浓度，以免自由水分的摄入可能引起的低渗状态和使脑水肿加重。

二、特殊治疗

（一）控制换气过度

控制换气过度是治疗脑水肿最有效的方法，特别是当患者颅内压增高的时候。$PaCO_2$降低10mmHg时，可以使局部脑血流量相应地下降，使颅内压快速地降低。

呼吸性碱中毒引起的大脑小动脉的血管收缩作用持续10~20小时，随后血管扩张使脑水肿加重，颅内压反弹性升高。

外伤性脑损伤病人，持续通气过度会导致预后变差。

需注意的是，纠正过度换气的过程要在6~24小时以上。避免脑充血和脑血流重新平衡后引起反弹性颅内压升高。

（二）渗透疗法

渗透疗法最重要的目的是建立一个渗透压梯度，使脑内细胞外（可能和一些细胞内）的水分渗透到脉管系统，从而可以降低颅内的容积，提高了脑的顺应性。一般来说，急性脑损伤患者，推荐的血浆胶体渗透压在300~320mmol/L。

常用的药物有甘露醇、高渗盐水、甘油果糖、山梨醇。

(1) 传统渗透剂甘露醇，当静脉注入0.25~1.5g/kg，5~10分钟内完成，可以降低颅内压，通常在给药后20~40分钟达到最大的疗效。每6小时重复给药，目标是将血液渗透压控制在320mmol/L作用。更高的渗透压会导致肾小管损伤。甘露醇能上调大脑水通道蛋白受体,可能会促进水分在正常脑组织和异常脑组织之间重新分布。大剂量连续使用甘露醇,尤其在血容量不足的情况下,可造成少尿、无尿和急性肾衰竭。已有肾脏损害或曾患肾脏病变的患者,禁用甘露醇。患有冠心病、心肌梗死和心功能不全者应慎用。

(2) 高渗性盐水有多个浓度(2%、3%、7.5%、10%、23%),被用于治疗伴或不伴颅内压升高的脑水肿。2%、3%、7.5%的高渗性溶液是由氯化钠和乙酸钠盐以50∶50混合成的,以避免高氯酸血症性酸中毒。以持续的可变的速度由静脉输入,通常通过中心静脉导管输入,达到血容量正常或轻微的高血容量状态。输入速度为每小时1~2ml/kg。如果病人快速复苏有保证的话,可以谨慎地静脉给予250ml高渗性盐水。根据中心静脉压和肺动脉压水平,维持血容量的正常。使用高渗性盐水的目的在于升高血钠水平,使之维持在145~155mmol/L(血液渗透压维持在300~320mmol/L),但是更高水平的话需要小心处理。这个水平的血钠值维持48~72小时,直到病人临床症状改善,或者患者虽然达到了这个水平,但是缺少临床反应。高渗性盐水能促进脑血流的增加。在撤药过程中,特别强调小心谨慎,因为血钠值可能反弹导致低钠血症,从而加重脑水肿。在撤药时每4~6小时监测血钠、血钾。其他血电解质每天监测(特别关注钙和镁)。至少每天拍一次X线胸片检查,寻找有无充血性心力衰竭引起的肺水肿的证据,特别是心脏储备功能差的老年患者。

临床经验表明高渗性盐水的不良反应少于甘露醇,但是高渗性盐水有一些可能值得注意的理论上的并发症,包括:中枢神经系统并发症,包括脑病,抽搐,昏迷。脑桥中央髓鞘溶解症,高渗性脑痉挛引起的桥静脉中断导致硬膜下血肿。充血性心力衰竭、心脏骤停、心律失常,肺水肿,电解质紊乱(高钠、高氯血症和低钾血症)。

凝血功能异常(凝血酶原和部分凝血活酶时间上升,血小板功能障碍)。快速撤药引起的反弹性低钠血症,从而导致脑水肿。

(3) 甘油果糖降低颅内压的作用比较小,持续时间相对较长。肾功能损害的副作用比较小。不作为急性颅内压升高的首选药物。主要副作用是溶血和血红蛋白尿,甚至急性肾衰竭。

(4) 白蛋白是构成血浆胶体渗透压的主要成分。白蛋白能提高血浆胶体渗透压,使红细胞压积明显降低,产生血液稀释,从而减轻脑水肿。由于白蛋白产生的脱水作用不大,所以白蛋白常和其他脱水剂甘露醇或呋塞米同时使用。

(三) 利尿药

是否使用髓袢利尿剂(通常为呋塞米)治疗脑水肿,特别是单独使用,还存在着争议。呋塞米和甘露醇联合使用时,产生比较强的利尿作用,但是这种治疗的持续时间和对脑水肿的有效性还不知道。如果使用,建议密切关注全身血容量情况。因为严重容量不足的危险性是很大的,可能危害到脑的灌注。通常快速升高血钠浓度的方法是静脉推注10~20mg呋塞米来增加水的排出,然后再静脉滴注250ml的2%或3%的高渗性溶液代替。

(四) 皮质类固醇激素

使用激素的主要适应证是血管源性水肿,这些水肿通常与脑肿瘤、脑部放射治疗后、外科手术操作引起的收缩性损伤有关。激素可以降低紧密连接的通透性,从而稳定了断裂的血脑屏障,但是激素所起的有益作用的准确机制尚不清楚。激素对外伤性脑损伤和脑卒中的治疗作用已经被广泛地研究。在外伤性脑损伤病人,激素不能控制其颅内压升高,对结局起不到有益的作用,甚至可能是有害的。对脑卒中的病人,激素也没有显示任何实质性的益处,尽管它在一些动物实验中是有益的。糖皮质激素,尤其是地塞米松是首选的,因为盐皮质激素的活性低。激素有一些副作用如:溃疡病、高血糖症、伤口愈合困难、精神病、免疫抑制等。除非有明确的指征,否则使用激素治疗脑水肿时要小心谨慎。

(五)低温疗法

发热可以导致继发性脑损伤,避免高热是治疗各种原因脑损伤重要的方法。颅内的温度要比身体内的温度要高。由于颅内的温度与颅内压的升高有着重要的关系,所以控制颅内温度有着重要的治疗作用。在急性脑损伤的时候,降低体温可以减少全身代谢的需求。当体温大于37℃的时候,它的副作用是由多种病理生理机制介导的,包括兴奋性氨基酸,氧自由基,炎性反应,细胞凋亡和个体对损伤的基因差异。

临床上在患者脑损伤昏迷的情况下,将患者的体内温度控制在33℃左右,是一种新的提供脑保护的方法。低温治疗要求在脑损伤后早期使用,一般在6小时以内。在神经功能的康复期使用,没有益处。那些颅内压升高的患者,对标准的渗透疗法没有多大效果的时候,低温治疗可能会有效。

低温治疗主要的副作用包括肺炎,血小板减少症,严重的凝血病,不稳定的血流动力学(包括心律不齐、低血压、心力衰竭)和胰腺炎。

(六)外科减压术

外科减压术是通过颅骨切除术伴或不伴脑切除,这是一种古老的治疗方法。它日益作为对可能伴或不伴颅内压增高的恶性脑水肿,增加存活的一种救援疗法。这种外科疗法应用于多种脑损伤范畴,如恶性缺血性卒中、外伤性脑损伤、脑出血、脑炎等导致的脑内占位效应。

手术的时机主要根据患者的年龄和神经影像学的表现。

最近研究表明,年轻患者早期接受颅骨减压术,死亡率显著降低,尤其是对恶性脑梗死病人。但是,对患者长期功能的效果还是有争论的。

对严重的脑损伤和神经影像学上有明显空间占位的,神经功能评分差的患者,早期进行脑外科的治疗。

恶性缺血性中风的偏侧颅骨切除术的手术方法包括:推荐行硬脑膜切开术和硬脑膜成形术,在整个颅骨减压的区域里完成这个过程。十字形或环状硬脑膜切开术是可取的。推荐行硬脑膜移植术。骨片保存在骨库里或腹膜腔里并在3个月之内再次植入。应用无加压包扎。不推荐行脑室引流术和大脑切除术。

(倪耀辉)

参 考 文 献

Bratton SL, Chestnut RM, Ghajar J, et al. 2007. Intracranialpressure thresholds. J Neurotrauma, 24(Suppl 1):55~58

Clifton GL, Miller ER, Choi SC, et al. 2001. Lack of effect of induction of hypothermia after acute brain injury. N Engl J Med, 344:556~563

Dóczi T. 1993. Volume regulation of the brain tissue-a survey. Acta Neurochir (Wien), 121:1~8

Franco Folino A. 2007. Cerebral autoregulation and syncope. Prog Cardiovasc Dis, 50:49~80

Juul N, Morris GF, Marshall SB, et al. 2000. Intracranial hypertension and cerebral perfusion pressure: influence on neurological deterioration and outcome in severe head injury. The Executive Committee of the International Selfotel Trial. J Neurosurg, 92:1~6

Polderman KH. 2008. Induced hypothermia and fever control for prevention and treatment of neurological injuries. Lancet, 371:1955~1969

Tseng MY, Al-Rawi PG, Pickard JD, et al. 2003. Effect of hypertonic saline on cerebral blood flow in poor-grade patients with subarachnoid hemorrhage. Stroke, 34:1389~1396

van Beek AH, Claassen JA, Rikkert MG, 2008. Cerebral autoregulation: an overview of current concepts and methodology with special focus on the elderly. J CerebBlood Flow Metab, 28:1071~1085

第3章 体温调控与低温治疗

第一节 正常体温调节与发热的机制

一、躯体和大脑的温度调节

人体的体温被严格控制在37℃左右,这是大部分器官功能活动最合适的温度。下丘脑通过平衡产热和散热来调节体温。机体的主要产热来自于内脏器官和组织的代谢活动,也称为"专性产热"。此外还有"兼性产热",如随意活动时肌肉产热、自主神经控制的肌肉产热以及内分泌系统产热。当外界温度高于体温时,环境对机体产生热传导和对流,或太阳等其他热源产生热辐射作用。

散热有4种形式,静息状态时,辐射占体温散失的60%,蒸发占20%,对流与传导占其他20%;而运动时蒸发则成为热散失的主要机制,占散热量的80%,对流与传导占15%,而辐射仅占5%。温度、湿度、周围气流的速度能改变热交换各种形式所占的比例。

多种生理机制通过下丘脑参与体温稳态的调节。位于下丘脑、皮肤、脊髓的感温神经元持续监测体温,下丘脑的冷敏感和热敏感神经元介导体温调节。下丘脑前部视前区(pre-optic anterior hypothalamus,POAH)温度降低时,机体通过寒颤增加代谢率促进产热。交感神经介导的非寒颤性产热,由线粒体解偶联棕色脂肪组织中蛋白产生,在成人体内处于次要地位。皮下血管的收缩能保存体内热能,表面温度也随之降低。机体需要通过相应行为来维持体热(增加食物、热液体的摄入,寻求比体温高的环境,增加隔热层)。竖毛是人体保存体温的次要机制。当POAH温度增高,机体通过皮肤血管舒张、发汗、增加呼吸频率、抑制线粒体对棕色脂肪组织中蛋白解偶联、行为调节等来散热。

机体核心温度呈日节律性变化,早晨时最低值为37.2℃,下午的峰值为37.7℃。这种24小时生理节奏受下丘脑视上核控制。此外,下丘脑体温调定点对多种激素敏感,如性激素、儿茶酚胺、甲状腺素。

大脑代谢较其他器官旺盛。大脑占体重的2%~3%,但静息状态下却占机体耗氧量的20%,并消耗25%的葡萄糖。由于如此高的代谢率,大脑产热量相当大,但热量的散失被头颅、头皮和头发阻止。正常环境下大脑温度有赖于3个主要因素:

(1) 局部产热率(如脑代谢活动)。
(2) 脑血流量(也与潜在的神经元活动有关)。
(3) 流入颅内的血液温度。

大脑温度和机体核心温度的差异存在争议。几项研究显示正常人和脑外伤(TBI)患者大脑温度高于核心温度0.3~2℃。一项研究监测了入住NICU的TBI、蛛网膜下腔出血(subarachnoid hemorrhage,SAH)及卒中Glasgow评分低的患者的脑和直肠温度,结果显示大脑温度相对较高,但没有显著统计学差异,而另一项对重症TBI患者的研究未能显示大脑温度较高。监测技术、测量的时间以及患者的异质性都可能影响这些研究的结果。

二、发热的病理生理机制

当产热超过散热时,积聚的热量促使体温升高。对于异常的体温升高缺乏标准的量化定义,通常是人为规定的(>37.3℃)。高热分为可控性(继发于下丘脑调定点的改变)和不可控性。

对于不可控性高热,体温调节热量散失的机制通常正常,但是无法将体温降至正常的生理调定点,如各种激烈的运动、脱水、浸泡在热水中、热休克。几种不可控性高热的温度可超过41℃,被称为超高热,见于下丘脑损害(卒中或肿瘤)、内分泌紊乱(甲状腺危象及嗜铬细胞瘤危象)、麻醉引起的恶性高热、抗精神病药恶性综合征以及多种药物滥用。

可控性高热(发热)反映了下丘脑调体温定点的上移,与机体防御所需核心体温上升到恰当水平有关。这是一种古老的急性适应机制,通常与感染和促进机体存活相关。这种发热形式的体温几乎从不超过42℃,可能与热敏神经元的限制作用有关。

发热的产生可用2种机制来解释。按照传统概念,机体暴露于各种外源性致热因子,如微生物、毒素、蛋白、脂多糖、肽聚糖等时,白细胞和巨噬细胞产生热源性细胞因子。内源性致热因子,如补体,抗原抗体复合物、淋巴细胞源性分子等,也能刺激细胞因子的释放。在体内细胞因子(白介素1、白介素6、TNF-α、干扰素等)作用下,下丘脑内合成前列腺素 E_2,促使体温升高。

Blatteis总结了致热源的概念:肝脏库普佛细胞将花生四烯酸通过环氧化酶(COX)途径快速合成前列腺素 E_2(PGE_2)。病原体激活补体a5,补体a5活化肝脏库普佛细胞,这一过程不依赖于细胞因子。PGE_2通过血液至下丘脑,或通过迷走神经和去甲肾上腺素途径将致热信号传到POAH,去甲肾上腺素在这一过程中起着重要作用。动物模型中,微量去甲肾上腺素注入POAH能引起非 PGE_2 依赖的体温升高,并促进局部 PGE_2 合成,产生相对延迟的发热反应。根据这个理论,较慢的致热细胞因子引起迟发的体温升高并维持发热。

PGE_2能降低下丘脑中神经元的代谢率,导致体温调定点上移。机体通过产热升高体温,达到新的调定点温度。当 PGE_2 被清除,调定点恢复到基线水平,散热机制启动。

与致热源相平衡的物质称为制冷剂,是一组限制体温过高且对机体无害的分子,包括白介素、白介素10、精氨酸加压素、糖皮质激素、α促黑素等。TNF-α可能是调节体温的主要细胞因子,可在不同情况下起到致热源或制冷剂的作用。

研究显示高热损害大脑。在局灶性或全脑缺血动物模型中,脑温度升高恶化结果。急性缺血性损伤后温度升高1℃或1.2℃会扩大损伤区域并造成永久性神经元损伤。高热时多种机制可能加重脑损伤。较高的大脑温度加速损伤部位兴奋性毒性神经递质的释放。发热动物脑内兴奋性毒性物质水平较不发热动物高。全脑缺血后皮质内氧自由基的产生显著影响大脑温度。此外,缺血时血-脑屏障破坏的程度与大脑温度相关。缺血损伤发热时,外源性示踪蛋白跨血-脑屏障能力显著增加。在损伤期间或损伤后温度的改变可能影响结果,即使损伤后轻度降低体温也与神经系统功能和组织病理学的结果改善相关。

三、低温的神经保护作用

大脑温度在调节缺血和缺氧的影响方面发挥着重要作用。通过浸在冷水中的人没有明显的神经系统损伤这一现象,人们很早就意识到低温有潜在的挽救生命的功能,所以冷水被认为有保存生命的作用,然而其作用机制至今仍未完全清楚。古希腊医师希波格拉底发现冷水或冰有保存组织和消炎的功能,经过几个世纪的医学发展才被用于脑组织的保护。

缺血发生后数分钟到数小时,在细胞水平发生了一个复杂的级联反应过程,并维持至

72小时甚至更久。这些过程有赖于机体的温度,发热时这个反应的速度变快,低温时受抑制。在脑外伤(traumatic brain injury,TBI)、再灌注损伤和心肺复苏时称为继发性损伤。患者入院后几小时和几天内可能由于缺血、暂时性增高的颅内压或其他原因导致新的脑损伤。

神经损伤涉及发病机制众多,TBI的发病机制较全脑缺血性损伤更为复杂。缺血是各种形式脑损伤发病机制的核心,预防缺血是神经保护策略的关键。低温治疗能干预神经损伤涉及发病机制中的所有途径,而非以前研究中的某一两种。

人工低温治疗是通过多种途径发挥其神经保护作用的,如通过减少细胞代谢、延缓高能磷酸耗竭以及促进缺血后葡萄糖的利用来改变代谢率;通过抑制细胞内高钙来减轻细胞毒的级联反应,这样一来,抑制了兴奋性毒性氨基酸的释放并减少酸中毒;抑制血-脑屏障的破裂,减少自由基的形成;甚至可能在允许抗组织型纤溶酶原激活物(t-PA)溶栓作用的同时,对抗其毒性作用来保护受损的神经血管组织;通过抑制半胱天冬酶介导的凋亡来保护细胞。

表3-1 低温神经保护的病理生理学机制

作用途径	病理生理机制	作用时间
预防凋亡	缺血导致凋亡和钙蛋白酶介导的蛋白水解,低温能抑制该过程	数小时到数天
减少线粒体功能障碍,促进能量稳态	线粒体功能障碍发生在缺血后数小时到数天,可能与凋亡相关。低温能减少代谢需求,并可能改善线粒体功能	数小时到数天
减少氧自由基产物超载	缺血产生氧自由基物如超氧离子、过氧离子、羟自由基、过氧化氢酶等,轻中度低温能减少其产生	数小时到数天
减轻再灌注损伤	再灌注后级联反应的部分原因是由氧自由基介导的,能被低温所抑制	数小时到数天
减少血-脑屏障和血管壁的通透性	低温能减轻创伤和缺血导致的血-脑屏障破坏、改善血管壁通透性以及减少毛细血管渗漏	数小时到数天
减少细胞膜及核膜的通透性	低温能减少经细胞膜的渗出,减轻胞内酸中毒,减轻DNA损伤,改善细胞功能	数小时到数天
促进离子稳态	缺血导致兴奋性神经递质(如谷氨酸)聚集,导致大量钙离子内流,介导兴奋性毒性级联反应,低温抑制该过程	数分钟到72小时
减少代谢	每降低1℃,细胞代谢的氧和糖的需求减少5%~8%	数小时到数天
抑制免疫反应和各种潜在有害的促炎症反应	低温能阻断或减轻缺血后持续的破坏性炎症反应及促炎因子的释放	1小时到5天
降低脑组织的局部温度	脑损伤时,某些部位的温度较其他部位及机体核心温度可高2~3℃	数小时到数天
抗凝效果	心肺复苏术后微栓子形成加重脑损伤,低温治疗的抗凝作用能预防血栓生成,改进CRP患者结局	数分钟到数小时
抑制癫痫发作	癫痫发作加重脑损伤,低温能抑制癫痫发作	数小时到数天

低温治疗理论上的治疗时间窗为数小时至数天。表3-1中所示的病理生理过程可能因为新发的缺血事件、颅内压增高或快速复温等而再次发生,因此低温治疗疗程不能过短。然而低温治疗的副作用不能被有效控制,导致其临床应用受限。

第二节 NICU 中的发热与管理

一、重症神经系统疾病与发热

高热常见于各种危重症。外科 ICU 最常见的发热是术后对手术反应性的体温升高。其他 ICU 患者发热的常见原因有感染、酒精和药物戒断、中枢神经系统疾病、深静脉血栓形成、心肌梗死、肠梗阻、胃肠道出血、急性胰腺炎、胆囊炎、肾上腺功能不全以及甲亢。ICU 内各种药物可能成为致热源,如抗生素、抗惊厥药物、有抗胆碱能作用以及拟交感作用的药物。输血过程中也可出现发热。危重症能使机体产生促进发热的分子,如活化的补体、抗原抗体复合物、炎性胆汁酸、白细胞产物、尿酸结晶等。

发热是各种急性神经内、外科疾病的常见表现。回顾性研究显示 ICU 患者入院时发热率达到 47%。在 ICU 内每多住一天增加 32% 发热的几率。在 ICU 内住院超过 2 周的患者 93% 出现发热。一项包含 4295 例患者的研究显示:在对并发症、诊断、疾病严重程度、年龄进行调整后,体温升高与 ICU 内住院时间、高死亡率及不良的结果相关。

与发热相关的急性神经系统疾病包括 TBI、SAH、缺血性卒中、脑出血以及痫性发作等。SAH 和 TBI 患者中超过 2/3 出现体温高于 38℃,急性缺血性卒中患者发病后 72 小时内发热率超过 60%。一项研究显示 91% 的脑出血患者入院后 72 小时内出现体温高于 37.5℃。仅 1/3 的脑桥出血患者在早期就出现极高热。在 NICU 患者中感染引起的发热仅占一半。

急性中枢神经系统疾病的非感染性发热或称"中枢性发热"的确切机制尚未完全明确。原发性脑损伤,如低氧、缺血、再灌注以及脑实质、蛛网膜下腔、脑室的积血分解物等,启动神经炎症级联反应,导致 PGE_2 合成,下丘脑温度控制部分调定到较高的温度。对 POAH 的直接损伤或压迫以及中脑抑制通路的破坏也对发热起了作用。

二、体温的测量

虽然需要实施低温治疗的靶器官是人脑,研究对其他几个可行的低侵入性措施部位进行了评估,使用脑室造口术探针的热敏电阻器直接测量大脑的温度,但其操作困难或有时效果也不理想。几个研究对膀胱、鼓膜、食道、肺动脉和脑部的温度进行对比,发现它们联系密切。虽然直肠温度与脑部温度有关,但不如其他部位精确。

第三节 人工低温治疗

一、低温治疗的证据与适应证

目前的临床研究支持低温治疗的适应证及其证据等级(表 3-2)。

表 3-2 低温治疗的各种临床适应证及有效性

使用指针	是否有效	证据等级
目击患者心搏骤停,进行心肺复苏术后 60 分钟内恢复自主循环室颤及室速	有效	I
心搏骤停及无脉电活动节律	可能有效	III
没有目击的心搏骤停患者进行心肺复苏术	不清楚	IV
新生儿缺氧性脑病	有效	I

续表

使用指针	是否有效	证据等级
颅内压增高（>20mmHg）的脑外伤患者早期低温治疗	可能有效	证据存在矛盾
神经损伤的患者预防发热	可能有效	Ⅱb
脑梗死（大脑中动脉）	可能有效	Ⅲ
SAH	不清楚	Ⅳ
术中降温		
颅内动脉瘤外科手术	无效	Ⅱa
胸腹部主动脉瘤手术（脑脊髓保护）	可能有效	Ⅲ
心脏手术	不清楚	Ⅲ
肝衰竭患者控制颅内压	可能有效	Ⅲ
心脏手术后顽固性心源性休克	可能有效	Ⅲ
急性呼吸窘迫综合征改善氧合	可能有效	Ⅲ
脑水肿（无论什么原因）降低颅内压	有效	Ⅰ
减少心肌梗死范围	可能有效	Ⅳ
预防造影剂肾病	可能有效	Ⅳ
其他指针（癫痫大发作、非冠脉性心搏骤停、颈动脉手术、主动脉外科手术后脊髓缺血、急性播散性脑脊髓炎等）	不清楚	Ⅳ

二、心搏骤停和心肺复苏

20世纪50年代，中度低温（26～32℃）被用于心搏骤停恢复后仍然存在昏迷的患者。尽管有改善结局的趋势，但治疗的副作用难以控制，是否应用缺乏结论。80年代动物实验的积极结果重新激起了人们的兴趣。1997～2001年6个小型临床试验报道了21例低温治疗患者较历史对照组临床结局得到改善。随后有3个随机对照试验（RCT），第一个试验纳入了33例患者，结果显示经低温治疗后其神经病学结局改善，但是没有显著统计学差异（低温组中19%获得理想的结果，而对照组为0%，$P=0.15$）。

2002年有2个较大规模的多中心研究。Bernard等的研究纳入了77例患者。经心肺复苏术后在救护车到医院途中早期就开始低温治疗，目标温度设定在33℃，持续12小时。理想的神经病学结果（无或轻度残疾）在低温治疗组为49%（21/43），而对照组为26%（29/34），$P=0.046$。经过对病例混合的调整后，良好结局的OR为5.25（95%CI 1.47～18.76，$P=0.011$），低温治疗组存活人数（21/43）较对照组（11/34）多，但无显著差异（$P=0.145$）。

第二个较大的试验在欧洲完成，纳入了273例患者。理想的神经病学结果在低温治疗组为55%（75/136），而对照组为39%（54/137），RR=1.40（95%CI 1.08～1.81），死亡率在低温治疗组和对照组分别为41%和55%（95%CI 0.58～0.95）。该研究低温治疗开始的中位时间为心肺复苏后105分钟，维持24小时，目标温度控制在32℃～34℃，实际平均治疗时间为维持到自主循环恢复后8小时。

所有纳入研究的患者均为有旁观者目击发生的心跳骤停，从发病到救护车到达并开始心肺复苏的最大间隔时间为5～15分钟。初始心律为室颤或室速、起病到恢复自主循环的间隔不超过60分钟、持续低血压（BP<90/60mmHg）及低氧（SaO_2<85%）的患者被排除。

近筛选后仅10%的患者符合上述标准。因此该研究的结果在用于其他心律失常及无旁观者目击心搏骤停发生的患者时需要进行重新评估。一些初步的证据表面在首次心电图记录到心跳停止或无脉电活动节律的有旁观者目击发生的患者,如能恢复自主循环,则低温治疗有保护作用,通常这些患者的预后较室颤或室速的患者差,因为此类心律失常与不良的潜在病因相关,且室颤或室速容易复转。然而对于恢复自主循环的患者,低温治疗的保护作用与缺氧时间以及恢复灌注的速度相关,而非某种特殊类型的心律失常所致的脑灌注不足。

欧洲心肺复苏委员会及AHA的指南推荐:对于心搏骤停初始心律为室颤或室速的患者可使用低温治疗,而其他心律失常也可考虑使用。汇总分析显示每一个符合标准的患者如果出院时神经功能恢复良好,则需要治疗的患者数(NNT)为6,95%CI为4~14。随后的各种研究(与历史对照组匹配)的结果支持临床使用低温治疗能改善神经功能结局。但是不确定超早期低温治疗或延长治疗时间(如72小时)或两者同时进行能否改善结果。同时需要确定合理的目标治疗稳定,现有的证据支持将温度控制在32~34℃,维持12~24小时,但是随着今后的进一步研究,这一结论可能改变。

三、TBI

TBI是世界范围内致死和严重致残的主要原因之一。患者多遗留永久性神经功能残疾,同时造成巨大的经济负担。

继发性损伤在很大程度上影响最终结果,如原发性损伤后数小时到数天内可掩盖继发性进行性损伤,其机制见表3-1。TBI的传统治疗聚焦于恢复并维持足够的脑灌注、必要时外科手术清楚巨大血肿以及防治脑水肿。绝大多数中心可通过测颅内压判断脑组织水肿,指导治疗。

早期的多个动物实验显示低温能改善试验诱导的TBI动物模型的结局,随后出现了众多临床试验,但这些试验结果的解释是十分复杂的,因为涉及不同患者、不同损伤类型以及不同的试验步骤,各试验差异较大。大部分试验采用高颅内压作为纳入标准,还有部分试验则采用CT检查结果作为标准。治疗时间从24小时到5天,某些研究根据颅内压(ICP)调整治疗深度及时间,各试验复温的速度和颅内高压的反应不同。低温治疗的同时采取的其他干预措施也不同,如高渗、镇静、止痛、使血压和脑灌注恢复正常水平等,这些因素均影响TBI的最终结局和对低温治疗作用的评价。因此,对这些试验结果进行解释、比较并整合的难度较大。

有29个试验评估了低温治疗在TBI中的效果,其中27个为成人试验,18个试验设置了对照组,各个试验的步骤存在差异且并非每个都有很好的随机性。有2项研究纳入了131例ICP正常的患者,其中一项显示3个月时良好的临床结果在低温治疗组(21/45)与对照组(27/46)间无显著差异($P=0.251$)。

汇总了2096例患者的18项研究对常规治疗(如高渗、镇静、止痛及巴比妥类)无效的高颅压患者使用低温治疗。所有患者经低温治疗后颅内压降低。18个试验中有4个报告了有改善的趋势,13个试验显示低温治疗后患者结局改善显著,所有试验均在有低温治疗经验且能处理相应并发症的特定的脑外伤中心进行,其中10个为单中心研究,3个为多中心研究。

与此相反,2001年一项设计良好的多中心CRT显示尽管低温治疗组颅内压显著降低,但对患者总体的结局无影响,仅能使入院时已经进行低温治疗且没有复温地亚组患者获益。随后的分析显示尽管这项研究在方法学上设计合理,但低温治疗使用的方法存在问题。治疗开始较晚且降温速度慢(达到目标温度的时间大于 8 小时),并存在低血压、低血容量、电解质、高血糖等问题。低血压持续超过 2 小时的在低温组的发生率是对照组的 3 倍,与低血压有关的心动过缓发生率是 4 倍。因为即使是短暂的低血压或低血容量也可能影响 TBI 患者的结果,这些问题会极大地干扰试验结果。这些不良事件是低温治疗的副作用,但只要给予合适的监护就能预防因此不能被认为是低温治疗不可避免的结果。各中心患者的结果差异较大,某些中心缺乏低温治疗的经验,大中心治疗的良好结果和小中心的不良结果相抵消。这些经验低估了 TBI 低温治疗的困难性。2000~2007 年的 5 个汇总分析包括了基于随机和盲法评估的多个临床试验。所有结果都提示低温治疗有改善神经功能结局的趋势,但其中仅 2 项发现有显著性差异。除了 Brain Trauma Foundation 的分析,其他分析包括了伴或不伴颅内高压的患者。在回顾性分析中研究选择的标准区别甚微。有 2 项汇总分析还评估了复温的时间和速度,治疗时间>48 小时并缓慢复温与临床结果改善相关。所有的汇总分析均提示低温治疗与不理想临床结果和死亡的减少相关,但仅 2 项发现有显著性差异。

这些汇总分析也存在问题,大部分没有考虑患者组间的差别(如伴或不伴颅内高压)以及除了低温治疗外其他干预措施的差异,仅一项分析对正常颅内压和高颅压做了区分。2 项汇总分析评估了复温的时间和速度,治疗时间持续 48 小时及缓慢复温是治疗成功的关键。因此,大部分证据显示低温治疗对伴高颅压的严重 TBI 患者有效,治疗应尽早开始,持续时间应足够长(2~5 天),复温应缓慢。一项对正常颅压患者使用低温治疗的研究并未发现其能改善临床结果。未来需要研究长程治疗(3~5 天)能否获得更好的结果,因此,这里不推荐作为临床常规。

低温治疗对颅内高压效果明确(Ⅰ级证据)。然而,降低颅内压不能保证改善临床结局,仅在有经验的大型中心,对于外伤后数小时内开始低温治疗,并持续超过 48 小时的患者,才能促进患者存活改善神经功能结果(Ⅱa级证据)。对于低血压及低血容量等治疗副作用的处理十分关键。复温过程应极其缓慢,一般应超过 24 小时。入院时给予轻度低温治疗(33~35℃)的 TBI 患者如血流动力学平稳,应维持低温治疗(Ⅱa级证据)。尽管 TBI 发生较长时间后,低温仍能降低颅内压,但是没有证据显示这种情况下给予低温治疗能改善神经功能结局。这一问题需要未来进一步研究。目前最需要解决的问题是是否早期长程治疗(3~5 天,根据颅内压变化调整)能改善神经功能结局。

四、缺血性卒中

众多动物试验显示轻度低温能显著改善卒中动物模型的结果。一些研究显示全脑性缺血和 TBI 的治疗时间窗为 1~2 小时,而非 2~6 小时。但其他研究报告的时间更长(达到 5 小时),由动物类型、灌注程度及其他损伤相关因素决定。然而,这些数据不能直接用于人脑,因为缺血性损伤及继发性损伤的影响不同,且易受治疗干扰。

严重卒中的损伤机制与全脑低氧不同。梗死周围的缺血半暗带区灌注降低,但尚未出现不可逆性损伤,理论上半暗带区只要没有坏死就能够挽救,如使用溶栓药物。

尽管全脑低氧性损伤的临床试验和动物试验得到理想的结果,但尚无 RCT 评估低温治疗对缺血性卒中的作用。7 个可行性试验对 145 例缺血性卒中患者使用低温治疗,其中 5

项为大脑中动脉梗死伴脑水肿。这些病例中,低温治疗在入院后较长时间开始,用于治疗顽固性颅内高压,低温治疗的同时很好地控制了副作用,尽管其中一项中非致命性的肺炎发生率较高。所有的研究者均报告较历史对照组(死亡率80%),低温治疗组(死亡率38%)脑水肿显著减轻临床结果改善。许多死亡是由于复温过程中ICP反应性增高所致,随后的研究显示缓慢的控制复温过程能预防ICP增高。

然而,这些研究中没有合适的对照,卒中发生到开始低温治疗的时间间隔太长(平均22小时,大型研究中为4～75小时且开始治疗后6个小时才达到目标温度),此时许多损伤已发展为永久性的。仅一项研究同时使用溶栓和低温治疗,从逻辑上似乎是合理的(在恢复血流灌注的同时减少再灌注损伤),该研究也被证实是安全的,但由于样本太小结论力度不足。目前急需大型前瞻性研究评估中重度卒中早期低温治疗。用于评估扩低温治疗展溶栓时间窗的临床试验目前正在进行。

使用低温治疗的患者需要入住ICU,而且可能还需要辅助呼吸。尽管2项小型研究建议轻度低温治疗可在患者清醒和非辅助呼吸状态下进行,严密监测和侵入性治疗仍是获得良好结果的关键。

动物试验和部分临床试验的数据提示低温能减轻卒中患者的神经损伤,但是尚无足够的证据来推荐临床试验之外使用低温治疗。对于严重大脑中动脉梗死和脑水肿患者可采用低温治疗控制颅内压,改善其结果(Ⅲ级证据)。

五、其他指征

3个小型研究显示低温治疗能防治SAH后脑血管痉挛。初步的证据显示低温治疗能降低SAH患者颅内高压。一项多中心研究(COOL-RCN)评估低温治疗能否用于预防肾功能不全患者进行诊断性血管造影或支架植入时的造影剂肾病。一项包含了30例患者的试点研究报告了低温治疗组造影剂肾病的发生率为10%(血清肌苷较基线水平上升超过25%),而历史对照组为40%。

六、低温治疗的方法

根据上文所述,使用人工治疗性低温的唯一明确的指征是心脏骤停后缺血性脑病患者。虽然关于心脏骤停后人工低温的两个非常有影响力的研究都认为临床上这种处理是有效的,但是他们采用了有显著差异的治疗方案来诱导和维持低温、降温的持续时间、复温的技术和速度也不同。研究发表以来临床和技术又有了明显进步。常用的人工低温的诱导和维持方法有:

(一)头颅降温

虽然直接头颅降温是最为理想的,但是这种表面降温的有效性却不理想。在高级心脏生命支持时用冰块冷却头颅不能有效降低脑部的温度。一个小型研究证实当心脏骤停后使用一种新式的冷却头盔进行人工低温的效果。在无脉性电活动和心搏停止的心脏骤停患者自主循环恢复90分钟后,能将核心温度降至34℃(每小时降低0.6℃)。全身低温的诱导也可以保护缺血后损伤受累的其他器官,因此可能更倾向于全身降温。

(二)体表降温

体表降温依赖于表皮的传导散热,可以使用各种方法:如直接使用冰块、冷水、强冷空气、冷水毯或冷凝胶平面垫。

(1) 冷冰袋能以每小时 0.9℃ 的速度降低核心体温,然而这是一种效能很低的方法。如果延长冰块直接敷于皮肤上的周期可能冻伤皮肤。

(2) 冷空气降温速度较慢,每小时降温 0.3~0.5℃。

(3) 冷水毯较冷空气降温没有显著的优势。

(三) 静脉内冷盐水法

输注冷生理盐水降温是有效的,可以快速降低核心体温。

对健康志愿受试者使用维库溴铵和全麻导致神经肌肉阻滞后注射 4℃ 生理盐水 (40ml/kg) 半个小时,每小时降温 2.5℃。Bernard 等对 22 名心脏骤停后复苏的患者使用神经肌肉阻滞药注射 4℃ 乳酸林格液 (30ml/kg) 30 分钟,每小时降温 1.7℃。Kim 等进行了类似的试验:对于心脏骤停后自主循环恢复 20~30 分钟后的患者输注 4℃ 生理盐水 2L,每 30 分钟平均降温 1.4℃,但不影响左心室射血分数、生命体征及凝血象。Virkkunen 等最近研究了入院前对患者进行人工降温的可行性:对院外心脏骤停后昏迷患者输注用冰预冷的林格液 (30ml/kg),滴速 100ml/min,入院时核心体温可从开始时的 35.8℃ 降至 34℃。

这些研究证实静脉注射冷盐水是一种安全,易于操作又有效的全身降温方法。

(四) 血管内降温

Senani 等的研究显示对于室颤患者自主循环恢复后把血管闭合袢系统放置在下腔静脉可以降低中心体温,每小时降低 0.8℃。Georgiadis 进行了类似的试验,验证了应用血管内降温法诱导并维持中度低温的可行性:对 6 名有严重的急性缺血卒中患者予以中度低温治疗,每小时降低 1.4℃,平均 3 小时 (2~4.5 小时) 后达到目标温度。这些研究中患者没有出现明显的并发症。

(五) 体外循环降温

体外循环降温是迄今为止最为侵入性的方法。一个小样本研究报道了对 8 例患者使用体外热交换仪能快速中心降温,平均 113 分钟内可降至 32℃。

七、低温治疗并发症及其处理

(1) 心率失常:虽然在诱导轻中度低温时可能发生心室异位,但是室颤是罕见的。H. A. C. A. 研究表明即使在对有室速和室颤的患者进行治疗性低温,也几乎不会发生心室异位。温度在 32~36.5℃ 之间时,心动过缓是最为常见的心律失常。

(2) 电解质异常:最常见的是短暂性低钾血症,主要是由于细胞内钾离子转移和过度纠正所致。在复温时可能会出现导致危及生命的反跳性高钾,必须谨慎监测电解质。

(3) 免疫系统:降温会抑制免疫系统,如抑制 T 细胞介导抗体的产生,使患者容易发生感染。Schwab 等曾报道 25 名卒中患者在进行降温时,有 7 名患者发生了败血症。与此不同,H. A. C. A. 研究没有发现低温治疗组和对照组间发生感染存在显著差异。

(4) 凝血异常:低温会导致凝血异常,如出血时间延长,抑制凝血连锁性酶促反应。

第四节 结 论

发热是各种神经损伤常见的并发症,越来越多的证据支持发热对脑产生损伤,不论是否感染所致,均与不良临床结果风险的增加成独立的相关性。在 NICU 中对于卒中患者及其他神经损伤患者的体温控制措施应用时需十分谨慎。低温治疗是神经损伤治疗的重要进展,对全脑缺氧后缺血性神经损伤有效;在各种脑损伤时都能降低颅内压;在应用于 TBI、缺血性卒中等时,虽然目前的研究数据十分理想,但需要严格评估。需要进一步研究确定低温治疗的深度和持续时间。对于大多数意识水平下降(尤其是在低温治疗之前)的神经损伤患者应在发病后保持正常体温至少 72 小时。目前应优先使用现有证据进一步完善低温治疗的策略。

(何 晟)

参 考 文 献

Axelrod YK,Diringer MN. 2008. Temperature management in acute neurologic disorders. Neurol Clin,26(2):585~603

Clifton GL,Valadka A,Zygun D,et al. 2011. Very early hypothermia induction in patients with severe brain injury (the National Acute Brain Injury Study:Hypothermia Ⅱ):a randomised trial. Lancet Neurol,10(2):131~139

Linares G,Mayer SA. 2009. Hypothermia for the treatment of ischemic and hemorrhagic stroke. Crit Care Med,37(7 Suppl):S243~249

Polderman KH. 2008. Induced hypothermia and fever control for prevention and treatment of neurological injuries. Lancet,371(9628):1955~1969

Polderman KH. 2009. Mechanisms of action,physiological effects,and complications of hypothermia. Crit Care Med,37(7 Suppl):S186~202

Torbey MT. 2010. Neurocritical Care. Cambridge University Press,38~48

第4章 机械通气与气道管理

气道管理和机械通气是 ICU 危重病人管理的重要环节。本章节,我们讨论一些基本的概念,并关注医护人员在日常危重患者处理过程中所面临的实际情况。

第一节 气 道 管 理

气道管理是处理各种病人呼吸道问题的关键。危重病人通常有缺氧、酸中毒、血流动力学不稳定等情况,耐受性比较差,气管插管的概率相应增加。许多合并症如血管疾病、颈椎骨折、面部外伤、喉头水肿及重症患者战胜疾病信心的丧失等因素使得问题更加复杂化。

一、气管插管的指征

出现下列三种情形时需要建立有效的人工气道:
(1) 脑损伤病人损伤了气道保护反射,不能保护和维持呼吸通道通畅。
(2) 心跳呼吸骤停、急性呼吸窘迫综合征、败血症性休克、神经肌肉病变的患者存在氧合和通气障碍等。
(3) 存在呼吸道解剖学畸形,其临床过程有可能进行性恶化。

需要注意的是,咽反射与气道保护机制相关性不佳,在评估何时需要气道插管时无临床意义。动脉血气分析主要用于判断是否存在呼吸衰竭及是否需要机械通气支持,对于判断是否需要气管插管用处不大,如果仅根据血气分析情况判断是否需要气管插管有可能导致错误的决定。格拉斯哥昏迷量表(GCS 评分)长期以来用于创伤性和非创伤性神经损伤患者的气道状况评估。严重脑损伤患者 GCS 评分<8 分因丧失气道保护性反射机制应该立即插管。但 GCS 评分也有许多的局限性,最近的报道指出,在急诊室 GCS 评分的评估作用很有限。肺功能检测参数如肺活量在神经肌肉病变的临床病程中也被广泛应用,对重症肌无力和格林巴利综合征患者,可参考肺功能检测参数判断呼吸肌无力及气道插管的必要性。

如不能及时预测及认识到即将发生的呼吸衰竭,可能会导致危及生命的后果。如果预计患者病情将进行性恶化,即使插管有风险也要谨慎进行,否则将可能面临无法有效供氧和机械通气等后果。

二、快速顺序插管

快速顺序插管(RSI)是呼吸通道紧急开放的基础。利用特定顺序的药物局部麻醉,使得气道内导管置入更加容易。美国紧急气管注册表显示 RSI 是最常用的气管插管技术,成功率大于 98.5%。许多研究发现,RSI 与其他传统的技术相比,其成功率更高、并发症更少。但并不是所有的危重病人都适合 RSI。RSI 最常见的禁忌证是预测为困难气道的患者。

三、RSI 方 法

（1）准备：吸引装置、导管、氧气、药物、输液、连接管、刀片、备用方案、急救、外科手术。

（2）预先吸氧：利用纯氧来代替 FRC 可以允许较长时间的呼吸暂停。因为血氧饱和度从 90% 降到 0% 的时间大大短于从 100% 降到 90% 的时间（图 4-1）。

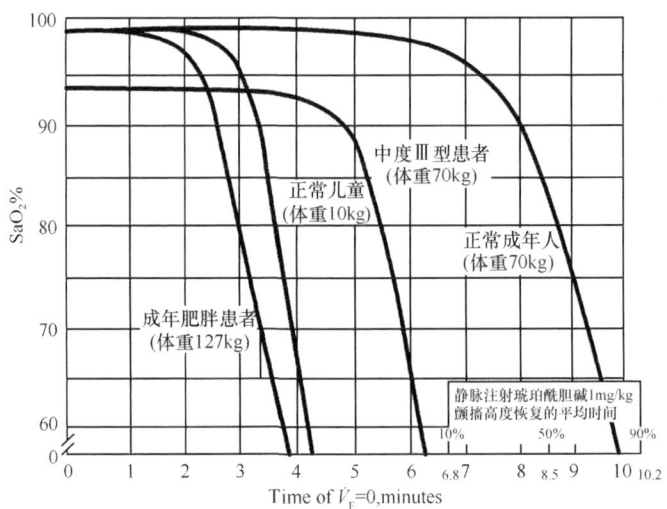

图 4-1　不同患者氧饱和度降低时间

预处理：给予一定的药物以减少喉镜检查导致的不良生理反应。常用药物：①利多卡因：用来抑制咳嗽反射和减少插管所导致的颅内压增高；②类罂粟碱：芬太尼常用来降低交感神经反应和抑制插管引起的血压升高，也用来止痛和镇静；③阿托品：用来抑制儿童迷走神经的反应；④神经肌肉阻滞剂：用来阻滞与琥珀酸胆碱有关的肌束震颤，避免颅内压的升高，但是该用法存在争议。

（1）诱导麻痹：可立即诱发呼吸肌的瘫痪麻痹。呼吸药理学的知识是至关重要的。

（2）保护和定位：为防止误吸，插管时可请助手实施环状软骨压迫手法（Selick 法），以堵塞食道和进行最优定位。

（3）插管成功证据：通过测定呼气末 CO_2 的量来证实。

（4）插管后处理：固定管道、镇静、机械通气。

RSI 是脑损伤患者和颅内压增高患者气管插管的首选方法，并且可以使插管相关的副作用减少到最小。由于 RSI 是在使用肌松剂后插管，应由经验丰富者进行操作，争取一次成功。对缺乏插管经验者，肌松后插管有一定风险。

四、气道药理学

熟悉各种前期诱导剂、诱导剂和神经肌肉阻断剂，对特定的临床表现选择正确的药物。正确的选择不仅增加了插管成功的可能性，而且降低了并发症的发生率。常用诱导剂见表 4-1。常用神经肌肉阻断剂见表 4-2。

表 4-1 诱导剂

药名及剂量	优点	缺点	反指征
硫喷妥钠 1.5~5mg/kg IV	快速起效 维持时间短 降低 ICP 抗惊厥	降低血压 心肌抑制 呼吸抑制 组胺释放 无止痛效果	低血压患者 哮喘患者 卟啉病
美索比妥 1.5 mg/kg IV	起效极快 维持时间极短 降低 ICP	降低血压 呼吸抑制 痫性发作 喉部痉挛 无止痛效果	低血压患者 痫性发作疾病 卟啉病
依托咪酯 0.3 mg/kg IV	对与血压无有害作用 呼吸抑制作用轻 降低 ICP 和眼内压	肌阵挛 痫性发作 呃逆 恶心/呕吐 减少激素合成 无止痛效果	局部痫性发作疾病（使用时需谨慎） 肾上腺功能不全时不能持续静脉滴注，因为可能抑制激素合成
异丙酚 0.5~2 mg/kg IV	降低 ICP 静滴可维持镇静 止吐作用 抗惊厥	降低血压 心肌抑制 呼吸抑制 肌阵挛 注射点轻微疼痛 少见的支气管痉挛 无止痛效果	低血压患者 哮喘患者（使用时需谨慎）
氯胺酮 2 mg/kg IV	麻醉时不损害气道反应 止痛 遗忘 支气管扩张 不降低血压（对低血压患者合适） 无显著的呼吸抑制作用	升高 ICP 轻微增加眼内压 增加气道分泌 喉痉挛 升高血压 加快心率 增加肌张力 恶心/呕吐	无法控制的高血压 ICP 增高 贯通性眼损伤 青光眼 急性上呼吸道感染 冠心病/心衰 精神病史 甲状腺危象
咪达唑仑 0.1~0.3 mg/kg IV	遗忘 抗惊厥	起效慢 效果不持续 呼吸抑制 低血压（剂量依赖）	低血压患者

表 4-2 神经肌肉阻滞剂

药物名称	剂量	指征	反指征
琥珀酰胆碱	1.5 mg/kg IV	缺乏麻痹，除非反指征存在	气道困难，不能安全进行面罩通气 恶性高热的家族史或既往史 明确的高钾血症 某些慢性肌肉萎缩、既往有脊髓损伤、卒中或脱髓鞘疾病 之前 RSI 时组织损伤时间超过 3 天 伴或不伴高钾的肾衰（相对的）
罗库溴铵	1mg/kg IV	如果使用琥珀酰胆碱存在禁忌	气道困难，不能安全进行面罩通气

五、困难气道的评估

美国麻醉学会将困难插管或者通气困难定义为困难气道。

困难插管是指由有经验的操作者在使用常规喉镜下插管时间超过10分钟,或尝试3次以上插管而失败。LEMON对迅速评估病人是否为困难通道有指导意义,其内容包括如下几点:①外部检查:面罩吸氧和喉镜检查的外部证据证实是困难气道的。②评估3-3-2原则:3个手指在病人的口腔,3个手指从下颌到舌骨,另2个手指从嘴角到甲状切迹。这些评估可以用来预测喉镜检查和气管插管成功的可能性。③Mallampati评分没有对ICU患者进行检查,该评分系统是根据检查者所见患者软腭、悬雍垂、咽侧壁的可见度来判断插管困难的程度。此法简单,但仅能预测50%左右的困难插管。④阻塞:上气道阻塞的症状和体征是喉镜检查困难的一个标志。⑤颈部活动:试图插管的颈椎外伤患者,由于其颈部活动受限等因素将使得喉部的观察受限。

通气困难是指由有经验的操作者利用面罩给氧或给予100%的纯氧吸入,仍不能维持患者血氧饱和度在90%以上的情况。预测通气困难的指征包括以下几点:①面罩密封:许多情形可导致面罩密封很困难,如胡须和面部外伤等;②肥胖或上气道梗阻:例如妊娠期妇女和BMI>26的患者;③年龄:年龄>55岁的患者,其上呼吸道肌肉张力的降低,通气困难的风险增高;④牙齿的缺失;⑤四肢强直:患者常需要较高通气压力,如ARDS患者仅仅通过面罩给氧往往是不能成功的。

针对ICU患者的气道评估,通过快速检查通常可以协助插管前的准备。但是,最近一份回顾性研究表明,在急诊科室的危重患者中约70%的患者不可能进行气道评估。此外,即使患者不存在上述困难气道的特征也不能保证不会遇到困难气道。因此,当务之急是怎样解决困难气道的问题。

六、通道开放失败

通道开放失败是指有经验的操作者插管三次失败,或者在一次或多次喉镜检查失败的情况下,不能维持足够的血氧饱和度。如果无法插管或给氧,在紧急情况下应进行环甲膜切开术。

七、颅内压增高时的气道护理

对已知或怀疑颅内压增高的患者,首要任务是预防继发性的脑损伤。下列因素与继发性脑损伤有关:①喉镜检查和插管过程可能导致的颅内压升高;②镇静剂或血容量不足导致的低血压;③在插管过程中出现的低氧血症;④颈椎损伤常伴随TBI,因此要尽量避免颈椎的操作,以防损伤脊髓。

药物和技术的选择必须仔细考虑。对颅内压增高的患者通常选择RSI插管技术,患者处于镇静、麻痹的状态,而且插管时间比较短。诱导前的用药在前面章节已说明。诱导剂和神经肌肉麻痹通常选择依托咪酯和琥珀酸胆碱。困难气道处理的设备应始终准备在手边。

八、ICU患者的处理

正如插管技术一样,一个系统的气道管理策略有利于提高急诊科室处理的成效及改善插管的成功率。Wall等人根据不同的特点将插管策略分为四类:①通用的插管策略;②崩溃气道的插管策略;③困难气管的插管策略;④失效气道的插管策略。通常的插管策略是每次插管的起点。重症监护的医护人员应首先预测患者是否接近死亡或有困难气道。崩溃气道或困难气道的管理依据各自的情况而定。供氧失败或插管失败时应启动失效气道的管理策略。

娴熟的气道管理技术是所有重症监护医护人员必须掌握的技能。RSI 是大多数情况下可以选择的插管技术。

第二节 机 械 通 气

新技术日新月异的发展使机械通气得到了全新的发展,提供多种的模式、报警设置和监测能力,使得病人更加安全,更容易与呼吸机同步。但值得提醒的是,尚无任何一种机械通气模式被证实在治疗效果方面优于其他模式。这些研究大部分把氧合指标作为观察终点。事实上,大量针对 ARDS 患者高与低潮气量通气的对比实验研究说明,低的潮气量(6ml/kg)通气使得患者的死亡率增高。与高潮气量患者相比,低潮气量患者氧合指标更差。

记住现代呼吸机的所有模式和参数并不重要,重要的是掌握基本的生理学概念。尤其在处理脑损伤和过度换气患者时,仍然有细微的差别。

机械通气可分为无创通气和有创通气两种方式。机械通气的两种基本模式:压力驱动和容量驱动,其他各种送气模式都是利用了这两个基本模式之一。每一个呼吸模式有三个阶段的吸气变量:触发、目标、标准循环。呼吸可以是强制性的或者是自发的。除了像高频振荡通气等特殊模式外,呼气过程多数是被动的。

一、机械通气模式

(一)机械控制通气

机械控制通气是指所有的通气都是由机器控制的,病人不能触发呼吸机,主要适用于无自主呼吸的患者。气体输出可以选择定压模式,也可以选择定容模式。

(二)辅助控制通气

辅助控制通气模式下患者可自主触发呼吸机,但是每一次送气机器都按设定的容量或压力进行。呼吸机通过判断病人是否达到预调触发灵敏度(压力或流量的变化)送气。送气模式分为定容和定压两种。容量辅助控制通气时送气由时间或病人触发、潮气量恒定、容量转换(图 4-2,图 4-3)。医生设置呼吸频率、流量和潮气量。系统的压力根据气道阻力、肺的顺应性和患者的努力而变化。压力辅助控制通气时送气由时间或病人触发、送气压力恒定、时间转换。医生设置呼吸频率、吸气压力和吸气时间。系统流量根据气道阻力、肺的顺应性和患者的努力而变化。由于流量的变化,潮气量相应改变。

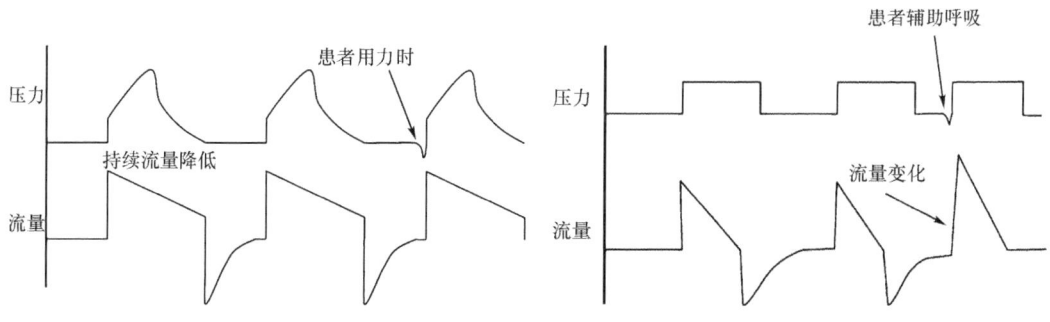

图 4-2 辅助控制通气(容量模式)　　图 4-3 辅助控制通气(压力模式)

(三) 同步间隙指令通气

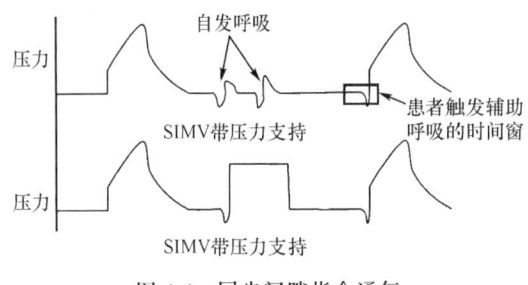

图 4-4 同步间隙指令通气

机械控制通气通过定压或者定容送气。在两次呼吸之间，患者可以通过自动供气阀或持续的气流自主呼吸。辅助控制模式中，在机器设定的时间窗里，机器强制送气可与病人努力同步。同步间歇性指令通气 (SIMV) 可以与压力支持相结合，这样每一个自主的呼吸在特定的时间窗不会触发失败，这与设定的打开气道的压力有关 (图 4-4)。

(四) 压力支持

压力支持通气时送气仅仅通过患者自主呼吸触发，没有强制送气。每次送气都是病人自主触发的，压力恒定的流量转换。当气流量降到一定水平吸气会停止 (通常为峰流量的 25%，见图 4-5)。医生设置吸气压力，在新一代的设备中，压力上升时间和终止的条件是可以调整。压力上升时间

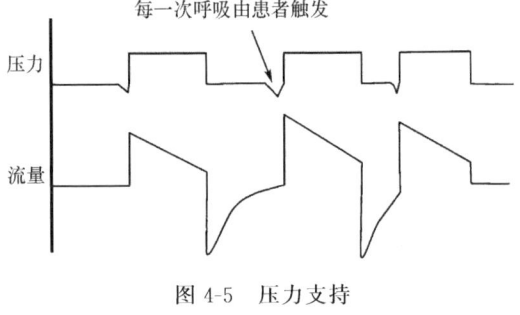

图 4-5 压力支持

取决于最初的气道压力。终止的条件可以通过改变呼吸末的气流量来调节。

(五) 双模式机械通气

双模式机械通气是指呼吸机的闭合回路里结合压力、容量两种模式，以保证足够的潮气量。医生通常设置潮气量、吸气时间和最大压力。在这种通气模式中，常以压力模式送气。呼吸机通过反馈增强作用，在特定的时间里，以最低的吸气压，使得实际潮气量与设定潮气量相符。PB840 呼吸机 VC＋或西门子公司在 Servo 系列的 PRVC 呼吸机均有此功能。

(六) 呼气末正压通气

高水平的呼气末正压通气 (PEEP) 多用于治疗 ARDS/ALI。但其在脑损伤患者中的应用还存在争议，主要由于：①PEEP 通过增加呼吸道压力，降低脑静脉的回流量，增加颅内压。②PEEP 通过减少静脉回流，降低平均动脉压，从而降低脑灌注压。③PEEP 通过，导致肺泡复张，改善肺的顺应性，改善氧合。最近一项关于肺脑相互作用的研究表明，PEEP 增加肺泡复张并不会使颅内压增高，但对呼吸系统具有正常顺应性的患者，PEEP 可引起动脉血 CO_2 分压、脑血流量和颅内压增加。对该研究权威的评论认为 PEEP 对外伤性脑损伤患者具有较好的疗效。总的来说，只要维持足够的入液量，适当水平的 PEEP 对脑损伤病人是安全的。治疗应根据颅内压、动脉血 CO_2 分压和神经状况而因人而异。

二、过度通气

在机械通气方面,重症监护的医护人员应谨记以下几点:①如果过度通气导致继发性的动态肺过度充气,从而使得呼气时间不足,呼吸道压力将增加,从而导致颅内压增高,静脉窦回流障碍。过度通气导致动脉血 CO_2 分压继发性升高(图4-6)。②提高气流流速将导致呼气时间延长,降低呼吸道压力。

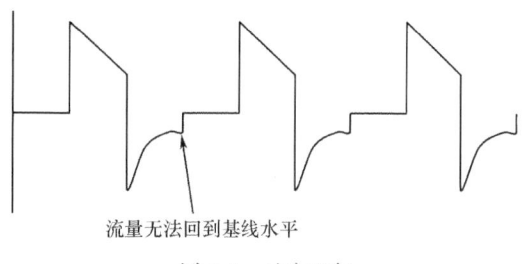

图 4-6 过度通气

在开始过度通气之前,需考虑到可能提高 CO_2 清除率的各种因素,如消除呼吸机回路中不必要的死腔、通过排除胸腔积液和腹水提高呼吸系统的顺应性、实现人机同步、确保气管内导管的通畅等。

三、无创机械通气

随着病人与呼吸机接口的显著改善,医生对操作无创通气(NIV)的各种模式已非常有经验。双水平气道正压通气(BIPAP)是最常用的模式,这种模式下,在两个不同的压力水平的呼吸回路中,患者都是自主呼吸的。NIV 不需要建立人工气道,其独特的优点就是避免了有创通气相关的并发症。对于合适的患者,NIV 可降低感染的风险,包括医院获得性肺炎、鼻窦炎等,同时保留了上呼吸道防护机制,且允许病人正常发音和饮食。但患者的选择依然是关键。如果患者存在无法自行咳出气道内的分泌物、上呼吸道功能丧失、血流动力学不稳、上消化道出血等情况时选择有创机械通气是较好的处理方式。

关于慢性阻塞性肺疾病(COPD)加重期的大量数据显示,应用 NIV 可降低发病率和死亡率,缩短住院周期,可以降低相关费用。

NIV 理论上对神经肌肉病变患者是有益。但尚缺乏大量的循证医学证据支持。最近对 11 例因肌无力危象而突发呼吸衰竭的患者所做的回顾性研究表明,在该 11 例突发事件中有 7 例因实施 NIV 而避免了气管插管。

在收住 ICU 的患者中呼吸衰竭极其常见,患者通常需要不同模式的通气支持。熟悉机械通气的基本原理可以帮助医生更容易的管理机械通气的患者,解决其常见问题。

(贲素琴 王海英)

参 考 文 献

Andrews PJ. 2005. Pressure, flow and Occam's razor: a matter of 'steal'? Intens Care Med, 31:323~324

Bair AE, Filbin MR, Kulkarni RG, et al. 2002. The failed intubation attempt in the emergency department: analysis of prevalence, rescue techniques, and personnel. J Emerg Med, 23:131~140

Branson RD, Davis K Jr. 2001. Dual control modes: combining volume and pressure breaths. Respir Care Clin N Am, 7 (3):397~408

Davis DP, Ochs M, Hoyt DB, et al. 2003. Paramedic-administered neuromuscular blockade improves prehospital intubation success in severely head-injured patients. J Trauma, 55:713~719

Dunham CM, Barraco RD, Clark DE, et al. 2003. Guidelines for emergency tracheal intubation immediately after traumatic injury. J Trauma, 55:162~179

Gill MR, Reiley DG, Green SM. 2004. Interrater reliability of Glasgow Coma Scale scores in the emergency department. Ann Emerg Med, 43:215~223

Levitan RM, Everett WW, Ochroch EA. 2004. Limitations of difficult airway prediction in patients intubated in the emergency department. Ann Emerg Med, 44(4):307~313

Mascia L, Grasso S, Fiore T, et al. 2005. Cerebro-pulmonary interactions during the application of low levels of positive endexpiratory pressure. Intens Care Med, 31:373~379

Rabinstein A, Wijdicks EF. 2002. BiPAP in acute respiratory failure due to myasthenic crisis may prevent intubation. Neurology, 59(10):1647~1649

第5章 神经药理学

本章主要介绍神经药理学基础及神经重症监护病房(neurological intensive care unit, NICU)的常用药物,重点讨论抗血小板、抗血栓药物和抗癫痫药物的作用机制、剂量、副作用、药物的相互作用、药代动力学参数等药物特性。而有关这些药物在神经病学和神经外科特定情况下的应用,会在本书中的其他章节进行更详细和深入的讨论。

第一节 神经药理学基本原理

一、药理学相关神经细胞生理

电化学梯度:细胞膜上钾通道的通透性决定细胞膜静息电位(-70mV)。离子通道通过"开"和"关"改变通透性,引起膜电位变化。

(一) 离子通道

离子通道是神经元细胞膜上的跨膜蛋白,当开放时允许特定的离子通过,改变电化学梯度。离子通道可分为电压门控通道和配体门控通道。
(1) 电压门控通道:膜电位的改变控制其开关,多见于轴丘、长的轴突及轴突末端。
(2) 配体门控通道:神经递质与受体结合控制其开关,多见于树突和胞体。

(二) 动作电位

动作电位是一个"全或无"、放大的、短暂的、自发性的膜除极过程。当神经元局部刺激达到阈值(较静息电位高约15mV)时触发去极化。
(1) 钠通道激活造成钠离子内流,引起去极化。
(2) 钠通道失活与钾通道激活造成钾离子外流,引起复极化。
(3) 不应期包括绝对不应期(钠通道的持续失活导致动作电位无法产生)及相对不应期(需要高于阈值的刺激才能产生动作电位)。

(三) 突触传递

当动作电位传递至突触前膜时:
(1) 电压依赖性钙通道被激活,钙离子内流。
(2) 包含神经递质的囊泡通过胞吐作用释放如突触间隙。
(3) 神经递质与突触后膜上的受体结合。
(4) 局部突触反应可能是兴奋性的或抑制性的,视受体性质而定。
兴奋性突触后电位(EPSP):突触后膜轻度去极化,增加动作电位传导的可能性。
抑制性突触后电位(IPSP):突触后膜轻度超极化,减少动作电位传导的可能性。
突触可塑性包括
长时程增强作用:刺激引起的突触反应的长时程改变,被认为与学习和记忆有关。
长时程抑制作用:与长时程增强作用相反,同样与学习和记忆有关。

（四）受体

受体通过各种作用机制介导重要的细胞效应。主要的神经递质受体包括：
(1) 亲离子受体：配体门控离子通道。
(2) 亲代谢性受体：G蛋白欧联受体通过第二信使（cAMP和磷酸肌醇等）系统生效。

二、神经递质

神经递质的主要特征有：
(1) 存在于神经元末端。
(2) 刺激神经元引起释放。
(3) 当外源性神经递质作用于突触后膜，与刺激突触前神经元作用相同。
(4) 在突触内通过再摄取或酶分解来灭活。

（一）多巴胺

(1) 生物合成

酪氨酸 $\xrightarrow{\text{酪氨酸羟化酶}}$ 多巴 $\xrightarrow{\text{多巴脱羧酶}}$ 多巴胺

酪氨酸羟化酶为限速酶。

(2) 代谢：主要通过突出前神经元再摄取将多巴胺从突触间隙清除，或通过儿茶酚胺氧位甲基转移酶（COMT）及单胺氧化酶（MAO）分解，主要代谢产物是高香草酸（HVA）。

(3) 功能结构：主要的多巴胺能途径包括：

1) 黑质纹状体途径：由基底节黑质投射至纹状体，构成锥体外运动系统。

中脑边缘系统途径：从中脑被盖腹侧投射至边缘系统，包括伏隔核。在意识和情感过程中起着重要作用，与精神病和药物滥用有关。

中脑皮层途径：从中脑被盖腹侧投射至皮层，特别是额叶皮层。同样在意识和情感过程中起着重要作用，与精神病和药物滥用有关。

2) 下丘脑前漏斗结节途径：从下丘脑弓形核投射至垂体。该途径中多巴胺的分泌抑制垂体前叶泌乳素的释放。

(4) 受体与药理学作用：多巴胺受体亚型D1～D5按功能分类分为2类。D1受体分布广泛。

1) 多巴胺受体激动剂：用于治疗运动障碍疾病和抑郁症（如MAO阻断剂、三环类药物、安非他酮），可卡因和安非他明等毒品也属于此类，可导致欣快、恶心呕吐、视幻觉、精神异常、过动症等。

2) 多巴胺受体拮抗剂：用于治疗精神异常，能产生体重增加，自主神经系统症状（直立性低血压、阳痿、泌乳症等）、帕金森综合征、镇静剂恶性综合征及运动迟缓。

（二）去甲肾上腺素

(1) 生物合成

酪氨酸 $\xrightarrow{\text{酪氨酸羟化酶}}$ 多巴 $\xrightarrow{\text{多巴脱羧酶}}$ 多巴胺 $\xrightarrow{\text{多巴胺β羟化酶}}$ 去甲肾上腺素

去甲肾上腺素 $\xrightarrow{\text{苯乙醇胺-N-甲基转移酶}}$ 肾上腺素

和多巴胺合成一样,酪氨酸羟化酶为限速酶。

(2) 代谢:主要通过突出前神经元再摄取清除,也可代谢为 COMT 及 MAO,主要代谢产物是 HVA 及甲氧基-羟基-苯乙二醇(MHPG)。

(3) 功能结构

1) 主要在蓝斑合成,弥散的投射至皮层、边缘系统、网状上行激活系统及脊髓。

2) 除了汗腺外的交感神经节后纤维的神经递质。

(4) 受体与药理学作用

1) 肾上腺素能受体激动剂:用于治疗抑郁症(如 MAO 阻断剂、三环类药物、文拉法辛),产生拟交感作用。

2) 肾上腺素能受体拮抗剂:用于治疗震颤和焦虑症(如 β 受体阻断剂治疗特发性震颤)。

(三) 5-羟色胺

(1) 生物合成

色氨酸 $\xrightarrow{\text{色氨酸羟化酶}}$ 5-羟色氨酸 $\xrightarrow{\text{氨基酸脱羧酶}}$ 5-羟色胺

色氨酸羟化酶是限速酶,但色氨酸是更重要的限速因子。

(2) 代谢:主要通过突触再摄取,同时也可通过 MAO 灭活。主要代谢产物是 5-羟吲哚乙酸(5-HIAA)。5-羟色胺还是黑色素合成的底物。

(3) 功能结构:5-羟色胺主要作用途径包括:

1) 在中脑和桥脑背侧的背缝神经核合成,弥散的投射至大脑皮层、边缘系统、纹状体、小脑,同时还作用与颅内血管壁,包括与三叉神经相关的血管。

2) 桥脑和延髓的尾侧中缝核也能合成 5-羟色胺,并投射至脊髓,与疼痛相关。

(4) 受体与药理学作用:5-羟色胺能激动剂用于治疗抑郁症和偏头痛。能导致致命性的 5-羟色胺综合征,包括精神状态改变、自主神经功能亢进、运动障碍(很难和镇静剂恶性综合征相鉴别)。

(四) 乙酰胆碱

(1) 生物合成

乙酰辅酶 A + 胆碱 $\xrightarrow{\text{胆碱乙酰基转移酶}}$ 乙酰胆碱

反应的限速因子是胆碱。

(2) 代谢:突触内的胆碱酯酶可将乙酰胆碱分解为乙酰辅酶 A 和胆碱。

(3) 功能结构

1) 主要在基底核合成,如迈内特基底核,投射至嗅皮层、海马、杏仁核及皮层相关区域。

2) 神经肌肉接头的神经递质。

3) 自主神经系统的神经递质(除了多数交感系统节后纤维外)。

(4) 受体与药理学作用

1) 抗胆碱能药物:用于治疗运动障碍,但可能导致认知功能受损。副作用包括瞳孔扩大、困倦、口干、排尿困难、便秘,严重者可出现心动过速、高血压、高热及谵妄。

2) 胆碱酯酶抑制剂:用于治疗重症肌无力和 AD。包括可逆性抑制剂,如吡斯的明和毒扁豆碱以及不可逆性抑制剂,如有机磷和神经毒气。能导致胆碱能危象,表现为出汗、流涎、支气管分泌物增多、瞳孔缩小、肌肉弛缓性麻痹及呼吸衰竭。

(五) 组胺

(1) 生物合成

组氨酸 —组氨酸脱羧酶→ 组胺

(2) 代谢:被组胺甲基转移酶分解。

(3) 功能结构:主要产生于下丘脑乳头结节核,投射至中枢神经系统,尤其是皮层和边缘系统,调节觉醒、体温及血管动力学。

(六) γ 氨基丁酸(GABA)

中枢神经系统主要的抑制性神经递质,还有甘氨酸(脑干和脊髓中发现的抑制性神经递质)。

(1) 生物合成

1) 谷氨酸 —谷氨酸脱羧酶→ GABA

2) 需要维生素 B_6(吡哆醇)作为辅助因子。

(2) 代谢:GABA 在突触间隙被再摄取和酶分解。

(3) 功能结构:广泛分布于中枢神经系统。抑制颅内局部神经元间活性。

1) $GABA_A$ 受体结合部位:

A. 苯二氮䓬类:增加 Cl 离子通道开发频率。

B. 巴比妥类:增加 Cl 离子通道开发持续时间。

C. 苦味毒作用位点。

D. 类固醇作用位点。

E. GABA 作用位点。

2) 作用于 $GABA_B$ 受体的药物:

A. 激动剂:巴氯芬。

B. 拮抗剂:法克罗芬。

3) GABA 能药物:用于肌松、镇静、抗癫痫。如硫加宾是一种 GABA 再摄取抑制剂,γ-乙烯氨酪酸抑制 GABA 转氨酶活性,托吡酯增强 GABA 受体活性。

γ-羟基丁酸(GHB):GABA 类似物,γ-羟基丁酸钠用于治疗伴猝倒的发作性睡病。也被作为"迷幻药"非法使用。

4) GABA 受体拮抗剂:氟马西尼用于治疗苯二氮䓬类药物过量。

(七) 谷氨酸

谷氨酸为脑内主要兴奋性神经递质。脊髓中主要兴奋性神经递质为天冬氨酸。

(1) 生物合成

谷氨酰胺 —谷氨酰胺酶→ 谷氨酸

(2) 代谢：通过再摄取回到突触前神经元，终止谷氨酸活性。
(3) 功能结构：广发分布于整个中枢神经系统。
(4) 受体和药理学：NMDA 受体是一种配体门控和电压门控钙通道结合位点：
1) 多胺(苯环己哌啶和氯胺酮)：电压依赖性增加。
2) 镁：电压依赖性减少。
3) 锌：电压依赖性减少。
4) 谷氨酸类似物：软骨藻酸(domoic acid)导致痫性发作。
5) 谷氨酸兴奋性毒性：过量的 NMDA 导致神经元死亡，涉及包括卒中、神经退行性疾病在内的多种神经精神病理生理过程。
6) 谷氨酸受体拮抗剂：用于治疗癫痫(如拉莫三嗪、加巴喷丁)。
7) 美金刚：非竞争性 NMDA 受体拮抗剂，通过抑制钙离子内流时间来预防其兴奋性毒性，用于治疗中重度 AD。
8) 利鲁唑：NMDA 受体拮抗剂，用于延长 ALS 患者生存期。

（八）一氧化氮(NO)

NO 能调节脑血流量，促进阴茎勃起。
(1) 生物合成

$$\text{精氨酸} + \text{氧} \xrightarrow{\text{NOS}} \text{瓜氨酸} + \text{NO}$$

(2) 受体及药理学：NO 能直接进入细胞，并不需要特异性受体。NO 能促进 cGMP 的生成。
(3) 其他神经肽：大多数神经肽源于前体分子，与其他神经递质一起释放来起作用。
食欲素(orexins)：在下丘脑合成，调节睡眠-觉醒周期，发作性睡病时缺乏。

第二节 血管活性药物

血管活性药物是 NICU 常用的药物(更多内容参见第 6 章 血压管理)，该类药物多需要经中心静脉途径给药，常有的有：

(1) 多巴酚丁胺：用于治疗心衰，增加心输出量，同时降低周围血管阻力，因此对血压的影响不大。不像多巴胺那样会增加肺毛细血管楔压(PCWP)。

(2) 多巴胺：用于治疗低血压、心率减慢及无尿性肾衰(尚有争议)。可通过周围静脉小剂量使用。小剂量[$0.5\sim3\mu g/(kg \cdot min)$]时作用于多巴胺受体扩张肾血管，促进排钠；中等剂量[$5\sim10\mu g/(kg \cdot min)$]时主要通过 β 受体起到正性肌力作用；大剂量[$>15\mu g/(kg \cdot min)$]时通过 α 受体收缩血管，有时可导致瞳孔扩大甚至固定。主要副作用是导致心律失常、心动过速(尤其是血容量低者)。

(3) 肾上腺素：用于治疗过敏反应，心搏骤停时帮助恢复循环。

(4) 利多卡因：用于减少异位搏动。心动过缓及房室传导阻滞时慎用。

(5) 尼卡地平：钙离子拮抗剂，用于治疗各种颅内疾病导致的血压过高。

(6) 硝酸甘油：可用于血压不低的患者的心肌缺血、冠脉痉挛、慢性心衰的治疗。小剂量时可通过周围静脉给药。其对静脉的扩张作用强于动脉。硝酸甘油可能减少心脏输出与硝普钠不同,硝酸甘油不会产生脑内盗血作用。

(7) 硝普钠:用于治疗脑卒中、高血压危象、主动脉夹层时血压过高。对动脉与静脉的扩张作用相当。因为可能扩张周围血管而导致脑内盗血,脑缺血时避免使用。小剂量时可通过周围静脉给药。使用超过 3 天后继续使用需每天监测硫氰酸盐水平。

(8) 去甲肾上腺素:用于治疗败血症时低血压,作用于 β_1 和 α 受体,$1\sim2\mu g/min$ 时有改变心肌收缩力的作用,剂量增大则呈现缩血管作用。

(9) 去氧肾上腺素:用于治疗低血压,败血症休克二线用药。仅作用于 α 受体,对 β 受体无作用,因此仅收缩血管,增加后负荷,不改变心肌收缩力。

第三节 抗血小板药物

抗血小板治疗已被确立为二级预防卒中和短暂性脑缺血发作(TIA)的首选治疗。许多临床试验表明在通过使用各种抗血小板制剂能显著的进一步降低脑缺血发病的相对危险度。目前,阿司匹林、氯吡格雷、噻氯吡啶和双嘧达莫/阿司匹林四大药物已经显示出对有脑血管病史患者具有预防卒中和(或)其他血管事件功效。

2010 年美国心脏病协会/卒中协会卒中二级预防指南给出建议,以帮助指导医生对缺血性卒中患者做出适当的处理。

(1) 非心源性栓塞的缺血卒中或 TIA 患者,为降低卒中复发和其他心血管事件风险,推荐抗血小板药物治疗,而非口服抗凝剂(Ⅰ级证据;A 级推荐)。

(2) 阿司匹林单药治疗(50~325mg/d)(Ⅰ级证据;A 级推荐)、阿司匹林 25 mg 联合缓释双嘧达莫 200 mg,每天两次(Ⅰ级证据;B 级推荐)及氯吡格雷 75 mg 单药治疗(Ⅱa 级证据;B 级推荐)都是初始治疗可选方案。应根据患者危险因素特点、经济情况、耐受程度及其他临床特征,个体化选择抗血小板药。

(3) 氯吡格雷联合阿司匹林可增加出血风险,不推荐用于缺血卒中或 TIA 后的常规二级预防(ⅢA)。

(4) 阿司匹林过敏患者,选用氯吡格雷是合理的(Ⅱa 级证据;C 级推荐)。

(5) 对于服用阿司匹林期间发生卒中的患者,没有证据表明增加阿司匹林剂量能额外获益。尽管常会考虑替代阿司匹林的抗血小板药物,但迄今尚无关于服用阿司匹林期间发病患者的其他单一药物或联合用药的临床研究(Ⅱb 级证据;C 级推荐)。

一、阿司匹林

由于成本低、适用广和安全性高,阿司匹林一直是最常用的抗血小板药物。虽然其疗效已被证实,并在日常实践中广泛的接受使用,但在适当的给药方案上仍然存在争议。

(一) 作用机制

刺激血小板激活了磷脂酶 A_2,产生花生四烯酸。花生四烯酸通过一系列的反应,最终产生具有强有力的血管收缩和刺激血小板聚集作用的血栓素 A_2。这个转化的第一步是由环氧合酶(COX)介导的。

(1) 环氧化酶(COX)的三个亚型已经确定,COX-1 是在血小板表达的主要亚型。

(2) 阿司匹林抑制血小板 COX-1 生产血栓素 A_2,防止血小板聚集,作用持续于血小板整个生命过程,7~10 天。

阿司匹林也通过抑制血管壁平滑肌的前列环素活动发挥抗血小板作用,但发现这与剂量和疗程有关。

阿司匹林口服后,在近端胃肠道(胃和十二指肠)迅速吸收,在15~20分钟内达到血清水平高峰,在40~60分钟内发挥抗血栓作用。由于肠溶(EC)制剂在胃内的吸收量减少,60~90分钟后才发挥血小板抑制作用。由于身体的整个血小板池每隔10天补充一次,单剂量阿司匹林的影响预期可以持续一个多星期。

(二)剂量

由于其选择性增强抗COX-1,这与在炎症过程中的组织表达的COX-2活性完全不同,低剂量的阿司匹林必须实现比抗炎作用更强的抗血小板作用。2010年美国心脏病协会/卒中协会卒中二级预防指南推荐阿司匹林单药治疗的剂量为50~325mg/d。

没有证据表明增加阿司匹林的剂量比继续使用相同剂量治疗能增加益处。医生可凭经验增加第二种药物或停止阿司匹林并开始使用另一种不同的抗血小板药物治疗。

(三)副作用和注意事项

阿司匹林(乙酰水杨酸)副作用的出现与剂量和疗程有关,大多数患者能耐受≤325mg/d,短时间(6~8周)的治疗。副作用包括胃痛、胃灼热、出血、恶心、耳鸣和皮疹。

(1)胃肠毒性呈剂量相关性,即使低剂量也增加活动性出血的风险,特别是胃肠道出血。

(2)是否肠溶阿司匹林显著降低严重出血的风险,报告存在不一致性。

(3)轻微消化不良也有报道,但往往可以通过定量进餐或减少阿司匹林剂量减轻。对既往或当前患有消化道糜烂患者,应予以质子泵抑制剂(PPI)更好的保护消化道。

(4)>2g/d的剂量已被证实与耳毒性和毒性肝炎相关。

(5)活动性胃肠道出血或对阿司匹林过敏的患者阿司匹林属于禁忌;儿童不应使用阿司匹林,因为会增加瑞氏综合征的风险。

(四)药物间相互作用

阿司匹林与药物间的相互作用,可以增加出血的危险性。对同时使用这些药物的患者,应该提高病人的教育和监测。这些存在相互作用的药物包括肝素、低分子量肝素、华法林和非类固醇消炎药(NSAIDs)但不仅仅限于此。

(1)与NSAIDs合用,可能会通过竞争性的与血小板表面的受体结合位点结合,不可逆干扰COX-1,从而减少血小板抑制作用。COX-2选择性非甾体抗炎药,如双氯芬酸,没有这种竞争性作用。

(2)由于阿司匹林的COX-1的抑制作用,当给予的阿司匹林的剂量>100mg时,血管紧张素转换酶抑制剂(ACE-I)的降压作用可能减弱。对于这些患者可使用氯吡格雷或血管紧张素Ⅱ受体拮抗剂(ARB)来避免这种药物间的相互作用。

(五)阿司匹林抵抗

阿司匹林抵抗是一个开始备受关注的话题,患者的药物临床获益可能会减弱高达35%。重要的是要区分开阿司匹林抵抗的概念(抑制血小板不足,通过化验可见)和阿司匹林失效(尽管使用阿司匹林治疗,患者仍复发血管事件)。一些可能解释的阿司匹林抵抗的病因包括:依从性差、亚治疗剂量、药物相互作用、遗传因素、吸收不足。其他可能增加阿司匹林抵抗的机制包括:吸烟、应激、糖尿病、血清胆固醇升高等。

二、氯吡格雷

氯吡格雷具有更好的安全性,且对脑缺血事件的二级预防的疗效至少与阿司匹林相当。氯吡格雷的使用在临床实践中稳步增加,CAPRIE试验评估了氯吡格雷(75mg/d)和阿司匹林(325mg/d)对减少缺血事件患者的近期缺血性卒中或心肌梗死(MI)疗效。

(一)作用机制

作为前体药物,氯吡格雷需要在体内经肝脏转化成具有活性的代谢产物。氯吡格雷通过干扰二磷酸腺苷(ADP)诱导的膜介导血小板纤维蛋白原结合抑制血小板聚集。通过直接阻断ADP与它的受体部位结合,氯吡格雷阻止了随后ADP介导的糖蛋白Ⅱb/Ⅲa受体复合物的激活,从而抑制血小板聚集。氯吡格雷对血小板功能的影响是不可逆,而且持续血小板的整个寿命。氯吡格雷发挥临床效果的代谢产物不是单一的。每天服用标准剂量,在48小时内发挥约25%的抑制作用,经过3~4天的规律服药发挥40%~50%效应。服用≥525mg的负荷剂量2小时后血小板聚集被全部抑制。

(二)剂量

2010年美国心脏病协会/卒中协会卒中二级预防指南推荐氯吡格雷单药治疗的剂量为75mg/d。

(三)副作用和注意事项

通过临床试验的结果看,氯吡格雷的安全性至少和阿司匹林一样,只是腹泻和皮疹发生更频繁。氯吡格雷禁忌包括有活动性出血、凝血功能障碍或对药物过敏。

(四)药物间相互作用

与氯吡格雷相互作用增加出血风险的药物,包括其他抗血小板药物、非甾体抗炎药、华法林。亲脂3-羟基-3-甲基戊二酰辅酶A(HMG-COA)还原酶抑制剂或"他汀类药物"可能会干扰氯吡格雷通过抑制CYP3A4酶的治疗效果。这减少了氯吡格雷分解为其活性代谢产物,降低了氯吡格雷的活性。

(1)氯吡格雷加阿托伐他汀体外研究显示,抗血小板药物的代谢被抑制>90%。

(2)分析他汀类药物和氯吡格雷未能发现任何显著的互相作用。

其他CYP3A4底物,如环孢素或红霉素可能由于降低活性代谢产物的生物利用度,而有类似的相互作用。CYP3A4的诱导剂,如利福平,可能会增加肝前体药物及其活性代谢产物的转化,提高氯吡格雷的作用。

最近的研究表明氯吡格雷和质子泵抑制剂(PPIs)之间为新的和潜在的具有显著的临床药物相互作用。已确定的主要的相互作用药物是奥美拉唑,显示合并治疗会增加血栓形成风险和不良后果,并可能会降低氯吡格雷防止急性心肌事件的能力。

(1) 有研究表明,奥美拉唑显著降低氯吡格雷对血小板活性的影响。
(2) 病例对照和队列研究表明,周期性心肌梗死或急性冠脉综合征再住院的风险增加。
(3) 用 PPI 抑酸治疗的临床必要性。
(4) 有机会可应用另一类抑酸药物如组胺 II 型受体拮抗剂。
(5) 如果 PPI 需要使用,可能选择利用泮托拉唑或埃索美拉唑代替奥美拉唑。

(五) 联合治疗

使用氯吡格雷和阿司匹林联合抗血小板治疗正在迅速的应用于临床实践中。由于两种药物通过不同的作用机制抑制血小板,理论上两者合用会提供增强抗血小板作用。多项研究对两者合用和单药治疗进行了分析。

在用氯吡格雷干预动脉粥样硬化的高危患者(MATCH)试验中评估了氯吡格雷(75mg/d)合用阿司匹林(75mg/d)与单独服用氯吡格雷(75mg/d)超过 18 个月的患者近期出现 TIA 或缺血性卒中的情况。

(1) 联合治疗比单用氯吡格雷未提供显著受益(绝对风险减少 1%)。
(2) 不过这项研究仅针对于高风险患者人群,就卒中而言不能外推到整个人群。
(3) 联合治疗组危及生命的出血在统计学上有显著增加(2.6% 与 1.3%)。

相比之下,氯吡格雷和阿司匹林对有症状的颈动脉狭窄栓子(CARESS)试验结果表明,双重抗血小板药物显著降低静息微栓子(近期有症状的颈动脉狭窄患者以后发生脑血管事件的独立预测因素)的发生率。

(4) 相对于每天单独使用负荷剂量阿司匹林 300mg,联合使用氯吡格雷 75mg/d,外加阿司匹林 75mg/d 组治疗 1 天后多普勒超声上大脑微栓子的发生率减少 25%,双重抗血小板治疗后 7 天后则减少 37%。
(5) 没有报告双重抗血小板威胁生命的出血事件。

使用氯吡格雷治疗卒中(PLUTO-Stroke)试验的目的是判断是否联合使用氯吡格雷和阿司匹林比单独使用阿司匹林对新近发生的缺血性卒中患者更有效。经过 30 天的治疗,添加氯吡格雷在统计学上显著降低了各种包括血小板聚集的血小板活动。

三、噻氯吡啶

盐酸噻氯吡啶化学性质与氯吡格雷相似,也可以防止 ADP 诱导的血小板聚集,虽然曾在美国被批准用于有明显 TIA 或轻微卒中的患者预防卒中,但因其不良的副作用影响而受到限制,通常用于不能耐受阿司匹林患者或尽管使用了阿司匹林仍有缺血性事件发生的患者。加拿大和美国噻氯吡啶研究(Canadian American Ticlopidine Study,CATS)比较了在 1053 例缺血性卒中患者中应用噻氯吡啶(250 mg,一天两次)与安慰剂预防卒中、MI 及血管性死亡的效果。在平均 2 年的随访中,应用噻氯吡啶治疗的患者发生终点事件较少。噻氯吡啶阿司匹林卒中研究(Ticlopidine Aspirin Stroke Study,TASS)的结果也支持噻氯吡啶在卒中治疗中的作用。但另一项非洲裔美国人阿司匹林卒中预防研究(African American Antiplatelet Stroke Prevention Study,AAASPS)则未能证实噻氯吡啶能降低卒中、心肌梗死或血管性死亡的风险。

（一）剂量

噻氯吡啶推荐的给药方法为 250mg 每天 2 次与食物同服。

（二）副作用和警惕事项

噻氯吡啶最常见的副作用腹泻（12.5%），其他包括皮疹、恶心、呕吐、消化不良、胃肠疼痛。噻氯吡啶的最严重的副作用是血液病变，包括中性粒细胞减少（2.4%）、血栓性血小板减少性紫癜（TTP）、骨髓抑制、粒细胞缺乏症。

（1）严重中性粒细胞减少（约 1%）通常发生在治疗的前 90 天，需要在噻氯吡啶治疗初期额外的监控。建议在治疗的前 3 个月每两周进行一次全血细胞计数检查。

（2）虽然中性粒细胞减少症在停药后是可逆的，但潜在的严重影响限制了临床使用噻氯吡啶。

（3）由于严重的血液病副作用通常发生在治疗的前 90 天，已安全通过这个初始阶段的患者对药物有安全耐药性或许可以继续服用此药。

（三）药物间相互作用

噻氯吡啶有可能对在肝脏代谢的其他药物产生相互作用，这些药物依据他们的抑制或诱导属性可以增加或减少噻氯吡啶的效应。

（1）病例报告表明，在服用噻氯吡啶时由于蛋白质结合的相互作用增加了卡马西平和苯妥英血清水平。

（2）制酸剂减少噻氯吡啶的吸收和生物利用度，应在服用噻氯吡啶之前或之后 2 个小时应用。

（3）其他相互作用药物包括抗血小板药物和等抗凝血药物如华法林，增加了出血的风险。

四、双嘧达莫

双嘧达莫，一个磷酸二酯酶抑制剂，与阿司匹林配合使用理论上比各自单独使用具有优势。欧洲卒中预防研究 2（European Stroke Prevention Study-2，ESPS-2）评估了双嘧达莫缓释片与阿司匹林结合使用对预防卒中或死亡的功效，结果表明与安慰剂相比，单用阿司匹林组卒中的危险减少了 18%（$P=0.013$），单用双嘧达莫组减少了 16%（$P=0.039$）而联合应用阿司匹林和双嘧达莫组减少了 37%（$P<0.001$）。单用阿司匹林卒中或死亡风险降低了 13%，单用双嘧达莫降低了 15%，联合治疗降低了 24%，但治疗对死亡率单独统计无显著差异。欧洲/澳大利亚可逆性缺血性卒中预防试验（European/Australasian Stroke Prevention in Reversible Ischemia Trial，ESPRIT）随访 3.5 年后，双嘧达莫联合阿司匹林治疗组有 13% 患者发生主要终点事件，阿司匹林组为 16%[HR 0.80；95% CI，0.66～0.98；绝对风险降低（ARR），1.0% 每年；95% CI，0.1～1.8]。卒中二级预防有效性研究（Prevention Regimen for Effectively Avoiding Second Strokes，PRoFESS）的结果显示氯吡格雷组和双嘧达莫/阿司匹林联合治疗组卒中复发率没有差别。

(一)作用机制

双嘧达莫,是一种具有扩血管和抗血小板的嘧啶并嘧啶类衍生物。双嘧达莫具体通过何种方式影响血小板聚集是未知的,但一些假设机制包括:

(1) 抑制环核苷酸磷酸二酯酶(cAMP 的降解酶),导致血小板内的 cAMP 积累。

(2) 通过腺苷 A2 受体阻断腺苷摄取入血小板,从而增加 cAMP。

(3) 直接刺激前列环素(PGI2)的合成和防止其降解。

(二)剂量

推荐剂量为阿司匹林/双嘧达莫:25/200mg,每天 2 次。

(三)副作用和注意事项

双嘧达莫及其产物最常见的副作用是头痛、上腹疼痛、恶心、腹泻、呕吐和疲劳。当与阿司匹林合用时,出血发作更加频繁和严重。

五、总　　结

多年来阿司匹林一直被证明对缺血症状有益的,是当今常用的处方药。然而,临床试验和实践对另外的抗血小板药物如氯吡格雷和双嘧达莫/阿司匹林应用也随之增加,对这些药物的利用已纳入为急性缺血事件患者的标准治疗。选择药物时应仔细考虑以确保病人得到最佳抗血小板疗效,同时避免潜在的严重副作用。

第四节　抗 凝 治 疗

抗凝治疗要求很好的平衡抗凝药物的治疗作用与它们常常带来的高度危险,治疗目标是抗凝而不带来任何出血,然而做到这一点并不总是简单易行的,并且因患者之间情况不同而异。因此,非常透彻的了解各种各样的抗凝药物的作用机制、用药剂量、安全性和疗效是至关重要的。要评价预防血栓的药物治疗和肝素导致的血小板减少症的治疗以帮助临床医师为每一位病人确定最安全、最有效的选择。

一、深静脉血栓的预防

静脉血栓栓塞(VTE)包括深静脉血栓(DVT)和肺栓塞(PE),是一种危及生命但可预防的问题,预防 DVT 和 PE 的策略是为了防止和逆转血流淤滞和血液凝固这些导致血栓形成的改变。

药物抗凝技术可阻止由凝血瀑布启动所致的血栓形成倾向。美国胸内科医生协会(ACCP)指南推荐常规应用低分子肝素(LMWH)或普通肝素(UFH)预防有中度到高度危险的患者。

恰当地选择药物治疗可大幅度降低 VTE 的发生率。药物的选择要视罹患 VTE 相对风险和治疗所带来的出血并发症而定。小剂量皮下应用肝素治疗是广泛应用和研究的预防 VTE 的药物治疗方案。它被证实有效地降低了普外科、胃肠外科、胸外科、泌尿外科手术患者和一些整形外科病人以及心肌梗死和卒中后卧床不起的患者 DVT 和 PE 发生率。

在更高危险分层的患者群体中,LMWH 似乎较 UFH 预防栓塞稍有优势,然而,对于大多数患者,UFH是一种具有高成本效益的选择,并且剂量调整得当的话,效果很好。

(1) 用于预防的UFH治疗方案不需要常规实验室监测。

(2) 推荐剂量为:UFH 5000U,皮下注射,q8～12h,有更高危险的患者需要q8h的频率,但出血危险可能轻度增加。

LMWH对于高度危险的手术患者预防VTE效果确切,在这部分患者中,LMWH是一种更好选择并且结合药理学和机械方法治疗可能是明智的。对于普外科手术患者术后预防DVT,LMWH被证明与UFH具有同等效应,却比UFH具有更低的创口血肿发生率。

各种LMWH产品之间在效用方面没有差别,但并不等同于它们之间可以相互替代,因为彼此药理学机制不同。没有具体指南详细说明持续治疗的过程,但是预防治疗必须持续应用在整个危险期内,只要没有其他危险因素出现,一旦患者可以有规律的步行锻炼,针对外科手术过程和治疗条件的预防性治疗不应继续。

已经完成的多个临床试验评估了各种药物方法预防VTE的安全性和有效性,MEDENOX实验(依诺肝素在临床患者中的预防作用)已经进行应用LMWH-依诺肝素20mg或40mg每天一次对照安慰剂来分析所有组中深静脉血栓(DVT)的发生率。

(1) 14天后,全部的、近端、远端DVT发生率在依诺肝素组中显著减少。

(2) VTE的发生率在治疗组中为5.5%相对的在安慰剂组为14.9%,表明减少63%相对风险($P=0.0002$)。

(3) 20mg依诺肝素组与安慰剂组结果无差异。

(4) 在较高剂量依诺肝素组中,死亡率的降低的趋势并无统计学意义。

(5) 在所有组别中,出血、血小板减少或其他不良事件的发生率结果相似。

第一个前瞻性的直接对比肝素和低分子肝素的研究是PRINCE研究(心肺疾病应用依诺肝素预防血栓栓塞研究),这个研究是第一次明确证实依诺肝素40mg皮下注射与肝素5000U皮下注射,每日三次具有同等效用。

(1) 依诺肝素组显示较低出血事件,较低不良反应和死亡事件。

(2) 血栓栓塞事件在依诺肝素组中为8.4%,肝素组中为10.4%,这说明依诺肝素至少与肝素具有同样有效。

另一个多中心、随机、双盲、对照研究,由PRIME研究组设计,应用伊诺肝素40mg每日一次,肝素5000U每日三次,结果显示相似结果:二者具有同等功效并且依诺肝素组在安全性方面更为优越。

在高度危险患者中选择LMWH方案预防VTE具有好的成本效益,这是由于其疗效确切且有良好的安全性。用于预防VTE时,相对于UFH,LMWH具有更佳的风险获益比,正因为此,LMWH广泛应用于临床治疗,LMWH由于不需要监测及方便定量和管理而具有可以应用于门诊病人的优点,这同样也提高了成本-效益比。

二、肝 素

普通肝素(UFH)是目前在临床诊疗活动中的一种最广为人知和广泛应用的抗凝药物。肝素可阻止形成的血栓的扩展,使患者的内在纤溶系统降解血栓,然而,肝素不能抑制结合了纤维蛋白的凝血酶,这导致在管理溶栓治疗时出现问题。尽管有肝素存在,但是纤维蛋白绑定的凝血酶在纤溶作用下松解,可转换纤维蛋白原为纤维蛋白,这可能会导致再次血栓形成。

（一）作用机制

肝素的抗凝效应是介导一个特定的五糖序列到结合了抗凝血酶Ⅲ肝素分子上，引起了构象变化。抗凝血酶Ⅲ然后然后结合 FⅩa 和凝血酶（Ⅱa）导致他们失活和抑制凝血瀑布的开启动。普通肝素-凝血酶复合物的抗凝作用是抗凝血酶单独存在的 100～1000 倍，抗凝血酶Ⅲ灭活凝血瀑布的多种因子，包括因子Ⅸa，Ⅹa，ⅩⅠa，ⅩⅡa 和抗凝血酶（Ⅱa）。

UFH 与血小板因子 4 具有很强的亲和力，而血小板因子 4 分布于活化的血小板表面，非定向的结合于多种细胞和血浆蛋白，包括抗凝血酶、巨噬细胞、血小板、纤维蛋白原、血友病因子（von Willebrand factor）。这使 UFH 从皮下注射部位呈剂量依赖性吸收，并且使其血浆水平的变化取决于内源性肝素结合蛋白的浓度。

（二）监测

尽管常规实验室监测在用肝素皮下注射的方式行预防性治疗时不被要求，但却是用于治疗目的的静脉应用肝素时必需的。这主要是因为肝素的抗凝作用不可预知性、充满变数、半衰期以及为了维持抗凝与出血之间的平衡而需要调整应用剂量。

（1）肝素导致活化部分凝血活酶时间（aPTT）、凝血酶原时间（PT）和凝血酶时间（thrombintime）延长。

（2）aPTT 是评价肝素治疗的最敏感的指标。首次静脉应用肝素后 6 小时应测定 aPTT 水平，任何水平的提前测定将误导并导致剂量调整不当。

（三）剂量

肝素必须肠外给药，最好静脉应用或皮下注射，肌内注射通常会导致吸收不稳定，因此可致大出血，不推荐此种应用方式。因为皮下注射肝素的生物利用度低（<30%），当需要快速抗凝时，如 DVT 或 PE 的情况下，连续静脉注射比间歇推注给药更有效。持续静脉给药会使更加稳定血浆水平更加稳定，使因间歇给药造成的抗凝血活性的高峰所致的出血的危险性降低。

（1）预防 VTE：5000U，皮下注射，Q8h 或 Q12h。

（2）治疗 VTE：起始剂量以 70～100U/kg 负荷，继以 15～25U/(kg·h) 速率开始持续静脉应用。

（四）副作用与注意事项

出血和血小板减少是 UFH 的两大常见副作用。肝素诱导的血小板减少症（HIT）是一种少见但后果非常严重的药物诱导的自身免疫反应，并需要立即进行干预，详细论述见后续章节。

（1）出血风险具有剂量和持续时间依赖性。据报道，7 天发生率为 3.4%～9.1%。低剂量、预防性的皮下注射的方式应用肝素不会有高的出血风险。

（2）很多因素可增加患者的出血风险，包括性别（女性高于男性）、年龄、剂量、近期服用阿司匹林史、嗜酒、合并其他疾病如肝、肾衰竭、肿瘤或严重贫血。

如果有出血发生，应立即停用肝素，并予鱼精蛋白硫酸盐拮抗。鱼精蛋白可用于治疗以出血或出血风险增加为表现的肝素中毒。它不适用于微量出血的情况，如撤用肝素后在几个小时之内出血就能停止。鱼精蛋白与肝素形成盐类从而使肝素丧失任何抗凝作用。因为静脉应用肝素只有很短的半衰期,停止持续静注后,它的浓度很快下降,因此应用低剂量的鱼精蛋白就可使肝素代谢掉。鱼精蛋白硫酸盐在大剂量应用的情况下会表现出抗凝血特性,因此,恰当地计算其作为拮抗剂的剂量重要,可依据下列推荐选择剂量:

(1) 对预防性应用肝素 5000U 皮下注射的剂量:

1) 距最后一次用肝素<2 小时的剂量:应用 25mg 鱼精蛋白。

2) 距最后一次用肝素>2 小时的剂量:应用 12.5mg 鱼精蛋白。

3) 可先用一小部分鱼精蛋白缓慢静推至少 10 分钟后,继以剩余量静脉维持 8~16 小时,这段时间也正是肝素经皮下注射吸收所需要的时间。

(2) 对治疗性应用肝素静脉注射的剂量:1mg 鱼精蛋白中和 100U 的肝素。临床医师需要计算每段时间间隔所应用的肝素的总和。鱼精蛋白的最大应用量为 50mg。

鱼精蛋白注射与低血压和过敏反应有关,症状有:呼吸困难、心动过缓、脸红。为了避免这些副作用,注射鱼精蛋白时间应大于 10 分钟,并且禁止在 10 分钟之内应用总量超过 50mg,应用鱼精蛋白 5~15 分钟后应行凝血试验检查。

其他肝素的副作用有给药部位的局部刺激性和轻微的疼痛、红斑、组胺样反应和血肿。患者可能也会出现过敏反应而出现寒战、发热、荨麻疹和罕见的支气管痉挛、恶心、呕吐和休克。长期应用 UFH 有出现脱发、阴茎异常勃起、高钾血症、骨质疏松症的病例报道。

UFH 的禁忌包括对其药物过敏、活动性出血、血友病、严重肝病伴 PT 升高、严重的血小板减少症、恶性高血压,及不能监测治疗。由于出血风险、心内膜炎、活动性肺结核及内脏肿瘤患者不应使能应用肝素。

三、低分子肝素(LMWH)

LMWH 是由猪肝素经由解聚反应制备而来的,由于其可靠的安全性和最少的监测要求,正在被越来越频繁的应用。低分子肝素的平均分子量(5000Da)相当于 UFH 的 1/3。在用于治疗 DVT 伴或不伴 PE 时,LMWH 已被证实至少具有与 UFH 同等或者更优的效果,可全面降低严重出血事件和死亡率。它也可用作由于不能监测 INR 而华法林治疗不能应用时的一种替代方案。LMWH 相对于 UFH 的优点包括:

(1) 更有预见性抗凝剂量反应。

(2) 良好的皮下注射生物利用度。

(3) 计量相关的清除率。

(4) 长半衰期。

(5) 较低的血小板减少的发生率。

(6) 更少需要进行常规实验室监测。

(一) 作用机制

LMWH 通过结合抗凝血酶Ⅲ来阻止血栓的增殖和扩大,因此可加强和加快其活性。LMWH/抗凝血酶复合物结合于Ⅹa 因子和凝血酶,导致它们失活并抑制凝血级联反应的启动,和 UFH 相似,LMWH 无法抑制结合了纤维蛋白原的凝血酶。

(1) 只有不到一半的 LMWH 链足够长到可以与凝血酶结合。因此,LMWH-抗凝血酶复合物抗凝作用较弱但是却有灭活Ⅹa 因子的能力。

(2) 在检查抗Ⅹa的活性对于抗Ⅱa的活性的比率时，这种优先结合是显而易见的，即由于LMWH产品的不同出现2∶1到4∶1的变化。

(3) 由于其对凝血酶的作用弱，LMWH仅在非常高的浓度下才延长aPTT。

（二）副作用及注意事项

LMWH的副作用主要是出血，包括胃肠道、泌尿生殖系、颅内及后腹膜出血，同UFH相比，LMWH出血发生率低且最常见的是注射部位的出血。

(1) 出血可出现在创伤部位，最麻烦的是硬膜外出血和脊髓血肿，通常是在麻醉操作行硬膜外插管之后出现。

(2) 低体重、老年（>70岁）、近期外伤或手术以及服用其他可致出血的药物（阿司匹林、非甾体类抗炎药等），出血几率增大。

鱼精蛋白可用于对抗由LMWH所致的出血。鱼精蛋白可完全阻断Ⅱa因子但仅部分作用于Ⅹa因子，这导致鱼精蛋白应用于LMWH所致出血的效果不如应用于治疗UFH所致出血的效果。

（三）监测

由于其缺乏蛋白质结合，低分子肝素比肝素具有较高的的吸收率和更可预测的血浆水平，常规实验室监测通常是不必要的。在开始治疗之前，应当了解PT/aPTT基线、aPTT、全血细胞计数（CBC）、血小板计数、血小板计数和血肌酐（SCr）情况，建议定期监测CDC、血小板计数和粪隐血检查。

然而，建议对于预期血浆Ⅹa可能在较高水平的患者应进行血浆Ⅹa监测，如：

(1) 成人<50kg或>110kg者。

(2) 孕期妇女（因怀孕期间体重变化，剂量应随之调整）。

(3) 高出血风险的患者。

(4) 肾功能不全患者（LMWH大部分经肾脏代谢）。

在LMWH第三或第四次给药之后大约4小时，应测定LMWH-抗Ⅹa水平。低分子量肝素的合理水平因给药频率和治疗需要而异（可因具体机构/实验室而有差别）：

(1) 治疗剂量：LMWH 0.6~1U/ml，BID或者1~2U/ml，QD。

(2) 预防剂量：LMWH 0.2~0.5U/ml，无论给药频率。

四、直接凝血酶抑制剂

直接凝血酶抑制剂（DTIS）能够同时抑制循环凝血酶和结合相凝血酶，这比普通肝素和低分子肝素更具潜在优势。这些药物都没有肝素诱导的血小板减少症（HIT）抗体的交叉反应和缺乏免疫介导的血小板减少症，这使得他们成为理想替代品用于预防或治疗目前血栓症患者或以前经历过肝素诱导的血小板减少症（HIT）的患者。目前，市场上有三个直接凝血酶抑制剂（DTIS）销售，其中经过FDA（美国食品和药品管理局）批准为预防和治疗有肝素诱导的血小板减少症（HIT）患者的血栓症的药物只有阿加曲班和来匹卢定。由于药物蓄积和出血风险增加，阿加曲班通常避免用于肝功能损害的患者，但来匹卢定是肾功能不全的患者的首选。

虽然第三直接凝血酶抑制剂（DTIS）比伐卢定——模拟的重组水蛭素，虽然没有被

FDA 批准用于治疗 HIT,但也被成功地采用了关闭标签的血栓形成。出血的发生率和抗体的产生比伐卢定可能低于来匹卢定。比伐卢定也可作为使用阿加曲班和来匹卢定而存在肾功能和肝功能障碍患者的备选药物。本文以阿加曲班为例进行介绍。

(一) 作用机制

阿加曲班是一种基于能可逆结合于凝血酶活性催化部位的 L-精氨酸的人工合成制剂。与所有 DTIs 一样,阿加曲班既能与凝结血凝酶结合又能与游离凝血酶结合,从而抑制纤维蛋白形成、凝血因子 V、Ⅷ、ⅩⅢ 及 C 蛋白的活化、血小板聚集。

(二) 剂量

(1) 对于 HIT 的推荐剂量是 $2\mu g/(kg \cdot min)$ 连续静脉滴注。剂量以病人的实际体重增至最高 140 公斤为参考。

(2) 肾功能不全:剂量不需要调整,因为主要是通过肝胆排泄消除。

(3) 肝功能不全:有效剂量减少致每分钟 $0.52\mu g/(kg \cdot min)$ 是必要的。

(4) 第一次 aPTT 水平在首次给药后应达到 2~4 小时。

(5) 调整剂量,最大速率 $10\mu g/(kg \cdot min)$,直至 aPTT 达到 1.5~3 倍基线水平每次剂量调整后 2~3 小时应检测 aPTT。一旦两次检测 aPTT 平稳,可再每日检测一次,除非其他药物剂量发生变化。

(三) 副作用和注意事项

由于没有特殊药物可逆转因阿加曲班引起的出血,停药后应予支持治疗。肝功能下降的患者需要更长时间逆转抗凝效应。呼吸困难、低血压和发热也有报道。

(四) 药物间相互作用

与之相互作用主要药物,如非甾体抗炎药、华法林、溶栓药物、抗血小板制剂,可增加出血的发生率。

阿加曲班过渡到华法林比较困难,需要进行严密的监测,因为两种药物都对 INR 有影响。如果有过渡到华法林的指征,则需血小板计数达到>10 万/ mm^3。阿加曲班与华法林重叠使用,需每日监测国际标准化比值(International Normalized Ratio,INR)4~5 天。华法林无需首次负荷剂量,但 INR 应达到基线水平。从阿加曲班到华法林的过渡可遵循如下:

(1) 患者接受阿加曲班的剂量每分钟<2 $\mu g/kg$。

1) 管理华法林剂量。

2) INR 检测应 4~6 小时重复一次。

3) 两种药物使用后一旦 INR>4 可以停止阿加曲班治疗。

4) 如果 INR<4,应该重新启动阿加曲班治疗,并每天重复以上序列,直到单独使用华法林能使 INR 达到期望值水平。

(2) 患者的阿加曲班维持剂量> $2\mu g/(kg \cdot min)$。

1) 开始使用华法林时,减少阿加曲班输液速度至 $22\mu g/(kg \cdot min)$。

2) 阿加曲班减量后 4~6 小时检测 INR。

3) 一旦这两种药物治疗后 INR＞4,阿加曲班治疗可以停止。

4) 阿加曲班停药后,应在 4～6 小时内再一次 INR 检测,如果水平＜4,阿加曲班的治疗应按以前的输液速度重新启动,然后重复以上序列,直到 INR 达到目标水平。

(五) 监测

(1) 直接凝血酶抑制剂(DTIS)可改变 PT 和 INR 水平,但 APTT 是被作为主要的监测指标。

(2) 应获得一个血细胞基线并且以后定期检测潜在的出血并发症。

(3) 凝血基线研究获得后,剂量应逐步滴加以达到与对照值相比的特定 APTT 比值。与患者开始使用 DTI 相比当 APTT 水平提升到之前 2.5 倍时,不应该继续用药,直到实验室指标正常后。

(4) 当患者从直接凝血酶抑制剂过渡到华法林时,需要密切监测 APTT 和 INR,因为 INR 可能会假性升高。

五、总　　结

因为药物治疗可能带来高风险,VTE(静脉血栓栓塞)的预防和治疗较难掌握。UFH(肝素)或 LMWH(低分子肝素)治疗有效,但由于其潜在的副作用需要予以密切关注。一旦发现 HIT(肝素诱导的血小板减少症)免疫介导的负作用,使用直接凝血酶抑制剂是必要的。尽管现在临床医师对阿加曲班和来匹卢定更加熟悉,但对于某些患者人群仍需要谨慎。因此,对这些药物副作用和药代动力学参数的透彻理解是至关重要的。

第五节　抗癫痫药物

随着市场上多种抗癫痫药物(AED)的出现,为病人选择一种合适的药物成为一项艰巨的任务。在为患者选择最合适的药物时需考虑到个人特点、服药习惯和副作用。抗癫痫药物使用后必须监测,以确保疗效和耐受性,以及防止副反应(或尽量减少其发生)。

以下列举几个在 ICU 中治疗癫痫发作的常用抗癫痫药物。具体的对每个药物 FDA 的适应证、作用机制、药物间的相互作用以及副反应进行讨论。

一、卡马西平

卡马西平适用于治疗复杂部分性发作、全面性发作、混合性发作的抗癫痫药物。不适用于失神发作的患者。

(一) 作用机制

虽然卡马西平作用机制的基本原理是对电压门控钠通道的抑制,但确切的作用机制仍然不明确。

(二) 不良反应

FDA 已经给这种药物的处方添加黑框警告,其风险为粒细胞缺乏症和再生障碍性贫血。经常服用卡马西平的患者比普通民众发生血液异常的风险高 6～8 倍,但整体风险依然相当低的。尽管如此,我们还是建议,做全血细胞计数(CBC)基线检查和定期监测。服用卡马西平治疗时潜在的皮肤反应（包括 Stevens-Johnson 综合征）危险虽然很少但已有报道。更多的但不太严重的副作用报道包括头晕、嗜睡、不稳、恶心和呕吐。可通过开始服药时用最低剂量治疗并逐步增加到有效血药浓度的措施将这些轻微的副作用降到最低。

（三）药物间的相互作用

卡马西平可以与许多药物产生相互作用，它是肝酶系统 CYP_{450} 的底物和诱导剂，含有活性代谢物 10,11-环氧化物。虽然大家都承认这种代谢物确实具有抗癫痫的作用，但是其临床意义仍未明确。在用药时使用 CYP_{450} 同工酶 3A4 加速卡马西平的代谢，降低其血液浓度。这些诱导剂有茶碱，利福平和抗癫痫药物如苯巴比妥、扑米酮、苯妥英和非尔氨酯，但不只是这些药物。然而研究显示非尔氨酯能增加活性代谢物 10,11-环氧化物，但是其临床意义并不知道。

CYP_{450} 3A4 的抑制剂能降低卡马西平的代谢，提高其在人体的循环浓度。这些抑制药物不仅包括大环内酯，还有吡咯类抗真菌药，非二氢吡啶类钙拮抗药、氯雷他定、西咪替丁和乙酰唑胺等。丙戊酸也是包括其中，此外还可以提高活性代谢物 10,11-环氧化物的水平。

亲环孢菌素蛋白酶系统的诱导剂卡马西平通过增加其他药物的代谢以降低它们的作用效力，包括口服避孕药，皮质类固醇，二氢吡啶类钙拮抗药，三环抗抑郁剂，华法林和其他抗癫痫药物如乙琥胺、拉莫三嗪、苯妥英、噻加宾、托吡酯、丙戊酸和唑尼沙胺，而且卡马西平对这些药物的影响很广泛。还有许多药物没有提及。

二、加巴喷丁

虽然对于部分发作（有或没有继发性泛化）患者，明确指出这些药物仅辅助性使用，但是因加巴喷丁缺少药物相互作用，对于使用了多种抗癫痫药物或其他药物治疗的患者，加巴喷丁是一个不错选择。

（一）作用机制

虽然在结构上抑制性神经递质加巴喷丁与 γ-氨基丁酸相似，但是其似乎缺乏 γ-氨基丁酸结合位点的活性，不能引起 γ-氨基丁酸或 γ-氨基丁酸类似物进行代谢，也不能改变 γ-氨基丁酸的摄入和释放，更不能结合其他共同的神经元结合位点。体外研究显示加巴喷丁对动物脑组织的电压门控钙通道有高亲和力，但是临床意义不清楚。

（二）不良反应

一般来说，加巴喷丁是极容易耐药的，甚至没有加到最大治疗剂量范围时，也会发生耐药。神经系统副反应如情绪不稳，敌对思维障碍和痉挛等发生在小于 12 岁的患者和成人患者身上差别不大，但是头晕、嗜睡、共济失调、疲劳和眼球震颤等副反应报道最常发生在成人患者（治疗总数的 10% 以上）。

（三）药物间相互作用

随着加巴喷丁在尿液排泄中没有变化，也不会和血浆蛋白质有高结合，那药物间相互作用的发生率可以忽略不计。

三、左乙拉西坦

左乙拉西坦不需要监测其浓度,临床上也没有明显药物间相互作用,食品和药物管理局批准部分性癫痫发作可以使用左乙拉西坦,现正在普及使用。

(一)作用机制

左乙拉西坦的作用机制不明确。通过动物模型,已阐明了左乙拉西坦的结合位点,能解释其抗癫痫效力。

(二)不良反应

总的说来,左乙拉西坦是一种容易耐受的药物。相对而言,在使用左乙拉西坦治疗时其独特的不良反应时行为异常,然而随着其普及使用,焦虑、攻击、易激惹、抑郁等都有发生。因此,当考虑对有精神病史的患者使用左乙拉西坦需谨慎小心。嗜睡、无力、感染和眩晕等也常有报道(治疗总数的10%以上)。

(三)药物间相互作用

目前,在临床上左乙拉西坦似乎没有明显的药物间相互作用。

四、奥卡西平

由于奥卡西平的活性代谢物10-单羟基(MHD),临床上明确指出奥卡西平可用于成人部分癫痫发作,既可辅助性用药也可单一治疗。

(一)作用机制

虽然奥卡西平及其活性代谢物10-单羟基全部的抗癫痫作用机制不清楚,但是研究显示感受器位点的活性至少可解释其某些效力的原因。在许多体外研究中,奥卡西平及其活性代谢物10-单羟基通过抑制电压门控钠通道,稳定神经元细胞膜,抑制神经元放电,从而减少神经元信号的传播。还会增加钾离子的传导性,这又能加强其发挥治疗性作用。

(二)不良反应

临床上,奥卡西平最普遍最可能发生的有害不良反应之一是低钠血症。钠离子低于125 mmol/L主要发生在奥卡西平使用的前3个月。临床试验的2.5%患者发生低钠血症。由于患者发生低钠血症时没有临床症状,所以在使用奥卡西平时应该常规监测钠离子浓度。5%以上的使用患者发生最多的不良反应包括眩晕、复视、共济失调、恶心呕吐、嗜睡、头痛、疲劳、异常视觉、腹痛、震颤、消化不良和异常步态等。虽然使用奥卡西平时皮肤不良反应发生率比卡马西平低得多,但是有报道其可能产生危及生命的疹子包括约翰逊综合征。当患者对卡马西平过敏时,仅当其使用优势明显超过风险时,奥卡西平才可应用。有25%~30%的患者会出现这两种药物的交叉反应。

(三)药物间相互作用

临床研究显示奥卡西平和高浓度10-单羟基均可诱导和抑制肝酶系统CYP_{450},有可能影响许多其他药物的代谢。令人欣慰的是证明了临床应用时没有关联的,那接着期望其能增加苯妥英和苯巴比妥钠血液浓度,降低激素避孕药和激素避孕药的血液浓度。其他药物会影响奥卡西平和10-单羟基,改变这些分子的血清水平,从而发生临床反应。联合应用卡马西平、苯巴比妥、苯妥英、丙戊酸或其他 CYP_{450} 的活性诱导剂能降低10-单羟基的浓度。类似地,维拉帕米能降低10-单羟基浓度的20%。

五、巴比妥类

巴比妥类是最古老的抗癫痫药物,已证实其在抑制癫痫发作时非常有效。在许多可用的巴比妥类抗癫痫药物及各种剂型(包括静脉注射)可用于大多数全身性和部分性大发作的患者。然而此类药物有广泛的潜在不良反应,临床实践已不再长期使用巴比妥类,转而需求不良反应轻的新型抗癫痫药物。

(一)作用机制

苯巴比妥和其他巴比妥类是非特异性神经系统抑制药,能降低神经元突触后的兴奋性。因为其非特异性活性,所以巴比妥类对绝大多数癫痫发作类型有效。

(二)不良反应

自从新一代抗癫痫药物出现后,巴比妥类的使用就明显减少,其广泛的不良反应谱是部分原因。估计使用苯巴比妥患者发生嗜睡的占三分之一,是患者们主要的副反应。其他报道的包括昏睡、眩晕、过度兴奋。

(三)药物间相互作用

巴比妥类是肝酶系统的诱导剂和作用底物,与许多药物相互作用,包括华法林、外源性皮质类固醇、口服避孕药和许多抗癫痫药物。对于患者进行抗癫痫治疗时,巴比妥类可伴随使用。丙戊酸作为一种肝酶抑制剂能增加巴比妥酸盐的循环水平。

六、苯妥英

苯妥英是最为常用的抗癫痫药物之一,因其广泛的抗癫痫作用,所以在抗癫痫治疗中长期占有优势。其使用指征:全身发作(除失神发作外)、复杂的部分性发作、神经外科手术后预防发作。虽然医师们都很了解苯妥英,但是其复杂的药物动力学和药效学需要监测药物治疗水平,对患者使用此类药物也绝不简单。

(一)作用机制

苯妥英被广为公认的抗癫痫作用机制是能加速钠离子外流,稳定神经元细胞膜。

(二)不良反应

像许多抗癫痫药物一样,不良反应如疹子就偶尔有报道,约翰逊综合征罕有发生。全血细胞和肝酶监测可以提醒医师当长期使用苯妥英治疗时是否产生骨髓抑制和肝炎。最常见但不是很严重的不良反应包括中枢神经系统抑制症状如昏睡、疲劳、视力模糊和动作失调等。随着血清药物浓度高于治疗浓度时,眼球震颤、偏侧凝视和精神状态的改变都显著发生。长期用药的不良反应包括牙龈增生、多毛症、骨质软化病、甲状腺功能减退和周围神经病变。

此外,苯妥英治疗相关的不良反应还需考虑服药途径相关的副反应。静脉用苯妥英时,会导致明显的低血压和心脏反应,所以静脉使用时,剂量要适当,速度要慢。苯妥英的外渗也具有破坏性作用,恰当的稀释剂量能使损伤最小化。若患者脉管脆性很大或有显著的心脏并发症,苯妥英的前体磷苯妥英可静脉用药或肌注,能大大减少服用风险。

(三)药物间相互作用

监测苯妥英的治疗情况甚至对最有经验的医师来说都是容易混淆和复杂的。作为肝酶诱导剂和作用底物,苯妥英极易产生药物间相互作用。此外酶诱导药物(如巴比妥类、利福平等)能显著降低苯妥英的循环水平,而肝酶抑制剂(如丙戊酸等)的使用将增加其血液浓度。非线性消除和蛋白结合的高亲和性使得苯妥英的药代动力学甚至不易预测。还有与蛋白高度结合的药物(如地高辛、丙戊酸)能明显地提高自由或非结合性药物循环的百分数,而平均每个患者总的药物血清水平是 $10\sim20\mu g/dl$,评估血液中游离苯妥英的量将更明确其药物活性。

七、托 吡 酯

(一)作用机制

虽然托吡酯准确地作用机制并未完全明确,但其至少有四种临床作用:阻断电压依赖性钠通道,提高 γ-氨基丁酸的水平,对抗兴奋性谷氨酸受体的亚型,抑制碳酸酐酶同工酶,可能解释其抗癫痫性质的部分机制,这些从临床前期研究中可知。

(二)不良反应

一些非常严重的副反应与托吡酯治疗有关。已有报道代谢性酸中毒是由于碳酸氢盐不成比例的丢失和碳酸氢盐的受抑制。建议定期监测使用托吡酯患者的碳酸氢盐血清水平。治疗上包括减少托吡酯剂量(临床上可能的话)或使用碱进行治疗。

也有报道说使用托吡酯治疗时眼内压会急剧增高。因此,明确有青光眼的患者不能使用。这种不良反应是医学急症,不治疗就会导致永久性失明。

虽然少汗和极高热在儿童身上最为常见,但都是在托吡酯治疗时可能发生的危及生命的副反应。当托吡酯与其他碳酸酐酶抑制剂或抗胆碱能药物结合使用时,作用这种危险情况的发生率将增高。在临床前期试验中,有许多不严重的副反应:认知功能障碍(意识模糊、记忆缺陷、说话或语言困难等)、精神或行为障碍、嗜睡、疲劳等。因在使用碳酸酐酶抑制剂时以上不良反应是可预期会发生的,所有在托吡酯治疗时肾脏结石的发生率大约比普通人高 $2\sim4$ 倍。对有肾结石病史的患者使用托吡酯,这可能是临床上特别需要考虑的一点。

(三)药物间相互作用

虽然托吡酯不能作用于 CYP_{450} 酶系统,但是能与其他药物相互作用,尤其是其他癫痫药物。此外托吡酯能增加苯妥英浓度,降低丙戊酸水平。卡马西平,苯妥英和丙戊酸能降低托吡酯浓度,而拉莫三嗪可以增加其浓度。除了以上提到的丙戊酸和托吡酯的相互作用外,这些抗癫痫药物合用会导致高氨血症,伴或不伴有脑病。其他药物研究中发现当合用托吡酯时口服避孕药、锂和利培酮浓度会降低。研究显示托吡酯和二甲双胍、吡格列酮、氢氯噻嗪等有潜在的相互作用,但临床应用上仍不清楚。托吡酯避免与碳酸酐酶抑制剂共用。

八、丙 戊 酸

丙戊酸是唯一被证明对所有癫痫发作类型都有效地抗癫痫药物,包括全身性发作、失神和部分性发作。丙戊酸可静脉注射用,是少数可用于急救不能口服药物的患者的抗癫痫药物。

(一) 作用机制

虽然丙戊酸确切的作用机制不清楚,但假定了其作用是增强突触后 γ-氨基丁酸抑制性反应,直接稳定细胞膜,改变钾通道功能。

(二) 不良反应

使用丙戊酸时会有肝功能衰竭和致畸作用并达到了食品和药物管理局的暗盒警告标准。肝功能衰竭在成人身上的发生率常较儿童的低,一般发生于用药的前六个月。谨慎起见,建议常规监测肝功能。有报告使用丙戊酸盐的孕妇所生孩子有先天性神经管缺陷,仅当其使用的好处明显大于对胎儿的可能风险,才对孕妇使用丙戊酸。高氨血症常有发生,在肝损伤时一般是轻度良性的。如果使用丙戊酸后,临床症状提示是高氨血症,那应该检查血清氨的浓度并停药。有记录报道丙戊酸相关的血小板减少症发生率为6%～40%,但是通常剂量减少后好转。其他轻度不良反应包括胃肠道紊乱(能通过改变药物剂型而缓解)和中枢神经抑制症状如嗜睡、眩晕、震颤和复视等。

(三) 药物间相互作用

丙戊酸是通过肝脏的葡萄糖醛酸基转移酶进行代谢,所以肝酶诱导剂可降低丙戊酸的循环浓度,包括抗癫痫药,如卡马西平、苯巴比妥、苯妥英。相反的,肝酶抑制剂视乎对丙戊酸代谢没有效。丙戊酸是肝酶的抑制剂包括环氧化酶、CYP_{450}、葡萄糖醛酸基转移酶。通过这种抑制作用,乙琥胺、拉莫三嗪、苯巴比妥、卡马西平10,11环氧化代谢物可增加丙戊酸的浓度。合用苯妥英时,丙戊酸通过与血清蛋白结合位点的作用和改变代谢能提高非结合性或自由苯妥英的浓度。当丙戊酸和以上提到的抗癫痫药物同时使用时,更加警惕观察不良反应的发生,监测药物浓度。

九、总 结

总之,对癫痫及癫痫发作的万能药物还没有发现。排除了所有副反应,仍没有单一药物可以控制部分性、全身性和酒精诱导癫痫发作。

(何 晟)

参 考 文 献

卫生部合理用药专家委员会组织.2008.中国医师药师临床用药指南2008版.重庆:重庆出版社
中华医学会神经病学分会脑电图与癫痫学组.2011.抗癫痫药物应用专家共识.中华神经科杂志,44(1):56~65
中华医学会神经病学分会脑血管病学组急性缺血性卒中诊治指南撰写组.2010.中国急性缺血性卒中诊治指南2010.中华神经病学杂志,43(2):1~8
Furie KL, Kasner SE, Adams RJ, et al. 2011. Guidelines for the prevention of stroke in patients with stroke or transient ischemic attack: a guideline for healthcare professionals from the american heart association/american stroke association. Stroke, 42(1):227~276
Michael S. 2010. First Aid for the Neurology Boards. McGraw-Hill Press, 85~112
Torbey MT. 2010. Neurocritical Care. Cambridge University Press, 81~108

第6章 血压管理

脑组织几乎没有能量储备，需要血液循环连续不断的供应所需要的氧气和葡萄糖。因此，维持正常的脑血流对脑的功能活动起着重要作用。我们知道，脑血流量取决于脑灌注压(CPP)与脑血管阻力的比值。脑灌注压等于平均动脉压(MAP)与颅内压(ICP)的差。生理情况下，ICP很小，可以忽略不计。因此，脑灌注压近似等于MAP。

正常成年人平均动脉压为70～105mmHg。正常情况下，当MAP在60～160 mmHg范围内波动时，脑血流有自动调节能力，可以比较稳定地供应脑部的血液，这称为Bayliss效应。当MAP降低到60mmHg以下时，脑灌注压下降，脑血流量就会显著减少，引起脑的功能障碍，加剧分水岭区脑组织缺血。当MAP≥180mmHg时，脑血流的自动调节机制破坏，脑血管因不能承受过高的压力而被动性扩张，导致脑血管过度灌注，继而出现颅内压升高，甚至脑水肿。

神经急症时，由于脑血流的自动调节机制受损，需要在相对狭小的范围内调控MAP和CPP，而且在不同的病理状态下，对血压调控的具体要求也不尽相同。例如，研究发现，缺血性卒中发病14天内的早期死亡率与远期预后与患者血压呈U型曲线关系，当收缩压维持在140～180mmHg时，死亡率最低，远期预后最佳。脑出血(ICH)的患者，理论上早期血压升高可引起血肿扩大、血肿周围水肿及再出血。因此，在脑卒中的发病早期主张管理血压，通过药物把血压控制在一个合理的水平，以改善患者预后。

NICU血压管理的基本原则包括：①纠正全身高血压状态，避免全身低血压；②保证足够的血压和组织灌注压，避免继发性的脑和脊髓损害；③尽量使用较少影响颅内压(ICP)和脑血流(CBF)的药物。

第一节 血压调控

一、升压治疗

机体血压下降的常见原因有心脏泵血功能受限、血管扩张及体液大量丢失等。血压下降是严重的血流动力学紊乱，出现以微循环灌注不足及器官功能障碍为特征的临床表现。治疗的主要目标是维持足够的血管压力，增加组织灌注压，保证对重要器官的血供，恢复细胞的代谢与功能。

升压药物能提高动脉张力，降低静脉的顺应性加快静脉回流，改善心输出量(CO)和氧气运输。对于有肾功能损害或并发症的单纯高血压患者，血压控制可相对严格。对于有颅内或颈动脉狭窄的患者，需要维持足够的血压保证脑灌注压，以减少低灌注引发的脑损害或分水岭区缺血。Rothwell PM等发现，双侧颈动脉狭窄≥70%的患者，严格降压(收缩压<140mmHg)反而比血压控制在160～170mmHg时增加了缺血性卒中的风险，而双侧颈动脉狭窄<70%时，血压降至135/85mmHg不会增加该风险。对于蛛网膜下腔出血的患者，维持一定的血压可减少脑血管痉挛的发生，改善预后。

尽管升压药物通过升高MAP来增加组织灌注量，但它同时损害局部血管的收缩功能。升压药物的选择应充分考虑治疗目的、药物作用机制和局部组织灌注效应。静脉使用升压药物时,需要计算滴速,调整浓度,更要严密监测,因为在升高血压的同时,具有增加心脏负荷,导致心律失常,或增加颅内压等不良反应。很多升压药需要中心静脉使用,避免外渗引起的组织坏死。升压治疗之前,应确保血容量补充足够。下面介绍 NICU 常用的升压药物:

(一) 多巴胺

多巴胺(DA)属于儿茶酚胺类药物,主要通过增加每搏输出量和 CO 来增加 MAP。多巴胺的作用随剂量的大小而不同。低剂量$[0\sim5\mu g/(kg\cdot min)]$时激活 DA_1 受体,扩张肾血管(特别是肾小动脉)和肠系膜血管,增加肾血流、肾小球滤过率及排尿量。因而,低剂量多巴胺被认为具有肾脏保护作用。然而,低剂量多巴胺可能导致肾血流重新分布,增加肾皮质和内髓血流,而减少外髓血流,由于外髓层是代谢活跃区,血流减少容易引起缺血,这对急性肾衰竭可能是有害的。《2008 年拯救严重脓毒症与感染性休克治疗指南》中提出:低剂量多巴胺对感染性休克患者肾脏没有保护作用。中剂量多巴胺$[5\sim10\mu g/(kg\cdot min)]$激活 β 受体,起正性肌力作用,心率增快。高剂量$[10\sim20\mu g/(kg\cdot min)]$主要表现为 α 受体激活,全身血管收缩。

多巴胺是去甲肾上腺素(NE)的前体,约 25% 的多巴胺在交感神经末端代谢成 NE,后者可影响心功能。前循环压力高的患者应慎用多巴胺,因为可能增加肺水肿。多巴胺还损害胃动力,通过直接影响胃黏膜细胞,降低胃黏膜内层 pH。

(二) 去甲肾上腺素

去甲肾上腺素具有肾上腺素 α 受体强烈激动作用,引起血管极度收缩,血压升高,冠状动脉血流增加;同时激动 β 受体,使心肌收缩加强,心排血量增加。小剂量$[0.4\mu g/(kg\cdot min)]$时,以 β 受体激动为主;较大剂量时,α 受体激动为主。与多巴胺相比,NE 主要通过血管收缩效应提升平均动脉压,轻微改变心率和每搏输出量。浓度为 $0.03\sim0.15mg/(kg\cdot min)$ 的去甲肾上腺素,通过提高心肌血流量而改善心肌供氧,用于治疗严重的心源性休克低血压状态。

对于有足够血容量的低血压患者,NE 在减少终末器官损害和改善生存方面优于大剂量的 DA。美国心脏协会把 DA 作为急性心肌梗死低血压患者的首选升压药。但研究发现,与 NE 治疗相比,尽管 DA 与 NE 治疗后的死亡率没有显著差异,DA 却与较多的不良事件相关,尤其是房颤。目前,DA 作为一线抗休克药物的地位或因此动摇。有报道认为 NE 影响内脏和肾血管导致缺血损害,然而最近的研究表明,NE 在有效升血压的同时并不损害这些器官。随机对照研究发现,NE 因能更好地维持血流动力学、代谢和氧气转运水平,而优于 DA 对感染性休克的治疗。

(三) 多巴酚丁胺

多巴酚丁胺是多巴胺的衍生物,通过直接激动心脏 $β_1$ 受体以增强心肌收缩力和增加搏出量,降低心室充盈压。多巴酚丁胺兼有 $α_1$ 和 $β_2$ 受体激动作用,两者的作用可相互抵消,使其对周围血管的影响较小,收缩压和脉压一般保持不变,或仅因心排血量增加而有所增加。

多巴酚丁胺最适用于心室充盈压高心输出量低的患者或者心源性休克患者。低血容量时,多巴酚丁胺可导致低血压和反射性心动过速。多巴酚丁胺的应用超过 24～72 小时,可能产生药物耐受,此时需要加量或者换药。

(四)肾上腺素

肾上腺素直接作用于肾上腺素能 α、β 受体,产生快速短暂的兴奋 α 和 β 型效应。兴奋 α 受体,使皮肤、黏膜血管及内脏小血管收缩。兴奋心脏 $β_1$ 受体,使心肌收缩力增强,心率加快,每搏输出量和 CO 增加,同时心肌耗氧量增加。兴奋骨骼肌 $β_2$ 受体,使血管扩张,降低周围血管阻力而降低舒张压,同时松弛支气管平滑肌,扩张支气管,解除支气管痉挛。肾上腺素主要用于扩容及其他缩血管药物升压治疗无效的患者。由于无选择性的作用于交感神经受体亚型,可影响心肌和局部组织的灌注,肾上腺素常作为最后选择的升压用药。

(五)去氧肾上腺素

去氧肾上腺素主要激动 $α_1$ 受体,表现为收缩血管,升高血压,反射性减慢心率。高选择性的 α 受体激动剂是低全身血管阻力患者升血压的理想用药。由于 $α_1$ 受体在脑血管分布少,对脑血管的收缩作用较小。去氧肾上腺素几乎无 β 受体作用,很少影响 β 受体介导的心动过速和增加心肌耗氧量。升压作用较去甲肾上腺素弱而持久。由于其明显减少肾血流量,已很少用于抗休克治疗,可用于防治全身麻醉或脊椎麻醉的低血压。

(六)加压素

加压素是由下丘脑的视上核和室旁核的神经细胞分泌的九肽激素,经下丘脑-垂体束到达神经垂体后叶后释放,提高远曲小管和集合管对水的通透性,促进水的吸收,是尿液浓缩和稀释的关键性调节激素。正常时没有升压效果。外源性的加压素能恢复压力感受反射受损时的血管紧张性。加压素与加压素 1 型(V1)受体结合,强烈收缩血管的同时,不明显改变 CO、心率或肺毛细血管楔压。加压素升高 MAP 的机制还可能与增强内源性儿茶酚胺的活性有关。

临床主要用于加压素缺乏性休克、儿茶酚胺抵抗性休克或心源性休克的治疗,还应用于心肺复苏成功后循环衰竭的患者。

(七)总结

选择升压药物时,需要考虑患者临床情况、潜在的心血管状态和治疗目的。对心动过速患者,$α_1$ 受体激动剂去氧肾上腺素是合理选择,因为它不激动 β 受体,不增加心率及心肌耗氧量。而心动过缓,或者要增加心率和 CO 的患者,兼有 $α_1$ 和 $β_1$ 受体活性的 DA 和 NE 是优先选择。DA 可作为急性心肌梗死低血压患者的首选升压药,但不良事件发生率高。感染性休克治疗主张早期应用去甲肾上腺素。多巴酚丁胺是 $β_1$ 和 $β_2$ 受体激动剂,主要用于血容量已补足但心输出量仍低的患者。由于 $β_2$ 受体介导的扩血管作用,多巴酚丁胺升高血压的作用并不明显,若需升高血压,须加用其他药物。加压素和肾上腺素不是一线用药,主要用于不能耐受或对其他升压药物有抵抗的患者。对过敏性休克引起的血压下降,肾上腺素则是首选(见表 6-1 和表 6-2)。

表 6-1 常用升压药物的比较

药物	药物动力学参数			代谢途径	剂量		备注
	起始有效时间(min)	持续时间(min)	半衰期(min)		常用剂量 μg/(kg·min)	最大剂量 μg/(kg·min)	
多巴胺	5	<10	2	血浆,肝肾中的MAO	5~20	50**	急性心肌梗死低血压患者的首选升压药,但可引起房颤等不良反应
去甲肾上腺素	1~2	1~2	1~2	COMT和MAO	0.01~0.5***	30μg/min	严重的心源性休克低血压状态;感染性休克
肾上腺素	1~2	短暂	1~2	肝、COMT和MAO	0.03~0.5	10~20μg/min	在扩容及其他血管药物治疗无效时使用
多巴酚丁胺	1~10	10~15	2	组织和肝脏	2.5~10	40	适用于高充盈压低心输出量患者或者心源性休克
去氧肾上腺素	立刻	15~30	150	肝和肠MAO	0.5~8	360μg/min	低全身血管阻力的理想升压用药;对脑血管的收缩作用较小
加压素	立刻	30~60	10~20	肝和肾脏	0.03~0.1U/min	0.1U/min	适用于加压素缺乏性休克、儿茶酚胺抵抗性休克或心源性休克

COMT:儿茶酚胺—O—甲基转移酶;MAO:单胺氧化酶

** 如果达到20~30μg/(kg·min)无效时,需换用其他升压药

*** 严重的心功能不全需增加剂量,直到0.1μg/(kg·min)

表 6-2 升压药物的药代动力学参数比较

药物	受体					血流动力学效应					
	α_1	β_1	β_2	DA_1	V_1	MAP	HR	CO	PCWP	SVR	CI
多巴胺											
1~5μg/(kg·min)	0	1	0	2	0	↔	↔	↑	↔	↔	↔
5~10μg/(kg·min)	1	2	0	2	0	↑	↑	↑	↑↔	↓	↑
10~20μg/(kg·min)	2	2	0	2	0	↑↑	↑↑	↑↑	↑	↑	↑
肾上腺素	3	3	2	0	0	↑↑	↑↑	↑↑	↔	↑↑	↑↑
去甲肾上腺素	3	2	0	0	0	↑↑	↑↔	↓↔	↑↔	↑↑	↑↓↔
多巴酚丁胺	1/0	3	2	0	0	↑	↑	↑↑	↓	↓↔	↑↑
去氧肾上腺素	3	0	0	0	0	↑	↑↔	↑↓	↑	↑↑	↑↓
加压素	0	0	0	0	2	↑↑	↔	↔	↑	↑↑	↑↔

MAP:平均动脉压;HR:心率;CO:心输出量;PCWP:肺毛细血管楔太;SVR:全身血管阻力;CI:心脏指数

3=强效;2=中效;1=低效;0=无效

二、降压治疗

稳定的血压是维持脑灌注的保证。血压过度升高会引起脑血管的被动扩张,诱发高血压脑病,或增加心脏负荷,诱发心衰。在脑出血时,控制血压可减轻脑水肿。因此,在 NICU 使用抗高血压药物极其常见。由于监护病房需要实现快速降压,有条件时尽量选择静脉给药。一般认为,静脉给药起效迅速,通常给药几分钟后就产生降压作用;其次血压易于控制,通过调节输液速度能及时调节用药量,维持血压在需要的范围内,防止过度降压影响脑血流量。最后,无论硝普钠还是硝酸甘油,半衰期短,停药数分钟降压作用即消失,不会引起难以控制的血压下降。理论上,个体化的降压目标应根据无创检测患者脑动脉自动调节曲线的下限来确定。

理想的降压药应该满足起效迅速、降压平稳、效果确切、剂量易调、终止快速的要求,同时具有对心率、心功能、心肌耗氧量、颅内压影响小的特点。但没有一种降压药完全符合上述标准。因此用药的选择取决于患者的特点和临床症状、药物特性及临床医师的经验。持续静脉点滴艾司洛尔、拉贝洛尔、尼卡地平或硝普钠,间歇静脉推注用药依那普利拉和拉贝洛尔都是高血压急症的选择用药。舌下含服硝苯地平等药物紧急降压的做法现在已不推荐使用。

对于老年高血压患者,降压治疗是否获益各方研究尚无一致结论。有研究认为,将血压降至理想水平(收缩压<140mmHg)不会引起脑灌注不足,但也有人认为会增加沉默性脑梗死和认知功能障碍的风险。本节主要讨论 NICU 常用静脉用降压药物:

(一) 硝酸甘油

硝酸甘油能直接松弛血管平滑肌,对全身动脉及静脉均有舒张作用,使全身血管扩张,外周阻力降低,静脉回流减少,减轻心脏前后负荷,降低心肌耗氧量。硝酸甘油对不同血管的舒张程度有明显差异。低浓度时就能扩张毛细血管后静脉,也能扩张冠状动脉的输送血管,较高浓度才能扩张小动脉。

硝酸甘油的不良反应与其扩张血管有关,对血压尚无影响的剂量就能扩张头面部和颈部血管,引起面颊潮红及搏动性头痛。连续使用2~3周及经常使用硝酸酯类药物都易产生耐受性,机制可能与肌浆膜上"巯基耗竭"有关。硝酸甘油因增加颅内压,脑出血、颅内压增高者慎用,但对同时伴有心肌缺血、急性心功能不全患者仍是有益的选择。硝酸甘油半衰期2~3分钟,降压起效迅速,降压幅度与血药浓度成正比,停药后作用迅速消失,毒副作用小,使用方便、经济,在血压管理中有明显的优势。

(二) 硝普钠

硝普钠是强有效的血管扩张剂,对动静脉系统都有扩张作用。其在体内经代谢产生 NO,后者激活血管平滑肌细胞鸟苷酸环化酶,使 cGMP 增加,平滑肌松弛。硝普钠对血流动力学的影响包括使全身血管阻力降低,血压下降,并降低心脏前后负荷,CO 和每搏输出量维持不变或有所增加。硝普钠降压快速短效,1~2分钟内即可出现显著降压效果,停药5分钟后血压很快回升至给药前水平,为避免血压反跳,硝普钠不要贸然停止。硝普钠轻到中度加快心率,但是总体上可以改善心肌供氧。为预防不良反应,推荐短期使用硝普钠,并维持其最低有效率。

常见的副作用是低血压、心动过速、硫氰酸中毒及恶性低氧血症。使用硝普钠降压需要持续监测血压。过度降压后可能出现心脏低灌注,反射性心动过速可导致心肌缺血,冠脉血流远离缺血区再重新分配,发生冠脉盗血综合征。

硝普钠可收缩含氧低的肺血管,改变通气血流比值,恶化低氧血症。因此,对慢阻肺、急性呼吸窘迫综合征、急性肺炎伴低氧血症患者要谨慎使用。硝普钠剂量依赖性的降低脑血流,并恶化已有颅高压的患者。另外,还观察到浓度剂量依赖的耳毒性。

硝普钠通过环鸟苷酸-胀基环化酶(GMP)代谢。一分子的硝普钠通过与血红蛋白结合代谢成一分子的氰化正铁血红蛋白和四分子氰基。氰基在肝内与硫代硫酸盐结合生成硫氰酸盐解毒,后者毒性是氰化物的1%。硫氰酸盐通过尿液排泄,其消除半衰期为三天。因此,氰化物的去除需要正常的肝肾功能,肝肾功能不全的患者不宜使用硝普钠。文献指出滴速大于 $4\mu g/(kg\cdot min)$ 可在短达2~3小时即达到氰化物中毒的水平。

急性氰化物中毒的特征性症状是中枢神经系统功能障碍:头痛、焦虑、意识障碍、惊厥。还可能出现:恶心、呕吐、腹痛等消化系统症状;心律失常、房室传导阻滞、心搏骤停等心血管异常;静脉高氧血症和乳酸增多症引起的 pH 改变。神经科患者监测氰化物毒性极其困难。

预防氰化物中毒可同时使用硫代硫酸钠,二者之比为10:1。后者作为硫的供体,为氰化物解毒提供底物,而不影响硝普钠的降压效果。预防性使用维生素 B_{12} 结合氰化物生成氰钴胺,能有效降低氰化物浓度。然而,维生素 B_{12} 并不是常规应用,且并不能有效防治氰化物中毒。

(三)艾司洛尔

艾司洛尔是超短效的选择性 β_1 受体阻滞剂,主要在心肌通过竞争儿茶酚胺结合位点而抑制 β_1 受体,具有减缓心率,降低血压,减少每搏输出量的作用。其他血流动力学包括轻微增加前负荷和全身血管张力、降低左心室心肌耗氧量。艾司洛尔相对于硝普钠产生相反的作用,与拉贝洛尔效用相等。

最常见的副作用包括低血压、心动过缓、心脏传导阻滞、左室功能紊乱和支气管痉挛。因此,左室功能受损、心动过缓、传导阻滞的患者不能使用。使用剂量在 $100\sim300\mu g/(kg\cdot min)$ 时,对轻至中度慢性阻塞性肺病不会引起明显的支气管痉挛,但在高于40~100倍剂量时,可抑制支气管及血管平滑肌的 β_2 受体,引起气道阻力的增加。因此,COPD 和支气管痉挛患者尽量不使用艾司洛尔。

(四)拉贝洛尔

拉贝洛尔兼有 α 受体及 β 受体阻滞剂作用,对 β_1 及 β_2 无选择作用。其阻断 α 受体和 β 受体的相对强度在口服时为1:3,静脉注射时为1:7。阻断 α 受体有助于血管扩张,阻断 β 受体有助于防止反射性心动过速。拉贝洛尔主要的血流动力学效应为降低收缩压、MAP 和心率,一般不降低心输出量或每搏输出量,右心室充盈压轻微变化或者不变,极少影响全身血管阻力。

拉贝洛尔有维持脑、肾脏、冠脉血流量不变的优点,使其成为心肌缺血患者的理想用药。拉贝洛尔不影响颅内压和脑血流灌注量,是 NICU 降压的常用药。对治疗妊娠高血压综合征安全有效。

为实现快速降压的效果，拉贝洛尔可先静脉推注，然后根据初始药物效应持续时间，推荐间断静脉推注用药。大剂量拉贝洛尔会引起血压明显下降，使用时要严密监测血压。左室功能不全[射血分数<40%或者心脏指数<2.5L/(min·m^2)]、重症哮喘、COPD、心脏传导阻滞和心动过缓患者不能选用。

（五）乌拉地尔

乌拉地尔具有外周和中枢双重降压作用，主要阻断突触后膜 α_1 受体，并具轻微的阻断突触前 α_2 受体的作用。此外，它尚能激活中枢 5-羟色胺-1A 受体，降低延髓心血管调节中枢的交感反馈而起到降低血压。对静脉的舒张作用大于对动脉的作用，可降低心脏前后负荷和平均肺动脉压，改善心搏出量和心输出量，降低肾血管阻力。在降血压同时，一般不会引起反射性心动过速，也不影响颅内压。由于没有硝普钠的冠状动脉盗血作用，可用于冠心病、肾动脉狭窄患者。禁用于主动脉狭部狭窄或动静脉分流患者。

（六）依那普利拉

依那普利拉是依那普利的活性型，是供静脉使用的血管紧张素转换酶抑制剂。其能扩张周围血管，降低 MAP、前负荷、肺毛细血管楔压，心肌耗氧量减少，心脏指数及心搏量增加。依那普利拉可降低交感神经紧张性，扩张肾小球出球小动脉，致使钠潴留。缓激肽可加强其扩血管效应。该药还没有发现致反射性心动过速、改变动脉氧合作用的现象。

副作用包括潜在的迟发性低血压、肾功能损害、高钾血症以及极少见的血管性水肿。使用依那普利拉要特别注意患者的血容量，因为低血容量时更容易发生低血压和肾功能损害。孕妇和双肾动脉狭窄患者忌用。

（七）尼卡地平

尼卡地平是二氢吡啶类钙通道拮抗剂，抑制心肌与血管平滑肌的跨膜钙离子内流而不改变血钙浓度，对血管平滑肌的作用强于心肌，对心脏传导没有影响，降压时可反射性引起心率加快。其血流动力学效应是通过动脉血管舒张，减小血管阻力和平均动脉压，降低心肌耗氧量，增加心脏射血分数及心排血量而不改变左室舒张末压，也可增加冠脉侧支循环，使冠状血流增加。尼卡地平不影响颅内压和脑血流量，其降血压效果等同于硝普钠，且降压效果持久可控。

常见的副作用有低血压、窦性心动过速、恶心呕吐，其在受试者中的发生率 7%～17%，相比于硝普钠少见，且多为暂时性的。

（八）总结

根据患者的临床状态及药理作用选择静脉降压药物。心动过速患者首选艾司洛尔和拉贝洛尔。外周血管扩张药尼卡地平是心动过缓、充血性心力衰竭或者支气管哮喘患者的理想用药。颅内压升高的患者可选拉贝洛尔、乌拉地尔及尼卡地平。硝普钠扩张脑血管，增加颅内压，损害脑血管自身调节，引起急性氰化物中毒，不是神经科患者的理想用药。硝酸甘油虽然增加颅内压，但对同时伴有心肌缺血、急性心功能不全患者仍是有益的选择（表 6-3）。

表 6-3 静脉用降压药物的比较

药物	作用机制	初始剂量	滴速	最大剂量	起效时间	持续时间	半衰期	备注
硝酸甘油	直接松弛平滑肌	5μg/min	每3～5min 增加 5μg/min,在 20μg/min 无效时可 10μg/min 递增		立即	10～30min	2～3min	高血压伴有心肌缺血,急性心功能不全患者
硝普钠	直接松弛动静脉血管平滑肌	0.5μg/(kg·min)	以0.5μg/(kg·min)递增,常用剂量 3μg/(kg·min)	10μg/(kg·min)	5min 内	1～15min	7d(由硫氰酸盐测定)	扩张脑血管,增加颅内压,引起急性氰化物中毒
依那普利拉	血管紧张素转化酶抑制剂	5min 内静推 0.625～1.25mg	20～30min 可重复,通常q6h;静滴每 12 或 24h 增加 1.25mg	5mg q6h	15min	约 6h	约 11h	注意血容量,禁止用于双肾动脉狭窄和孕妇
艾司洛	β₁ 受体激动剂	1min 内静推 0.5mg/kg,5min 重复 1 次	25～50μg/(kg·min)	300μg/(kg·min)	1～2min	10～30min	约 9min	持续时间短,左室功能不全、支气管痉挛患者慎用;代谢不依赖于肝肾功能
乌拉地尔	中枢α₁受体,外周α₂受体拮抗剂	10～50mg 静推	9～30mg/h	4mg/ml	5min	约 4h	平均 2.7h	可用于冠心病,肾动脉狭窄。主动脉狭窄或动静脉分流禁用
拉贝洛尔	α₁、β₁、β₂ 受体激动剂	2min 内静推 10～20mg	每10min 重复 1 次,持续静脉维持 1～2mg/min	24h 总量达 300mg	2～5min	3～6h	3.5～4.5h	左室功能不全患者慎用;支气管哮喘禁用;不影响颅内压和脑血流
尼卡地平	二氢吡啶类钙离子拮抗剂	5mg/h(肾功能不全者 3mg/h)	每15min 增加 2.5mg/h,维护不为 3mg/h	15mg/h	5～10min	1～4h	2～4h	不影响颅内压,松弛平滑肌,每 12h 更换周围静脉通道

第二节 神经内科急症的血压管理

一、脑出血和脑梗死

目前,对脑出血和脑梗死急性期血压的调节有很多循证医学的证据。本书的第三部分将详细讲解脑梗死和脑出血患者的血压调控。

二、脊髓损伤

脊髓损伤患者可出现周围交感神经紧张性受抑制的神经源性休克和自主神经调节紊乱。这两种并发症出现在颈段或高胸段脊髓损伤,表现为损伤平面以下较小的刺激可诱发极端血压出现。

脊髓损伤(T_6以上)后体位性低血压的发生率约为75%,低血压与脊髓损伤的死亡率升高有关。目前指南推荐,脊髓损伤的第一周MAP应维持在85～90mmHg以上。腹带和长腿弹力袜是一种最简便的治疗低血压的方法。应用于临床的药物有:①氟氢可的松,一种盐皮质激素,可能通过提高α肾上腺素受体的敏感性而提高血压。副作用包括低钾血症、水肿。②盐酸米多君,它在体内转化成脱甘氨酸米多君,是$α_1$受体激动剂,通过激活动静脉系统的α肾上腺素受体,使血管收缩,血压升高。

自主神经反射亢进发生于脊髓休克结束后,多见于T_6以上的脊髓损伤,系自主神经系统中交感与副交感神经的平衡失调所引起。脊髓损伤水平以下的刺激引起交感肾上腺素能递质突然释放,出现高血压、头痛、视物不清、胸痛和呼吸困难,可能导致脑出血和死亡,需要按高血压危象紧急处理。

急性脊髓梗死可采用升高血压和脑脊液引流治疗,以保证脊髓最大灌注压。尽管缺少指南,专家推荐定期腰穿引流保证脑脊液压力低于$100mmH_2O$,同时MAP>95mmHg。

三、蛛网膜下腔出血(SAH)

蛛网膜下腔出血后血压快速升高,可能与高肾上腺素能状态或库欣反射有关。血压升高可能是适应高颅压状态的结果,但又是引起蛛网膜下腔再度出血的主要原因。研究显示,患者在急救车及医院内再出血的发生率为13.6%,发生高峰为首次出血的24小时内,当SBP>160mmHg时更易发生。尽管没有明确的指南,蛛网膜下腔出血后一般要保持血压在平时水平,最好不超过150/90mmHg,也不能降得太低,以免脑供血不足。处理重度患者(Hunt-Hess分级Ⅳ、Ⅴ级)高颅压时,要优先保证足够的冠脉灌注压。通常使用拉贝洛尔、尼莫地平、尼卡地平等对心功能和颅内压影响较小的药物。硝普钠因影响颅内压而尽量不用。

脑血管痉挛引起的迟发性脑缺血主要在4～21天之间发生,发生率为60%～75%。除了使用尼莫地平,交感性的血管痉挛常采用3H疗法。3H疗法通过输入晶、胶体液和应用升压药,使中心静脉压(CVP)升高至8～12mmHg,肺毛细血管楔压升高至12～16mmHg,以实现高血压、高血容量和血液稀释(红细胞比容减低至30%±3%),也称为高动力学疗法。由于缺血脑组织丧失自动调节功能,脑血流对收缩血压的变化呈被动反应,因此3H疗法可达到增加脑血流量、改善脑微循环,将血管痉挛引起的脑缺血损害减至最低程度。已行动脉瘤夹闭术的患者收缩压升至150～175mmHg,未行夹闭术的收缩压维持在130～

150mmHg。3H 治疗至少维持 48～72 小时，或在 TCD 等监测下，血管痉挛解除后才逐渐停止。采用 3H 疗法具有一定风险，可并发心梗、充血性心衰、心律失常、再出血、脑水肿、动脉瘤破裂等。近年来主张采用 3N 疗法，即正常血容量（CVP 7.5～9mmHg）、正常血压（参照患者的基础血压）、正常红细胞比容（38%左右）的治疗方法。

由于多巴胺和去甲肾上腺素可引发心动过速，去氧肾上腺素作为一线用药。多巴酚丁胺常用于增加难治性血管痉挛患者的心输出量，慢性心力衰竭和心肌缺血是其最常见的不良反应，因此常规检查心电图、心肌标志物和胸片（见图 6-1）。

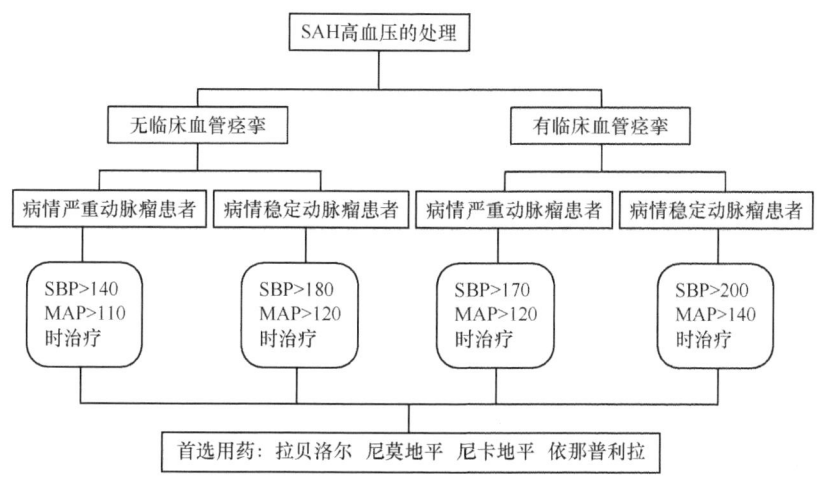

图 6-1　SAH 血压的处理

SAP：收缩压；MAP：平均动脉压；血压单位：mmHg

四、颈动脉内膜剥脱（CEA）术后或支架成形（CAS）术后

CEA 及 CAS 术后通常出现血流动力学不稳定：高血压、低血压或心律失常。

CEA 术后有 20% 患者即刻出现高血压，可能是手术损伤或局麻药阻滞了颈动脉窦或其神经。粥样斑块切除后，颈动脉压力感受器刺激增加可引起低血压与心动过缓。观察发现，全麻术后高血压多见，而区域麻醉术后低血压发生率较高。

球囊扩张和支架置入可机械刺激颈动脉窦压力感受器，改变颈动脉壁顺应性及颈动脉受体的敏感性。颈动脉受体调节全身血压的作用短暂，仅仅持续数分钟。但颈动脉窦对机械改变的适应是缓慢和不完全的，导致在 CAS 后血流动力学紊乱可以持续一段时间。

CAS 术后早期低血压的发生率要高于 CEA 术后。一般认为任何术中或术后出现的收缩压<90mmHg 或心率<60 次/分，在除外出血、低血容量和心力衰竭因素后即可诊断为低血压或心动过缓，任何时间收缩压>160mmHg 诊断为高血压。也有将血压高于或低于基础收缩压 30mmHg 作为高血压和低血压的诊断标准。

由于缺乏血管自动调节，颈动脉重度狭窄的患者可能有术后高灌注状态，脑血流量可增加 100%，导致颅内出血。因此为降低出血危险，应将血压维持在正常水平，一般 MAP 应降到 80～100mmHg 为宜。经验告诉我们，β 受体阻断剂可导致过度心动过缓的风险，尼卡地平或依那普利拉为较好的选择。

五、外伤性颅脑损伤

外伤性颅脑损伤患者并发高血压及心动过速很常见,这是肾上腺素能递质大量释放的结果。它可能与疼痛、应激或颅内压升高时库欣反射有关。β肾上腺素能受体阻断剂是脑损伤患者合理的降压药,尤其是高肾上腺素能反应的患者,但要兼顾患者的冠脉灌注压和颅内压。

低血压可为神经源性的,比如脊髓休克或神经源性心肌抑制,但更多见于严重创伤的并发症,像失血、气胸、心脏压塞或败血症。急性低血压(SBP<90mmHg)是外伤性脑损伤的严重并发症,需要快速纠正。

六、吉兰-巴雷综合征(GBS)

重症GBS患者常有自主神经功能紊乱症状,在循环系通常表现为心动过速、高血压、血压不稳,是重要的致死因素。GBS发生高血压和心动过缓一般不治疗,因为它只是短暂的,β阻断剂和抗高血压药物可能恶化心动过缓和低血压。然而,伴有冠脉疾病的老年患者必须治疗。使用任何血管活性药物必须谨慎,最好选择半衰期短的药物。如果有心功能不全、其他终末器官损伤、MAP高于120mmHg者,使用硝普钠须谨慎。

七、高血压脑病

高血压脑病是血压急剧升高导致的一过性急性全脑功能障碍综合征。发病机制可能是脑细小动脉发生持久而严重的痉挛或广泛微血管栓塞,脑供血发生急性障碍,也可能脑小动脉因血压极度升高而被迫扩张,使大脑过度灌注,导致脑水肿和颅内压增高。除神经系统的症状外,还可能出现急性肺水肿、急性冠脉综合征、高血压视网膜病变、主动脉夹层以及急性肾衰竭。

成功的治疗依赖于快速准确的诊断,建议数分钟至1小时内使舒张压降至100mmHg左右,恢复脑血流的自动调节机制。有证据表明血压的调定点在高血压起始数小时内即发生改变。因此,快速降压可能诱发脑缺血或心梗。经恰当治疗后的死亡率<5%,幸存者神经机能和影像学可完全恢复。

硝普钠是高血压急症的常用药物之一,但其理化性质不稳定,血管扩张效应可影响颅内压,应严密观察下使用。硝酸甘油同样增加颅内压,但对伴有冠心病、心肌缺血及心功能不全患者仍是理想的选择。

拉贝洛尔因其良好的药代动力学效应,且不影响颅内血管,成为首选用药,但不适用于充血性心力衰竭或房室传导阻滞患者。尼卡地平也是理想选择,静脉用药,对颅内压没影响。酚妥拉明为α受体阻断剂,用于嗜铬细胞瘤引起的高血压脑病。乌拉地尔、非诺多泮对肾衰竭患者是有益的选择。可乐定因其中枢神经系统的抑制应避免使用。此外,卧床休息、镇静止痛有助于血压的控制。

八、子 痫

子痫是妊娠期高血压疾病引起的高血压脑病的一种临床表现。因为孕期的生理状态改变了药物的代谢机制,且血管紧张素转化酶抑制剂(ACEI)和血管紧张素受体阻断剂(ARB)降压药禁止使用,调控血压比其他高血压脑病更为棘手。

终止妊娠是根治本病的唯一方法。适时终止妊娠,可降低母婴死亡率。如果分娩不可以,则首先控制血压,但降压药物同时也减少子宫胎盘的血流量。酌情选择不影响心输出量、肾脏及子宫胎盘血流量的降压药物。血压不宜降的过快过低,避免对胎儿造成影响。比较一致的意见是将子痫患者的 MAP 应维持在 105~125mmHg。肼苯哒嗪具有扩张周围小血管,降低外周阻力,同时有增加心排出量、肾血流及子宫胎盘血流量的作用,常为首选降压药。其他的药物还包括拉贝洛尔、尼莫地平。酚妥拉明适用于伴有心衰、肺水肿的患者。如伴有癫痫发作,可选用镁剂,通常 4~6g 静推 5 分钟,接着 1~2g/h 静脉点滴直到产后 48 小时。如果在子痫前期预防性应用,产后 24 小时停用。

(蔡可夫)

参 考 文 献

Altinbas A, Algra A, Brown MM, et al. 2011. Effects of carotid endarterectomy or stenting on blood pressure in the International Carotid Stenting Study (ICSS). Stroke, 42(12):3491~3496

Beale RJ, Hollenberg SM, Vincent JL, et al. 2004. Vasopressor and inotropic support in septic shock: An evidence-based review. Critical Care Medicine, 32[Suppl]:S455~465

De Backer D, Biston P, Devriendt J, et al. 2010. SOAP II Investigators Comparison of dopamine and norepinephrine in the treatment of shock. The New England Journal of Medicine, 4;362(9):779~789

Leonardi-Bee J, Bath PM, Phillips SJ, et al. 2002. IST CollaborativeGroup. Blood pressure and clinical outcomes in the International . Stroke Trial. Stroke,33:1315~1320

Morgenstern LB, Hemphill JC 3rd, Anderson C, et al. 2010. Guidelines for the management of spontaneous intracerebral hemorrhage: a guideline for healthcare professionals from the American Heart Association/American Stroke Association. Stroke,41(9):2108~2129

Shimoda M, Oda S, Tsugane R, et al. 1993. Intracranial complications of hypervolemic therapy in patients with a delayed ischemic deficit attributed to vasospasm [see comments]. J Neurosurgery,78(3):423~429

Torbey MT. 2010. Neurocritical Care. Cambridge:Cambridge University Press,31~36

第7章 镇静、镇痛与神经肌肉阻滞

在一些烦躁、谵妄、需要机械通气辅助呼吸的危重病人治疗过程中,由于烦躁不安,极易自残或者治疗护理不配合,需要进行镇痛、镇静、肌肉松弛等对症治疗,同时为了改善预后和缩短其入住神经重症监护病房(NICU)的时间,需要减少持续性深度镇静和肌肉松弛。这对于神经功能障碍的患者尤为重要。

第一节 镇 静

在神经重症监护病房治疗和护理的主要内容是能够对患者反复进行神经系统检查以便更好的评估病情。就床边评估和分级镇静而言,神经功能损伤的患者是重症监护病房患者中最难处理的;另外,认知功能障碍导致患者难以理解自己的状态,进而增加其恐惧、烦躁不安和焦虑的心理。对患者进行适度的镇静,或许会掩盖其轻微的神经功能减退表现,因此密切看护和监护对临床医师进行治疗和观察就显得重要,并且在不干扰神经功能评估的基础上进行分级治疗。

外伤性脑损伤(TBI)的患者往往表现为特征性的脑功能紊乱,他们常常烦躁不安,极易自残,需要医务人员看护,许多外伤性脑损伤患者由于戒酒和停止用药合并有戒断现象,所以在选择镇静疗法和确定镇静的持续时间时必须考虑这些因素。

在对 NICU 里患者进行镇静之前,应首先排除由于焦虑、意识模糊或交感神经功能亢进等因素导致的神经功能紊乱。下述患者可考虑镇静疗法:

(1)因呼吸功能下降或气道保护措施不当导致的低氧血症或高碳酸血症,且已得到检查和处理者。

(2)因酸中毒、低钠血症、低血糖、高钙血症、高淀粉酶血症、高氨血症或肝肾功能不全在内的代谢紊乱而导致患者行为改变。

(3)感染诱发的精神错乱。

(4)已排除与心肌缺血、低血压相关的等由于脑血流灌注不足导致的神经精神症状的重症神经病患者。

(5)联合应用其他能影响精神行为的药物,如抗抑郁药、抗惊厥药、预防消化性溃疡药物和皮质类固醇类药物,甚至是抗生素和抗逆转录病毒药物,这些药物均可对患者的认知和行为有不良影响。

一、镇静治疗的目的

神经内科危重患者镇静治疗的目的:
(1)减轻焦虑和疼痛。
(2)能顺利完成辅助机械通气。
(3)能顺利完成神经系统检查。
(4)可以避免颅内压和脑灌注压恶化。

对于神经系统疾病的病人,一种理想的镇静方法是能够持续地保持临床监测的需要并保证能够进行神经系统检查,需要某种特殊而能立即中止镇静。理想的镇静药物是起效迅速、作用持续时间短暂以及治疗时间窗长且无显著血流动力学效应,其次镇静剂间歇使用和有效的最小滴定剂量,可缩短机械通气时间、较少的气管切开及缩短 NICU 滞留时间有关。

二、镇静评估

如何应用镇静疗法应通过对镇静或激惹程度进行评估,从而进行分级治疗以达到更好的治疗目的。理想的镇静评估量表应能对 NICU 患者评估、方便统计并方便记录,并能准确地描述镇静或激惹的程度,有效并可靠地指导镇静分级治疗(图 7-1)。

必须清楚镇静的目的,定时观察每一患者,按时记载患者对镇静药物的反应并进行评估。某些有价值的评定量表的使用可以客观地记载患者的镇静程度,而监视器就不具备这样的功能,所以特别推荐下述量表(表 7-1)在 NICU 用于镇静、激惹患者的评定。

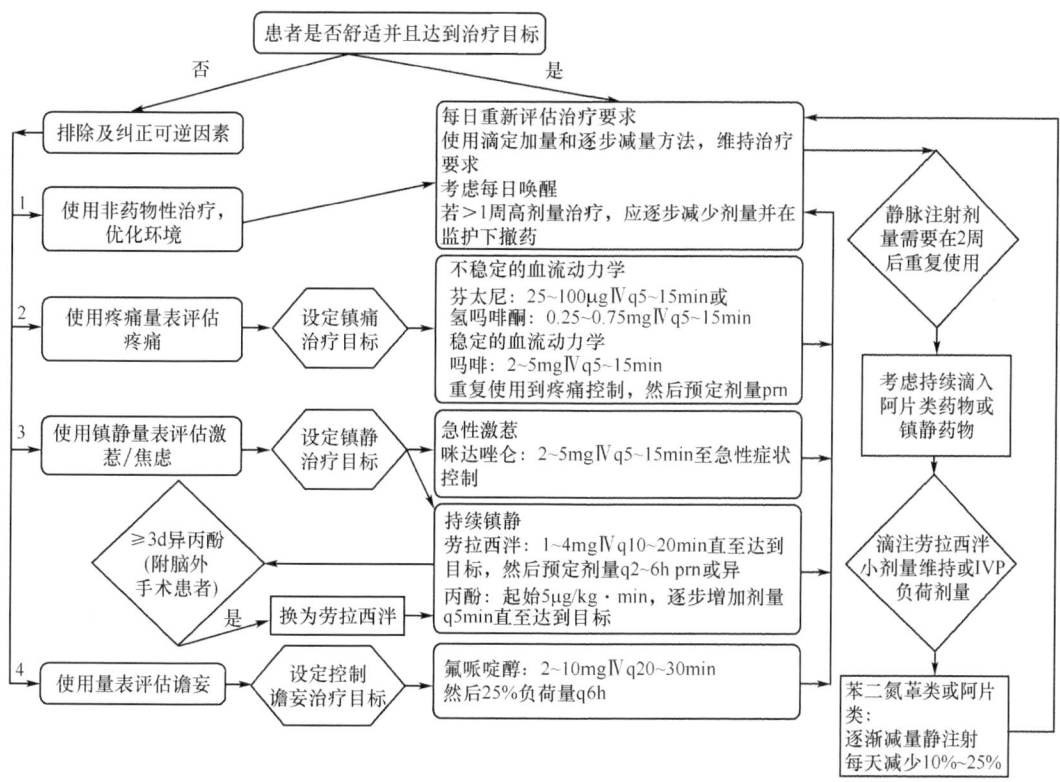

图 7-1 机械通气患者镇静和镇痛程序 剂量适合于体重 70kg 的成人。IVP=静脉注射

表 7-1 镇静评估量表

镇静-激惹量表(Riker Sedation – Agitation Scale,SAS)

评分	描述	定义
7	危险激惹	拔气管插管、拔输液管道、攀床栏、打医护人员、辗转反侧
6	严重激惹	语言劝慰不能使其安静,需要物理措施限制患者、咬气管插管
5	激惹	焦虑或轻度激惹,试图坐起,语言劝慰可以使其安静
4	安静合作	安静、清醒、有指令性动作
3	镇静	难以唤醒;语言或轻摇刺激可唤醒但旋即入睡;有简单的指令性动作

续表

2	过度镇静	物理刺激可唤醒但不能交流或无简单的指令性动作;有自主动作
1	不能唤醒	对伤害性刺激有轻微反应或无反应;不能交流或无指令性动作

运动评定量表(motor activity assessment scale,MAAS)

6	危险激惹	不需要外部刺激就有肢体活动并且患者不能合作,拔气管插管、拔输液管道、扭曲身体、打医护人员或攀床栏并且发出指令时不能使其镇静
5	激惹	不需要外部刺激就能导致肢体活动并且试图坐起或攀床栏并且不能持续性地执行指令(例如:发出指令时可以使其躺下,但不久又试图站立或攀床栏)
4	多动能合作	不需要外部刺激就有肢体活动并且扯开床单或拔气管插管且能执行指令
3	安静合作	不需要外部刺激就能导致肢体活动并且有目的地整理床单或衣服且能执行指令
2	触摸反应和言语	可睁眼、皱眉或头转向刺激侧。触碰时可见肢体运动,能大声讲话
1	仅对伤害性刺激有反应	伤害性刺激时能睁眼或皱眉或头转向刺激物一侧或有肢体退避反应
0	无反应	伤害性刺激时无肢体退避动作

Ramsay 评分

1	清醒患者焦虑和(或)激动不安	
2	患者安静合作,具有定向力	
3	仅对指令有反应	
4	睡眠状态,轻叩眉间或者大声呼唤反应快速	
5	轻叩眉间或者大声呼唤反应迟钝	
6	轻叩眉间或者大声呼唤无反应	

AVRIPAS-修订镇静量表

激惹状态

1	对指令无反应	难以唤醒,物理刺激后仍不睁眼
2	对物理刺激有一定的反应	几乎处于睡眠状态,刺激后仍闭眼/安静
3	轻度焦虑/谵妄	间断性地打盹,容易唤醒(容易安静下来)
4	中度焦虑/谵妄	清醒安静状态
5	重度焦虑/谵妄	完全清醒,过度警觉

呼吸

1	气管插管,无自主呼吸	
2	呼吸平稳,与呼吸机同步	
3	轻度呼吸困难/呼吸急促;偶尔与呼吸机不同步	
4	频繁呼吸困难/呼吸急促;与呼吸机不同步	
5	持续严重的呼吸困难/呼吸急促	

三、常用的镇静药物

苯二氮䓬类和丙泊酚是目前神经内科重症监护病房最常用的镇静药物。

(一)苯二氮䓬类

作用机制:作用于中枢性 γ-氨基丁酸(GABA)受体上特异性的结合位点。

药理特征包括以下几点：
(1) 镇静、催眠，但缺乏内在的镇痛作用。
(2) 可能具有麻醉作用。
(3) 诱导顺行性遗忘，而不是逆行性遗忘。
(4) 中枢神经系统优点：抗惊厥、降低脑血流量(CBF)、降低脑氧代谢率($CMRO_2$)、不影响颅内压(ICP)、中枢性肌肉松弛。
(5) 起效时间：5分钟。
(6) 消除半衰期：60分钟。
(7) 作用持续时间：0.5～3.5小时。
(8) 能被氟马西尼逆转(0.2～1.0mg，最大剂量3mg)，这是一种苯二氮䓬类拮抗剂，作用于GABA受体上苯二氮䓬类结合位点。

1. 咪达唑仑(midazolam) 该药用于急性和短期镇静。
(1) 药理特征。
1) 其作用是地西泮的3～4倍，是所有苯二氮䓬类中半衰期最短的药物，水溶性，无显著活性的代谢产物。
2) 高度亲脂性，因此，能快速透过血-脑屏障，起效迅速，2～5分钟。
3) 重症成年患者镇静的维持剂量：0.02～0.1mg/(kg·h)。
4) 由于其被肝脏迅速分解成无活性的代谢产物，所以持续时间短暂(2～6小时)。
5) 分布半衰期：7～10分钟。
6) 消除半衰期：2～2.5小时。
(2) 应特别注意
1) 老年和有肝脏疾病的患者：增加药物分布容积并且减少药物消除容积。
2) 由于增加有活性的非结合成分而增加了肾衰竭患者的药物反应。
3) 尽管持续输注低于血浆峰浓度药物比大剂量药物对呼吸或心血管功能抑制程度很轻微，但脂肪储存使得重复给药或持续性静推药物能镇静时间延长。

2. 劳拉西泮(氯羟安定)(lorazepam)
(1) 药理特征。
1) 其作用是地西泮的5～6倍，是药效最强苯二氮䓬类。
2) 其脂溶性低，故起效缓慢，需5～10分钟，因而很少用于急性躁动患者。
3) 用药剂量：0.044mg/kg，每2～4小时重复给药一次；对于重症监护病房患者，静脉滴速最快10mg/h是安全有效的。
4) 由于水溶性很高，故血清半衰期亦很长，分布半衰期：3～10分钟。消除半衰期：10～20小时。
5) 无活性代谢产物；因而除丙戊酸能抑制劳拉西泮的代谢外，与其他药物相互作用时产生抵抗效应。
6) 使用溶剂(丙二醇)可导致急性可逆性的肾小管坏死。

3. 地西泮(diazepam)
(1) 药理特征
1) 属长效亲脂性的苯二氮䓬类，2～5分钟迅速起效。
2) 用药剂量：0.1～0.2mg/kg，每2～4小时重复给药一次。

3) 分布半衰期:50～120 分钟。

4) 消除半衰期:20～40 小时。

5) 其活性代谢产物去甲基安定的消除半衰期为96h,重复给药剂量导致胃肠外的地西泮及其代谢产物在体内蓄积,并进一步转化为奥沙西泮(半衰期为 10 小时)。

6) 由于其活性代谢产物依赖肾脏的排泄而限制其在重症监护病房中应用。

7) 由于其作用时间持久,使用氟马西尼拮抗后可再次发挥镇静作用。

8) 与无菌性脂肪乳剂混合(先前与丙二醇混合)可产生并发症(血栓性静脉炎、血栓形成、代谢性酸中毒)。

9) 对血压和呼吸功能产生轻微的抑制效应。

4. 与苯二氮䓬类药物协同镇静疗法

(1) 氟哌啶醇+苯二氮䓬类:①镇静时需要减少苯二氮䓬类的剂量,从而减轻了对呼吸功能的抑制作用;②降低了氟哌啶醇的锥体外系的发生。

(2) 丙泊酚+苯二氮䓬类:减少两种药物的使用剂量有助于稳定血流动力学以及快速撤除呼吸机。

(二) 丙泊酚 (2,6-双异丙基苯酚) (propofol)

1. 作用机制 增强 γ-氨基丁酸的传递,为 N-甲基-D-天门冬氨酸受体拮抗剂。

2. 药理特征

(1) 完全性的镇静催眠药,镇痛作用很弱,有顺行性遗忘作用。

(2) 可用于治疗癫痫持续状态和颅内压增高。

(3) 无内在的抗惊厥特性。

(4) 低剂量的丙泊酚偶可致肢体抽搐。

(5) NICU 中常规用药剂量:每小时 1～3mg/kg。

(6) 中枢神经系统作用:降低脑血流量、脑氧代谢率、颅内压以及脑灌注压;可损伤脑外伤患者脑血流自动调节功能;通常需要增加血压维持平均动脉压和脑灌注压;人体研究未证实丙泊酚具有神经保护作用。

(7) 心血管系统作用:降低平均动脉压、全身性血管阻力、中心静脉压、心输出量以及心率。

(8) 静脉注射丙泊酚发挥镇静作用时引起轻微的血流动力学改变而不影响脑灌注压;使用 2mg/kg 的丙泊酚可诱导全身麻醉作用。

(9) 起效时间:1～2 分钟。作用时间超短的原因是由于高度亲脂性和广泛的组织再分配以及肝外代谢有关;停止输液后 10～15 分钟内,患者从意识不清中苏醒,恢复正常的反应状态;与输注咪达唑仑相比,前者能更加可靠地撤除机械通气。

(10) 3 种半衰期:血清分布半衰期 2～4 分钟,血清消除半衰期 30～60 分钟,丙泊酚由组织脂肪清除的终末半衰期:300～700 分钟。

3. 不良反应 低血压、呼吸抑制、高甘油三酯血症以及胰腺炎,偶可导致尿液、毛发以及甲床变绿。

4. 静脉应用丙泊酚的并发症(PRIS)

(1) 代谢性酸中毒、横纹肌溶解、肌酸激酶增加、肾衰竭、心功能衰竭、心律不齐以及高脂血症等症状。

(2) 丙泊酚诱导阻断线粒体脂质氧化以及游离脂肪酸蓄积导致心律失常。

(3) 丙泊酚导致部分患者能量储存减少以及交感神经功能亢进,多见于儿童。

(4) 报道应用丙泊酚相应的并发症,通常见于头颅损伤或者其他的脑损伤包括癫痫持续状态患者。

(5) 建议避免延长输注时间(＞18h),成人 5mg/(kg·h)的输液速度静脉注射。

(6) 长期应用丙泊酚(＞72h)的患者应监测是否出现高甘油三酯血症。

(三) α_2-激动剂

1. 右美托咪定(盐酸右美托咪定制剂)(dexmedetomidine)

(1) 作用机制:高选择性 α_2-肾上腺素能激动剂,降低交感活性。

(2) 药理特征

1) 镇静、镇痛、无呼吸抑制及致遗忘作用,易于唤醒。

2) 推荐短期镇静＜24 小时。

3) 可降低颅内压,或许由于 α_2-受体诱导小动脉收缩从而导致脑血容量下降。

4) 常规剂量:负荷剂量为起始用药在 10 分钟内缓慢静脉推注 0.1μg/kg,随后以每小时 0.2～0.7μg/kg 的速度静脉输注。

5) 由于快速静脉注射可致低血压,故需避免快速静脉注射。

6) 消除半衰期 2 小时;作用持续时间 2～6 小时。95％经肾脏清除。

不良反应:低血压、心动过缓和激惹。

(四) 精神安定药

1. 氟哌啶醇(丁酰苯)(haloperidol)

(1) 作用机制:中枢性突触后多巴胺受体拮抗剂。

(2) 药理特征

1) 具有镇静和控制精神症状作用,无镇痛和致遗忘特性,一般不作为镇静的一线用药。

2) 血清分布半衰期:5～17 分钟;消除半衰期:10～19 小时。通过肝脏代谢经肾脏排泄。

3) 用药剂量(对于精神错乱):静脉注射 1～5mg,每小时增加一次剂量;静脉用药 24 小时的剂量约 300mg,可发挥镇静作用而无呼吸抑制作用。

(3) 禁忌证:氟哌利多过敏者、帕金森病、妊娠、癫痫患者(可降低癫痫发作的阈值)。

(4) 并发症

1) 锥体外系症状(急性肌张力障碍反应),应用苯海拉明治疗。

2) 由于其具有 α 受体阻断特性,可致低血压。

3) 神经阻滞剂恶性综合征(NMS):表现为高热,肌强直,自主神经功能紊乱,肌酸激酶增高,粒细胞增多,高血糖症。治疗可用丹曲洛林和(或)溴隐亭。

4) Q—T 间期延长:可能导致致命性的扭转性室性心动过速。

2. 氟哌利多注射剂(droperidol)

(1) 作用机制:中枢性突触后多巴胺受体拮抗剂。

(2) 药理特征

1) 用于精神性焦虑,具有止吐效应。

2) 常用镇静剂量:0.625～2.5mg 静脉注射,q4h 至 qd,24 小时最大用量 5mg。

3）作用持续时间 2～12 小时。

(3) 不良反应：锥体外系反应、低血压、烦躁不安、静坐不能，抑制颈动脉窦导致过度通气。

（五）其他镇静剂

1. 依托咪酯(etomidate)

(1) 作用机制：药理学活性成分为右旋异构体，通过刺激 γ-氨基丁酸受体产生镇静作用，无镇痛作用。

(2) 药理特征

1）可用于急诊插管。

2）麻醉诱导时常用剂量 0.3mg/kg。

3）消除半衰期约 30 分钟，通过肝脏代谢为无活性的羧酸酯。

4）中枢神经系统作用：降低脑血流量、脑氧代谢率、颅内压、脑灌注压。

5）心血管系统作用：无降压作用，不改变心输出量和心率，因而用于心血管储备能力有限的患者。

(3) 不良反应：恶心、呕吐、血栓性静脉炎（因含有丙二醇成分）、癫痫大发作、肌阵挛；重复剂量时可致肾上腺功能抑制，增加眼内压；重症患者持续滴注会增加死亡率，可能是与肾上腺合成功能受抑制有关。

(4) 禁忌证：禁用于急性间歇性卟啉病、癫痫患者。

2. 氯胺酮(ketamine)

(1) 作用机制：苯环利定衍生物，与下列受体相互作用：N-甲基-D-天冬氨酸 (NMDA)、阿片类物质、单胺能、毒蕈碱以及电压敏感性钙通道和钠通道。

(2) 药理特征

1）短效的静脉用麻醉剂，催眠药，具有致遗忘作用。

2）兴奋大脑边缘系统如海马，抑制丘脑皮层，导致大脑分离状态。

3）通过肝微粒体酶代谢为活性代谢产物去甲氯胺酮，然后水解成无活性的葡萄糖醛酸苷代谢产物。

4）用于急性血容量不足和哮喘患者诱导麻醉。

5）常用剂量：分离麻醉，0.2～0.5mg/kg 静脉注射或 1.5～2mg/kg 肌内注射；诱导麻醉，1～2mg/kg 静脉注射或 5～10mg/kg 肌内注射。

6）消除半衰期：2～3 小时。

7）中枢神经系统作用：增加脑血流量、脑氧代谢率、颅内压以及降低脑灌注压。

(3) 不良反应：癫痫发作，梦魇和幻觉，躁狂，唾液和泪液分泌过度，增加颅内压，不影响心输出量。

(4) 禁忌证：禁用于颅内压增高、癫痫、缺血性心脏病患者。

（六）巴比妥类

作用机制：作用于中枢性 GABA 受体复合物上特异性的巴比妥类受体；也作用于高浓度的氯离子通道。

1. 戊硫代巴比妥(硫喷妥钠)（thiopental）

(1) 常规剂量：诱导麻醉 5mg/kg 静脉推注。

(2) 用于快速短期治疗颅内高压：25～50mg 静脉推注，注意可能发生低血压。

(3) 消除半衰期：5～12 小时。

2. 苯巴比妥(鲁米那)（phenobarbitol）

(1) 常用剂量(镇静)：1～3mg/kg 静脉推注或肌内注射，24 小时总量达 200mg。

(2) 作用持续时间：10～24 小时(血清药物清除需 120 小时)。

3. 戊巴比妥(宁必妥)（pentobarbital）

(1) 常用剂量(药物引起的昏迷)：静脉推注负荷剂量 10mg/kg，随后静脉注射 1～2mg/(kg·h)，随后静脉注射 4～6mg/(kg·h)。

(2) 药物代谢：肝脏酶诱导剂，影响其他药物代谢。

(3) 中枢神经系统作用：降低脑血流量，脑氧代谢率，颅内压，脑灌注压。

(4) 心血管系统作用：降低平均动脉压，全身血管阻力，血压下降。

不良反应：中枢性呼吸抑制，呼吸暂停，唾液分泌过多，支气管痉挛，喉头痉挛，肾动脉收缩，尿量减少；潜在的致命性撤药综合征；过敏反应占 2%；胃肠蠕动功能抑制。

第二节 镇 痛

在神经重症监护病房里控制疼痛对神经外科术后和危重状态的管理来讲很重要。开颅术后，有 60%～84% 的患者产生中至重度疼痛，前颅窝开颅术后似乎疼痛评分很低，后颅窝手术的患者，85% 有中至重度疼痛，镇痛药使用得最多。很严重的肌肉和组织损伤患者手术操作过程中发生重度疼痛的比率很高，这包括颞下和枕骨下径路。

一、痛 觉 评 估

系统性和连续性评估和记录患者的疼痛是非常重要的。显示疼痛最可靠和有效的方法是患者的自述，需评估疼痛的部位、特点、加重或缓解因素以及疼痛的程度。我们通过观察与痛觉有关的行为(肢体运动，面部表情)以及生理反应(心率，血压以及呼吸频率)和镇痛治疗后这些参数的改变来评估那些不能交流的患者。

目前的痛觉评估标准必须尽可能地考虑到患者反映的痛觉水平和镇痛反应。建议使用数值评定量表(numeric rating scale，NRS)评估痛觉。我们常采用的评估工具如语言分级量表(verbal rating scale，VRS)，视觉模拟量表(visual analogue scale，VAS)，数值分级量表(numeric rating scale，NRS)等评估疼痛程度。语言分级量表由一个 10cm 长的水平线构成，两头分别有一个描述性词语，从"无痛"到"极痛"或"最严重的疼痛"。包括直接描述或数字标记两标志。数字分级量表是一个 0 到 10 分的量表，患者选择一个数字来描述痛觉，10 分代表最严重的疼痛。多维工具如 McGill 痛觉问卷（MPQ)和威斯康星简短痛觉问卷调查(BPQ)测定疼痛程度和感觉、情感和行为成分，但全过程需时较长，不适用于神经重症监护病房患者。家庭成员或其他代理人能帮助 NICU 里不能交流的患者痛觉程度的评定。代理人大约能评估 73.5% 患者的痛觉存在或缺失，很难准确地描述患者疼痛程度。评估痛觉最合适的工具取决于所涉及的患者，患者交流的能力，看护者解释痛觉行为或生理反应的技巧。

二、常用的镇痛药

（一）阿片制剂

作用机制：作用于阿片样 μ 受体。

主要用于镇痛，镇静，抗焦虑，但无可察觉的遗忘症。

1. 芬太尼（芬太尼制剂）(fentanyl)　一种合成的阿片制剂，药效是吗啡的 75~100 倍。

药理特征：①溶解度大，血浆再分布迅速，芬太尼起效迅速，其作用持续时间短；②分布容积大，其消除半衰期约为 5 小时；③很少引起血流动力学不稳定，适用于休克患者，在肝脏中代谢为去甲芬太尼，仍有镇痛作用；④常用剂量：25~50μg/h，最大剂量 200~300μg/h；⑤作用持续时间：30~60 分钟。

2. 瑞芬太尼（盐酸瑞芬太尼粉针剂）(remifentanil)　选择性 μ 受体激动剂，镇痛作用类似于芬太尼。

药理特征：①由于该药在组织和血液中被非特异性的酯酶快速水解因而清除率很快，不在体内蓄积，停药后快速恢复，经常用于开颅手术患者的镇痛；②常规剂量（镇静）：静脉推注：0.5~1μg/kg；静脉输注：0.025~0.2μg/(kg·min)；③作用持续时间：停药后持续 5~10 分钟。

3. 硫酸吗啡(morphine sulfate)　药理特征：①脂溶性最小，缓慢通过中枢神经系统；②分布半衰期长，4~11 分钟，因为该药是相对易溶于水；③肝脏代谢产物吗啡 6-葡糖苷酸，通过尿液排出，肾衰竭时在体内蓄积；④常规剂量（镇痛）：2~10mg 静脉推注 q4h；⑤作用持续时间：4~12 小时。

4. 氢吗啡酮（盐酸氢吗啡酮）(hydromorphone)　药理特征：①为吗啡衍生物；②药效是吗啡的 6~8 倍；③用于对阿片样物质耐受的中至重度疼痛患者；④代谢产物为无活性的葡糖苷酸，因此适用于肾功能不全的患者；⑤常用的病人自控镇痛疗法剂量。单次：0.2~0.5mg，锁定时间(LI)：5~10 分钟，基础滴速：≤0.4mg/h。可静脉推注，肌内注射和 SC。

5. 羟考酮（羟氢可待酮）(oxycodone)

(1) 药理特征：①为半合成的麻醉剂，多种作用特性类似于吗啡；②适用于术后中至中重度疼痛；③常用剂量：10~30mg 口服，q4h~q6h。

(2) 不良反应：便秘，口干，意识模糊，镇静，轻度头痛，呼吸抑制，恶心，呕吐，头痛，出汗。

6. 可待因(codeine)　主要通过其代谢产物吗啡作用于 μ 阿片制剂受体。

药理特征：①通过多态性酶细胞色素 P_{450}(CYP)2D6 代谢，具有不同的 CYP2D6 基因型的患者可能在缓解疼痛和不良事件（不良代谢和超快代谢）方面反应不同；②可单独使用或与阿司匹林或对乙酰氨基酚合用；③常规剂量：15~60mg 口服或肌注 q4h；④与吗啡相比，其镇痛，镇静和呼吸抑制作用较弱。

7. 曲马朵（盐酸曲马朵片剂）(tramadol)　该药是人工合成的，作用于 μ-阿片类受体以及去甲肾上腺素和血清张力素系统。

药理特征：①非麻醉性中枢镇痛药；②静脉注射、肌内注射、皮下注射、口服及肛门给药，50~100mg 每次，1 日 2~3 次，1 日剂量最多不超过 400mg，严重疼痛初次可给药 100mg；③口服生物利用率为 70%；④广泛用于中度和严重急慢性疼痛和疼痛手术及外科手术、手术后镇痛。

(二) 非阿片类药物

1. 氯胺酮(ketamine)　氯胺酮是一种具有镇痛作用的静脉全麻药。可选择性抑制丘脑内侧核,阻滞脊髓网状结构束的上行传导,兴奋边缘系统。

(1) 药理特征:基础麻醉时可用氯胺酮 4~6mg/kg 肌内注射或者 1~2mg/kg 静脉注射,维持 15~30 分钟。也可用于神经阻滞麻醉及椎管内麻醉的辅助用药,0.5~1mg/kg 经静脉或肌内注射。

(2) 不良反应:在麻醉恢复期有幻觉、躁动不安、噩梦及谵妄等精神症状,其次是在术中常有泪液、唾液分泌增多,血压、颅内压及眼压升高;偶有一过性呼吸抑制或暂停,喉痉挛及气管痉挛,多半是在用量较大、分泌物增多时发生。

2. 对乙酰氨基酚(泰诺林)(acetaminophen)　非阿片类药物,非水杨酸类解热镇痛剂。药理特征:

(1) 对中度疼痛有效,但无抗炎作用。

(2) 通过肝脏代谢。

(3) 常规剂量:325mg、500 mg 和 650mg,口服 1~2 片,q4h~q6h。

(三) 非甾体抗炎药 (NSAIDS)

作用机制:通过抑制两种环氧化酶(COX-1 和 COX-2)的活性进而抑制前列腺素生成。COX-2 是一种主要在炎症过程中表达的亚型。除了选择性 COX-2 抑制剂外,所有其他的 NSAIDS 很少或无选择特性。主要作用是减轻疼痛,也具有退热和抗炎作用。主要优点是无呼吸抑制作用,但对于进行颅内或脊柱手术的患者有增加出血的风险。

1. 酮咯酸(ketoralac)　具有镇痛、抗炎、解热作用及抑制血小板聚集作用。

药理特征:

(1) 口服吸收完全,给药后 24 小时可达稳态血浓度,口服或肌注后镇痛作用持续 6~8 小时。

(2) 通过肝脏代谢,以原型由肾脏排泄。

(3) 用于中、重度疼痛如术后、骨折、扭伤、牙痛及癌性痛等的镇痛。

(4) 作用持续时间:4~12 小时。

(5) 常用剂量:15~60mg,静脉推注或肌内注射 q6h,剂量达 120mg/d,对于年龄>65 岁的患者剂量减半。

2. 布洛芬(美林)(ibuprofen)

(1) 药理特征

1) 布洛芬具有抗炎、镇痛、解热作用。

2) 通过肾脏代谢。

3) 作用持续时间:6~8 小时。

4) 常用剂量:400~800mg,口服 q6~8h,剂量达 1200~3200mg/d。

(2) 不良反应:大剂量增加出血风险。症状性胃十二指肠溃疡,消化道出血,穿孔和肾功能损害是最常见的严重副作用。

3. 塞来昔布(celecoxib)　属于选择性COX-2抑制剂,与其他非甾体抗炎药相比,其主

要的优点是无抑制血小板作用,其药理特征:

(1) 经肝脏代谢。

(2) 常规剂量:100～200mg 口服,q12h～q24h,24 小时剂量达 400mg。

(3) 作用持续时间:12～33 小时。

第三节 神经肌肉阻滞

对于神经重症监护病房里某些需要进行辅助机械通气或者控制颅内压的患者,如其他方法不能达到效果,方可考虑使用神经肌肉阻滞剂(neuromuscular blocking agents,NMBA)。

一、适 应 证

应用神经肌肉阻滞剂的适应证是:辅助机械通气,控制颅内压,消除破伤风所致的肌痉挛以及降低氧耗量,且是其他临床措施无效时。

(1) 辅助机械通气:利用神经肌肉阻滞剂预防呼吸不同步,中断自主呼吸和呼吸肌运动,改善气体交换并有助于改善矛盾呼吸。

(2) 治疗颅内高压:应用 NMBA,尚未有副作用报告,阿曲库铵(atracurium)进行神经肌肉松弛的患者,停用阿曲库铵数分钟内可以进行神经系统检查。

(3) 治疗肌痉挛:治疗破伤风,药物过量和癫痫所致的肌肉痉挛。

(4) 降低氧耗量。

其次接受抗癫痫治疗的患者,如果需给予神经肌肉阻滞剂时,应进行脑电监护以观察肢体麻痹时痫性发作情况。

二、神经肌内受体阻滞剂的药理学

(一) 氨基甾体类化合物

氨基甾体类化合物包括泮库溴铵、哌库溴铵、维库溴铵和罗库溴铵。

1. 泮库溴铵(pancuronium)

(1) 药理作用

1) 为长效、非去极化化合物。

2) 静脉推注剂量为 0.06～0.1mg/kg。推注时间持续 90 分钟,根据所需神经肌肉阻滞的程度调整持续滴注速度。

(2) 不良反应

1) 迷走反应(超过 90%的患者心率增加 10 次/分)。

2) 肾衰竭或肝硬化患者,由于增加了泮库溴铵的消除半衰期和降低了羟基泮库溴铵代谢产物(活性是泮库溴铵的 1/3～1/2)的清除率,相应地延长了泮库溴铵的神经肌肉阻滞时间。

2. 哌库溴铵(pipecuronium)

(1) 为长效的神经肌肉阻滞剂,消除半衰期为 2 小时。

(2) 静脉滴注:一般剂量是 8mg 或者 4mg/次静脉间歇给药,以维持最佳肌松效果。

3. 维库溴铵(vecuronium)

(1) 维库溴铵是中效的神经肌肉阻滞剂,无迷走反应作用。

(2) 50%的注射剂量通过胆汁排泄,35%通过肾脏排泄。

(3) 静脉推注 0.08～0.1mg/kg 的维库溴铵会在 60～90s 内产生阻滞作用,可维持 25～30 分钟。静推后以 0.8～1.2μg/(kg·min)的滴速持续滴注,根据阻滞的程度调整滴速。

(4) 停药后恢复神经肌肉正常功能的平均时间为 1～2 小时,个体恢复从 30 分钟到 48 小时以上时间不等。

4. 罗库溴铵(rocuronium)

(1) 罗库溴铵是一种新型的非去极化神经肌肉阻滞剂,其作用时间中等,起效迅速。

(2) 其代谢产物 17-去乙酰化罗库溴铵的活性只有母体化合物的 5%～10%。

(3) 静脉推注 0.6～1mg/kg,神经肌肉阻滞作用通常会在 2 分钟内发生,3 分钟内阻滞作用最强。以 10mg/(kg·min)持续滴注的剂量为好。

(二) 苄基异喹啉类化合物

苄基异喹啉类化合物包括 D-筒箭毒碱、阿曲库铵、顺-阿曲库铵、多库胺和美维库铵。

1. D-筒箭毒碱(D-tubocurarine) D-筒箭毒碱是重症监护病房里第一个获得认可并使用的非去极化神经肌肉阻滞剂。

(1) 该药促进组胺释放并具有自主神经节阻断作用。

(2) 缓慢使用该药时偶见低血压(如 0.1～0.2mg/kg)。

(3) 肝、肾功能不全患者会影响该药代谢和清除。

2. 阿曲库铵(atracurium)

(1) 阿曲库铵是中效的神经肌肉阻滞剂,具有极小的心血管副作用,大剂量时促进组胺释放。

(2) 该药在血浆中通过与酯相互作用水解和霍夫曼清除(Hofmann elimination),因此,肝或肾功能不全不影响神经肌肉阻滞持续时间。

(3) 使用极高剂量的阿曲库铵或肝功能衰竭患者可诱发痫性发作。

(4) 阿曲库铵 10～20g/(kg·min)的剂量可达到临床应用最佳效果。静脉滴注的持续时间为 24～200 小时。一般神经肌肉活性的恢复会发生在停止用药后 1～2 小时内并且不受器官功能的影响。

(5) 长期应用阿曲库铵会导致机体耐受,需要增加药物剂量或换用其他神经肌肉阻滞剂。

(6) 与其他神经肌肉阻滞剂相似,阿曲库铵会引起永久性的神经肌肉无力。

3. 顺阿曲库铵(cisatracurium)

(1) 顺阿曲库铵是阿曲库铵的异构体,为中效的神经肌肉阻滞剂。

(2) 心血管药物反应少,如有也是较小的。

(3) 神经肌肉阻滞的持续时间不受肝肾功能不全的影响。

(4) 起始静脉推注 0.1～0.2mg/kg 后在 2.5 分钟内引起神经肌肉麻痹,停药后神经肌肉活性大约在 25 分钟左右开始恢复,持续滴注应从 2.5～3μg/(kg·min)开始。

(5) 有报道使用顺阿曲库铵后会延长肢体无力症状。

4. 多库氯铵,杜什库铵(doxacurium)

(1) 多库氯铵是一种长效制剂,是目前药效最强的神经肌肉阻滞剂。

(2) 多库氯胺主要通过肾脏排泄。

(3) 老年患者和肾功能不全患者,可能会延长神经肌肉阻滞作用;血流动力学无影响。

(4) 起始剂量 0.05～0.1mg/kg,维持量为 0.3～0.5μg/(kg·min),随着神经肌肉阻滞的程度调整剂量,一次静脉推注后平均维持 60～80 分钟。

5. 美维库铵(mivacurium) 美维库铵是目前获得的最短效的神经肌肉阻滞剂,由多种立体异构体组成,半衰期约 2 分钟,迅速逆转神经肌肉阻滞作用。

三、使用神经肌肉阻滞剂可能的并发症

NICU 患者肌无力并发症是多因素的,包括急性四肢瘫痪性肌病综合征(AQMS),软瘫综合征,危重病性多发性神经病(CIP),重症监护相关的急性肌病,快速进展型肌病,急性选择性肌球蛋白丝溶解性肌病,急性类固醇肌病以及长期的神经源性无力。

(一) 神经肌肉阻滞剂恢复期的延长

甾体合并神经肌肉阻滞剂应用后通过肝脏代谢,产生活性代谢物。甾体合并神经肌肉阻滞剂的应用与恢复期延长和肌病有关,这两种药物合用停药后与恢复期延长的风险相关;由于尿毒症患者肝脏清除率下降,3-去乙酰维库溴铵代谢物排泄障碍,因而蓄积在体内,因此,3-去乙酰维库溴铵及其母体化合物维库溴铵,在肾衰竭患者中延长肌无力恢复期。

(二) 急性四肢瘫痪性肌病综合征(AQMS)

急性四肢瘫痪性肌病综合征,又称为麻痹后四肢瘫痪,是神经肌肉阻滞剂治疗后一种最严重的并发症。患者四肢瘫痪,腱反射减弱,眼外肌功能无影响。主要表现:

(1) 急性瘫痪。

(2) 肌坏死伴肌酸磷酸激酶(CPK)浓度增高。

(3) 肌电图(EMG)异常,特点是复合肌肉动作电位(cMAP)振幅明显降低,感觉神经传导正常(或近似正常)。

肌肉活检显示肌纤维空泡形成无炎症浸润,斑片状 2 型肌纤维萎缩以及散发性肌纤维坏死。其他因素包括营养不良,同时使用氨基糖苷类和环孢菌素,高血糖症,肾脏和肝脏功能不全,发热以及严重的代谢紊乱或者电解质紊乱。

(三) 危重病性多发性神经病

危重病性多发性神经病(critical illness poly-neuropathy,CIP)是一种运动多发性神经病,主要是发生在老年、重症感染患者或伴多脏器功能不全(MODS)者。由于现代医学的进展和医疗条件的改善,为 NICU 病房的危重患者提供了更好的条件来维持生命,但却增加了严重感染和 MODS 的发生率,而严重感染和 MODS 又易并发 CIP。

根据上述患者出现肢体运动障碍,肌电图检查显示复合肌肉动作电位幅度下降,肌纤电位以及高尖波,可考虑 CIP。CIP 主要是一种轴索病变,可能与神经微血管缺血有关,而与应用神经肌肉阻滞剂无直接关系。

对于 CIP 的预防是至关重要的,要积极地治疗潜在的脓毒血症。加强高血糖患者的胰岛素控制,保持血糖水平于 4.4～6.1mmol/L 之间。多器官功能不全和(或)革兰阴性脓毒血症后存活的患者应用免疫球蛋白可能预防或减轻 CIP。

(四)骨化性肌炎(异位骨化)

骨化发生于肌肉结缔组织内,但也可见于韧带,肌腱,筋膜,肌腱膜以及关节囊。特别是在肘部,大腿和臀部。是由于成纤维细胞不恰当地分化为成骨细胞引起,通常与创伤、肌肉损伤有关。治疗包括受累关节周围主动活动,必要时行外科手术治疗。

(曹茂红)

参 考 文 献

Ballantyne JC, Shin NS. 2008. Efficacy of opioids for chronic pain: a review of the evidence. Clin J Pain, 24(6):469~478

Benyamin R, Trescot AM, Datta S, et al. 2008. Opioid complications and side effects. Pain Physician, 11(2 Suppl):S105~120

Fillingim RB, King CD, Ribeiro-Dasilva MC, et al. 2009. Sex, gender, and pain: a review of recent clinical and experimental findings. J Pain, 10(5):447~485

Haddad PM, Sharma SG. 2007. Adverse effects of atypical antipsychotics : differential risk and clinical implications. CNS Drugs, 21(11):911~936

Lautenbacher S, Mayer EA, Mogil JS, et al. 2007. Studying sex and gender differences in pain and analgesia: a consensus report. Pain, 132 Suppl 1:S26~45

Teitelbaum JS, Ayoub O, Skrobik Y. 2011. A critical appraisal of sedation, analgesia and delirium in neurocritical care. Can J Neurol Sci, 38(6):815~825

第二篇　神　经　监　测

第8章　颅内压和脑血流的监测

　　神经重症监护病房的功能在于监测和调整大脑生理机能的能力,最重要的是脑血流,因为与神经元生存有直接联系的是代谢需求和代谢基质之间的匹配。脑血流依赖于脑灌注压,其定义为平均动脉血压减去平均颅内压。

　　在重症监护设备里有很多方法检测脑血流量和颅内压主要包括侵入性的和非侵入性的,本章节主要介绍各种测量方法,并比较各种方法的优缺点。

第一节　颅内压监测的适应证

　　头痛、恶心、呕吐,瞳孔的扩大是颅内压增高重要的表现。尽管视乳头水肿是颅内压增高重要的表现,但是只有少数颅内高压的患者有此表现。颅内高压神经影像学的表现主要是:中线的移位,基底池的消失。但是有些患者有明显的颅内高压,但是没有那些表现。颅内压的监测在一部分患者中是非常有价值的。颅内压监测的适应证主要为以下几种情况:

一、颅　脑　外　伤

　　颅脑外伤是ICP监测的主要适应证。2007年,美国的脑外伤协会制度了颅内压监测的指证,主要是:

　　(1) 可抢救的颅脑外伤患者,GCS评分在3～8分并有异常的头颅CT表现。异常的头颅CT表现主要是指:有颅内血肿,脑挫伤,脑肿胀和基底池受压。

　　(2) 头颅CT扫描正常,但是有以下两个或两个以上特征的需加强监护,必要时行颅内压监测:年龄大于40岁,有对称的或不对称的运动姿势,收缩压小于90mmHg。

二、蛛网膜下腔出血

　　蛛网膜下腔出血可引起脑积水、脑血管痉挛以及继发性的脑水肿。侧脑室行颅内压监测,既可以了解患者的颅内压,调整治疗方案;又可以行脑脊液引流减少蛛网膜下腔积血。所以脑室内颅内压的监测可用于脑外伤蛛网膜下腔出血、高血压性脑出血破入脑室与颅内动脉瘤破裂蛛网膜下腔出血的病人。

三、脑梗死后出现大脑的恶性水肿

　　一些脑梗死患者特别是大面积的脑梗死,可以在梗死灶周围出现恶性的水肿,产生明显的占位效应。所以行颅内压监测可以随时了解脑水肿的情况调整脱水剂的用量,如果药物治疗效果差可以及时的行手术治疗。

四、高血压脑出血

高血压脑出血起病急,首次出血后在短时间内可有再出血,出血后都会出现水肿。这些病理过程都会引起患者颅内压的增高,可能会导致患者脑疝的形成。所以那些出血量大,意识水平下降的脑出血患者,行颅内压监测有较大的必要性。

五、其 他

癫痫持续状态、突发性肝衰竭、弥漫性脑炎、代谢性脑病等情况。除了颅脑外伤以为,其他的病理状态需要颅内压监测的指证还没有明确的指南。我们可以参照颅脑外伤的纳入标准进行选择病人。另外,影像上表现的严重的占位效应与临床症状的恶化相一致,也可作为一条纳入标准。

第二节 颅内压监测的方法

颅内压监测主要分为有创的和无创的两种类型。

一、有创的颅内压监测

有创的颅内压监测的方法有:脑室内导管;脑实质内光纤传感器;硬膜外传感器和硬膜下导管。

(1) **脑室内导管**:是颅内压监测的金标准。将导管安置在侧脑室前角内,另一端连接压力传感器,并将其固定在室间孔水平。其优点是准确性高容易校正,同时还可适量引流脑脊液,降低ICP,达到治疗目的。其缺点是并发颅内感染的几率较高,置管5天后发病危险明显增加。当颅内压急剧增高时,脑室受压变窄、移位,脑室穿刺和置管难度较大。

(2) **脑实质内光纤传感器**:将一条细纤维光缆经颅骨进入脑实质。其优点是放置容易,感染和颅内出血等并发症的发生率低。缺点是准确性低于脑室内导管监测法,连续使用5天后有出现偏差的可能,并且不能引流脑脊液达到治疗的目的,如排放脑脊液需另置引流导管。操作方法如下:

1) 放置传感器是在监护病房或者在手术室无菌条件下进行的。

2) 切一个小于1cm皮肤切口,直达颅骨。然后剥开骨膜,使用与螺栓连接器的大小相匹配的钻头钻小孔。当小孔完成后,拧紧螺栓连接器入颅,然后一个扩张器用于破坏硬脑膜和扩张光纤探头通道。

3) 头皮紧贴着连接器,光纤探头在大气压下归零。然后探头通过一个无菌的头套进入蛛网膜下腔。

4) 在监视器屏幕上通过观察合适的探头位置可以直观地良好的显示颅内压波形。

5) 这个监测装置可直接连接到床边的监视器,结合监测到的动态血压,可以计算出脑灌注压。

(3) **硬膜外传感器**:将内含换能器的微型扣式光纤探头放在硬膜外。此法优点是探头置于硬脑膜外,安置方便,感染机会减少,放置时间可相应延长。缺点是因与蛛网膜下腔间隔有硬膜,故精确性较差。放置时间过长,可引起硬膜反应性增厚,降低测压敏感性,因此临床应用较少。

二、无创的颅内压监测

无创颅内压监测的方法有:鼓膜移位法,经颅多普勒(transcranial do ppler,TCD),前囟测压法,视网膜静脉压,闪光视觉诱发电位,近红外光谱技术,生物电阻抗法。但都因存在不同程度的测量精确度差、方法繁琐、影响因素多,不适合长期持续监测等缺点而未被广泛应用于临床。

脑组织容积与压力之间为非线性关系见图 8-1。在曲线的平坦部分(a 阴影部分),脑组织容积的增加对颅内压的影响很小,主要是因为脑脊液的代偿机制能有效的维持颅内压在正常范围内。这部分曲线被称为空间代偿阶段。但颅内压接近 70mmHg 时,曲线的斜坡部分(b 点

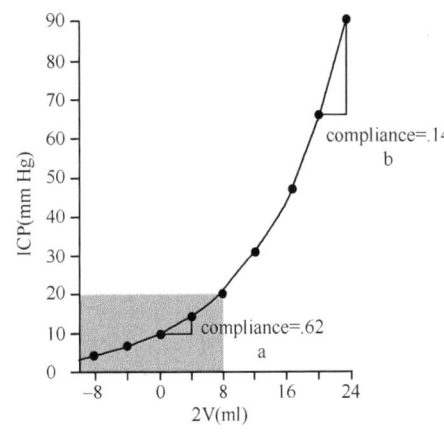

图 8-1 脑组织容积与颅内压的关系曲线图
a.阴影部分为脑脊液系统空间代偿部分;b. 为空间失代偿点

以上),脑脊液系统处于失代偿阶段,轻度的脑组织体积的增加,可引起颅内压快速的升高。

第三节 颅内脑血流的监测

监测脑血流能保证脑组织代谢的需求并且可以避免脑缺血的发生,是神经重症监护病房的一个重要内容。目前,通过监测脑血流来评价脑代谢的需求,尽管存在着困难,但是,我们可以了解颅内血供的情况。在神经重症监护病房有许多病人需要进行脑血流监测。脑血流的监测根据方法的不同可以分为:直接监测、间接监测,连续性监测和非连续性监测。不同的监测方法在准确性方面有很大的差异,最好是将通过不同监测方法得到的数据,进行比较和分析。

一、直接非连续的脑血流监测

最常用的非连续的脑血流监测的方法是,在外周静脉注射可以测量的示综物后,检测其到达脑组织的量。根据示踪物通过血-脑屏障的能力,被分为可扩散的和不可扩散的两种。示踪物必须在一个具体的影像图片上,能够表现为信号强度的改变。CT、MRI 和核医学的方法已经被应用到这项检测方法中。

现在临床上已经有多种成像技术检测脑血流量。

(一)氙增强 CT

在这项检查中,是应用可以通过血-脑屏障的氙作为造影剂。患者先行 CT 平扫检查,了解颅内的基本情况。然后吸入 28% 氙和 72% 氧的混合剂,持续约 4 分钟。在吸入混合剂的时候,患者进行同 CT 平扫一样的扫描。然后可以得到脑组织中氙的浓度和时间的关系。脑组织中动脉显影的强度是同氙的浓度呈正比的。由于氙增强 CT 扫描价格相对便宜,并且容易实施,此项技术已经被广泛地应用。但是,它对运动造成的伪影高度敏感。

(二)SPECT(单光子发射 CT)

在 SPECT 扫描,放射性同位素 ^{99m}Tc 与高度亲脂性的载体结合,如六甲基丙二基胺肟

(HMPAO)或双半胱乙酯。静脉注射混合剂后,进入脑组织中的量是同脑血流呈正比的。^{99m}Tc 在脑组织中的代谢持续几个小时,所以可以在相对较长的时间内应有标准的 SPECT 扫描,扫描大概只需要 5 分钟。SPECT 的优点在于,它容易操作,仅需要几分钟就可以完成扫描。

(三) MRI 灌注成像

MRI 灌注成像的图片是在注射造影剂后,以非常快的速度获得的。它的优点在于,它的图片有较高的解剖准确性,同时可以对颅内外血管进行磁共振成像,并且可以获得弥散等其他序列的图片。它的缺点在于,对一些烦躁、易动的患者难以实施。

(四) 碘造影 CT 成像

碘造影 CT 成像同 MRI 灌注成像应用相同的技术。同 MRI 灌注成像相比,这种技术一个优势是,对危重患者碘造影 CT 成像容易实施。相对的缺点是潜在的肾毒性和碘过敏反应。

二、连续的脑血流监测

在临床上已经使用的连续的脑血流监测主要包括:
(1) 经颅多普勒检查。
(2) 激光多普勒血流法。
(3) 热扩散法。

连续的脑血流监测的优点在于,它能检测到大脑每分钟的血流变化情况。但是,它同影像技术相比,不能全面了解颅内解剖的情况。

(一) 经颅多普勒检查(TCD)

TCD 能检测出主要颅内血管血流的速度。TCD 中波形频率的变化是受血流的方向和速度的影响。TCD 的脑血流间接监测作用,是通过脑血流速度的变化来推断脑血流量的情况。但是,约有 10% 的病人,由于没有合适的骨窗不能进行 TCD 检查。脑血流与脑血流速度之间的恒定的关系依靠:①动脉不变的内径;②颅底 Willis 环的血流与大脑皮层血流之间的关系。在外伤和严重的神经系统病变的时候,脑血流和脑血流速度的检测都是不准确的。

(二) 激光多普勒血流法

此方法是将一个传感器贴在颅骨的小孔上,发出单色的激光进入脑实质,被血管内一定容量的红细胞所中断,然后形成浓度敏感性的图形。根据图形变化的程度可以计算出脑血流的情况。目前,可以应用探针进行颅内压监测的同时,进行激光多普勒脑血流的监测。

(三) 热弥散法

热扩散法是定量检测脑组织的散热能力,这同脑血流量直接相关。两个小的热敏探针同时探测。组织血流量越大,散热能力越大。近端热敏变化可转换为一个可读的脑血流量。

三、间接脑血流监测

间接监测脑血流,必须知道健康的人脑组织的一些生理值。具体的主要包括:颈静脉氧饱和度,脑组织的氧分压,经颅大脑血氧定量法和微量透析分析。然而,神经功能的检查,脑电图和脑灌注压是脑血流变化的潜在的指标。

(一) 颈静脉氧饱和度的检测($SjvO_2$)

双侧的颈内静脉将氧离后的血液运离大脑,因此,检测$SjvO_2$的情况可以大概的了解脑组织供氧和耗氧的情况。脑血供的减少(脑血流量的下降)和脑耗氧量的增加(脑代谢增加)都可以使$SjvO_2$下降。颅内静脉通道的建立需要通过颈内静脉,将一个光纤血氧计置于颈静脉内。$SjvO_2$正常值为55%~75%。颈静脉置管主要危险为:颅内静脉通道的建立困难,颈静脉破裂,血栓形成,血肿和感染。

有研究表明,脑外伤后的$SjvO_2$低同预后差相关。$SjvO_2$的应用可以更好地控制大脑的灌注压限制过度换气。但是,$SjvO_2$的一个主要缺点是,它是一个全脑血流量的监测,对缺血的中心部位非常不敏感。

(二) 脑组织的氧分压

脑组织氧分压的测量是在床边进行的。主要反应脑组织的灌注和大脑代谢需求之间的关系,它是间接的检测脑血流的情况。正常的脑组织氧分压为40mmHg,低于22mmHg脑组织将会发生缺血。

(倪耀辉)

参 考 文 献

Beaumont A, Marmarou A. 2002. Approximate entropy:a regularity statistic for assessment of intracranial pressure. Acta Neurochir Suppl, 81:193~195

Bratton SL, Chestnut RM, Ghajar J, et al. 2007. Indications for intracranial pressure monitoring. J Neurotrauma, 24 (Suppl 1):37~44

Doppenberg EM, Zauner A, Watson JC, et al. 1998. Determination of the ischemic threshold for brain oxygentension. Acta Neurochir Suppl, 71:166~169

Ostergaard L. 2005. Principles of cerebral perfusion imaging by bolus tracking. J Magn Reson Imaging, 22(6):710~717

Rangel-Castilla L, Gopinath S, Robertson CS. 2008. Management of intracranial hypertension. Neurol Clin, 26:521~541

Rosner MJ, Rosner SD, Johnson AH. 1995. Cerebral perfusionpressure: management protocol and clinical results [see comments]. J Neurosurg, 83(6):949~962

Williams PC, Stern MD, Bowen PD, et al. 1980. Mapping of cerebral cortical strokes in Rhesus monkeys by laser Doppler spectroscopy. Med Res Eng, 13(2):3~5

第 9 章 昏迷和脑死亡

昏迷和意识障碍在神经重症监护中常见。每年因心脏停搏而接受心肺复苏的患者中，有 12.6%～39.2% 的患者处于昏迷状态；我国脑卒中的发病率为 109.7/10 万～217/10 万，死亡率为 116/10 万～141.8/10 万；颅脑外伤患者，约 50% 死亡，幸存患者中 15%～20% 留有严重残疾，3%～5% 成为持续植物状态；而未经治疗的单纯疱疹病毒性脑炎的病死率达 70%。近年来，随着医疗技术和水平的提高，重度脑损伤的患者获得了更多的诊疗机会。与此同时，昏迷、植物状态或持续意识障碍的医疗费用巨大，给患者家庭及社会带来巨大的经济压力，临床医师有必要对患者能否生还、苏醒及康复等问题进行评估，为制定最佳医疗方案提供依据。本章对各种意识水平的定义进行回顾并且讨论昏迷患者的诊断和处理方法。

第一节 意识障碍相关概念

意识是对自身和环境的认知，其包含了两个关键的要素：觉醒和内容。觉醒由一种上行网状激活系统调控，其位于延髓、脑桥、中脑、丘脑和下丘脑区；其特征是觉醒或清醒。意识内容需要大脑皮层与皮层下白质连接，其包括情感和认知功能如注意力、记忆、动机和执行功能。

根据觉醒度改变的不同，将意识障碍可分为：嗜睡、昏睡、昏迷。昏迷是指病人闭眼时对周围环境无意识且对体内外各种刺激无应答的状态，缺乏自发睁眼、觉醒-睡眠周期。昏迷是一个连续的意识障碍。根据程度不同，可分为浅昏迷、中度昏迷、深昏迷。浅昏迷表现为无自发睁眼、无自发言语及无有目的活动；疼痛刺激可见回避动作和痛苦表情，脑干反射保存。中度昏迷对一般刺激无反应，强烈刺激可见防御性动作，脑干反射部分缺如，呼吸节律紊乱，可见周期性呼吸或中枢性过度换气。深昏迷对任何刺激无反应，肢体松软、脑干反射消失，呼吸不规则。

除此，临床上还可见到最低意识状态及植物状态等特殊类型的意识障碍。最低意识状态是意识内容严重损害、意识清晰度明显下降，存在自发睁眼、存在觉醒-清醒周期，对自身及周围环境存在肯定但微弱的认知，可通过执行简单指令、用姿势或言语表达是或否、表达可被理解的语言及有目的的行为来判断。植物状态是昏迷的一种结局，觉醒及睡眠-觉醒周期存在但无认知功能，患者对周围环境没有反应，在视觉、听觉、触觉或伤害性刺激下不能出现持续性、可重复的、有目的或自主的运动，然而，下丘脑和脑干的植物神经功能、颅神经及脊髓反射有不同程度的保留。持续性非创伤性病因导致的植物状态持续 3 个月以上，颅脑外伤后植物状态持续 12 个月以上。

与意识障碍容易混淆的还有木僵、无动性缄默及闭锁综合征。木僵患者表现为睡眠状态，可被强烈刺激唤醒，但是一旦停止刺激立即恢复睡眠样状态。无动性缄默时，患者一般不能运动，很少或不能发声，睡眠-觉醒周期完好，认知功能及自发性运动活性明显受损，主要见于急性脑水肿、双额叶损伤及严重皮质损伤。闭锁综合征为脑桥基底部病变所致，主要是脑血管病变，多为基底动脉脑桥支分支双侧闭塞导致双侧梗死所致；由于双侧皮质脑干束、皮质脊髓束被阻断、展神经核以下运动传出功能障碍，患者表现为不能言语、水平眼球运动障碍，四肢瘫，不能转颈，但垂直眼球运动存在。

第二节　意识损害水平评定

无论是网状激活系统还是皮层损伤都可导致意识损害，而意识损害的程度决定了患者意识的范围。目前有若干评价意识损害程度的量表。

目前临床上运用最为广泛的昏迷量表为 Teasdale 和 Jennet 在 1974 年提出的格拉斯哥昏迷评分(Glasgow coma scale, GCS)。GCS 包括睁眼、运动反应、言语反应 3 项评分，总分共 15 分。最高 15 分，提示预后良好；≥8 分恢复机会大；3～5 分有潜在死亡危险；最低 3 分，预后最差。

GCS 建立初期仅用于评估颅脑外伤患者，随后它被广泛应用于不同病因所致中枢神经系统损伤和意识障碍状态的评定。在 GCS 基础上，Gill 等将其简化为 GCS 简化评分(简化语言评分：正常=2，含糊不清=1，不恰当言语或不发声=0；简化运动评分：可执行命令=2，疼痛定位=1，疼痛反应迟钝或无=0)用以评估外伤性脑损伤患者的预后。Gill 等的研究结果显示，以急诊插管、神经外科干预、脑损害、死亡为结局，简化评分与完整评分在对预后的评估上效用相似，因此对脑外伤患者的初始评估，可用简化评分来预测预后。Handschu 等的研究发现，GCS 可用于评估急性卒中昏迷患者的死亡率，并且单纯使用运动反应评分评价预后与使用完整 GCS 评价预后相比，差异无统计学意义。还有研究提出，运动反应亚评分是预测各类昏迷患者短期预后的独立指标。由此可见，及时评估昏迷患者运动反应对预测预后具有重要意义。

随着重症医学的发展，GCS 的不足逐一显现。首先，急诊插管的昏迷患者无法进行语言评分；其次，GCS 未包括与预后密切相关的脑干功能指标；最后，GCS 不能敏锐地反应神经专科查体的变化。

为了弥补 GCS 的不足，Edgren 等提出了格拉斯哥-匹兹堡昏迷评分(Glasgow-Pittsburgh coma scale, GCS-P)，在 GCS 基础上增加了瞳孔对光反射、脑干反射、抽搐、自发性呼吸这 4 项评价内容，用以更全面的评估昏迷患者的脑功能状态，但 GCS-P 项目繁多，使用繁琐，并未广泛应用于临床，国内外的相关研究甚少。随后新的昏迷评分相继被提出，ICS 昏迷评分(Innsbruck coma scale, ICS)在 GCS 的基础上增加了眼球运动功能，如瞳孔大小、瞳孔对光反射、眼球运动等评价因素，其对脑外伤患者的预后判断价值已经得到肯定。近来，Wijdick 等提出的全面无反应性(full outline of unresponsiveness, FOUR)量表包括运动、脑干、呼吸 4 项内容，每项均为 4 分，得分范围 0～16 分。FOUR＞12 分，提示院内死亡率接近 0。与 GCS 相比，FOUR 除去了 GCS 中可信度最低的言语评分，增加了脑干、呼吸评分。因此 FOUR 可以对急诊插管患者进行评估，并且提供如脑干反射和呼吸节律等更多的神经专科内容，亦可发现闭锁综合征的患者；与 GCS 为 3 分的相比，FOUR 评分为 0 分的患者院内死亡率更高。Stead 等的研究发现，与 GCS 相比，FOUR 对昏迷患者昏迷程度的区分以及治疗可提供的神经专科信息更实用。

表 9-1 对 GCS 及 FOUR 量表进行对比。

表 9-1　FOUR 评分和 GCS 评分对比

全面无反应性量表	格拉斯哥昏迷量表	全面无反应性量表	格拉斯哥昏迷量表
睁眼反射	睁眼反射	脑干反射	语言反射
4＝睁眼或能根据指令睁眼、追踪或眨眼	4＝自发睁眼	4＝瞳孔和角膜反射存在	5＝定向正常
3＝睁眼但不能追踪	3＝呼之睁眼	3＝一侧瞳孔扩大或固定	4＝应答错误
2＝闭眼，大声呼喊时可睁眼	2＝疼痛时睁眼	2＝瞳孔或角膜反射不能引出	3＝言语错乱
1＝闭眼，疼痛时可睁眼	1＝不睁眼	1＝瞳孔和角膜反射均不能引出	2＝言语难辨
0＝疼痛刺激仍不睁眼		0＝瞳孔、角膜及咳嗽反射均不能引出	
运动反应	运动反应	呼吸运动	
4＝能竖起大拇指、握拳或做和平标志	6＝按指令动作	4＝无插管，规律呼吸运动	
3＝疼痛可定位	5＝疼痛定位	3＝无插管，潮式呼吸	
2＝疼痛时屈曲	4＝疼痛时躲避	2＝无插管，呼吸不规律	
1＝疼痛时过伸	3＝疼痛时屈曲	1＝呼吸频率大于呼吸机频率	
0＝疼痛刺激无反应或全身强直性阵挛	2＝疼痛时过伸	0＝呼吸机频率	
	1＝无运动反应		

第三节　意识障碍病史采集及体格检查

一、病　　史

病史采集对患者病因诊断意义重大，由患者家属、朋友或者目击证人提供的病史能够帮助明确患者的用药史、饮酒史、既往病史（糖尿病、甲状腺功能减退）和用药依从性。目击者还可汇报痫性发作或外伤的情况。此外，进行性意识改变的病史很有帮助：患者突然失去意识？持续数小时或数天？突然发病（在数秒到数分钟内）提示血管性病因（脑干中风或蛛网膜下腔出血），然而病情进展迅速，在数分钟到数小时内出现症状到昏迷是较为典型的颅内出血表现。在肿瘤、脓肿和慢性硬膜下血肿这种占位性损害中，其发展到昏迷可能超过数天或数周的时间。无定位性神经症状的激动性谵妄提示代谢性病因。

二、体　格　检　查

（一）常规体格检查

昏迷患者的体格检查和其他神经系统检查一样，昏迷患者的检查也由精神状态开始，包括仔细观察自发性运动和睁眼。睁眼不一定意味意识清醒，在植物人状态可能存在自发性地睁眼，但患者和外界环境并无有意义的联系。其次，使用声音和外界刺激尝试引出患者反应。在疼痛和伤害性刺激之前最好由较小伤害性刺激开始，比如按压甲床、挤捏、压迫眼眶上方，摩擦胸骨，或鼻内拭子。对有凝血疾病和血小板减少症患者，应特别注意这些刺激的擦伤。闭锁状态患者能够感觉疼痛但无法回应，在用疼痛刺激前应要求患者眨眼来仔细评估。要重视气道通畅程度、呼吸节律、皮肤黏膜颜色、心律血压情况、是否存在外伤等。特殊表现可提供病情严重程度的信息。

心动过缓、高血压、呼吸节律紊乱三联征为库欣反应，其提示了颅内压的升高。心律失常或杂音暗示了瓣膜损伤或赘生物形成,心音遥远暗示心包填塞,都能通过体格检查识别。大小便失禁提示可能存在癫痫,呕吐可能表明颅内压升高或毒素摄入。

由于创伤也是昏迷病因的一种,应当检查患者外伤征象:撕裂伤,血肿和骨折。脑外伤征象,比如巴特尔征(耳后淤血),鼓室积血,或眼窝周围血肿提示了基底颅骨骨折,其对提示脑外伤来说非常重要。

(二)神经系统检查

昏迷程度主要观察患者眼部体征(睁眼反应、瞳孔变化、眼球运动)、觉醒-睡眠周期、肢体活动、脑干反射及呼吸节律变化。

颅神经检查从评估眼球运动开始。首先,是否有自主运动?如果有,这些运动是否有目的且能跟随目标转动。一些病理性的眼球运动提示严重脑干损伤。如果有无目的眼球运动,是单眼还是双眼?是否偏向一侧?眼部体征主要包括瞳孔、角膜反射、眼球运动、眼底。评估自主眼球运动后,接下来的眼球检查涉及瞳孔大小和对光反射。不论是全身或者直接应用于眼球的药物,也能导致瞳孔异常。无颈椎损伤的患者头眼运动可以用来衡量患者脑干的核间传导途径是否受损。头朝某一方向快速转动;眼球的正常反应是相应地向同一平面的相反方向转动。怀疑有颈椎损害的患者,或头眼运动显示有神经核团损害的患者,可行前庭动眼试验。用冷水灌进脑干功能完整、意识不清的患者的耳道内,其眼球会朝着被灌耳的方向强直性偏离。如果眼球没有出现相应的运动,提示颅神经麻痹,如果眼球反应缺失则提示严重的脑干损伤。神志清醒的患者行该试验,正常反应是眼球快速相眼颤朝向被灌耳的对侧。垂直眼球运动也可以用于头眼运动的测试,通过患者头部的垂直运动或者用冷水同时灌注两耳,会使眼球向下方强直性偏离。用棉签触碰角膜,并且观察患者的反射性眨眼,可以测试角膜反射。

瞳孔需要对其大小、形态、对称性,对光反射(直接、间接对光反射)进行检查。单侧瞳孔散大及对光反射消失提示颞叶钩回疝、后交通动脉瘤等所致动眼神经麻痹及外伤、白内障等局部病变;双侧瞳孔散大伴对光反射消失见于胆碱能拮抗剂中毒及严重的中脑损伤。单侧瞳孔缩小、眼睑下垂伴同侧面部无汗(Horner综合征)可为幕上病变压迫下丘脑的表现,以及同侧脑桥外侧部、颈髓腹外侧部及颈交感神经节后纤维损害。针尖样瞳孔为下行交感神经纤维受损;主要为脑桥损害表现。

单侧角膜反射消失见于三叉神经或延髓病变,双侧角膜反射消失表明深昏迷。

眼球运动在昏迷患者中多见的为眼球游动、眼球浮动、眼球下沉、双眼持续向下和向内偏转,双眼垂直运动障碍、偏侧凝视,根据不同的表现用于初步定位诊断。

眼底发现玻璃体下出血提示蛛网膜下腔出血,视乳头水肿提示颅内压升高,栓塞提示颈动脉疾病和卒中。

判断昏迷患者是否存在肢体瘫痪主要有肌张力检查、下肢外旋、轻瘫试验、疼痛刺激后肢体是否有回缩。对于昏睡状态的患者,进行运动检查兼顾了患者精神状态及其感觉系统。自发运动必须是对称的、有节律的。当通过疼痛刺激观察患者的运动反应时,刺激必须加在上臂内侧或大腿内侧,这样肢体退缩才不会和脊髓反射或三重弯曲相混淆。疼痛刺激可能会引起姿势反应,被称作屈肌姿势(去皮质)和伸肌姿势(去大脑)。屈肌姿势包括肘部弯曲,肩部内收及下肢伸展。伸肌姿势的特征性姿势包括肘部伸展,手臂旋前及下肢伸展。绝大部分屈肌姿势(去皮质)见于红核水平以上的丘脑或中脑上部损伤,伸肌姿势(去大脑)见于中脑或脑桥上部的严重的脑干损伤。然而,在更好地神经影像方法发明之前,这些损伤的解剖学分界并不清楚。严重的代谢性疾病和两侧半球的深部损伤也可引起伸肌姿势。在临床实践中,相对于屈肌姿势来说,伸肌姿势意味着更严重的损伤。

感觉检查是和上述的运动检查同时进行的。然而,由于脑部损伤导致偏瘫或四肢瘫的患者,可能会有完整的感觉功能,但是在强烈刺激下不能移动或者收缩肢体。因此,在采用疼痛刺激时必须注意患者的面部是否能扮鬼脸,还必须监测是否有疼痛引起的一些生命体征如心动过速或呼吸急促等生理反应。闭锁综合征患者是清醒的,并且知道他们所处的环境,可能还会感觉到疼痛。

尽管传统的神经学检查并不包括呼吸方面,但是昏迷患者的呼吸类型也可以揭示某些特定的病变过程或定位。呼吸衰竭可见于各种程度的神志不清,在脑卒中患者中特别普遍。潮式呼吸(交替出现呼吸过度和窒息)可见于双侧大脑功能障碍,颅内压增高和代谢紊乱。中枢神经性过度换气,表现为持久、快速的深度呼吸,由中脑被盖损伤引起。长吸式呼吸是交替发生在吸气末和呼气末的呼吸暂停,定位于脑桥的中部和尾部。共济失调性呼吸是无规律的、不齐的呼吸,无特定形式,由脊髓背侧网状结构损伤导致。库司马呼吸是代谢性酸中毒时出现的深度规则的呼吸。虽然我们提供这些呼吸模式作为我们讨论的一部分,需要强调的是,如果任由这些呼吸模式发展将对患者造成更大的损害。我们提倡在合适的患者中执行紧急通气保护和机械通气。气管吸入可检查咳嗽反射,刺激咽后壁可检查呕吐反射,这两个试验都可检查第九对和第十对颅神经。有导管插入的患者很难行呕吐反射检查。

颈强直提示脑膜刺激征,其可能是传染性的,癌性的,炎症性的或者化学的(例如蛛网膜下腔出血)。

表 9-2 列出一些体格检查发现及其重要性和定位。

表 9-2 体格检查表现,解剖学定位和常见病因

检查表现	定位	常见病因
颈强直	脑膜	感染或癌性脑膜炎,蛛网膜下腔出血
巴特尔征,睚周围血肿	基底颅骨骨折	外伤
视神经乳头水肿	颅内压增高	很多
眼球运动		
凝视	额叶视区	
	脑桥,丘脑	中风(相应损伤区),癫痫(远离病灶)中风,出血,中枢疝
眼球运动	中央脑桥	很多
反向眼球运动	中脑/间脑	代谢或器质性损伤
徘徊眼球运动	非定位,脑干损伤消失	
瞳孔大小和对光反射		
一侧瞳孔散大	第三对颅神经受压	颞叶沟回疝形成,后交通动脉瘤
一侧瞳孔缩小(Horner 征)	交感神经去除	颈动脉剥离,Pancoast 肿瘤
双侧瞳孔散大	压迫第三对颅神经	脑疝,阿托品中毒,代谢昏迷
中位固定瞳孔	中脑	器质性脑干损伤,末期疝,脑死亡

续表

检查表现	定位	常见病因
双侧瞳孔缩小(对光反射存在)	脑桥(脑桥斜瞳孔)	麻醉剂中毒,脑桥出血,有机磷中毒
头眼反射和眼前庭反射		
头旋转或冷热水实验	低位脑干(脑桥髓质)	器质性脑干损伤,脑死亡
眼球仍然固定不动头旋转眼球偏离或朝向冷水耳	半球弥漫性病变,正常脑干反应	代谢性昏迷,无疝性ICP增高
冲洗耳后快相眼球震颤	正常	精神性无应答反应
头旋转或冷热水实验后眼球不偏离回中线	双侧内侧纵束	脑干中风或出血,脱髓鞘疾病
角膜反射消失	第Ⅴ和第Ⅶ对颅神经	脑干损伤,单侧消失可能末梢神经损伤
咳嗽或呕吐反射消失	第Ⅸ和第Ⅹ对颅神经	
偏瘫或轻瘫	对侧大脑半球或皮质脊髓束	中风,器质性损伤
屈肌体态	丘脑	
伸肌体态	中脑,脑桥上部	

第四节 意识障碍的实验室及辅助检查

虽然基本的实验室检查、病史和体格检查通常足够识别昏迷的病因并开始治疗,其他检查对完善诊断来说是重要的。对每个患者不一定是必需的,根据主要的鉴别诊断逐步完善相关检查。然而事实上每个昏迷的患者,特别是伴随局部神经功能缺损,应当接受头颅CT来评定结构损伤和脑出血。一旦患者病情稳定应立刻执行。

对怀疑脑膜炎患者或CT阴性的蛛网膜下腔出血患者,一旦头颅CT未显示器质性损伤应立即给腰椎穿刺术。脑脊液分析应该考虑的症状和体征包括发热,假性脑膜炎,谵妄的渐进病程,和无其他感染源的外周血白细胞计数增高。

一、脑 电 图

脑电图(electroencephalogram,EEG)检查对癫痫发作的患者是很关键的,即使发作已经停止;另外对病因不明的非惊厥性癫痫持续状态的诊断有帮助。EEG也被用来监测接受药物治疗的癫痫持续状态的患者。昏迷患者EEG构型主要包括广泛性慢波、β-昏迷、纺锤昏迷、α-昏迷、三相波、平坦波、广泛性周期性复合慢波、周期性单侧痫样放电、爆发-抑制等。持续植物状态患者EEG通常表现为弥漫性多形态的θ、δ波活动,其不受感官刺激影响。Young对昏迷患者脑电图进行了分级(表9-3)。总的来说,昏迷患者的EEG模式不能确切表明预后。脑电活动如果向α活动、δ活动或θ活动并具有反应性则预后较好;如果向爆发-抑制或普遍癫痫样活动发展,则预后较差;如果转化为电静息,则没有生存的可能。除此之外,近年来在有条件的神经重症监护病房可通过脑电趋势图来评估患者脑功能状态及预后。图9-1、图9-2、图9-3分别为脑梗死昏迷患者、非惊厥性癫痫持续状态、深昏迷濒死状态患者的EEG及脑电趋势图。其中包括振幅整合脑电图(amplitude integrated EEG,aEEG)、定量脑电图(quantitative EEG,qEEG)中的α/θ比、0~30Hz的密度谱阵(density spectral array,DSA)、FFT功率比(FFT power ratio)、爆发抑制比(burst suppression ratio,BSR)。

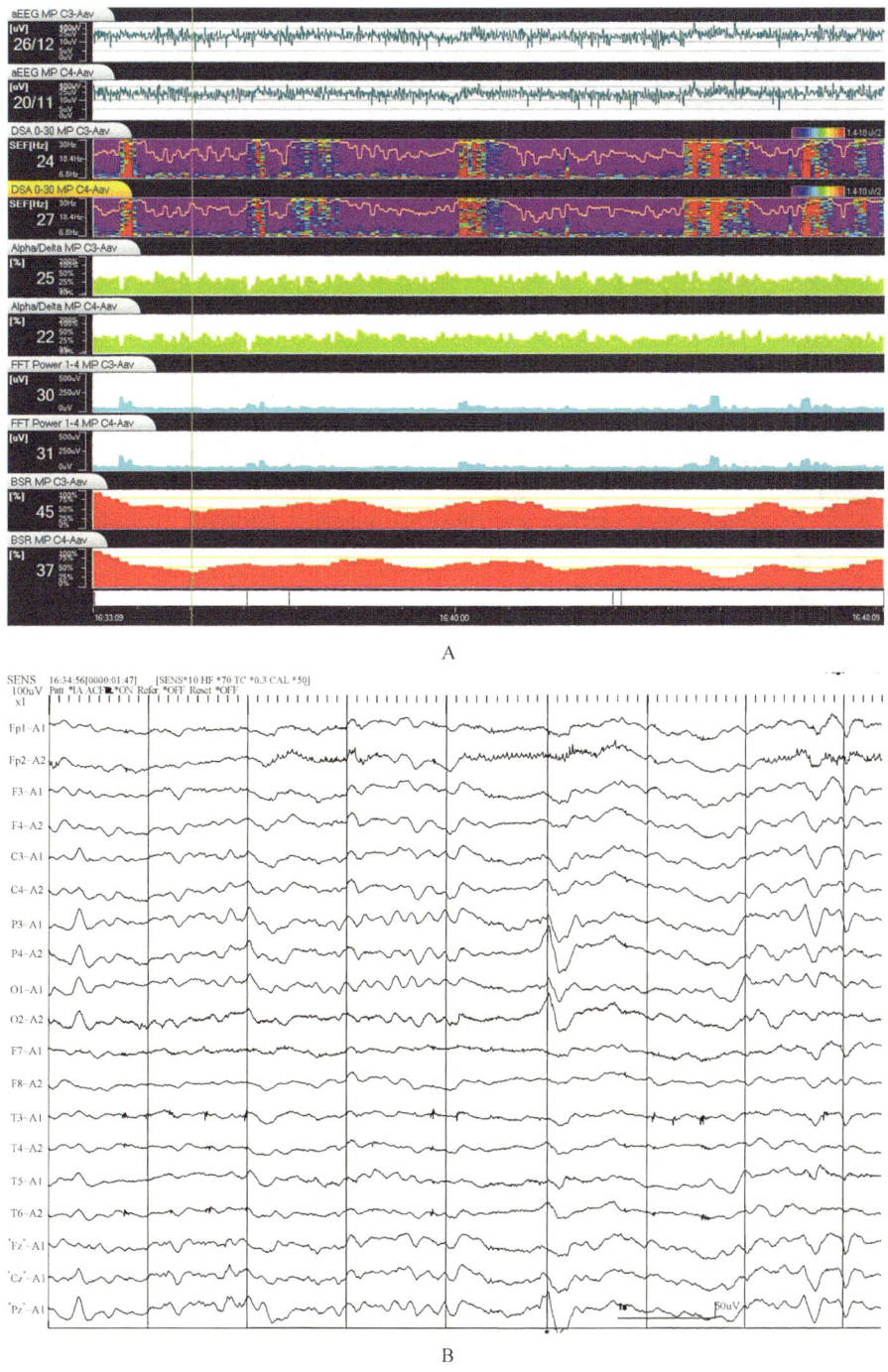

图 9-1 一例脑梗死昏迷患者脑电趋势图及脑电图
A. 脑电趋势图,包括振幅整合脑电图、α/θ 比、0～30Hz 的密度谱阵图、FFT 功率比(FFT power ratio)、爆发抑制比;B. 图 A 所示绿线部分原始脑电图信息

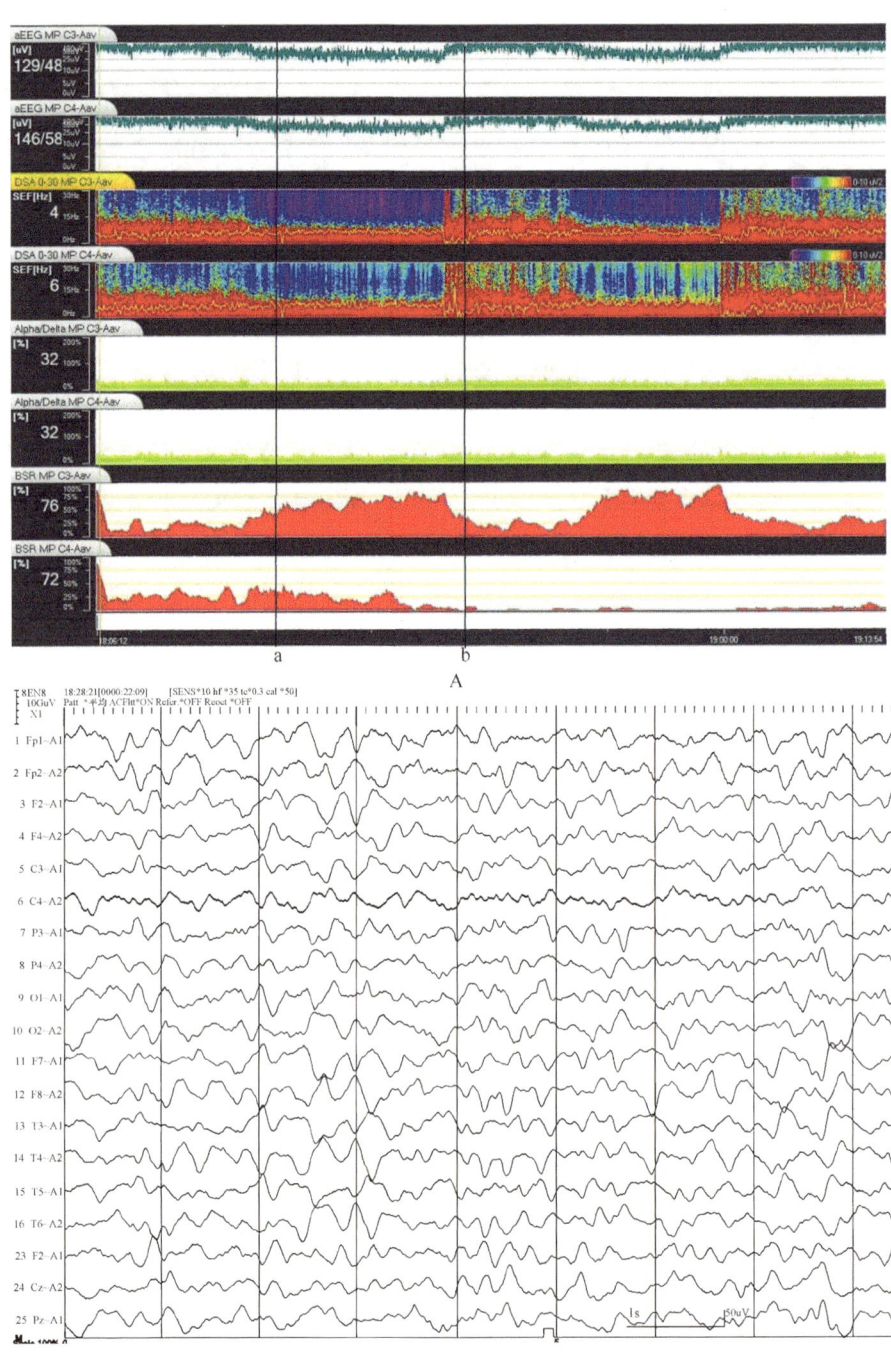

图 9-2 患者为一例 72 岁发作性意识不清的患者,入院诊断为非惊厥性癫痫持续状态、中毒性脑病

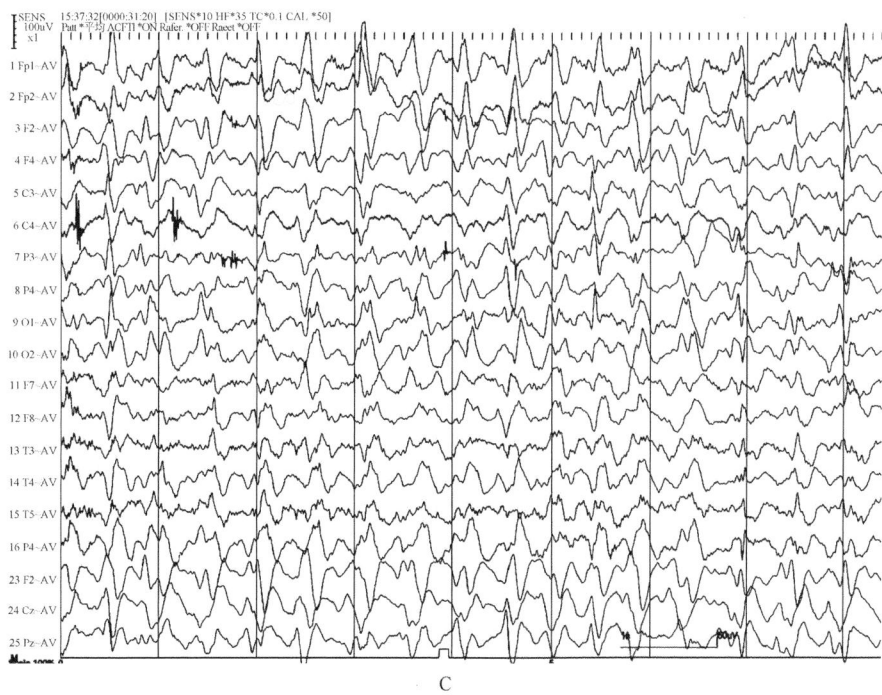

图 9-2 患者为一例 72 岁发作性意识不清的患者,入院诊断为非惊厥性癫痫持续状态、中毒性脑病(续) A. 脑电趋势图,包括振幅整合脑电图、α/θ 比、0~30Hz 的密度谱阵图、爆发抑制比;B. 图 A 所示 a 点原始脑电图信息为弥漫性慢波活动,患者呼之有反应;C. 图 A 所示 b 点原始脑电图信息,为非惊厥性癫痫持续状态,患者呼之不应,无四肢抽搐,EEG 为持续性尖慢波、棘慢波发放(前头部为著)

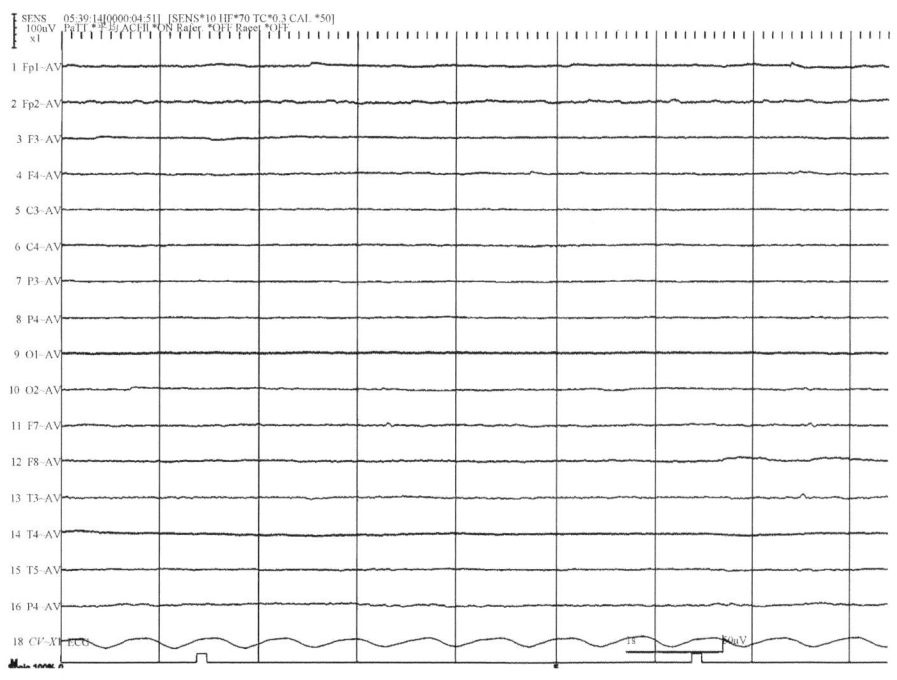

图 9-3 一例深昏迷室颤濒死状态患者脑电图

表 9-3 脑电图 Young 分级

EEG 分级	亚级和 EEG 表现	
Ⅰ级	δ波/θ波＞50%记录	
	a 有反应性	b 无反应性
Ⅱ级	三相波昏迷	
Ⅲ级	爆发-抑制	
	a 有反应性	b 无反应性
Ⅳ级	α昏迷/θ昏迷/纺锤波昏迷（无反应性）	
Ⅴ级	癫痫样活动（非爆发-抑制模式）	
	a 广泛性	b 局灶性或多发性
Ⅵ级	抑制	
	a ＜20μV,＞10μV	b ＜10μV

二、诱 发 电 位

诱发电位（evoked potential，EP）是神经系统在感受外来或内在刺激时产生的生物电活动。与 EEG 相比，代谢性药物以及镇静安眠药物对 EP 采集无明显影响。近年来，用于评估昏迷患者脑功能的 EP 包括脑干听觉 EP（brain stem auditory evoked potentials，BAEP）、体感 EP（somatosensory evoked potential，SSEP）和事件相关电位（event-related potential，ERP）。脑干器质性损害导致昏迷的患者 BAEP 多异常，而代谢性或中毒性昏迷未引起脑干损伤的患者 BAEP 多正常；BAEP 波形缺失或严重异常，提示不良预后。

大脑皮质通常为最易受损的结构，短潜伏期体感 EP（short-latency somatosensory evoked potential，SLSEP）不受意识、睡眠、中枢神经系统抑制药物等因素影响，对颅脑损伤患者的病情和预后判断准确、客观。临床上，刺激正中神经后在感觉皮质产生反应，记录 SSEP 较单独检查 BEAP 可以发现更多的有脑损伤的患者。有研究表明，SSEP 为评价严重脑功能损伤的最佳评估指标。Goldie 等 1981 年首先发现双侧正中神经 SSEP 的双侧皮质原发反应（bilateral cortical primary response，BLCR）消失可以准确预测死亡或植物状态。缺血缺氧性脑病的患者 BLCR 缺失对死亡以及植物状态评估的特异性为 100%，但是，若存在正常波幅及潜伏期的 BLCR 并不表示患者预后良好；而外伤或血管因素所致脑损伤昏迷的患者正常波幅及潜伏期的 BLCR 被认为具有良好预后。Zandbergen 等在一项纳入 407 例患者的前瞻性队列研究中发现，昏迷＞24 小时的缺氧性昏迷患者，若出现双侧 SSEP 的 N20 消失常提示预后不良；45% 的患者在心肺复苏后 3 天内出现 SSEP 消失，其中约 3/4 患者 24 小时内 SSEP 即消失。所以，在心肺复苏后 24 小时即可运用 SSEP 进行预后评估。另有研究发现，长潜伏期 SSEP N70 与预后相关，若能记录出患者 SSEP N70，其有 87% 可能预后良好。

Fischer 等在对 62 例院外复苏后存在深昏迷的患者进行神经电生理研究后发现，由于 ERP 中的非匹配负波（non-match negative wave，MMN）不需要患者有意识的配合，并且 MMN 为 ERP 中最早且主要的组成部分，若昏迷患者可诱发出 MMN 波提示患者可苏醒，MMN 用于评估患者觉醒的阳性率为 100%（95% CI：78～100）特异性为 100%（95% CI：93～100）；由此 Fischer 等结合瞳孔对光反射以及 SSEP 提出了一套评估觉醒程度的流程运用于临床实践。

三、磁共振成像(magnetic resonance imaging, MRI)

MRI 对鉴别中风和器质性损伤有帮助。但由于其检查时间较长,对患者的血流动力学和神经功能的稳定性有要求。对机械通气或需要药物持续输注的患者,执行 MRI 检查非常困难。在选择成像形式时这些困难要考虑到。

四、生化检查

研究表明血清神经元特异烯醇酶(neuron-specific enolase, NSE)和血清 S100 蛋白为脑损伤的标志。NSE 是位于神经元以及神经外胚层细胞内烯醇酶的 γ 异构体, S100 蛋白为钙结合的星形胶质蛋白。S100 较 NSE 相对分子质量小且易溶,更易穿过细胞膜,为敏感的胶质细胞受损的指标。血清中 NSE 的含量升高可作为不良预后的指标。除 NSE 和 S100 之外,还有肌酸激酶脑同工酶(creatine kinase brain isoenzyme, CK-BB)用于评估预后。当脑损伤时,CK-BB 从受损的细胞中释放至细胞外间质。心脏复苏后昏迷患者,脑脊液中 CK-BB 在 48~72 小时达到高峰。

五、经颅多普勒超声(transcranial doppler sonography, TCD)

TCD 是目前唯一可用的无创检测脑血流动力学变化的方法,临床上 TCD 多用来检测蛛网膜下腔出血、颅内压增高以及评估脑死亡。血流速度不稳定发生在 GCS≤5 分的患者,多可能预后不良,若 GCS≥6 分提示预后良好。血流速度加快预示可能有脑血管痉挛,一般预后尚可,频谱形态正常,血流速度正常及血流速度无变化多提示预后较佳。

第五节 昏迷的病因学

在紧急处理和基本检查之后,昏迷的进一步处理通常针对特定病因。大部分的检查用以描述是否存在器质性的脑损伤,并可能需要神经外科干预。如果存在器质性损伤,其定位在幕上或幕下更能指导治疗。另外,如果不存在器质性损伤,昏迷可能是由代谢,感染,或癫痫引起,这些情况一般都可通过药物控制。针对各种情况的特异性治疗已超出本章的范畴,我们将在其他章节讨论。

第六节 昏迷的处理

昏迷患者的处理很大程度上取决于病情的病因学。但是,一些步骤必须在具有意识改变的所有患者中执行。这些步骤可以用 ABCD 表示:气道、通气、循环基本生命支持及药物。

如果患者不能自主呼吸,给予面罩吸氧直到患者能够插管。在可能存在外伤的情况下,应当特别注意颈椎,避免牵拉颈部。通常给昏迷患者插管来保护气道,特别在损伤后组颅神经功能的情况下。循环是通过触诊脉搏和监测全身血压评估的。低血压时,给液体扩容苏和血管升压剂来维持充足的灌注压。但是,在严重脑损伤的患者,高血压是很常见的。必须使用抗高血压的药物来防止进一步的器官损伤,同时要注意避免血压过度下降导致缺血。

评估体温过低或者过高,分别用降温或升温毯适当的恢复其至正常体温。

昏迷的治疗大多是病因治疗。因此，一旦患者用上述方法稳定后，下一步便是评估患者意识改变的可能病因。一旦建立静脉通道，应立刻进行实验室血液化验来估计可能的毒性和代谢病因。一些实验室检测能够快速识别可纠正的昏迷原因，比如低血糖，糖尿病酮症酸中毒，电解质异常和药物性酸中毒。表9-4列出了基本的有助于鉴别病因的每种实验室研究和条件。

如果以上的昏迷病因均被鉴别，应该立刻进行治疗。

积极纠正血糖、电解质紊乱，若为药物中毒用活性炭和等渗生理盐水治疗。必要时给血液透析来清除药物。镇静剂过量容易产生镇静剂导致的昏迷，可以用纳洛酮（每3分钟静脉推注0.4～2mg）治疗，但应当小心执行，因为急性纠正可导致急性的戒断综合征。在纳洛酮用药后，应严密监测患者——因其恢复是短暂的，必要时需要机械通气支持。苯二氮䓬类药物过量同样能用氟马西尼（0.2mg静脉推注）纠正，但是再次使用应当谨慎，因其能诱发心律不齐或痫性发作。在可能服用三环类抗抑郁药患者或癫痫发作患者中禁用氟马西尼。对高度怀疑脑膜炎的患者应立刻使用广谱抗生素。采集脑脊液是重要的，但是不能推迟经验用药。任何表明进行性癫痫发作的证据，例如四肢的强直性阵挛，凝视眼球的震颤样运动，应立刻给苯二氮䓬类和静脉注其他抗癫痫药物治疗。

尽管事实上，大部分的护理应指向扭转昏迷的病因。因为昏迷患者往往插管动弹不得，容易感染并发症。对于那些早期气管切开并无早期复苏迹象的患者，要考虑减少气管损伤，并减少进一步感染的风险，患者应在床上经常翻身以防止褥疮溃疡的发生。尽可能行胃造瘘术（gatsrostomy）管给予足够的营养与营养监测以评估目前的需求。深静脉血栓形成和肺栓塞是长期卧床患者的常见并发症，临床护理及治疗对这些并发症予皮下肝素或肝素和加压设备。最后，肢体被动康复活动是防止四肢挛缩中最重要的。

表9-4 识别昏迷病因的实验室研究

实验室检查	昏迷病因
血糖	低血糖，非酮性高血糖，糖尿病，酮症酸中毒
血常规	感染/败血症，贫血，血小板减少
电解质，包括钙	低/高钠血症，低/高钙血症
肝功能检测（AST，ALT，胆红素，氨）	高胆红素血症，高氨血症，肝性脑病
肾功检查（BUN，肌酸酐）	尿毒症
甲状腺功能检查（TSH）	黏液性水肿昏迷
尿分析，尿毒理检测	尿脓毒症，中毒
动脉血气（ABG）	低氧症，高磷酸血症
凝血象	凝血病
乳酸盐	乳酸性酸中毒

第七节 昏迷的预后

昏迷的结局依赖多种影响因子：原发的潜在的病因，严重性和持续时间。在存活和良好预后（独立）两方面，创伤性昏迷通常优于非创伤性昏迷。

创伤性昏迷的研究，提示年龄是最强的独立的预测因子之一。越年轻，预后越好。尽管成像技术和治疗不断进步,但从 1975 年的研究中,这些结果数据没有显著改变,外伤性昏迷有 49% 的死亡率。

外伤性昏迷的预后不良因素主要包括缺氧、低血压、在睁眼和自发运动前 GCS 评分过低且持续时间较长。

在非外伤性昏迷,预后的依赖于病因。由于脑血管疾病(局部性缺血卒中,出血性卒中或蛛网膜下腔出血)引起的昏迷,预后最差,报道死亡率超过 70%,而好的结果可能性低于 5%。毒素或代谢性病因引起的昏迷往往结果更好一些,25% 患者有好的恢复。表 9-5 总结了基于不同病因的预后。

表 9-5　各种因素的昏迷预后

	死亡率(%)	持续性植物状态(%)	恢复良好(%)
缺氧缺血	58	20	8
有毒代谢	47	6	25
脑血管病	74	73	3
总计	61	12	10

第八节　脑　死　亡

一、死亡的定义

在通气和先进的心电监护仪器出现和常规使用之前,心肺功能的停止被定义为死亡。然而,随着重症监护医学的不断发展,患者可以在完全缺乏大脑功能的情况下持续存活。美国的《统一死亡判定法案》上提出同意以神经科学为基础来判断死亡(即为脑死亡)。脑死亡多数为颅内压升高导致脑疝,其水平高于平均动脉压,导致脑血流中断。

在成年人中,脑死亡的最常见的原因是脑外伤,蛛网膜下腔出血,缺氧缺血性脑损伤和暴发肝功能衰竭;在儿童中,最常见的原因是创伤后的二次损伤和机动车事故、窒息等。

二、脑死亡的诊断

1968 年,美国哈佛医学委员会提出了脑死亡的概念和标准,世界上许多国家医学界相继支持并采用了这个标准。20 世纪 80 年代,我国开始了脑死亡判定的理论研讨与临床实践。许多医学、法学、伦理学专家为在我国推广脑死亡概念,建立、推行脑死亡判定标准做了大量有益的工作。1995 年,美国神经病学学会出版题为《成人脑死亡的判定》(1995 年)。虽然这篇文章提供 18 岁以上的患者的评判标准,但是并没有从法律上规定脑死亡。此外,确定儿童脑死亡的标准有所不同。小儿脑死亡的检查已经超越这个文章的范围。我国在 2009 年,由卫生部脑死亡判定标准起草小组委托首都医科大学宣武医院经过 5 年的临床实践与验证完善后,完成了《脑死亡判定标准(成人)(修订稿)》和《脑死亡判定技术规范(成人)(修订稿)》。

根据我国《脑死亡判定标准(成人)(修订稿)》,其诊断标准如下:

1. 判定的先决条件

(1) 昏迷原因明确。

(2) 排除了各种原因的可逆性昏迷。

2. 临床判定

(1) 深昏迷。

(2) 脑干反射消失。

(3) 无自主呼吸(靠呼吸机维持,自主呼吸激发试验证实无自主呼吸)。

以上三项必须全部具备。

3. 确认试验

(1) 正中神经短潜伏期体感诱发电位(SLSEP)显示 N9 和(或)N13 存在,P14、N18 和 N20 消失。

(2) 脑电图(EEG)显示电静息。

(3) 经颅多普勒超声(TCD)显示颅内前循环和后循环呈振荡波、尖小收缩波或血流信号消失。

以上三项中至少两项阳性。

4. 判定时间 临床判定和确认试验结果均符合脑死亡判定标准者可首次判定为脑死亡。首次判定 12 小时后再次复查,结果仍符合脑死亡判定标准者,方可最终确认为脑死亡。

三、脑死亡判定技术

为了确认不可逆的这种情况,每一个存在脑死亡可能的患者至少接受两次检查。两次检查的间隔是任意的,但大多数标准为 6 小时(儿童患者间隔较长)。确定脑死亡需要受过专门培训的临床医生,一般是神经科医师或神经外科医生。脑死亡的检查可以分成四个部分,第一部分是前提条件,其他三部分的测试是反应脑死亡中的根本结果:昏迷/反应迟钝,缺乏脑干反射和呼吸暂停。除了进行脑死亡的检查外,临床医生需要规范和详细的记载检查的每一方面(表 9-6)。

表 9-6 脑死亡判定流程

第1部分	脑死亡检查的先决条件
	(1) 昏迷原因的判定,具有已知的和不可逆转的病因的严重脑损伤的证据(应有临床或神经影像学证据)
	(2) 排除各种原因的可逆性昏迷:包括急性中毒(如一氧化碳中毒、酒精中毒、镇静催眠药中毒、麻醉药中毒、抗精神病药中毒、肌肉松弛剂中毒等),低温(肛温≤32℃),严重电解质及酸碱平衡紊乱,严重代谢及内分泌障碍(如肝性脑病、尿毒症性脑病、低血糖或高血糖性脑病)等
第2部分	临床判定
	深昏迷:所有四肢(按压甲床)或躯体(眶上、锁骨按压或胸骨磨擦)对施加压力没有痛苦的运动反应。对疼痛刺激没有自主的反应(听/看心电监护仪中的心率),GCS 评分 3 分
	注:一些自发的肢体运动是脊髓起源的和脑死亡是一致的
	注:屈肌和伸肌的姿态是脑干反射,因此不符合脑死亡
	注:深腱反射和三重屈曲是脊髓反射,从而和脑死亡是一致的
	脑干反射消失
	1) 瞳孔对光反射:直接、间接强光照射,没有缩瞳反射
	2) 角膜反射:用棉花丝触及角膜周边部,观察双眼有无眨眼动作。检查一侧后再检查另一侧。结果判定:双眼均无眨眼动作即可判定为角膜反射消失
	3) 头眼反射:用手托起头部,撑开双侧眼睑,将头从一侧快速转向对侧,观察眼球是否向反方向转动,检查一侧后再检查另一侧。结果判定:当头部向左或向右转动时,眼球无相反方向转动,即可判定为头眼反射消失

续表

4) 前庭眼反射:将头部抬起30°,用弯盘贴近外耳道,以备注水流出。注射器抽吸0~4℃冰盐水 20ml,注入一侧外耳道,注入时间20~30秒钟,同时撑开两侧眼睑,观察有无眼球震颤。检查一侧后再检查另一侧。结果判定:注水后观察1~3分钟,若无眼球震颤即可判定为前庭眼反射消失

5) 咳嗽反射:用长度超过人工气道的吸引管刺激气管黏膜,引起咳嗽反射。结果判定:刺激气管黏膜无咳嗽动作,判定为咳嗽反射消失

无自主呼吸

测试的目的是要验证在超过一个大气二氧化碳浓度的情况下,脑干不能触发呼吸。由于呼吸测试可导致血流动力学不稳定,一些机构的要求,进行第二次脑死亡的检查只有一次

呼吸暂停试验的先决条件

1) 肛温 ≥36.5℃(如体温低下,可予升温)

2) 收缩压 ≥90mmHg 或平均动脉压≥60mmHg

(如血压下降,可予升压药物)

3) PaO_2≥200mmHg(如 PaO_2 不足,吸入 100% O_2 10~15 分钟)

4) $PaCO_2$ 35~45mmHg(如 $PaCO_2$ 不足,可减少每分钟通气量)

慢性二氧化碳潴留者 $PaCO_2$≥40mm Hg

进行呼吸暂停试验

试验方法与步骤:①脱离呼吸机 8~10 分钟。②脱离呼吸机后即刻将输氧导管通过气管插管插至隆突水平,输入 100% O_2 6L/min。③密切观察胸、腹部有无呼吸运动。④脱离呼吸机 8~10 分钟检测 $PaCO_2$

结果判定:$PaCO_2$≥60mmHg 或慢性二氧化碳潴留者 $PaCO_2$ 超过原有水平 20mmHg,仍无呼吸运动,即可判定无自主呼吸

第3部分 确认试验

(一) 正中神经短潜伏期体感诱发电位(SLSEP)

(1) 环境条件:①环境温度控制在 20~25℃。②使用独立电源,必要时使用稳压器。③必要时暂停其他可能干扰诱发电位记录的医疗仪器设备

(2) 刺激技术:①刺激部位:腕横纹中点上 2cm 正中神经走行的部位。②95%乙醇溶液去脂,降低刺激电极与皮肤间的阻抗。③分侧刺激。④刺激参数:刺激方波时程:0.1~0.2ms,必要时可达 0.5ms。刺激强度:强度指标为拇屈曲约 1cm,每次检测过程中强度指标均应保持一致。刺激频率:1~5Hz

(3) 记录技术:①电极安放:参考脑电图国际 10-20 系统,安放盘状电极或一次性针电极。$C'3$ 和 $C'4$:分别位于国际 10-20 系统的 C3 和 C4 后 2cm,刺激对侧时 $C'3$ 或 $C'4$ 又称 $C'c$,刺激同侧时称 $C'i$。Fz 和 FPz:Fz 位于国际 10-20 系统的额正中点,FPz 位于国际 10-20 系统的额极中点。Cv6:位于颈椎 6 的棘突。CLi 和 CLc:分别位于同侧或对侧锁骨中点上方 1cm。②电极导联组合(记录电极 -参考电极):至少 4 通道。第一通道:CLi - CLc(N9)。第二通道:Cv6-Fz, Cv6-FPz 或 Cv6-CLc(N13)。第三通道:$C'c$ - CLc(P14, N18)。第四通道:$C'c$-Fz 或 $C'c$-FPz(N20)。③电极阻抗:记录、参考电极阻抗≤5kΩ。④地线放置与阻抗:刺激点上方 5cm,阻抗≤7kΩ。⑤分析时间:50ms,必要时 100ms。⑥带通:10~2000Hz。⑦平均次数:500~1000 次

(4) 操作步骤:①准备好诱发电位仪、盘状电极或一次性针电极、安尔碘、棉签、磨砂膏和导电膏。②开机并输入被判定者一般资料,进入记录状态。③安放记录电极和参考电极。安放盘状电极前,先用 95%乙醇溶液棉球去脂,必要时用专业脱脂膏(磨砂膏)脱脂,然后涂抹适量导电膏,使电阻达到最小。插入针电极前,先用安尔碘消毒皮肤。④安放刺激电极。刺激电流一般控制在 5~15mA 之间,当某些受检者肢端水肿或合并周围神经疾病时,电流强度可适当增大。刺激强度以诱发出该神经支配肌肉轻度收缩为宜,即引起拇指屈曲约 1cm。⑤记录时,平均每次叠加 500~1000 次,直到波形稳定光滑,每侧至少重复测试 2 次

(5) 结果判定:N9 和(或)N13 存在,P14、N18 和 N20 消失时,符合 SLSEP 脑死亡判定标准

续表

(二) 脑电图(EEG)
(1) 环境条件:①使用独立电源,对地电阻<4Ω,必要时用稳压器。②必要时暂停其他可能干扰脑电图记录的医疗仪器设备
(2) 参数设置:①按国际 10-20 系统安放 8 个记录电极:额极 Fp1、Fp2,中央 C3、C4,枕 O1、O2,中颞 T3、T4。参考电极位于双耳垂或双乳突。接地电极位于额极中点(FPz)。公共参考电极位于中央中线点(Cz)。②电极头皮间阻抗 <10kΩ,两侧各电极的阻抗应基本匹配。③高频滤波 30~75Hz,低频滤波 0~15Hz 或时间常数 0.3s。(4)敏感性 $2\mu V/mm$
(3) 操作步骤:①准备好脑电图仪、盘状电极或一次性针电极、安尔碘、棉签、磨砂膏和导电膏。②开机并输入被判定者一般资料。检查脑电图仪参数设定。走纸机描记前先做 10s 仪器校准,将 $10\mu V$ 方形波输入放大器,各放大器敏感性应一致。③安放电极。盘状电极安放前,先用 95%乙醇溶液棉球脱脂,必要时用专业脱脂膏(磨砂膏)脱脂,然后涂抹适量导电膏,使电阻达到最小。插入针电极前,先用安尔碘消毒皮肤。④描记参考导联 30 分钟。⑤描记中分别予以双上肢疼痛刺激、耳旁声音呼唤和亮光照射双侧瞳孔,观察脑电图变化(脑电图反应性检查)。⑥描记中任何来自外界、仪器和患者的干扰或变化均应实时记录。⑦描记脑电图的同时描记心电图。⑧30min 记录的全部资料完整保存
(4) 结果判定:脑电图呈电静息,即未出现 $>2\mu V$ 的脑电波活动时,符合 EEG 脑死亡判定标准

(三) 经颅多普勒超声(TCD)
(1) 环境条件:无特殊要求
(2) 仪器要求:2.0MHz 脉冲波多普勒超声探头
(3) 参数设置:①设定输出功率。②设定取样容积:10~15ml。③调整增益:根据频谱显示的清晰度调整增益强度。④调整速度标尺:频谱完整显示在屏幕上。⑤调整基线:上下频谱完整显示在屏幕上。⑥调整信噪比:清晰显示频谱。⑦屏幕扫描速度:6~8s。⑧设定多普勒频率滤波:低滤波状态(<50Hz)
(4) 检查部位:①颞窗:位于眉弓与耳缘上方水平连线区域内,检测双侧大脑中动脉、大脑前动脉和大脑后动脉。②枕窗或枕旁窗:位于枕骨粗隆下方枕骨大孔或枕骨大孔旁,检测椎动脉和基底动脉。③眼窗:闭合上眼睑处,检测对侧大脑中、大脑前动脉
(6) 结果判定:①判定血管:前循环以双侧 MCA 为主要判定血管;后循环以 BA 为主要判定血管。②血流频谱:振荡波:在一个心动周期内出现收缩期正向(F)和舒张期反向(R)血流信号,脑死亡血流方向指数(反向与正向血流速度比值)(DFI)<0.8,DFI=1−R/F;尖小收缩波(钉子波)收缩早期单向性正向血流信号,持续时间小于 200ms,流速低于 50cm/s;血流信号消失。颅内前循环和后循环均出现上述血流频谱之一时,符合 TCD 脑死亡判定标准

确认试验顺序:优选顺序依次为 SLSEP、EEG、TCD。确认试验应至少 2 项符合脑死亡判定标准

第 4 部分　判定步骤

脑死亡判定分以下三个步骤:
第一步:进行脑死亡临床判定,符合判定标准(深昏迷、脑干反射消失、无自主呼吸)的进入下一步
第二步:进行脑死亡确认试验,至少 2 项符合脑死亡判定标准的进入下一步
第三步:进行脑死亡自主呼吸激发试验,验证自主呼吸消失。上述三个步骤均符合脑死亡判定标准时,确认为脑死亡

第九节　器官捐赠

　　器官捐赠最可能解救数千的等待器官移植的患者。在美国,三分之一合格的器官捐赠者(符合医疗资格的脑死亡的患者)中只有一半真正成为器官捐赠者。这种情况由多种因素导致,包括大约 25%的合格的捐赠者的家属不了解器官捐赠,在选择的时候其同意率很低。许多国家和机构已经制定了政策和程序来增加了解器官捐赠的家庭的比例来增加同意率。

美国几乎所有的医院都和器官切取机构（organ procurement organization，OPO）的工作人员有联系。这些工作人员是受过专门训练的，来和家属讨论移植并且在家属和医务人员中协调。现行制度的一个标志是"隔绝"做法。在这种做法中，通知家属患者脑死亡的讨论和器官捐赠的讨论是单独分离的。通常，家属首先被告知患者脑死亡，然后，OPO 协调员与家属会面，家属同意器官捐赠，所有的花费将由 OPO 承担。我国尚未对脑死亡立法，故有关脑死亡患者器官捐赠仍需探讨。

（胡旻婧）

参 考 文 献

贾建平. 2008. 神经病学. 北京：人民卫生出版社，171

凌锋. 2009. 脑死亡判定标准（成人）（修订稿）. 中国脑血管病杂志，04：220

Matis GK，Birbilis TA. 2009. Poor relation between Glasgow coma scale and survival after head injury. Med Sci Monit，15(2)：CR62～65

McNett, M. 2007. A review of the predictive ability of Glasgow Coma Scale scores in head-injured patients. J Neurosci Nurs，39(2)：68～75

Stead LG，Wijdicks EF，Bhagra A，et al. 2008. Validation of a new coma scale, the FOUR score, in the emergency department. Neurocrit Care，10(1)：50～54

Thenayan EA，Savard M，Sharpe MD，et al. 2010. Electroencephalogram for prognosis after cardiac arrest. J Crit Care，25(2)：300～304

Van de Voorde P，Sabbe M，Rizopoulos D，et al. 2008. Assessing the level of consciousness in children：a plea for the Glasgow Coma Motor subscore. Resuscitation，76(2)：175～179

第10章 血流动力学及电生理监测

第一节 血流动力学

颅腔内主要包括脑、脑脊液及血液。脑代谢所需能量主要来自葡萄糖氧化所产生的高能磷酸盐,但大脑对高能磷酸盐无储存能力,脑代谢依靠血液中的葡萄糖及氧气的连续供给。正常情况下颅内血容量主要由脑血流量和脑血管紧张度决定。脑血流(cerebral blood flow,CBF)与脑血容量(cerebral blood volume,CBV)存在相关性:CBF 升高,CBV 随之升高,反之亦然。生理及病理情况下,多种因素可通过影响 CBF 进而影响 CBV。这些因素主要包括:脑灌注压(cerebral perfusion pressure,CPP)、血氧、二氧化碳分压、体温、脑代谢、血液黏度等。

一、脑灌注压、脑血流

CCP 为脑动脉与脑静脉的压力差,接近于 Willis 环的平均动脉压与脑内静脉压之差。实际应用中,平均动脉压(mean arterial pressure,MAP)—平均颅内压(mean intracranial pressure,MIP)=CPP;当颅内压和静脉压低时,血压近似为脑灌注压。自身调节通过改变小动脉直径等方法改变血管阻力,调节灌注压。灌注压在无脑外伤和其他影响自身调节的因素下,可在一定范围内保持恒定。健康成人自身调节的范围为 50~150mmHg,慢性高血压的患者的调节的高低限均有不同程度的升高。超过调节范围,脑血流会被动的依赖脑灌注压的改变,导致脑血流和脑血容量同向被动波动。自身调节对血压低时维持有效脑血流的能力低于血压高时,因此,由于低血压所致脑血容量的减少比高颅压所致等量的脑血容量减少所致的后果更为严重。颅脑外伤、缺血性卒中等病变会使自身调节功能削弱或丧失。

二、监 测 方 法

(一)心功能监测

心脏主要功能是将静脉回流的血液,通过心脏的舒张和收缩,射入大动脉,维持正常组织、器官的血液供应。因此,心功能与脑灌注压具有密切关系。监测心脏功能主要包括心电图、血压监测、超声心动图、经食管超声多普勒、动脉导管置入监测中心静脉压等。心电图是最简单的监护,可显示大量生理数据,可以监测心律失常、由电解质紊乱所致的心电失常。经食管超声可连续监测主动脉内血流,获得心搏量、收缩状态等信息。超声心动图可提供大量复杂的心血管结构和功能信息。动脉导管置入为侵袭性监测,可监测中心静脉压、肺毛细血管压、心脏指数、心搏量指数、射血分数、舒张末期容积、血管阻力系数指数等信息。

(二)头颈部血管颅外段监测

颈部血管超声检查是临床广泛应用的无创性血管检查,可客观的评价颈部血管的形态、功能及血流动力学功能。对缺血性脑血管病的病因诊断具有重要意义。临床上用于颈部血管超声主要包括二维图像、彩色血流多普勒显像、脉冲多普勒频谱分析等功能。现临床上运用最多的为颈动脉彩色多普勒超声检查,检查包括双侧颈总动脉、颈内动脉、颈外动脉、椎动脉及颈内静脉。

频谱多普勒血流检测是对人体运动的血流产生的多普勒频移进行分析的超声诊断技术。频谱多普勒包括脉冲多普勒、连续多普勒和高脉冲重复频率多普勒。它可用于判断血流性质、对占位性病变定位诊断、通过血管解剖结构对血流速度、血流阻力等指标对病变进行定性及定量诊断。

彩色多普勒血流显像(color doppler flow imaging,CDFI)是在脉冲多普勒基础上发展起来的技术,以显示解剖结构的灰阶声像为背景,对感兴趣区域血流实时多点取样进行多普勒检测。CDFI可在显示血管解剖形态(如血管壁结构、血管位置、血管内径等)的同时显示血流方向、速度范围、血流性质及异常血流道,根据血管腔内充盈情况可发现灰阶图像易漏诊的软斑块,可鉴别血管腔内血流的流动性。通常,朝向探头血流为红色,背离探头血流为蓝色;可判断是否有逆向血流,有助于发现盗血。流速缓慢的血流显示为彩色暗淡,流速快色彩明亮;管腔内血流信号有充盈缺损,提示有血管狭窄。临床上主要用于血管粥样硬化、动脉炎、锁骨下动脉盗血综合征等疾病的鉴别。

经颅多普勒超声(transcranial doppler sonography,TCD)检查,主要通过4MHz探头发射连续脉冲或连续超声波,当收缩期血流速度>120cm/s,频谱混乱伴涡流则可能存在颅外血管狭窄;血管闭塞时,则检测不到血流。通过血流方向、颅内前、后交通动脉的开放、眼动脉侧支循环的改变可判断颈内动脉重度狭窄及闭塞。椎动脉血流参数及束臂试验可判断锁骨下动脉盗血通路。

(三) 头颈部血管颅内段监测

临床上运用主要为TCD,通过2MHz探头发射脉冲超声波,来检测颅内动脉。根据深度、血流方向、血流速度、搏动指数和阻抗指数、频谱形态参数来判断颅内血管情况。临床上主要用于检测颅内动脉狭窄或闭塞、动静脉畸形、动静脉瘘、脑血管痉挛、脑动脉血流中微栓子、颅内压增高及死亡的判定。

(四) 大血管检查

大血管检查主要包括CTA、MRA、CE-MRA。可以从主动脉弓部开始成像,明确诊断。

三、血氧分压、二氧化碳分压

脑血流在比较宽的动脉血氧分压范围内是保持恒定的。当氧分压下降至50mmHg时,脑血流才发生变化。动脉氧含量与血红蛋白(Hb)浓度和血氧饱和度的乘积成正比,动脉含氧量与脑血流呈负性线性关系。

脑血流对动脉血的二氧化碳分压变化敏感。二氧化碳分压的变化主要由微小动脉和脑细胞外液中的氢离子浓度介导。持续的高碳酸血症可导致正常脑组织的血流量增多,颅内压增高。有研究指出,低碳酸血症可导致血管收缩,降低脑血流从而导致缺血。过度通气引起低碳酸血症可减少脑血流和脑容量,达到降颅内压的作用。

(1) 体温:动物实验指出,体温>42℃时,脑血流成线性增加;低体温时,体温降低1℃

脑血流减少 6%,因此可应用低体温疗法治疗脑水肿及颅高压。

(2) 脑代谢:单光子发射计算机体层扫描(SPECT)、正电子发生计算机体层扫描(PET)可用于脑的代谢研究。

(3) 血液黏度:降低 Hb 蛋白浓度、降低纤维蛋白原可以降低血液黏度,增加脑血流量。

第二节　电生理检测

神经重症监护病房的特色主要在于对患者神经功能监测。神经功能监测不仅包括上述的脑血管、脑代谢,还包括神经电活动。在神经重症监护病房进行电生理监测的主要目的为监测痫性发作及癫痫病灶的定位、昏迷患者严重程度以及预后的评判、肌无力患者病因诊断、评价镇静剂疗效及程度等。在神经重症监护病房可开展的神经电生理检测主要有脑电图、诱发电位、多导睡眠监测、肌电图和神经传导速度。其中脑电图监测还可涉及脑电趋势图,诱发电位包括躯体感觉诱发电位、视觉诱发电位、脑干听觉诱发电位、磁刺激运动诱发电位、事件相关电位。

一、脑　电　图

常规脑电图是在特定的位置,通过头皮表面放置的电极采集大脑皮层电活动。常规脑电图作为非侵袭性检测地方法能够观察、记录到大脑神经元的电活动,具有重要临床意义。痫性发作通常具有突发、短暂性,一般常规脑电图每次约 30 分钟的记录难以捕捉到发作。长程视频脑电监测通过长程监测可以提高痫性发作的检出率。在使用持续静脉给予抗癫痫药物的癫痫患者中,约 26% 患者在停止静脉用药后可能出现非惊厥性癫痫持续状态,对患者进行长程脑电检测可以直接发现患者 EEG 存在异常放电及时给予干预,减少患者致残的危险;并且在重度颅内感染、蛛网膜下腔出血、脑卒中、无颅内结构性损伤但存在意识障碍的患者提供神经细胞电活动信息,评估疗效及临床预后,在出现新的临床症状之前进行诊疗方案的调整。

除此之外,还有定量脑电图(quantitative EEG,qEEG)。临床上,为了便于非脑电图专业人员能够理解脑电监测,运用计算机分析技术将长程脑电图进行快速傅里叶转换成功率谱后,通过设定特定的 qEEG 参数,运用压缩谱阵(CSAs)进行图示表达(图 10-1)。根据 CSAs 可以描绘出总功率或全部波幅、总计频率活动(如 α 波总功率、α 波百分比)、波幅整合脑电图(amplitude-integratede EEG,aEEG)、波谱边缘频率(spectral edge frequency,SEF)、峰频率(peak frequency,PEAK)和频率比率(α/δ)。其他的 EEG 数据简化表现形式可包括 pEEG 监护、大脑功能监测仪(cerebral function analysing monitor,CFAM)、节段EEG 自动分析、密度谱阵(density spectral array,DSA)、脑电双频指数(bispectral index,BIS)、爆发抑制比(burst suppression ratio,BSR)、爆发抑制间期(inter-burst interval,IBI)等。

现运用最为广泛的为 aEEG。aEEG 为脑电信号通过非对称性带通滤波器对脑电信号进行放大及滤过,使干扰最小化,通过对脑电信号进行半对数波幅压缩、矫正及时间压缩处理后得到的图形。图形的上、下边界代表单位时间内 EEG 最大、最小的波幅变化。图形的下界由 EEG 的波幅及波峰间的距离决定;当出现波形的爆发(IBI 在 1～5s),图形的下界位置受到爆发间期的影响。DSA 是将脑电数据的快速傅里叶转换分析的结果,运用不同颜色代表脑波(0～60Hz)的功率大小,在 DSA 图上可以显示各时间点的 SEF 及 PEAK 值。

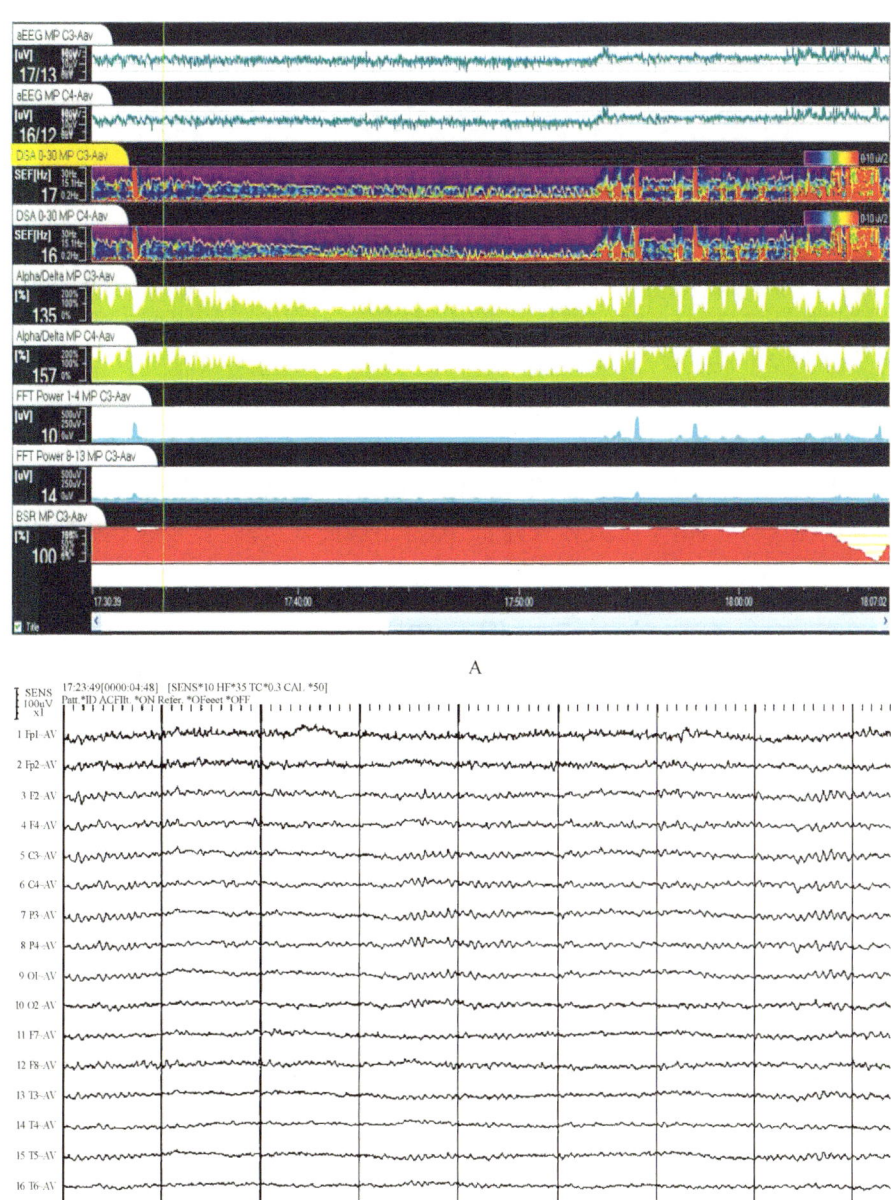

图 10-1 脑电趋势图

A. 脑电趋势图,包括波幅整合脑电图、α/θ 比、0～30Hz 的密度谱阵图、FFT 功率比(FFT power ratio)、爆发抑制比;B. 原始部分脑电图信息

SEF 是指在某频率以下的功率谱在脑电功率谱中占绝对大的比重(通常在 80%～95%)。BIS 在目前以脑电来判断镇静水平和监测麻醉深度的较为准确的一种方法。

qEEG 重要缺陷是个体差异导致评估价值的偏倚。在获得基线信息的情况下,长程脑电图的定量分析意义更大。当然,影响脑电活动的生理、药物、伪差等因素亦会影响 qEEG,

因此，在无原始脑电记录时，不能只参考定量脑电图的结果。

二、诱 发 电 位

诱发电位是中枢神经系统在感受体内外各种特异性刺激所产生的生物电活动。与 EEG 相比，代谢性药物以及镇静安眠药物对 EP 采集无明显影响。EP 的研究根据潜伏期的长短分为短、中、长潜伏期成分。其中，短潜伏期体感诱发电位和脑干听觉诱发电位与解剖结构联系紧密，反应深部结构到皮层的活动，病理性结构改变对其影响最大，可以发现影像学检查阴性的病变；中长潜伏期成分反应皮层结构。

躯体感觉诱发电位主要用于周围神经、脊髓、脑干、丘脑及大脑的功能状态的检测。它可以确定产生于幕上的丘脑和主要皮层感觉区的成分，并且存在锁时关系。视觉诱发电位主要对视觉通路进行检查。脑干听觉诱发电位，一般不需患者的合作，婴幼儿及昏迷患者均可进行检查；其波形主要分为 5 个，分别反映听神经、耳蜗核、上橄榄核、外侧丘系及核团、下丘的中央核团区功能，用于听力客观评价、脑桥小脑肿瘤、多发性硬化、脑死亡以及术中监护。

三、肌 电 图

肌电图的检查在神经危重者患者中主要为肌无力病因的鉴别诊断。在重症肌无力、Lambers-Eaton 肌无力综合征、急性炎症性脱髓鞘性多发性神经病、慢性炎症性脱髓鞘性多发性神经病，其肌电图在重复神经电刺激、F 波、H 反射、神经传导速度等方面有不同的变化。

（胡旻婧）

参 考 文 献

贾建平. 2008. 神经病学. 北京：人民卫生出版社，171

Allan H, Daryl R, Michael N, et al. 2003. Neurological and Neurosurgical Intensive Care. Lippincott Williams & Wilkins, 113~149

John AD, Fleisher LA. 2006. Electrocardiography. the ECG. Anesthesiol Clin, 24(4):697~715

Kumar A, Anel R, Bunnell E, et al. 2004. Pulmonary artery occlusion pressure and central venous pressure fail to predictventricular filling volume, cardiac performance, or the response to volume infusion in normal subjects. Crit Care Med, 32(3):691~699

Magder S. Clinical usefulness of respiratory variations in arterial pressure. Am J Respir Crit Care Med, 169(2):151~155

Marik PE, Bankov A. 2003. Sublingual capnometry versus traditional markers of tissue oxygenation in critically ill patients. Crit Care Med. 31:818~822

Matthys K, Verdonck P. 2002. Development modeling of arterial applanation tonometry: a review. Technol Health Care. 10(1):65~76

第三篇 神经重症监护各类疾病管理

第11章 急性缺血性卒中

脑卒中已成为中国第一位致死因素的疾病。缺血性卒中约占所有脑卒中的80%。根据TOAST(trial of org 10172 in acute stroke treatment,TOAST)病因分型将导致缺血性卒中的原因分为五大类：心源性栓塞、大血管病变、小血管病变、其他原因及不明原因病变。这一理论已不仅被神经病学领域的医务人员熟知，且能将之运用到实际的临床工作中。针对这些卒中病因实施个体化治疗，已在缺血性卒中二级预防方面收获了良好的效果。但针对急性期缺血性卒中患者的处理，因医疗单位条件及专业水平的不同使患者的预后迥异。目前循证医学证据显示，急性缺血卒中患者能从规范化的卒中单元体制中获益；且一致认为卒中绿色通道及神经重症监护单元(neurological intensive care units,NICU)的实施能为急性缺血性卒中患者提供更为专业的治疗。故在本章节中，我们旨结合当前最新的研究进展，从急性缺血性卒中患者的临床评估、脑血流的重建及NICU的规范化处理三方面展开论述。

第一节 急性缺血性卒中患者的评估

一、病 史

病史最重要的要素就是发病时间，这是决定进一步治疗方案的重要指标。有些患者可能是在醒来后发现出现了偏瘫，因此对于发病时间需要一个限定。目前对发病时间的定义是，能回忆的未出现神经系统异常的最后时间。对于患者是醒来发病或因为发病后意识障碍不能提供上述时间的，就以睡前时间或最后意识清醒的时间为发病时间。如果患者先前有多次短暂性脑缺血发作，那些发作的状态均不计算在发病时间内，而以末次发病的时间来计算。

病史询问中还应注意结合发病时的情况及有关病史，可能会排除一些其他原因引起临床症状的可能，比如高血压脑病、低血糖昏迷等。对于急性脑血管病的诊断，危险因素的询问同样重要，比如既往是否有高血压、糖尿病等。为了鉴别诊断，还应了解患者是否有药物滥用史、偏头痛史、癫痫史、感染史、外伤史及妊娠史等。通过这些病史的询问有助于对急性脑血管病的诊断和鉴别诊断，对于进一步合理选择检查和治疗手段同样重要。病史搜集中应当注意向家人及目击者了解既往史及发病时的状况。运送患者来院的人员亦应注意询问，这样可以了解患者发病后病情有怎样的演变过程，这对于完善急性脑血管病的资料是相当重要的。

二、呼气道的评估

如果患者的气道不稳定,出现呼吸窘迫症状,或 GCS 评分<8 分,则需要进行气管内插管及机械通气,以确保呼吸道通畅。

三、血压的评估

在初步评估呼吸道功能及保持呼气道通畅之后,随之评估患者的系统血压。急性缺血性卒中通常很少表现为低血压。低血压的出现常提示合并其他问题,如败血症、心肌梗死或脱水等。在决定对可疑的急性缺血性卒中患者实施升压或降压治疗之前,必须快速完成的病史询问和神经系统体格检查。

四、心血管评估

对所有的卒中患者常规的心脏的物理检查、心肌酶谱测定及 12 导联心电图检查是必要的。急性脑血管病患者中心脏疾病是普遍存在的,有些患者甚至存在需要急诊处理的心脏疾病。比如急性心肌梗死可能引起卒中,同样急性脑血管病也能引起心肌缺血。在急性缺血性脑血管病中可能合并心律异常。引起缺血性脑血管病的一个重要的原因的房颤通过心脏检查可以较容易发现。对于有严重心律不齐的患者应当常规进行心电监护。

五、神经系统功能评分

于急诊就诊的存在神经系统功能缺陷的患者,最为便捷的评估手段是采用美国国立卫生研究院卒中量表(national institutes of health stroke scale,NIHSS)。此量表评估的内容包括意识、语言、感觉和运动系统、视野等 11 个方面的内容。量表总分为 42 分,分数越高表示卒中程度越严重。在急诊执行 NIHSS 评分十分重要。一方面,它为决定对患者是否实施积极的药物治疗提供了依据;另一方面,它为可重复的评估卒中患者的神经功能提供了标准。

六、其他检查

对于怀疑癫痫的患者可进行脑电图检查。缺乏相应影像学证据的癫痫是使用 r-TPA 的相对禁忌证。对于疑诊蛛网膜下腔出血而常规 CT 检查无阳性发现的患者可进行腰椎穿刺脑脊液检查。其他的一些相关检查,如血液酒精含量、毒素水平、血气分析及妊娠试验等,主要根据病史的询问及体检做初步的判断。

七、神经影像学的评估

神经影像学评估对于卒中类型的确定起着至关重要的作用。在完成 NIHSS 评分后,几种影像学检查模式可用于急性缺血性卒中患者的脑组织(包括血管学)方面的评估。这些影像学模式包括头颅电子计算机体层扫描(computed tomography,CT)、CT 血管成像(computed tomography angiography,CTA)、CT 灌注成像(computed tomography perfusion,CTP)、磁共振成像(magnetic resonance imaging,MRI)、磁共振血管成像(magnetic resonance angiography,MRA)、功能磁共振成像(functional magnetic resonance imaging,fMRI)、脑数字减影血管造影术(digital subtraction angiography angiography,DSA)和经颅

多普勒超声(transcranial Doppler,TCD)。

(一) CT 和 CTA 的评估

头颅 CT 能迅速的明确出血性卒中、蛛网膜下腔出血、硬模下血肿、脑积水、脑水肿等相关病变,快速的鉴别出患者的卒中类型。在症状发作 5 小时内即出现大于 50% 的大脑中动脉供血区的低密度影,或在症状发作 24~48 小时内出现整个大脑中动脉供血区的低密度影,均是高度预示患者预后的较差的标志,且其中 80% 的患者面临死亡。头颈部 CTA 亦是一种快速扫描影像技术,它包括平扫和基于平扫的造影剂增强模式。后者可用于评估头颈部血管情况,有助于急性脑梗死患者的病变闭塞血管介入重建的术前评估。另外,CTP 能评估急性缺血卒中患者脑灌注情况,适合评估超溶栓时间窗的患者于脑梗死的核心区域周围是否存在有价值的"缺血半暗带(penumbra)"(图 11-1)。为超时间窗卒中患者进一步实施血管内治疗提供依据,在临床工作中有广泛的应用价值。

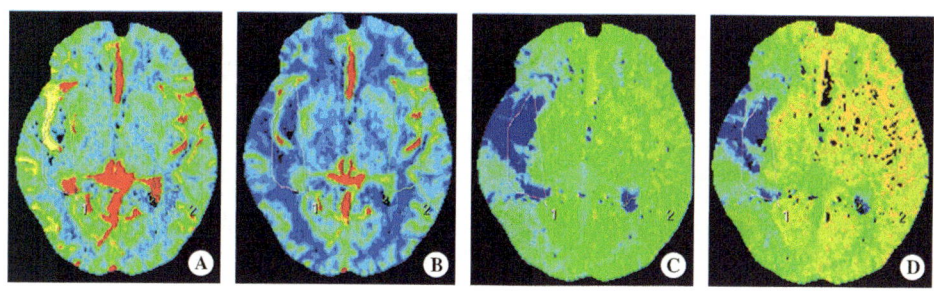

图 11-1 CTP 评估缺血性半暗带

A. 右侧大脑中动脉供血区可见中心区脑血容量(CBV)下降,在 CBV 下降的外周区 CBV 较左侧明显增高;B. 右侧大脑中动脉供血区脑血流量(CBF)较左侧低;C. 右侧大脑中动脉供血区脑血流的平均通过时间(MTT)较左侧明显延长;D. 右侧大脑中动脉供血区脑血流的通过达峰时间(TTP)较左侧明显延长。CBV 与 CBF 间存在不匹配区(mismatch),且其值>20%,即表示存在有价值的缺血性半暗带

(二) 经颅多普勒的评估

TCD 在评估头颈部血管狭窄程度、栓子的来源及脑血管反应性等方面有重要的临床意义。另外,它广泛地用于侧支循环的评估和血管内治疗的术后随访。TCD 的优点在于其廉价性、可重复性及无创性。

(三) MRI 的评估

头颅 MRI 目前广泛地用于急性脑梗死的诊断。同时,它在评估急性缺血性卒中的演变过程方面有着重要的意义。MRI 包括序列有弥散加权成像(diffusion-weighted imaging,DWI)、表观弥散系数成像(apparent diffusion coefficient,ADC)和灌注加权成像(perfusion-weighted imaging,PWI)等。其中 DWI 能反映缺血脑组织中水分子布朗运动的特征,且可通过 ADC 验证。DWI 在评估超急性缺血卒中方面比常规的 MRI 更敏感,通常在卒中发生后的几分钟内,即可发现较正常脑组织信号异常升高的缺血性脑组织。而 PWI 为评估缺血性脑组织血流动力学方面提供了依据,目前临床把与 DWI 的不匹配区(mismatch)暂认为是核心梗死的脑组织周围的"缺血性半暗带(penumbra)"。此不匹配区的存在(>20%)为遴选超时间窗内的急性脑梗死患者实施溶栓治和(或)血管内治疗提供了依据。

(四) DSA 的评估

脑数字减影血管造影(digital subtraction angiography angiography,DSA)是评估脑血管内部形态的"金标准"。更重要的是,它为急性脑梗死患者局部动脉内给药(如溶栓药物)和其他的血管内治疗(如取栓术和支架置入术)提供了可能性。

第二节 急性缺血性卒中脑血流重建

缺血性卒中一旦发生,只有在有效时间窗展开治疗,才能最大限度地降低患者的死亡率和致残率。急性缺血性卒中治疗主要包括静脉溶栓,动脉内接触溶栓、超声动脉溶栓术、机械辅助的血管内取栓等。目前大样本多中心随机对照研究证实,于时间窗内行静脉溶栓及动脉内接触溶栓的治疗效果显著。另外,血管内取栓术等技术最近几年来也发展迅速,将来有可能成为治疗急性缺血性卒中的主流方法。本节将依托"卒中绿色通道平台",主要介绍急性脑梗死患者血管内技术及其相关问题。

一、静脉溶栓

缺血半暗带理论是急性缺血性卒中救治的理论依据。研究表明,脑组织仅能耐受 5～10 分钟完全缺血。由于侧支循环的存在,局灶性脑梗死周围存在着部分受损的神经细胞。当缺血区组织及时恢复供血后,这部分神经细胞可恢复正常。因此,尽快恢复缺血组织的血供,抢救半暗带内濒死神经细胞是缺血性脑血管病救治的关键。静脉溶栓治疗可迅速恢复缺血脑组织的血供,缩小梗死体积,拯救缺血半暗带内濒死神经细胞(如图 11-2)。

美国国立神经病及脑血管病研究所的研究结果表明,发病 3 小时以内的急性脑梗死患者,静脉给予 r-tPA(0.9mg/kg,总量≤90mg)治疗,有 30% 接受 r-tPA 静脉溶栓治疗的患者仅遗留轻度或没有神经功能障碍,显著优于对照组。此后,其他的对照研究将治疗时间窗延长至 6 小时,由于 r-tPA 静脉溶栓治疗显著增高脑出血转化而未能取得肯定的结果。根据这些研究结果,美国 FDA 批准 t-PA 仅用于发病 3 小时内的急性脑梗死静脉溶栓治疗。但是 ECASS-Ⅲ试验提示在 4.5 小时内使用 r-tPA 仍可获益。这一结论已经在 2010 年美国 AHA 卒中防治指南中予以了推荐。其适应证及禁忌证如下:

(1) 静脉溶栓适应证
1) 年龄 18～75 岁。
2) 发病≤4.5 小时。
3) 神经功能缺失持续存在超过 1 小时,NIHSS 评分 5～24 分。
4) CT 排除颅内出血,且无大面积脑梗死影像学改变。
5) 患者或家属签署知情同意书。

(2) 静脉溶栓禁忌证
1) 既往有颅内出血及蛛网膜下腔出血史。
2) 近 3 个月有头颅外伤史。
3) 近 3 个月内有脑梗死或心肌梗死史。
4) 近 3 周内有胃肠或泌尿系统出血史。
5) 近 2 周内有大的外科手术史。
6) 近 1 周内有不易压迫止血的动脉穿刺史。

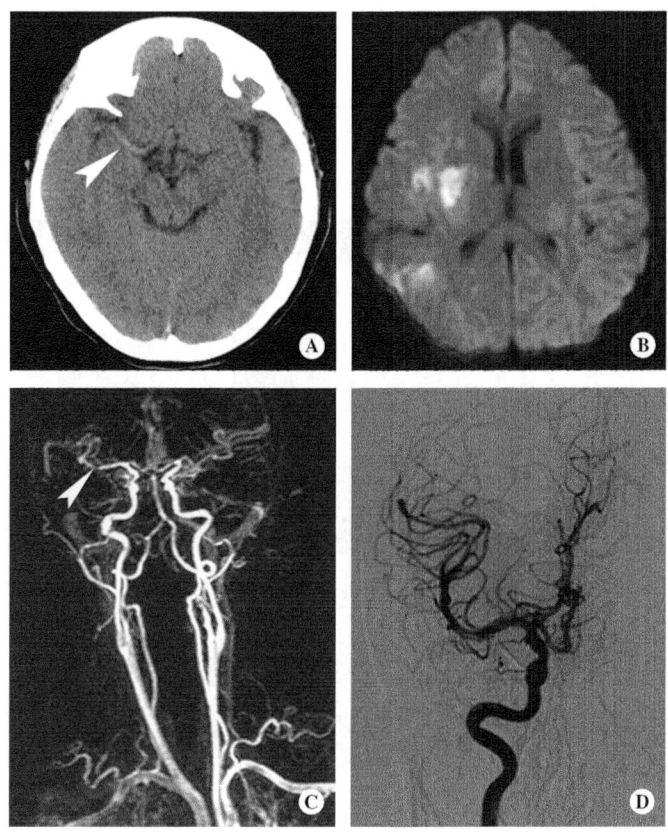

图 11-2　静脉溶栓

女性,40 岁。因"突发左侧肢体无力 2 小时"入院。NIHSS 评分 9 分。A. 急诊头颅 CT 提示右侧大脑中动脉高密度征(箭头;提示血管闭塞),脑实质无异常密度影;B. 予 0.6mg/kg 阿替普酶静脉溶栓,3 天后头颅 MRI-DWI 成像提示右侧大脑中动脉供血区急性脑梗死;C. 同期的增强 MRA 提示右侧大脑中动脉 M1 的远端可疑狭窄(箭头);D. 双重抗血小板聚集治疗 9 天后,头颅 DSA 提示右侧大脑中动脉未见明显异常。半月后患者出院,NIHSS 评分 0 分

7) 严重心、肝、肾功能不全或严重糖尿病患者。

8) 体检发现有活动性出血或外伤(如骨折)的证据。

9) 已口服抗凝药,且 INR>1.5。

10) 48 小时内接受过肝素治疗(APTT>45s),血小板计数低于 $100×10^9/L$ 血糖<2.7mmol/L。

11) 血压:收缩压>180mmHg,或舒张压>100mmHg。

12) 妊娠。

13) 患者不合作。

二、动脉内接触溶栓

(一) 动脉内溶栓适应证

动脉内接触溶栓较静脉溶栓具有明显优势(如图 11-3)。首先可以直接发现血管闭塞的部位,评价侧支循环的状况;其次在血栓部位直接给药,降低系统溶栓药物的用量,减少因溶栓药物引起的继发性出血;还可以同时实施机械溶栓,使血栓破裂;最主要的是

闭塞血管再通率高,并可同期实施血管成形术,减除血管狭窄,减少再闭塞或复发。但动脉溶栓同样存在不可忽视的缺陷,它需要昂贵的设备、复杂的技术和高昂的费用。血管内操作本身存在一定的并发症(例如脑栓塞、出血、血管损伤等)。另外,动脉插管造影和溶栓需要较长时间,在一定程度上会延误治疗时机,因此临床应用必须掌握时机和严格控制适应证。

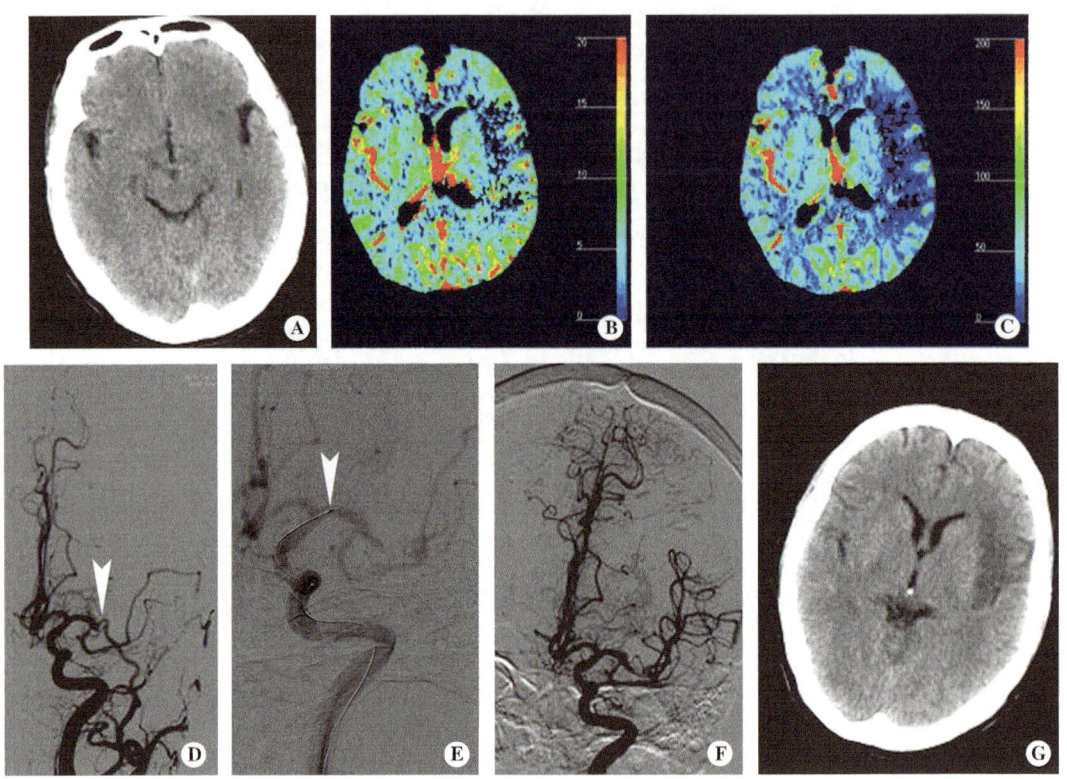

图 11-3 动脉内溶栓

男性,68 岁。因"右侧肢体无力伴意识模糊七小时"入院。NIHSS 评分 12 分。A. CT 未见明显异常;B. CTP 提示左侧大脑半球 CBV 稍增加;C. CTP 提示 CBF 下降;D. DSA 证实左侧大脑中动脉 M1 段上干闭塞(箭头);E. 导丝通过病变段后回撤至闭塞的近端接触溶栓(箭头);F. 大脑中动脉再通;G. 24 小时后复查 CT 显示左侧大脑中动脉供血区小片状脑梗死。患者出院时 NIHSS 评分 3 分;90 天后患者恢复近正常

动脉溶栓的适应证和禁忌证如下:

(1) 适应证:

1) 年龄 18~75 岁。

2) 超过经静脉溶栓的时间窗,但前循环患者不超过 8 小时,后循环不超过 24 小时。

3) NIHSS 评分 10~24 分。

4) CT 已排除颅内出血,且无大面积脑梗死影像学改变。

5) 患者或家属签署知情同意书。

(2) 禁忌证:与静脉溶栓禁忌证相同。

(二) 动脉溶栓的并发症及其处理

动脉溶栓除了介入操作本身的风险外,症状性脑出血和再灌注损伤是其最主要的并发

症。所有溶栓药物均有产生出血的可能,包括脑内出血和系统性出血。目前的普遍认为,动脉溶栓治疗后症状性脑出血的发生率为10%～17%,比NINDS试验(6.4%)和ECASS Ⅲ试验(8.8%)r-tPA静脉溶栓的症状性脑出血发生率均高,可能与动脉溶栓入选的患者病情重有关。出血治疗的依据如下:

(1) 血肿的大小和位置。
(2) 出血产生机械压迫效应的可能性。
(3) 神经系统症状恶化或死亡的风险。
(4) 给予溶栓药物和出血发生之间的时间间隔。
(5) 所使用的溶栓药物。

如果怀疑出血,应当立即进行血常规检查,了解血小板计数、红细胞容积和血红蛋白值;行凝血功能检查了解活化部分凝血活酶时间、凝血酶原时间、国际标准值和纤维蛋白原值。某些部位的活动性出血可以采取机械的方法进行压迫止血。例如动脉或静脉穿刺点的出血可行机械压迫止血。对所有潜在的威胁生命的出血,包括可疑的颅内出血,应当立即停止给予溶栓药物。尽管颅内出血易出现血压升高,但是胃肠道出血或腹膜后出血更易引起低血压或低血容量性休克。有时即使大量补液也不能纠正。怀疑颅内出血应当立即进行急诊头颅CT平扫检查。如果证实存在颅内出血,应当请神经外科会诊,决定是否进行手术治疗。如果是非神经系统的严重出血,在进行外科手术或进一步处理前应当进行相关急诊影像学检查。另外,缺血脑组织在血流供应重新恢复后的短时间内,其神经损害体征和形态学改变往往会有所加重,形成脑缺血再灌注损伤。再灌注损伤引起的脑水肿可使颅压升高,严重可危及生命。因此动脉溶栓血管再通后应立即给予甘露醇脱水及自由基清除剂治疗。

三、动静脉联合溶栓

动静脉联合溶栓不仅可快速启动溶栓,而且提高了再通率。EMS试验(emergency management of stroke bridging trial)为一项随机双盲安慰剂对照临床试验,结果显示虽然联合溶栓再通率高于单纯动脉溶栓,但其死亡率却明显升高,且两组临床结果无明显差异。IMS-I研究(interventional management of stroke study)将NINDS试验的结果作为对照,证实动静脉联合溶栓安全可行,患者临床转归亦明显优于NINDS试验中的安慰剂对照组。在最新的Meta分析中,动静脉联合溶栓的血管再通率为67.50%,明显高于静脉溶栓。

四、血管内机械再通

急性缺血性卒中的机械再通可以减少甚至不用溶栓药物,从而减少颅内出血风险;由于不用溶栓药物,其治疗时间窗亦可延长,超出6～8小时的限制;机械碎栓增加栓子与溶栓药物的接触面积,使新的纤溶酶原进入血栓内,加速溶栓速度;取栓器械可以实现快速再通,更加有效的处理药物无法溶解的陈旧血栓或钙化的胆固醇栓子。

机械途径不用或少用溶栓药物,成为有溶栓禁忌证患者或迟到医院患者的主要选择。颅内大动脉近端堵塞静脉溶栓的再通率低,附加血管内治疗是成功实现再通所必需的。机械溶栓方法中,最简便、最常用的方法是采用微导管或微导丝捣碎栓子,起辅助溶栓的作用。

近年来,已先后研制出多种血管内直接开通装置,其工作原理包括碎裂栓子、吸栓或直接网罩取栓,此外还可用球囊或支架直接挤压栓子开通血管。这些器械有些已获得 FDA 地批准,有些尚在临床试验中。其中技术比较成熟、临床效果较好的器械主要有 Merci、Penumbra 和 Solitaire 等系统。

(1) 2004 年获得美国 FDA 批准用于脑梗死急性期再通治疗的 Merci 取栓器。在脑缺血机械取栓试验(MERCI)和 Multi-Merci 试验中,Merci 取栓器与动脉溶栓治疗相结合的血管再通率分别为 60.3% 和 68%。

(2) Penumbra 系统于 2008 年获得美国 FDA 批准,Penumbra 的初步试验亦取得了十分显著的再通疗效。另外,Solitaire 神经血管重建装置(图 11-4)是一种可以完全回收的自膨式闭环支架系统,其再回收的特点使得可以预先在闭塞部位放置一个闭环支架实现暂时再通,然后注射阿昔单抗或溶栓药物,维持一定时间再撤出支架,这样可以避免手术后的强化抗血小板治疗增加出血风险,同时亦可避免发生支架内血栓形成的风险。

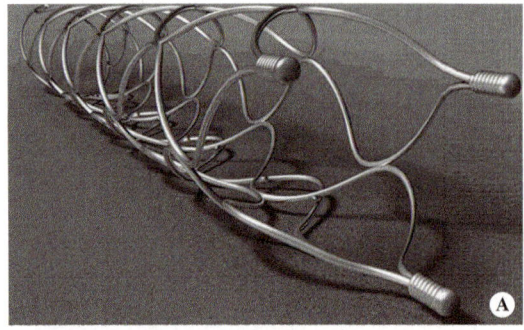
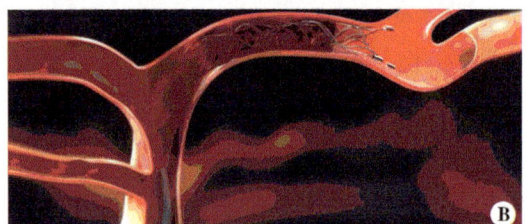

图 11-4　Solitaire 支架及取栓示意图
A. Solitaire 支架;B. Solitaire 支架取栓,重建闭塞的左侧大脑中动脉

(3) 最近的一项研究报道 Solitaire 装置治疗 20 例前循环大血管闭塞患者。其结果显示再通率为 90%,平均再通时间 50 分钟,提示 Solitaire 可安全、快速地从大脑中动脉主干和颈内动脉末段去除栓子。在国内 Merci 及 Penumbra 取栓装置仍无法获得,但近一年来本中心将 Solitaire 取栓装置应用于急性闭塞的颅内大血管血管重建已取得了较好的效果(图 11-5)。

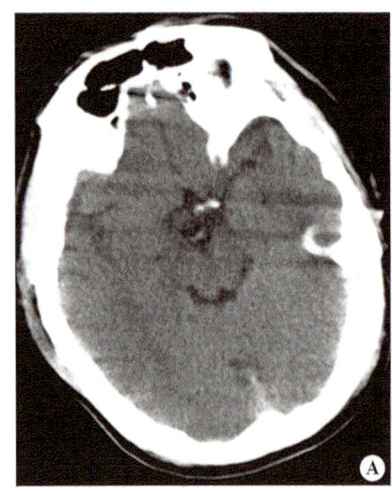
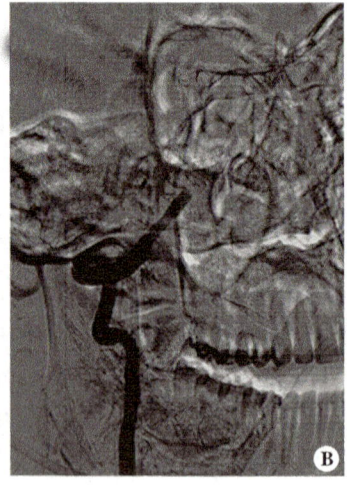
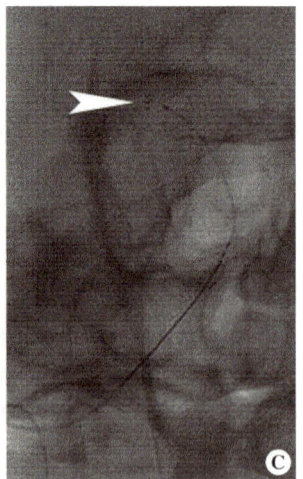

图 11-5　Solitaire 支架取栓

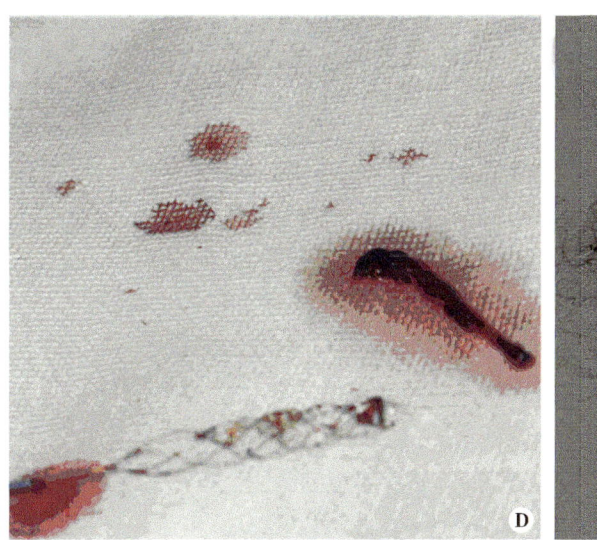
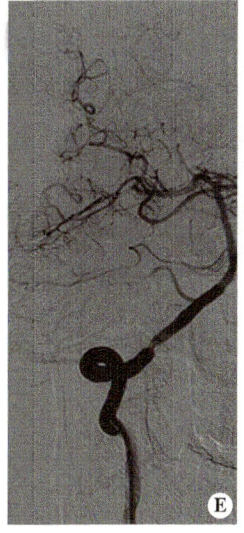
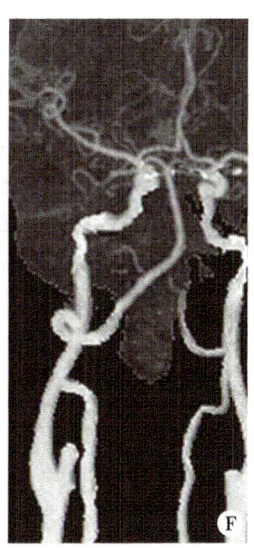

图 11-5 Solitaire 支架取栓（续）

男性,53 岁,因"突发意识不清 7 小时"入院;基线 NIHSS 评分 40 分。A. 术前 CT 无异常;B. DSA 证实基底动脉闭塞;C. Solitaire 支架取栓(箭头示支架远端标记);D. 取出的栓子;E. DSA 证实基底动脉再通;F. 术后第 11 天 CTA 提示基底动脉通畅

五、急性缺血性卒中处理流程图

如图 11-6 所示。

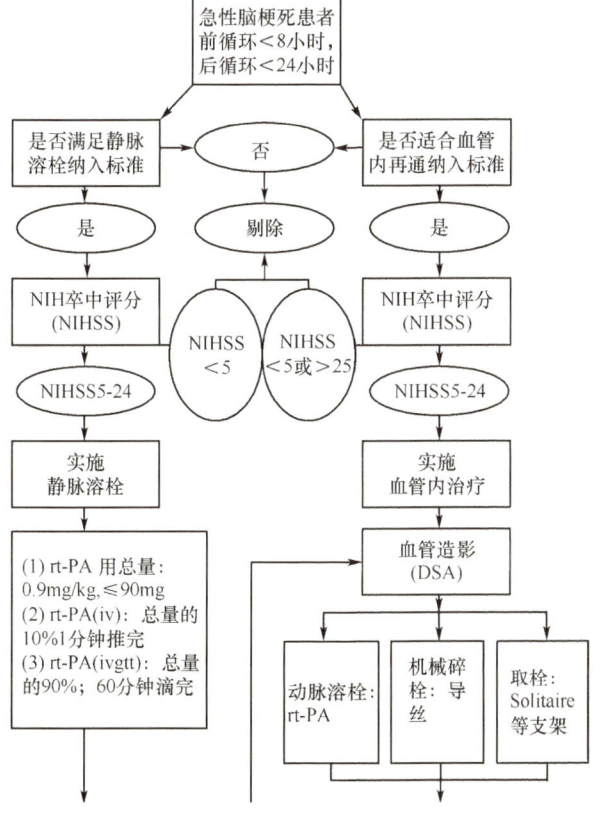

图 11-6 急性缺血性卒中处理流程图

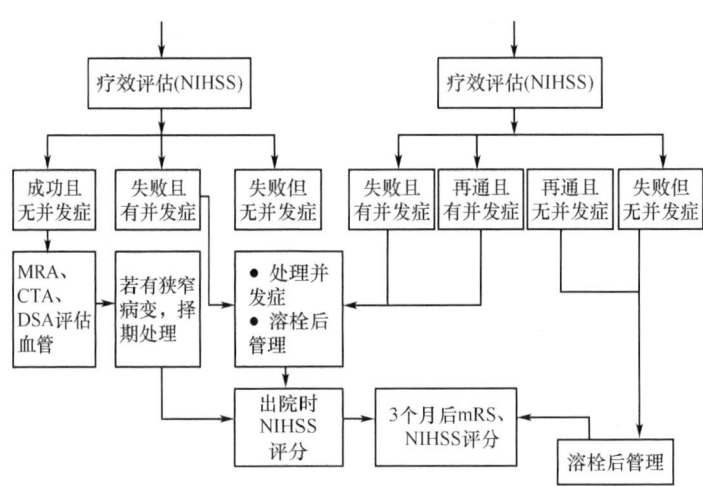

图 11-6 急性缺血性卒中处理流程图(续)

图 11-6 急性缺血性卒中处理流程图说明：

(1) 静脉溶栓对于急性小血管闭塞引起的脑梗死效果较好。

(2) NIHSS 评分≤4 分的患者,是否溶栓治疗需要详细全面评估。

(3) NIHSS 评分≥10 分的患者为大血管(如 M1 段及其近心端的血管)闭塞的可能性大,对这些患者进行静脉溶栓治疗再通率低,可考虑直接动脉溶栓。

第三节 急性缺血性卒中患者入住 NICU 的指征

NICU 能为急性缺血性卒中患者提供更为专业的治疗,急性缺血性卒中患者入住 NICU 治疗的指征见表 11-1。

表 11-1 急性缺血性卒中入住 NICU 治疗的指征

神经系统因素或疾病	非神经系统因素或疾病
溶栓术后	呼吸衰竭
大面积脑梗死	机械通气
颅内出血	顽固性低血压
渐进性短暂性脑缺血发作	静脉用药控制高血压
神经系统缺失症状逐渐加重	危重的肺部病变
动脉夹层	心肌梗死或心律失常
血管内治疗术后	并发全身性严重出血
蛛网膜下腔出血并发血管痉挛	

(1) 急性缺血性患者在实施静脉内溶栓术后(如 tissue plasminogen activator,tPA)有发生颅内出血的可能,故术后需要入住 NICU,至少予 24 小时监护。实施多次的神经系统功能检查,以评估患者临床症状是否加重。

(2) 溶栓并发颅内出血需入住 NICU 治疗。其目的是在维持适当的脑灌注压的基础上科学降压,以便减小血肿的扩大;另外,便于纠正潜在的凝血机制异常和密切观察脑水肿等相关体征。

(3) 急性缺血脑卒中患者于急诊治疗时,若 NIHSS 评分大于 18 分且神经影像学提示存在大于 50% 的大脑中动脉供血区缺血,此时即患者状态平稳,亦需入住 NICU 进行监护。因为这些患者于发病后 3~5 天内可并发恶性脑水肿和脑疝;另外,这期间的死亡率和心肺并发症的发生率相当高。

(4) 其他的需入住 NICU 治疗的神经系统疾病或因素包括:

1) 逐渐加重(crescendo)的短暂性脑缺血发作(transient ischemic attack,TIA):若不给予治疗,它在随后的数天内发生完全卒中的可能性较大。

2) 神经系统缺失症状逐渐加重的急性卒中:因此类患者往往存在低血流动力学状态,若入住 NICU 密切观察,同时给予血管活性药物增加脑灌注压,可阻止卒中的发生。

3) 动脉夹层:此类患者因面临有低血流动力学和夹层内栓子脱落的风险,神经系统缺失症状容易进一步加重,需要密切观察、及高血容量或升压治疗。

4) 血管内治疗后:因患者于动脉内接触溶栓、颅内外支架置入术的当天或随后的数天内,容易并发血管内栓子脱落和血管再闭塞等。

蛛网膜下腔出血并发脑血管痉挛:此类患者需要给予解痉治疗,适合病例给予"三高"治疗,即高血压(hypertension),高血容量(hypervolemia)和血液稀(hemodilution)。

(5) 非神经系统需进入 NICU 治疗的疾病或因素主要包括:①呼吸衰竭;②机械通气;③需静脉用药纠正低血压或高血压状态;④心脏异常:如心肌梗死、缺血和心律失常等;⑤溶栓后出现严重全身性出血;⑥危重肺部病变。

第四节 急性缺血性卒中的 NICU 管理

一、静脉和动脉溶栓前后血压的控制

相关的研究表明,脑梗死急性期过快过度的降压(>20mmHg)通过降低灌注压增加梗死的面积,进而加重神经系统功能恶化和增加死亡率。同时 CHHIPS(controlling hypertension and hypotension immediately post-stroke)研究结果显示,急性卒中患者经降压药物治疗后第 3 个月死亡率低于安慰剂治疗组。虽然目前认为,急性缺血性卒中后快速降压能减轻脑水肿和降低出血转换风险、防止脑血管进一步损害及预防再次卒中,通过这些机制使患者获益。但另有研究结果表明,除非舒张压>120mmHg 或者收缩压>220mmHg,否则不需要降压治疗。针对这些有分歧的研究结果,故目前需要一个大型的设计合理的试验来阐明急性卒中后高血压的治疗方案。

目前有关指南指出,高血压的控制目标是维持足够的脑灌注压的同时尽量减少高血压所带来的并发症;认为静脉溶栓之前应将收缩压控制在<185mmHg,舒张压控制在<110mmHg。具体方法如下:

(1) 采用拉贝洛尔和尼卡地平静维持,使血压降至<185/110mmHg。

(2) 于静脉/动脉溶栓治疗或经血管内治疗实现脑组织再灌注后,第一个 24 小时内将收缩压和舒张压分别控制于<180mmHg 和<105mmHg。具体监护措施为:在治疗后最初的 2 小时内每 15 分钟测一次血压,之后的 6 小时每 30 分钟测一次,最后每小时测一次直至术后的 24 小时。

(3) 在静脉溶栓过程中或之后,如果收缩压在 180~230mmHg,舒张压在 105~

120mmHg之间，应该给予拉贝洛尔治疗。如果收缩压大于230mmHg或舒张压在121～140mmHg之间，可给予拉贝洛尔或者尼卡地平。血压如经上述药物仍无法得到控制，则可使用硝普钠。因硝酸盐类和硝普钠能够舒张脑血管，升高颅内压，故应谨慎使用。血压过高增加了急性脑梗死患者溶栓后症状性脑出血的风险。血压控制不达标是增加溶栓后出血转换的原因之一。血压控制的下限应保证脑灌注压>70mmHg。

静脉溶栓后24小时内不应使用抗血小板药物以及抗凝药，避免留置胃管、尿管、动脉内测压管。很多患者的血压在卒中后最初几个小时内即使没有治疗也会出现自发性下降，其原因可能与周围及内在的环境变化相关，如离开嘈杂的急诊室后入住到安静的房间里、膀胱排空及疼痛得到控制。

二、血糖的控制

高血糖对急性卒中患者的影响尚未完全清楚，目前考虑与糖酵解及乳酸堆积导致组织酸中毒相关。另外，血糖异常还可破坏血-脑屏障导致脑水肿。因低血糖和高血糖都可导致脑损伤而表现类似卒中的症状，故所有疑似卒中的患者均应行血糖评估。大多数急性卒中的患者平时即使没有糖尿病病史，但发病的急性期血清葡萄糖亦可应激性升高。研究发现，卒中后第一个24小时内血糖>11.1mmol/L是能独立的预测梗死面积扩大及临床预后较差的标志；同时指出拥有该水平的血糖患者经tPA溶栓后治疗后发生出血的概率为25%；且表明急性脑卒中患者理想的血糖水平应控制在4.4～7.7mmol/L。入住NICU的急性缺血性卒中患者应每4小时检测一次血糖，如果血糖>7.7mmol/L就应该使用胰岛素治疗。

三、体温的控制

发热通过增加脑内代谢水平和神经递质的释放，及产生大量的氧自由基等机制升高急性卒中患者的发病率和死亡率。在临床实践中，可通过血培养、尿培养和胸片检查及热型评估等方法明确患者发热的原因。控制发热的法方如下：①当患者体温>38℃时，通过口服、灌肠或经鼻胃管的途径给予对乙酰氨基酚控制体温[600mg/(4～6h)]；②当患者体温>38.5℃时，除了用对乙酰氨基酚外，可联用冰毯或冰袋物理降温，将体温控制在≤37℃，目前没有数据表明用药物降低体温能够提高临床预后，故维持正常体温是急性卒中的患者体温的控制目标；③另外，基于下腔静脉置管的计算机调节的循环制冷系统及鼻内降温装置能够有效降低体温，这些装置已应用于临床，证实低温治疗急性缺血性卒中安全有效。但必须牢记，低温治疗一些常见的副作用包括低血压、心律失常和感染，在临床工作中需要仔细观察及时给予处理。

四、液体量处理和营养支持

维持体液平衡是急性缺血性卒中患者入住NICU治疗的目标。全身脱水虽能够减轻脑水肿，但会加重脑灌注不足。成人每天补液量应维持在2000～2500ml范围内(1ml/kg·h)。在NICU中静脉补液应选择等渗生理盐水，低渗溶液能够加重脑水肿，应避免使用。另外，因葡萄糖在缺血组织中通过糖酵解代谢为乳酸，会加重脑损伤，故左旋葡萄糖要避免使用。

在NICU中，营养支持是极为重要的。应激反应时代谢活性增强，所以越早进行营养支持治疗，患者预后越好。对于急性缺血性卒中患者，应检查其吞咽功能是否正常，因为存在误吸的风险。意识水平降低或者吞咽困难的患者要插鼻胃管进行营养支持,请营养科会诊。应保证良好的肠内营养摄入,因为在 NICU 中脑或脊髓伤的患者常伴有胃排空延迟。用镇静药来止痛也会影响肠蠕动,可给予泻药。在 NICU 中要防止患者通过口服或静脉用药导致的胃黏膜损伤。

五、深静脉血栓和肺栓塞的预防

深静脉血栓(deep venous thrombosis,DVT)和肺栓塞(pulmonary embolism,PE)是卒中常见的并发症。急性缺血性卒中患者由于运动受限的影响,结合体弱或卧床等因素的存在,故需要皮下注射肝素或者低分子肝素以预防 DVT 和 PE 的发生。

PREVAIL(Prevention of Venous Thromboembolism After Acute Ischemic Stroke)试验比较用了依诺肝素皮(40mg/d)与普通肝素(5000U/12h)在预防缺血性卒中患者并发 DVT 和 PE 的疗效。其结果表明,两治疗组并发症状性颅内外出血的风险相近;普通肝素在防止 DVT/PE 方面不优于低分子肝素。目前推荐采用低分子肝素预防急性缺血性卒中患者并发 DVT 和 PE。

六、溶栓后脑出血的处理

颅内出血是溶栓治疗的主要风险之一。如怀疑并发出血应即刻停止溶栓,并行头颅 CT 平扫。若证实发生了脑出血,则处理方法如下:①立刻检测血细胞压积、血红蛋白、部分凝血酶原时间(PTT)、凝血酶原时间(PT)、国际标准化比值(INR)、血小板计数和纤维蛋白原。②如需输血,则至少需要 4U 浓缩红细胞和 5~6U 的新鲜冰冻血浆,或 6~8U 冷沉淀物和 1U 血小板。③如病情危重则请神经外科会诊。当小脑血肿>3cm 或脑叶血肿>60ml,并均有占位效应,应进行紧急处理。

七、恶性脑水肿和颅高压的处理

脑水肿多在急性脑梗死后 48~72 小时达高峰并持续 5 天。主要通过药物治疗降低颅高压(表 11-2)。在其他方面处理如下:

(1) 首先且最重要的是评估患者的气道情况,观察其反应性是否降低。如果患者出现呼吸窘迫或 GCS<8 应行气管插管。插管后给予相关的药物治疗(如依托咪酯、硫喷妥钠、异丙酚和利多卡因)。

(2) 实施过度通气时,要避免 $PaCO_2$<25,因其可诱发脑缺血发生。如需保持 CPP>70mmHg,可采取静脉应用等渗盐溶液和血管升压药来维持平均动脉压。

(3) 渗透剂如甘露醇通过减少脑内含水量、降低血清黏度,实现颅内压(intracranial pressure,ICP)的降低。它亦能通过降低脑内小动脉的血液黏度及收缩脑血管,实现 ICP 的降低。起始剂量为 0.5~2.0g/kg,维持剂量 0.25g/kg q4h~q6h,使渗透压维持在 310~320mmol/L。当用甘露醇和(或)等渗盐溶液维持 ICP<20mmHg 时,需 6 小时测定一次血钠浓度和渗透压值。

(4) 当这些措施仍无法控制增高的 ICP 时,可使巴比妥类药物。但此药物可引起相应的并发症,如抑制心脏、降低血压、减弱肠蠕动、及引发败血症、肺炎、异常体温和凝血异常等发生。

(5) 综合药物治疗无效的且年龄>50 岁的患者,在不伴有其他疾病的前提下,可考虑请神经外科行个体化的偏侧颅骨切除减压术。

（6）对于梗死面积＞50%的大脑中动脉供血区域且年龄小于50岁的患者，明确有意识状态逐渐加重倾向和发生恶性脑水肿的风险时，在患者家属愿意积极治疗的前提下亦可行偏侧颅骨切除减压术。维持体温和血糖处正常水平对这些患者的预后非常重要，故在整个治疗中亦不可忽视。

表 11-2 颅高压的紧急处理

床头抬高 30°
高渗疗法：20%甘露醇溶液(0.25～0.5mg/kg q4h～q6h)
巴比妥类：戊巴比妥 10mg/或者硫喷妥钠 1.5～3.0mg/kg
麻醉药：维库溴铵 0.1mg/kg 或者泮库溴铵 0.1mg/kg
过度通气（临时措施）：潮气量恒定的情况下增加换气率，控制二氧化碳分压在 30～35mmHg 之间
ICP 监护：ICP 目标值小于 20mmHg

第五节 总 结

对急性缺血性卒中患者必须采用科学的评估方法。急性卒中患者的脑血管再通前后的血压、血糖、体温和容量等方面的控制和管理非常重要。NICU 为科学的管理急性卒中患者提供了平台。从某些意义上讲，规范的 NICU 管理能改善急性缺血性卒中患者的长期预后。

（刘文华 柯开富）

参 考 文 献

Adams HP Jr, del Zoppo G, Alberts MJ, et al. 2007. Guidelines for the early management of adults with ischemic stroke. Stroke, 38(5):1655～1711

Ansari S, Rahman M, McConnell DJ, et al. 2011. Recanalization therapy for acute ischemic stroke, part 2: mechanical intra-arterial technologies. Neurosurg Rev, 34(1):11～20

Ansari S, Rahman M, Waters MF et al. 2011. Recanalization therapy for acute ischemic stroke, part 1: surgical embolectomy and chemical thrombolysis. Neurosurg Rev, 34(1):1～9

Bose A, Henkes H, Alfke K, et al. 2008. Penumbra Phase 1 Stroke Trial Investigators. The Penumbra System: a mechanical device for the treatment of acute stroke due to thromboembolism. AJNR Am J Neuroradiol, 29(7):1409～1413

Casta o C, Dorado L, Guerrero C, et al. 2010. Mechanical thrombectomy with the Solitaire AB device in large artery occlusions of the anterior circulation: a pilot study. Stroke, 41(8):1836～1840

Roth C, Papanagiotou P, Behnke S, et al. 2010. Stent-assisted mechanical recanalization for treatment of acute intracerebral artery occlusions. Stroke, 41(11):2559～2567

Sherman DG, Albers GW, Bladin C, et al. 2007. The efficacy and safety of enoxaparin versus unfractionated heparin for the prevention of venous thromboembolism after acute ischaemic stroke(PREVAIL Study): an open-label randomised comparison. Lancet, 369(9570):1347～1355

Smith WS, Sung G, Saver J, et al. 2008. Mechanical thrombectomy for acute ischemic stroke: final results of the Multi MERCI trial. Stroke, 39(4):1205～1212

第12章 脑 出 血

脑出血(intracerebral hemorrhage，ICH)指非外伤性自发性脑内出血，是一种常见病，发病率占所有卒中的10%～30%。脑出血总的发病率约为12/10万～15/10万每年。男性比女性发病率高。脑出血30天死亡率与血肿大小和出血部位有关。此外，年龄>80岁，脑室内积血、发病初GCS评分也都是30天死亡率的独立预测因素。由于缺乏对该病的特异性靶向治疗方法，神经重症监护的发展使脑出血死亡率有所下降。这提示良好的监测与综合处理可能对ICH患者的残疾和死亡有直接影响。

第一节 脑出血的病因及危险因素

慢性高血压造成的小动脉和微动脉的损害被认为是自发性脑出血最重要的原因，约占60%。脑淀粉样血管病(cerebral amyloid angiopathy，CAA)是淀粉样物质沉积皮层和脑膜血管的内膜和外膜，造成血管壁的坏死和出血。因此CAA造成的出血主要位于皮层和皮层下，是高龄患者脑出血较常见的病因。此外动脉瘤、脑血管畸形、肿瘤样卒中、凝血功能异常、成瘾性药物或酗酒、中枢神经系统血管炎、静脉窦血栓、梗死后出血转换、动脉夹层、颅内感染、妊娠、moyamoya病等也是自发性脑出血的病因。

ICH的病死率可达40%～50%，危险因素包括可控制和不可控制的。已明确对ICH可控的危险因素进行管理可以降低发病率。年龄、种族、性别是不可控的因素。随着年龄增长，ICH的发病率和死亡率明显升高。黑人的发病率高于白人，男性的发病率高于女性。高血压、酗酒、吸烟、低胆固醇血症、抗血小板和抗凝药物的使用、缺血性卒中，这些都是可控性的ICH危险因素。对其进行管理，可有效降低脑出血发生率。

第二节 脑出血的病理生理学表现及机制

一、脑出血的病理生理学表现

绝大多数高血压性ICH发生在基底节区，其次是脑叶、脑干、小脑。长期高血压对小血管的影响，造成脂质透明样变性。所以脑内豆纹动脉、丘脑穿通动脉、基底动脉桥旁支、小脑上动脉或小脑前下动脉分支是极易受累及的动脉。老年人脑叶出血可能与淀粉样血管病相关。

病理检查可见脑血肿中心充满血液或紫色果酱状血块，血肿周围伴有炎性细胞浸润。血肿较大时引起颅内压增高，可使脑组织和脑室移位、变形，重者形成脑疝。幕上的半球出血，血肿向下挤压下丘脑和脑干，使之移位，并常常出现小脑幕疝。如下丘脑和脑干等中线结构下移可形成中心疝，如小脑大量出血可发生枕骨大孔疝。急性期后血块溶解，吞噬细胞清除含铁血黄素和坏死脑组织、胶质增生。小出血灶形成胶质瘢痕，大出血灶形成中风囊。

二、脑出血的病理生理学机制

既往认为出血是一次性的，很少持续出血超过1小时以上。近年来报道约有38%的患者血肿在 24 小时内扩大,多发生在首次出血后 3~4 小时。

(一) 局部脑血流变化

急性脑出血后血肿周围组织局部血流量下降。Yang 等在大鼠尾状核出血模型测定 rCBF 变化发现:脑出血 1 小时后,出血侧脑血流下降至正常的 50%,对侧亦下降至 73%,4 小时后恢复正常。48 小时出血侧脑血流量再次下降至 48%,对侧则无变化。一般是血肿越大,rCBF 下降越明显,且累及范围远远大于出血区。

(二) 炎症反应

炎症是具有血管系统的活体组织对损伤发生的反应。动物实验表明脑出血存在炎症反应,且较非出血性脑梗死更为明显。研究发现脑出血后 6~12 小时,血肿周围出现中性粒细胞迁移,48~72 小时近高峰。人脑出血 5~72 小时出现中性粒细胞浸润。而血凝块及受损的脑组织能释放化学趋向因子,促进中性粒细胞向血肿及周围脑组织转移,成为活化白细胞。活化的白细胞能够释放多种细胞因子,如 TNF-α、IL-6、INF-γ 和氧自由基等,加重脑损伤。

(三) 血-脑脊液屏障的破坏产生脑水肿

脑组织易发生脑水肿与其生理解剖特点密切相关。首先,血-脑脊液屏障的存在限制了血浆蛋白渗透到脑毛细血管外。其次,脑组织无淋巴系统,无法运走过多的液体。因此,脑组织出血造成血-脑脊液屏障局部破坏,从而使血浆中大分子物质由毛细血管膜渗透到脑组织细胞间隙,引起脑水肿。此外血肿周围组织循环障碍、代谢异常产生细胞毒性水肿。再者由于脑脊液循环障碍,脑室内压力高于脑组织压力,使脑脊液渗透过血管膜到达脑室周围组织,引起间质性脑水肿。

(四) 血液凝结及血块回缩在脑出血超急性期血肿周围组织脑水肿形成的作用

正常情况下,细胞外间隙血浆蛋白含量低,发生脑出血后血肿腔内大量蛋白渗入到血肿周围组织间隙,导致血肿周围局部渗透压增高,使血液中的水分渗透到脑组织形成水肿。此外,血肿形成后由于血凝块回缩使血肿腔的静水压降低,这也将导致血液中的水分渗透到脑组织间隙形成水肿。

(五) 凝血酶在脑出血血肿周围组织脑水肿形成中的作用

研究显示大鼠脑内注入凝血酶后可以引起与注入全血一样的脑组织水肿及脑血流变化,脑出血产生的凝血酶量与血肿周围组织水肿的严重程度呈正相关。同时将凝血酶抑制剂(水蛭素)注入血肿部位,发现水蛭素能抑制脑水肿形成,说明凝血酶可诱发脑水肿。因此,凝血酶被认为是脑出血后与脑水肿形成有关的较为重要的物质。此外凝血酶对神经细胞具有直接毒性作用可引起神经细胞变性,并导致血-脑脊液屏障破坏。

第三节 脑出血的临床表现

自发性脑出血的主要表现是短时间内突然出现神经系统功能缺失,伴有头痛、恶心、呕吐、意识障碍、血压升高。

局灶神经系统功能缺失的类型依据出血部位的不同而不同。幕上出血常表现为血肿对侧的感觉和运动缺失、失语、忽视、注视分离、偏盲。幕下出血表现为脑干功能损害。颅神经异常、共济失调、眼震和辨距不良。

血液可能破入脑室系统导致脑积水。大量出血可导致颅内压增高和血压增高。根据出血部位不同,可能形成脑疝,脑干受压和死亡。部分病人在短时间内有明显的血肿扩大。造成早期血肿扩大的发病机制尚不清楚,血压的急骤升高,正常脑解剖结构的破坏,出血压迫所致局部静脉血流障碍,导致血管内压力增高以及局部凝血功能障碍可能是早期血肿增大的解释。

第四节 诊 断

脑出血的诊断包括两部分内容。一是是否为脑出血,这从神经影像检查即可作出,特别CT的出现为脑出血的诊断提供了快速、敏感的方法;二是病因诊断,这需要从病史、家族史、药敏史以及系统血液、血生化检查、血管影像检查、脑结构检查等多方向明确患者脑出血的病因。磁共振成像对于无症状的微出血或远期的脑出血有更好的敏感性。特殊序列的应用对陈旧性出血的诊断更有价值。

第五节 脑出血的治疗

脑出血患者应在具备神经科重症监护专业技能的医生和护士的NICU内接受初始监护和管理。

在接诊后要注意对生命体征的观察。评价神经功能和持续监测心肺功能、自动血压监测、心电监护和血氧饱和度监测,特别是呼吸道的管理。对于昏迷的患者,存在吸气困难的危险或不能保持自主通气的患者应早期进行气管插管。对气道管理的延迟会造成明显的低氧血症、高碳酸血症或误吸导致的继发损害,加重脑损伤。

除了控制通气、改善呼吸和循环、还应进行实验室评估,包括血生化、血常规、凝血象,对于血液系统异常的患者可以使用血小板、凝血因子、维生素K、新鲜冰冻血浆。虽然rFⅦa能限制无凝血功能异常的ICH患者的血肿扩大,但同样会增加血栓栓塞的风险,所以不推荐未经选择的患者应用rFⅦa。一旦脑出血明确诊断后,还应注意控制血肿扩大。

一、血压的管理

自发性脑出血后,血压升高很常见。虽然血压通常会在ICH发病数天内自动下降,但仍有相当比例的患者血压持续升高。对于血压的监测和管理是ICH治疗的重要内容。血压升高的潜在病理学机制包括神经内分泌系统的应激反应和颅内压(intracranial pressure,ICP)增高。理论上,血压升高可促进血肿的流体静力学、扩大血肿周围水肿以及再出血。所有这些都会造成ICH患者转归不良。自发性ICH治疗指南中的关于调控高血压推荐:

(1) 如果收缩压(systolic blood pressure,SBP)>200mmHg或平均动脉压(mean arterial pressure,MAP)>150mmHg,考虑持续静脉给药积极降低血,同时每5分钟测量血压1次。

(2) 如果SBP>180mmHg或MAP>130mmHg并且可能存在ICP增高,考虑监测ICP,同时间断性或持续性静脉给药降低血压,并使脑灌注压(cerebral perfusion pressure,CPP)维持在≥60mmHg。

(3) 如果 SBP>180mmHg 或 MAP>130mmHg 并且没有证据提示 ICP 增高。考虑间断性或持续性静脉给药适当降压(即 MAP 110mmHg 或目标血压 160/90mmHg),同时每 15 分钟对患者进行重复临床检查 1 次。

二、血糖的管理

ICH 后,由于应激或身体的背景状况,患者血糖大多升高。如果血糖水平高于 11.1mmol/L,在 ICH 急性期,可以导致临床病情恶化。Stefano 等的研究发现糖尿病和入院高血糖是幕上脑出血预后不良的预测因素,可能与这些患者脑和感染并发症的发病率增高有关,所以应该避免过高的血糖(>11.1mmol/L),同时低血糖也应该避免。

三、体温管理

基底节和脑叶出血后出现发热的概率很高,特别是伴有脑室出血的患者。实验证实发热可造成实验性脑损伤模型动物的转归恶化。所以在入院 72 小时后仍然存活的 ICH 患者,发热持续时间与临床转归相关。因此积极治疗以使 ICH 患者的体温维持正常实为必要。

四、预防和处理应激性溃疡

急性 ICH 患者因潜在神经内分泌系统的应激,有部分患者会出现应激性溃疡,所以预防和处理消化道出血与改善预后相关。

五、颅内压的管理

ICH 患者由于血肿(或周围水肿)的占位效应和脑室出血引起的脑积水,会引起 ICP 增高,所以对 ICH 患者常常需要监测 ICP。如少量出血或单纯脑室出血而无上述继发损害时则不需要采取降 ICP 的治疗。脱水剂使用的种类和频率依据患者 ICP 增高的程度、机体状态而选择。如果 GCS 评分≤8 分,有小脑幕切迹疝临床依据或伴有严重脑室出血或脑积水的 ICH 患者,可考虑 ICP 监测与治疗。同时根据脑血管自动调节功能,维持脑灌注压在 50～70mmHg 水平(图 12-1),对意识水平下降的 ICH 患者可采用脑室引流技术治疗脑积水。

六、血肿周围组织继发损害的保护

已经知道高血压脑出血后血肿周围组织会产生一系列病理生理变化,所以一旦出血稳定,超过了血肿早期扩大的时间窗,就应注意对血肿周围组织的保护。我们的经验是对于凝血功能正常,肝功能正常,血小板数量及功能正常的 ICH 患者在出血 2 天后,给予前列地尔 10μg/d 静脉滴注,连续 12 天,与对照组相比,可明显减轻血肿周围组织损害,改善 3 个月功能结局转归(图 12-2)。

七、预防深静脉血栓和肺栓塞

ICH 患者由于长时间不能活动,深静脉血栓形成的早期征象可能被意识水平的下降所掩盖。入院时所有的患者应使用弹力袜进行预防或联合使用间歇充气压缩治疗。皮下注射肝素和低分子肝素可以降低静脉血栓,但有可能使出血的并发症增加。临床对于再出血的关注限制了肝素和肝素类药物的应用或延迟了其应用。2 个小型的随机研究发现脑出血后第 9 天或第 10 天开始皮下注射低剂量肝素。深静脉血栓的发生率没有明显差异。出血几率也没有增加。1项非对照研究发现脑出血后第二天使用低剂量肝素、栓塞事件减少且没有增加再出血的风险。故对于脑出血后1~4天肢体不能运动的患者。一旦证实出血停止,应皮下注射小剂量低分子肝素或普通肝素以预防静脉血栓形成。

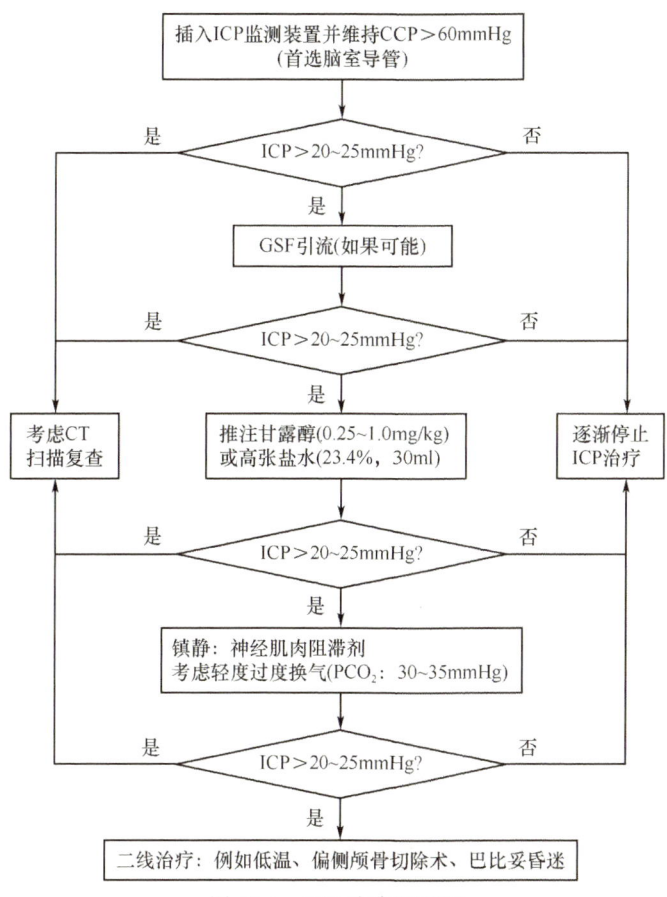

图 12-1　ICP 诊疗流程图
CPP.脑灌注压;CSF.脑脊液

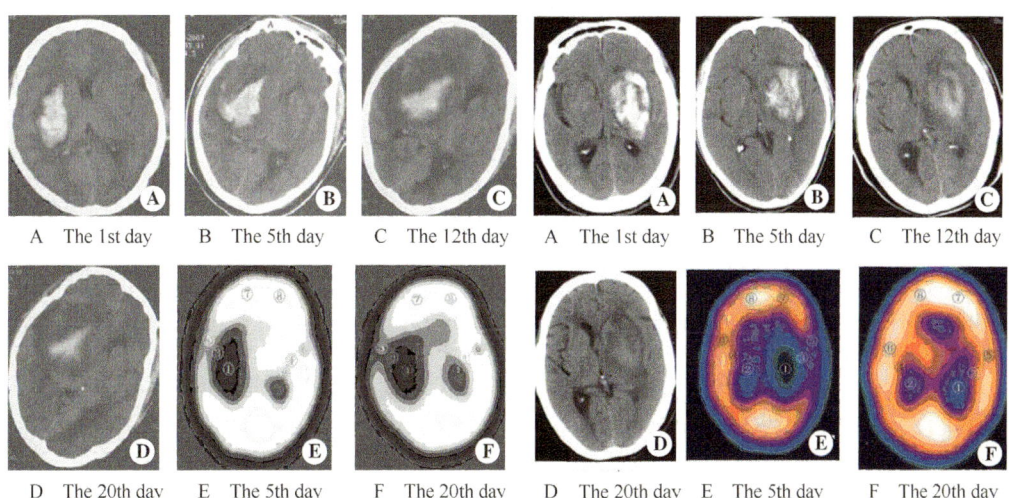

图 12-2　前列地尔治疗组与对照组在脑出血后 5 天及 20 天时 SPECT 检查局部脑血流量对比

八、外科手术治疗

对于小脑出血、血肿直径超过 3cm、脑干受压或伴有脑积水的患者应尽快手术清除血肿。幕上出血是否以及何时进行血肿清除术仍然存在争议。STICH 试验发现血肿扩展至皮质表面 1cm 范围内的患者在发病 96 小时内进行手术治疗有良好转归的趋势,尽管没有达到统计学显著意义(OR 0.69,95% CI 0.47~1.01)。血肿量>30ml 并在皮质表面 1cm 范围内的脑叶出血患者也倾向于转归良好。相反,STICH 研究发现,对于血肿距离皮质表面超过 1cm 或 GCS 评分≤8 分的 ICH 患者,手术清除血肿的效果不如内科治疗。丘脑和脑桥出血不提倡血肿清除。

有关各种微创血肿清除术,包括在立体定位引导下抽吸治疗,能否改善临床转归尚未得到一致的证实。

何时手术在临床研究报道的手术时机存在很大差异,从发病后 4~96 小时不等。不同研究之间的这种时间差异给直接比较和分析手术时机的影响造成了很大困难。所以尽管理论上可行,但目前无确切的证据表明超早期幕上血肿清除可改善功能转归或降低病死率。

第六节 总 结

在过去的岁月中,人们已经对 ICH 的诊断和预后的评估取得了明显的进步;然而还有更多的工作要做。进一步的基因和流行病学研究有助于确定高危人群,有助于一级预防。关于新的治疗的随机对照研究,应以减轻原发损害、减少继发损害、降低死亡率为目标。

(柯开富)

参 考 文 献

程娟,柯开富. 2011. 前列地尔对试验性脑出血大鼠血肿周围组织炎症反应的影响. 中国现代神经疾病杂志,11:340~348

凌峰. 2007. 脑血管病理论与实践. 北京:人民卫生出版社

Cao M, Ke K, Sun H, et al. 2011. Effects of prostaglandin El on perihematomal tissue after hypertensive intracerebral hemorrhage. Acta Neurol Taiwan, 20(3):172~181

Mayer SA, Brun NC, Begtrup K, et al. 2005. Recombinant Activated Factor Ⅶ Intracerebral Hemorrhage Trial Investigators. Recombinant activated factor Ⅶ for acute intracerebral hemorrhage. N Engl J Med, 352:777~785

Mendelow AD, Gregson BA, Fernandes HM, et al. 2005. Early surgery versus initial conservative treatment in patients with spontaneous supratentorial intracerebral haematomas in the International Surgical Trial in Intracerebral Haemorrhage(STICH): a randomized trial. Lancet, 365:387~397

Morgenstern LB, Hemphill JC 3rd, Anderson C, et al. 2010. Guidelines for the management of spontaneous intracerebral hemorrhage: a guideline for healthcare professionals from the American Heart Association/American Stroke Association. Stroke, 41(9):2108~129

Passero S, Ciacci G, Ulivelli M. 2003. The influence of diabetes and hyperglycemia on clinical course after intracerebral hemorrhage. Neurology, 25;61(10):1351~1356

第13章 脑静脉及静脉窦血栓形成

脑静脉及静脉窦血栓形成(cerebral venous and sinus thrombosis,CVST)是由于各种原因造成的血管壁损伤、血流状态改变、凝血机制异常导致血栓形成脑静脉系统的血管病变,是一种少见的卒中类型。其病因可分为非炎性血栓和炎性血栓。随着抗生素的发展与应用,炎性血栓发病率及死亡率越来越低,非炎性脑静脉血栓越来越受到关注。由于其临床症状、体征的不典型和多变,早期极易漏诊,临床多因延误诊疗而导致严重的后果。但如能早期诊断,早期治疗,则预后可以明显改观。

第一节 脑静脉系统解剖学基础

脑的静脉分浅深两组,两组之间相互吻合。

脑部浅静脉:有大脑上静脉、中静脉及下静脉,收集皮质及皮质下静脉血。大脑上静脉流入上矢状窦,大脑中静脉血流入上矢状窦和海绵窦,大脑下静脉血向上流入横窦或海绵窦。

脑部深静脉:收集大脑深部髓质,基底节、间脑、脑室脉络节处静脉血,最后汇成一条大脑大静脉(Galen)静脉。该静脉位于胼胝体压部下方,前端与下矢状窦汇合,向后下方与直窦相通。

脑静脉窦组成:脑静脉窦是颅内的静脉管道,位于硬脑膜内、外两层之间,可分为后上和前下两组。后上组包括上矢状窦、下矢状窦、直窦、横窦和乙状窦;前下组包括海绵窦等。

颅内静脉系的解剖生理特点:

(1) 无瓣膜、静脉血流方向可逆流。

(2) 颅内与颅外静脉之间有多处吻合及沟通,因此颅外感染可引起颅内静脉窦炎性血栓。

(3) 脑静脉多不与动脉伴行。

(4) 颅内静脉血栓形成。当不可完全梗阻时,可不引起临床症状,当完全梗阻时,出现脑淤血、脑水肿、脑脊液吸收障碍易引起颅内压升高。血栓远端区静脉压过高,小血管壁因缺血缺氧而渗透性增高,均可造成微血管破裂。或血液成分渗出,易出现出血性梗死。

第二节 病因与发病机制

脑静脉及静脉窦血栓形成见于多种基础疾病及常在人体不同的生理状态发生。一般说来,静脉血栓形成有三大因素,静脉血流滞缓,静脉管壁损伤(化学性损伤、机械性损伤、感染性损伤);血液成分改变(血流变学异常、凝血活性增高,抗凝血活性降低),如果一种疾病过程会导致出现上述三种情况同时或者之一出现,就可能出现脑静脉及静脉窦血栓形成。如:脱水、心衰或红细胞增多症等可导致血流的缓慢,感染引起的血管炎性病变,血管壁的癌细胞浸润等引起静脉血管壁的损伤或者由于血小板增高症、口服避孕药、抗凝血酶Ⅲ缺乏或DIC等疾病造成的血液成分的变化都是脑静脉及静脉窦血栓形成的可能病因。

第三节 危险因素

表 13-1 脑静脉及静脉窦血栓形成的致病因素

易栓因素	感染
抗凝血酶Ⅲ缺乏	脑膜旁感染
蛋白 C 缺乏	（耳、鼻窦、口腔、面部和颈部）
蛋白 S 缺乏	机械原因
抗磷脂和抗心磷脂抗体	硬膜外血肿并发症
活化蛋白 C 抵抗和 V 因子 Leiden 突变	自发性颅内低压
凝血酶原 G20210A 突变	腰椎穿刺
高同型半胱氨酸血症	其他血液系统病变
妊娠和产褥期	阵发性睡眠性血红蛋白尿症
口服避孕药	缺铁性贫血
药物	肾病综合征
雄激素、达那唑、锂、维生素 A、	红细胞增多症、血小板增多症
静脉用免疫球蛋白	全身性疾病
摇头丸	系统性红斑狼疮
癌症相关	白塞病
局部压迫	炎症性肠病
高凝状态	甲状腺疾病
抗肿瘤药物（他莫昔芬、L-天冬酰胺酶）	结节病
	其他
	未识别

如以感染和非感染血栓来区别颅内静脉血栓的病因（见表 13-2）。

表 13-2 脑静脉及静脉窦血栓形成的病理或易感因素

	局 部	全 身
感染因素	直接感染性外伤	细菌性：败血症、心内膜炎、伤寒、结核
	颅内感染：脓肿、脑膜炎、积脓	病毒性：麻疹、肝炎、脑炎、疱疹、HIV、CMV
	局部感染：乳突炎、扁桃体炎、鼻窦炎、口炎、面部感染、颈部感染	寄生虫：疟疾、旋毛虫病
		霉菌性：曲霉病
非感染性因素	头外伤	手术
	神经外科手术	妇产科疾患
	脑梗死和脑出血	口服避孕药
	肿瘤（脑膜瘤、转移癌、胶质瘤）	心源性：先天性心脏病、心功能不全、起搏器植入术后
	脑穿通畸形、蛛网膜囊肿	恶性肿瘤：任何内脏恶性肿瘤、淋巴瘤、白血病、类癌
	颈内静脉注射	红细胞紊乱：红细胞增高、出血后贫血、镰状细胞病、PNH 血小板增多（原发性或继发性）
		凝血障碍：AT-Ⅲ、蛋白 C 和蛋白 s 缺陷、循环中的抗凝因子、DIC、肝素诱发的血小板增多、6-氨基己酸治疗

续表

局 部	全 身
	严重脱水,消化道疾病、肝硬化、Crohn 病、溃疡性结肠炎、结缔组织病、系统性红斑狼疮、颞动脉炎、Wegenner 肉芽肿
	静脉血栓疾病、Hughes-Stovin 综合征
	其他:白塞病、结节病、肾病综合征、新生儿窒息、治疗雄性激素治疗

第四节 病理改变

尸解发现,约 1/2 的大脑深静脉血栓病例伴有静脉窦血栓形成,血栓形成后有扩展性。镜下发现梗死区域脑组织常见有嗜中性白细胞渗出及形成血栓的血管壁多发生坏死。可见血-脑屏障破坏、细胞水肿。大体标本上多可见皮质下血肿,故有人提出,大脑皮质血肿是大脑皮质下静脉血栓形成的监测器。有皮质血肿存在应考虑到大脑皮质静脉血栓可能。镜下可见介质性水肿以及细胞毒性水肿。

第五节 临床表现

一、一般表现

炎性颅内静脉血栓形成表现为全身症状和局部感染病灶的症状。全身症状表现为不规则高热、寒战乏力、全身肌肉酸痛、精神萎靡,皮下瘀血等感染和败血症症状。非炎性颅内静脉血栓形成主要表现为病因及危险因素的症状。累及静脉窦会出现窦性症状:缺乏特异性,视病因及受累的静脉而有所不同,常见的症状包括头痛、局灶性神经功能缺损、癫痫发作、意识障碍、视乳头水肿。

二、脑静脉血栓形成的临床表现

单纯大脑静脉血栓形成少于脑静脉窦血栓,大脑静脉血栓多由静脉窦血栓发展而来,尸检发现,约 1/2 的大脑深静脉血栓病例伴有颅内静脉窦血栓形成,血栓形成后具有扩展性。

(1) 大脑皮质静脉血栓形成:大脑皮质静脉血栓形成常见于产褥期、严重脱水、菌血症及某些血液病。一般多起自皮质表浅静脉,散见于大脑皮质不同部位,常突然起病、发热、头痛,可有局灶性或全身性抽搐发作,轻偏瘫、颅内压增高等。

(2) 大脑上静脉血栓形成:大脑上静脉主要汇集大脑脊外侧面和部分内侧面的血液,注到上矢状窦内。发生血栓时可有肢体轻瘫,可有局灶性肢体抽搐,肢体瘫痪和抽搐的部位可不一致。

(3) 大脑中静脉血栓形成:大脑中静脉为最大的浅静脉,汇集大脑外侧裂附近的血液,注入上矢状窦和海绵窦。血栓形成时可有病变对侧偏瘫或上肢瘫,偏身感觉障碍,若优势半球病变可有感觉性或运动性失语,可有癫痫发作。

(4) 大脑深静脉血栓形成:主要的临床症状是头痛、恶心、呕吐和精神状态的改变,可有意识障碍甚至于去皮质或去大脑状态,可有轻偏瘫,部分病人视乳头水肿。

第六节 辅助检查

对于疑似 CVST 的患者需常规检查血常规、生化全套、红细胞沉降率、凝血酶原时间以及部分活化凝血酶原时间,这些检查可发现潜在高凝状态、感染进程和炎症状态的异常。腰椎穿刺对颅内感染所致的CVST诊断有帮助,脑脊液压力升高是CVST患者的一种常见表现。

一、头 颅 CT

头颅CT是最常用的检查方法,但近30%的患者头颅CT无异常改变,头颅CT常见的变化是脑水肿、皮质出血以及脑梗死征象,或者有脑室形态改变的征象。CVST的CT直接征象是相应静脉窦区高密度三角征、束带征和空三角征,反映了病变早期脑静脉窦内新鲜血栓形成。CT增强表现为"空三角征"或"条状充盈缺损"即增强扫描血栓不强化,而血栓周围脑膜明显强化,为急性亚急性病例的特征性表现。CTV能快速和可靠地检测CVST,由于静脉窦血栓密度的变化,CTV在亚急性期和慢性期更有帮助,但MRV在某些情况下比CTV更合适(图13-1～图13-5)。

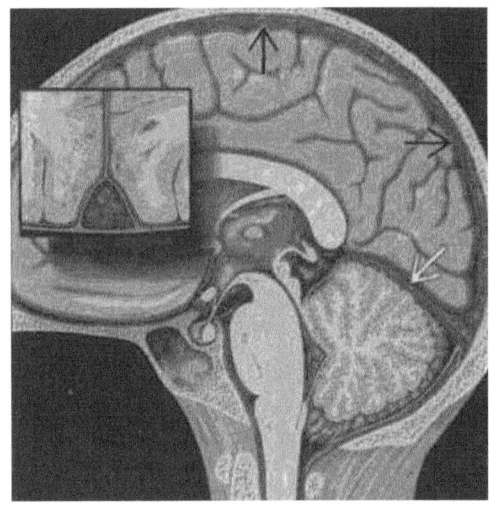

图13-1 矢状位显示上矢状窦血栓形成(黑箭头)及直窦血栓形成(白箭头),左上小图显示轴位上矢状窦血栓形成(三角征)

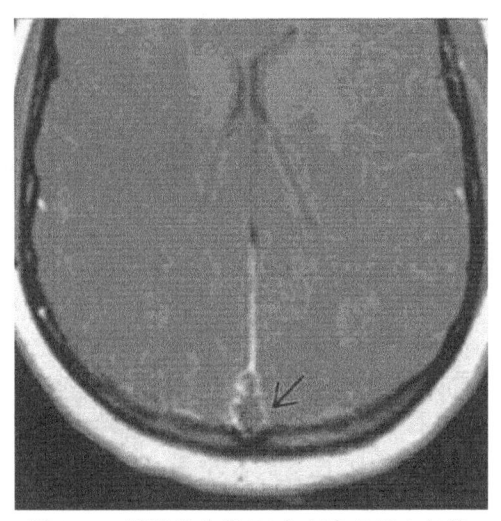

图13-2 增强磁共振T1加权象显示上矢状窦血栓周围硬脑膜增强所致的"空三角征"

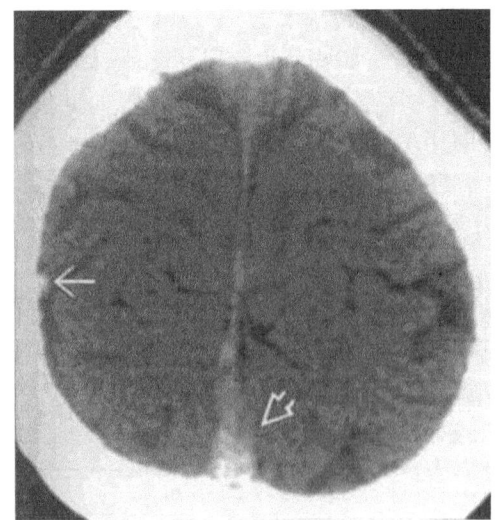

图13-3 轴位NECT显示CVT呈高密度"细绳征"(箭头),上矢状窦较正常时密度增高且轻微毛躁(空箭头)

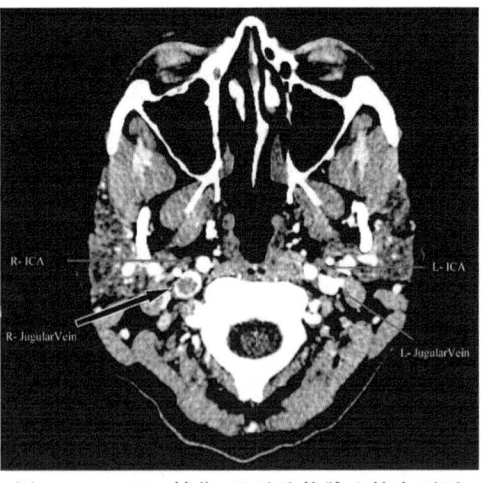

图13-4 CTV(轴位)显示脑静脉血栓向下延伸至颈静脉
R-ICA.右侧颈内静脉;L-ICA.左侧颈内静脉;R.右侧;L.左侧

二、头 颅 MRI

头颅 MRI 是目前诊断 CVST 的重要检查方法。表现为相应静脉窦不同程度的流空信号消失,静脉窦区斑点状短 T1、长 T2 信号,可伴有脑叶实质出血、梗死或皮质、基底节、丘脑区广泛水肿、上矢状窦区见高信号三角征。阅片时应注意静脉窦血栓信号会随时间变化而改变,在 T1 加权成像中,静脉窦壁成高信号而静脉窦内成极低信号是诊断急性期 CVST 的重要征象。MRV 是目前最好的无创性脑静脉成像诊断方法,能反应脑静脉窦的血流状态和静脉窦形态。MRI/MRV 联合应用能清晰显示静脉窦闭塞以及脑组织损伤情况,可快速和无创的评价 CVST,是目前首选的 CVST 诊断方法,不受血栓信号时间变化的影响(图 13-6～图 13-9)。

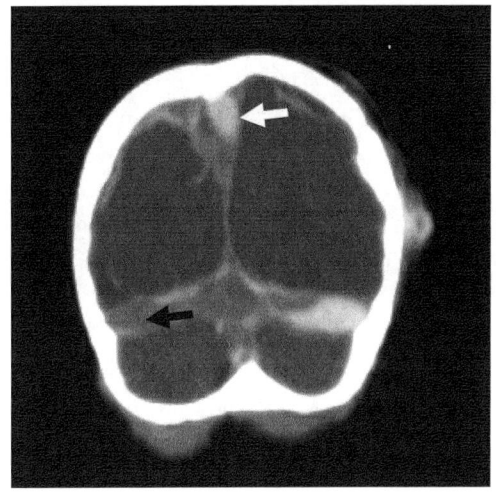

图 13-5 CTV 显示静脉窦内混合密度影
血流通畅的部分为高密度(白色箭头),无灌注的血栓形成部分为低密度(黑箭头)

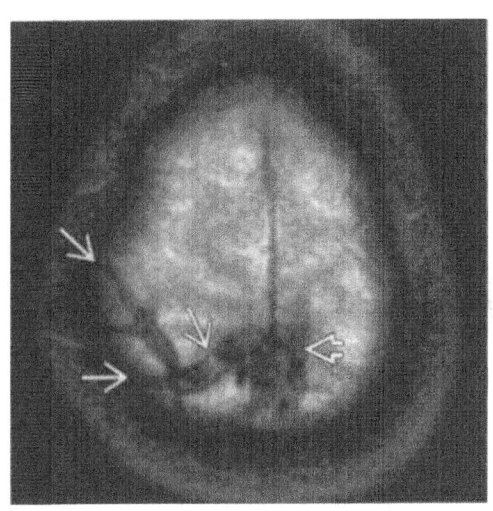

图 13-6 磁共振 T2 GRE 显示皮层表面静脉扩张呈低密度"细绳征"(箭头),栓子扩散入上矢状窦(空箭头)

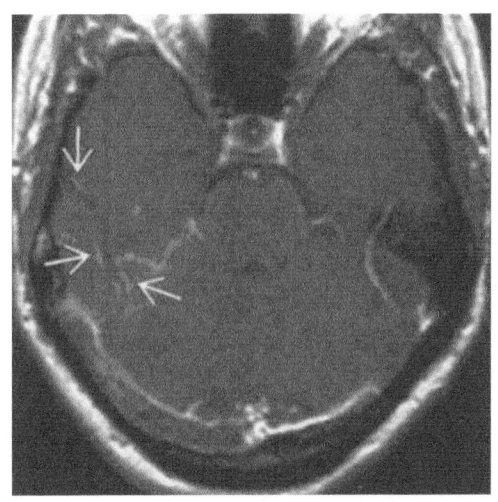

图 13-7 增强磁共振 T1 加权成像显示血栓呈低信号伴 Labbe 静脉周围增强

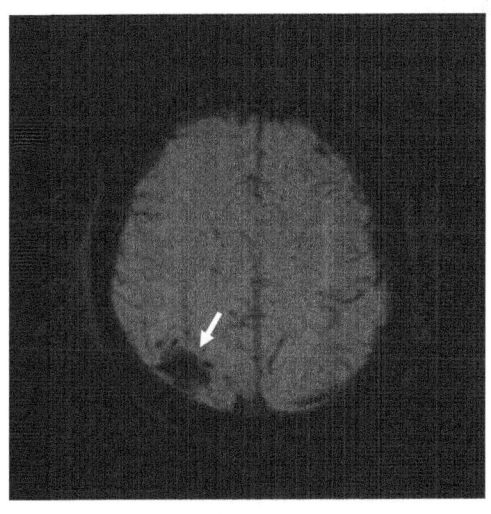

图 13-8 磁敏感加权成像显示右侧顶叶的出血性静脉梗死

三、数字减影血管造影 DSA

DSA 被认为是诊断 CVST 的金标准,可直接显示血栓的部位和轮廓、引流区皮质静脉螺旋扩张,还显示静脉反流现象(图 13-10)。

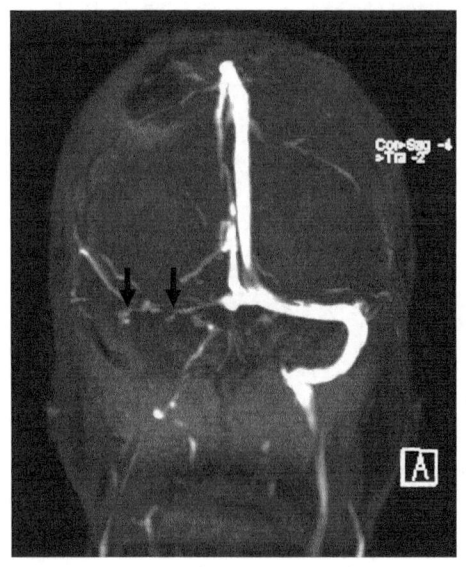

图 13-9　MRV 显示右侧横窦、乙状窦和颈静脉的血栓形成

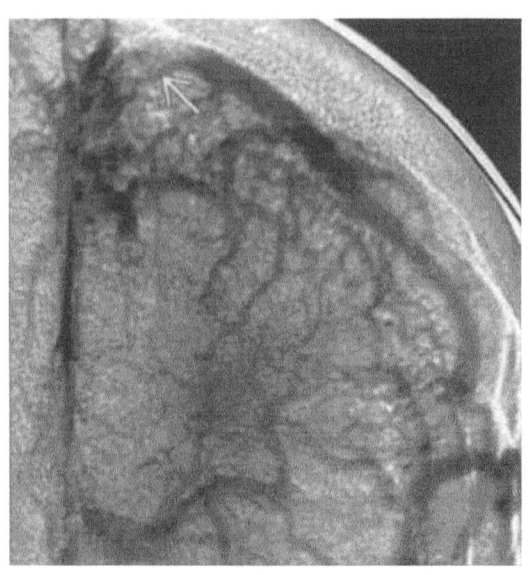

图 13-10　选择性左侧颈内静脉造影静脉相,冠状位 DSA 显示 Trolard 静脉血栓形成(箭头),注意同侧大量静脉扩张

(1) 直接脑静脉造影:直接脑静脉造影是从颈内静脉插入微导管,直接注射对比剂至硬静脉窦或静脉进行造影,CVT 可表现为腔内充盈缺损或完全无充盈,此方法往往在血管内治疗时施行。

(2) 血浆 D-二聚体:D-二聚体检测有助于 DVT 的评价,大多数 CVST 患者血浆 D-二聚体升高,但其水平正常并不能排除 CVST。

第七节　诊断及鉴别诊断

颅内静脉血栓形成的临床表现复杂,缺乏特异性性征,易造成漏诊和误诊。所以当患者具有感染灶或非炎性血栓形成的病因或危险因素,出现头痛、癫痫、意识障碍伴或不伴神经系统局灶体征时,均应进行影像学检查。特别要与脑动脉系缺血或出血性卒中、脑脓肿、脑肿瘤、脑炎及良性颅内压增高症等相鉴别。

第八节　治　　疗

脑静脉系统血栓形成应尽早诊断和及时治疗,包括对症治疗、病因治疗、抗凝治疗、介入治疗和手术治疗等。

一、对症治疗

(1) 一般处理:保持情绪稳定,维持生命体征的稳定,维持水、电解质平衡,对全身衰竭、脱水、慢性消耗性患者加强全身支持;发热者给予物理降温,肌内注射退热药;头痛患者口服止痛剂;频繁呕吐者予甲氧氯普胺 10mg 肌内注射,或奋乃静 2mg bid 或 tid、氯丙嗪 25mg bid 或 tid 等止吐剂口服。

(2) 降低颅内压:药物治疗有静脉用甘露醇、甘油果糖、高张生理盐水、氨丁三醇等;口服乙酰唑胺,500~1000mg/d,如有效果且患者可以耐受,可连续用数周;有关激素的使用尚有争议。如果单纯颅内压增高无脑实质损害的证据,可行腰椎穿刺放脑脊液,并且应在抗凝治疗前 24 小时内完成。如上述措施不能在 2 周内有效降低颅内压,则可考虑外科手术干预,如腰脊髓腔-腹腔分流术、脑室腹腔分流术、去骨瓣减压等;存在视野损害者,可予视神经管开窗术。

(3) 抗癫痫治疗:首次出现癫痫后,应立即有效控制癫痫发作。早期发生癫痫的患者,影像学有局灶病损者转为长期发作者明显高于没有局灶病损者。因此,早期发生癫痫和影像学存在局灶病损的患者应延长抗癫痫治疗的疗程,大约 1 年。没有上述危险因素者,在急性期后即可逐渐停用抗癫痫药。可选用卡马西平 0.3~0.6mg/d、丙戊酸 0.6~1.2g/d、托吡酯 50~100mg/d 等控制癫痫发作。

二、病因治疗

对病因明确的患者加强原发病的治疗,防止病情的进一步发展,如面部脓疖的处理,水电解质平衡的维持,孕妇必要时中止妊娠等。

(1) 脑保护剂:应用脑保护剂改善脑循环,保护神经元,可选用胞二磷胆碱、依达拉奉、钙离子拮抗剂、镁剂等。

(2) 炎性血栓:积极处理感染灶,对患者血及脑脊液进行细胞培养,选择敏感易通过血脑屏障的抗生素,对病原菌不清楚者根据用药经验联合应用抗生素,兼顾对球菌与杆菌都起杀菌作用的抗生素,热退之后应用足够时间抗生素,一般应用抗生素时间不应少于 1 个月。在有效地抗感染治疗后,可加用下述方法行抗栓治疗。

(3) 非炎性血栓:包括内科治疗,介入治疗和外科手术治疗,内科治疗包括抗凝治疗、抗血小板聚集以及溶栓治疗等。

三、抗凝治疗

颅内静脉窦血栓患者多数存在凝血机制的异常,因此,长期的抗凝治疗有理论上的必要性,已普遍应用并公认脑静脉血栓形成的抗凝治疗是安全的,而且有减少死亡或生活不能自理的潜在作用,无论有无出血性脑梗死都应进行抗凝治疗,这是因为颅内静脉血栓形成的脑出血是由于静脉血栓的进展所致,只有抗凝才能抑制脑静脉血栓进展,缓解脑出血,抗凝治疗并不增加脑静脉血栓后的颅内出血的危险性。常用的抗凝药物包括肝素(普通肝素、低分子肝素和肝素样物质)以及香豆素类药物(华法林、醋硝香豆素、双香豆素等)。

(1) 普通肝素:临床试验证实普通肝素治疗 CVST 安全,有效。应用后 CVST 发病率降低 14%,死亡率降低 15%,其相对危险性分别降低 70% 和 56%。用量和治疗途径原则上应根据血栓大小和范围,有无并发颅内出血等综合考虑。一般首剂静脉 2500~5000U,之后 2500~5000U/h 或 15~20U/(kg·h),每 2 小时测定部分凝血活酶时间(APTT)和纤维蛋白原水平,根据 APTT 调整剂量,APTT 至少延长至 2 倍,之后每分钟 15 滴维持 24 小时。达迅速肝素化同时应用华法林。如果有黏膜或皮下出血迹象,迅速静脉输注与体内存留肝素等值的鱼精蛋白,中和肝素抑制出血。

(2) 低分子肝素(LMWH)：能够抑制凝血过程中的中心环节Ⅹa因子活性，对体内、外，动、静脉血栓形成均有抑制作用，对凝血和纤溶系统的影响很小，不需检测APTT，出血并发症发生率低，临床试验证实其与普通肝素同样安全、有效。轻型CVST患者首选低分子肝素治疗。推荐速避凝剂量为4100U，每天2次，皮下注射。根据神经功能恢复状况和血流情况决定用药疗程，一般7～10天，后转为口服华法林治疗。

(3) 华法林：国人建议成人首剂3.0mg，以后根据INR调节剂量，我国尚缺乏随机对照试验回答INR到底在什么范围内最安全有效，美国AHA/ASA指南推荐是INR 2.0～3.0之间。华法林的个体差异大，影响因素多，故应注意监测INR。INR波动大的患者最容易发生血栓栓塞或出血并发症，这些患者应注意饮食中维生素K的摄入量保持稳定。按医嘱服药，并规律地检测INR。即使INR稳定的患者，测定INR的间期不应超过4～6周。如果在治疗期间发生出血倾向，可立即用维生素K 10～30mg静脉内注射，以中和华法林对凝血酶原激活的抑制作用。

继发于可控因素的CVST须口服抗凝药3～6个月；而自发性CVST须服用6～12个月。颅外静脉血栓形成及蛋白C、蛋白S缺乏、V因子Leiden杂合子基因突变或凝血酶原基因突变等"轻度"遗传性血栓形成倾向者可长期口服。有"严重"遗传性血栓形成倾向者（抗凝血酶原缺乏、V因子Leiden纯合子基因突变等）应终生口服。

四、溶栓治疗

近30年来，国内外开展了静脉溶栓、局部溶栓、静脉窦内支架成形术和静脉窦血栓直接抽取等方法，局部溶栓根据手术入径不同分为经颈动脉穿刺溶栓、经颈内静脉穿刺溶栓法、经股静脉穿刺溶栓法及经颅静脉窦穿刺溶栓法。溶栓药物有尿激酶和rt-PA。尿激酶最早用于静脉溶栓，临床应用时间最长。现在缺乏抗凝与局部溶栓治疗的对照试验，尚无临床证据证明局部溶栓临床效果好于单用肝素治疗。目前局部溶栓治疗适用于抗凝治疗效果差、昏迷的患者。

(一) 静脉溶栓治疗

在严格掌握适应证下，常用溶栓药物有尿激酶(UK)和组织型纤溶酶原激活物(t-PA)。UK对血栓的特异性溶解作用差，溶栓需要时间长，剂量大，全身出血性并发症发生率高。t-PA对血栓的特异性强，直接作用于血栓块，避免低纤溶蛋白血症，全身出血并发症少，溶栓需时间短，用量小。应注意t-PA应用的排除标准。

(1) 排除标准

1) 收缩压＞185mmHg，或舒张压＞110mmHg(应用t-PA前必须采取积极治疗措施使血压降低到规定的范围)。

2) 在最近7天内在无法施行压迫的部位作过动脉穿刺，或进行腰穿。

3) 在过去14天内作过重大外科手术或有过严重外伤。

4) 过去21天内有过胃肠道或尿路出血。

5) 血小板计数＜$100×10^6$/L。

6) PTT升高超过正常对照，因为在过去48小时内曾使用过华法林。

7) 目前还在使用口服抗凝剂，PT＞15，或INR＞1.7。

8) 血糖＜2.78或＞22.2mg/L。

9）最近发生过心肌梗死、细菌性心内膜炎或心包膜炎。
10）已知怀孕或怀疑怀孕。
（2）方法
1）尿激酶(UK) 50 万～150 万 U＋生理盐水 100ml 静滴。
2）t-PA 0.6～0.9mg/kg 静脉注射,最大剂量 90mg。先将总剂量的 10% 作快速静脉注射,将其余的做连续静脉滴注,在 60 分钟内滴完。

（二）经颈动脉途径溶栓

适应证:弥漫性静脉窦狭窄;经静脉血栓并静脉窦相对引流正常;病程相对较长;各种不适应进行静脉内溶栓和支架成形术者。

方法:常规经股动脉插管,将 4F 造影管分别送入双侧颈内动脉和一侧椎动脉内,分别经导管内给予 10 万 U 尿激酶,30 分钟内匀速缓慢输入,5～7 天为 1 疗程。1 周后复查全脑 DSA 判断治疗效果。根据病情变化可重复另一个疗程的治疗。

（三）经颅静脉窦穿刺溶栓法

(1) 适应证
1）有进行性颅内压增高伴有神经功能障碍。
2）CT/MRI 支持静脉窦闭塞。
3）静脉梗死性出血 2 周之后。
4）无严重其他脏器功能衰竭。
5）近期无外科手术史。
6）无出血倾向。
(2) 禁忌证
1）双侧颈内静脉完全闭塞,导管难以到位,或溶栓可能会造成大块血栓的脱落造成肺梗死。
2）血栓形成超过 1 个月。
3）内科保守治疗后好转者。
4）儿童患者有明显侧支循环建立者。
(3) 经静脉窦溶栓方法
1）最好选择全麻,因为静脉窦溶栓时间长,另外,导丝在静脉窦内操作可引起病人剧烈的头痛,影响操作。
2）完全肝素化。
3）最好双侧穿刺,一侧置 5F 静脉鞘,另外一侧置 5F 动脉鞘。
4）首先经动脉途径造影评价颅内循环状况,明确静脉窦闭塞的部位。
5）选择静脉途径将 Tracher-38 导引管经股静脉放入颈内静脉(一般选择易进入的一侧),尽量将导引管头端靠近血栓部位,如果能够使用 0.035 泥鳅导丝穿过血栓,则首先轻巧旋转导丝,反复"抽拉"导丝,将血栓"捣碎",然后经窦内给予尿激酶溶栓;如果导丝管离开导丝较远,可以使用导丝导引的微导管穿过血栓,再进行溶栓,在给予尿激酶之前,要尽量使用导丝将血栓"机械性捣碎"。
6）术后肝素自然中和,术后 6 小时给予低分子肝素钠继续抗凝 3 天,然后口服华法林维持抗凝半年,维持活动度在30%～60%。

五、血管内治疗

经股静脉或颈静脉置管,可选用球囊辅血栓切除和溶栓治疗,导管血栓切除术、Merci取栓、Penumbra分流取栓。

六、手术治疗

常规外科对静脉窦可进行窦内血栓的直接切除术,优点是立即开放静脉窦,保证脑静脉内血液的回流,同时还可开颅探查和血肿清除的功效,但深静脉血栓后脑肿胀明显,开颅后会造成脑实质经骨窗向外膨出,在脑静脉回流通道没有建立之前颅内压突然下降,还会加重脑实质的出血,所以,治疗上还应以溶栓、抗凝治疗为主。如大面积脑梗死导致颅内压力显著增高,则去骨瓣减压可作为挽救生命的一种手段。

七、对合并颅内出血的颈静脉血栓的治疗

由于脑静脉的淤血,静脉内压力升高,造成了脑实质内出血性梗死,或蛛网膜下腔的出血。在这种情况下,按常规的观点考虑,止血会加重脑静脉血栓的生长。只有化解血栓,使静脉回流途径再通,有效降低脑静脉内压力,才会抑制静脉破裂引发出血的趋势,因此进行溶栓和有效的抗凝,才是合理地选择。

(柯开富)

参 考 文 献

Bousser MG, Ferro JM. 2007. Cerebral venous thrombosis: an update. Lancet Neurol, 6(2):162～170

Ehtisham A, Stern BJ. 2006. Cerebral venous thrombosis: a review. Neurologist, 12(1):32～38

Einh upl K, Bousser MG, de Bruijn SF, et al. 2006. EFNS guideline on the treatment of cerebral venous and sinus thrombosis. Eur J Neurol, 13(6):553～559

Saposnik G, Barinagarrementeria F, Brown RD Jr, et al. 2011. Diagnosis and management of cerebral venous thrombosis: a statement for healthcare professionals from the American Heart Association/American Stroke Association. Stroke, 42(4):1158～1192

Stam J. 2005. Thrombosis of the cerebral veins and sinuses. N Engl J Med, 28;352(17):1791～1798

第14章 蛛网膜下腔出血

蛛网膜下腔出血(subarachnoid hemorrhage, SAH)通常为脑底部或脑表面的病变血管破裂,血液直接流入蛛网膜下腔引起的一种临床综合征,约占急性脑卒中的5%左右。SAH发病率随区域不同而不同。美国年发病率是人口的1.6/10万左右。中国是人口的0.2/10万,芬兰为人口的2.25/10万,日本发病率接近于芬兰。最近一项基于人口的系统回顾提示动脉瘤性蛛网膜下腔出血的发病率为2/10万~16/10万。SAH发病率随年龄增长而升高,平均发病年龄≥50岁,儿童发病相对少见,女性发病率是男性的1.24倍,种族对SAH的发病率也有所影响。美国黑人和西班牙裔较白人发病率高。

第一节 病　　因

颅内囊状动脉瘤是SAH最常见的病因,约占SAH患者的80%。约20%SAH患者是非动脉瘤性的,其病因为:外伤、特发性中脑周围出血、动静脉畸形、颅内动脉夹层、可卡因和氨非那明的使用、霉菌样动脉瘤、垂体卒中、烟雾病、中枢神经系统血管炎、镰状细胞病、凝血功能障碍、原发或转移性脑肿瘤。

第二节 发病机制

囊状动脉瘤具体发病机制尚不明确,可能与遗传和发育缺陷有关。由于囊状动脉瘤大都出现在Willis环的主要分支,特别是在大血管分叉处。尸检发现这些患者Willis环动脉壁弹力层及中膜发育异常或受损,所以随着年龄增长由于动脉壁粥样硬化、高血压和血涡流冲击等因素影响。动脉壁弹性减弱,动脉壁薄弱处逐渐向外膨胀突出,形成囊状动脉瘤。

其他病因所致SAH也是因为血管壁结构损害、导致血管壁破裂,例如肿瘤可侵蚀血管,导致出血。

第三节 病理及病理生理

85%~90%动脉瘤都是位于Willis环前部,特别是后交通动脉和颈内动脉的连接处占约40%、前交通动脉瘤约占30%、大脑中动脉在外侧裂第一个主要分叉处约占20%。后循环动脉最常见于基底动脉尖或椎动脉与小脑后下动脉连接处。动脉瘤多为单发,约20%为多发,多位于两侧相同动脉(又称"镜像动脉瘤")。动脉瘤的大小与破裂有关,直径大于10mm者极易出血,不规则或多囊状的动脉瘤容易破裂。尸检SAH患者可见紫红色的血液沉积在脑底池和脊髓池中,如鞍上池、脑桥小脑脚池、环池、小脑延髓池和终池等。出血量大时可形成薄层血凝块覆盖于颅底血管、神经和脑表面,蛛网膜呈无菌性炎症反应及软脑膜增厚,导致脑组织与血管或神经粘连。脑实质内广泛白质水肿,皮质可见多发斑块状缺血灶。

SAH能引起一系列病理生理改变:①血液流入蛛网膜下腔刺激痛觉敏感结构引起头痛,颅内容积增加可加剧头痛,导致玻璃体下视网膜出血,甚至发生脑疝。②颅内压达到系统灌注压时,脑血流急剧下降,血管瘤破裂伴发的冲击作用可能是约50%的患者发病时出现意识丧失的原因。③颅底或脑室内血液凝固使CSF回流受阻,30%~70%的患者早期出现急性阻塞性脑积水,血红蛋白及含铁血黄素沉积于蛛网膜颗粒也可导致 CSF 回流受阻,出现交通性脑积水和脑室扩张。④蛛网膜下腔血细胞崩解释放各种炎症物质引起化学性脑膜炎,CSF 增多使 ICP 增高。⑤血液及分解产物直接刺激引起下丘脑功能紊乱,如发热、血糖升高、急性心肌缺血和心律失常等。⑥血液释放的血管活性物质如 5-HT、血栓烷 A_2(TXA_2)和组胺等可刺激血管和脑膜,引起血管痉挛,严重者致脑梗死。

第四节 临床表现

一、一般症状

SAH 临床表现差异极大,轻者可没有明显临床症状和体征,重者突然昏迷和死亡。SAH 起病突然,多数患者发病前有明显诱因(剧烈运动、过度劳累、用力排便、情绪激动等)。一般症状主要包括:

(1) 头痛:动脉瘤性 SAH 的典型表现是突发异常剧烈头痛,患者常将头痛描述为"一生中经历的最严重的头痛"。多伴有一过性意识障碍和恶心、呕吐,约 1/3 的动脉瘤性 SAH 患者发病前数日或数周有轻微头痛的表现,这是小量前驱出血或动脉瘤受牵拉所致。动脉瘤性 SAH 的头痛可持续数日不变。2 周后逐步减轻。如头痛再次加重,常提示动脉瘤再次出血。局部头痛常提示破裂动脉瘤的部位。极少数患者由于出血流入脊髓蛛网膜下腔,而表现为腰背痛或向双下肢放射。

(2) 脑膜刺激征:患者出现颈强、Kernig 和 Brudzinski 征等脑膜刺激征,以颈强最多见。而年老、衰弱患者或小量出血者,可无明显脑膜刺激征。脑膜刺激征常见于发病后数小时出现,3~4 周后消失。

(3) 眼部症状:20% 患者眼底可见玻璃体下片状出血,发病 1 小时即可出现,是急性颅内压增高所致,对诊断具有提示作用。此外,瞳孔扩大、上睑下垂、眼球运动障碍也可提示动脉瘤所在位置。

(4) 精神症状:约 1/4 患者可出现精神症状,如欣快、谵妄和幻觉等,常于起病后 2~3 周内自行消失。

(5) 其他症状:部分患者可出现脑心综合征、消化道出血、急性肺水肿和局限性神经功能缺损症状等。

二、常见并发症

(1) 再出血:是 SAH 主要的急性并发症,指病情稳定后再次出现剧烈头痛、呕吐、痫性发作、昏迷,甚至去脑强直发作,脑膜刺激征更加明显,复查 CSF 为鲜红色,头颅 CT 有新鲜出血。动脉瘤破裂后再出血的危险在第一天内最高,约为 4%,在其后的 4 周内,每天再出血的危险保持 1%~2% 左右。未经治疗动脉瘤破裂后再出血的累积危险 2 周内为 20%,1 月内为 30%,6 个月内为 40%,6 个月后年再出血风险为 2%~4%。

(2) 脑血管痉挛:SAH 后出现的死亡率和致残率有较大比例是来自于脑血管痉挛致使的延迟性脑缺血。SAH 后约 70% 患者有脑血管痉挛、而发展为延迟性脑缺血的只占 20%~30%,大都在发病后 3~5 天发生,5~14 天达到血管痉挛高峰期,2~4 周后逐渐缓解,TCD(血流速度>175cm/s)或 DSA 可确诊。

(3) 急性或延迟性脑积水:起病 1 周内约 15%~20% 的患者发生急性脑积水。由于血液进入脑室系统和蛛网膜下腔形成血凝块阻碍脑脊液循环通路所致。轻者出现嗜睡、思维缓慢,短时记忆受损,上视受限、展神经麻痹、下肢腱反射亢进等体征。严重者可致颅内压增高甚至脑疝。交通性脑积水发生于起病数天至数周后,表现为隐匿出现的痴呆、步态异常和尿失禁,脑脊液压力正常,又称正常颅压性脑积水,脑室腹腔分流常起到戏剧般的临床效果。

(4) 其他:5%~10%的患者发生癫痫发作,少数患者发生低钠血症。

第五节 辅助检查

一、头颅 CT

临床疑诊 SAH 首选 CT 检查,可早期诊断。出血早期敏感性高,可检出 90% 以上的 SAH,显示大脑外侧裂、前纵裂池、鞍上池、脑桥小脑脚池、环池和后纵裂池高密度出血征象,并可确定有无脑实质出血或脑室出血以及是否伴有脑积水或脑梗死,另外还可以对病情进行动态观察。CTA 可用于 SAH 的病因筛查。

二、头颅 MRI

头颅 MRI 可检出脑干小血管畸形,MRA 或 CE-MRA 可对 SAH 病因筛查有帮助。对于 SAH 发病数天后,CT 不能提供 SAH 证据时可选用 MRI,其某些序列如 FLAIR、DWI、质子密度加权成像,梯度回波序列对 SAH 诊断有帮助。

三、腰椎穿刺

若 CT 扫描或 MRI 不能确定 SAH 的临床诊断,可行 CSF 检查。最好在发病 12 小时后(CSF 开始黄变)进行,以便与穿刺误伤鉴别。肉眼均匀一致血性脑脊液、压力增高可提供 SAH 诊断的重要依据,但需注意腰穿有诱发脑疝形成的风险。

四、DSA

一旦 SAH 诊断明确后,可行全脑 DSA 检查,它可以确定动脉瘤的位置、大小与载瘤动脉的关系、侧支循环情况及有无血管痉挛等,是 SHA 病因筛查的金标准,也是制定合理治疗的先决条件。特别是对 CTA、MRA 检查结果不能确定者,DSA 更为必要,约 5% 首次 DSA 检查阴性者,1~2 周后再次 DSA 检查仍可检出动脉瘤。

五、TCD

TCD 可作为非侵入性技术监测 SAH 后脑血管痉挛情况。

六、其他

血常规、凝血功能、肝功能等检查有助于寻找其他的出血病因,心电图检查可显示某些异常。

第六节 诊断和鉴别诊断

突然出现的剧烈头痛、呕吐、脑膜刺激征,伴或不伴意识障碍,大都无局灶性神经系统体征,应高度怀疑 SAH。同时 CT 证实脑池和蛛网膜下腔高密度象或腰穿检查示压力增高和血性脑脊液者可临床确诊。临床上还需要注意和脑出血、颅内感染、肿瘤卒中等相鉴别。这些病在神经影像,CSF 等都有各自的临床特点。须注意对于某些以腰背痛,精神障碍为主的患者,而头痛、呕吐不明显者,应注意 SAH 的鉴别诊断,临床工作中应予重视。

第七节 动脉瘤性 SAH 的危险因素与预防

动脉瘤性 SAH 行为学危险因素有高血压、吸烟、酗酒,使用拟交感药物(如可卡因),既往有动脉瘤性 SAH 病因、有动脉瘤家族史,因此,调控血压、戒烟、戒酒可减少动脉瘤性 SAH 的风险。素食可减少动脉瘤性 SAH 的风险。对于家族中有动脉瘤 SAH 或既往有动脉瘤性 SAH 患者可进行 CTA 或 MRA 等无创检查筛查来发现新的动脉瘤或已经治疗的动脉瘤再生长。

第八节 治 疗

所有 SAH 患者都应在神经重症监护病房进行管理与监护。急性期在神经重症监护病房管理的主要目的是防治再出血、降低颅内压、防治继发性脑血管痉挛,减少并发症,寻找出血原因。

一、一般治疗

在住院后,重视绝对卧床,避免搬动和过早离床。避免引起血压和颅压增高的因素,如用力排便、咳嗽、喷嚏、情绪激动、疼痛及恐惧等。出现上述情况可针对性应用通便、镇咳、镇静、止痛药等,以免诱发动脉瘤再破裂。注意血压的调控,可在密切监测血压的条件下使用短效降压药维持血压稳定在正常或发病前水平。伴有抽搐都可给予抗痫治疗。适量给予生理盐水保证正常血容量和足够脑灌注,低钠血症时,可口服或静脉滴注生理盐水。不应限制液体。注意营养支持、注意心率、防止并发症。

二、治疗颅内压升高

临床上常用 20% 甘露醇、呋塞米和白蛋白等脱水降颅压治疗,颅内高压征象明显并有脑疝形成趋势者,可行脑室引流,以挽救患者生命。脱水治疗中需要注意水电解质平衡,特别是低钠血症的防治。

三、防止再出血

防止再出血的关键是尽早明确病因,只有对病因实施有效的治疗,才能很好的防治再出血。所以如病情允许,对 SAH 患者尽早进行血管影像学检查,以明确有无动脉瘤及动脉瘤大小、形状以及与载瘤动脉之间的关系,以及其他血管结构异常。发现动脉瘤后应由经验丰富的神经外科医生及神经介入医生决定选用动脉瘤夹闭手术还是血管内栓塞治疗。一般认为,如破裂动脉瘤既适合血管内栓塞治疗,也可以进行动脉瘤夹闭,建议行血管内栓塞治疗。外科微创夹闭优先考虑应用伴有大量脑出血(50ml)的动脉瘤和大脑中动脉动脉瘤。血管内栓塞治疗优先考虑用于年老(>70 岁)、低等级(神经外科联盟分级 Ⅳ/Ⅴ 级)的动脉瘤性 SAH 和基底动脉尖动脉瘤。没有明显禁忌证,接受动脉瘤栓塞治疗或夹闭治疗的患者应当随访进行后续的血管造影(时间、形式个体化)。如果动脉瘤有明显残留,特别是残留扩大,强烈推荐再次治疗,重复栓塞或夹闭。如因无法避免的原因致动脉瘤的治疗延迟。在没有医疗禁忌的前提下,短期(<72 小时)使用氨基己酸治疗是降低早期动脉瘤再出血的合理选择。

四、预防血管痉挛

SAH 后由于蛛网膜下腔的血液导致颅内动脉收缩与扩张功能失调、产生持续的动脉收缩状态。即脑血管痉挛。关于血管痉挛与 CT 影像之间关系,Classen 等作了详细描述(表 14-1):

表 14-1 预测血管痉挛修订的 Fisher CT 分级标准

级别	标准	发生频率		
		占患者百分比/%	迟发性脑缺血/%	脑梗死/%
0	无 SAH 或脑室内出血	5	0	0
1	轻微或蛛网膜下腔薄层出血,不伴双侧脑室内出血	30	12	6
2	轻微或蛛网膜下腔薄层出血,伴双侧脑室内出血	5	21	14
3	蛛网膜下腔出血量大*,不伴双侧脑室内出血	43	19	12
4	蛛网膜下腔出血量大,伴双侧脑室内出血	17	40	28
	所有患者	100	20	12

*蛛网膜下腔出血量大指至少蛛网膜下腔某池或侧裂中血凝块在厚度上>5mm

病例:患者,女性,72 岁,因"头痛、恶心呕吐 9 小时"入院。既往有高血压、糖尿病病史,头颅 CT 提示蛛网膜下腔出血。查体:神志清,颅神经(-),四肢肌力正常,双侧病理征(-),颈抵抗,克氏征(+),布氏征(+)。Hunt-Hess 分级 2 级。入院后 24 小时行 DSA 造影检查,发现左侧前交通动脉囊状动脉瘤,全脑血管痉挛,予以弹簧圈填塞。术后患者出现右侧肢体瘫痪、失语症状,经扩容、抗血小板聚集、他汀类、腰穿放置脑脊液、依达拉奉等治疗后好转(图 14-1~图 14-6)。

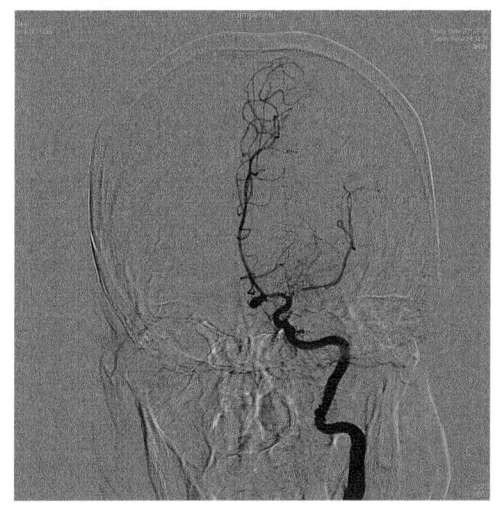

图 14-1 DSA 前后位显示环动脉瘤

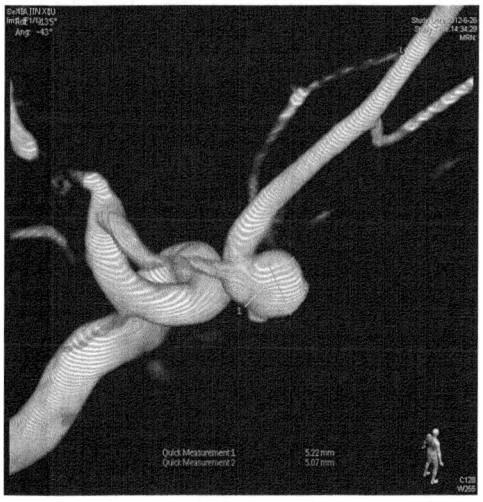

图 14-2 动脉瘤 3D 重构

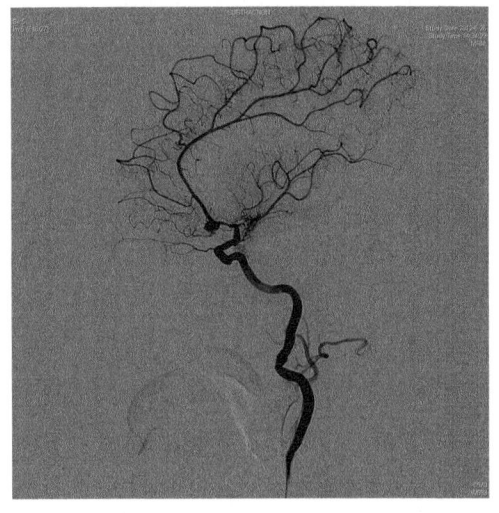

图 14-3　DSA 侧位显示前交通动脉瘤可见广泛脑血管痉挛

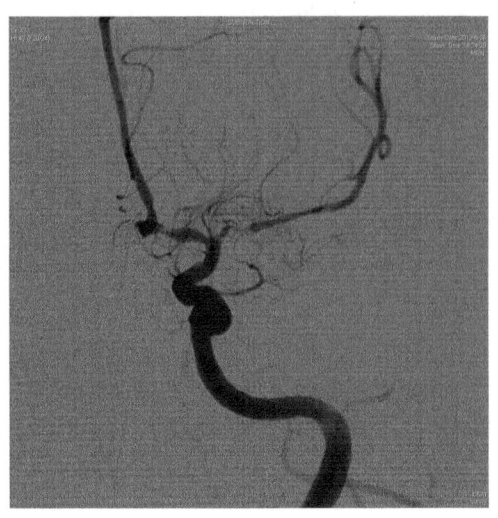

图 14-4　动脉瘤填塞后

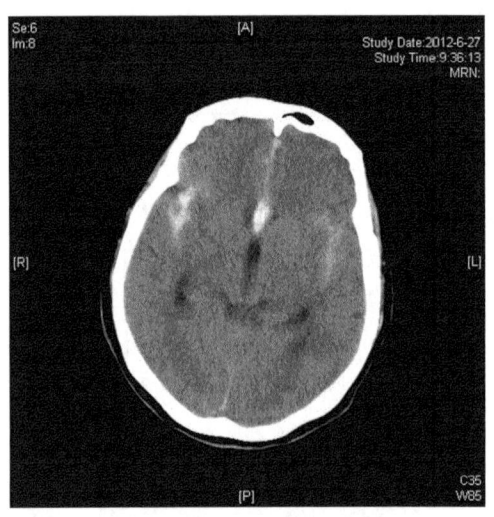

图 14-5　术后 CT 检查显示前纵裂及双侧外侧裂血凝块在厚度上＞5mm

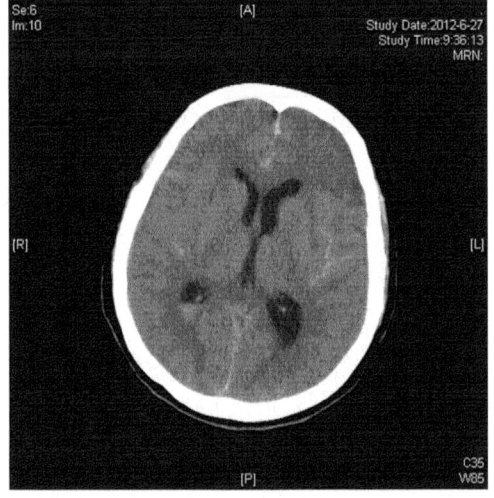

图 14-6　双侧脑室内积血 Fisher 分级 4 级

血管平滑肌异常导致延迟性动脉收缩是 CVS 发生的重要机制，而细胞内游离钙离子水平在调节平滑肌收缩中起到关键作用。所以 SAH 患者应口服钙离子拮抗剂尼莫地平 60mg 每 4 小时 1 次，连用 3 周。对不能口服者可静脉给药。其他口服或静脉使用钙拮抗剂疗效不确定。镁离子属于电压依赖性钙通道非竞争阻滞药。Wong 等研究发现持续硫酸镁静滴对 SAH 治疗组血管痉挛发生率较安慰剂组显著下降。这些药物的使用都需要注意对血压的监测。

3H 疗法：3H 疗法指升高血压，增加血容量和血液稀释，其目的是提高收缩压，增加痉挛血管分布区血流量。一项汇总分析对 4 项前瞻性研究共 488 例患者进行分析。3H 疗法能显著降低有症状 CVS 的发生率。未接受 3H 疗法的患者病死率显著增加。但 3H 疗法可导致许多并发症，所以使用前应充分评估心功能。在动脉瘤尚未破裂之前，使用 3H 疗法更应谨慎。

法舒地尔的应用：有研究认为非钙离子依赖性血管收缩也参与了脑血管痉挛的发生，应用 Rho 激酶抑制剂-法舒地尔可抑制 SAH 后细胞 Rho 激酶的激活，抑制了非钙离子依赖性血管痉挛。

对于难治性脑血管痉挛，特别是症状性大血管痉挛的 SAH 患者，使用血管内球囊扩张术或选择性动脉血管内血管扩张剂是可以推荐的。

五、放脑脊液疗法

SAH 后，由于血性脑脊液的作用，产生一系列相应临床后果。所以对血性脑脊液的引流，对缓解头痛，预防和治疗脑血管痉挛，防治脑积水都有很好的临床意义，特别是对动脉瘤已处理好的患者更应考虑选用持续性蛛网膜下腔引流还是重复腰穿，每次释放 CSF 10～20ml。但应严格掌握适应证，警惕脑疝、颅内感染等危险。

六、抗癫痫治疗

动脉瘤蛛网膜下腔出血相关癫痫的发生率和管理尚存争议。目前没有随机对照研究指导决定癫痫的预防和治疗。近期的回顾性调查表明 SAH 患者有 6%～18% 的癫痫发生率。但其中部分患者在 SAH 发病前就有癫痫出现。一般认为大脑中动脉动脉瘤、动脉瘤性 SAH 血凝块的厚度、伴随的脑内血肿、再出血、梗死、差的神经分级和既往有高血压病史是动脉瘤性 SAH 相关早期癫痫的危险因素。其次治疗破裂动脉瘤的方法对其后发展的癫痫也有影响。血管内栓塞治疗的迟发性癫痫发生率小于外科手术夹闭。对于有痫性发作的动脉瘤性 SAH 患者，在出血后可考虑立即给予抗癫痫药，不建议长期给药。但原先有癫痫者，或并发脑内血肿、顽固性高血压、脑梗死或大脑中动脉动脉瘤的患者可长期使用抗癫痫药。

第九节 预 后

SAH 预后与病因、出血部位、出血量、有无并发症及是否得到适当治疗有关。动脉瘤性 SAH 死亡率高，从 20 世纪 80 年代中期到 2002 年各地报告的病死率为 26%～59%。SAH 后遗留有永久性功能障碍为 8%～20%。

（柯开富）

参 考 文 献

何晟，柯开富. 2012. 动脉瘤性蛛网膜下腔出血后脑血管痉挛的药物治疗. 国际脑血管病杂志，20(30)：198～203

Connolly ES Jr, Rabinstein AA, Carhuapoma JR, et al. 2012. Guidelines for the Management of Aneurysmal Subarachnoid Hemorrhage: A Guideline for Healthcare Professionals From the American Heart Association/American Stroke Association. Stroke, 43(6):1711～1737

Rowland PL. 2005. Merritt's Neurology. 11thed. London: Lippincott Williams and Wilkins. 328～337

第 15 章 癫痫持续状态

癫痫持续状态(status epilepticus, SE)是神经科临床最常见的急危重症。传统上,把癫痫持续状态简单地定义为:单次全面性发作超过 30 分钟,或者反复发作且间隙期不能恢复正常水平。有研究数据表明,早期神经元损害与发作的持续时间相关,因此,缩短发作时间对于减少神经系统发生不可逆损伤是非常重要的。由于典型的痫样发作通常在 1~2 分钟,发作 30 分钟可以导致组织学上改变,所以超过 5~10 分钟的痫样发作就可以视作癫痫持续状态。2001 年,国际抗癫痫联盟提出了新的癫痫持续状态定义:"超过大多数这种发作类型的患者的发作持续时间后,发作仍然没有停止的临床征象,或反复的癫痫发作,在发作间期中枢神经系统的功能没有恢复到正常基线"。

第一节 癫痫持续状态分类

根据临床和脑电标准传统上癫痫持续状态分为全面性惊厥性癫痫持续状态和非惊厥性癫痫持续状态(表 15-1)。

表 15-1 癫痫持续状态的传统分类

原发性全面性惊厥性 SE	单纯部分性 SE
强直-阵挛性癫痫持续状态	部分运动性癫痫持续状态
肌阵挛性癫痫持续状态	单侧性癫痫持续状态
阵挛-强直-阵挛性癫痫持续状态	部分性癫痫连续发作
继发性全面性惊厥性 SE	伴自主神经性或情感性症状的部分性癫痫持续状态
由部分性起病的强直-阵挛性癫痫持续状态	非惊厥性 SE(nonconvulsive SE, NCSE)
强直性癫痫持续状态	失神性癫痫持续状态-典型或非典型性
微细的全面性惊厥性癫痫持续状态	复杂部分性癫痫持续状态

2001 年,国际抗癫痫联盟发表了以 Engel 为首的癫痫命名小组提出的癫痫发作分类中,将癫痫持续发作状态作为一种新的发作类型(表 15-2)。目前使用最广泛的是国际抗癫痫联盟 1981 年的分类,将癫痫持续状态归于不能分类的癫痫,主张有什么发作类型就有什么癫痫持续状态。

表 15-2 国际抗癫痫联盟新的癫痫持续状态分类

(1) 全面性癫痫持续状态	(2) 局灶性癫痫持续状态
全面性强直-阵挛性癫痫持续状态	Kojevnikow 部分性持续性癫痫
全面性强直性癫痫持续状态	持续性先兆
全面性阵挛性癫痫持续状态	边缘叶性癫痫持续状态
全面性肌阵挛性癫痫持续状态	伴有轻偏瘫的偏侧抽搐状态
失神性癫痫持续状态	

第二节 流行病学

在美国每年大约有 150 000 名患者被诊断为癫痫持续状态。癫痫持续状态的死亡率约为 20%～25%。癫痫持续状态是所有癫痫中程度最严重的,但癫痫持续状态的诊断率低(0.2%)。NCSE 这种非运动性的癫痫持续状态已经得到越来越多的认识,尤其是在医院中,上述数据并未包括 NCSE。最近的数据表明,每一个 NICU 病区中,5～10 个病人通过 EEG 被诊断为 NCSE。其他调查表明,对于神经科的重症患者,非抽搐性癫痫的发病率高于 34%,由于缺乏有效的检测,这种癫痫往往不能发现。

第三节 病因

大多数位于皮质的突触认为是抑制性的[比如 γ 氨基丁酸能突触(即 GABA 能突触)]。尽管过度兴奋可以通过一些具体的因素触发,但皮质神经元出现的不能控制的活动通常是因为失去抑制的缘故,这种失去抑制以及癫痫发作阈值的降低有多种原因造成(表 15-3)。

表 15-3 常见的癫痫和 SE 的病因

神经系统疾病	
脑血管病	卒中　动静脉畸形
颅内肿瘤	原发性　继发性
中枢神经系统感染	脑脓肿　脑膜炎　脑炎
炎性疾病	血管炎　急性播散性脑脊髓膜炎
脑外伤	挫伤　出血
原发性癫痫	
原发性中枢神经系统代谢紊乱(遗传)	
危重疾病并发症	
低氧/缺血	
药物毒性	抗生素　抗抑郁药　抗精神病药　局麻药　支气管扩张剂
	免疫抑制剂　可卡因　安非他明
药物戒断	巴比妥　苯二氮䓬类　鸦片　乙醇
感染性发热(发热性惊厥)	
代谢异常	低磷血症　低钠血症　低血糖
肾功能失调	

癫痫持续状态多发生于癫痫患者,最常见的原因是不适当的停用抗癫痫药或急性脑病、脑卒中、脑炎、外伤、肿瘤或药物中毒所致,不规则的抗癫痫药物治疗、感染、精神因素、过度疲劳、孕产和饮酒也可诱发,个别患者原因不明。

(1) 不规则服用抗癫痫药:不规则服用抗癫痫药是年长儿和成人癫痫持续状态最常见的原因之一,包括突然停药和血药浓度不足。流行病学资料显示 21% 的儿童和 34% 的成人癫痫患者的癫痫持续状态与用药不规范有关。

(2) 脑血管病:缺血性卒中、脑内出血等干扰了正常皮质的完整性,发生癫痫的风险增加,尽管缺血性卒中导致癫痫的风险约 3%,但由于卒中患者的基数较大(每年 50 万～70

万），使得全国范围内的癫痫发病数目仍然可观。

（3）脑外伤：脑外伤之后发生癫痫和癫痫持续状态的风险相似，癫痫可以在发生脑外伤之后的早期（小于1周），几乎半数的癫痫发生于最初的24小时；或者发生在康复期，外伤后完全康复的患者中有2.1%的癫痫发病率。一旦癫痫发生，尤其是在外伤后期发生的癫痫（超过1周），复发的危险性高达90%，也是病程较长和预后较差的重要提示指标之一。

（4）中枢神经系统感染：脑炎、脑膜炎和肉芽肿等中枢神经系统感染患者中有相当部分伴有癫痫持续状态。近年来，性病引起的癫痫持续状态也受到关注。

（5）脑瘤：几乎所有的脑部肿瘤都可能导致癫痫持续状态，中线结构和幕上肿瘤，尤其是额叶皮质肿瘤癫痫持续状态更常见。

（6）药物和酒精中毒：药物毒性和戒断（尤其是酒精戒断），是药物导致癫痫持续状态的重要原因。引起癫痫持续状态的药物中最常见的是抗精神病药、抗抑郁药、麻醉药和止痛药。抗精神病药物中，一些酚噻嗪类药物，如氯丙嗪，具有较高的发生率（3%～5%）。利多卡因广泛用作抗心律失常药和局部麻醉药，是导致癫痫的最常见的局麻药之一。青霉素由于在结构上含有β内酰胺可引起癫痫持续状态。在非精神类药物中，茶碱（具有8%～14%风险）尤为值得一提，因为其兴奋性机制并非通过拮抗GABA，导致耐药性癫痫持续状态的发生，而应用苯二氮䓬治疗往往有效。

（7）代谢性疾病：几乎所有的代谢异常都能导致癫痫持续状态。急性代谢疾病，如血糖异常、低钠、低钙、低钾、低镁、脱水、尿毒症、肝功能衰竭等是癫痫持续状态的常见原因。

一些不太常见的难治性癫痫持续状态的病因，包括癌症扩散，类癌综合征，以及家族遗传性疾病。

第四节 癫痫持续状态的并发症

诊断和有效治疗癫痫持续状态是紧迫的。癫痫持续状态是一种神经急症的主要原因有两个方面：首先，癫痫持续状态具有导致较差临床预后的系统性并发症的危险；其次，不间断的癫痫活动能够产生直接的神经损伤。

惊厥性癫痫持续状态，尤其强烈肌肉收缩为表现的癫痫持续状态，有可能导致酸中毒、高热、横纹肌溶解症、外伤等，这些均有较高的患病率和死亡率，误吸也是常见的风险之一。

临床研究证实，癫痫发作超过1小时以上可以作为一个独立的预示较差预后的因素。因为兴奋性毒性、细胞内钙离子超载和细胞凋亡，致癫痫突触的重组和增值，能量耗竭，DAN和蛋白质合成的抑制，延长癫痫发作的时间进一步加重脑损伤。

脑部不同部位对癫痫持续状态损伤的易感性不一致，某些具有高密度的兴奋性氨基酸受体的部位，包括海马，小脑的锥体细胞，杏仁核，丘脑以及皮质中叶，这些部位的损伤有可能导致永久的记忆力、平衡力、感受力以及全面的认知功能障碍。

第五节 监　　测

头皮EEG是癫痫持续状态诊断、分类及治疗检测的重要手段。在不同癫痫持续状态亚型中，EEG存在多种不同类型（表15-4）。大多数全面性惊厥性癫痫持续状态，根据临床表现即可作出诊断，但在一些病例，尤其在NCSE时EEG的监测特别重要，因为NCSE除EEG外并无其他相关特征。根据电生理表现，有人提出根据其EEG的表现规范诊断的标准（表15-5）。

表 15-4　全面痉挛性 SE 和非惊厥性 SE 的 EEG 表现

SE 类型	EEG 表现
典型全身惊厥性 SE	在正常的背景节律下,出现弥漫性的棘波和尖峰持续放电。癫痫持续状态以不间断的棘波。更常见的是,在散在的低电压活动中,在运动性发作期出现逐渐增加或逐渐降低的电活动。在上述观察到的癫痫活动中,没有突然终止,或者发作后抑制的现象
NCSE	由大量的可以辨识的异常脑电图形组成,一般说来,如复杂部分持续状态的脑电图类似非癫痫持续状态的脑电表现

表 15-5　非惊厥性癫痫的脑电标准

非惊厥性癫痫的类型	脑电标准
原发性	(1) 重复出现的、广泛的或局灶的棘波、尖波或棘尖波,3 次/s 以上的尖慢复合波; (2) 如上述表现但频率小于 3 次/s,且符合下述第 4 条标准; (3) 符合继发性非惊厥性癫痫的标准 1,2,3+/-4 的连续的节律波
继发性	(1) 增加发作:电压增加和(或)频率增加/减少; (2) 递减性抵消:减少波幅或频率; (3) 缓慢后放电或电压衰减; (4) 抗惊厥治疗后临床状态或脑电图明显改善

关于 EEG 波形异常是否代表一次癫痫状态仍存在争议。也许 EEG 最难反映的是周期性一侧癫痫样放电(PLEDS 代表单侧,BIPLEDS 代表双侧/独立,PEDS 代表局部或双侧/一致)以及出现三相波(TW)。多数癫痫学家认为 PLEDS 是发作间期出现的,而有的意见认为其是癫痫发作的延续。PLEDS 的出现至少表明存在神经损伤,而 BIPLEDS 更为严重。

第六节　治　疗

"癫痫产生癫痫"这句格言很好地描述了癫痫持续状态:癫痫持续状态维持的时间越长,便越难使其终止。通常情况下局部皮质抑制性回路均有表达,限制癫痫的持续发作,但在癫痫持续状态中失去这种作用。也许由于早期的神经元损伤,癫痫本身会增加这种去抑制作用,使发作难以终止。

一、一般治疗

治疗的一般原则是保持生命体征的稳定,包括保持气道的通畅、吸氧、建立静脉通道、调控血压、纠正电解质紊乱、降温、处理诱发因素、纠正酸中毒及防治脑水肿等综合措施。

二、终止发作的治疗

从速控制发作是减少并发症,减少病死率的关键。首选作用快、半衰期短的一线药物,次选作用时间长,起效较慢的二线药,在治疗无效的情况下考虑选用三线药。治疗目标是电生理的癫痫活动停止。

三、GCSE 治疗的一线药物

GCSE 治疗的一线药物是苯二氮䓬类(BZD)。有 3 种常用的苯二氮䓬类药物:劳拉西泮,咪达唑仑和地西泮——所有这些药物在合适的剂量下均具有一定的作用,其中劳拉西泮是最为有效的。苯二氮䓬类药物是 GABA$_A$ 的强有力的激动剂,能快速地透入脑组织中,使得信号转到受到抑制。65%的 GCSE 患者在使用苯二氮䓬类药物之后有效地使得癫痫持续状态得到终止。

(1) 地西泮:成人开始静脉注射 10~20mg,每隔 10~15 分钟可按需其至达最大限用量。静脉注射宜缓慢,每分钟 2~5mg。出生 30 天~5 岁,静脉注射为宜,0.2~0.5mg 每 2~5 分钟,最大限用量 5mg。5 岁以上 1mg 每 2~5 分钟,最大限用量 10mg。如需要 10~15 分钟可重复。地西泮的脂溶性很高,并且向血浆组织渗透的速度很快。推注之后,地西泮的药效仅维持 5~10 分钟。然而,终末药物消除需要几个小时才能全部完成,是 3 种药物中,药物清除时间最长的。此外,通过肝脏中介所产生的化合物具有 15%~20% 地西泮 GABA 激动剂的活性,其血浆半衰期将近 96 小时。因此,这种动力学和机制使其仅仅适用于短期的控制发作,如果使用较大剂量,会出现长时间的镇静作用。

(2) 咪达唑仑:静脉注射宜缓慢,剂量应根据临床需要、患者生理状态、年龄和配伍用药情况而定。成人开始静脉注射 10mg,如发作未得到控制,15 分钟可重复给药。咪达唑仑是一种高度亲脂性的药物,其在肝脏中被清除得更为迅速一些,因此,与地西泮相比,咪达唑仑具有更高的清除率。

(3) 劳拉西泮:肌内或静脉注射 1~4mg。成人推荐用药剂量 0.05~0.1mg/kg,一次不超过 4mg,缓慢注射,注射速度 1~2mg/min。如果癫痫持续或复发可于 10~15 分钟后按相同剂量重复。劳拉西泮水溶性高,血浆中的半衰期更长,在临床上,其药效能够持续 4~6 小时。劳拉西泮能够立刻用于对癫痫持续状态的治疗,其还能够防止复发。

(4) 苯巴比妥(PB):PB 是新生儿痫性发作和癫痫持续状态的一线药物,儿童和成人的三线药物。可静脉或肌内注射给药。肌内注射必须缓慢,以免引起心脏呼吸抑制。

四、GCSE 二线静脉抗惊厥药

在治疗癫痫持续状态上,苯二氮䓬几乎不单独使用。需要采用更多的药物进行治疗。一般来说,二线药物有:苯妥英,磷苯妥英和丙戊酸,这些药物从静脉途径给药时也能够发挥作用。

(1) 磷苯妥英(fosphenytoin):成人首剂 15~20mg/kg,静脉输入速度不超过 150mg/min(是苯妥英的 3 倍量)。磷苯妥英是苯妥英磷酸酯的前体药物,磷苯妥英能在几分钟之内代谢为苯妥英。应用磷苯妥英的优点有:给药途径多样,能够静脉注射和肌内注射,并且其局部不良反应比较轻,导致重度静脉炎的危险性较静脉使用苯妥英要大大降低。磷苯妥英的输注速度可以比苯妥英快 3 倍,其需要经过酶转化的过程释放苯妥英来发挥作用,因此其药物动力学与相同剂量的苯妥英类似。目前已经取代了苯妥英在临床上的应用。

(2) 丙戊酸钠(sodium valproate,VPA)注射液:推荐成人负荷剂量 15~20mg/kg,儿童为 20~40mg/kg,在 3~5 分钟内静脉推注。成人癫痫持续状态时静脉注射 400~600mg,每日 2 次;儿童每次 20mg/kg。丙戊酸钠注射液安全性不低于或优于其他的一线或二线药物,特别是对心血管系统和呼吸系统几乎无影响。不能用于急性肝病或先天性代谢障碍的儿童。值得注意的事,VPA 可升高 DZP、PHT 和 PB 的血清水平。

癫痫控制后,为了减少药物相互作用产生的并发症,推荐使用单一药物治疗。

五、难治性癫痫持续状态的治疗

难治性癫痫持续状态是指使用了苯二氮䓬类药物和高剂量的二线静脉注射抗癫痫药物,癫痫发作仍然持续。约有15%的癫痫持续状态不能得到控制需要更多的药物治疗。

(1) 巴比妥类麻醉剂:EEG抑制通常需要正常脑电环路的重新建立,特别是皮层抑制网络的恢复。因此,提出了药物诱导EEG抑制的治疗方法,以往使用短效巴比妥类药物(称之为"巴比妥昏迷")。在治疗过程中,持续进行EEG检测,需要在NICU里进行人工通气和严密的血压检测。

一些药物能在初始治疗剂量便产生持续的EEG抑制。常用的是巴比妥类,尤其是戊巴比妥,硫喷妥钠和苯巴比妥。

1) 硫喷妥钠:由于其脂溶性高和分布快速的特性,因此在初始治疗时硫喷妥钠具有最短的血浆半衰期。然而,在癫痫持续状态治疗中,需要达到几天的EEG抑制,该药的长期清除有困难,这个问题值得关注。

2) 戊巴比妥:由于其水溶性强,血流动力学和清除率与硫喷妥钠相当,因而临床上苯巴比妥更为常用。因此,如果EEG抑制仅仅需要持续几个小时,常选用硫喷妥钠。如果EEG抑制要持续几天,则通常选用戊巴比妥。

一般说来,"爆发性抑制"的记录是治疗所需要的,抑制时间从5~30s。最初的治疗目的是将爆发性抑制的时间延长24~48小时,在这期间,抗惊厥药物需要保持一个高水平,因而需要考虑使用一些辅助药物。

所谓抗惊厥药物是指具有治疗和预防癫痫发作的药物,而且在一定治疗剂量的时候患者的意识程度或者认知不造成影响。戊巴比妥和硫喷妥钠抑制皮质传导产生EEG抑制,但不能够有效地预防癫痫发作,因而不属于抗惊厥药物,所以,在需要达到"巴比妥昏迷"状态时,必须使用一些首选的抗惊厥药物,如苯妥英、丙戊酸等。苯巴比妥是巴比妥类药物中唯一具有抗惊厥作用的药物,但其半衰期长达144小时,只有当病人处于昏迷状态或在NICU时间大于1~2周时,才用苯巴比妥进行爆发性抑制。

(2) 其他麻醉剂:在治疗难治性癫痫持续状态中,使用吸入性麻醉气体或者静脉用麻醉药物,如丙泊酚,也取得了不同程度的效果。最近,也有使用氯胺酮和电抽搐治疗的方法。

丙泊酚:过去10年丙泊酚作为最初的用于达到爆发抑制的药物而受到欢迎。由于其半衰期短,广泛的血浆分布(体积达到600L,亲脂性高),清除率快,因而受到广泛应用。当癫痫发作控制后,丙泊酚能更快地恢复并拔管。值得注意的是,一些NICU的报道表明,在连续使用高剂量的丙泊酚[丙泊酚的剂量在$100\sim300\mu g/(kg\cdot min)$]几天或者几周之后,出现了系统性的酸中毒以及肝脏和其他脏器的衰竭。

六、药物导致的癫痫持续状态的治疗

对于药物导致的癫痫持续状态,苯二氮䓬类和巴比妥类药物是首选的治疗药物,因为这些药物是通过GABA激动剂来发挥作用的。苯妥英通常不用于药源性癫痫,尤其是β内酰胺类抗生素导致的癫痫。当癫痫难以控制,尤其是并发肾衰时,考虑进行血液透析。茶碱所致的惊厥和癫痫持续状态具有较高的发生率和死亡率,血液灌流、透析和活性炭在急性治疗中均有应用的价值。异烟肼用静脉注射维生素B_6治疗(表15-6)。

表 15-6 特殊药物导致的癫痫持续状态的治疗

导致癫痫持续状态的药物	治疗选择
抗生素:青霉素、β内酰胺,奎诺酮类	苯二氮䓬类,血透
茶碱	咪达唑仑,血透
异烟肼	维生素 B_6 静脉注射

第七节 癫痫持续状态的治疗步骤

一、从速控制发作的治疗

(1) 保持气道通畅和吸氧,必要时气管插管。
(2) 治疗过程中进行 EEG 检测。
(3) 检测末梢血糖,若小于 40~60mg/100dl,静脉输注葡萄糖。
(4) 立即使用苯二氮䓬类药物:静脉注射劳拉西泮 5~10mg 或地西泮 20~40mg 或咪达唑仑 5~20mg,持续使用 5 分钟。
(5) 苯妥英起始剂量 20mg/kg 以 50mg/min 的速度给药或者硫苯妥英 20mg/kg(苯妥英当量)以 150mg/min 的速度给药。目标血浆浓度水平为 15mg/dl 到 20mg/dl。
(6) 持续的 EEG 记录,如果仍然癫痫活动,追加 5~10mg/kg 苯妥英或 5~10mg/kg(苯妥因当量)的磷苯妥英。目标血浆浓度是 20~25mg/dl。

二、难治性癫痫持续状态

选择快速药物性的爆发性抑制/昏迷,同时进行血流动力学支持:
(1) 丙泊酚 2mg/kg 以 150μg/(kg·min) 到 200μg/(kg·min) 的速度静脉滴注。
(2) 硫喷妥钠 4mg/kg 以 0.3mg/(kg·min) 到 0.4mg/(kg·min) 的速度静脉滴注。
(3) 咪达唑仑 0.2mg/kg 以 0.1 到 0.2mg/(kg·h) 的速度注入,这种方式可以作为丙泊酚或硫喷妥钠的辅助。
(4) 丙戊酸 60~70mg/kg。
(5) 戊巴比妥 5~10mg/kg 以 1~10mg/(kg·h) 的速度注入,可以满足长时程爆发抑制的需求。

三、从癫痫脑电抑制状态中撤药

(1) 从药物昏迷的状态中撤药之前,癫痫持续状态抑制状态(可能真正的爆发性抑制,但并不需要)需持续使用 EEG 检测 12~48 小时。
(2) 对于癫痫的长期治疗选用合适的抗癫痫药物。用药的目标是使用最少的抗惊厥药物达到高水平的抗惊厥作用。
(3) 最常用的药物是苯妥英和丙戊酸。
(4) 在撤除静脉给药过程中,EEG 可能会出现背景节律的变化或增加。如果癫痫波形再次出现,可以使用原先剂量的 30%~70% 进行再次给药。
(5) 当需要再次撤药时,再调整抗惊厥药的血药浓度,或加用其他抗惊厥药。

第八节 抗惊厥药物的药物毒性

抗惊厥药物往往会导致一些特异性以及剂量依赖性副作用。抗惊厥药物通常是一些大分子蛋白质的复合物,其发挥作用依赖于游离的血浆浓度。在低白蛋白的状态,药物游离浓度可能显著增加,甚至在正常的总血浆浓度的情况下,其也能出现增加,因此,需要检测游离药物浓度。

嗜酸细胞计数可以有助于区分感染和药物副作用。然而,一般说来无论是否是药物引起都需要换药。

卡马西平的毒性通常以双向性的方式出现:通过毒性中介物10,11环氧化代谢物的增加,出现急性和亚急性毒性。

除了急性毒性外,剂量依赖的毒性作用包括短期的白细胞减少症和血小板减少症(卡马西平/丙戊酸),巨幼细胞贫血(苯妥英),以及不适当抗利尿激素综合征(SIADH)(卡马西平)。

特异性的抗惊厥药的不良反应或许与患者的机体状态相关。抗惊厥药中,过敏反应很常见,尤其是苯妥英和卡马西平,临床表现为发热、皮疹和嗜酸性细胞增多症。其他药物反应(不常见)也有可能发生,包括肝衰竭,胰腺炎(尤其是丙戊酸),粒细胞缺乏症,再生障碍性贫血,Stevens-Johnson综合征,以及狼疮样综合征。

当肾小球滤过率降到10ml/min以下时,会严重影响抗惊厥药的清除,尤其是苯妥英和丙戊酸。苯巴比妥和卡马西平不受影响。

抗惊厥药和其他药物的相互作用也是NICU癫痫持续状态患者面对的严重问题。之前所提到的化合物的主要作用是它们肝脏代谢的作用以及蛋白质结合的作用,使得其他药物发生动力学上的改变。

苯妥英,卡马西平,苯巴比妥都是肝酶诱导剂,并且可以影响其他药物的浓度,包括一些同时使用的抗惊厥药物(表15-7)。

表15-7 抗惊厥药物使用过程中的药物血浆水平的变化

药物	结合率/%	苯妥英	苯巴比妥	卡马西平	丙戊酸	苯二氮䓬类
苯妥英	90		~	↓	↓	
苯巴比妥	45	先↑后↓		~		↓
卡马西平	75	~	~		↓	↓
丙戊酸	90	↓	↑	~或↑		↓
苯二氮䓬类		↓	~		~	

苯妥英可能降低卡马西平和丙戊酸的血浆水平,而其与苯巴比妥的相互作用是不同的。丙戊酸抑制了苯巴比妥和卡马西平的代谢(包括环氧化物的代谢),这可能会导致其血浆水平升高。

卡马西平增加了地西泮和丙戊酸的肝脏代谢。

苯妥英能够降低华法林和茶碱的作用(表15-8)。相似的是,苯巴比妥也能够减少华法林,茶碱,西咪替丁的水平。

表 15-8 抗惊厥药队常用药物的影响

药物	华法林	茶碱	甾类	氟哌啶醇	锂盐
苯妥英	↓	↓	↓		
苯巴比妥	↓	↓	↓	↓	
卡马西平	↓	↓	↓	↓	↑

抗惊厥药可能会改变其他药物的药物动力学,因此,这些药物反过来也会影响抗惊厥药物的吸收,分布和清除。例如,胺碘酮,异烟肼和氯丙嗪都能够减少很多药物的肝脏代谢。因为 NICU 中经常使用苯妥英,因此其受影响较普遍。相反,也有一些药物能够影响苯妥英的水平,包括地高辛,环孢菌素,皮质类固醇,华法林,茶碱。氢氧化铝,氢氧化镁以及钙制酸剂能够减少通过肠道途径给药的苯妥英。

(曹茂红)

参 考 文 献

中华医学会神经病学分会脑电图与癫痫学组. 2011. 抗癫痫药物应用专家共识. 中华神经科杂志,44(1):56~65

Bleck TP. 2005. Refractory status epilepticus. Curr Opin Crit Care,11:117~120

Dichter MA. 2009. Emerging concepts in the pathogenesis of epilepsy and epileptogenesis. Arch Neurol, 66(4):443~447

Friedman D,Claassen J,Hirsch LJ. 2009. Continuous electroencephalogram monitoring in the intensive care unit. Anesth Analg,109(2):506~523

Gomes WA,Shinnar S. 2011. Prospects for imaging-related biomarkers of human epileptogenesis: a critical review. Biomark Med,5(5):599~606

Lowenstein DH. 2005. Treatment options for status epilepticus. Curr Opin Pharmacol,5(3):334~339

第16章 神经肌肉疾病

神经肌肉疾病及其导致的呼吸衰竭是神经重症单元经常遇到的问题,在周围神经系统疾病中尤其突出。导致神经源性呼吸衰竭的病变可定位于运动神经元、周围神经、神经肌肉接头处以及肌肉。

第一节 神经肌肉疾病所致呼吸衰竭的临床特征

罹患神经肌肉疾病患者一旦出现呼吸无力就必须马上进行呼吸功能的监测。这些监测至少要包括肺活量、吸气负压和呼气流量。做这些监测的部分原因是临床检查通常不可靠。这类患者的临床症状和体征可以各不相同,可以出现呼吸无力、球麻痹或四肢无力的各种症状和体征。患者可能会主诉呼吸困难和莫名的不安感,额部出汗很常见。随着病情的进展,部分患者会出现呼吸困难的典型症状和体征,如呼吸急促、心动过速、辅助呼吸肌用力及咳嗽减少等。由原发于肺部疾病导致即将出现呼吸骤停的典型症状和体征在快速上升性脊髓炎、急性自主神经功能障碍或神经肌肉接头处阻滞的患者可能不会表现出来。这些患者往往在气管插管前可能都表现良好。因而不能仅靠患者的临床表现,而应该根据肺功能监测的情况决定是否需要紧急气管插管。

呼吸功能不全及肺活量的下降是一个渐进的过程。正常的肺活量为65~70ml/kg,在疾病早期肺活量可能不会出现典型的改变。当肺活量低于30ml/kg时,咳嗽会减少。此时潮气量的下降可导致进行性肺不张,但动脉血气分析可能仅表现为动脉血氧分压的轻度减低。当肺活量进一步下降至15ml/kg以下,出现肺分流导致显著的供氧能力下降。肺活量低于10ml/kg时,会出现高碳酸血症,它是呼吸功能不全发展至晚期的一个指标。然而,在神经肌肉疾病导致的呼吸功能不全中,肺活量的下降的特异性较其他肺功能测试指标要差。病人的依从性往往会干扰肺活量的测定。神经肌肉性呼吸衰竭患者的流速-容量环与慢性阻塞性肺疾病患者相似,在肺活量曲线上可能会出现一个明显的呼气末期延长的尾部。如果缺乏这些相关知识,则可能会低估了实际的肺活量。在临床检查中很难量化呼吸力量,吸气负压可能是反映呼吸力量最好的检测指标,其较少出现误差,简单易行且易于重复。检测时需要患者含紧测试仪器,因而有面肌无力者,如格林巴利综合征和重症肌无力等可能不能很好地完成。气管插管的时机非常重要,应当根据呼吸参数的下降情况选择执行。有人提出20/30/40规则,即肺活量<20ml/kg、最大吸气压力<30cmH$_2$O或最大呼气压力<40cmH$_2$O时需要插管。

第二节 格林巴利综合征

格林巴利综合征(Guillain – Barré syndrome)又称急性炎性脱髓鞘性多发性神经炎(acute inflammatory demyelinating polyneuritis,AIDP),是一种自身免疫介导的周围神经病,以急性起病的周围神经和颅神经功能障碍为特征。主要病理改变为周围神经组织小血管周围淋巴细胞浸润、巨噬细胞浸润及神经纤维脱髓鞘,严重病例可继发轴突变性。

一、病因及发病机制

GBS的病因尚不明确。约70%以上的GBS患者在发病前8周有前驱因素,高峰在发病前 1～2 周。半数以上的患者有呼吸道或胃肠道感染症状。约 30% 患者病前有空肠弯曲菌感染,以腹泻为前驱症状的患者感染率高达 80% 以上。其他感染因子主要为肺炎支原体、巨细胞病毒、EB 病毒、嗜流感病毒、腺病毒、单疱病毒等。少数患者有手术史或疫苗接种史。目前认为 GBS 是一种自身免疫性疾病,由于细菌或病毒的某些组分与周围神经髓鞘的某些成分相似,机体免疫系统发生错误识别,产生自身免疫性 T 细胞和抗体对周围神经进行免疫攻击,导致周围神经髓鞘脱失。研究表明 GBS 早期主要由细胞免疫介导,而后期主要为体液免疫介导。在患者的血清及脑脊液中可测得多种炎性介质、细胞因子及自身抗体。

二、临床表现

起病呈急性或亚急性,病前 1～4 周常有呼吸道或消化道感染症状。主要症状为对称性的肢体无力,通常远端无力超过近端,大多最初影响下肢,常由双下肢开始逐渐累及躯干肌、颅神经,当呼吸肌受累时则出现呼吸困难。肌无力大多为对称性,偶有不对称的。颅神经受累较多见,其中以双侧面神经麻痹最常见,其次为舌咽和迷走神经麻痹,约 10% 的患者有动眼神经受累。严重患者可出现吞咽功能障碍。几乎所有患者都有感觉异常,主观感觉障碍远较客观为重,常描述为麻木、刺痛及烧灼感等,多为对称性肢体远端手套-袜子样分布。约 30% 的患者有肌肉压痛,少数表现出神经根刺激症状。四肢腱反射减弱或消失,往往与肌无力症状相平行。自主神经功能障碍较明显,表现为皮肤潮红、出汗异常、心动过速、直立性低血压、高血压等,可有一过性膀胱括约肌功能障碍。多数病例进展迅速,多在 1～2 周达高峰,50% 的患者在 2 周后停止进展,80% 在 3 周后,90% 在 4 周后。除典型病例外,尚有一些临床表现不典型的变异性,如 Miller-Fisher 综合征,表现为共济失调、腱反射消失及眼外肌麻痹三联征,有或无轻度肢体无力。

辅助检查:多数患者在发病后 2 周脑脊液可表现出特征性的蛋白-细胞分离现象,即脑脊液中蛋白增高而细胞数正常或接近正常。这种特征性的改变在第 3 周最明显。肌电图检查早期可仅有 F 波或 H 反射延迟或消失,F 波异常提示神经近端或神经根受损。晚期可见神经传导速度减慢,潜伏期延长,提示髓鞘损害,轴索受损时波幅降低。

三、诊 断

根据患者急性或亚急性起病,起病前有感染史,四肢对称性迟缓性瘫痪和颅神经损害,末梢型感觉障碍,脑脊液示蛋白-细胞分离,肌电图早期 F 波或 H 反射延迟或消失,诊断应该不难。可参考如下诊断标准:

1. 诊断标准

(1) 诊断必需的要点:①进行性一个肢体以上的瘫痪,瘫痪程度不等,从双下肢轻度无力到四肢完全瘫痪、延髓麻痹、面肌瘫痪和眼外肌麻痹。②腱反射消失,双侧二头肌反射及膝反射减弱,而远端腱反射消失亦可。

(2) 强烈支持诊断要点:

1) 临床特征:①进行性发展,4 周内达高峰;②相对对称性;③轻度感觉症状和体征;④颅神经损害;⑤进展停止后 2～4 周开始恢复;⑥自主神经功能障碍;⑦病初无发热。

2) 脑脊液示蛋白-细胞分离。

3) 电生理:神经传导速度减慢,潜伏期延长,F 波异常。

(3) 怀疑诊断的要点：①明显而持久的不对称性瘫痪；②持久的膀胱、直肠功能障碍；③发病时有膀胱、直肠功能障碍；④脑脊液单核细胞>$50×10^6$/L；⑤脑脊液中出现多形核白细胞；⑥存在明确的感觉平面。

2. 否定诊断的要点

(1) 近期反复接触挥发性溶剂、油漆等毒素史。

(2) 卟啉代谢异常，提示急性卟啉病。

(3) 近期白喉感染史。

(4) 符合铅中毒性周围神经病的临床特征，已经有铅中毒的证据。

(5) 单纯感觉异常综合征。

(6) 有肯定的偶可与GBS混淆的其他疾病，如脊髓灰质炎、肉毒中毒、癔症性瘫痪及中毒性神经病等。

四、治　　疗

(1) 免疫治疗

1) 血浆置换：有条件者应尽早应用。推荐对非卧床患者发病4周内，卧床患者发病2周内应用，可缩短恢复时间和改善预后。方法：每次血浆交换量为30～50ml/kg，通常建议隔天一次，共5次。在症状出现2周内应用效果更佳。禁忌证主要是严重感染、心率失常、心功能不全、凝血系统疾病等；主要副作用为血流动力学改变造成血压变化、心率失常，放置中心静脉导管可能引发气胸、出血及败血症等。

2) IVIg：推荐尽早应用。方法：静脉滴注入血免疫球蛋白，0.4g/(kg·d)，1次/天，连续3～5天。主要副作用有：流感样症状、肾功能损害、血栓栓塞事件、过敏反应、无菌性脑膜炎、稀释性低钠血症等。

以上两种治疗均是GBS的有效治疗方法，其疗效相当。其中IVIg因安全、方便且易于管理，常为GBS的首选治疗方法。联合应用两种治疗并不能增加疗效，同样增加疗程也未发现比单疗程治疗更加有效。尽管如此，少数患者在1个疗程的治疗后病情仍无好转或仍在进展，或恢复过程中再次加重，可以考虑延长治疗时间或增加1个疗程。

3) 肾上腺皮质激素：肾上腺皮质激素对GBS的治疗大都无效。然而需要详细询问病史以鉴别慢性炎性脱髓鞘性多发性神经根神经病(CIDP)，后者对肾上腺皮质激素有较好的反应。

(2) 支持治疗

1) 呼吸道管理：本病最严重的并发症是呼吸衰竭，也是治疗的关键之一。当出现呼吸减弱时需进入NICU以密切观察，监测动脉血气分析，呼吸功能持续下降需考虑气管插管。无创通气并不能避免气管插管。气管插管的时间取决于周围神经受累的程度。在气管插管当天应进行肺功能评分，在第12天再次进行评分可以帮助评估患者是否需要长期机械辅助通气。如果评分改善则患者可能在2周内拔管，如果评分更差则表示患者可能需要长期机械通气，此时需考虑气管切开。脱机和拔管的标准没有插管那么明确，一般在SIMV模式下，通过减小呼吸频率和压力支持至最小，患者仍能自主呼吸时可考虑脱机，此时患者的肺活量至少12～15ml/kg。T-piece试验能耐受30分钟通常表示能拔管成功。气管插管或切开后要积极预防肺炎、肺不张等，需勤吸痰，湿化呼吸道，有感染时及时应用抗生素。

2) 营养支持：有吞咽困难或需辅助呼吸的患者应尽早插胃管鼻饲。若胃肠潴留较多，可加用胃肠动力药物如甲氧氯普胺、莫沙必利等，并密切观察腹胀情况。有严重胃肠道运动障碍者需给予胃肠外营养。

3) 自主神经症状的控制：急性自主神经功能紊乱常见于进展较快的患者，严重者可威胁生命。最常见的形式是轻到中度的持续性高血压，但对抗高血压治疗反应良好。但需要密切监护，以免自主神经功能恢复后导致低血压。低血压也较常见，可通过增加液体摄入量治疗。体位性低血压常出现于恢复期，可增加钠盐的摄入或给予氟氢可的松。各种心率失常都有可能出现，其中提示预后不良的是心动过缓和心搏骤停，部分患者需植入起搏器。

4) 长期 NICU 患者的一般支持治疗：对于少数可能需要长期在 NICU 中治疗的患者，应当积极预防深静脉血栓，预防胃肠道疾病，尽早肠内营养，处理疼痛及精神支持。疼痛有时会很棘手，可能对麻醉药无效，可以试用非甾体抗炎药，某些顽固性病例可尝试给予单次剂量甲泼尼龙 60mg。

（3）一般治疗：急性期应给予足量 B 族维生素，ATP，辅酶 A 等。加强护理，防止压疮形成，早期肢体被动活动，防止关节挛缩，尽早康复治疗。

五、预　　后

本病具有自限性，多为单相病程，预后较好。约 15% 的患者能完全恢复，70% 的患者有轻度后遗症但不影响日常生活，10% 的患者有严重后遗症，3% 左右的患者死于并发症。年龄超过 60 岁，病情进展快速，有呼吸衰竭，神经电生理示严重轴索变性的患者预后较差。

格林巴利综合征的重症监护管理见表 16-1。

表 16-1　格林巴利综合征的重症监护管理

(1) 进行性四肢无力或呼吸减弱患者入 NICU 观察
(2) 查心电图、胸片及基本实验室检查
(3) 每 3～8 小时检查肺活量及呼气正压/吸气负压
(4) 监测动脉血气分析：如果出现自主神经功能紊乱症状：
　ⅰ．在可耐受范围内尽量静脉补充血容量
　ⅱ．纠正高血钾、高血钙或高血镁
　ⅲ．如果有必要应给予血管升压治疗或静脉内抗高血压药物以调控血压
　ⅳ．必要时给予抗心律失常药物
　ⅴ．严重心动过缓时考虑植入临时起搏器
(5) 肺功能下降或高碳酸血症加重时应考虑气管插管
(6) 开始 IVIg 或放置中心静脉导管进行血浆置换治疗
血浆置换治疗方案可选择隔天一次，共 5 次；或者连续 3 天，后隔天一次，共 5 次
(7) 重症监护单元医嘱
　1) 放置鼻胃管并开始鼻饲
　　ⅰ．若胃肠潴留多则可考虑肌注或经鼻胃管给予甲氧氯普胺 10mg，q6h
　　ⅱ．开始肠道支持以确保规律的肠蠕动
　　ⅲ．观察腹部膨隆情况
　2) 开始胃肠道并发症和深静脉血栓的预防措施
　3) 开始胸部理疗和物理治疗方案
　4) 定期评估疼痛
　5) 精神支持，经常鼓励，考虑通知格林-巴利支持小组
(8) 当四肢或呼吸肌肌力改善时尝试脱机
(9) 插管后 12 天评估肺功能。如较插管当天更差，考虑气管切开术以长期辅助呼吸

第三节 重症肌无力

重症肌无力(myasthenia gravis,MG)是一种累及神经肌肉接头处突触后膜乙酰胆碱受体的获得性自身免疫疾病。任何年龄均可发病，最常见于20~50岁。多见于两个年龄组：15~30岁的年轻女性和60~75岁老年男性。10%的患者合并有胸腺瘤。临床特征为部分或全身骨骼肌极易疲劳，活动后加重，休息后好转，胆碱酯酶抑制剂治疗后症状减轻。

一、病因及发病机制

研究表明 MG 是一种自身免疫疾病，发病机制与自身抗体介导的突触后膜 AchR 的损害有关。主要由 AchR 抗体介导，在细胞免疫和补体参与下，突触后膜的 AchR 被大量破坏，不能产生足够的终板电位，导致突触后膜传递障碍而产生肌无力。在 AchR 抗体中，有些直接竞争性抑制 Ach 与 AchR 的结合，有些干扰 Ach 与 AchR 的结合。当 AchR 抗体与 AchR 结合后，可通过激活补体使 AchR 降解和结构改变，突触后膜 AchR 的绝对数目减少。在80%~90%的 MG 患者中可测到 AchR 抗体。近几年又发现肌肉特异性受体酪氨酸激酶抗体(muscle specific receptor tyrosine kinase antibody,MuSK-Ab)。MuSK 能激活发育中集聚蛋白介导的 AchR 在突触后膜的聚集作用，多数学者认为 MuSK-Ab 可能抑制了这种聚集作用，从而导致神经-肌肉接头处的传递障碍。有人依据抗体的不同，将 MG 分为 AchR-Ab 阳性 MG(AchR-MG)、MuSK-Ab 阳性 MG(MuSK-MG)和血清抗体阴性 MG(seronegative MG,SN-MG)。但是引起 MG 免疫应答的始动环节仍不清楚。由于几乎所有的 MG 患者都存在胸腺异常，推测诱发免疫反应的起始部位在胸腺。胸腺中存在肌样细胞，与肌细胞存在共同抗原 AchR。特定的遗传素质个体中，由于某些因素导致肌样细胞的 AchR 构型发生变化，被免疫系统错误识别而产生 AchR 抗体，后者通过血液循环到达神经-肌肉接头与突触后膜的 AchR 发生交叉反应。此外，突触后膜的 AchR 的免疫原性改变也可能是另一种始动因素。

二、临床表现

重症肌无力在临床表现上有三个特征，使之成为一种极具特征性的疾病。第一个特征是波动性的肌无力，肌无力在一天的过程中变化不定。肌肉连续收缩后出现严重无力甚至瘫痪，经短暂休息后可见症状减轻或好转。肌无力多于下午或傍晚劳累后加重，晨起和休息后减轻，称之为"晨轻暮重"。第二个特征是无力肌肉的分布。全身骨骼肌均可受累，但颅神经支配的肌肉更常见。大约40%的患者首先出现眼肌受累，85%患者最终累及眼肌。延髓肌无力可出现言语不清、饮水呛咳、吞咽困难。四肢肌肉受累以近端为主，腱反射及感觉通常正常。单一肢体或膈肌无力极少见。AchR-MG 患者，四肢无力常见，眼肌受累显著，延髓肌相对受累较少。而 MuSK-MG 患者延髓肌受累显著，眼肌受累常常轻微，早期可有面舌肌的萎缩。第三个特征是对胆碱酯酶抑制剂的治疗有效，这种反应是一致且可重复的，这一重要的临床特征也被用于确诊试验。

三、诊断及鉴别诊断

根据特征性的临床表现、对胆碱酯酶抑制剂的阳性反应及相应的神经-肌肉接头处传递障碍的电生理特征，诊断 MG 并不困难。血清中 AchR 抗体及 MuSK 抗体的检测、胸腺 CT

等检查有助于确诊。电生理检查是具有确诊价值的检查方法。重复神经电刺激的典型改变为动作电位波幅在第5波比第1波低频刺激时递减10%以上,高频刺激时递减30%,且递减幅度与病情相关。单纤维肌电图可出现颤抖"Jitter"。依酚氯铵(腾喜龙)试验采用静脉注射,总剂量为10mg,30s内可观察到改善,主要用于眼肌和颅神经支配肌肉无力的评价。新斯的明试验作用在15~30分钟达高峰,一般用于肢体和呼吸肌无力的评价。

在神经重症监护单元,MG主要与其他可引起口咽及呼吸肌无力的其他神经肌肉疾病相鉴别,如Lambert-Eaton肌无力综合征、GBS、周期性瘫痪、肌营养不良、线粒体肌病、多发性肌炎、运动神经元病、肉毒中毒等。脑干病变累及多组颅神经时,也可能表现出与MG相似的症状,须注意鉴别。

四、重症肌无力危象的诊治

重症肌无力危象是指重症肌无力患者病情恶化,全身肌无力累及呼吸肌以致呼吸衰竭,是导致MG患者死亡的主要原因。20%~30%的MG患者一生中出现过肌无力危象,在早期发病的年轻人病程早期和晚期发病的老年人病程的晚期更多见。发生危象的患者之前大多数已确诊MG。许多患者在发展至呼吸衰竭的前几个月已经出现肌无力症状。偶有以肌无力危象为首发症状的MG患者。而MG患者手术后因呼吸肌无力延迟拔管超过24小时者也被认为存在危象。怀孕与大约1/3的女性MG患者的病情加重有关,围产期发生危象的死亡率更高。

重症肌无力危象是因呼吸肌、上呼吸道肌肉或两者均受累所致。它可由一系列因素所促发,包括:全身型MG的控制不良、治疗的反应(激素和抗胆碱酯酶药物)、药物、感染、误吸、手术创伤、精神应激、甲状腺功能亢进等,其中以感染最常见,尤其是呼吸道感染。但也有约1/3的患者没有明确的诱因。MG患者有许多药物应当禁用或慎用,包括:氨基糖苷类、大环内酯类、喹诺酮类抗生素、抗疟疾药、抗癫痫药苯妥英钠和卡马西平、抗精神病药氯丙嗪、舒必利及氯氮平、锂剂、β阻滞剂、钙通道阻滞剂、神经肌肉阻滞剂、利多卡因、长效的苯二氮䓬类、巴氯芬、肉毒毒素等。

重症肌无力危象分为肌无力危象、胆碱能危象及反拗危象。以往,诊断为MG并服用胆碱酯酶抑制剂治疗的患者通常都要进行肌无力危象和胆碱能危象的鉴别。静脉注射1~2mg依酚氯铵,如果肌无力改善,则可能是肌无力危象,需要增加抗胆碱酯酶药物的剂量。如果没有改善或肌无力症状加重,则可能是胆碱能危象。这一方法在现在已很少用于已恶化的MG患者。胆碱能危象在现今的治疗中也并不常见,主要因为全身型MG患者优先接受免疫治疗,抗胆碱酯酶药物被大大限制在短期用于症状的控制。少数大剂量口服抗胆碱酯酶药物的患者的临床表现也足以与肌无力危象鉴别,前者常有瞳孔缩小、肌束震颤、唾液分泌增加、心动过缓、腹泻及大小便失禁等。而患者一旦出现呼吸肌无力需要呼吸支持时,这两种危象鉴别的价值有限,因为这两种情况下的初始治疗方案是一样的,即首先停用抗胆碱酯酶药物。

(一)呼吸支持

重症肌无力危象最重要的治疗是处理呼吸衰竭,快速识别将要发生的呼吸肌麻痹是成功治疗重症肌无力危象的关键。AChR-MG呼吸肌无力首先出现在肋间肌和附属呼吸肌,然后是膈肌。MuSK-MG在呼吸衰竭之前会出现延髓肌的无力。一旦患者诊断为重症肌无力危象,就必须给予选择性通气并评估是否需要立即气管插管。动脉血气分析对于诊断呼吸衰竭必不可少,但仔细观察患者的脉率和血压以及呼吸功能监测比反复的血气分析监测更重要。最简单和直接评估呼吸功能的方法是床边肺活量测定。20/30/40 规则对于指导何时气管插管很有价值。在发生呼吸衰竭前,观测到呼吸功能的减退更重要。与 GBS 患者不同,症状恶化的 MG 患者若能在早期给予无创正压通气,则有可能避免气管插管。当肺活量降低至 15ml/kg 以下时,通常需要气管插管并予机械通气。

意识清醒的患者可考虑经鼻气管插管,除了患者更舒适外,出现插管运动移位的可能性也更小。机械通气的基本目标是帮助肺扩张并使呼吸肌得到休息。呼吸机可以选择 SIMV 或 AC 模式,设置高通气量,建议附加压力支持。可以参考如下设置:潮气量 12ml/kg,初始呼吸频率 12 次/分,呼气末正压 5~15cmH$_2$O,吸气峰流 30~40L/分。如果患者气管插管时间超过两周,或对气管插管难以耐受、吸痰困难、气管插管失败的则需要考虑气管切开。紧急情况下,如果无法气管插管,可以行环甲膜穿刺。在仅给予机械通气而无特异性治疗的情况下,小部分患者在几天后就能自主呼吸并耐受拔管,两周左右,这一比例能达到 50% 左右。床边肺功能检测能帮助判断是否可以脱机和拔管。具体的指标可参考表 16-2。发现以下危险因素与延长插管时间有关:插管前血清碳酸氢盐≥30mg/dL、插管后最大肺活量<25ml/kg 及年龄>50 岁。

表 16-2 重症肌无力患者肺功能测试

指标	正常值	气管插管标准	脱机标准	拔管标准
肺活量	>60ml/kg	≤20ml/kg	≥10ml/kg	~25ml/kg
最大吸气压力	>70cmH$_2$O	<30cmH$_2$O	≥20cmH$_2$O	~40cmH$_2$O
最大呼气压力	>100cmH$_2$O	<40cmH$_2$O	≥40cmH$_2$O	~50cmH$_2$O

(二)胆碱酯酶抑制剂

一旦患者气管插管机械通气就应该停用胆碱酯酶抑制剂,在症状改善后逐渐重新给药。重新使用该药的最佳时间还不确定。溴吡斯的明的最大有效剂量能达到每 3 小时 120mg,但可导致口腔、支气管的分泌液增多,加重呼吸道阻塞。在某些治疗中心,持续性使用胆碱酯酶抑制剂作为重症肌无力危象的方法是有争议的。一是增加了心脏并发症的风险,可能诱发冠状动脉痉挛致心率失常和心肌梗死,二是导致唾液和气道黏液的过多分泌,增加了吸入性肺炎的风险。

(三)特异性治疗

(1) 血浆置换:血浆置换在 MG 中的应用尚缺乏循证医学的证据,主要是缺乏大规模的随机对照研究。但许多非对照临床系列研究都表明其对 MG 有效,尤其是对重症肌无力危象。血浆置换被推荐用于 MG 的短期治疗,尤其是严重病例用于缓解症状以及用于手术前准备。与免疫抑制剂的合用也未显示较单用免疫抑制剂有任何长期获益。血浆置换的疗效短暂,在一周内即可出现改善,效果持续 1~3 个月。血浆置换后,与免疫抑制剂相关的早期症状恶化发生率明显下降。血浆置换的应用方法与 GBS 中类似。

(2) IVIg:IVIg 的应用适应证与血浆置换相同。一些回顾性研究表明在重症肌无力危象的患者中血浆置换可能优于 IVIg,然而,更大量的研究显示 IVIg 和血浆置换的效果是相当的,这其中有一项是前瞻性研究。没有足够的证据表明序贯使用血浆置换和IVIg能带来更多的获益。但有一些小型的病例研究发现,在IVIg治疗失败后,使用血浆置换可产生显著的效果。IVIg推荐的治疗总剂量是2g/kg。

(3) 肾上腺皮质激素和免疫抑制剂:尽管从没有在任何双盲、安慰剂对照试验中研究过肾上腺皮质激素的有效性,但大量的观察性研究表明口服泼尼松对70%~80%MG患者的症状缓解高度有效。重症肌无力危象予血浆置换或IVIg治疗5天仍无改善者,应开始给予肾上腺皮质激素治疗,通常为泼尼松60mg/d。在MG治疗中需要应用免疫抑制剂时,口服泼尼松是首选药物。有10%~15%的患者在治疗初期有一过性的症状恶化,如果没有气管插管则应该密切监测其呼吸功能。对于应用的剂量一直存有争议。有研究表明大剂量的甲强龙冲击治疗较常规泼尼松治疗并没有明显的优越性。具体的治疗可参考如下方案:对危象患者,不管是否应用血浆置换或IVIg,都应给予肾上腺皮质激素。严重危象患者,可每日给予1mg/kg泼尼松,显著的症状改善在10~14天后才会出现。如果有改善,患者持续治疗至少4周后再缓慢减量至最低有效剂量长期维持。减量过程要慢,可先改为2mg/kg隔日给药,然后每2周减2.5mg。症状较轻和使用血浆置换或IVIg治疗后迅速缓解的患者,起始剂量可稍微减少。在出现危象前就一直使用肾上腺皮质激素的患者应继续用药,或增加剂量。对于顽固性病例,可以加用免疫抑制剂。硫唑嘌呤是唯一进行过双盲对照临床研究,并被证明有效的药物。它和肾上腺皮质激素的联合用药较单用肾上腺皮质激素更为有效,且可以减少后者的用量。硫唑嘌呤起效较慢,通常延迟到4~12个月后,6~24个月获得最佳疗效,这限制了它在危象治疗中的应用。其他的免疫抑制剂如甲氨蝶呤、环孢素、吗替麦考酚酯等在小规模的临床试验中也被证明有效。

(4) 胸腺切除:胸腺切除可以去除患者自身免疫反应的始动抗原,术后多数患者病情缓和和改善,单纯眼肌型和轻度重症肌无力者效果不明显。推荐对合并胸腺瘤的患者,不论病情如何都应实施胸腺切除。AchR抗体阳性早发全身型MG和对胆碱酯酶抑制剂反应差的患者建议胸腺切除,理想的是在起病的第一年实施。美国神经病学学会指南认为,在非胸腺瘤患者,为增加症状缓解和改善可能性,胸腺切除可作为一种选择。MuSK-MG患者,胸腺切除的作用尚不明确。胸腺切除后疗效在数月至数年后才能体现。胸腺切除应在病情平稳时实施,手术本身可诱发危象。术前有肌无力危象史和延髓肌无力症状是术后出现危象的预测因子。然而,有证据显示,非胸腺切除患者可能有更高的复发危象的风险,且出现危象后病情更重,需要更长时间的机械通气和住院时间。

(5) 一般治疗:对有吞咽障碍者,放置鼻胃管并给予肠内营养,预防消化道并发症。长期卧床者要预防深静脉血栓的形成。对于应用胆碱酯酶抑制剂导致腹泻或分泌物增多的患者可给予格隆溴铵或阿托品对症处理。对于长期肾上腺皮质激素治疗的,要积极预防并发症。加强护理,勤吸痰,湿化气道。合并呼吸道感染者,选择对神经-肌肉接头无阻滞作用的抗生素积极控制感染。密切监测患者的生命体征,及时处理可能出现的自主神经功能紊乱症状,如血压波动、心率失常等。

重症肌无力危象的治疗无疑是神经重症监护的成功典型案例,死亡率从过去的30%下降到现在的5%左右。早期气管插管防止吸入性肺炎和积极的治疗可能是导致死亡率下降的原因。死亡的主要原因包括肺炎、肺栓塞、肾上腺皮质激素相关的消化道出血、心率失常及静脉置管并发症等。

表 16-3　重症肌无力危象的神经重症管理

(1) 进入 NICU 以观察呼吸功能
(2) 显著吞咽困难时评估呼吸通路
(3) 分泌物显著增多或考虑为胆碱能危象时停用吡啶斯的明
(4) 查心电图、胸片及基本实验室检查
(5) 每 3~8 小时检查肺活量及呼气正压/吸气负压
(6) 监测动脉血气分析；如果出现自主神经功能紊乱症状：
　　ⅰ．在可耐受范围内尽量静脉补充血容量
　　ⅱ．纠正低血钾、低血钙或低血镁
　　ⅲ．如果有必要应给予血管升压治疗或静脉内抗高血压药物以调控血压
　　ⅳ．必要时给予抗心律失常药物
(7) 肺功能下降或高碳酸血症加重时应考虑选择性气管插管
　　1) 尽量避免药物性瘫痪
　　2) 呼吸功能下降缓慢且已开始治疗者可考虑尝试双水平气道正压通气
(8) 放置中心静脉导管进行血浆置换治疗
　　1) 血浆置换治疗方案可选择隔天一次，共 5 次；或者连续 3 天，后隔天一次，共 5 次
　　2) 如果没有改善，开始一个 5 天疗程的 IVIg
　　3) 予泼尼松 60mg/d
　　4) 考虑长期免疫抑制药物
(9) 重症监护单元医嘱
　　1) 放置鼻胃管并开始鼻饲肠内营养
　　2) 开始胃肠道并发症和深静脉血栓形成的预防措施
　　3) 开始胸部理疗和物理治疗方案
　　4) 必要时抗感染治疗。选择对神经-肌肉接头处影响最小的抗生素
(10) 当四肢或呼吸肌肌力改善后可尝试脱机
　　1) 再次给予吡啶斯的明 60mg，q4h~q6h
　　2) 如果存在腹泻或呼吸道分泌物增加时给予格隆溴铵 1mg，q8h

第四节　危重病性多发性神经病

危重病性多发性神经病(critical illness polyneuropathy, CIP)是由全身炎症反应综合征(systemic inflammatory response syndrome, SIRS)或脓毒血症后继发的末梢轴突神经病。由 Bolton 等于 1984 年首先提出并描述，其对 5 例出现脱机困难的 ICU 患者进行观察和分析，发现这些患者出现严重的肢体无力，病理检查发现远端运动和感觉神经轴突变性。

一、病因和发病机制

CIP 为获得性神经病，其发病与危重病本身及治疗密切相关。多种研究发现机械通气、脓毒血症和多脏器功能衰竭是本病的常见原因。具体的发病机制尚不明确，大多认为与 SIRS 有关。当发生 SIRS 后，可导致细胞和体液免疫激活，产生大量的细胞因子和炎性介质，导致神经元水肿，而高血糖和低蛋白加剧了这种病变。水肿增加了氧弥散到周围神经供能的距离。脓毒血症时的肌肉生物能研究支持这一理论。轴突运输营养物质需要周围神经供能，能量储备的减少导致逆死性神经病。

二、临床表现

CIP 在成人及儿童均可发病,多在危重病后数天至三周左右起病。起病形式呈急性或亚急性,临床主要表现为对称性多发性神经病,运动感觉均可受累。患者表现为四肢迟缓性瘫痪和腱反射的减弱或消失,多无颅神经受损及自主神经功能障碍的表现。膈神经易于受累而出现呼吸无力症状。感觉通常保留。神经电生理检查发现运动神经传导速度正常,复合肌肉动作电位波幅下降,往往早于感觉神经动作电位波幅的下降。针刺电极静息时出现自发电位如纤颤和正尖波。脑脊液检查通常正常,神经活检可见远端重于近端的轴突变性。轴突病变的范围与患者危重病的严重程度和时间相关。CIP 与患者高血糖、低蛋白血症和在 ICU 住院时间长短有关。

三、诊断及鉴别诊断

临床上在脓毒血症等危重病患者出现肢体无力或脱机困难等临床表现且不能以原发疾病解释,结合肌电图检查提示运动感觉神经轴突损害时,要考虑 CIP 的可能。需与低钾血症、GBS、多发性肌炎、重症肌无力等鉴别。与 GBS 的鉴别主要靠临床表现,CIP 仅在危重病之后出现,而 GBS 的轴突损害在进入 ICU 之前即已存在。

四、治疗及预后

CIP 目前尚无特殊治疗方法,主要是治疗原发病、控制危险因素及支持治疗。IVIg 已尝试应用于 CIP 的治疗,结果显示在降低患者病死率上有一定作用,但对 CIP 的治疗效果目前没有确切的有效证据。控制血糖对预防 CIP 有非常重要的作用,采取强化胰岛素治疗可减少 CIP 发生的风险。活化蛋白 C 的应用及其他治疗和控制脓毒血症的方法正处于临床研究之中。随着原发病的控制,CIP 可自发缓解,缓解期长短不一,与轴突变性的程度相关。重症患者可能需要更长时间甚至留有后遗症。

第五节 危重病性肌病

危重病性肌病(critical illness myopathy,CIM)这一术语用于描述危重病人伴发的一系列肌病。CIM 与 CIP 可单独发病,也可合并存在。CIM 常见于药物性瘫痪和器官移植患者。

CIM 的主要临床特征为所有四肢肌肉、颈屈肌、面肌和膈肌的迟缓性肌无力。眼肌麻痹较少见。肌痛非常少见,肌酸激酶可有不同程度的升高。电生理检查感觉和运动神经电位正常,可出现纤颤和正尖波,复合肌肉动作电位降低。针刺电极插入电位有助于鉴别 CIP 和 CIM,前者插入电位正常,后者插入电位减少。

药物性瘫痪和肾上腺皮质激素的使用后可导致两种类型的肌病。急性四肢瘫痪性肌病描述的是这样一类患者,他们因哮喘持续状态接受肾上腺皮质激素治疗并出现瘫痪。肌活检显示肌动蛋白纤维之间的肌球蛋白完全丢失。也可能会发生横纹肌溶解,严重的肌肉坏死可导致致命性高血钾、低血钙和急性肾衰竭。CIP 和 CIM 多合并存在,CIP 可出现失用性肌萎缩,表现为与失神经支配一致的肌病。肌活检有助于鉴别。危重病性神经肌肉疾病的鉴别见表 16-4。

如果肌无力的病因是失神经支配或严重的横纹肌溶解,脱离机械通气对患者无益。相反的,虽损伤但具有神经支配的肌肉对脱机能够应答。CIM的预后取决潜在的病因。失用性肌萎缩和肌球蛋白的丢失可以恢复。严重的失神经和横纹肌溶解预后较差。

表16-4 危重病性神经肌肉疾病的特征

疾病	发病率	临床特征	电生理检查	血清肌酸磷酸激酶	肌肉活检	预后
危重病性多发性神经病(CIP)	常见于败血症后	反射消失,感觉检查正常	NCS波幅降低,传导速度正常	通常无异常	失神经支配性萎缩	不确定
CIM-肌球蛋白丢失	常见于神经肌肉阻滞或类固醇药物使用后	迟缓性四肢瘫痪	异常的纤颤电位	轻度升高	肌球蛋白丢失	良好
CIM-横纹肌溶解	罕见	严重的广泛性肌无力	NCS和EMG正常	显著升高	广泛肌肉坏死	不确定
CIM-失用性萎缩	常见	失用性肌萎缩	NCS和EMG正常	正常	正常或Ⅱ型萎缩	良好
CIP合并CIM	常见	四肢迟缓性瘫痪和肌萎缩	CIP和CIM的共同表现	升高或降低	失神经支配性萎缩	不确定

CIP:危重病性多发性神经病;CIM:危重病性肌病;EMG:肌电图;NCS:神经传导研究

(汪跃春)

参 考 文 献

Bolton CF. 2005. Neuromuscular manifestations of critical illness. Muscle Nerve,32(2):140～163

Comerci G,Buffon A,Biondi-Zoccai GG,et al. 2005. Coronary vasospasm secondary to hypercholinergic crisis:an iatrogenic cause of acute myocardial infarction in myasthenia gravis. Int J Cardiol,103:335～337

Deymeer F,Gungor-Tuncer O,Yilmaz V,et al. 2007. Clinical comparison of anti-MuSK-vs anti-ACHR-positive and seronegative myasthenia gravis. Neurology,68:609～611

Gajdos P,Chevret S,Toyka K. 2006. Intravenous immunoglobulin for myasthenia gravis. Cochrane Database Syst Rev,(2):CD002277

Gajdos P,Tranchant C,Clair B,et al. 2005. Myasthenia Gravis Clinical Study Group. Treatment of myasthenia gravis exacerbation with intravenous immunoglobulin:a randomized double-blind clinical trial. Arch Neurol,62(11):1689～1693

Hughes RA,Raphael JC,Swan AV,et al. 2006. Intravenous immunoglobulin for Guillain-Barre syndrome. Cochrane Database Syst Rev,(1):CD002063

Skeie GO,Apostolski S,Evoli A,et al. 2006. Guidelines for the treatment of autoimmune neuromuscular transmission disorders. Eur J Neurol,13:691～699

Van den Berghe G,Schoonheydt K,Becx P,et al. 2005. Insulin therapy protects the central and peripheral nervous system of intensive care patients. Neurology,64:1348～1353

Vincent A,Letite MI. 2005. Neuromuscular junction autoimmune disease:muscle specific kinase antibodies and treatments for myasthenia gravis. Curr Opin Neurol,18:519～525

Wijdicks EF,Roy TK. 2006. BiPAP in early guillain-barre syndrome may fail. Can J Neurol Sci,33(1):105,106

第17章 脑　　病

脑病是全身性疾病或脑损伤的常见并发症,是一组全脑功能失调综合征的总称,而不是指单一某个疾病。脑病初起时仅有轻微认知改变,继而可进展成全脑功能障碍,最终导致昏迷或脑死亡(后两者已单独分章节讨论)。本章节讨论非昏迷脑病患者的识别、病因学诊断及处理。这些患者的临床状态可称为急性意识模糊状态,急性器质性脑综合征,但最常见的是谵妄(delirium)。

谵妄是一种以兴奋性增高为主的高级神经中枢活动失调状态,其特征是同时有意识、注意、知觉、思维、记忆、精神运动行为和睡眠-觉醒周期的波动性紊乱,可以急性起病,事先并无智能障碍,或者在智能障碍的基础上重叠发生。急性谵妄状态常见于高热、药物中毒等,慢性谵妄状态见于慢性酒精中毒。

谵妄的发病率在住院病人中占5%~40%,在危重患者中是11%~80%。谵妄状态对死亡率的影响具有累计性,谵妄状态每持续一天,死亡的风险就增加10%。据估计,住院的老年谵妄病例中有18%发生死亡。ICU患者发生谵妄后,平均住院时间增加10天。只有4%的患者在出院时神经精神症状全部消失,约24%的患者遗留有长期认知障碍。谵妄还增加机械通气患者的脱机难度,使脱机失败的比例增加。但若能及时消除潜在的危险因素,谵妄通常是可逆的,因此早期发现、诊断、处理对临床医生具有挑战性。

第一节　病　因　学

按照ICD-10的诊断标准,谵妄是一种病因非特异的综合征。导致谵妄的原因很多,可分为躯体因素和心理因素两个方面。

一、躯　体　因　素

(1) 血管意外:脑卒中,硬膜外血肿,硬膜下血肿,高血压危象,肺栓塞,休克等。

(2) 感染:急性脑膜炎或脑炎,脑脓肿,神经梅毒等中枢神经系统感染。神经系统以外的各种感染,呼吸道感染,尿路感染,败血症等,可能通过产生的毒素或导致发热引起谵妄。

(3) 药物或有毒物质:多种不同性质的药物都能引起意识障碍。抗心律失常药(利多卡因、普鲁卡因胺);各种抗精神病药、抗抑郁、抗焦虑药、锂剂;肾上腺皮质激素;抗帕金森病药物左旋多巴,溴隐亭等。抗胆碱类药物如阿托品、东莨菪碱等,大量服用或误服引起谵妄。降糖药、抗生素、急性中毒(例如酒精、曼陀罗等中毒)等可引起谵妄。

(4) 撤药反应或戒断综合征:如戒酒引起的戒断综合征。

(5) 外伤或手术:颅脑外伤,多脏器损伤,重大手术或侵入性操作。

(6) 肿瘤或新生物:各种肿瘤,癌性脑膜炎,副瘤综合征等。

(7) 癫痫:癫痫持续状态或发作后状态。

(8) 营养不良及代谢紊乱:维生素缺乏,电解质紊乱,酸碱失衡,脱水,肝或肾衰竭等。

(9) 内分泌系疾病:甲状腺功能紊乱、肾上腺功能紊乱、高血糖、低血糖、甲状旁腺功能亢进等。

(10) 炎症:中枢系统红斑狼疮,巨细胞动脉炎等。

二、心 理 因 素

躯体疾病发生后,由于对自身疾病的担心,心理承受力明显降低,加上对医疗环境的恐惧不适,会产生很强的心理应激反应,因此,患者在入院1周内容易发生谵妄。加上当前生活节奏加快、交通混乱、居住拥挤、人际关系紧张等社会因素均能加重精神心理创伤,导致谵妄。

在住院病人中,易发展成谵妄的高危因素有:
(1) 大于65岁的老年人,尤其是男性。
(2) 既往或目前有认知功能损害,伴或不伴痴呆。
(3) 严重疾患,病情正在加重或有加重的风险。
(4) 低蛋白血症。
(5) 药物滥用或多种药物疗法。
(6) 视力或听力缺损。
(7) 有谵妄病史。

ICU 发生的谵妄常常是医源性的,ICU 环境下的睡眠干扰,尿管留置,体质虚弱,频繁的血管侵入性操作等常是诱发因素。此外,因制动、感官剥夺(失明、失聪)、缺乏周围环境的反馈作用等,也是诱发因素。

第二节 发 病 机 制

从神经生物学角度看,意识的产生是内外感受器、网状系统、皮质下中枢及大脑皮层整合活动的结果。脑局部电解质浓度、渗透压及酸碱度的改变等会干扰这些结构的功能活动。老年人由于脑功能退化及乙酰胆碱合成减少,造成脑部乙酰胆碱和去甲肾上腺素(或多巴胺)递质不平衡,使得老人比青年更易发生谵妄。肝性脑病时,作为氨酪酸前体的谷氨酸及谷氨酰胺水平增加,使抑制性神经递质氨酪酸活性增加,易导致抑制型谵妄。各种精神创伤、心理应激状态使丘脑下部受损,血清皮质酮水平升高,从而导致谵妄。某些毒素,如尿素及乙醇等损害脑细胞的代谢,使细胞信息交换能力下降,继而出现谵妄状态。

第三节 谵妄的临床特征

谵妄病人在 ICU 是具有独特特征的特殊患者。如同 DSM-Ⅳ 标准描述的那样,可出现:

(1) 意识障碍:程度可轻可重,临床主要表现为意识范围狭窄,意识模糊,定向力丧失,感觉错乱,多伴有精神运动性兴奋,即行为紊乱为特征等。临床分为兴奋性和抑制性谵妄。抑制性谵妄其特点是退缩,情感贫乏或淡漠,反应下降,甚至昏睡、昏迷,易被忽视。

(2) 注意缺陷:表现为难以保持注意力(注意力分散)或者改变注意力(持续言语)。通过让患者做连续减法运算,执行一系列的命令以及评估记忆广度可以诱导出上述典型的症状。

(3) 症状波动:谵妄另一特征性的临床表现。其症状常迅速波动,甚至在数分钟之内发生变化,而且在晚上症状会有恶化或加重趋势(sundowning),是由睡眠-觉醒时相转换引起。有时因认知功能间断性完整而忽视了谵妄的存在。

(4) 幻觉:错觉和幻视是兴奋性谵妄最常见的症状。内容多为生动、逼真而鲜明的形象,易导致恐惧、躁动不安或伤人行为,甚至气管内导管脱落,危害患者安全。

(5) 思维和记忆障碍:临床上也较常见。谵妄患者通常思考没有逻辑性,思维和语言不连贯,甚至突发记忆损害,须与潜在的痴呆相鉴别。

第四节 诊断与评估

一、诊 断

谵妄的诊断几乎全部依赖临床征象,但在 ICU 环境下,诊断可能会延误。通常,对生命的抢救会忽略对患者精神状态的评估。谵妄的症状具有波动性,有不规则的间歇期,易导致评估者的忽视。镇静类的药物通常是治疗严重神经系统疾病的主要部分,其作用可能会掩盖谵妄的临床表现。很多病危患者不能言语甚至需要机械通气,对于他们高级认知功能的评价显得格外困难。

关于早期谵妄的诊断,提出了一些诊断标准,包括 DSM-Ⅳ 和谵妄评定方法(confusion assessment method,CAM)。DSM-Ⅳ 是目前谵妄最主要的诊断标准,但较专业。CAM 包括4个方面的内容,其敏感性为86%,特异性可达100%(见表17-1)。

表17-1 谵妄评定方法(CAM)

内容
(1) 急性起病,病程波动
(2) 注意力障碍
(3) 思维混乱
(4) 意识水平改变:清晰(阴性)、警觉、嗜睡、昏睡、昏迷
诊断谵妄:(1)和(2)必备,加上(3)或者(4)的任意一条

这些诊断标准可在短时间内完成,能重复使用,还能采纳护理人员提供的信息。还有两个诊断标准是专为监护患者所设计:

(1) 监护病房意识障碍评价方法(CAM-ICU):专用于机械通气患者意识障碍的评估。

(2) 重症监护谵妄筛查检查表(ICD-SC)。

这两种方法使用起来相对简单,准确度和可信度较高,有助于医护人员相互间的交流。

二、评 估

谵妄的评估应明确病前的功能水平,回顾病情变化,查阅药物使用记录及实验室数据。包括:

(1) 病史:病史由家属、医护人员或者目击者提供,或者需要由这些人来确定病史的准确性。在药物中毒、药物戒断、创伤、手术和缺氧的病例中,病史对谵妄的诊断帮助很大。既往史可能会提供一些慢性疾病的信息。

(2) 体格体检:通过全身系统的检查会发现皮肤及肺部的感染、尿便潴留、损伤等。颈强直高度提示脑膜刺激征。脑神经麻痹和单侧神经系统体征高度提示神经系统局灶性病变。细小的肌肉痉挛可能是未发现的癫痫持续状态。

(3) 实验室检查:包括血、尿、粪常规,肝肾功能、血糖、电解质等。根据病情,选择血沉、C 反应蛋白、淀粉酶、血氨、肌钙蛋白、动脉血气分析、甲状腺功能检测。可疑感染时,进行体液培养(血、尿、粪便、痰、脑脊液)或留置导管培养,特殊感染可行输血系列的筛查。血清和尿毒理学检查可检测三环类抗抑郁药、抗癫痫药、抗胆碱能药、地高辛和其他一些药物的使用。及时发现威胁生命的低血糖和低氧血症。当疑有中枢感染或炎症,或者病因不确定时,须行脑脊液检查。

(4) 脑电图:脑电图是评估脑病严重程度及判断治疗疗效的实用方法,不同病因引起的谵妄可有特征性的脑电图表现,尽管大多数表现并不完全特异。动态脑电监测可发现无抽搐癫痫状态。脑病病例中可在两大脑半球记录到比 α 波更慢的节律,而肝性脑病或肾性脑病中可出现三相波。单侧的不对称和缓慢的电活动可能是半球病变导致的结果。脑电 β 活动的增加与使用镇静药物尤其是苯二氮䓬类药物有关。

(5) 影像学:已成为谵妄诊断不可替代的组成部分。计算机断层扫描(CT)是一种无创颅脑检查方式,最新的 CT 成像技术如 CTA、灌注 CT 等可提供解剖结构以外的信息。磁共振成像(MRI)可提供详细的解剖细节,但许多危重病人不能接受这种检查。弥散加权 MRI 能揭示急性脑缺血或心肌缺血的区域,而弥漫钆增强能提示血-脑屏障的破坏。

第五节 鉴别诊断

(1) 痴呆:痴呆在老年患者中常见,可以和谵妄合并出现。因此,在明确诊断谵妄前,必须首先了解病人的基本情况,对其精神状态做出正确的判断。如果谵妄与痴呆鉴别诊断有困难时,应首先按谵妄治疗。

(2) 抑郁症:伴有淡漠的谵妄必须与抑郁症作鉴别,特别在老年人中,两者也可能一起发生。简单说来,起病急、病程波动等特征提示谵妄的可能(见表 17-2)。

(3) 精神分裂症:伴发幻觉与激越的谵妄必须与精神分裂症的表现作鉴别。精神分裂症是一种精神科疾病,几乎不伴有定向紊乱、记忆丧失和认知障碍。既往有躁狂症或精神分裂症的病史,则高度提示精神科疾病的诊断。

(4) 失神性癫痫持续状态或复杂性部分性癫痫持续状态,可以产生一种精神错乱状态,与谵妄很难鉴别。通常癫痫持续状态比谵妄引起的精神错乱现象更为稳定,且程度相对轻。虽然有错乱表现,癫痫患者要比谵妄患者有更良好的定向感觉。脑电图检查很容易发现非惊厥性癫痫持续状态,显示棘-慢波或尖波放电的脑电图具有诊断意义。单独的谵妄很少会激发抽搐性癫痫持续状态,但一次全身性强直-阵挛性癫痫发作往往可引起一种谵妄状态,后者可持续一天或更久。

(5) 其他:流畅型失语或心境障碍可误诊为谵妄。

表 17-2 谵妄与痴呆、抑郁症的鉴别

	谵妄	痴呆	抑郁症
起病形式	急	隐匿	相对急
持续时间	数天至数周	数月至数年	数周至数月
觉醒程度	变化范围大	正常	正常
注意力	注意力分散	开始正常	损害
思维	混乱	贫乏	缓慢
记忆	近记忆损害为主	近记忆损害为主	远近记忆损害相同
尝试回答问题	波动	良好	差

第六节 治 疗

ICU 谵妄并非一种良性的自限性疾病,许多医疗必要的手段,本身就可以导致谵妄。理想情况下,治疗涉及到以下几个不同的环节,可以通过医疗团队的共同努力达到同步实施。

一、预防谵妄

在 ICU 环境下,加强护理,防止骨折、肺炎及压疮。制定非药物性的睡眠计划,将患者置于光线较暗的环境,帮助维持正常的睡眠模式。感官刺激应保持在一个舒适的水平,避免过度刺激或感觉剥夺。及时去除导管,解除身体限制。有计划地使用止痛剂或进行连续的镇静。谵妄症状变化快,特别是行为紊乱不可预知,必须时刻有专人看护。

二、识别具有高危因素的患者,早期发现谵妄症状

有诸多危险因素的患者尤其要警惕进展为谵妄,这些患者认知能力不断恶化,直至出现典型的临床表现。在 ICU 环境下早期发现及治疗谵妄,可能会有较好长期预后,因此即使只有前驱症状也可诊断。但是否有利于患者的长期预后仍需进一步研究。

三、对于病因的诊断和治疗是谵妄治疗的关键

应注意发现无痛性心肌梗死、无症状性肝炎、呼吸衰竭等躯体疾患。如果是药物引起谵妄,立即停药,加速药物排泄。病因不明确时,维持内环境的稳定尤为重要。

四、症候的药物治疗

治疗谵妄的药物必须由小剂量开始,尽量单一用药,根据临床反应及时调整药物,并监测药物毒性,及早停药,以便评估病情的恢复过程。表 17-3 给出了最常用的药物治疗。其中包括:

表 17-3 谵妄的药物治疗

药物	剂量	注意事项
典型抗精神病药物		
氟哌啶醇	年轻患者 2~5mg 静注 q2h 老年患者 0.5~1mg 静注 q2h	锥体外系副作用;Q—T 间期延长
非典型抗精神病药物		
奥氮平	年轻患者 3~7.5mg qd 老年患者 2.5~5mg qn	嗜睡;直立性低血压;血糖升高;Q—T 间期延长较少
利培酮	年轻患者 0.75~3mg qd 老年患者 0.25~0.5mg qd	可诱导谵妄;Q—T 间期延长
喹硫平	年轻患者 25~100mg qd 老年患者 12.5mg qn	Q—T 间期延长,但氟哌啶诱发的 Q—T 间期延长可使用
苯二氮䓬类		
劳拉西泮	0.5~2mg 静注或口服 q8h	监测镇静程度和呼吸频率

(一) 第一代(典型)抗精神病药物

这些药物仍是治疗谵妄的一线药物,多为多巴胺 D_2 受体阻断剂。按其临床作用特点分为低效价(吩噻嗪类)和高效价(丁酰苯类)两类。前者代表药物为氯丙嗪,镇静作用强,对心血管和肝脏毒性较大,副作用明显;后者代表药物为氟哌啶醇,抗幻觉妄想作用突出,

镇静作用较弱,对心血管和肝脏毒性小。因高效价抗精神病药物导致镇静的程度低,因而比低效价药物更适用于谵妄的治疗。

使用抗精神病药物必须检查患者的基线心电图。即使使用低剂量药物,Q—T间期延长(>450ms或者大于基线的25%)也会导致尖端扭转型心动过速。

静脉给药较为适用,通常不口服给药,在患者极度躁狂或者静脉通道缺乏时也可肌内注射。但与静脉给药相比,肌注和口服给药可能会增加锥体外系副作用的风险(取决于肝脏的"首过效应")。

(二)第二代(非典型)抗精神病药物

这类药物可作用于多巴胺 D_2 受体以外的其他受体,包括5-HT受体、谷氨酸受体等。与典型抗精神病药物相比,有如下优点:①无典型抗精神病药物所具有的副作用或较之轻微;②对阴性症状有效;③可改善认知功能缺陷。越来越多的临床资料支持使用非典型抗精神病药物治疗谵妄。目前还没有证实使用典型抗精神病药物治疗谵妄效果更强。

谵妄治疗中抗乙酰胆碱药物属于禁忌,被认为可增加多巴胺而降低乙酰胆碱的含量。因此,氯氮平由于抗乙酰胆碱作用而被禁用。

(三)苯二氮䓬类药物

尽量避免单一应用此类药物,而在戒断性谵妄(酒精戒断、苯二氮䓬类药物戒断),拟交感毒性物质(可卡因、苯环已哌啶)中毒,抗精神病药物恶性综合征以及癫痫相关的谵妄中,可使用苯二氮䓬类药物。苯二氮䓬类药物可能使精神错乱症状加重,因此在病情需要时使用,从最低有效剂量开始。

苯二氮䓬类药物有呼吸抑制的风险。如果应用此类药物,优先使用短效且无活性代谢产物的药物(咪达唑仑、劳拉西泮),不用长效药物(氯氮䓬)。昏迷患者不推荐使用苯二氮䓬类药物作为常规的治疗手段,因为可导致反常性躁动。

五、机械通气

极端躁动在ICU与心血管不稳定因素或缺氧有关。如果这种症状没有有效的药物控制,在镇定或麻醉后进行机械通气也是一种选择,直至基础疾病得以诊断并且临床症状好转。丙泊酚由于起效和消除速度快,推荐使用,剂量可达 $75\mu g/(kg\cdot min)$。咪达唑仑具有镇静及肌肉松弛作用,在对抗呼吸机拮抗时也较常用。

第七节 结 论

脑病是由多个潜在的病因引起的急性中枢神经系统功能障碍综合征。它的临床表现复杂多样,病情变化快,可发展成昏迷或脑死亡。在ICU环境下,对脑病进行规范的评估,并进行个体化的治疗,可促进恢复,改善预后。

(蔡可夫)

参 考 文 献

孙学礼. 2008. 精神病学. 北京:人民卫生出版社,145~146

郑瞻培,高哲石. 2007. 精神科疾病临床治疗与合理用药. 北京:科学技术文献出版社,137~139

Adams F. 1988. Emergency intravenous sedation of delirium, medically ill patient. J Clin Psychiatry,49(Suppl 12):22~26

American Psychiatric Association. 1999. Practice guideline for the treatment of patients with delirium. Am J Psychiatry, 156(5 Suppl):1~20

American Psychiatric Association. 2000. Task Force on DSM-Ⅳ. Diagnostic and Statistical Manual of Mental Disorders: DSM-Ⅳ-TR, 4th ed. Washington, DC: American Psychiatric Association

Ely EW, Inouye SK, Bernard GR, et al. 2001. Delirium in mechanically ventilated patients: validity and reliability of the confusion assessment method for the intensive care unit (CAM-ICU). JAMA,286(21):2703~2710

Wise MG, Gray KF, Seltzer B. 1999. Delirium, dementia, and amnestic disorders. In: Hales RE, Yudofsky SC, Talbott JA, eds. The American Psychiatric Press textbook of psychiatry. Washington, DC: American Psychiatric Press,317~362

第18章 药物滥用、过量与急性中毒

第一节 药物滥用与依赖

18世纪作家Giovanni Casanova对药物作用的两面性做了描述,"在智者手中,毒药可以救人;而在愚者手中,药物可能造成中毒"。尽管人们使用各种词汇,如处方药(prescription drugs)、药物(medications)、非法药物(illicit drugs)等来分类描述有药理学活性的物质,但药物的正常使用和滥用之间没有明确的界限。"处方药"通常被定义为可能被滥用的药物,但这一概念包含更多的是社会学意义,而非神经精神病学领域。"药物"则在广义上用于治疗各种疾病。"非法药物"也有其医用价值,如大麻可用于治疗青光眼、化疗后呕吐及其他疾病,MDMA(摇头丸的主要成分)也被用于心理治疗。

一、成瘾性药物分级与分类

根据其药物成瘾性、医疗用途及使用的安全性分成5个等级(表18-1)。按药理学分类可分为镇静催眠类(sedative-hypnotics)、中枢神经兴奋剂(stimulants)、促蛋白合成类固醇(anabolic steroids)、抗胆碱能药物(anticholinergics)及其他药物滥用。

表18-1 成瘾性药物分级

等级	描述	例子
I	高度成瘾性,未被批准用于医疗	海洛因、大麻、MDMA(摇头丸)、LSD(麦角酸二乙基胺)
II	高度成瘾性,被批准用于医疗	吗啡、美沙酮、可待因、可卡因、哌甲酯、苯异丙胺、司可巴比妥
III	成瘾性较II级药物低,成分中含有少量II级药物,被批准用于医疗	含可待因的对乙酰氨基酚、丁丙诺啡、促蛋白合成类固醇
IV	成瘾性较III级药物低,被批准用于医疗	苯巴比妥、地西泮
V	成瘾性较IV级药物低,成分中含有少量阿片类和中枢神经兴奋剂(包括非处方的止泻药和镇咳药),被批准用于医疗	地芬诺酯、镇咳药(含可待因)

二、药物滥用/依赖的诊断标准

对于药物滥用的诊断参考DSM-IV关于药物滥用/依赖的诊断标准:

(一)DSM-IV的物质滥用诊断标准

(1)不恰当地应用某种物质以致临床上出现明显的痛苦烦恼或功能缺损,表现为下列一项以上,出现于12个月之内:

1)由于多次应用某种物质而导致工作、学业或家庭的失责或失败(例如,由于物质应用而多次旷职或工作表现差;由于物质滥用而旷课、停学或被除名;忽视子女或家务)。

2)在对躯体健康有危险可能的场合多次应用某种物质(例如,在使用/滥用物质而功能有缺损时驾驶汽车或操作机器)。

3）多次发生与使用某种物质有关的法律问题（例如，因使用/滥用某种物质后品行不端而被拘捕）。

4）尽管由于某种物质的效应而导致或加重了一些持续的或多次发生的社交或人际关系问题，仍然继续应用此物质（例如，与配偶为酗酒的后果争吵，甚至打架）。

（2）症状不符合该物质的依赖性标准。

（二）DSM-Ⅳ的物质依赖诊断标准

物质依赖指的是，难以制止地应用某种药物以致临床上产生明显的痛苦、烦恼或功能缺损，且表现为下列三项或以上的表现，出现于12个月内的任何时候：

（1）出现耐受性。指的是产生以下两种情况之一：

1）需要明显增加剂量才能达到所需效应。

2）若继续使用原有剂量，效应会明显减低。

（2）戒断表现为以下二者之一：

1）有特征性的该物质戒断症状（参阅该种物质的戒断标准）；

2）用同一（或近似）物质，能缓解或避免戒断症状。

（3）该物质往往被摄入较大剂量，或在应该使用的时期之外作更长时期的使用/滥用。

（4）长期以来有戒掉或控制使用该物质的欲望，或曾有戒除失败的经验。

（5）需花费很多时间来获得该物质（例如，请多个医生处方或长途跋涉）、使用某种物质、或从其药物效应中恢复过来。

（6）由于使用/滥用该物质，放弃或减少了不少重要的社交、职业或娱乐活动。

（7）尽管认识到不少持久或反复发生的躯体或生理问题。都是由于该物质所引起或加重的，但仍继续用它（例如，尽管认识到可卡因会诱发抑郁，仍使用/滥用可卡因；尽管认识到饮酒会使胃溃疡恶化，仍继续饮酒）。

第二节 药物过量

多数慢性药物滥用/依赖患者是在精神、心理专科门诊接受治疗，对于神经重症监护病房（NICU）而言，更多的是治疗急性药物过量及其并发症。一旦发生服药过量、化学或生物中毒需要紧急处理和监护。

通常情况下，在院外发生的药物使用过量首先在急诊部门接受处理，如果需要转移至重症监护病房。在NICU中使用的一些药物也会导致毒性的过量，其中常见的容易发生过量的药物包括镇痛药、退热剂、心境稳定剂和镇静安眠药。

一、药物过量的治疗原则

1. 对于危重患者首先判断其生命体征是否稳定并予以相应处理

（1）通常从ABCs开始的，即：开放气道（A）、人工呼吸（B）和人工循环（C）的建立。

（2）确认患者的通气功能，如果患者的格拉斯哥昏迷评分（GCS）小于8分，必须使用人工的呼吸道，如气管内插管。

（3）血流动力学指标的观察和处理：由于心肌抑制或血管舒张引起血流动力学改变，应用液体复苏、血管活性药物和（或）强心药等。

2. 尽快明确药物过量的原因

（1）病史和系统的回顾是非常有用的。对于服用药物过量，患者可能不能给出详细的细节，但是病史档案和医师记录可能会有用。

（2）体格检查也会提供临床线索，如过量使用的麻醉剂后瞳孔缩小或抗惊厥药过量时出现眼球震颤等。

（3）实验室的检测能够提供客观的证据，如阿司匹林的代谢性酸中毒或巴比妥酸盐过量后其药物水平升高。首先是取得并研究患者完整的病史，然后进行实验室检测。

3. 治疗

（1）停止使用导致中毒药物

（2）活性炭使用

1）活性炭能结合那些在患者肠胃中没有被吸收的药物。一旦结合，活性炭和药物混合物将会被直接排出体外。有证据显示活性炭会影响药物吸收的肠肠、肠胃和肝肠的再循环。

2）活性炭最主要的优点就是无毒性。主要副作用为呕吐。

3）在服用药物 1 小时内，可以使用活性炭。超过 1 小时，活性炭的功效可能会减小。

4）在处理之前，要进行必要的呼吸道保护。

5）活性炭可通过鼻胃管给药。一般成人的用量是 25~100g。

（3）碱化尿液

1）药物为弱酸性的和水溶性时，可通过碱化尿液加速药物的清除，这些药物包括巴比妥酸盐、水杨酸盐、氨甲蝶呤和锂制剂。

2）用法：150mmol/L 的碳酸氢钠溶解到 1L 的 5% 的葡萄糖溶液或注射用水中。

3）肾脏功能正常的患者可加 1.5~3g/L 氯化钾到碳酸氢钠输液里，以减少低钾血症的风险。

4）输液速度是正常速度的 2~4 倍，成人输液 200~400ml/h。

5）静脉推注或控制输液速度，使 pH 维持在 7.5~8.5 之间。每 15~30 分钟检测一遍 pH，达到标准 pH 后每小时检测 1 次。

6）虽然报道的并发症很少，但是有潜在的低血钾、低血钙以及由氧合血红蛋白解离曲线向左移动而发生的组织氧输出量减少、脑血管收缩和液体超负荷/肺水肿等风险。

7）每小时检测血清钾和 pH 曲线。动脉血的 pH 不应该超过 7.50，尿量不超过 200ml/h。

二、NICU 常见药物过量

（一）麻醉性镇痛药

麻醉性镇痛药是治疗疼痛的主要药物。临床上常用的有阿片类镇痛药吗啡、哌替啶、芬太尼和二氢埃托啡等。该类药物与中枢神经系统内的阿片受体结合而产生镇痛作用。μ、κ 及 δ 阿片受体是与镇痛有关的阿片受体，其中 μ 受体又分为 $\mu 1$ 和 $\mu 2$ 两个亚型。

【临床表现】 麻醉性镇痛药过量的典型临床表现为昏迷、呼吸抑制、针尖样瞳孔。过量致死的主要原因是呼吸骤停。尽管吗啡及其衍生物可以通过组胺的释放导致血管的舒张，但是低血压并不是阿片类药物过量的特征。痫性发作通常与哌替啶的毒性相关。

【治疗】

（1）逆转急性阿片类药物过量的药物首选阿片受体拮抗剂纳洛酮，用法为 0.4mg 静脉推注或0.8mg肌内注射。非紧急情况下,可将0.4mg纳洛酮加入在0.9%氯化钠溶液10ml中稀释,每2分钟静注40~80μg(1~2ml)直至阿片类药物的效应逆转。以这种方式给药可确保纳洛酮以最小发挥剂量逆转效应、控制疼痛及减少戒断症状,尤其是长期使用阿片类治疗慢性疼痛的患者。

(2)纳洛酮不应口服,因为存在肝脏的首过消除效应。

(3)纳洛酮能够逆转所有的阿片类药物效应,这种作用在1~2分钟内起效,并可持续1小时以上。

(4)纳洛酮治疗维持时间短,需要不断地给药直到致病因素完全消除,可以通过静脉注射或定期给药。

纳洛酮没有任何的激动剂活性,其不良反应极为罕见。但纳洛酮会导致吗啡等药物与阿片受体解离,可诱发急性阿片类戒断综合征。在极少情况下,使用高剂量的纳洛酮会导致肺水肿、焦虑、心律失常等。

长期使用阿片类可导致躯体依赖,突然停药或减药可导致戒断症状。对控制性阿片类戒断的处理不同于急性中毒。

1)通常情况下,可以使用阿片类的长效制剂,如美沙酮,每日一次,等同于25%日常的麻醉剂量,以抑制戒断症状。每日剂量逐步减少,如每周减少10%的用量,直到病人完全停药。

2)除了美沙酮及其他解毒剂外,还可以使用可乐定。阿片类戒断症状部分是由于蓝斑等部位的去甲肾上腺素活性升高所导致的。作为中枢性α_2-肾上腺素受体激动剂,可乐定可以抑制这种交感神经输出,减轻部分心血管及其他戒断症状。但可乐定并不能明显消除阿片类戒断的自主神经症状。停用阿片类药物后,可乐定在10天至2周内逐渐减量。

(二)苯妥英

苯妥英是NICU常见的药物之一。当血药浓度>20μg/ml时,可能出现眼球震颤、共济失调、复视和眩晕等症状,这与其对小脑的兴奋作用有关。随着血药浓度进一步升高,患者会出现过度兴奋、幻觉和意识错乱。>40μg/ml时可有嗜睡,>50μg/ml时可出现去脑强直和昏迷。心律失常和低血压的心脏并发症通常与静脉注射过快有关。

苯妥英通过饱和的肝脏微粒体酶系统而被清除,其代谢属于零级消除动力学,一定量的药物随着时间以一定的百分比清除。随着血药浓度继续升高,完全消除药物的时间变得越来越长。

【治疗】

(1)治疗上主要是对症支持治疗,如果口服过量可以给予活性炭。

(2)监测肝功能,防止发生肝衰竭。

(三)抗凝药物

1. 肝素 肝素(UFH)是一种分子量从3000~30 000Da的糖胺,对不同分子量的凝血因子有不同的亲和力,分子量大小影响药物的清除,分子量越小,消除的速度越快。UFH作为抗血凝剂,能间接通过AT来抑制凝血因子Ⅻa、Ⅺa、Ⅸa、Ⅹa、Ⅱa、ⅩⅢa的活性。

【治疗】

(1)肝素的主要不良反应是易引起自发性出血和血小板减少,表现为各种黏膜出血、关节腔积血和伤口出血等。肝素导致的血小板减少属于药物诱导的血小板减少症，需要定期检测部分凝血活酶时间（PTT）。如果 PTT 过高或肝素使用过量，应停止继续使用，但通常无需进一步处理。然而如果发生出血，可使用硫酸鱼精蛋白（肝素拮抗剂）。鱼精蛋白通过结合肝素离子部分，形成无活性的复合体而发挥作用。

（2）鱼精蛋白完全逆转肝素的剂量为 1mg/100 单位，最大剂量可达 100mg。以＜20 mg/min 速度缓慢静脉注射。

（3）鱼精蛋白的副作用有呼吸困难、脸红、心动过缓和低血压，与组胺的释放有关，这些副作用在很大程度上可以通过缓慢给药而避免。

（4）严重病例可使用输注血小板、激素、丙球或血浆置换治疗。

2. 低分子肝素 与 UFH 相比，低分子肝素（LMWH）的药动学特征得以改进，皮下注射低分子肝素可以起到更加持久和稳定的抗凝作用。低分子肝素的抗凝作用机制在于其能够结合并抑制 X a 因子，因此不能通过 PTT 来监测低分子肝素的抗凝作用。

各种低分子肝素的半衰期不同，但均较 UFH 长。UFH 的作用持续数小时，而 LMWH 可持续数小时至数天。LMWH 主要通过肾脏清除，因此肾功能不全可能延长其半衰期。

没有一种可靠的方法能逆转 LMWH 的效应，鱼精蛋白只能抵消 60% 的 LMWH 抗凝效应。1mg 鱼精蛋白能抵消 100 单位抗凝因子 X a 的活性或 1mg 依诺肝素的作用。

3. 华法林 华法林是从草木樨中分离出来的一种双香豆素类药物。通过干扰维生素 K 依赖性凝血因子 Ⅱ、Ⅶ、Ⅸ 和 Ⅹ 而发挥抗凝作用。这些凝血因子都依赖维生素 K，从无活性形式转化为有活性形式。华法林的半衰期是 36 小时，其抗凝作用与 4 种靶凝血因子的降解有关。凝血因子 Ⅶ、Ⅸ、Ⅹ 和 Ⅱ 的半衰期分别是 6 小时、24 小时、40 小时和 60 小时，因此，用药后起效时间为 8～12 小时。

【治疗】

（1）需要定期检查 INR 来监测华法林的抗血栓作用。

（2）在出血严重的情况下，停止继续使用华法林并使用新鲜冷冻血浆（FFP）或凝血酶原复合物（PCC）。此外，可以考虑缓慢静滴 10 mg 维生素 K。如果有需要，维生素 K 可每个 2 小时重复一次。

（3）当出血危及生命时，可同时予以 PCC 和 10mg 维生素 K。此时 PCC 的代替物为重组因子 Ⅶa。应该指出的是，高剂量的维生素 K 只适用与严重或威胁生命的出血，该剂量会使患者对华法林产生持久的抵抗。

（4）出血停止以后，如果需要继续抗凝，UFH 或 LMWH 继续使用到患者对华法林敏感为止。

4. 直接的凝血酶抑制剂 直接的凝血酶抑制剂，如阿加曲班、水蛭素、重组水蛭素和比伐卢定，是一类新的抗凝剂，可用于治疗肝素诱导的血小板减少症和急性冠脉综合征。这类药物没有明确的逆转因子。除了停止输液外，可考虑使用重组因子 Ⅶa 或 PCC。

（四）对乙酰氨基酚

对乙酰氨基酚是世界卫生组织推荐的小儿首选退热药，其作用机制尚未完全清楚，是一种弱的 COX-1 和 COX-2 抑制剂。对乙酰氨基酚的清除途径为肝脏的葡萄糖醛化和与硫酸盐共轭，硫酸盐和葡萄糖苷酸通过粪便排泄。有大约 10% 被氧化成 NAPQI。NAPQI 具有肝脏毒性。当对乙酰氨基酚过量时，储备的谷胱甘肽耗尽，使得 NAPQI 集聚并结合到肝脏上,会导致肝脏衰竭。

【临床表现】

(1) 第一阶段:在用药后最初的 24 小时,患者主诉不适、恶心、呕吐、出汗等;

(2) 第二阶段:24~72 小时。患者会有右上腹疼痛、肝脏肿大、肝酶(AST、ALT)的升高、凝血酶原时间延长和少尿,第一阶段的临床症状消失;

(3) 第三阶段:72~96 小时,以肝、肾衰竭和心肌病为特征。患者将会再次出现第一阶段的症状;

(4) 第四阶段:4 天至 2 周,患者可能恢复或者死亡。如果症状继续进展为爆发性肝脏衰竭,则预后差,仅 50% 患者存活。

(5) 当出现下述情况之一时,发展为肝脏衰竭的危险性极高:①在补液的条件下发生代谢性酸中毒(pH<7.3);②肌酐>3.3mmol/L;③PT>1.8;④进入到第三阶段或第四阶段时。

【治疗】

(1) 如果明确药物摄入时间,且摄入量超过 150mg/kg,则必须进行干预。低于此剂量患者用药 4 小时后采血检测对乙酰氨基酚,在毒性范围之内应该开始治疗。如果不能明确药物摄入时间,则需要迅速检测血药浓度。血药浓度>5μg/ml 时应该开始治疗。应注意,血中对乙酰氨基酚、转氨酶和血氨水平并不能反应预后。

(2) 使用吐根糖浆催吐、洗胃或活性炭吸附清除消化道的对乙酰氨基酚的吸收。

(3) 使用对乙酰氨基酚过量的特异解毒药 N-乙酰半胱氨酸(N-acetylcysteine,NAC)。能维持肝脏中谷胱甘肽的浓度,促使 NAPQI 向生成对乙酰氨基酚方向转化,同时能阻止一些大分子上的硫醇基团被 NAPQI 所氧化。NAC 还能提供合成磺酸基的原料,磺酸基能与对乙酰氨基酚结合而解毒。

(4) 还原型谷胱甘肽由谷氨酸、胱氨酸及甘氨酸组成,结构中含活性基团 SH 键。当体内存在强氧化性的各种有机代谢产物时,它可与之发生氧化还原反应,使有机代谢物毒性减弱或灭活,并容易经尿排出。

(五) 乙醇

乙醇的作用类似于镇静催眠药,如巴比妥类。在低剂量时,脑抑制通路被抑制,从而产生兴奋作用。随着剂量逐步提高,会出现困倦、嗜睡其至昏迷等症状。Wernicke 脑病患者会出现昏迷、共济失调、眼肌麻痹和眼球震颤。大多数醉酒的患者只需谨慎处理而无需密切监测。但严重醉酒者如果出现昏迷,需要加强对气道的保护,防治呕吐、窒息。

【治疗】

(1) 在使用葡萄糖之前使用维生素 B_1 非常重要。维生素 B_1 100 mg 静脉注射或肌内注射以缓解 Wernicke-Korsakoff 综合征。在有氧呼吸过程中,葡萄糖的代谢产物丙酮进入 Krebs 循环或柠檬酸循环,这一过程需要维生素 B_1。

(2) 在维生素 B_1 缺乏的情况下使用葡萄糖,易诱发 Wernicke 综合征。

(3) 患者表现为典型的营养不良,还需要叶酸、镁、复合维生素和电解质。

(4) 防治乙醇的戒断症状,可给予苯二氮䓬类,羟安定或舒宁。长效的苯二氮䓬类,如氯氮或地西泮是有效的。

(六) 巴比妥类

巴比妥类是经典的镇静催眠药,常用的有硫喷妥钠、苯巴比妥、异戊巴比妥和司可巴比妥等。巴比妥类具有中枢神经系统抑制作用,在治疗剂量时,对周围神经系统和其他组织如骨骼肌,心脏,平滑肌作用很小。达到毒性剂量时,这些药对延髓血管运动区有抑制作用并导致心血管的抑制。临床上,随着剂量的增加,患者会越来越嗜睡。高剂量时脑电图可表现为缓慢逐步发展到爆发性抑制,临床可以表现为低血压、低体温、呼吸停止。

【治疗】

(1) 主要是支持治疗,包括呼吸道、机械通气和心血管治疗。如果是口服给药,可使用活性炭。可通过碱化尿液清除,由于苯巴比妥的酸度系数为 7.2 且是水溶性的,这种方法更加有效。

(2) 对于紧急和病情恶化的患者也可使用血液透析、腹膜透析和血液灌流治疗。

(七) 苯二氮䓬类

苯二氮䓬类是常用的镇静催眠药,其代表药物为地西泮。常用的还有咪哒唑仑、羟安定、阿普唑仑和氯硝西泮。这类药物的共同临床特征是在低治疗剂量情况下,产生镇静和肌肉松弛作用,不会引起心肌或通气的抑制;随着剂量的增加,中枢神经系统的抑制作用可表现为嗜睡、昏迷;但即使在很高剂量时,也不会导致真正的全身麻痹。要达到手术麻醉的效果,必须与其他药物联合使用。

【治疗】

(1) 苯二氮䓬类过量主要是支持治疗。如果单纯苯二氮䓬类过量,保守治疗是最好的方法。通常来说,即使剂量非常高,患者并不需要气道保护、机械通气或心血管支持,也不需要 NICU 监护。

(2) 氟马西尼为苯二氮䓬类的拮抗剂,对于已知的或可疑的苯二氮䓬类过量,氟马西尼的初始治疗剂量为 0.2mg 静脉注射,维持超过 30s,如果 30s 之后无反应,再使用 0.3mg。30s 之后每隔 1 分钟使用 0.5 mg 直到总量为 3 mg。

(3) 氟马西尼通常在 1~2 分钟内快速起效,可逆转苯二氮䓬类的任何作用。作用的持续时间为 45 分钟。因此,对于用于治疗长效制剂,需要额外加用氟马西尼。

(八) 三环类抗抑郁药

三环类抗抑郁药(TCA)是广泛使用的药物,原型是丙咪嗪和阿米替林。其他的 TCA 类包括去甲米替林、地昔帕明、多塞平、阿莫沙平等。作用机制是 5-羟色胺和 NE 的再摄取抑制,这类药物同样有致毒性的抗胆碱效应。

经典的 TCA 毒性作用是强直-阵挛发作、心血管的抑制和抗胆碱效应。除了痫性发作之外,其中枢神经系统的毒性作用可以表现为谵妄、焦虑和昏迷。心血管效应称为奎尼丁样效应,EKG 的变化包括 QRS 波的增宽,P—R 间期的延长,房室传导阻滞,严重时会导致室性心律失常。血管舒张和心肌收缩力下降会导致致命性的低血压和节律失常。如果 QRS 值大于 100ms,癫痫发作的危险性增加,QRS>160 ms 时节律失常的危险性增高。抗胆碱能效应包括精神错乱、高热、脸红、无汗症、无尿和瞳孔散大。TCA 毒性的临床过程通常为 48 小时。

【治疗】

(1) 可使用地西泮 1~4mg 静脉注射治疗 TCA 引起的癫痫。苯妥英会加重 TCA 的心血管效应,应避免使用。如果发生低血压,可给予液体复苏和血管加压素的治疗。

(2) 可使用肾上腺素和去甲肾上腺素升高血压。不应使用多巴胺,因为它需要内源性的去甲肾上腺素的作用,该作用可被 TCA 阻断。

(3) 如果发生心率失常,可使用碳酸氢钠 $1\sim2\text{mmol}/(L \cdot kg)$,保持动脉血 pH 7.45~7.55。不应使用 1a 和 1c 类抗心律失常的药。

第三节 急性中毒

一、有机磷酸酯类

有机磷酸酯类农药中毒是临床上最常见的急性中毒之一。1932 年,德国首次合成有机磷化合物,其间受熏染工人出现中毒表现,这是世界上首次发现的有机磷中毒。1937 年德国的施拉德合成一系列剧毒有机磷化合物,并开始了用有机磷化合物对动物和人的系统毒理学和救治措施的研究。1939 年发现有机磷导致中毒的毒理机制是抑制胆碱酯酶(ChE)。有机磷酸酯类在室温下是液态的,易挥发,作用于神经肌肉接头,抑制乙酰胆碱酯酶,从而产生临床上导致死亡和失能的胆碱能危象。在两伊战争期间,伊拉克使用了沙林、GA 以及芥末制剂,并造成了伊朗部队 45 000 人的伤亡。

【诊断】 有机磷中毒的症状有明显的特异性。早期症状为瞳孔缩小,其他眼部不适,比如由于直接接触蒸汽导致的疼痛和充血,之后会出现分泌物增多、肌束颤动、二便失禁、气道狭窄、谵妄、癫痫、肌张力改变,如未经及时救治,最终死于呼吸循环衰竭。这种毒剂易于经皮肤和呼吸道吸收,接触后发病迅速。乙酰胆碱酯酶相关的实验室检查可供参考。有机磷中毒后很大一部分持续癫痫发作,接触毒剂并继发癫痫后,皮层、海马和丘脑都出现了损害,并导致长期的行为和认知功能紊乱。

【治疗】 处理有机磷农药的手段主要是清洁净化。中毒抢救的关键在于洗胃、导泻、排泄、解毒、防治并发症。有机磷农药排泄快,24 小时内通过肾脏由尿排泄,在体内并无蓄积。

对症支持治疗

(1) 维持呼吸功能保持呼吸道通畅,给氧和给予正压人工辅助呼吸,合理使用呼吸兴奋剂。根据症状的严重程度,如支气管重度狭窄和肺部分泌物过多的患者早期气管插管,通气支持,侵入性肺灌洗。

(2) 保持患者安静和控制惊厥。

(3) 维持水、电解质和酸碱平衡。

(4) 合理应用血液灌注和血液透析。

(5) 酌情输血和换血。

针对胆碱能危象进一步治疗:

阿托品作为一种抗 M 作用药物,是有机磷农药中毒治疗的关键。它可以减弱乙酰胆碱对 M 受体的作用,尤其是心率。其他的改善效果有减少分泌物和出汗,减缓胃肠蠕动,扩瞳。氯解磷定(2-PAM)可通过其肟基与有机磷连接,复活胆碱酯酶。2-PAM 最显著的效果是消除骨骼肌束状收缩,并恢复运动功能。

治疗过程中还应注意以下几点：早期一般不用葡萄糖、辅酶 A、胞二磷胆碱、氨基糖苷类药物，以免加重病情。导泻避免使用硫酸镁，因为有机磷与硫酸镁所致中枢神经症状相混淆，不利于观察。抽搐躁动不安宜用对呼吸抑制轻的镇静药。碳酸氢钠不宜与复能剂同时使用，如需使用，二者须间隔 45 分钟以上。

二、氰 化 物

氰化物阻断从细胞色素氧化酶转移到分子氧化线粒体以引起氧化磷酸化，导致心血管、呼吸系统和中枢神经系统的功能障碍。氰化物蒸汽是特殊的苦杏仁味道，一般人类都接受不了这种味道，但是嗅觉器官暴露在这种气味里会很快适应。

服用大剂量氰化物后出现的症状很迅速并且难以预测。在吸入氰化物 15s 内，患者会迅速过渡换气并且失去知觉，接着 1 分钟内出现痫性发作，约 6~8 分钟心跳呼吸停止。

氰化物中毒患者皮肤可呈樱桃红色并有呼吸窘迫表现，但一氧化碳中毒也有这种表现。其他毒性作用包括头痛、紧张、精神状态改变和烦躁。

【实验室检查】

(1) 测定血液氰化物浓度，可以用于法院的死因鉴定。当浓度在 $0.5~1\mu g/ml$ 时，可产生临床表现，当超过 $2.5\mu g/ml$ 时可导致死亡。

(2) 动脉血气分析显示动静脉氧分压的减小、乳酸酸中毒、代谢性酸中毒和阴离子间隙降低。

【治疗】

(1) 首先，中毒者应该被转移，离开毒源，并且吸入 100% 的氧气。在转移之前去掉污染物以防止第二次中毒。

(2) 当吸入或咽下氰化物时，可使用活性炭解毒。

(3) 机械通气、血管加压处理，静脉内水合作用和阻断苯二氮䓬类作用和纠正代谢性酸中毒都是非常重要的处理方法。

(4) 氰化物中毒的解毒方法是给予亚硝酸钠或者相关的药物去除细胞色素 c 上被约束状态的氰化物。

三、炭 疽

炭疽杆菌是引起炭疽的罪魁祸首，曾被美国和其他的国家包括前苏联制成生化武器。在 9·11 事件后被恐怖分子用于恐怖袭击。潜伏期皮肤炭疽一般 1~5 天。肺炭疽可短至 12 小时，长至 12 个月；肠炭疽 24 小时。自然感染炭疽以皮肤炭疽为主，生物恐惧相关炭疽以吸入炭疽为主。潜伏期患者会出现出血性脑膜炎。

【临床表现】

(1) 炭疽的首发症状是非特异性的，如发热、不舒服、头痛和呼吸困难。

(2) 肺炭疽：少数人患肺炭疽，临床上亦较难诊断。肺炭疽多为原发吸入感染，偶有继发于皮肤炭疽，常形成肺炎。通常起病较急，出现低热、干咳、周身疼痛、乏力等流感样症状。经 2~4 天后症状加重，出现高热、咳嗽加重、呈血性痰，同时伴有胸痛、呼吸困难、发绀和大汗。肺部啰音及喘鸣音。X 线胸片显示肺纵隔增宽，支气管肺炎和胸腔积液。患者常并发败血症、休克、脑膜炎。在出现呼吸困难后 1~2 天死亡，病死率在 80%~100%。诊断是根据流行病学的数据和胸腔放射检查的结果表现为纵隔加宽和胸腔积液。所有疑似病例应该使用胸腔放射显影法和胸腔 CT 来确认。不是在所有的病人痰中都可以检查到病原体的。大多数的病例都是由血液培养来确定的,而且这种方法可以在早期检查到炭疽热。

(3) 皮肤炭疽:最为多见,约占炭疽病例的 95%。分为炭疽痈和恶性水肿。炭疽痈:多见于面、颈、肩、手和脚等裸露部位皮肤,初起为丘疹或斑疹,逐渐形成水疱、溃疡,最终形成黑色似煤炭的干痂,以痂下有肉芽组织,周围有非凹陷性水肿,坚实,最显著的特征是无疼痛感,溃疡不化脓。发病 1~2 天后出现发热、头痛、局部淋巴结肿大等。恶性水肿:累及部位多为组织疏松的眼睑、颈、大腿等部位,无黑痂形成而呈大块水肿,扩散迅速,可致大片坏死。局部可有麻木感及轻度胀痛,全身中毒症状明显,如治疗不及时,可引起败血症、肺炎及脑膜炎等并发症。在未使用抗生素的情况下,皮肤炭疽病死率为 20%~30%。

(4) 肠炭疽:肠胃炭疽病是高致命性的类型 一般在食用了感染的肉类后染病,是一种恐怖袭击的形式,死亡率 60%~80%。肠胃炭疽可以表现为严重的肠胃病、急性腹膜炎或腹泻。粪便培养对炭疽不是很敏感。诊断经常是通过 PCR 和对腹膜和腹水的免疫染色。

(5) 炭疽伴有出血性脑膜炎的现象出现在大约 50% 的吸入性炭疽患者,也会出现在吸入以及皮肤接触的感染病例中。

(6) 其他类型:咽部感染炭疽,出现严重的咽喉疼痛,颈部明显水肿,局部淋巴结肿大。水肿可压迫食管引起吞咽困难,压迫气道可出现呼吸困难。肺炭疽、肠炭疽及严重的皮肤炭疽常引起败血症。除局部症状加重外,患者全身中毒症状加重,并因细菌全身扩散,引起血源性炭疽肺炎、炭疽脑膜炎等严重并发症,病情迅速恶化而死亡。病死率几乎 100%。

【辅助检查】

(1) 血常规:白细胞增高,10×10^9~25×10^9/L。甚至可高达 60×10^9~80×10^9/L。中性粒细胞显著增多,血小板可减少。

(2) 细菌涂片与培养:可取分泌物、痰液、大便、血液和脑脊液作直接涂片染色镜检,可见粗大的革兰阳性杆菌;培养可有炭疽杆菌生长。

(3) 动物接种:将上述标本接种于家兔、豚鼠与小白鼠皮下,24 小时后出现局部的典型肿胀、出血等阳性反应。接种动物大多于 48 小时内死亡,从其血液与组织中可查出和培养出炭疽杆菌。

(4) 血清免疫学检查:有间接血凝试验,补体结合试验、免疫荧光法与 ELISA 法等检测血中抗荚膜抗体。炭疽患者发病后 3 天开始产生此抗体,1 周后大多呈阳性。恢复期血清抗体较急性期增加 4 倍以上,即为阳性。ELLSA、免疫荧光法敏感性和特异性较高,阳性率达 80%~100%。Ascoli 沉淀实验主要用于检验动物毛与脏器是否染菌。

(5) 炭疽皮肤试验:用减毒株的化学提取物皮下注射,症状出现 2~3 天后,82% 的患者出现阳性结果,4 周后达 99%。

【诊断】

(1) 接触史:与病畜或其皮毛的密切接触史。

(2) 临床表现:皮肤炭疽的焦痂溃疡,肺炭疽的出血性肺炎,出血性脑炎,肠炭疽的出血性肠炎,败血症的严重全身毒血症与出血倾向等。

(3) 确诊:细胞涂片染色检查,细菌培养以及动物接种等。

【治疗】

(1) 一般治疗：给予高热量流质或半流质饮食，必要时静脉补液。严重病例可用激素缓解中毒症状，一般用氢化可的松 100～300mg/d，短期静脉滴注，但必须同时应用抗生素；对于皮肤炭疽者的局部伤口切忌挤压及切开引流，否则会引起感染扩散和败血症，可用 1∶5000 的高锰酸钾液湿敷，或以 1∶2000 的高锰酸钾液冲洗后，敷以抗菌软膏（如红霉素软膏），再用消毒纱布包扎。肺炭疽、颈部皮肤炭疽病病人，应注意保持呼吸道通畅；严重者输血治疗。循环衰竭者应在补充血容量的基础上给予休克治疗。

(2) 抗感染治疗：炭疽的治疗取决于细菌感染的类型（表 18-2）。治疗原则是严格隔离，早诊断，早治疗，灭杀体内细菌。吸入性炭疽治疗的重点是辅助呼吸和静脉注射抗生素。

表 18-2 不同类型的炭疽杆菌属的抗生素治疗（成人剂量）

疾病类型	最佳治疗	备选治疗
吸入性炭疽	环丙沙星 400 mg IV, q12h	首剂多西环素 200 mg IV, 然后 100 mg IV, q12h
皮肤性炭疽	环丙沙星 500 mg PO, q12h	多西环素 100mg PO, q12h 或是阿莫西林 500 mg PO q8h
胃肠性炭疽	环丙沙星 400 mg IV, q12h	首剂多西环素 200 mg IV, 然后 100 mg IV, q12h
炭疽相关性脑膜脑炎	环丙沙星 400 mg IV q8h＋利福平	首剂多西环素 200 mg IV, 然后 100 mg IV, q12h

注：IV. 静脉注射；PO. 口服

儿童，环丙沙星的剂量为 10～15mg/kg（最高 400mg）q12h 静脉注射或多西环素（8 岁以上体重大于 45kg 的儿童静脉注射 100mg 多西环素 q12h。8 岁以下或体重小于 45kg 的儿童使用 2.2mg/kg 多西环素 q12h 溶液）。一般儿童不推荐使用四环霉素。

四、Q 热

Q 热（Q Fever）是由伯纳特立克次体（Rickettsia burneti）引起的急性自然疫源性疾病。1937 年 Derrick 在澳大利亚的昆士兰（Queensland）发现并首先描述，因当时原因不明，故称该病为 Q 热。

伯纳特立克次体（Q 热立克次体）有如下特点：①具有滤过性；②多在宿主细胞空泡内繁殖；③不含有与变形杆菌 X 株起交叉反应的 X 凝集原；④对实验室动物一般不显急性中毒反应；⑤对理化因素抵抗力强。在干燥沙土中 4～6℃可存活 7～9 个月，−56℃能活数年，加热 60～70℃，30～60 分钟才能灭活。抗原分为二相，初次从动物或壁虱分离的立克次体具 Ⅰ 相抗原（表面抗原，毒力抗原）；经鸡胚卵黄囊多次传代后成为 Ⅱ 相抗原（毒力减低），但经动物或蜱传代后又可逆转为 Ⅰ 相抗原。当它是孢子形式的时候，它可以抵抗热或干燥，让菌体在许多的环境下能够存活数月之久可被用作为恐怖袭击武器。

Q 热是一种人畜共患疾病，病原体集中在感染动物的乳房和子宫中，因此自然界中的人类通常通过食入怀孕动物产品或感染的牛奶或奶酪感染。羊、牛、猫、啮齿动物和山羊都可以作为病菌污染源。

(1) 传染源 家畜是主要传染源，如牛、羊、马、骡、犬等，其次为野啮齿动物，飞禽（鸽、鹅、火鸡等）及爬虫类动物。

(2) 传播途径 动物间通过蜱传播；人类通过呼吸道、接触、消化道等途径传播。

【临床表现】

(1) 潜伏期 12～39 天，平均 18 天，大多急骤起病。

(2) 发热、畏寒、头痛、肌痛、乏力，发热在 2～4 天内升至 39～40℃，呈弛张热型，持续 2～14 天。

(3) 头痛：剧烈头痛是本病突出特征，常伴肌痛，尤其腰肌、腓肠肌为主，可伴关节痛。

(4) 肺炎：约 30%～80% 病人有肺部病变。于病程第 5～6 天开始干咳、胸痛，少数有黏液痰或血性痰，体征不明显，有时可闻及细小湿啰音。X 线检查常发现肺下叶周围呈节段性或大叶性模糊阴影，肺部或支气管周围可呈现纹理增粗及浸润现象，类似支气管肺炎。肺病变于第 10～14 天左右最显著，2～4 周消失。偶可并发胸膜炎，胸腔积液。

(5) 肝炎：患者有纳差、恶心、呕吐、右上腹痛等症状。肝脏肿大，但程度不一，少数可达肋缘下 10cm，压痛不显著。部分病人有脾大。肝功能检查胆红素及转氨酶常增高。

(6) 心内膜炎：约 2% 患者有心内膜炎，表现长期不规则发热，疲乏、贫血、杵状指、心脏杂音、呼吸困难等。继发的瓣膜病变多见于主动脉瓣，二尖瓣也可发生，与原有风湿病相关。慢性 Q 热是指急性 Q 热后病程持续数月或一年以上者，是一个多系统疾病，可出现心包炎、心肌炎、心肺梗死、脑膜脑炎、脊髓炎、间质肾炎等。

(7) 神经系统：发生率为 23%。包括表达性失语，面部疼痛性抽动，复视和构音障碍。急性阶段，可以发生视神经炎。在晚期，如果不治疗，会进展为脑炎，脑脊髓炎和脊髓病。

【实验室检查】

(1) 血象：血细胞计数正常，中性粒细胞轻度左移，血小板可减少，血沉中等程度增快。

(2) 血清学：①补体结合试验 急性 Q 热 Ⅱ 相抗体增高，Ⅰ 相抗体呈低水平。若单份血清 Ⅱ 相抗体效价在 1：64 以上有诊断价值，病后 2 周～4 周，双份血清效价升高 4 倍，可以确诊。慢性 Q 热，Ⅰ 相抗体相当或超过 Ⅱ 相抗体水平；②微量凝集试验 Ⅰ 相抗原经三氯醋酸处理转为 Ⅱ 相抗原，用苏木紫染色后在塑料盘上与病人血清发生凝集。此法较补体结合试验敏感，阳性出现率（第一周阳性率 50%，第 2 周阳性率 90%），也可采用毛细管凝集试验。但特异性不如补结合试验；③免疫荧光及 EliSA 检测 Q 热特异性 IgM（抗 Ⅱ 相抗原），可用于早期诊断。

(3) 病原分离：取血、痰、尿或脑脊液材料，注入豚鼠腹腔，在 2～5 周内测定其血清补体结合抗体，可见效价上升；同时动物有发热及脾大，剖检取脾组织及脾表面渗液涂片染色镜检病原体；也可用鸡胚卵黄囊或组织培养方法分离立克次体，但须在有条件实验室进行，以免引起实验室内感染。

【预防和治疗】 对 Q 热的患者加强隔离措施，并早期治疗。四环素族及氯霉素对本病有特效，每日 2～3g 分次服用。服药 48 小时内退热后减半，连服一周，以免复发。复发病例再服药仍有效。或多西环素每 12 小时 100mg，连用 15～21 天。也可观察 Ⅰ 相抗体是否下降来决定药物疗程。

对于有神经系统疾病的病人，优先选用喹诺酮类，因为其比多西环素有更好的中枢神经系统渗透性。

五、肉毒杆菌毒素

肉毒杆菌毒素（botulinum toxin, BTX）也称为肉毒毒素或肉毒菌素，是由肉毒杆菌在繁殖过程中所产生的一种神经毒素蛋白。肉毒毒素是毒性最强的天然物质之一，也是世界上最毒的蛋白质之一。据估计 1 克的肉毒杆菌毒素可以杀死超过 1 百万人。纯化结晶的肉毒毒素 1mg 能杀死 2 亿只小鼠，对人的半致死量为 40 IU/Kg。性质稳定，易于生产、提纯和精制。肉毒杆菌毒素可用于生产生化武器。

引起肉毒杆菌毒素食物中毒的食物要满足三个条件：
(1) 被肉毒杆菌芽孢污染。
(2) 在肉毒杆菌容易产生毒素的条件下保存。
(3) 进食前未经适当加热烹煮。

肉毒杆菌毒素作用的机制是阻断神经末梢分泌能使肌肉收缩的乙酰胆碱，从而达到麻痹肌肉的效果。食入和吸收这种毒素后，神经系统将遭到破坏，将会出现头晕、呼吸困难和肌肉乏力等症状。临床上肉毒毒素是用来治疗痉挛、肌张力异常、眼睑痉挛、斜视眼、痉挛性斜颈和其他一些肌张力障碍疾病。

【诊断】
(1) 神经电生理检查包括神经传导速度测试和反复的50Hz电刺激波幅增高。
(2) 血清学检查。
(3) CSF检查和神经影像检查正常。

【治疗】
(1) 使用肉毒抗毒素积极处理，免疫球蛋白可以对稳定病情有一定疗效，但是对肌萎缩没有改善。
(2) 呼吸肌麻痹的患者进行一些支持措施包括机械通气等。
(3) 肉毒杆菌的康复需要一年左右的时间。

六、河豚毒素

河豚毒素(tetrodotoxin, TTX)是由热带的河豚鱼或河豚所产生的，河豚毒素的口服半数致死量(LD50)是334μg/kg。河豚毒素截断人体肌肉细胞中的快速钠阳离子流，因而抑制肌肉收缩，导致呼吸机麻痹，全身乏力，血管舒张和感觉障碍。相对之下，心脏的节律细胞的钠离子通道是慢离子流，于是心脏的动作电位并没有被毒素拦截。所以中河豚毒素的人的死因并非心脏节律电流受阻，而是肌肉麻痹。

有报道说河豚毒素中毒20小时后出现症状，但通常在食用含有毒素的水或食物后可以在4小时候内出现临床症状。最初的主诉是面部或口腔的麻木，轻度的全身乏力，但很快会发生低血压，癫痫，全身麻痹，心律失常和呼吸衰竭。患者进入闭锁状态，存在意识而无运动功能，最终所有的脑干反射消失直至死亡。

【诊断】 临床诊断主要依靠饮食河豚鱼病史。

【治疗】
(1) 早期用活性炭和洗胃治疗是有效的。治疗主要是支持治疗，首要的是持续性地维持呼吸和心跳，直至中毒者恢复至可自行呼吸为止；静脉注射α-肾上腺素纠正低血压。抗胆碱酯酶药会因多样效果而使用。
(2) 此毒素没有直接有效的解毒剂，因为毒素和神经细胞是迅速反应而产生的强化学键难以轻易分解，所以通常都持续进行呼吸和心跳维持直至身体毒素自然排出。

(曹茂红)

参 考 文 献

Caplan JP, Epstein LA, Quinn DK, et al. 2007. Neuropsychiatric effects of prescription drug abuse. Neuropsychol Rev,

17(3):363~380

Chyka PA, Seger D, Krenzelok EP, et al. 2005. American Academy of Clinical, Toxicology, European Association of Poisons Centres and Clinical, Toxicologists. Position paper: single-dose activated charcoal. Clin Toxicol, 43:61~87

Hantson P, Duprez T. 2006. The value of morphological neuroimaging after acute exposure to toxic substances. Toxicol Rev, 25:87~98

van Dorp EL, Yassen A, Dahan A. 2007. Naloxone treatment in opioid addiction: the risks and benefits. Expert Opin Drug Safety, 6:125~132

Yee AJ, Kuter DJ. 2006. Successful recovery after an overdose of argatroban. Ann Pharmacother, 40:336 339

第19章 中枢神经系统感染

中枢神经系统感染是各种病原微生物侵犯脑或脊髓实质、被膜和血管等引起的急性和慢性炎症性疾病。这些病原微生物包括病毒、细菌、真菌、螺旋体、寄生虫、立克次体和朊蛋白等。病原微生物主要通过三种途径进入中枢神经系统：①血行感染：病原体通过昆虫叮咬、动物咬伤、使用不洁注射器、输血等进入血液，面部感染时病原体可经静脉逆行入颅，孕妇感染时病原体经胎盘传递给胎儿等；②直接感染：贯穿性颅脑损伤或脑邻近组织感染时病原体可直接扩散入颅；③神经干逆行感染：嗜神经病毒如单纯疱疹病毒、狂犬病毒等感染皮肤、呼吸道或胃肠道黏膜后可沿神经末梢进入神经干。

神经重症监护病房的建立以及中枢神经系统感染的早期规范化治疗使得治愈率大大提高。限于篇幅，本章仅仅选取了单纯疱疹病毒性脑炎，细菌性脑膜炎，结核性脑膜炎，新型隐球菌脑膜炎等发病率或致死率较高的疾病进行介绍。

第一节 单纯疱疹病毒性脑炎

单纯疱疹病毒性脑炎（herpes simplex virus encephalitis，HSE）是由单纯疱疹病毒（herpes simplex virus HSV）引起的中枢神经系统病毒感染性疾病，又称为急性出血坏死性脑炎，国外 HSE 发病率为(4～8)/10 万，患病率为 10/10 万，国内尚缺乏准确的流行病学资料。HSV 常累及大脑颞叶、额叶及边缘系统，引起脑组织出血性坏死和/或变态反应性脑损害。未经治疗的 HSE 病死率高达 70% 以上。随着早期治疗，确切地说是在症状出现的 24 小时内或是出现昏迷之前（格拉斯哥昏迷量表>8）使用阿昔洛韦等抗病毒治疗以来，本病死亡率已大幅降低。

一、病因及发病机制

HSV 是一种嗜神经 DNA 病毒，根据其抗原性的不同单纯疱疹病毒被分为两型：I 型单纯疱疹病毒（HSV-I）和 II 型单纯疱疹病毒（HSV-II）。HSV-I 感染比 HSV-II 感染常见，感染人群多为成人，HSV-I 通常引起口腔和呼吸道原发性感染，感染后多潜伏于三叉神经半月节或脊神经节内，以潜伏形式存在，一旦机体免疫功能下降，病毒即沿神经轴突进入中枢神经系统，引起脑炎。HSV-II 感染人群多为新生儿和青少年。HSV-II 对宫内的胎儿和产道内的新生儿威胁最大，HSV-II 的原发感染主要在生殖系统及会阴部皮肤黏膜，HSV-II 可通过骶神经潜伏在骶神经节内，后经神经上行感染脑实质引起脑炎。新生儿感染多因分娩时母亲生殖道内分泌物中的病毒与胎儿接触，病毒经血行传入脑。成年人也可通过性传播经血型进入脑内。

二、病 理

HSE 的病理改变：早期主要是不对称性的额叶颞叶炎症反应、水肿。双侧大脑半球弥漫性受累，病变部位表面的脑回增宽，脑沟变窄，脑膜可见充血和渗出，甚至坏死软化。大约 1 周后进入出血坏死期，表现为额叶颞叶脑实质的出血坏死。镜下血管周围有大量淋巴细胞及浆细胞浸润。神经细胞弥漫性变性坏死。神经细胞和胶质细胞核内可见嗜酸性包涵体,包涵体内含有疱疹病毒的颗粒和抗原,是本病最具有特征性的病理改变。急性期过后,可有神经胶质细胞增生和脑组织萎缩。

三、临床表现

(1) HSE 无季节性,无地区性,无性别差异,任何年龄均可发病。急性起病,约 25% 患者有口唇疱疹史。前驱症状有卡他、咳嗽等上呼吸道感染症状及头痛发热、肌痛、嗜睡、腹痛、腹泻等症状。原发感染潜伏期为 2~21 天,平均 6 天。病后体温可高达 38~40℃,病程为数日至 1~2 个月。

(2) 首发症状多表现为精神和行为异常,如人格改变、记忆力下降、定向力障碍、注意力涣散、反应迟钝、言语减少、情感淡漠、木僵、缄默或幻觉妄想、行为奇特及冲动行为,智能障碍明显。往往就诊于精神科。

(3) 不同程度神经功能受损表现,如嗅觉缺失、偏瘫偏盲,亦可有多种形式的锥体外系表现,如共济失调、震颤、肌阵挛、扭转、手足徐动或舞蹈样动作。

(4) 约 1/3 的病人出现全身性或部分性癫痫发作,典型复杂部分性发作提示颞叶受损,亦常见于单纯部分性发作继发全身性发作,严重者呈癫痫持续状态。

(5) 病情常在数日内快速进展,出现意识障碍,表现为意识模糊或谵妄,随病情加重可出现嗜睡、昏睡、昏迷去脑强直发作或去皮层状态,部分病人疾病早期迅即出现昏迷。重症患者可因广泛脑实质出血坏死和脑水肿引起颅内压增高甚至脑疝形成而死亡。

(6) 存活患者可遗留有癫痫、记忆和行为障碍等后遗症。

四、辅助检查

(一) 脑脊液常规检查

感染早期,5%~10% 的患者脑脊液检查正常。多数颅内压轻~中度增高。脑脊液细胞数增多,白细胞数 $(50~500)\times10^6/L$,一般不超过 $1000\times10^6/L$,以淋巴细胞或单核细胞为主,偶尔感染早期多形核细胞可能占优势。蛋白正常或轻度增高,糖和氯化物多数正常;重症病例可见脑脊液黄变和红细胞增多。

(二) 脑脊液病原学检查

(1) HSV-IgM、IgG 特异性抗体检测:采用 Western 间接免疫荧光测定及 ELISA 法,采用双份血清和双份脑脊液做 HSV-1 抗体的动态观察,双份脑脊液抗体有增高的趋势,滴度在 1∶80 以上,病程中 2 次及 2 次以上抗体滴度是 4 倍以上增加,血与脑脊液的抗体比值 <40,均可确诊。

(2) 检测脑脊液中 HSV-DNA:用 PCR 检测病毒 DNA 可早期快速诊断,标本最好在发病后 2 周内送检,其敏感性>95%,特异性>99%。

(3) 脑脊液培养价值有限,不作为常规推荐。

(4) 脑活检不常规使用,只是在病因不明,阿昔洛韦治疗仍病情恶化的脑炎患者中可以考虑。

(三) 脑电图检查

脑电图是脑功能障碍灵敏的检查仪器,在脑炎早期即出现脑电波异常,86% 为广泛性脑电异常。常表现为病变区域局灶性慢波，以后在慢波的背景上出现局灶性周期性棘慢综合波。最有诊断价值的改变是双侧脑电波不对称和以颞叶为中心的局灶性脑电波异常。

（四）神经影像学检查

MRI是评估脑炎最敏感的神经成像检查。除非没有MRI或有做MRI禁忌的患者才使用CT扫描。CT可见单侧或双侧颞叶、海马及边缘系统局灶性低密度区，可扩展至额叶和顶叶，注射造影剂可显示增强效应。低密度病灶中见散在点状高密度影，但在轻症病人或发病一周以内CT常显示正常，故CT阴性不能排除HSE的诊断。MRI可发现脑实质T1低信号、FLAIR图像和T2高信号。但也可正常。

五、诊　　断

主要诊断依据：
(1) 有口唇或生殖道疱疹史。
(2) 急性发病，来势凶猛。有病毒感染前驱症状如发热咳嗽腹泻等。
(3) 脑实质损害的症状和体征如精神行为异常，癫痫发作，肢体瘫痪，意识障碍等。
(4) 脑脊液常规检查符合病毒感染特点。
(5) 脑脊液病原学检查阳性。
(6) 脑电图提示有局灶性慢波，以额颞叶为主及癫痫样放电。CT、MRI显示出血性软化灶。
(7) 特异性抗病毒治疗有效。

六、鉴别诊断

(1) 其他病毒性脑炎：如带状疱疹病毒性脑炎、肠道病毒性脑炎、巨细胞病毒性脑炎、腮腺炎病毒性脑炎、麻疹病毒性脑炎等，除从临床特点上区分外，血清或脑脊液病毒抗原抗体检测可资鉴别。

(2) 急性播散性脑脊髓膜炎：在感染和疫苗接种后急性发病，出现脑实质、脑膜、脑干、小脑和脊髓等损害症状体征，重症病人可有意识障碍和精神症状。

(3) HSE早期还易与化脓性脑膜炎、结核性脑膜炎、新型隐球菌脑膜炎相混淆，可从病史、全身状态及其他部位症状以及脑脊液检查相鉴别。

七、治　　疗

本病的治疗原则是积极抗病毒，抑制炎症反应，对症处理，防止并发症。

（一）抗病毒治疗

阿昔洛韦(acyclovir, ACV)：又名无环鸟苷，是治疗本病的首选药物，有抑制HSV-DNA聚合酶的作用，可透过血-脑屏障，毒性较低。常用剂量为15mg/(kg·d)，静脉滴注每8小时一次，连用14～21天。近年已发现对阿昔洛韦耐药的HSV株，这类患者可用膦甲酸钠0.18mg/(kg·d)，分3次静脉滴注，连用14天。

（二）肾上腺皮质激素

对治疗本病尚有争议，但能控制HSE炎症反应和减轻水肿，对病情危重者可酌情使用,多采用早期、足量和短程给药原则。地塞米松 10～15mg,静脉滴注,每日一次,10～14天;或甲泼尼松 500～1000mg,静脉滴注,每日一次,连用 3～5 天后改用泼尼松口服,30～50mg 清晨顿服,以后 3～5 天减 5～10mg,直至停药。

(三) 抗菌治疗

合并有细菌感染时根据药敏结果选用合适的抗菌类药物,如发生真菌感染还需加用抗真菌药物。

(四) 对症支持治疗

对重症和昏迷的患者至关重要。对高热、抽搐、精神症状或颅内压增高者,分别给予降温、抗癫痫、镇静和脱水降颅压治疗。可配合神经细胞营养剂。保持呼吸道通畅,对昏迷患者必要时行气管切开。不能进食者及时插鼻饲管给予足够的营养,维持水电平衡。加强口腔和皮肤护理,防止褥疮、下呼吸道感染和泌尿系感染。

(五) 其他

恢复期可采用理疗、按摩、针灸等康复治疗。

八、预 后

主要取决于神经功能缺损的程度以及诊断治疗是否准确及时,有报道即使治疗,6 个月的死亡率仍有 15%,长期致残率有 20%,遗有不同程度的精神智力障碍、癫痫、瘫痪等后遗症。

第二节 化脓性脑膜炎

化脓性脑膜炎(purulent meningitis)是由化脓性细菌感染所致的脑脊膜炎症,是中枢神经系统常见的化脓性感染,通常急性起病,来势凶猛,是一种极为严重的颅内感染性疾病。

一、病因及发病机制

化脓性脑膜炎多数是由于机体抵抗力下降时,病菌侵入人体,由体内的感染灶如心、肺及其他内脏感染的致病菌形成菌血症,通过血型播散进入颅内引起脑膜炎。少数是由邻近组织的感染扩散所致,如鼻窦炎、中耳炎、乳突炎、皮样囊肿通道、眼眶蜂窝织炎。部分也可以通过颅或脊柱骨髓炎、穿通性脑外伤、鼻骨骨折、乳突骨折或神经外科手术进入蛛网膜下腔引起感染。

化脓性脑膜炎最常见的致病菌为肺炎球菌、脑膜炎双球菌、流感嗜血杆菌 B 型,80% 以上的脑膜炎是有这三种细菌引起。其次为金黄色葡萄球菌、链球菌、大肠埃希菌、变形杆菌、厌氧杆菌、沙门菌、铜绿假单胞菌等。

细菌经血液循环进入蛛网膜下腔后,菌壁的抗原物质及某些介导炎性反应的细胞因子刺激血管内皮细胞,促使中性粒细胞进入中枢神经系统,从而引发软脑膜炎性病理改变。

二、病 理

急性化脓性脑膜炎的基本病理改变是全部脑组织表面和脑底、脑沟、脑裂、基底池以及脊髓表面均有不同程度的炎性渗出物覆盖。软脑膜和蛛网膜均普遍受累,可见到硬膜下积液和室管膜、脉络膜有炎性细胞浸润。有脑膜血管充血、痉挛,血管周围及内膜下炎性中性粒细胞浸润,严重者有静脉血栓形成或血管壁坏死而出血。脑实质中偶有小脓肿存在。

三、临 床 表 现

(1) 多呈爆发性或急性起病。
(2) 畏寒、发热及上呼吸道感染症状。
(3) 颅内压增高表现:剧烈头痛、呕吐,甚至抽搐、昏迷、脑疝形成。
(4) 脑膜刺激症状:颈项强直,克氏征、布氏征阳性;但新生儿、老年人或昏迷患者脑膜刺激征常常不明显。
(5) 脑实质受累可以出现偏瘫、失语、癫痫发作、精神症状等。

四、辅 助 检 查

患者血中白细胞总数及中性粒细胞均明显升高。
(1) 脑脊液检查:压力增高;外观浑浊或呈脓性;白细胞总数增多,常在(1000~10 000)×10^6/L,多形核粒细胞占绝对优势;蛋白含量增高,糖和氯化物含量降低;免疫球蛋白 IgG 和 IgM 明显增高;脑脊液涂片革兰染色诊断细菌性脑膜炎时快速、价格不贵且有很高的特异性,阳性率在60%以上,然而,对已经使用了抗菌药的患者,革兰染色的阳性率不到20%。怀疑化脓性脑膜炎时均需做细菌培养,其阳性率在80%以上。
(2) 影像学检查:对意识障碍、癫痫发作、脑神经麻痹、瘫痪、失语症的患者在腰穿之前应先做 CT。MRI 在脑膜炎的诊断中价值高于 CT,早期可正常,随着病情进展,MRI 的 T1 相上显示蛛网膜下腔高信号,可不规则强化,T2 相呈脑膜高信号。后期可显示脑膜强化、硬膜下积液、局限性脑胀肿及脑水肿等。另外 MRI 也是发现细菌侵袭来源如骨髓炎鼻窦炎的敏感方法(表 19-1)。

表 19-1 怀疑细菌性脑膜炎的成年患者哪些应先做 CT 检查再做腰穿

免疫低下	艾滋病,免疫抑制剂治疗期间,器官移植后
中枢神经系统疾病史	器质性损伤,中风或局部感染
新近癫痫发作	1周内有发作,某些权威认为癫痫持续时间较长不能做腰穿,或癫痫发作后30分钟再做腰穿
视盘水肿	提示存在颅内压升高
意识不正常	
局部神经缺陷	凝视麻痹、视野不正常、面瘫、上肢轻瘫、下肢轻瘫等

五、诊 断

早期正确的诊断和及时治疗是决定预后的关键。根据急性起病的发热、头痛、呕吐、意识障碍、抽搐,查体有脑膜刺激征,腰穿脑脊液压力明显升高,脑脊液细胞数明显增多,以中性粒细胞为主,即应考虑本病。细菌涂片检出病原菌和血细菌培养阳性可确定诊断。

六、鉴 别 诊 断

本病主要需与病毒性脑膜炎、结核性脑膜炎、真菌性脑膜炎鉴别。有时因临床表现不典型或抗菌药物不规范使用,给脑膜炎的鉴别诊断带来一定的困难。此时应该结合病史、

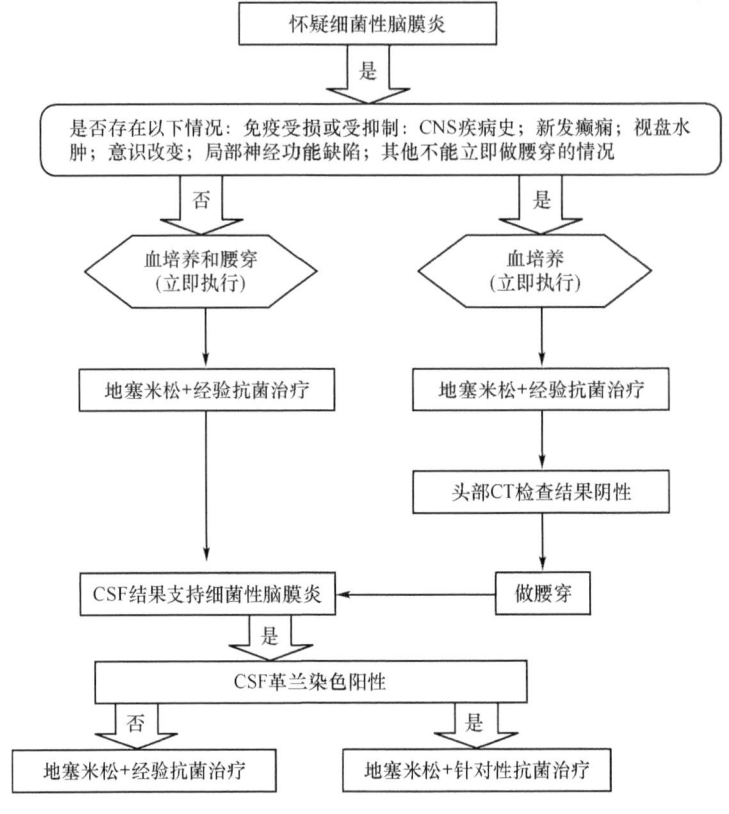

图 19-1 怀疑细菌性脑膜炎患者处理步骤

症状与体征,反复多次的病原学检查和脑脊液的抗原特殊检查结果等综合分析。

(1) 病毒性脑膜炎:脑脊液细胞计数通常低于 $1000\times10^6/L$,脑脊液糖和氯化物正常或稍低,细菌涂片和培养结果均为阴性。

(2) 结核性脑膜炎:通常亚急性起病,脑神经损害常见,常有结核接触史和肺部等处结核病灶。脑脊液外观呈毛玻璃状,细胞数多<500 个,以淋巴细胞为主(早期可有短时期中性粒细胞为主)抗酸染色可找到结核菌,细菌培养和动物接种有助于进一步鉴别。

(3) 隐球菌性脑膜炎:通常隐匿起病,病程迁延,脑神经尤其是视神经受累常见,脑脊液压力明显升高,脑脊液白细胞数通常<500 个,以淋巴细胞为主,墨汁染色可见新型隐球菌,乳胶凝集试验可检出隐球菌抗原。

七、治 疗

根据患者的特征性症状,可使用针对性的抗生素经验治疗。再根据细菌培养和药敏结果选用合适的抗生素。

(一) 抗菌治疗

(1) 未确定病原菌

1) 病原菌未能明确时可选用广谱抗生素,三代头孢如头孢曲松钠,每 12 小时静滴 50mg/kg;或者头孢噻肟,每 12 小时静滴 150mg/kg。这种治疗方法不包括李斯特菌和假单胞菌。

2) 近期有创伤史的患者:万古霉素每 12 小时静滴 1g;头孢噻肟每 8 小时静滴 6g;或头孢吡肟每 8 小时静滴 4g 用于广谱革兰阴性菌。

3) 创伤患者近期有手术或严重感染者:万古霉素每 12 小时静滴 1g;头孢噻肟每 8 小时静滴 6g;或头孢吡肟每 8 小时静滴 4g;甲硝唑每 6 小时静滴 500mg 用于厌氧菌感染。

4) 脑脊液分流或脑脊液漏的患者:万古霉素每 12 小时静滴 1g;头孢噻肟每 8 小时静滴 6g;或头孢吡肟每 8 小时静滴 4g。

(2) 确定病原菌:应根据病原菌选择敏感的抗生素(表 19-2~表 19-4)。

表 19-2 成年患者通过革兰染色确定可能致病菌后,推荐抗菌类药物的选择

致病菌	推荐治疗	备选治疗
肺炎链球菌	万古霉素+三代头孢	美洛培南(C-Ⅲ)、氟喹诺酮类(B-Ⅱ)
脑膜炎奈瑟菌	三代头孢	青霉素、氨苄西林、氯霉素、氟喹诺酮类、氨曲南
单核细胞增多性李斯特菌	氨苄西林或青霉素	复方新诺明、美洛培南(B-Ⅲ)
无乳链球菌	氨苄西林或西林	三代头孢(B-Ⅲ)
流感嗜血杆菌	三代头孢(A-Ⅰ)	氯霉素、头孢吡肟(A-Ⅰ)、美洛培南(A-Ⅰ)、氟喹诺酮类
大肠杆菌	三代头孢(A-Ⅱ)	头孢吡肟、美洛培南、氨曲南、氟喹诺酮类、复方新诺明
李斯特菌	氨苄西林	
厌氧菌	甲硝唑	

注:除特殊注明外,所有建议都是 A-Ⅲ级。儿童患者当致病菌为单核细胞增多性李斯特菌时,在标准治疗方法(头孢曲松或头孢噻肟联合万古霉素)的基础上再联合氨苄西林,如果是革兰阴性杆菌感染则考虑联用氨基糖苷类

表 19-3 细菌性脑膜炎患者抗菌治疗推荐剂量

抗菌药物	一日总量(给药间隔/小时)	抗菌药物	一日总量(给药间隔/小时)
氨苄西林	12g(4)	美洛培南	6g(8)
氨曲南	6~8g(6~8)	莫西沙星	400mg(24)[4]
头孢吡肟	6g(8)	奈夫西林	9~12g(4)
头孢噻肟	8~12g(4~6)	苯唑西林	9~12g(4)
头孢他啶	6g(8)	青霉素	24mU(4)
头孢曲松	4g(12~24)	利福平	600mg(24)
氯霉素	4~6g(6)[3]	妥布霉素	5mg/kg(8)
环丙沙星	800~1200mg(8~12)	复方新诺明	10~20mg/kg(6~12)
加替沙星	400mg(24)[4]	万古霉素	30~45mg/kg(8~12)
庆大霉素	5mg/kg(8)		

(二) 激素治疗

证实细菌性脑膜炎的患者,应考虑辅以地塞米松治疗。细菌性脑膜炎发病过程中,蛛网膜下腔的炎症反应是导致损伤和死亡的主要因素。炎症反应的减弱可有效改善细菌性脑膜炎患者病理生理过程,激素可以减轻炎症细胞因子介导的脑水肿、颅内压升高、脑血流减少、脑血管炎以及神经损害等。

表 19-4 细菌性脑膜炎不同致病菌的抗菌疗程

致病菌	疗程(天)
脑膜炎奈瑟菌	7
流感嗜血杆菌	7
肺炎链球菌	10~14
无乳链球菌	14~21
需氧革兰阴性杆菌	21
单核细胞增多性李斯特菌	≥21

对没有明显激素禁忌证的患者可考虑给予地塞米松 10mg 静脉滴注,连用 3~5 天。

(三) 对症支持治疗

(1) 有颅高压者予以甘露醇 125~250ml,视情况给予每 4、6 或 8 小时一次,快速静滴。

(2) 高热者给予物理降温或使用退热剂。

(3) 癫痫发作者给予抗癫痫药物口服,不能口服者给予安定静脉滴注或苯巴比妥肌注以终止发作。

(4) 合并脑脓肿者若颅压较高,不能及时改善症状,则有必要行立体定向脓肿抽吸术或开颅清除脓肿,或者在短期内施行脑室引流。

(四) 细菌性脑膜炎患者重复腰穿的指征

细菌性脑膜炎患者抗菌治疗临床效果较好时,再次的 CSF 分析以便证实细菌是否清除和脑脊液生化参数是否改善不是常规需要的。当患者经适当的抗菌治疗 48 小时后未见明显临床疗效时,应再次进行 CSF 分析。尤其耐青霉素和头孢菌素的肺炎链球菌脑膜炎,且接受地塞米松治疗者更应如此。

八、预 后

没有功能缺损的脑膜炎幸存者会很好的康复,但至今化脓性脑膜炎病死率和病残率仍然较高。患者细菌性脑膜炎的症状持续时间越长,预后不良的可能性越大。脑膜炎球菌和流感嗜血杆菌脑膜炎死亡率约 5%,而变形杆菌脑膜炎死亡率约 15%。化脓性脑膜炎预后与病原菌、机体状况和是否及早有效的抗菌类药物治疗密切相关。少数化脓性脑膜炎病后可遗留有智力障碍、癫痫发作、脑积水等后遗症。

第三节 结核性脑膜炎

结核性脑膜炎(tuberculous meningitis,TMB)是结核杆菌引起的以脑膜为主的非化脓性炎症,脑实质及脑血管亦常受累。TBM 约占活动性结核病的 1%,是最常见的肺外结核病。

全世界结核性脑膜炎自 20 世纪 60 年代以后稳步下降,但 20 世纪 80 年代开始又有上升。近 10 年,由于人口流动频繁,免疫抑制剂的广泛应用,耐药性结核菌种的出现及艾滋病的流行,使得结核病的发病率和死亡率有逐渐增高趋势。在我国及部分发达国家结核性脑膜炎发病率死亡率也呈现增高趋势。

一、病 因

结核性脑膜炎病原菌大多为人型结核分枝杆菌,少部分为牛型结核分枝杆菌。感染菌主要通过血型直接播散,此外也可因脑实质、脑膜干酪灶破溃或脊柱、颅骨、乳突部的结核灶直接蔓延所致。少数病例可找不到原发灶。

二、发病机制

当患者抵抗力下降时感染结核杆菌而发病。

(1) 通常为原发感染灶的结核菌经淋巴管和血行播散,进入脑膜,并在脑膜和软脑膜形成结核结节,结节破溃,大量结核菌进入蛛网膜下腔,导致 TBM。

(2) 结核性脑膜炎也可以继发于免疫功能降低后体内潜伏结核菌的重新激活,经血行播散,在脑实质中形成结核灶,晚期可破溃入蛛网膜下腔或脑室。

(3) 结核菌还可由颅骨、脊椎骨、乳突的结核病灶直接向颅内或椎管内侵入引发结核性脑膜炎。

三、病　　理

脑膜弥漫性渗出性炎症是 TBM 的主要病理特征:

(1) 脑底脑膜为主要感染部位,病理可见脑底部蛛网膜下腔(脚间池、交叉池、环池等)内有大量灰黄色或淡黄色混浊胶样渗出物。该渗出物主要由单核细胞、淋巴细胞和纤维蛋白素组成。

(2) 渗出物沿外侧裂向上蔓延,有时可达大脑凸面。

(3) 大脑半球外侧裂附近和小脑背侧面的蛛网膜上有散在白色、半透明粟粒状结节(粟粒状结核病灶)。

(4) 典型粟粒状结核病灶,镜下病灶的中心是干酪样坏死组织,周边由上皮细胞和朗汉斯巨细胞包绕。

(5) 渗出物经过的小动脉和中动脉,以及其他一些血管(毛细血管和静脉)可被感染,形成结核性血管炎,导致血管堵塞,引起脑梗死。慢性感染时,结核性渗出物可使基底池、第四脑室流出道阻塞,引起脑积水。

四、临床表现

多数隐匿起病,慢性病程,也可急性或亚急性起病,可缺乏结核接触史,临床症状往往不典型,病情轻重不一,其自然病程一般表现为:

(1) 结核中毒症状:低热、盗汗、食欲减退、全身倦怠无力、精神萎靡不振。

(2) 颅内压增高和脑膜刺激症状:头痛、呕吐、视乳头水肿。脑膜刺激征如颈项强直、克氏征、布氏征阳性。但老年 TBM 患者临床表现为头痛伴呕吐的少见。

(3) 脑实质损害:表现为萎靡、淡漠、谵妄、妄想等精神症状或意识障碍;抽搐,有时呈癫痫持续状态;亦可表现为偏瘫、交叉瘫、截瘫。

(4) 脑神经损害:脑神经损害以动眼神经、外展神经、面神经和视神经受损为主。可表现为瞳孔不等大、眼睑下垂等。这些脑神经损害症状是因颅底炎性渗出物的刺激、侵蚀、粘连或压迫所致。

(5) 老年人 TBM 症状不典型,如头痛、呕吐较轻,颅内压增高症状不明显,约半数患者 CSF 改变不典型。在动脉硬化基础上发生结核性动脉内膜炎引起脑梗死较多。

五、辅助检查

(一) 一般检查

(1) 血常规检查:血常规检查大多数正常,部分患者血沉可增高,伴有抗利尿激素异常分泌综合征的患者可出现低钠和低氯血症。约半数患者皮肤结核菌素试验阳性。

(2) 脑脊液检查:脑脊液外观无色透明或混浊呈毛玻璃,放置数小时后可见白色纤维薄膜形成,直接涂片染色,可找到结核杆菌。脑脊液压力正常或升高,细胞数增高至$(11\sim 500)\times 10^6/L$,以淋巴细胞为主。糖和氯化物含量降低,氯化物低于109.2mmol/L,葡萄糖低于2.2mmol/L。蛋白含量多中度增高。脑脊液抗酸染色仅少数为阳性,脑脊液培养出结核杆菌可确诊,但需大量脑脊液和数周时间。

(3) 影像学检查:胸部X线片可见活动性或陈旧性结核感染证据。CT、MRI可显示脑基底池渗出及脑实质病变,也可出现结核球、脑积水所致的脑室扩大,以及血管病变所致的脑梗死病灶。

(二) 病原学检查

(1) 脑脊液免疫学检查:包括补体结合试验、白陶土凝集试验、双向弥散试验、免疫荧光试验、酶联免疫吸附试验等,通过检测脑脊液中特异性IgG或IgM抗体,提供诊断依据,随病程的延长这些方法检测的阳性率增加,但对早期诊断帮助不大。此外,免疫学检查的假阳性率问题始终难以解决,其主要原因是结核菌抗原成分复杂,分枝杆菌种类繁多,彼此间存在着抗原成分交叉的问题。

(2) 脑脊液微生物学检查:脑脊液结核菌培养是结脑诊断的常规方法之一,在诊断上起决定性作用,但所需时间较长。脑脊液涂片抗酸染色法简便、经济,但敏感性差,故需反复多次送检和增加涂片次数来提高结核菌检出率。

(3) 脑脊液分子生物学检查:是目前较常用的诊断方法,对诊断意义重大。核酸指纹技术、核酸探针技术、核酸测序技术和核酸扩增杂交技术将结核菌阳性率提高到70%~100%,敏感率>98%。

(4) 脑脊液生化检查:研究较多的是脑脊液腺苷脱氨酶(ADA)活性测定、乳酸脱氢酶(LDH4)同工酶活性检测及干扰素-γ释放试验。

1) 其中脑脊液ADA活性测定在TBM的诊断中缺乏特异性,目前多仅用于诊断的一个补充手段。

2) 多种脑部疾病均可以引起脑组织中LDH的水平升高,敏感性较高,特异性较差。而LDH同工酶具有较高的特异性,如LDH4水平在结脑患者中明显升高,因此各型脑膜炎鉴别诊断可借助于LDH同工酶活性的检测。

3) 干扰素-γ释放试验在TBM诊断中应用尚待进一步的研究。

(5) 结核菌素纯蛋白衍化物皮试(TB-PPD):TB-PPD为临床上诊断结核感染的常用参考指标,试验具有较高的产品纯度、良好的敏感性、全身反应少等优点,约45%合并HIV感染的TBM患者和2/3的单纯TBM患者TB-PPD检测阳性(合并HIV感染者皮疹直径≥5mm,非HIV感染者皮疹直径≥10mm为阳性。)但TB-PPD阴性也不能完全排除TBM。

六、诊 断

根据结核病病史或结核病密切接触史,出现头痛、呕吐、脑膜刺激征,结合脑脊液淋巴细胞增多及糖氯化物含量降低、蛋白增高等特征性改变,在脑脊液培养或抗酸杆菌涂片中发现结核杆菌即可确诊。45%~70%的患者脑脊液结核杆菌培养呈阳性,但阳性结果通常出现在发病6~8周以后。对本病的拟诊通常根据其他临床标准做出,所以在拟诊做出后,应及早根据经验给予抗结核治疗。

七、鉴 别 诊 断

(1) 病毒性脑膜炎:脑脊液白细胞计数通常低于 $500\times10^6/L$,糖及氯化物正常,细菌涂片或细菌培养结果阴性。

(2) 隐球菌性脑膜炎:两者的临床过程和脑脊液改变极为相似,应该尽量寻找结核菌和新型隐球菌感染的实验室证据。墨汁涂片可见新型隐球菌,乳胶凝集试验可检测出隐球菌抗原。

(3) 化脓性脑膜炎:化脑起病急、毒血症状重、高热、头痛呕吐剧烈。脑脊液外观可成混浊或米汤样,细胞数通常超过 $1000\times10^6/L$,糖及氯化物明显下降,革兰染色涂片或脑脊液培养可找到细菌。

(4) 癌性脑膜炎:癌性脑膜炎往往系有身体其他脏器的恶性肿瘤转移到脑膜所致,通过全面检查可发现颅外的癌性病灶。极少数患者合并脑结核瘤,表现连续数周或数月逐渐加重的头痛,伴有痫性发作及急性局灶性脑损伤,增强 CT 显示大脑半球等部位的单发病灶,脑脊液检查通常多为正常,此时需要与脑脓肿及脑肿瘤相鉴别。

八、治　　疗

(一) 抗结核治疗

只要患者临床症状、体征及实验室检查高度提示本病,即使抗酸染色阴性亦立即开始抗结核治疗。

(1) 治疗原则:①早期用药、联合用药、规律用药、全程用药、足够剂量、一次顿服的结核病化疗原则;②选用有杀菌、灭菌作用,且可通过血-脑屏障良好的药物。

(2) 抗结核化疗方案:国内尚无统一的 TBM 化疗方案,2010 年 6 月英国感染学会发表的结核性脑膜炎治疗指南中建议将异烟肼(INH)、利福平(RFP)和吡嗪酰胺(PZA)联合治疗,耐药菌株可加用第四种药物,如 2 胺丁醇(EMB)、链霉素(SM)、莫西沙星(可交替应用链霉素和莫西沙星)或氟喹诺酮类中的一种,一般选用乙胺丁醇,但第四种药物中哪种疗效更佳尚无对照研究提供依据。该指南推荐的成人结核性脑膜炎抗炎结核方案为:NH 300mg/d,口服,12 个月或者可用至 600~900mg/d,静脉滴注,3 个月后减量口服;RFP 450mg/d(体重<50kg)或 600mg/d(体重≥50kg),口服,12 个月;PZA 1.5g/d(体重<50kg)或 2.0g/d(体重≥50kg),口服,2 个月;EMB 15mg/kg,口服,2 个月。

(3) 药物治疗注意事项:口服异烟肼时应同时给予维生素 B_6 以预防该药导致的周围神经病。用链霉素治疗时应该每月进行听力检查,出现前庭毒性症状时立即停药。治疗期间应监测肝酶水平,因为利福平、异烟肼和吡嗪酰胺都有肝毒性,但即使肝酶水平升高,只要患者无肝脏受损的临床表现,仍应继续坚持治疗。

(二) 糖皮质激素的应用

糖皮质激素具有强大的抗炎作用,能降低毛细血管的通透性,减少液体渗出,降低颅内压,减轻脑水肿,还能够抑制机体变态反应,改善脑脊液循环,能明显改善结脑患者预后,尤其病情严重者。但糖皮质激素可以抑制免疫系统,长期应用可增加其他病菌感染机会。目前推荐使用方法是在抗结核治疗初期连续使用泼尼松 $1mg/(kg\cdot d)$,2~4 周。根据病情变化,及时调整用量,禁止减量过早过快或突然中止,防止病情反复或反应性加重。

(三) 脑脊液置换及鞘内注药

结脑的治疗效果与脑脊液内药物浓度有直接关系,浓度越高,效果越显著。抗结核药物大多不容易透过血-脑屏障,因此影响药物的疗效,而鞘内注射药物能提高抗结核药物在脑脊液中的有效药物浓度,取得更好的治疗效果,又能防止结脑出现并发症或后遗症。鞘内注药是在常规抗结核药物治疗的基础上,联合脑脊液置换经鞘内注药的方法,能够充分稀释抗结核药物,从而减轻局部炎性反应及渗出,促进脑脊液循环,但脑疝是禁忌证。大量文献报道脑脊液置换配合鞘内注药是一种安全、有效而又简单的方法,但其远期疗效需进一步观察探讨。

(四) 对症处理

有颅高压者给予相应的脱水降颅压。抽搐者给予相应的抗癫痫药物治疗。同时补充丢失的液体和电解质。

九、预 后

预后与患者年龄、病情和治疗是否及时规范等有关;发病时昏迷、脑脊液蛋白定量>3 g/L 是预后不良的重要指征;临床症状体征完全消失,脑脊液细胞数、蛋白、糖和氯化物恢复正常提示预后良好。但即使经过适当的治疗,仍有约三分之一的 TBM 患者死亡。

第四节 隐球菌性脑膜炎

隐球菌性脑膜炎(cryptococcosis meningitis)是由新型隐球菌感染脑膜和脑实质所致的中枢神经系统的亚急性或慢性炎性疾病,是深部真菌病中较常见的一种类型,该病可见于任何年龄,但以 30~60 岁成人发病率最高。隐球菌性脑膜炎通常易发生于免疫功能减退的患者,包括恶性肿瘤、淋巴瘤、白血病、自身免疫疾病、免疫缺陷疾病如艾滋病(HIV)。糖尿病、全胃肠外营养的患者也是真菌感染的高危人群。

近年来,由于广谱抗生素、肾上腺皮质激素、肿瘤化疗、放疗和器官移植后免疫抑制剂的长期广泛应用,以及艾滋病的流行,中枢神经系统隐球菌感染逐渐增多,而颅内感染早期确诊困难,各类颅内感染易相互误诊,尤其是目前临床常用的隐球菌脑膜炎的诊断方法敏感性低,误诊率高,极易延误治疗时机,导致病死率及致残率增加。

一、发病机制

新型隐球菌广泛分布于自然界,如水果、奶类、土壤、鸽粪和其他鸟类的粪便中,为条件致病菌,当宿主的免疫力低下时致病。鸽子和其他鸟类可为中间宿主,鸽子饲养者新型隐球菌感染发生率要比一般人群高出几倍。隐球菌从呼吸道侵入人体,先从肺部形成胶陈样结节性病灶。当机体免疫力下降,经血行播散进入中枢神经系统,在脑膜和脑实质内进行大量增殖,形成炎性肉芽肿。也有少数病例是由鼻腔黏膜直接扩散至脑。

二、病 理

新型隐球菌的中枢神经系统感染,以脑膜炎性疾病为主,肉眼观察可见脑肿胀、脑膜充血并广泛增厚;蛛网膜下腔可见胶冻状渗出物;沿脑沟或脑池可见小肉芽肿、小囊肿或小脓肿,有时在脑的深部组织也可见较大的肉芽肿或囊肿。镜下以化脓性病变和炎性肉芽肿病变为主。表现为:

(1) 脑膜有淋巴细胞和单核细胞浸润,主要部位是颅底软脑膜和蛛网膜下腔。
(2) 由成纤维细胞、巨噬细胞和坏死组织组成的肉芽肿。
(3) 含有大量胶状物质的囊肿,且在这些病变组织内均可找到隐球菌。

三、临床表现

(1) 起病隐匿,进展缓慢,病程迁延。
(2) 早期有不规则的低热,体温一般为 37.5～38℃,或表现为轻度的间歇性头痛,后持续并进行性加重,免疫功能低下的患者可呈急性发病,常以发热、头痛、恶心、呕吐为首发症状。
(3) 高颅压症状,阵发性头痛、频繁呕吐、视物模糊、烦躁不安,部分患者不同程度意识障碍。视乳头水肿及后期视神经萎缩。
(4) 脑膜刺激征,颈项强直、克氏征、布氏征阳性。
(5) 脑神经损害表现,约有 1/3 患者有脑神经损害。视神经、动眼神经、外展神经、面神经及听神经受累为主,其中以视神经受损最为多见。
(6) 脑实质损伤症状,少数患者可有癫痫发作、精神异常、偏瘫、共济失调等。

四、辅助检查

脑膜炎的确诊及其严重程度的确定是很重要的。没有哪种方法能替代直接检测脑脊液。

(一) 脑脊液常规生化检查

颅内压增高明显,往往大于 1.961kPa(200mmH$_2$O),细胞轻到中度增高,一般为 10～500×10^6/L,以淋巴细胞为主,蛋白含量增高,糖含量降低。因结核性脑膜炎和其他真菌性脑膜炎患者的脑脊液也可有这些变化,故脑脊液这些变化并非隐球菌性脑膜炎诊断的特异性指征,但隐球菌性脑膜炎的颅内压增高和脑脊液糖含量降低较其他中枢感染更加明显。

(二) 脑脊液微生物学检查

墨汁涂片可见带有荚膜的新型隐球菌,但是镜检的阳性率低,故应反复多次检查,方能提高检测率。检测出隐球菌可确定诊断。脑脊液真菌培养也是常用的检查方法,培养 2～5 天可有新型隐球菌生长。

(三) 脑脊液免疫学检查

隐球菌补体结合试验、乳胶凝集试验、酶联免疫吸附试验等提高了诊断的特异性。乳胶凝集试验可直接检测隐球菌多糖抗原,具有灵敏特异、迅速可靠、阳性率高(＞90%)的特点。根据抗原滴度变化,还可指导治疗和判断预后。乳胶凝集试验阴性者,除外隐球菌性脑膜炎的可信性＞90%。酶联免疫吸附试验中脑脊液隐球菌荚膜多糖体抗体检测呈阳性,有助于隐球菌性脑膜炎的诊断。

(四)影像学检查

(1) 胸部 X 线片:约 62% 隐球菌性脑膜炎患者可见类肺结核样病灶或肺炎样改变,少数表现为肺不张、胸膜增厚或占位影像。

(2) CT、MRI:CT 可见弥漫性脑膜强化、脑水肿、肉芽肿、囊肿或钙化、脑实质低密度病灶等。但约 25%~50% 的隐球菌性脑膜炎 CT 扫描没有任何变化。

MRI 比 CT 敏感,脑膜强化后信号明显增强,与低信号的脑组织形成良好的对比。脑实质的肉芽肿显示 T1 等信号或略低信号,T2 信号变化较大,可从略低信号到明显高信号,周围水肿为 T2 高信号。

五、诊　　断

根据患者①亚急性或慢性起病,患者头痛,伴有低热、恶心、呕吐和脑膜刺激征表现。②腰椎穿刺检查提示有颅内压增高、脑脊液常规生化检查呈现明显的"三高一低"(高颅压、高淋巴细胞、高蛋白、低糖),病原学检查发现隐球菌和相关抗体。③影像学发现有脑膜增强反应和脑实质内的局限性炎性病灶。具备上述条件即可诊断。对于疑似病例,强调病原学的多次反复检验,以提高病菌检出率,减少误诊。

六、鉴 别 诊 断

由于本病与结核性脑膜炎的临床表现及脑脊液常规检查的结果非常相似,故临床常常容易误诊,脑脊液病原体检查可鉴别。也要注意与部分治疗的化脓性脑膜炎、其他的真菌感染性脑膜炎和细菌性脑脓肿相鉴别。根据临床特点及病原学检测,结合影像学检测手段不难进行鉴别。

七、治　　疗

(一)治疗原则

(1) 使用杀菌药物对脑膜脑炎进行诱导治疗,如使用一种多烯类和氟胞嘧啶,之后续贯使用抑菌药物如氟康唑。

(2) 早期识别及治疗颅内压升高的重要性。

(3) 肾功能受损患者使用两性霉素 B 的脂质体剂型。隐球菌病的治疗仍然存在困难,新药的开发及近期的可靠研究很少。但是,如果能够早期诊断,如果临床医生能够遵循指南的基本原则,如果潜在的基础疾病能够得到控制,那么大多数患者将得到成功治疗。

(二)抗真菌治疗

抗真菌治疗中强调合并用药和多途径给药,通常临床症状消失和脑脊液检查正常后,还需连续 3 次检测脑脊液无菌后方可考虑停药。目前治疗真菌的特效药物主要是两性霉素 B、5-氟胞嘧啶和氟康唑。

1. 非 HIV 感染、非移植患者

(1) AmBd(每日 0.7~1.0mg/kg,静脉给药)+氟胞嘧啶(每日 100 mg/kg,分 4 次口服)诱导治疗至少 4 周。4 周诱导治疗用于合并脑膜脑炎但无神经系统并发症,以及治疗 2

周后脑脊液(cerebrospinal fluid,CSF)酵母菌培养阴性的患者。考虑到AmBd的毒性作用,在后2周,可改用AmB脂质体剂型(lipid formulations of AmB,LFAmB)治疗。对于合并神经系统并发症的患者,考虑延长诱导治疗时间至6周,LFAmB可在延长诱导治疗期的最后4周应用。此后,开始氟康唑(400 mg/d)巩固治疗8周。

(2) 如果患者无法耐受AmBd,可改用脂质体AmB(每日3~4mg/kg,静脉给药)或ABLC(每日5mg/kg,静脉给药)治疗。

(3) 如果未使用氟胞嘧啶治疗或治疗被中断,考虑延长AmBd或LFAmB诱导治疗至少2周。

(4) 对于治疗失败风险较低的患者(即这些患者确诊较早,没有未控制的基础疾病或免疫抑制状态,初始周的抗真菌联合治疗的临床疗效很好),考虑AmBd联合氟胞嘧啶诱导治疗仅2周,然后使用氟康唑[每日800mg(12mg/kg),口服]巩固治疗8周。

(5) 诱导和巩固治疗后,使用氟康唑[每日200mg(3mg/kg),口服]维持治疗6~12个月(表19-5)。

表19-5 非HIV感染、非器官移植患者隐球菌性脑膜脑炎的抗真菌治疗推荐

治疗方案	疗程
诱导治疗	
AmBd(每日0.7~1.0mg/kg)+氟胞嘧啶(每日100 mg/kg)	≥4周a,b
AmBd(每日0.7~1.0mg/kg)c	≥6周a,b
脂质体AmB(每日3~4mg/kg)或ABLC(每日5mg/kg)+氟胞嘧啶,若遇到不能耐受AmBd的患者可采用此方案	≥4周a,b
AmBd(每日0.7mg/kg)+氟胞嘧啶(每日100mg/kg)d	2周
b 巩固治疗:氟康唑(每日400~800mg)e	8周
维持治疗:氟康唑(每日200 mg)b	6~12个月

注:ABLC,两性霉素B脂质体复合物;AmB,两性霉素B;AmBd,两性霉素B脱氧胆酸盐;a. 无神经系统并发症、无明显基础疾病或免疫抑制、治疗2周后CSF培养阴性的脑膜炎患者治疗4周,在治疗的后2周,使用AmB脂质体剂型代替AmBd治疗;b. 诱导治疗后使用氟康唑每日200 mg预防复发,推荐巩固治疗;c. 不能耐受氟胞嘧啶的患者;d. 治疗失败风险低的患者。低风险定义为根据病史早期诊断、没有未控制的基础疾病或重度免疫抑制,初始2周的抗真菌联合治疗获得很好的临床疗效;e. 如使用了2周的诱导治疗且肾功能正常,推荐使用较大剂量氟康唑(每日800 mg)

2. 器官移植受者

(1) 对于中枢神经系统(central nervous system,CNS)感染,采用脂质体AmB(每日3~4mg/kg,静脉给药)或ABLC(每日5mg/kg,静脉给药)+氟胞嘧啶(每日100mg/kg,分4次给药)诱导治疗至少2周,继以氟康唑[每日400~800mg(6~12mg/kg),口服]治疗8周,再以氟康唑(每日200~400mg,口服)治疗6~12个月。如果诱导治疗未使用氟胞嘧啶,考虑使用LFAmB诱导治疗至少4~6周,在疾病的真菌负荷较高或者疾病复发时可考虑使用脂质体AmB(每日6mg/kg)。

(2) 对于轻到中度非CNS疾病,使用氟康唑[每日400mg(6mg/kg)]治疗6~12个月。

(3) 对于中重度到重度非CNS疾病或无CNS受累的播散性疾病(即1个以上非连续性部位受累),治疗方法与CNS疾病相同。

(4) 对于严重的肺部疾病,若缺乏肺外隐球菌病或播散性隐球菌病的临床证据,治疗方法与CNS疾病相同。对于无弥漫性肺部浸润的轻到中度症状患者,使用氟康唑[每日

400mg(6mg/kg)]治疗 6～12 个月。

(5) 氟康唑维持治疗应持续至少 6～12 个月。

(6) 免疫抑制治疗应包括免疫抑制剂的序贯或逐步减量,首先考虑减少皮质类固醇的剂量。

(7) 考虑到 AmBd 存在肾毒性风险,故在肾移植受者中应谨慎使用,不推荐 AmBd 作为肾移植患者的一线治疗。如果需要使用,AmBd 的耐受剂量不确定,但建议每日使用 0.7mg/kg,并密切监测肾功能(表 19-6)。

表 19-6　器官移植受者隐球菌性脑膜脑炎的抗真菌治疗推荐

治疗方案	疗程
诱导治疗[a]:脂质体 AmB(每日 3～4mg/kg)或 ABLC(每日 5mg/kg)+氟胞嘧啶(每日 100mg/kg)	2 周
可选的诱导治疗	
脂质体 AmB(每日 6mg/kg)或 ABLC(每日 5mg/kg)	4～6 周
AmBd(每日 0.7mg/kg)[b]	4～6 周
巩固治疗:氟康唑(每日 400～800mg)	8 周
维持治疗:氟康唑(每日 200～400mg)	6 个月至 1 年

注:ABLC,两性霉素 B 脂质体复合物;AmB,两性霉素 B;AmBd,两性霉素 B 脱氧胆酸盐;a. 需要对免疫抑制治疗进行序贯或逐步减量;b. 许多器官移植受者使用 AmBd 治疗可获成功,但是钙调磷酸酶抑制剂造成肾功能受损的问题很重要,而且有效剂量不明确

3. HIV 感染者

初始治疗:诱导和巩固

(1) 两性霉素 B(AmB)脱氧胆酸盐(AmB deoxycholate,AmBd;每日 0.7～1.0mg/kg,静脉给药)联合氟胞嘧啶(每日 100mg/kg,分 4 次口服;严重病例及无法口服时使用静脉剂型)治疗至少 2 周,之后续贯使用氟康唑[每日 400 mg(6mg/kg)口服]至少 8 周。对于肾功能受损或易发生肾功能受损的患者,使用 LFAmB 包括脂质体 AmB(每日 3～4mg/kg,静脉给药)和两性霉素 B 脂质体复合物(AmB lipid complex,ABLC;每日 5mg/kg,静脉给药)代替 AmBd 治疗至少 2 周。

初始治疗:诱导和巩固可选择的其他方案(从上到下按照推荐强度排列)。

(2) AmBd(每日 0.7～1.0mg/kg,静脉给药)、脂质体 AmB(每日 3～4mg/kg,静脉给药)或 ABLC(每日 5mg/kg,静脉给药)治疗 4～6 周。对于隐球菌性脑膜脑炎患者,脂质体 AmB 每日静脉使用 6mg/kg 是安全的,可用于治疗失败或高真菌负荷疾病的患者。

(3) AmBd(每日 0.7mg/kg,静脉给药)联合氟康唑(每日 800mg 口服)治疗 2 周,之后续贯使用氟康唑(每日 800mg 口服)至少 8 周。

(4) 氟康唑(每日≥800mg 口服;倾向于每日 1200mg)联合氟胞嘧啶(每日 100mg/kg 口服)治疗 6 周。

(5) 氟康唑(每日 800～2000mg 口服)治疗 10～12 周;如果单用氟康唑治疗,建议日剂量≥1200mg。

(6) 伊曲康唑(200mg,每日 2 次口服)治疗 10～12 周,但该药的应用不被推荐(表 19-7)。

表 19-7 HIV 感染人群隐球菌性脑膜脑炎的抗真菌治疗推荐

治疗方案	疗程
诱导治疗	
AmBd(每日 0.7~1.0mg/kg)+氟胞嘧啶(每日 100mg/kg)[a]	2 周
脂质体 AmB(每日 3~4mg/kg)或 ABLC(每日 5mg/kg,监测肾功能)+氟胞嘧啶(每日 100g/kg)[a]	2 周
AmBd(每日 0.7~1.0mg/kg)或脂质体 AmB(每日 3~4mg/kg)或 ABLC(每日 5mg/kg,不能耐受氟胞嘧啶的患者)	4~6 周
可选择的诱导治疗[b]	
AmBd+氟康唑	…
氟康唑+氟胞嘧啶	…
氟康唑	…
伊曲康唑	…
巩固治疗:氟康唑(每日 400mg)	8 周
维持治疗:氟康唑(每日 200mg)[a]	≥1 年[c]
可选择的维持治疗[b]	
伊曲康唑(每日 400mg)[d]	≥1 年[c]
AmBd(每周 1mg/kg)[d]	≥1 年[c]

注:ABLC,两性霉素 B 脂质体复合物;AmB,两性霉素 B;AmBd,两性霉素 B 脱氧胆酸盐;HAART,高效抗逆转录病毒治疗;a. 开始抗真菌治疗后进行 HAART 治疗 2~10 周;b. 在一些首选推荐治疗不能施行的特殊临床情况下,可以考虑其他替代的治疗方法,但并不鼓励。剂量见正文;c. 随着 HAART 的成功应用,抗真菌治疗至少 1 年,CD4 细胞计数 ≥100/μl,病毒负荷低或检测不到≥3 个月;d. 劣于首选推荐

隐球菌脑膜炎早期、适当的治疗可减少发病率和死亡率。药物相关的毒性作用及药物间相互作用产生的副反应是限制治疗方法使用的不利因素。两性霉素 B 毒性副作用很常见,包括恶心、呕吐、畏寒、发热和寒战,这在各种使用剂量均可发生。最为严重的毒性副作用是肾脏损害,包括血清肌酐升高、低钾血症、低镁血症和肾小管酸中毒。另外,贫血也常见,偶可见血小板增多(可能由于应用了肝素所致)。必须严密监测血清电解质、肾功能和骨髓功能。然而,两性霉素 B 仍可被安全有效地使用,在开始 2 周的治疗中,仅 3% 的病人会出现需予以停药处理的毒性副作用。

(三) 降颅压治疗

对高颅内压进行积极的处理可能对减少急性隐球菌性脑膜炎的死亡率和发病率是最为重要的。腰椎引流术的危险性主要见于极少数伴有肿块损害和阻塞性脑积水的病例。长期的外引流使病人处于继发细菌感染的高度危险之中。脑室腹腔分流术也可能继发细菌感染,但这并不常见。在进行抗真菌治疗时,分流术通常不会引起新生隐球菌的继发感染。

表 19-8 隐球菌病的高颅内压处理

评价	处理
治疗前	
局灶性神经征,反应迟钝	腰穿前行影像学检查以排除存在其禁忌的肿块损害
颅内压正常	开始治疗 2 周后行腰穿随访观察
颅内压>250mmH$_2$O	腰椎置管引流使颅内压≤200mmH$_2$O,或颅内压下降到起始的 50％
持续高颅内压的随访	每日反复引流至颅内压稳定
	腰椎置管引流
	脑室腹腔分流
	皮质类固醇激素:不推荐用于 HIV 感染的病人,及不明确对 HIV 阴性是否有利的病人

(四)对症及支持治疗

因本病病程较长,病情重,机体慢性消耗很大,应注意患者的全身营养、并注意水电解质平衡、全面护理、防治肺部感染及泌尿系统感染。

八、预　后

本病常进行性加重,预后不良,死亡率较高。未经治疗者常在数月内死亡,平均病程为 6 个月。治疗者也常见并发症和神经系统后遗症,可在数年内病情反复缓解和加重。

(赵映红)

参 考 文 献

Greenberg BM. 2008. Central nervous system infections in the intensive care unit. Semin Neurol,28(5):682～689

Gupta RK,Kumar S. 2011. Central nervous system tuberculosis. Neuroimaging Clin N Am,21(4):795～814

Khandelwal N,Gupta V,Singh P. 2011. Central nervous system fungal infections in tropics. Neuroimaging Clin N Am,21(4):859～866

Mullins ME. 2011. Emergent neuroimaging of intracranial infection/inflammation. Radiol Clin North Am,49(1):47～62

第20章 颅脑损伤

第一节 流行病学

外伤性颅脑损伤(traumatic brain injury,TBI)在欧美国家是高发病率、高死亡率和高额保健费用的主因。在美国,每年有将近100万脑损伤病人从急诊科转入病房治疗,其需住院治疗及致死性脑外伤的发病率(103/100 000)远低于欧洲(235/100 000),而死亡率[15~20/(100 000·年)]则大致相同。在中国1987年一项六城市的颅脑损伤流行病学调查全国发病率的调整率为53.4/(100 000·年),而死亡率全国调整率为4.3/(100 000·年);以此推算全国每年仅城镇人口就有约1万人死于颅脑损伤。20多年来我国经济社会的飞速发展,这些数字有增无减。

在致伤原因中各国都以交通事故伤为主因。在美国,由于运输相关的碰撞(摩托车,自行车,徒步,休闲等)所致的脑外伤占所有脑外伤的49%,跌倒占26%,而火器伤(包括自杀)占10%。在欧洲,与运输相关的碰撞也为脑损伤的主因,跌倒将近占40%,而暴力损伤则占不到5%。在中国主要致伤原因是车祸伤(66.20%)、击打伤(12.20%)和高处坠落伤(10.71%)。

第二节 颅脑损伤的类型

颅脑损伤后按脑组织与外界相通与否,将脑损伤分为开放性(open brain injury)和闭合性(closed brain injury)两类。前者多由锐器或火器直接造成,皆伴有头皮裂伤、颅骨骨折和硬脑膜破裂(dural laceration),有脑脊液漏(CSF leak);后者为头部接触较钝物体或间接暴力所致,不伴有头皮或颅骨损伤,或虽有头皮、颅骨损伤,但脑膜完整,无脑脊液漏。开放性脑损伤和闭合性脑损伤有很大的不同,开放性脑损伤多由于枪伤,刀刺伤,常累积颅骨和硬脑膜出血较多,易导致休克。钝器伤多由机械暴力(直接损伤组织,扭转,压缩)传导至颅内结构导致外伤性脑损伤,脑出血及颅神经损伤。开放性脑损伤的致死率是闭合伤的6.58倍。

按脑受损伤时间分为原发性脑损伤(primary brain injury)和继发性脑损伤(secondary brain injury)。原发性脑损伤指暴力作用于头部时立即发生的脑损伤,主要有脑震荡(cerebral concussion)、脑挫裂伤(cerebral contusion and laceration)及弥漫性轴索损伤等。继发性脑损伤指受伤一定时间后出现的脑受损病变;主要有脑水肿(brain edema)和颅内血肿(intracranial hematoma)。脑水肿继发于脑挫裂伤;颅内血肿因颅骨、硬脑膜或脑的出血而形成。原发性脑损伤可相伴发生,也可单独发生;继发性脑损伤因产生颅内压增高或脑压迫造成危害。原发性脑损伤如果有症状或体征是在受伤当时立即出现,并且不再继续加重。同样的症状或体征,如果不是在受伤当时出现,而是在伤后过一段时间(长短依病变性质和发展速度而定)出现,且有进行性加重趋势;或受伤当时已出现的症状或体征在伤后呈进行性加重趋势,皆属于继发性脑损伤所致;区别原发性和继发性脑损伤有重要临床意义:前者无需开颅手术,其预后主要取决于伤势轻重;后者,尤其是颅内血肿需及时开颅手术,其预后与处理是否及时、正确有密切关系,尤其是原发性脑损伤并不严重者。

一、原发性脑外伤

原发性脑损伤是指撞击时出现的神经损伤,是由暴力直接作用于头部,或是头部运动所致。主要有两种病理类型(图 20-1)。

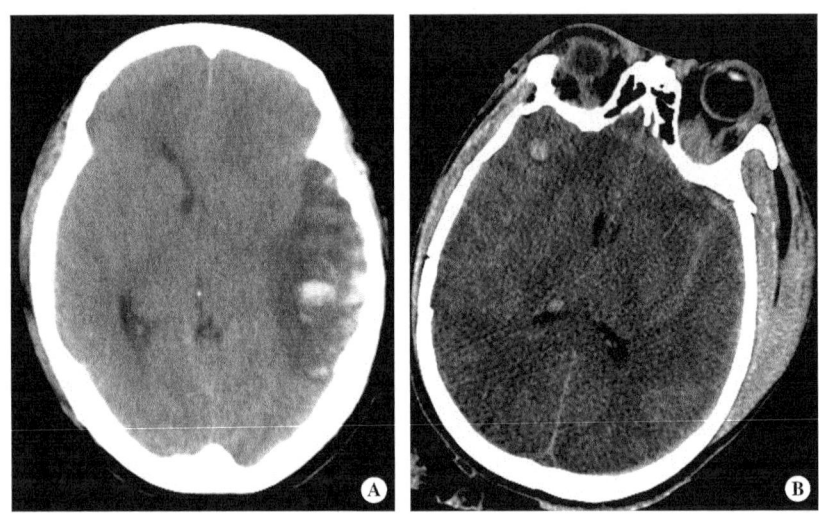

图 20-1　原发性脑损伤主要两种病理形式的 CT 表现
A. 局灶性脑挫裂损伤；B. 弥漫性轴索损伤

(一) 局灶性脑挫裂损伤

局灶性损伤是由微血管或其他组分(如胶质细胞,神经细胞等)损伤造成的。脑挫伤在撞击部位形成(同侧挫伤),在对侧脑组织发生(对侧挫伤),也可在深部组织造成损伤(中介挫伤)。挫伤还与骨折部位有关,撞击部位若为天幕至枕骨大孔区,易形成脑疝性挫伤。具有如下特点:①脑挫伤通常在 CT 上表现为被低密度的水肿带围绕的中心出血区。②脑挫伤部位或其周围常出现脑血流量(CBF)增加。③脑挫伤周围的低血流值表明许多组织仍保有活力,但继发性损伤和缺血会降低其活力。许多学者将脑挫伤周围的低密度区比作脑卒中的半影区。

(二) 弥漫性轴索损伤

弥漫性轴索损伤(diffuse axonal injury,DAI)是与头部快速运动相关的典型损伤,通常由汽车撞击所产生的惯性所致。快速的头部旋转运动导致惯性力的产生,而正是这种运动损伤了白质并导致 DAI,也就是我们通常所说的头部"剪切"伤。昏迷是严重 DAI 最常见的直接症状。具有如下特点:①DAI 诊断的"金标准"为显微镜下见到大量水肿的、裂断的轴突。②CT 不能直接用于诊断 DAI,但是间接征象对诊断有提示意义。损伤急性期 CT 表现为中央第三脑区出现的多发性点状出血灶,特别是皮质下的脑叶白质,胼胝体,基底节,脑干和小脑。③由于 CT 对诊断 DAI 不敏感,MRI 用于立即评估大脑损伤程度更具有可行性。

二、创伤后的颅内血肿

(一) 硬膜外血肿

硬膜外血肿(extradural hematoma,EDH)是指位于颅骨内板与硬脑膜之间的血肿。

好发于幕上半球凸面,约占外伤性颅内血肿30%,由脑膜动脉和/或静脉破裂所致,通常与额颞部骨折有关。CT上表现为双凸镜影(图20-2A)。20%的病人在临床症状恶化前会出现中间清醒期。

（二）硬膜下血肿

硬膜下血肿(subdural haematoma,SDH)是指出血积聚于硬脑膜下腔(硬脑膜与蛛网膜之间),是颅内血肿中最常见者,通常由皮质静脉和(或)皮质动脉的桥接处破裂所致,它与脑表面挫伤和硬膜下腔的出血有关。头颅CT是首选的检查方法,急性硬膜下血肿表现为颅板下新月形的高密度、等密度或混合密度影(图20-2B)。

（三）脑内血肿

脑内血肿(intracerebral hematoma,ICH)是脑皮质中直径>2cm的血肿。尸检发现脑内血肿的概率接近15%,血肿的形成多由于外伤时脑内血管破裂所致(可为一处或多处)。CT表现为在脑挫裂伤灶附近或脑深部白质内见到圆形或不规则高密度血肿影(图20-2C)。

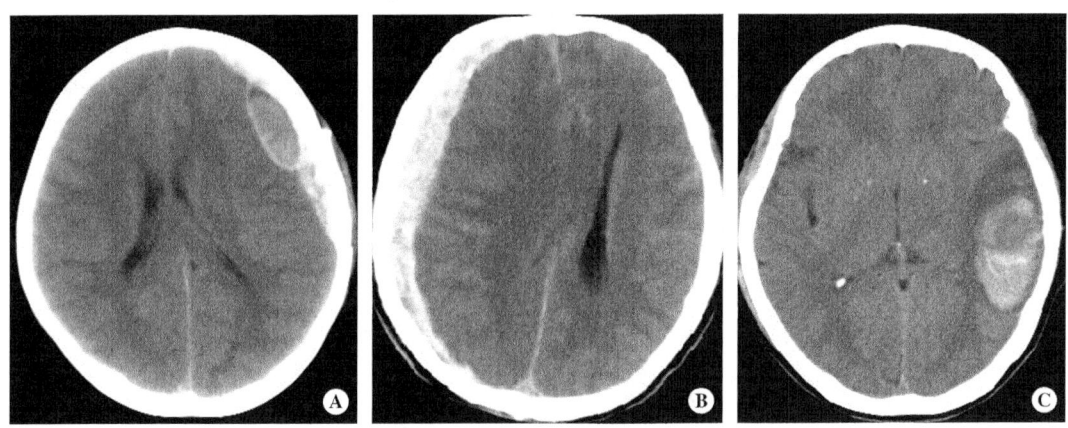

图20-2 不同颅内血肿的CT表现
A. 硬膜外血肿；B. 急性硬膜下血肿；C. 脑内血肿

三、创伤性蛛网膜下腔出血

创伤性蛛网膜下腔出血(traumatic subarachnoid hemorrhage,tSAH)是颅脑损伤后蛛网膜下腔的出血,由于脑挫伤表面时脑皮质的动脉,静脉和毛细血管的破裂。据外伤性昏迷资料库和欧洲脑损伤协会报道创伤性蛛网膜下腔出血的发病率为40%。

四、继发性脑损伤

并非所有的神经损伤都出现在原发性损伤的当时,低血压,缺氧,脑水肿,颅内高压,脑血流改变或由其导致的级联反应,都会造成延迟的细胞损伤,即继发性损伤。继发性损伤将使病情明显恶化,因而预防继发性损伤十分重要。

第三节 病情轻重程度的分类

一、国际通用分型方法

格拉斯哥昏迷量表(GCS;表20-1)广泛地用于评估脑损伤的严重性。该量表根据不能睁眼,(<2 分)不能说话(<3 分)及不能根据指令完成动作(<6 分)三方面来定义昏迷。然而 GCS 量表的评估项目受到入院前镇静剂使用及和气管插管的影响。

按格拉斯哥昏迷计分法计分多少和伤后原发昏迷时间的长短,可将颅脑损伤病人的伤情分为轻、中、重、特重四型:①轻型:GCS 13～15 分,伤后昏迷在 30 分钟以内。②中型:GCS 9～12 分,伤后昏迷时间为 30 分钟至 6 小时。③重型:GCS 6～8 分,伤后昏迷在 6 小时以上,或在伤后 24 小时内意识恶化再次昏迷 6 小时以上者。④特重型:GCS 3～5 分,伤后持续昏迷。

表 20-1 格拉斯哥昏迷分级评分

睁眼反射	记分	言语反应	记分	运动反应	记分
自动睁眼	4	回答正确	5	按吩咐动作	6
呼唤睁眼	3	回答错乱	4	刺痛时能定位	5
刺痛时睁眼	2	词句不清	3	刺痛时肢体回缩	4
无反应	1	只能发音	2	刺痛时肢体屈曲(去皮层强直)	3
		无反应	1	刺痛时肢体伸直(去脑强直)	2
				无反应	1

格拉斯哥昏迷计分法简单易行,分级明确,便于观察,不仅对颅脑损伤病人的昏迷程度和伤情评估有了统一的标准,同时对治疗效果和预后的评价,特别是对并发多处创伤的病例也有其重要价值。

二、中国急性闭合性颅脑损伤分型

我国于 1965 年制定了颅脑损伤分型,按昏迷时间、阳性体征及生命体征表现分为轻、中、重三型。并于 1978 年从重型中又分出特重型。

(1) 轻型(指单纯性脑震荡伴有或无颅骨骨折):①昏迷 0～30 分钟。②仅有轻度头晕、头痛等自觉症状。③神经系统和脑脊液检查无明显改变。

(2) 中型(指轻度脑挫裂伤伴有或不伴有颅骨骨折及蛛网膜下腔出血,无脑受压者):①昏迷在 12 小时以内。②有轻度神经系统阳性体征。③体温呼吸脉搏血压有轻度改变。

(3) 重型(指广泛颅骨骨折,广泛脑挫裂伤及脑干损伤或颅内血肿):①昏迷深,昏迷在 12 小时以上,意识障碍逐渐加重或出现再昏迷。②有明显神经系统阳性体征。③体温、呼吸、脉搏、血压有明显改变。

(4) 特重型(指重型中更急更重者):①脑原发伤重,伤后深昏迷,有去大脑强直或伴有其他部位的脏器伤、休克等。②已有晚期脑疝,包括双瞳孔散大,生命体征严重紊乱或呼吸已近停止。

总体来说,脑损伤越严重,死亡率和成为植物人的可能性越大,而康复率也就越低。然而,轻微的脑外伤不一定能获得很好的恢复,严重的原发性脑外伤也不一定造成严重的残疾。曾有报道在 28% 的轻度昏迷患者,30% 中度昏迷患者,45% 重度中度昏迷患者中存在递增的联系,并发现在脑外伤一年后,11% 严重残疾的病人在 5～7 年的时间里获得很好的恢复,23% 遗留中度残疾。

第四节 颅脑损伤后急性期的并发症

一、低血压和低氧症

1993 年,基于美国外伤性昏迷资料库的研究表明继发性脑损伤对预后有重要影响。损伤后到苏醒期间的低血压(收缩压<90mmHg)发生一次,死亡率将增加一倍。十多年后,IMPACT研究表明在入院病人中发生低氧和低血压的情况非常普遍,发生率分别为20%和18%。有研究表明低血压使死亡率增加了2.62倍(95%可信区间1.99,3.47),而缺氧使死亡率增加2.02倍(95%可信区间1.61,2.55)。低血压和缺氧在多变量分析中证实均为不良预后的独立因素。

二、高 热

高热在神经重症监护病房非常常见,高热可由于下丘脑体温调节中枢受损,或颅外感染或炎症过程所致。有报道超过50%的TBI病人在ICU期间至少有一次高热(T>38.5℃)。TBI后发生高热会增加发病率和死亡率。

三、高血糖症

严重脑外伤的病人常伴有高血糖症,多由应激,脑源性儿茶酚胺释放所致,升高的血糖会加重缺血性损伤,恶化病人的神经功能。重型颅脑损伤病人早期出现高血糖(>170mg/dl)预后不良。因而,在给予充分营养支持的基础上严格控制血糖可改善重症病人的预后。

四、低钠血症

急性低渗性低钠血症,水分进入脑组织引起脑水肿。由于颅骨的坚硬和密闭,脑细胞肿胀引起颅内压增高,可引起严重的并发症,包括癫痫发作,昏迷,脑疝,呼吸骤停甚至死亡。

五、癫痫发作

创伤后癫痫发作(posttraumatic seizures,PTS)可分为即发型(伤后24小时),早发型(伤后1~7天)和迟发型(伤后>7天)。包括各种类型TBI病人的PTS发病率为5%~7%,闭合性脑外伤人的PTS发病率为11%,而开放性脑外伤病人的发病率则高达35%~50%。Vespal等曾报道PTS在中、重度脑外伤病人中的发病率为22%,在他的研究中超过一半的病人并无抽搐性发作,只通过脑电图表现诊断。在急性期,当有不能解释的ICP增高或不能解释的低GCS评分出现时,我们应该想到癫痫发作的加重脑损害的可能,癫痫发作可通过增高ICP,血压波动或组织缺氧,导致不利事件的发生。

颅脑损伤后可能发生PTS的危险因素有:①硬膜下和硬膜外血肿清除术后;②脑内血肿手术;③GCS<8分;④未手术复位的压缩性颅骨骨折;⑤开放性颅脑损伤;⑥至少一个瞳孔的光反应消失;⑦CT显示脑皮质挫伤及顶骨骨折。

早期创伤后癫痫发作增加了迟发型癫痫发作的可能。在脑外伤后的第一个7天应预防性的使用抗癫痫药。

第五节 监 护

一、监护的适应证

我们已在第八章(血流动力学监测)和第九章(颅内压和脑血流监测)中已广泛讨论过有关神经监护的内容。本章我们将简单地回顾一下颅内压监测的适应证。

临床检查对于诊断高颅压缺乏特异性和敏感性。在急性期CT扫描有较高的阳性预测价值,但是CT扫描阴性则预测价值较低。对于GCS≤8分,CT扫描阴性的还有10%～15%病人发生颅内压增高。如果存在危险因素如年龄>40岁,异常运动,低血压,发生率将升高至60%。重型脑外伤病人监测ICP的适应证见表20-2。现在仍未出台对于中型脑损伤病人的治疗和监测的指南,可根据临床和影像学表现来判断颅内压。

表20-2 重型颅脑损伤病人ICP监测的适应证

异常CT扫描	正常CT扫描表现和两个及以上的危险因素
颅脑血肿或脑挫伤	年龄大于40岁
脑水肿或脑肿胀	异常运动
基底池压缩	动脉血压过低(收缩压<90mmHg)

近年来,除了ICP之外还发展出了其他类型的监测手段,CBF可通过氙CT、CT灌注和PET(positron emission tomography,PET)和MRI来测量,或直接通过经颅多普勒超声来监测。代谢率($pTiO_2$、微量透析、PET)、电活动(EEG、视觉诱发电位,脑干听觉诱发电等)也可用于监测。多模监测(不同监测技术的联合)在检测并发症如缺血时可增加灵敏度和特异性,但是目前尚无证据表明多模检测有利于改善患者预后。

二、症状和体征变化的观察

要确保病人充足的通气、氧合、换气和循环。通过神经系统检查迅速判断意识程度,局灶性神经功能缺失症状及是否存在脑疝。GCS评分用于评估脑外伤病人对刺激的反应,包括睁眼反应,运动反应和言语反应;不对称的运动反应(自发的或刺激诱导的)有定位价值。

当占位病变或水肿使脑组织移位即发生脑疝,未能及时识别脑疝征象将导致不可逆的脑组织损伤甚至死亡。脑疝的征象取决于脑疝的类型。临床评价应该集中在头痛,恶心,呕吐,暂时性的视力模糊,意识改变,局灶缺失症状,呼吸节律不规则甚至呼吸暂停。如果病人已出现意识改变并已行气管插管,如还出现高血压,心动过缓,双瞳不等大(不对称的瞳孔),局灶缺失症状或肢体的体态异常,可高度警惕出现脑疝。连续检查瞳孔大小和对光反应性并记录,以便及早发现病情恶化(表20-3)。

鼓室积血、耳廓后青紫、血肿(Battle征),眶周青紫、血肿(熊猫眼)及脑脊液耳漏/鼻漏是颅底骨折的征象。如果出现了这些征象,不要留置鼻胃管或鼻气管以免引起颅内感染。

神经病学检查还应包括仔细检查有无伤口。如果病人头部有异物不要移除。头皮的活动性出血会导致大量失血,开始时可直接加压止血,并仔细检查有无骨折。若病人GCS<8分时,需放置脑室内导管测量颅内压,当有脑挫裂伤、颅内血肿、颈椎骨折、颅骨骨折、穿通伤或局灶神经功能缺损时,都应放置脑室导管监测颅内压。

尽可能多地分析创伤史和既往病史。创伤史可以着重询问损伤时间,机制,意识状态及是否出现中间清醒期(提示有进展中的血肿),遗忘(与击打的严重性相关),可能出现的缺氧或低血压,有无癫痫发作及入院前治疗。既往史应注意过敏史,共病因子,用药史及最后的饮食。

表 20-3 瞳孔检查

瞳孔大小	单侧/双侧	对光反射	异常可能的原因
散大	双侧	消失	脑死亡
散大(瞳孔直径相差>1mm)	单侧	迟钝	颞叶沟回疝
			眼挫伤、癫痫灶性发作、交感神经麻痹
散大	双侧	存在	疼痛、药物(阿托品、去甲肾上腺素、多巴胺)
中等大小	双侧	消失	小脑幕切迹疝
缩小	双侧	存在(难以评估)	麻醉剂、代谢性脑病、丘脑或桥脑损伤
缩小(直径<1mm)	双侧	存在(难以评估)	急性桥脑损伤

注:需排除眼外伤

第六节 治 疗

一、内科治疗

准备收入 NICU 的病人,在入住 NICU 前一些处理措施必须完成见表 20-4,如果病人到达 NICU 前尚未进行初步复苏,初步复苏必须尽快进行,包括呼吸道通畅、呼吸支持、循环维持、功能障碍的初步确定和影像学检查。收入 NICU 的适应证见表 20-4,表中列出的适应证只是作为一个参考,并非绝对的标准。患者进入 NICU 后,应重新评估病情,确定监测指标,持续监测病情变化并迅速拟定治疗方案(20-4)。

表 20-4 入住 NICU 病人的处理

入住 NICU 前的处理	入住 NICU 适应证	入住 NICU 时处理
(1)初步复苏	(1)脑外伤严重程度	(1)重新评估外伤严重程度
(2)初步病情分析		(2)确定需要监测的指标
1)GCS 评分	1)GCS≤8	1)ICP
2)瞳孔评估		2)CBF
3)CT 表现	2)GCS>8+损伤有进展的危险	3)SjO$_2$
(3)初步的实验室检查	3)继发性损伤(低氧血症、低血压、癫痫发作等)	4)EEG
1)交叉配血(血型)		5)PtiO$_2$
2)血生化		6)微量透析
3)血常规 u	(2)合并严重的颅外损伤	7)进一步影像学检查
4)出凝血时间	1)威胁生命的	(3)确定治疗计划
5)血气分析	2)潜在威胁生命的	1)机械通气
6)血毒物分析	(3)共病因素	2)液体类型及量
7)尿分析		3)升血压药物
8)β-人绒毛膜促性腺激素(育龄期女性)	1)年龄:小孩或老人	4)ICP 和 CPP 目标
	2)需要监测的疾病(高血压、糖尿病、慢性呼吸衰竭、神经系统的疾病等)	5)查阅血实验室检查结果
(4)初步诊断		6)控制体温
(5)初步治疗计划		7)预防感染
1)保守治疗	3)长期药物治疗(抗凝剂、抗血小板药物)	8)FAST HUG(进食、镇痛、镇静、血栓预防、抬高床头、预防应激性溃疡、血糖控制)
2)急诊手术		

（一）机械通气

在 TBI 患者，如 GCS≤8 分、颅外损伤导致通气不足、有导致供氧不足的基础疾病或年龄过大都必须行气管内插管。如果 GCS>8 分，是否进行气管插管必须进行个体评估，给予 TBI 病人充足供氧的重要性已经在本章的前部分进行了强调。

在 TBI 患者 PaO_2 必须维持在 60mmHg 以上，氧饱和度必须达到 90% 以上；同时，$PaCO_2$ 必须维持在 35～40mmHg，因为 $PaCO_2$ 的降低会导致血管收缩和 CBF 的降低。脑外伤后 24 小时，脑血流量减少，如果发生低碳酸血症，脑血流量将进一步减少，从而导致脑缺血。脑外伤 24 小时后，以上情况较少发生，因为此时脑血流量大多基本恢复到正常水平。因此，应避免使用预防性的过度换气，因其可能减少脑灌注。

（二）液体类型

美国外科医师协会认为给每个多发伤的病人快速静脉输注 2000ml Ringer's 乳酸盐，作为起始复苏的晶体液。晶体液主要填充间质，因此复苏后将出现水肿。在脑外伤病人中，低渗透性液体将使脑水肿恶化，也易导致肺水肿。胶体液在扩大血浆容量方面较晶体液更有效。然而，初步复苏是使用胶体液还是晶体液的问题，多年来仍存在争议。没有一个随机对照试验证明复苏用胶体液比用晶体液更能降低脑外伤病人死亡的风险。无论如何，在脑外伤后的第一天，由于脑血流量自身调节对血压变化的反应是异常的，所以应避免体内水分过多，因为过多的血容量将导致高血压，从而增加了 CBF，脑血容量和 ICP。

（三）颅内压和脑灌注压

根据美国颅脑损伤指南，在成人，ICP 上阈达 20～25mmHg，即给予降颅内压处理，应该维持在脑灌注压（cerebral perfusion pressure,CPP）不低于 60mmHg（图 20-3）。在儿童及已进行降颅内压治疗的病人中，ICP 上阈达 15mmHg 即可开始治疗。ICP 的高位值与不良预后有关。

在开始治疗前找出 ICP 增高的原因很重要。ICP 增高常伴随神经功能的恶化，判断神经功能恶化，可需根据以下 1 个或更多的客观指标：①GCS 自然降低≥2 分（与之前的检查相比）；②新发现的瞳孔光反应消失；③间歇性发生瞳孔不等大，且相差≥2mm；④神经功能恶化足以有理由立即给予药物治疗或手术治疗。

原因不明的进展中的占位性损伤导致的高 ICP，对药物治疗不敏感。无明确占位、烦躁、高热、换气不足或伤害性刺激所导致 ICP 的升高可以被轻易纠正。

早期的创伤后癫痫发作可通过抗惊厥药预防。推荐高危病人在脑外伤后第一周使用苯妥英钠和卡马西平作为治疗选择。①苯妥英钠的推荐用量为静注 10～20mg/kg。②由于心脏的抑制作用，静注的速率不能超过 50mg/min。③典型的初始维持量为每日 4～6mg/kg，分两次或多次静注。④在给药过程中必须连续监测心电图，血压，呼吸功能。⑤治疗有效的血清浓度为 10～20μg/ml。

如果具备条件，CSF 的脑室引流是治疗高 ICP 的首选。如果 ICP 仍处于高水平，换气功能应调节至一个轻微的过度通气状态。如果轻微的过度通气状态控制 ICP 水平仍不理想，可以用 20% 甘露醇，有效剂量为 0.25～1g/kg，静脉快速输注。必须注意：①甘露醇会导致高渗透压，脱水和体液失衡；②使用甘露醇病人必须留置尿管并保持通畅及监测中心静脉压;并务必行补液治疗,维持渗透压和电解质平衡。③如果渗透压超过 320mmol,可能有急性肾小管坏死和急性肾衰的危险。

人们认为甘露醇"开放"了血-脑屏障,意味着甘露醇分子可进入脑组织,形成逆转的渗透梯度,从而使液体进入脑组织,引起脑水肿。有询证医学综述报道,使用高张生理盐水与使用甘露醇治疗相比高张生理盐水 ICP 能有效降低死亡率。高张生理盐水的使用浓度为 3%~23.4%。使用高张生理盐水需注意:①需要中心静脉置管监测中心静脉压,并行严格的血钠控制。②血清钠不能过高,24 小时升高不超过 10mmol/L;也不能过低,24 小时降低也不超过 10mmol/L,以降低中心性脑桥髓鞘溶解的危险。

当有急性神经功能恶化或由于虽采取镇静,肌肉松弛、CSF 外引流,使用甘露醇或高张盐水都不能改善 ICP 时,需要采取二级治疗。二级治疗最先采取何种措施至今无一致观点,一般建议可以先用过度换气或降温的手段,因为其比巴比妥疗法及去骨瓣减压手术风险要小。

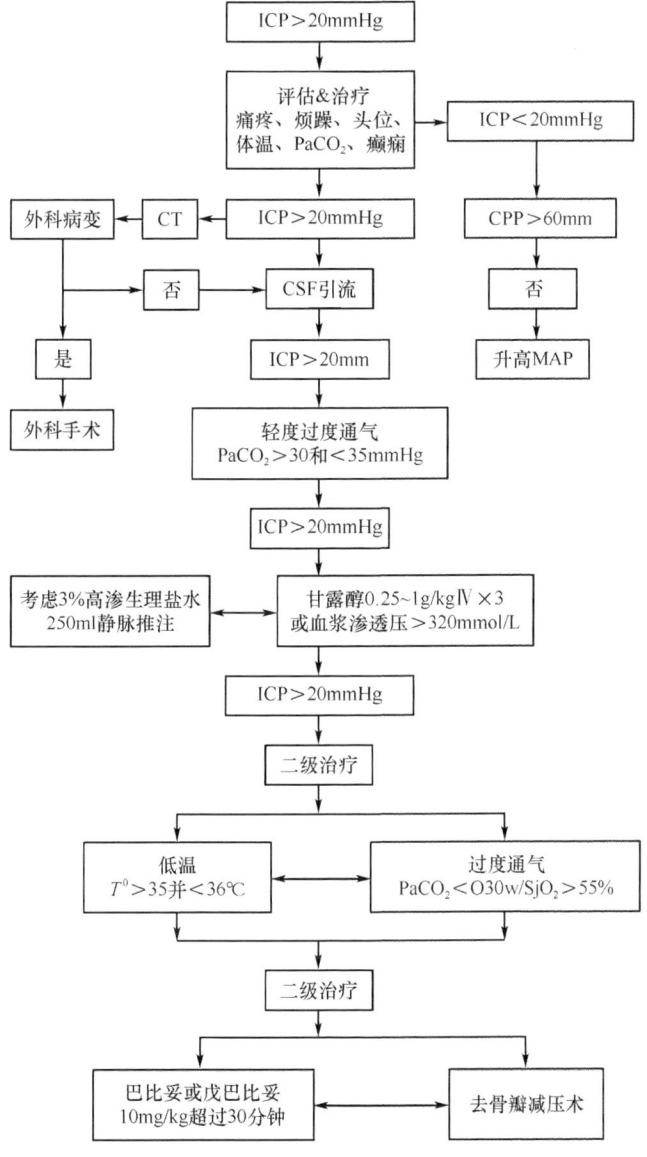

图 20-3 颅内压增高处理路径图(美国颅脑损伤基金指南)

严格的过度通气治疗($PaCO_2 \leq 30$ mmHg)需检测颈静脉的氧饱和度($SjO_2 < 55\%$)以评估可能出现脑缺血的风险。CBF 的检测可使缺血的诊断更明确。

（四）亚低温治疗

虽然临床上对重型脑外伤患者使用亚低温治疗已得到推广，但对其作用仍存争议。注意高龄、幼儿、休克、心肺功能障碍者不宜行该治疗。

在我们单位：一般首剂给予冬眠合剂 1 号(哌替啶 100mg，氯丙嗪 50mg，异丙嗪 50mg)的半量肌内注射，待病人逐渐进入冬眠状态，对外界的刺激反应明显减弱、瞳孔缩小、对光反射迟钝、呼吸平稳、频率相对较慢、深反射减弱或消失后，即可采取综合性物理降温措施。每 4～6 小时可重复肌内注射 1/4 量的冬眠合剂 1 号，同时可使用苯巴比妥钠或水合氯醛，加强冬眠效果，减轻寒战反应。物理降温主要使用头戴冰帽，在颈、腋窝、腹股沟等体表大血管处放冰袋。冰毯机的使用使降温更平稳。降温速度以每小时下降 1℃为宜，肛温降到 32～34℃(亚低温)。体温过低易引起心率失常、低血压、凝血功能障碍等并发症；体温过高，高于 34℃则治疗效果不佳。低温维持时间最短 24 小时，最长 5～7 天，复温采用自然复温法，如有自然复温困难者可以使用控温毯调节至 36～37℃帮助复温。

顽固性高 ICP 病人血流动力学正常的顽固性高 ICP 病人可考虑用大剂量巴比妥治疗。①指南推荐使用 Eisenberg 戊巴比妥使用草案：戊巴比妥的起始剂量为 10mg/kg，30 分钟，或每小时 5mg/kg，用 3 小时，继后以每小时 1mg/kg 的剂量维持。②如没有戊巴比妥，可以使用硫喷妥钠代替。硫喷妥钠的起始剂量为 10～20mg/kg 缓慢静推，然后以每小时 3～5mg/kg 持续静注；或以较低的起始剂量 5～11mg/kg 缓慢静推，然后以每小时 4～6mg/kg 维持静注也是有效的治疗方法。③用巴比妥治疗时应密切关注 MAP，因为无法预测其对心脏的影响而导致的低血压。因为需要维持正常血压来维持正常的 MAP 和 CPP。因此，使用巴比妥治疗的病人应该监测 ICP、平均动脉压、脑灌注压和 EEG 爆发抑制。④有些学者认为丙泊酚可替代巴比妥类治疗高 ICP。丙泊酚的起始剂量为 1～2mg/kg 静注，继以每小时 2～10mg/kg 静滴。必须监测连续的 MAP，EEG 及血脂。

二、外 科 治 疗

在 2006 年讨论制定 TBI 治疗指南的时候，国际专家小组分析了关于目前 TBI 的外科治疗的数据。就像其前预测的那样，不能定义出治疗标准，因为所有的报道都是建立在几个简单的选择的基础上。其原因，至少是部分原因，对于脑大量出血病人进行手术和非手术大样本的随机化对比研究与现行的临床实践和伦理观念不相符。我们在下文中总结了关于 TBI 的外科治疗指征的共识，但不是确定的标准。

（一）占位病变手术的一般适应证

决定是否进行外科手术治疗与许多因素相关。临床状态(特别是神经系统的恶化)，CT 参数(病灶容量 > 30ml，中线移位 > 5mm，脑池受压及病灶部位)是决定行外科治疗的最重要因素。美国颅脑损伤指南中提到，出血量 > 25cm^3 就可以行考虑外科手术。然而，在临床实践中，任何损害最终都会进展，外科手术指征就成了一个动态的过程。入院时的临床状态平稳，或者第一次 CT 检查发现血肿量较小，都不能排除后来需要手术。

（二）硬膜外血肿

小的急性硬膜外血肿的（体积<30cm³，厚度<15mm）的病人，中线移位<5mm，无神经功能缺损，可保守治疗。然而，Sullivan 等报道，23% 开始用保守治疗的 EDH 病人会在损伤后 8 小时内进展。所以，所有保守治疗的 EDH 病人都需要在损伤后 6 小时内接受至少一次的 CT 复查。

（三）硬膜下血肿

小的急性硬膜下血肿（厚度<10mm，中线移位<5mm）的病人，可保守治疗。这些病人，必须严密观察并控制病情，昏迷病人应放置 ICP 监测装置监测颅内压。

（四）脑内血肿和脑挫裂伤

TBI 形成的脑内出血和脑挫伤大多距着力部位有一定距离。是否采用外科治疗主要建立在临床情况恶化、CT 进展和 ICP 增加的基础上。使 ICH 范围扩大的危险因素有凝血功能障碍、高龄、SAH 和入院时的 GCS 评分。需特别关注额叶和颞叶的挫伤，因为其会在伤后最初的 48 小时内戏剧性的扩大，因此，对于额叶和颞叶的挫伤我们必须进行二次 CT 检查。

（五）去骨瓣减压术

当一般治疗措施和第一级治疗控制 ICP 的情况不佳时，可考虑二级治疗，如去骨瓣减压术。去骨瓣减压术通过移除骨瓣，打开硬脑膜使颅腔容量增加。去骨瓣减压要点是要切除较大面积的颅骨（12 cm×15cm），经验表明大骨瓣减压比小骨瓣减压预后更好，发生迟发性脑血肿、切口疝、CSF 漏的几率也会更低。

（高宜录）

参 考 文 献

高宜录. 2011. 中枢神经系统急症. 北京：科学出版社

胡锦, 姚海军, 刘永等. 2009. 华东六省一市颅脑创伤合并颅面损伤住院患者调查. 中华神经外科疾病研究杂志, 8(1)：47～52

Bullock MR, Chesnut R, Ghajar J, et al. 2006. Surgical management of traumatic parenchymal lesions. Neurosurgery, 58(3 Suppl)：S25～46

Compagnone C, Murray GD, Teasdale GM, et al. 2005. The management of patients with intradural post-traumatic masslesions：a multicenter survey of current approaches to surgical management in 729 patients coordinated by the European Brain Injury Consortium. Neurosurgery, 57(6)：1183～1192

Diringer MN, Zazulia AR. 2006. Hyponatremia in neurologic patients：consequences and approaches to treatment. Neurologist, 12(3)：117～126

Jiang JY, Xu W, Li WP, et al. 2005. Efficacy of standard trauma craniectomy for refractory intracranial hypertension with severe traumatic brain injury：a multicenter, prospective, randomized controlled study. J Neurotrauma, 22(6)：623～628

McHugh GS, Engel DC, Butcher I, et al. 2007. Prognostic value of secondary insults in traumatic brain injury：results from the IMPACT study. J Neurotrauma, 24(2)：287～293

Sahuquillo J, Arikan F. 2006. Decompressive craniectomy for the treatment of refractory high intracranial pressure in traumatic brain injury. Cochrane Database Syst Rev, (1):CD003983

Tagliaferri F, Compagnone C, Korsic M, et al. 2006. A systematic review of brain injury epidemiology in Europe. Acta Neurochir (Wien), 148(3):255~268

Teasell R, Bayona N, Lippert C, et al. 2007. Posttraumatic seizure disorder following acquired brain injury. Brain Inj, 21(2):201~214

Vincent JL. 2005. Give your patient a fast hug (at least) once a day. Crit Care Med, 33(6):1225~1229

Wakai A, Roberts I, Schierhout G. 2005. Mannitol for acute traumatic brain injury. Cochrane Database Syst Rev, (4):CD001049

Whitnall L, McMillan TM, Murray GD, et al. 2006. Disability in young people and adults after head injury: 5 7 year follow up of a prospective cohort study. J Neurol Neurosurg Psychiatry, 77(5):640~645

第21章 脊髓损伤

第一节 概 论

脊髓损伤(spinal cord injury,SCI)是指脊髓正常解剖结构的破坏而引起的神经功能缺失。在美国,每年平均有10 000例SCI的新病例发生,据估计目前活着的人中有225 000~288 000个瘫痪。在中国的脊髓损伤人数已突破百万,并每年以12 000个人的速度剧增。脊髓损伤多见于青壮年人群,平均年龄约为39.5岁,两个最易受伤的脊柱部位是颈椎$C_{4\sim6}$(39.4%)和胸腰椎的$T_{12}\sim L_1$(11.6%)。与此相对应的脊髓损伤的最常见顺序是:颈椎(51%)、胸部(34.3%)、腰骶(10.7%)。在绝大多数造成脊柱和脊髓损伤的原因中交通事故伤占首位,其次是跌落,其他尚有暴力行为(枪伤和刺伤)和娱乐体育活动(潜水、对抗性运动、雪地摩托等)。

自2000年以来,因跌倒引起的脊髓损伤有增加,这可能与人口老龄化老年人的比例增加和易跌倒受伤有关。在年轻人中不断发生脊髓损伤主要由机动车事故,暴力因素,与运动相关的损伤所引起的。

SCI的急救和创伤处理着重于脊柱的初步固定,病情稳定和安全运输到一个有高级医疗护理设施的医院。急性脊髓损伤的患者应入住神经重症监护病房(neurological intensive care unit,NICU),在NICU有完善的多系统监测设施,能够最优化和系统监测病情变化。对于脊髓损伤病人应该特别注意心血管系统、呼吸系统、消化系统、泌尿系统和体表受压情况。NICU的管理目标包括防止脊髓损伤的早期并发症的发生和中、长期并发症的预防。目前由于医疗护理措施的改善,急性脊髓损伤的发病率和死亡率已减少60%~90%,也使SCI患者的生活质量得以全面改善。

急性脊髓损伤后对于不稳定的脊柱进行外科干预的时机仍然存在争议。一方面认为对于不稳定脊柱进行早期手术干预会加重伴随性损伤。相反,对于脊柱不稳伴进行性行神经功能缺损和因硬膜外血肿或结构畸形引起脊髓压迫的患者应行早期手术固定脊柱,早期手术固定有如下优点:①有利于早期活动;②有利于相关创伤的治疗;③减少医疗并发症;④减少NICU逗留时间和住院时间。

本章以系统为框架阐述急性脊髓损伤患者在NICU内处理的主要问题。

第二节 药 物 治 疗

用于急性脊髓损伤的药物主要是大剂量的甲泼尼龙(methylprednisolone,MP)冲击治疗。治疗的方案必须在损伤后的第一个8小时内进行,根据以下治疗方案:①首次:静脉推注或静脉注射甲泼尼龙30mg/kg,时间超过15分钟;②如果首次剂量在伤后3小时内给予,则静脉注射维持剂量为5.4mg/(kg·h)达23小时;如果在受伤3~8小时内才开始治疗,则达47小时。

高剂量MP可减少血管源性水肿和炎症反应,减少全脊髓继发性损害。虽然有众多在伤后8小时内给予高剂量MP治疗有效的报道,但仍存在争议。最近研究则不赞同使用高剂量MP,因其缺乏治疗有效的可重复性,以及伴随的如下合并症:①延长呼吸机依赖的时间;②升高血糖;③增加肺炎发生率;④增加胃肠道出血的发生率;⑤发生急性皮质类固醇性肌病;⑥感染和败血症的风险增加。

虽然目前的医学证据尚不支持脊髓损伤后使用高剂量 MP 治疗,但其应用使病人临床获益的可能性使得一些临床医生继续使用。治疗一旦开始,就要按方案完成。此时需警惕和重视其潜在的不利的全身效应。但在下列情况下慎重使用高剂量使用 MP,包括:①马尾综合征;②开放性脊柱脊髓损伤;③妊娠期;④<13 岁的儿童;⑤之前使用维持量类固醇;⑥麻醉药成瘾患者。

第三节 心脏和血流动力学

由于急性脊髓损伤后交感神经系统活动减弱及伴随的迷走神经活动亢进造成的神经源性休克,血流动力学不稳有以下几个特点:①低血压;②心律失常;③外周血管阻力降低;④心输出量减少。

血管扩张导致第三间隙液体积聚和随之而来的血管内血容量不足。增加心输出量主要是依赖增加每搏输出量,而不是心脏的速率,显然交感神经的损坏,阻断了这种可能;这样不可避免的将导致低血容量和低血压。接近 25% 的脊髓损伤患者表现出低血压(收缩压<90mm Hg)和心率下降(<90 次/分),这种情况经输入 4~6L 液体能得以改变。但是在没有合并伤导致的出血引起的低血容量情况下,显然这种容量不足不是低血压的原因,因此补液应谨慎,以免引起医源性充血性心脏衰竭、肺水肿和低钠血症。

必须首先排除由于出血导致的低血容量或使之得到恰当的处理。病人需进行持续心电监测,监测血流动力学参数。此外应放置肺动脉导管监测外周阻力(通常<50%)和心输出量。多数情况下需要使用 α-和 β-肾上腺素能类的升压药,此类药物多具有收缩外围血管和增加心脏收缩力作用,表 21-1 列举了常用升压药的特点和有效剂量。

表 21-1 α-和 β-肾上腺素能类的升压药在脊髓损伤中使用

药物	标准剂量	作用
多巴胺(剂量不同作用于 α、β& 多巴胺能受体)	0.5~2.0 μg/(kg·min)	多巴胺能样作用,扩张肾、肠系膜、冠状动脉和脑血管+增强心脏收缩力
	2~10 μg/(kg·min)	α、β 受体激动剂,升高收缩和舒张压+增强心脏收缩力
	>10 μg/(kg·min)	α、β 和多巴安能效应
肾上腺素(α 和 β 受体激动剂)	1~8μg/min	显著的血管收缩作用,但还激活 $β_2$ 受体造成血管扩张和舒张压降低+增强心脏收缩力
去甲肾上腺素(α 和 β 受体激动剂)	1~20μg/min	对 $β_2$ 受体的影响最小,因显著增加周围血管阻力而使收缩压和舒张压增加,但可引起反射性心动过缓+心脏的变时和正性肌力作用
多巴酚丁胺	2.5~10μg/min (主要选择性作用 $β_1$ 受体)	增加心输出量+增强心肌收缩力

在上述药物中首选多巴胺,因其既可增强心肌收缩力,也可改善周围血管的循环;去甲肾上腺素因其显著增加周围血管阻力,增高血压和增强心肌收缩力,但可引起不期望的反射性心动过缓。多巴酚丁胺改善心脏功能,但也可能降低全身血压对脊髓损伤患者不推荐

使用。单纯激动α受体的肾上腺素能药,如去氧肾上腺素,增加周围血管阻力,但是,相关的反射性心动过缓对心脏功能是不利的,在 SCI 患者中应谨慎使用。

维持足够的器官灌注是治疗的最重要目标,为实现这一目标,应监测尿量[>0.5mg/(kg·h)],防止酸碱平衡紊乱,保持良好的心理状态。最适平均动脉压(mean arterial pressure,MAP)在不同患者中是不同的。在脊髓损伤的急性期,全身低血压可能恶化已经受损的脊髓的灌注,潜在地加重继发性缺血性脊髓损伤。因此,在急性脊髓损伤后的 7 天内至少维持 MAP>85~90mm Hg,研究认为这样能改善神经功能,降低发病率和死亡率。

第四节 呼吸道和肺

一、保持足够通气功能

脊髓损伤病人应确保呼吸通畅,并保持足够的通气功能。呼吸功能不全和肺功能不全在脊髓损伤中十分常见,尤其是颈椎或胸椎水平的脊髓损伤。主要呼吸肌的功能和损伤的后果总结在表 21-2 中。

表 21-2 呼吸肌及其功能损害后的结果

肌群	功能	损伤后结果
肋间肌($T_1 \sim T_{12}$)	呼气时稳定胸廓	功能性连枷胸现象导致潮气量不足
膈肌($C_3 \sim C_5$)	产生大约 50%~60%用力肺活量	由于低颈段或高胸段脊髓损伤,承担了全部工作量,而呼吸疲劳导致了肺容量减少,产生肺功能障碍
腹肌($T_7 \sim L_1$)	主要呼气肌	增加呼气末容积和降低肺容量
颈椎附属肌($C_3 \sim C_8$)	增进呼吸功能	降低呼吸功能

不论脊髓损伤的水平如何,肺功能障碍必然导致高碳酸血症、低氧血症、肺不张和不能清除呼吸道分泌物。正压通气的指征包括:①低氧血症($PaO_2 < 80$ mm Hg);②高碳酸血症($PaCO_2 > 50$ mm Hg);③呼吸频率升高(>35 次/min)。

在清醒能合作的患者,评价通气-灌注是否异常应该测量连续用力肺活量(forced vital capacity,FVC),包括潮气量和吸气及呼气储备量(标准体重通常为 65~75ml/kg)。肺活量<15ml/kg 提示即将发生呼吸衰竭,必须气管插管和机械通气。

脊髓损伤患者的标准 NICU 的呼吸道管理要求:①持续脉搏血氧饱和度监测;②补充氧气;③经常的动脉血气分析。

应谨慎看待动脉血气分析值,因为他们可能不能很好反映通气是否充足,可能在肺和心血管储备完全消耗后才表现出来;另外,由呼吸困难和迷走神经介导的原肺部受体的激活而增加通气动力导致的低氧血症、低碳酸血症可以刺激颈动脉化学感受器;在真正的呼吸窘迫时也常误认为充分的呼吸储备能缓解低二氧化碳血症;进一步,补充氧气,可能会掩盖随之而来的低氧血症导致的肺部病理情况的恶化。不断加重的呼吸急促伴呼吸疲劳加重了通气-血流比值异常,这可能会导致呼吸停止。这时敏锐的呼吸频率监测十分重要,因为它能反应即将发生的呼吸衰竭。

肺生理改变可能导致肺扩张不足。正压通气可作为首选。可以使用容量转换型机械通气,以下两种方式可以选其一:

(1)同步间歇指令通气(synchronized intermittent mandatory ventilation,SIMV)患者

自主:呼吸存在,易产生呼吸肌疲劳。①压力支持(pressure support,PS):最大限度地减少因呼吸功增加引起的疲劳;②外源性呼气末正压压力(extrinsic positive end-expiratory pressure,PEEP):停止在预选呼气流量压力,防止肺泡塌陷,改善肺顺应性和气体交换,使得吸入氧浓度(FIO_2)减少到最低中毒的水平(<60%)。

(2) 辅助控制通气(assist control ventilation,ACV):患者只需最小的呼吸功。①在自发性呼吸全程中辅助通气;②预先设定呼吸频率;③通气过度:呼气时间下降引起不良后果是产生气体陷闭(auto-PEEP),可能造成更重的过度换气和呼吸性碱中毒。

脊髓损伤病人脱机条件如下:①肺活量>10ml/kg;②潮气量>5ml/kg;③吸气峰压>20cm H_2O;④呼吸频率<30次/分。

逐渐脱机通常是首选,按以下步骤完成:①逐渐减少间歇指令通气;②持续气道正压支持;③利用T型管试验脱机。

近期临床证据表明,可以"训练"膈肌,增强腹式呼吸。对于无法脱机的患者可考虑行气管切开术,如高位颈髓损伤导致四肢瘫痪的患者或任何需要长期机械通气>14天的患者。

二、肺　炎

肺部并发症(最常见的是肺炎)是急性脊髓损伤发病率和死亡率的最常见的原因。积极治疗旨在对最大限度地减少肺不张和支气管分泌物;主要措施包括:①变换体位;②经鼻气管吸痰要严格无菌操作;③积极胸部理疗。尽管采取了这些措施,在颈椎水平的脊髓损伤患者肺炎发生率仍为5%~20%,最常见的原因:①分泌物清除不良;②进行性支气管梗阻;③通气-血流异常;④肺不张。结合这些因素而且左支气管相对较右支气管而言,较陡直,脊髓损伤后肺炎是经常出现在肺左下叶。治疗开始不建议预防性应用抗生素,以避免产生耐药菌感染。建议及早放置鼻胃管清除胃内容物,以防止脊髓损伤后的胃乏力引起的呕吐,误吸后造成右下肺下叶肺炎。口咽部正常菌群派生出多种致病菌;最常见的菌株是革兰阴性需氧菌。呼吸机相关性肺炎(ventilator-associated pneumonia,VAP)前4天通常是由链球菌或流感嗜血杆菌引起的肺炎,4天后多由铜绿假单胞菌或金黄色葡萄球菌引起。

脊髓损伤患者肺炎的临床症状包括:①发热;②白细胞增多;③缺氧;④脓痰;⑤胸片有肺炎征象。

应谨慎分析这些临床征象,因为肺不张时可只出现发烧和白细胞增多,胸片并不能确诊肺不张。如果怀疑是肺炎,应作气管内分泌物,送革兰染色和细菌培养。根据药敏给予相应的抗生素治疗才有良好疗效。随时注意患者的临床症状改善和影像学改变,细菌培养若没有新的致病菌不需要更改抗生素。

三、血栓栓塞性疾病:深静脉血栓形成和肺栓塞

脊髓损伤患者中深静脉血栓形成(deep vein thrombosis,DVT)的发病率很高,使用放射性标记的纤维蛋白原扫描的技术检查上,甚至可高达100%。脊髓损伤后的血栓栓塞性疾病是由血管张力下降和缺乏肌肉收缩力造成的静脉淤血引起的。

DVT后发生灾难性的肺栓塞的风险(pulmonary embolism,PE)比一般手术病人升高了2%~10%。令人称奇的是,脊髓损伤患者在临床中发现的深静脉血栓形成报道高达

15%,而 PE 只有 5%。在急性期和伤后头 3 个月,深静脉血栓形成和(或)PE 的风险是很大的。由于头 3 个月,血栓栓塞性疾病的高发病率和死亡率,临床上应密切注意,同时应采取积极的预防性措施。

在有运动障碍的重症患者预防性措施包括:①机械设备:外用气体压迫器、压力袜、旋转床或电刺激。②抗凝血药:低剂量肝素,低分子量肝素或华法林。

使用机械装置预防血栓风险最小,但单独使用不能达到预防目的。在受伤的第一个 72 小时内,使用抗凝药有可能增加损伤脊髓的出血的风险,单独使用抗凝药也不能达到最佳保护。综合治疗才是最好的保障。合理的预防策略是在伤后 72 小时使用机械装置,随后使用低剂量肝素(5000U 每 8 小时皮下注射一次),调整肝素剂量(皮下注射肝素后每 12 小时测定部分凝血活酶时间,控制在正常值的 1.5 倍)或用低分子量肝素。

脊髓损伤患者有下列征象时,应怀疑深静脉血栓形成可能:①不明原因的发热;②下肢水肿或发红;③腿围和(或)皮温增加。

脊髓损伤患者深静脉血栓形成的死亡率是 9%。深静脉血栓形成的诊断性检查包括:①多普勒超声检查:实用性,成本低,精确度高(灵敏度约 90%)使其成为主要诊断措施。②静脉阻塞体积描记法(venous occlusion plethysmography,VOP);③放射性纤维蛋白原扫描;④D-二聚体分析:敏感度高,但特异性不高;⑤静脉造影:是金标准,但具侵入性,费用高;主要用于有临床高度怀疑、超声检查阴性的患者。

一旦确诊为 DVT,立即开始充分的肝素抗凝治疗,随后 3～6 个月口服华法林,建议使国际标准化比值(international normalized ratio,INR)水平维持在 1.5～2.5。有抗凝禁忌证或抗凝治疗无效的患者,应放置腔静脉滤器。警惕深静脉血栓形成的患者可能形成肺栓塞。

肺栓塞表现为如下症状:①呼吸急促;②心动过速;③胸膜痛(脊髓损伤后可能与潜在的呼吸系统病理生理变化相混淆)。

以下检查可确立肺栓塞的诊断:①肺动脉造影:是金标准,但具侵入性,费用昂贵。②胸片;③通气-灌注扫描;④CT:最常用性,成本低,不具侵入性;⑤动脉血气分析的急剧变化:动脉血氧饱和度或血氧减少伴随二氧化碳分压的升高,但又难以用已有的肺功能下降解释,提示很可能发生了肺栓塞;⑥心电图:可提示急性肺源性心脏病;Ⅰ导联出现大 S 波的典型三联征;Ⅲ导联较常见 Q 波,比起肺栓塞,窦性心动过速时 T 波倒置在Ⅲ导联(S1Q3T3)较常见。

治疗肺栓塞和治疗深静脉血栓形成一样要充分使用抗凝药,并强烈建议放置腔静脉滤器以防止进一步的栓塞发生。有些机构建议在所有的脊髓损伤患者预防性安置腔静脉滤器,但是这已被证明有很多并发症,如脊髓损伤患者腹肌无力使得栓子能向远端迁移、腹腔糜烂、下腔静脉阻塞等。因此,安置腔静脉滤器的适应证应为:①对于已用抗凝治疗仍发生持久性血栓事件的患者。②有抗凝禁忌证和(或)禁忌使用气动压缩装置的患者。

第五节 胃 肠 道

一、腹腔和胃肠功能紊乱

对于威胁生命的腹腔内问题,如脾破裂或肝裂伤,在紧急处理时,应用腹部和骨盆 CT

可及时发现并作出相应的处理。脊髓损伤患者因交感神经功能紊乱导致的更隐蔽和慢性胃肠道功能障碍包括：①胃弛缓；②应激性溃疡；③肠梗阻；④便秘；⑤腹胀，疼痛；⑥大便失禁。

尽管脊髓损伤后迷走神经支配无碍，但交感神经的功能损伤经常导致胃肠道功能紊乱，结肠运输障碍，出现肠梗阻，大便秘结并不鲜见。如不处理，因粪便积聚可导致肠梗阻，出现腹胀和有生命威胁的肠穿孔。因此脊髓损伤急性期常规调理肠道功能是必不可少的。标准治疗方案包括改善结肠运动，可使用大便软化剂、直肠栓剂，甚至灌肠。也可能括约肌失控导致的大便失禁因肠蠕动而加剧；因此，每天经胃肠道补充膳食纤维和充足水分是必不可少的。病人在 ICU 治疗期后，如仍存在功能性肠道失调，原因多是焦虑和心理因素造成的。及时进行排便训练是脊髓损伤患者不可缺少的项目。腹胀可能刺激膈肌，引起肩部牵涉痛，特别是在 C_5 以下脊髓受伤更常见。其他可能的机制是，损伤感觉平面以下的感受到的内脏痛，包括感觉通道的失衡，脊髓抑制带的丧失或存在一个疼痛产生中心。由内脏疼痛的引发焦虑，可使用抗焦虑药治疗。

二、营　　养

营养和定时肠道喂食对脊髓损伤患者很重要。及时放置胃管可减少呕吐和急性胃扩张的风险，两者都能通过误吸或减少肺容积损害肺功能。胃肠功道恢复的指征包括：①鼻胃管排出量减少（一般为入院后 2~3 天）；②肛门排气；③大便排出。

如果没有禁忌，一旦胃肠道开始蠕动，应慢慢开始肠内营养，提供营养支持和预防应激性溃疡。肠内营养过早引发的两种并发症包括胃潴留和反复的胃肠道梗阻，都增加误吸的风险。

脊髓损伤患者代谢亢进，处在高分解代谢状态。大量的氮损失造成肌张力减退和肌活动减少。主要营养目标是满足热量和氮的需求，并不是寻求恢复氮平衡。在损伤早期评估能量消耗采取的是间接热量测定法，而不是哈里斯-本笃方程，因后者往往估计过高。营养支持必须在 7 天之内提供，尽量减少因激素水平改变，而引起感染机会增加和伤口延迟愈合。出现这种情况的证据是：①血浆皮质醇和肾上腺皮质类固醇水平升高；②营养不良；③免疫功能紊乱。

肠道营养是首选的营养支持途径；它能保持胃肠道的完整性和功能。肠外营养主要应用于胃肠道损伤、伤后肠梗阻时间延长或机械性梗阻患者。目前有一些商品制剂可用于肠道营养。在危重病人，持续肠道营养与分顿喂食具有更好的耐受性，一般开始经鼻胃管以 10~30ml/h 速度给予，慢慢增加到目标值，在急性期通常 30~40kcal/(kg·d)。可用鼻-胃管、口-胃管、小口径鼻-十二指肠管/空肠管（存在胃潴留时）进行肠内营养。

三、胃肠道应激性溃疡和出血

损伤后 4~10 天是消化道应激性溃疡的高峰期，是由脊髓损伤后交感神经失能，而迷走神经功能亢进引起的。在颈椎水平损害的患者应激性溃疡很常见。高剂量的类固醇治疗是否增加罹患应激性溃疡的风险尚不肯定。有效地预防性治疗与应激溃疡相关的黏膜损伤措施包括：①抗酸药；②H_2 受体拮抗剂；③硫糖铝。预防胃肠道溃疡的药物见表 21-3。

表 21-3 胃肠道应激性溃疡的预防药物

类别	代表药物	疗效	副作用
抗酸剂	氢氧化镁(30ml,PO,q24h) 氢氧化铝 铝镁合剂	保持胃 pH>4.5 和灭活胃蛋白酶	腹泻、便秘、低磷血症和代谢性碱中毒
H_2-拮抗剂	雷尼替丁 法莫替丁 西咪替丁(50mg,IV,q6h)	抑制壁细胞 2 型组胺受体减少胃酸性产物	低血压,血小板减少症,抑制 P_{450} 细胞色素酶
其他	硫糖铝(1 克 PO,q6H)(蔗糖、硫酸盐、氢氧化铝的混合物)	靠增加黏度,黏蛋白含量和疏水性来保护胃肠道黏膜	无

维持胃内 pH>4,胃肠道出血的发病率会有所下降。抗酸药可快速中和胃酸,但是副作用稍多。研究显示 H_2 拮抗剂可把胃肠道出血的风险从 43% 降至 17%,但它干扰其他药物包括苯妥英钠,抗生素和华法林在肝脏的代谢。另一方面,硫糖铝刺激前列腺素产生,促进黏膜再生和愈合;与静脉注射雷尼替丁相比,没有已知的不良反应和更好的疗效,硫糖铝对预防应激性溃疡来说是个更好的选择。

当病人出现血细胞比容和血小板计数水平下降,而又没有其他病因解释时,应怀疑消化道出血。血尿素氮(blood urea nitrogen,BUN)升高,尽管尿量充足、肌酐水平稳定也可能是胃肠道出血的标志。如果怀疑是胃肠道溃疡/出血,内镜可提供诊断依据,并可用于止血。对于反复发生或难治性消化道出血,紧急外科干预是必要的。

第六节 泌尿系统

一、阴茎异常勃起

急性脊髓损伤后,男性阴茎的异常勃起,并非局部缺血性,而可能是急性交感神经功能损伤导致的后果。可用去氧肾上腺素进行体内灌洗。但是,保守治疗也即观察,对维持长期勃起功能是首选的。

二、尿路感染

急性脊髓损伤伴随的脊髓休克,通常持续约 3 个星期。在此期间膀胱肌张力低下最明显,应放置导尿管:①准确监测尿量;②膀胱减压。

留置导尿的时间长短与尿路感染直接相关。但是预防性抗生素治疗未被证明是有效的,因为导尿管引起的细菌尿很常见。脊髓损伤患者由于感觉损失,尿路感染的症状和体征难以察觉。临床特征可能包括:①发烧;②背部或腹部不适;③尿失禁或痉挛增加;④自主神经反射异常;⑤萎靡不振;⑥尿液混浊和(或)异味。

脊髓损伤患者尿路感染致病菌:①革兰阴性杆菌(大肠埃希菌、铜绿假单胞菌、克雷伯菌);②肠道正常菌(肠球菌)。

确诊须尿培养。开始予广谱抗生素经验性治疗,然后按药敏结果选择抗生素。

三、膀胱功能障碍

一旦病人病情稳定,应准备拔除导尿管和开始膀胱功能训练,有利于脊髓损伤患者康复。脊髓休克期过后，膀胱功能的恢复取决于脊髓损伤的水平。骶髓以上的上运动神经元损伤是最常见的脊髓损伤，导致张力性膀胱功能障碍；下运动神经元功能障碍，局部反射弧中断，造成逼尿肌无反射，或低张力。

上运动神经元损伤的膀胱功能障碍在脊髓损伤患者最常见；并发症主要有输尿管反流、肾积水、肾盂肾炎、肾功能不全和自主神经异常反射；自主神经异常反射是由交感神经功能亢进引起，症状包括出汗、头痛、高血压和心动过缓，有时可威胁病人生命。对于临床表现为逼尿肌括约肌协同失调，膀胱压力升高和排空不完全者，治疗措施主要包括：抗胆碱能药物，α-受体拮抗剂，经尿道括约肌切开术，置入尿道支架和功能性电刺激；对于逼尿肌反射亢进出现尿失禁者可用抗胆碱能药物，影响神经传入敏感性的药物和功能电刺激治疗。

下运动神经元性神经功能障碍主要并发症包括：鞍区麻痹，肛门括约肌张力降低，括约肌失控和球海绵体反射消失；表现为逼尿肌无反射（膀胱过度膨胀）；治疗：间歇插入导尿管，尽量不要长期留置导尿管。

虽然尿动力学检查有助于制定治疗措施，由于能减少尿路感染的风险，间歇的无菌导尿仍是首选。由上或下运动神经元损伤引起的膀胱功能障碍，长期留置导尿管是不得已而为之的治疗，因为可造成静脉肾盂造影异常、结石、尿道病变及外漏以及上述提到的尿路感染。

第七节 皮 肤

脊髓损伤患者，因为体表感觉缺失，行动不便，血压低导致体表低灌注，易诱发皮肤坏死、破裂最终发生褥疮、溃疡。患者平躺不到6个小时就可能发生褥疮。最常见部位包括骶骨、坐骨结节、外踝、股骨大粗隆，足跟和尾骨。治疗主要是经常检查易发生的部位并勤护理。

预防措施包括压力点垫空，勤翻身，使用气垫功能床。

一旦形成压力性溃疡即时减少局部受压和清创。对于有伤口感染和（或）菌血症者应给予抗生素治疗。

与褥疮溃疡坏死组织感染相关的最常见的病原菌包括拟杆菌、大肠埃希菌，变形杆菌，肠球菌和厌氧链球菌；而愈合期溃疡往往可分离出铜绿假单胞菌和 S. areus 株。

与褥疮溃疡坏死组织感染相关的并发症从蜂窝组织炎、脓肿形成或骨髓炎，到可能致命性的菌血症和败血症。显然，在脊髓损伤的急性期高度警惕和预防皮肤破溃是最为重要的。

（高宜录）

参 考 文 献

古正涛,邓小玲,郑国栋等. 2011. 颈脊髓损伤患者医院获得性肺炎及其病原菌分析. 中国脊柱脊髓杂志, 21(1):33~37

Albert TJ, Kim DH. 2005. Timing of surgical stabilization after cervical and thoracic trauma. J Neurosurg Spine, 3:182~190

Benzel EC. 2005. Spine Surgery, 2nd ed. Philadelphia: Elsevier Churchill Livingstone, pp 512~571

Fehlings MF, Perrin, RG. 2005. The role and timing of early decompression for cervical spinal cord injury: update with a review of recent clinical evidence. Injury Int J Care Injured, 36S-B13~26

Gordon SA, Stage KH, Tansey KE, et al. 2005. Conservative management of priapism in acute spinal cord injury. Urology, 65(6):1195~1197

Green D, Sullivan S, Simpson J, et al. 2005. Evolving risk for thromboembolism in spinal cord injury (SPIRATE Study). Am J Phys Med Rehab, 84(6):420~422

Greenberg MS. 2006. Handbook of Neurosurgery, 6th ed. New York: Tieme, pp 702~707

Guidelines for the management of acute cervical spine and spinal cord injuries. Neurosurgery. 2002;50(3)(Suppl.)

Ng C, Prott G, Rutkowski S, et al. 2005. Gastrointestinal symptoms in spinal cord injury: relationships with level of injury and psychologic factors. Dis Colon Rectum, 48:1562~1568

Te National SCI Statistical Center. 2005. Spinal Cord Injury: Facts and Figures at a Glance. University of Alabama at Birmingham National Spinal Cord Injury Center

第22章 神经外科重症监护术后管理

过去的几年来,随着神经外科手术和麻醉技术的提高,手术中的并发症的发病率和死亡率已经明显降低。重要的神经外科病人术后的观察和治疗应该在神经外科监护病房(neurosurgical critical care unit,NCCU)。监护治疗的目标是及时预防和治疗由手术或麻醉引起的可能于早期出现的、通常会致命的并发症。标准的监护病房的治疗需要一个经过特殊培训过的团队,应由神经外科医生、麻醉医生、神经监护医生和护士组成。在神经外科病人的治疗过程当中,会诊医生和家庭成员也有相当关键的作用。

第一节 一般处理

超过90%的术后病人能在监护病房中安全度过危险期,通常监护时间<24小时。多数并发症发生在术后的前24~48小时,早期的监护能够及时发现并发症并进行迅速而有效的救治。术后并发症的发生有两类,一类是与基于病人术前的身体状况对于麻醉的反应,另一类与神经外科疾病本身有关的并发症。NCCU监护的重点是在临床观察条件下对手术后意料之中或意料之外的改变进行识别和区分。为达到上述目的,需要对病人身体基本状况、所患神经外科疾病本身和手术步骤有一个清晰的了解。关键点如下:①通过复习入院时的病史和体格检查可获得病人完整的病史和体格检查情况,包括手术史和用药记录,家庭成员是可靠的信息来源。尤其在病人从麻醉中清醒较慢时,更应注意术前病历信息。②神经重症监护医师应与神经外科医师、麻醉医师进行交流,了解手术方法、术中有无意外或不确定的情况出现和术后可能出现的问题。③了解手术中的用药、输入的液体、估计的失血量和排出的尿量。④病人进入监护病房后,即进行神经系统检查,建立神经系统检查结果的基线,并且清楚地记录异常的检查结果。⑤手术后的常规监测项目包括:心电图、氧饱和度、血压和尿量。⑥全套的实验室检查包括:电解质、全血细胞计数、血小板计数、出凝血时间、心肌酶谱、动脉血气分析以及相关的抗惊厥药水平的测定。⑦在某些情况下,病人可能会需要持续的通气支持、颅内监测或连续的脑电描记。使用这些监测时应当有清晰的讨论来阐明其目的。⑧有时病人还需要做胸部CT扫描或者X线检查。

完成对病人初始评估并建立基线后,每间隔一定时间要对病人进行神经系统和已发生的生理异常情况的检查。①对于意识水平下降、意识模糊、反射亢进和局灶性神经功能缺损患者,可因持续使用如异氟醚类的卤代麻醉药而加重,需要每小时进行一次神经系统检查,来了解神经功能缺损的改善情况。②如果病人病情稳定,又为标准的麻醉处理,重复的神经系统的检查可在2~4小时内进行。在非标准麻醉情况下,则在麻醉医师指定的时间窗内进行。

颅脑手术的所有病人都必须严格控制血压。血压控制的目标要视手术情况、病人的基础血压、心血管和肾脏的基本功能而定。①控制血压是为降低心肌梗死、脑出血、脑中风的危险。②着手高血压的治疗要对血压增高有清醒而理智的判断,应当去寻找和治疗引起血压升高的原因,例如:头痛、谵妄、低氧血症、容量扩张等。③间歇地静脉注射拉贝洛尔(5~20mg,q1h)或者肼苯哒嗪(5~10mg,q1h),可治疗高血压。④治疗高血压的其他药物有:硝普钠、尼卡地平、艾司洛尔、依那普利和硝酸甘油。⑤硝普钠静脉滴注治疗高血压相当有效,但由于它是血管扩张剂,可能会加重脑水肿,因此不作为一线抗高血压药。

维持体内正常的血容量和液体总量也很重要。一般而言,手术后的补液是为了保持体内液体总量,并补充手术前的液体的不足或隐性丢失。手术中应用的减少脑水肿的药如甘露醇、呋塞米,它们也会使颅脑手术病人的液体总量和电解质出现明显的变化。①手术中的尿量不能作为精确评价血容量的指标,所以部分病人要通过中心静脉导管来进行检测。②手术后,虽然尿量对体内液体的平衡能提供更准确的信息,但病人的液体出入量以及中心静脉压这样的血流动力学参数也需要连续检测,作为补液治疗的指导原则。

多数不能进食的病人需要静脉补液。每小时静脉滴注0.9%氯化钠溶液75ml对大多数病人来说是安全的。①脑肿瘤病人经常接受类固醇类药物治疗,可能会影响他们的血糖水平,对于血糖高的病人只用生理盐水治疗,而不能使用葡萄糖溶液。②补液之初不能使用低渗溶液,因为很多颅脑手术病人很容易出现低钠血症,而低钠血症会加重脑水肿和导致癫痫发作。

在进行接下来的24小时补液之前,应该先测一下血钠、血尿素氮、肌酐、血糖。在持续性的低钠血症的情况下,补液治疗的目标是恢复正常的血钠水平,同时纠正出现代谢异常的原因。①血钠水平<130mmol/L能引起局灶性神经功能缺损、意识障碍以及术后癫痫。②神经外科术后低钠血症最常见的原因有两个:一个是抗利尿激素分泌异常综合征(syndrome of inappropriate antidiuretic hormone secretion,SIADH)多由肿瘤或创伤引起;另外一个是脑性盐耗综合征(cerebral salt wasting syndrome,CSWS),则多见于脑血管性疾病。尿电解质和渗透压检查有助于区分上述两种情况,手术后病人最主要的区别在于血容量的多少。抗利尿激素分泌异常时,病人的血容量通常过多。因此,对于血容量过多的治疗是利尿和限制液体的摄入(24小时内的液体量控制在1000~1800ml)。脑性盐耗综合征的病人的血容量减少,这时需要补充2%或3%的高渗盐溶液,来恢复体内的水和盐的平衡。如果病人的血钠<125mmol/L时,血钠升高必须缓慢,多数认为血清钠升高不超过0.7mmol/(L·h),以免发生脑桥中央髓鞘溶解症。

神经外科手术病人容易出现的一些可以预防的并发症,使用的预防性措施逐步成为标准措施。包括:①H_2阻断剂和质子泵抑制剂用于预防消化性溃疡病。②皮下用肝素和间隙充气压力长袜可以预防深静脉血栓和肺栓塞。③使用抗生素预防创口感染。

病人一到达监护病房,即应给予抗生素、预防消化性溃疡的药物和充气压力长袜。在清洁的神经外科手术后24小时,如果常规的使用如头孢唑林类的抗生素,能够明显的降低创口感染的发病率。然而关于是不是应该适时的应用皮下肝素是尚有有争议。一般来说,神经外科的病人比其他外科的病人更容易患深静脉血栓和肺栓塞,神经外科的手术部位的出血危险性更大。有研究表明术后预防性的使用肝素是安全的,大多数的神经外科病人在术后24小时内开始应用肝素。

最后,术后发热也需重视。术后24小时内低于38.6℃的低热通常是由肺不张引起的。所有的拔管的病人都应该进行标准的肺部治疗直到他们能够独立下床活动。①病人很少出现中枢性发热。因此,所有引起持续性发热和高热的病因都需进行全面的分析。②类固醇类药物的应用明显增加了全身的感染风险,因此病人的痰液、尿液、血液等可疑处都应该进行细菌培养检查。③有关切口感染和脑膜炎的证据,需要通过神经系统检查、头部CT扫描(有对比或者无对比)和(或)腰椎穿刺检查脑脊液来确定。颅内手术后的脑脊液检查结果很难解读,因为手术本身就会导致脑脊液中的细胞数增加和糖含量降低。如果临床上有脑膜炎的适应证,例如:脑脊液漏、假性脑膜炎、不明原因的嗜睡,在腰椎穿刺获得脑脊液初步证据后,在脑脊液的细菌培养出来前,可经验性应用万古霉素和头孢他啶类的抗生素。④持续潜在的血栓栓塞性疾病以及对于血栓栓塞性疾病的治疗不当也可以引起发热,这种情况在手术后病人中并不少见。

第二节 颈动脉内膜切除术

颈动脉内膜切除术用于治疗有进展性的颈内动脉栓塞性疾病,而这种疾病通常是由于动脉粥样硬化引起的。手术的目的是去除动脉粥样硬化斑块从而恢复脑的循环血量,降低病人发生缺血性卒中的风险。但这种手术使病人直接面临缺血性脑卒中和大脑过度灌注后继发脑出血的风险,同时也增高手术期间心肌梗死的发生率。增加颈动脉内膜切除术风险的因素包括:①心绞痛;②6个月内的心肌梗死;③充血性心力衰竭;④严重的高血压(血压高于180/110mmHg);⑤慢性阻塞性肺病;⑥年龄大于70岁;⑦严重肥胖;⑧进展性神经系统功能缺损,不能被抗凝药控制的频繁的短暂性脑缺血发作;⑨手术前7天新发的脑血管意外。

颈动脉内膜切除术后病人的体格检查应重点放在:心功能、神经系统检查以及手术部位的定期检查上。

一、血压的控制

颈动脉内膜切除术的病人应该用自动测量血压技术和动脉导管血压测量术来监测血压。虽然有些病人的会有持续性的高血压,尤其当病人在疼痛或焦虑的时候;但实际上许多病人会出现低血压,这可能是由于手术中压力感受器的阻断,也可能是颈动脉容量感受器的暴露这两种医源性因素导致了术后颈动脉血流量显著增加而引起。主要处理措施包括:①静脉输液维持病人的血容量;②收缩压应该维持在100~150mmHg,以保证大脑的正常灌注量;③轻度的低血压病人可以用生理盐水治疗,而那些对补液治疗无效的低血压患者需要用去氧肾上腺素来升高血压。

二、心肌梗死

颈动脉内膜切除术后心肌梗死的发病率在0~2.1%之间,因此寻找手术后患者心肌缺血的证据很关键,尤其对于老年人和糖尿病患者,因为他们通常不会表现出明显的症状。主要处理措施包括:①患者进入NCCU即进行心电图检查;②心肌酶谱的检查应作为初始血液检查的一部分,同时应询问患者有关胸痛或胸部不适的症状。具体做法:手术后前24小时,肌酸激酶、肌酸激酶同工酶和肌钙蛋白Ⅰ每6~8小时测一次;肌钙蛋白Ⅰ在心肌梗死后的4~6小时才能检测到。如果这三种酶超过24小时的检查结果均为阴性,可以排除心肌梗死。

如果心电图或心肌酶谱提示心肌缺血或梗死,应予以镇静剂、吸氧来充分治疗病人的疼痛,同时使用β-受体阻滞剂控制心率和血压。应当紧急请求心内科会诊,以便协助进一步的治疗。有些医院,颈动脉内膜切除术后24小时内常规应用阿司匹林降低血栓性并发症,同时保护心肌。

三、脑 卒 中

如果术后病人的意识水平下降和(或)体格检查中发现病人肢体活动障碍,要立即想到可能由于脑出血或脑缺血引起。急诊头颅CT扫描便可以区分上述的两个原因。

颈动脉内膜切除术在手术期并发脑卒中的发生率约为5%,其中由脑血栓所引起的占大多数。治疗取决于病人神经功能的缺失程度、血栓是否在进展或溶解以及发现的时间。有些脑血管意外可能无明显症状,但是大多数脑血管意外是由于手术部位的颈内动脉闭塞或栓塞所导致。①如果病人在手术室中有显著的神经功能缺损导致唤醒障碍,并且怀疑有缺血性神经功能缺损,这时最好紧急手术探查,以便发现和处理手术部位的颈内动脉闭塞或栓塞。②如果在术后早期,神经功能缺损进展而病人仍在NCCU,且紧急脑部CT扫描排除脑内出血,这时需要行急诊诊断性脑血管造影术。如果血管造影显示颈内动脉闭塞,需进行手术再次探查。相反,如果颈内动脉是通畅的,一些主要的动脉分支被阻塞或者在磁共振弥散加权成像中存在小面积的栓塞现象,可使用抗凝剂和溶栓治疗。③对于反复发作的脑血栓病人,应该再次外科手术探查。

颈动脉内膜切除术病人中,脑过度灌注综合征(cerebral hyperperfusion syndrome, CHS)引起的颅内出血的发生率在0~3%。除了局灶性神经功能缺损,还可以出现搏动性单侧头痛、视力模糊、意识模糊和癫痫。①CHS的定义是脑内灌注量比术前增加大于100%的水平。②以前长期慢性缺血的脑半球恢复正常灌注后所并发的高血压,被认为与CHS的进展有关。

有人曾提出,慢性颈内动脉狭窄是导致末梢动脉系统自动调节功能丧失的原因,并认为它是由自由基所介导的内皮细胞损害所引起的。当血流灌注恢复后又会导致充血状态。许多情况下这种状态是轻微的,但如果不予治疗,一些病人将会进展为颅内出血甚至死亡。①CHS的诊断可以通过对大脑中动脉进行脑多普勒检查来证实。②通过静脉滴注拉贝洛尔、尼卡地平或者硝普钠来严格控制血压,对CHS的预防和治疗非常必要。③通常不必要清除颅内血肿,除非血肿产生严重占位效应。

四、神 经 损 伤

CEA术后脑神经损伤多是由于术中牵拉所致,可以适当的处理。具体的事例如下:①由于颈动脉周围的交感神经损伤所导致的瞳孔不对称将会产生视力模糊。②嘴角不对称表明面神经下颌缘支损伤。③舌偏斜说明舌下神经损伤,并且导致言语困难。④副神经脊根损伤导致的肩无力或肩疼痛。

但是,上述这些表现有时提示更严重的情况,且需要密切的监测。①瞳孔不对称伴有失明,说明眼动脉可能有血栓存在,这些血栓可能源自于颈内动脉内膜切除术的部位。需要通过MRI弥散成像检查并结合颈动脉超声检查来确定栓子是否进展和是否需要再手术。②面部下垂伴意识水平下降或进展性轻偏瘫提示进展性脑卒中的可能,需要行急诊CT扫描和颈动脉超声检查,确定是脑出血还是脑缺血所导致;同时也为是否需要再次进行手术提供决策依据。③声音嘶哑可能是喉返神经损伤的标志。一般单侧损伤不会引起严重的症状,但是如果病人在保守治疗12周后仍不能恢复,需要请耳鼻喉科医师会诊,通过可视化喉镜的检查做出决定性的诊断。由于双侧声带麻痹将会对患者生活质量产生影响,所以在考虑对侧实行颈内动脉内膜切除手术之前,必须进行喉镜检查。

五、创口血肿

手术创口血肿的进展可能是由于颈动脉内膜切除部位的慢性持续性渗血或者急性动脉破裂所导致。通常前者更为常见。患者表现为神经系统功能正常,但躁动增加,而伤口引流可以正常。①当施行 CEA 为老年病人,医师如不细心观察可能会错误地认为这些躁动的是由于年龄大的关系,给予镇定剂治疗。由于血肿的逐渐扩大最后导致患者出现急性呼吸衰竭,在气管插管困难,发现严重的气管偏离时,才明确诊断。②当不能进行气管插管时,尽量在保持无菌的情况下在床边将伤口打开,这样有利于呼吸的处理,在确保呼吸道通畅情况下,将病人紧急送往手术室探查伤口。

为了避免上述情况的发生,应当对患者每 1 小时进行测量颈围,听诊喘鸣、气管偏移检查;同时定时观察伤口引流量、呼吸频率、氧饱和度。

CEA 术后患者出现新的呼吸困难时需要紧急处理。有些病人出现的呼吸困难也可能是由于黏膜水肿、淋巴管或静脉阻塞所致。此时应给与:①呼吸道阻塞可以用雾化吸入和类固醇类药物治疗。②一旦排除伤口血肿所导致呼吸道阻塞后,采取半卧或者使用抗焦虑药物都是有效措施。

当急性动脉破裂发生时,首先是确保呼吸道的通畅,同时压迫颈动脉以减少失血。对于颈动脉破裂导致颈部迅速膨胀和急性呼吸衰竭,应在床边同时对患者进行气道管理和创口探查。①负责呼吸道的人员可以对病人进行气管插管或紧急气管造口术,而外科医生同时需要对血肿所压迫的气管进行减压。②一旦破裂的动脉部位被确定,外科医生应压迫动脉出血部位,立即送手术室进行动脉修复。

第三节 脑血管病的手术

动静脉畸形(arteriovenous malformations,AVM)切除术的监护处理。

AVM 是一种血管发育异常,血液循环的特点是动脉血从小动脉直接进入扩张静脉而不通过毛细血管,导致局部脑组织缺血。长期的局部缺血导致血管持续极度扩张,最终使血管丧失了向缺血区供血的自动调节功能。

AVM 大多以外科手术为彻底的治疗措施。就诊的 AVM 患者通常已有神经系统病变,这些病变缘于脑缺血、脑出血或血管栓塞术的后遗症。术后监护的主要目的是防止正常灌注压突破出血。正常灌注压突破出血被认为是由于血液重新注入长期扩张的向缺血区供血的血管,而这些血管失去自动调节功能,血流量的增加或血压升高会导致脑水肿和血管破裂脑出血。

术后监护包括应用动脉导管监测血压,保持最佳的血容量状态来严格控制血压。病人的收缩压应与其血压基线保持接近。对于健康的年轻病人需要给予非口服降压药来保持收缩压≤110mmHg。

神经功能状态出现任何改变都要立即行 CT 扫描来排除是否有颅内出血和脑水肿。当怀疑有脑梗死应行颅脑 MRI 弥散加权成像。如果血压控制良好的话,AVM 术后会很少出现脑出血并发症。大量出血可能是由于血管破裂出血和残余的畸形血管出血造成,多数情况需要手术清除出血。

病人应给抗惊厥药物如苯妥英钠等。术后应行颅内血管造影来评估 AVM 切除术的程度。

第四节 幕上开颅颅内肿瘤切除术

脑肿瘤患者手术的死亡率取决于肿瘤的大小和部位,但总死亡率低于5%。脑肿瘤切除术后常见并发症包括:脑出血、脑水肿、脑栓塞、癫痫和颅腔积气。

一般处理包括:①脑肿瘤手术后病人通常给予地塞米松来减轻手术后的脑水肿。用药剂量:起始为10mg,q6h,而后逐渐减量,用药时间为4天。②应用H_2受体阻断剂预防胃溃疡。③术前使用的抗惊厥药需要一直持续到术后,并保持有效药物浓度。如果术前出现癫痫发作,苯妥英钠类药物在手术中即可以适当使用,并且持续到术后2~3个星期。目前预防性应用抗惊厥药仍然存在争议。④如果发现病人存在术前没有的神经功能缺损,同时也不是手术过程中所导致的,急诊CT扫描可以鉴别是由脑出血、脑水肿、还是脑积水所引起的。

一、脑 出 血

术后脑出血的发生率通常在0.8%~1.1%,这是一种严重可致命的并发症。脑出血常见于转移性肿瘤如肾细胞癌、黑色素瘤或者颅内原发性肿瘤如神经胶质瘤术后(图22-1),也可发生于的未能预料的凝血功能障碍或进展性脑梗死的患者。①发现术后脑出血时,要行血小板计数和凝血功能的检测。②怀疑有梗死时,需要进行MRI弥散张量检查。③虽然没有明确的证据表明高血压会在术中和术后引起手术区出血,但是大多数外科医生认为至少在术后24小时内收缩压保持在150mmHg以下,可减少术后出血发生率。血压升高也可以继发于颅内出血,因此,必须规范按时使用降压药。④对于硬膜外、硬膜下或脑实质出血导致严重的神经损伤时需要进行紧急手术清除血肿减压,而较小的小血肿可以保守治疗。

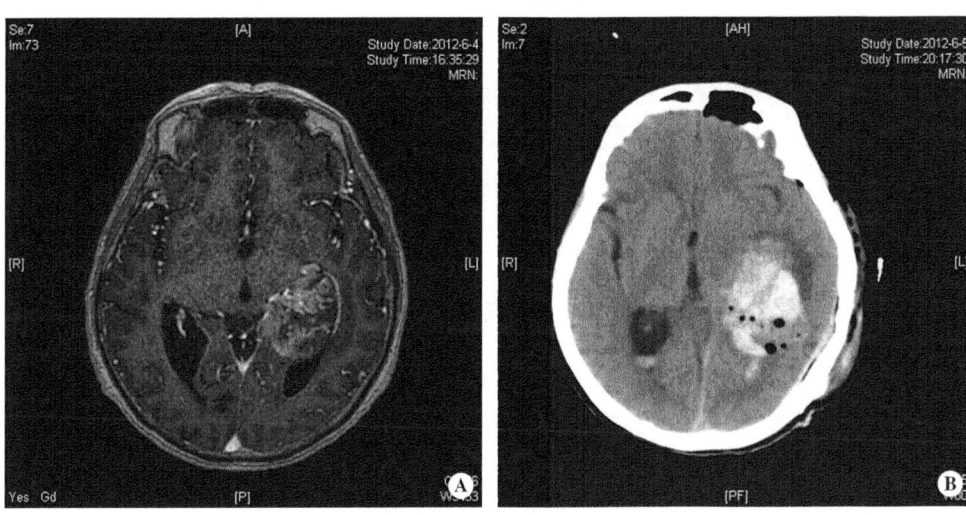

图22-1 颅内胶质瘤术后出血
A. 术前MR显示左颞叶深部胶质瘤;B. 术后CT复查示瘤床术区出血

二、脑 水 肿

脑水肿的进展通常也可以导致神经功能的恶化,这可以通过大脑CT扫描来证实。脑水肿可能是肿瘤残留的表现,特别是形式多样的恶性胶质瘤(图22-2)。然而更加常见的水肿常发生于术后48～72小时,主要继发于手术中的脑组织的牵拉和压迫。

治疗措施主要包括:①多数病人通过维持或增加类固醇类药物治疗,精确补液,严密监测血钠而恢复。②脑水肿如伴随抗利尿激素分泌异常综合征(SIADH)的发生,这时需要给予利尿剂保持血容量在轻度不足状态。这种情况下通常会出现低钠血症,这时应限制液体输入,大约每24小时2000ml,配合间断使用甘露醇或者呋塞米。只有当血清钠低于125mmol/L,为防止癫痫,或者出现低钠血症的其他症状时,才可以用高渗盐水。

脑水肿的一个罕见原因是迟发性静脉栓塞。这种情况容易发生于以下情形中:手术需要暴露大脑半球或肿瘤邻近或包裹较大的硬脑膜静脉窦。静脉栓塞通常可能比较难以做出诊断,但如果有怀疑时,可以通过MR静脉造影检查来诊断较大的静脉窦阻塞。如果影像学不能证实有静脉血栓形成,而临床上仍高度怀疑,为了帮助静脉侧支循环的形成,将不再限制液体的摄入量;同时,使用甘露醇可以降低血液的黏稠度和血液的流变性。为确保患者的血容量正常,中心静脉压的监测必不可少。

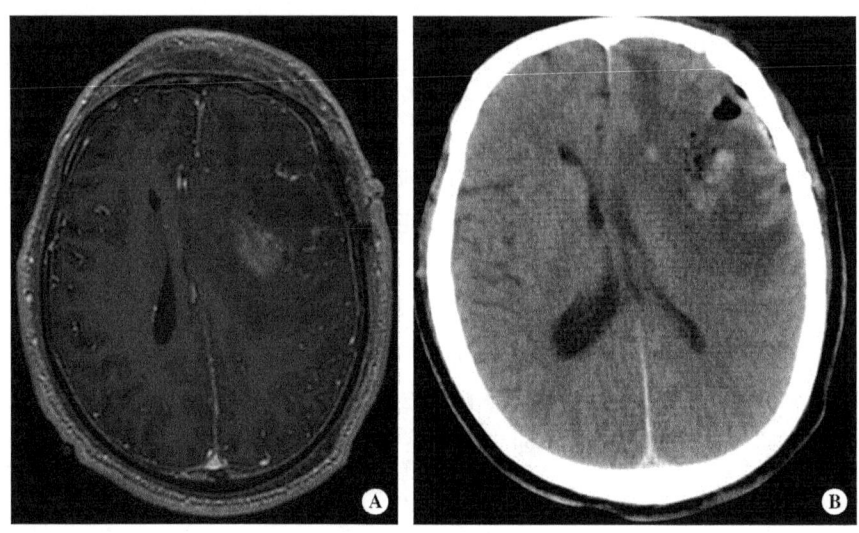

图22-2 胶质瘤术后水肿
A. MR增强示左额颞胶质瘤;B. 术后CT复查示术区水肿

三、颅腔积气

颅顶的积气可能会产生需要治疗的神经症状,非张力性的颅内积气也会导致嗜睡、昏睡、头痛、恶心、呕吐和癫痫。气体可能存在于脑室、整个半球表面或后颅窝。处理:①对症治疗,并通过面罩吸入100%的氧气,这是因为在封闭的气腔中,用氧气代替氮气能加速气体的吸收。②单纯的颅内积气通常需1～7天时间恢复。

张力性气颅很少发生。原因:①关闭硬脑膜前未停止一氧化二氮麻醉;②颅内空腔存在的"球状瓣膜"效应,软组织只让空气进入,阻碍脑脊液或空气排出;③产气细菌颅内感染。三者都可以引起张力性气颅,产生占位效应,颅内压增高。①颅内压增高可以通过CT扫描诊断(图22-3),扫描可能显示富士山征,是额极被空气包绕隔离形成。骨窗摄片也能显示出颅脑积气。②对于非感染性张力性气脑,可以用颅骨钻孔或者在已有的孔中插入腰椎穿刺针来放出气体减压。

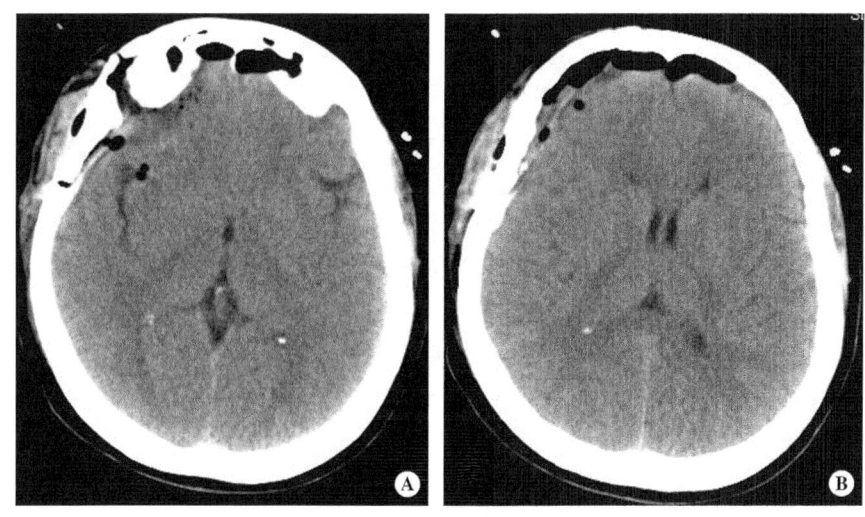

图 22-3 经翼点入路鞍区肿瘤术后颅内积气

四、癫痫发作

术后癫痫可为任何类型,是由手术直接刺激皮质造成。癫痫可能因为电解质失衡、抗惊厥药物浓度降低、脑出血而加重。此时气道管理是最重要的。如果病人不能恢复意识或者呼吸困难应气管插管保持气道通畅。

主要处理措施如下:①如果癫痫不能自行停止或者发生频繁,应静脉注射劳拉西泮 4mg。②如果病人之前没有使用过抗惊厥药物,应同时使用负荷量的苯妥英钠 20mg/kg。③如果之前患者一直进行抗惊厥治疗,在得到血液抗惊厥药浓度水平测试结果之前,便可以使用较大剂量的抗惊厥药物治疗。④监测电解质和血液中抗癫痫药物浓度水平,还需要做脑部 CT 扫描,排除外科手术相关的病理改变。

第五节 颅后窝开颅肿瘤切除术

对于颅后窝肿瘤切除术后患者,需要警惕幕上肿瘤手术所发生的所有并发症,但有两个重要区别。第一点是癫痫发作并不知道是否起源于颅后窝结构。第二点是与该区域内特殊的结构有关,小脑、脑干或脑脊液流出道都位于这个有限的空间内。因此具有如下特点:①较轻的脑水肿或较少的出血就可以明显使脑干功能或脑积水恶化,还可能导致严重的神经系统损伤,这些损伤包括颅神经损伤、运动感觉障碍、昏迷或者其他意识状态改变。②更重要的是,主管心脏和呼吸功能的神经中枢位于这个区域内,肿瘤的存在或者手术过程都可能对其产生影响。多达 50% 的颅后窝肿瘤切除术的病人都存在心率失常。③在术后 72 小时内,低位脑干受刺激可能将会引起意外的心脏事件、呼吸抑制或困难。

一、颅神经损伤

(一)第Ⅴ和第Ⅶ对颅神经损伤

颅后窝手术中有可能损伤到第Ⅴ和(或)第Ⅶ对颅神经。第Ⅴ颅神经损伤时,将会导致患者角膜麻痹,而当第Ⅶ颅神经损伤时,患者将不能闭眼。这两种情况都容易使患者症状逐渐发展为角膜磨损、干燥和形成溃疡。①为保护眼角膜，患者应坚持白天使用等渗盐溶液滴眼，晚上使用眼膏保护。②由第Ⅶ颅神经损伤所导致的眼睑闭合无力，可以通过带眼罩或者胶布粘合眼皮使眼睑闭合来保护。

（二）后组颅神经损伤

负责吞咽、语言和咳嗽的低级脑神经也位于颅后窝。术中的不慎损伤将可能对患者造成严重的后果。在此区域进行手术后，拔管后应特别注意观察呼吸道是否通畅，尤其是那些并发呼吸道损伤、水肿或肺的状况不佳和意识水平下降患者。如果患者存在的这些问题在手术前就估计到可能增加拔管风险，通常建议病人从麻醉中完全清醒后再拔管。如果病人能够成功的拔出插管，建议在喂养病人之前应适当的检查患者的吞咽功能，特别是当一些患者存在严重的声音嘶哑或咳嗽困难时。如果病人不能拔管，病人需要施行气管切开术和经皮胃造口术。

二、脑 积 水

邻近脑脊液流出道的急性局灶性脑水肿或出血可引起迅速进展的脑积水而导致患者死亡。收缩压的突然升高或者呼吸方式的改变可以提示颅后窝内压力的升高。主要特点如下：① 最常见的表现是瞳孔改变、颅内压增高、意识水平下降，但往往在诊断明确后才出现。②当病人在这种情况下，医师需要对其迅速进行气管插管和放置脑室引流管。NCCU 医师通常必须通过临床分析（或者偶尔通过脑部 CT 扫描帮助）确定脑积水是否由于脑脊液通道凝块阻塞或是周围水肿所导致，还是由于颅后窝大量出血或水肿所致的压力升高引起的流出道阻塞（图 22-4）。③假如脑积水是由于通道凝块阻塞或是脑脊液通道的周围水肿所导致，需作脑室外引流术，直至局部阻塞因素解除，或确定是否需要做永久性的脑脊液分流术。④假如脑积水是由于大量出血或脑水肿所致的颅后窝压力增高所致，首先需要通过脑室引流尽量缓慢的引流出最小量的脑脊液，因为迅速的幕上减压可能会引起颅后窝内容物通过小脑幕切迹向上疝出从而造成中脑的永久性损伤。也可病人插管后，迅速地送往手术室，在进行颅后窝减压术前，先施行脑室外引流，一旦后颅窝得以减压，脑脊液引流速度可按需要调整。

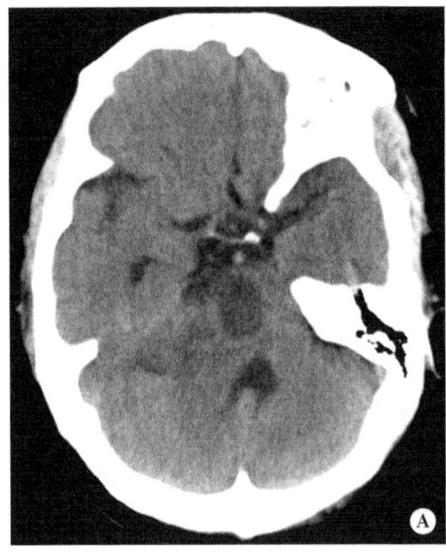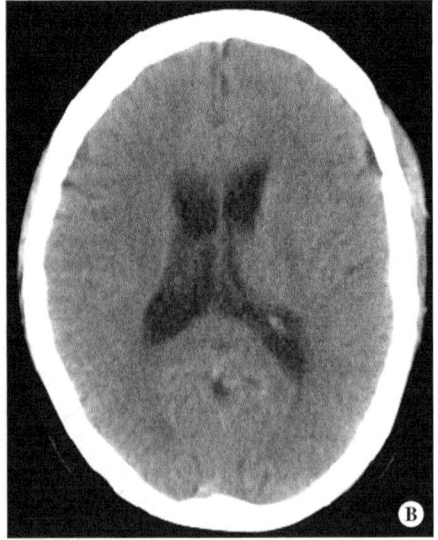

图 22-4　左侧听神经瘤术后脑积水

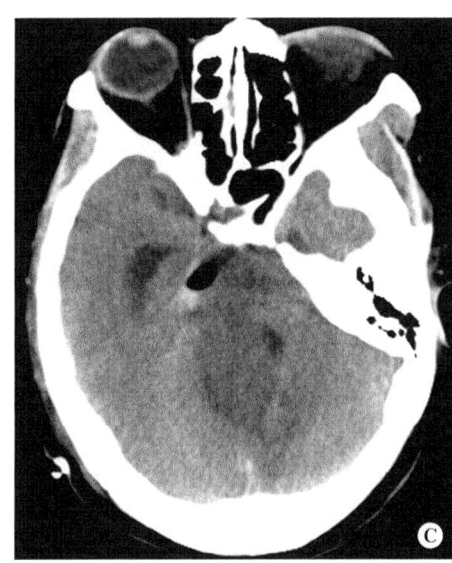
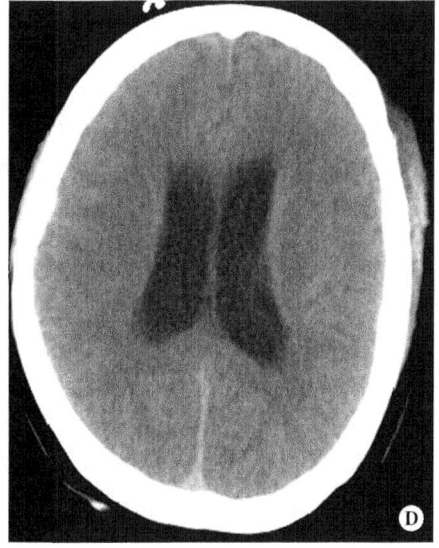

图 22-4 左侧听神经瘤术后脑积水(续)

A、B. 术前示左侧桥小脑角占位;术前脑室扩大不明显;C、D. 术后复查示左桥小脑角占位切除术后,局部积气,脑肿胀,四脑室移位,伴侧脑室扩大

三、脑脊液漏

颅后窝肿瘤术后持续存在的脑脊液漏的发生率为5%~17%,脑脊液漏会导致假性脑膜膨出。因为颅后窝开颅术硬脑膜不能像幕上手术那样在术后用颅骨覆盖,特别是在颅内压增高的情况下。即使硬脑膜能完美闭合,脑脊液漏的风险也很高。在一些因素影响下,例如病人之前进行了全脑放疗或者化疗或存在脑积水等因素致切口愈合不良,会进一步促进脑脊液漏的形成。

治疗方法包括:①皮肤切口处漏出脑脊液,初始治疗包括用 3-0 尼龙线连续锁边缝合切口和抬高床头。②如果脑脊液漏持续存在超过 3~5 天应置入腰大池引流管,如果引流治疗不能治愈,往往需要手术处理漏口。③后颅窝手术进入乳突气房,此时脑脊液可能会通过中耳进入鼻腔和喉咙而漏出。保守治疗仍是首先尝试用腰大池置引流管的方法,如不能奏效,需要伤口探查,并最终修补乳突气房。

第六节 经蝶垂体瘤切除术

垂体切除术有好几种术式。其中经蝶切除术最为常用。这种术式病人更容易耐受,而且不影响容貌,同时死亡率仅为1%,由经验丰富的医师进行手术,死亡率甚至更低。患者术后监护内容包括分泌改变及术后并发症。主要问题包括:①经蝶垂体瘤切除术术后最常见的问题糖尿病性尿崩症和脑脊液鼻漏。而更令人关注的问题有视觉障碍、心功能障碍和由血管损伤所引起的并发症。②经蝶鞍垂体切除术的患者检查应特别包括视敏度、视野和眼球运动检查。③需要严格的测量和记录患者每小时的液体摄入量和排出量以及尿比重。④氢化可的松起始用量是每 6 小时静注 50mg,此后每天减少 10mg。当氢化可的松停药后,需要记录病人每天上午 6 点体内皮质醇浓度。如果患者皮质醇浓度较低,则需每天上午口服氢化可的松 50mg,下午 25mg,直到内分泌科对其肾上腺皮质醇储备功能评估合格为止。

一、糖尿病性尿崩症

经蝶鞍手术后产生糖尿病性尿崩比较常见。当手术损伤到垂体柄或对后部的脑下垂体腺进行手术操作时,常发生糖尿病性尿崩。诊断需要满足三个条件:①高排尿量:1~2小时内的排尿量超过 250ml/h。②尿比重小于 1.005。③血清钠离子浓度大于 145mmol/L 或血钠水平进行性上升。

术后起始的 24 小时内,病人常可出现低尿比重的临界值和正常或略低的血清钠水平。常见的解释是由于手术期的液体负荷所导致的利尿作用。

糖尿病性尿崩主要处理措施包括:①手术后,如果病人口渴,应该允许饮水。血清钠浓度、肾功能、血浆渗透压应当每 6 小时进行检查。②如果病人饮水困难,应当静脉补液。③如果病人不能口服补液,而尿量明显持续高于 300ml/h,建议每排除 0.5ml 尿,补充 1ml 的 0.45% 的氯化钠溶液,这样在糖尿病性尿崩被诊断后,游离水的不会明显缺失。估测游离水缺失的公式:$0.6×体重(kg)×[(血清钠/140)-1]$。④如果病人不能耐受口服补液,应用 5% 葡萄糖溶液、0.45% 或者 0.225% 氯化钠溶液纠正高钠血症。如果通过口服和静脉注射都很难维持正常血容量或血清钠浓度,可给予去氨加压素 0.5~1ml(2~4μg)直到病人体液达到平衡状态,并继后的 3~5 天都保持稳定。如果患者需要长期的去氨加压素治疗,可予每天 10mg 的剂量经鼻内给药。

二、脑脊液鼻漏

经蝶手术所造成的脑脊液鼻漏很常见。这是由于肿瘤刮除术中鞍膈上的蛛网膜撕裂所造成,其发生率为 0.5%~9.6%。脑脊液漏经常在手术中即可被发现,医师通常可以通过使用脂肪填充蝶鞍或用医用胶封闭来避免更严重的脑脊液漏。一般在手结束时鼻腔进行了填塞,在拔出鼻腔填塞物之前,不能判断是否存在术后脑脊液漏。在鼻腔填充物拔出后,如果鼻腔有较多清亮液体流出,取流出液进行脑脊液常规和生化检查常可确诊。脑脊液鼻漏增加了颅内感染的风险。在大多数病例,经过 3~5 天的腰大池穿刺持续引流,每小时引流约 10ml 的 CSF,可以阻止脑脊液鼻漏的继续发展。但是,如果通过保守治疗不能阻止脑脊液漏,可考虑手术修补。

三、视觉障碍和眼肌麻痹

术后新发生的视觉障碍通常被认为是继发于视神经的直接损伤、梗死、血肿压迫或者是视交叉疝入空蝶鞍。有视觉损害的病人应该做相关的检查,急诊 CT 扫描以排除手术区血肿的发生,如术区有血肿,对血肿实施紧急的清除减压对保护视力非常必需的。对于视交叉疝入空蝶鞍的病例,经蝶的视交叉和鞍膈的抬高手术很少采用,也不能阻止进一步的视觉损害。

因为第Ⅲ、Ⅳ、Ⅵ对颅神经经过海绵窦外侧而毗邻垂体,可能在经蝶的手术中受损。眼球运动受损的发生率为 0.3%~1.2%,其中一半可以随着时间而改善。

四、血管损伤

颈内动脉或海绵窦的损伤是经蝶鞍手术中死亡的重要原因。在手术中,出现明显的颈动脉破裂出血时,通常采用大量的填充物来填塞鞍区以达到止血目的。行紧急血管造影术,一旦证实单侧颈动脉堵塞,通常采用3H疗法,即高血压、高血容量和血液稀释疗法,尝试通过增加血流量并通过侧支循环来增加脑缺血区灌注量,期望使梗死的区域降到最小。①3H的治疗应在在手术室中开始,接着行血管造影术,然后转入NCCU。②随着动脉和中心静脉压的监测到位,应用升压药和静脉补液,来确保收缩压≥160~180mmHg,CPV>10mmHg或PCWP>14mmHg。③患者应平卧位,同时定时进行的神经系统检查,包括CT检查,来监测患者的病程进展。④3H的治疗可以在病情稳定3~5天后停止。

罕见情况下,其颈动脉出血表现为严重鼻出血,这时就必须用血管造影术来识别出血的部位,以及是假性动脉瘤还是颈动脉-海绵窦瘘,同时需要采用介入治疗的方法如放支架或堵塞相应的血管,这样才会达到止血的目的。

五、促肾上腺皮质激素型肿瘤的特异性并发症

促肾上腺皮质激素型肿瘤患者在术中出现心功能的不稳定的风险极高,他们可以表现为从无症状型心肌缺血到完全性心脏停搏的任何形式。在对这些病人进行复苏的时候,血压可高可低,处理困难。但对于这些病人的术后处理,给予高剂量的氢化可的松是治疗的基础。

第七节 癫痫外科

对于难治性癫痫有很多方法,这些方法包括前颞叶切除术、选择性杏仁核-海马切除术、胼胝体切开术、胼胝体次全切开术以及大脑半球切除术。许多并发症与其他开颅手术的情况极为相似。但是,有不少多功能性的变化,一部分可能短暂的,一部分可持续存在,需要医生尽早进行鉴别。

癫痫病人术后进入NCCU,应当监测其血中抗惊厥药水平和电解质浓度,同时任何因手术而错过的抗惊厥药的剂量都应当补全,以确保24小时的给药剂量。所有病人在住院期间应当坚持使用抗癫痫药。

一、前颞叶切除术

前颞叶切除术的死亡率为<1%,术后病人应当密切监测以排除语言、记忆障碍、视野缺损和轻偏瘫。①视野缺损的发病率为2%~3%。导致视野缺损的原因可能有:颞叶切除的范围、外侧膝状体的缺血、前脉络丛血管手术影响。②偏瘫继发与对大脑中动脉和脉络丛前动脉的手术干扰。③颞叶切除术后短暂的或永久的语言障碍都可能发生。基本语言区的皮质受压和水肿时会导致命名障碍,通常要在一周后才能恢复。优势半球的颞叶切除大于5~6cm时,可以导致永久性记忆障碍。

二、大脑优势半球切除术

大脑优势半球切除术的死亡率接近6.6%,并且有很高的发生急性脑积水的风险。大脑半球切除术后的病人需要在NCCU内密切监护。如出现头痛、恶心、呕吐、意识错乱和嗜睡等症状出现,应紧急行脑CT扫描,有时可能要抽放脑脊液。

三、胼胝体切开术

胼胝体切开术后的患者经常会立即发生急性的断开综合征,主要特征为嗜睡、语言引

发障碍或失音、左下肢和上肢瘫痪、非显性的强握反应、巴宾斯基征反射阳性、急迫性尿失禁和局灶癫痫发作的增加等。①通常,这些症状将逐渐消失,7~10天语言和肢体近端的运动恢复,在数周内病人大多可以完全恢复所缺失功能。②因为功能的改变是短暂的,重点在防止病人的慢性脑积水。③术后的第一天即进行鼻饲。④每天要进行理疗,积极预防深静脉血栓的形成。⑤尽管静脉血栓的治疗效果一直都不太理想,但头颅MRV在胼胝体切开术病人诊断上矢状窦内的静脉血栓仍很重要;即使核磁共振显示没有明显的静脉血栓形成,但如果临床上高度怀疑,患者也必须充分输液治疗以避免静脉血栓形成症状的恶化。文献中有更多的证据表明低剂量甘露醇的注入能增加血液流变能力,以便血液能顺利流过受影响的血管,但是甘露醇的使用必须在充分补液的前提下进行。

第八节 深部脑刺激

深部脑刺激对于那些对药物抵抗的帕金森病人具有很好的疗效。对苍白球和丘脑底部的刺激能够缓解帕金森综合征的症状,例如:僵直、运动迟缓和左旋多巴导致的非不可逆性的组织损害。以震颤为主要症状的患者可以改为腹中间核的刺激。①单向的腹中间核的刺激与感觉错乱与疼痛有关,然而在一些病例中双向的深部脑刺激会导致构音和平衡障碍。②在苍白球内部的刺激中,2.5%的病例会因为视束与苍白球解剖位置的毗邻发展成视觉缺失。③因苍白球与内囊的邻近也可能导致患者轻度偏瘫。④丘脑底核的刺激会导致3.9%的脑内出血,1.5%的癫痫发作,1.7%的颅内感染。刺激相关的并发症还包括构音困难、体重增加、抑郁症和运动障碍。

NCCU的术后监护目的在于避免继发的并发症。患者的共病情况和各种手术对身体造成的伤害以及引起的并发症都是可以预期的。了解患者的病史和神经外科术后预期的结果,将会使NCCU的工作人员为患者提供最佳的治疗方案。系统的神经查体有助于早期发现病情变化和治疗可能发生的并发症。

(高宜录)

参 考 文 献

梁树立,李安民. 2010. 癫痫外科对患者生活质量与神经心理的影响. 国际神经病学神经外科学杂志,37(2):182~185

刘鹏,叶志东,樊雪强等. 2010. 颈动脉狭窄的手术治疗. 中国修复重建外科杂志,24(9):1027~1029

潘文勇,丰育功,高永清. 2009. 经单鼻孔-蝶窦入路切除垂体腺瘤245例疗效分析. 中国临床神经外科杂志,14(1):47~49

张世忠,张旺明,徐强等. 2006. 微电极导向核团毁损术和脑深部电刺激术治疗帕金森病的疗效观察. 中华神经外科杂志,22(12):721~722

Diringer MN, Zazulia AR. 2006. Hyponatremia in neurologic patients: consequences and approaches to treatment. Neurologist, 12(3):117~126

Kleiner-Fisman G, Herzog J, Fisman DN, et al. 2006. Subthalamic nucleus deep brain stimulation: summary and meta-analysis ofoutcomes. Movement Disord, 21(Suppl 14):S290~304

Pahwa R, Lyons KE, Wilkinson SB, et al. 2006. Long-term evaluation of deep brain stimulation of the thalamus. J Neurosurg, 104:506~512

van Mook WN, Rennenberg RJ, Schurink GW, et al. 2005. Cerebral hyperperfusion syndrome. Lancet Neurol, 4:877~888

第四篇 神经重症监护相关合并症的处理

第23章 心脏疾病

第一节 急性冠脉综合征

急性冠脉综合征(acute coronary syndrome,ACS)在神经重症监护病房(NICU)较为常见,包括不稳定型心绞痛、非ST段抬高心肌梗死(NSTEMI)和ST段抬高心肌梗死(STEMI)三种临床表型。

其病因主要为冠脉内斑块不稳定,继发不同程度的血栓性病变所致,这种情况需要再灌注治疗;也可以是冠脉稳定性病变基础上的心肌耗氧量增加引起,如高血压、败血症、失血和疼痛等都可以增加心肌的耗氧量,加重供需矛盾,使心肌缺血加剧。

指南规定在NICU对合并心肌缺血患者进行治疗时需先进行风险-效益评估。对近期有脑外伤、中风或手术的ACS患者建议保守治疗,对这些病人行冠脉再灌注治疗有增加死亡率的风险,单纯降低心脏负荷却能降低死亡率,当然降低血压或心率对NICU的病人具有一定的挑战性。

一、不稳定型心绞痛和非ST段抬高性心肌梗死

不稳定型心绞痛和非ST段抬高性心肌梗死,通常是由冠脉内不稳定的斑块继发病理改变,如斑块内出血、纤维帽破裂等,诱发不同程度的血栓形成,使冠脉内狭窄程度进一步加重,局部心肌血流量明显下降所致。两者引起的胸痛均是由于心肌需氧和供氧间不平衡所致。

(一) 诊断

(1) 典型症状为心前区压榨样疼痛,手掌大小范围,可放射至左肩或左臂内侧,持续数分钟或数小时不等,诱发因素可不明显;部分病人的症状不典型,可能为颈、下巴、手臂痛,甚至是不能解释的呼吸困难。

(2) 发作时心电图大多会出现相应导联ST段降低或对称性T波倒置。

(3) 非ST段抬高性心肌梗死患者外周血心肌坏死标志物增高,不稳定型心绞痛患者心肌标志物正常:

1) 肌酸激酶同工酶CK-MB升高提示心肌坏死,但也可能是严重的骨骼肌损伤所致。起病后四小时内CK-MB水平增高,16～24小时达高峰,3～4天恢复正常。

2) 心肌肌钙蛋白在心肌损伤四小时后开始升高,10～14天恢复正常。心肌肌钙蛋白是较CK-MB更具敏感性和特异性的心肌损伤标记物。

(4) 完善相关检查,排除可导致心肌耗氧增加或供氧减少的其他因素,如严重的心瓣膜狭窄、感染、发热、失血、心动过速、缺氧、甲亢和拟交感神经药物的应用等。

(二) 治疗

对确诊不稳定型心绞痛或非 ST 段抬高性心肌梗死的 NICU 患者,治疗时必须权衡药物对心脏可能的益处和对神经系统可能的坏处。

(1) 所有病人应该进行心电监测来评估是否存在与缺血相关的恶性心律失常。

(2) β 受体阻滞剂可降低心率、减弱心肌收缩力、降低血压,从而减少心肌耗氧量。

1) β 受体阻滞剂禁用于低血压、严重的心动过缓或严重的支气管哮喘患者。

2) 重症患者可以选择静脉应用的 β 受体阻滞剂,而对于相对轻型的患者可以选择口服给药。大量研究已经表明在急性冠脉综合征患者中 β 受体阻滞剂的应用可显著降低死亡率,但这些研究的入选对象排除了合并急性脑损伤的患者,因此对 NICU 合并 ACS 患者应用 β 受体阻滞剂需谨慎。尽管如此,除了合并禁忌证,所有急性冠脉综合征患者还是推荐使用此类药物。

(3) 这类患者通常存在急性斑块破裂和血栓形成,应给予充分的抗血小板和抗栓治疗。但应用这些药物前应尽可能进行相关科室会诊以权衡利弊。

1) 这类患者应给予阿司匹林,如果对阿司匹林过敏或不耐受,那么应该给予其他抗血小板药,如氯吡格雷。

2) 研究表明普通肝素或低分子肝素的应用,也可降低死亡率。

3) 经上述治疗,若患者仍有症状或存在其他高危因素如心肌酶增高或心电图变化加重,则应该给予血小板糖蛋白Ⅱb/Ⅲa 受体拮抗剂。

4) 对合并急性不稳定神经病变患者这些治疗措施可能并不适用,但我们仍应权衡利弊,尽可能考虑应用上述药物。

(4) 怀疑患有急性冠脉综合征的病人也应该使用降血脂药。研究显示早期给予他汀类药物对急性冠脉综合征患者有益。

(5) 急性冠脉综合征的患者硝酸酯类药物的应用可以控制症状,但不能降低死亡率。

1) 对胸痛的患者常常给予静脉用硝酸甘油,并根据症状调整滴速,直至胸痛缓解。

2) 对持续胸痛的患者可以给予吗啡。

3) 这两类药物的副作用是血压下降,从而加剧心肌和脑灌注不足,因此必须密切监测血压。

对于仅有心绞痛症状、没有心肌损伤标记物升高的患者,应给予药物治疗直到神经系统病变稳定。对合并心肌损伤标记物升高的患者,应进行多学科讨论已权衡介入治疗的利弊。讨论必须包括如何进行手术,如何规避冠脉介入治疗中所需抗凝药物的出血风险等。

二、ST 段抬高性心肌梗死

ST 段抬高性心肌梗死治疗的关键在于早期再灌注,及时再灌注治疗可缩小心肌坏死范围,降低死亡率。ST 段抬高性心肌梗死的常见病理生理基础是易损斑块,当斑块纤维帽破裂、诱发急性血栓形成从而致血管完全闭塞。由于易损斑块本身负荷不大,通常不导致严重冠脉狭窄,因此在破裂之前患者常常没有症状(而且很多时候不能被识别)。

(一) 诊断

(1) ST 段抬高性心肌梗死患者胸痛性质与不稳定型心绞痛相似,但程度重,且常伴有呼吸困难、恶心、呕吐、出汗等症状。

1) 部分患者无胸痛症状,仅表现呼吸短促,或疼痛位于其他部位,如颈、下巴或者上腹部。

2) 对胸痛患者,也应警惕主动脉夹层可能。若夹层延展至主动脉根部,右冠开口常被累及,临床表现为下壁心肌梗死。

(2) 体格检查应该着重于主要生命体征是否稳定、有无血压下降或心脏衰竭的表现(颈静脉怒张、肺部湿啰音等)、心脏杂音或奔马律的听诊、脑血管病的表现(急性或慢性)以及周围脉搏的检查。

(3) 应立即进行十二导联心电图检查。若心电图提示多个相邻导联 ST 段抬高,应早期实行心肌再灌注治疗。

(4) 在联系心电图检查同时,还应进行心肌损伤标记物、全血细胞计数、凝血象等检查。(图 23-1)

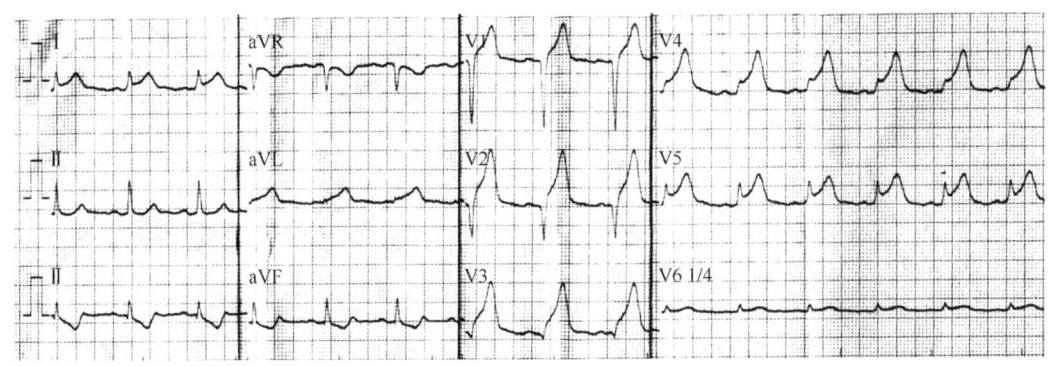

图 23-1　心电图提示急性广泛前壁心肌梗死

患者,男性,40 岁,因突发胸痛 4 小时余就诊,心电图如上图所示,后经造影证实为前降支闭塞,经植入支架后血管开通

(二) 治疗

(1) 所有患者都应给予阿司匹林 162～325mg、β 受体阻滞剂(若无禁忌证)、肝素(无论是否进行再灌注治疗,肝素都能降低 ST 段抬高性心肌梗死患者的死亡率)和他汀类药物(无论最初的脂质水平如何)。对合并急性神经系统病变的患者,每种治疗方法也许都有禁忌证,关于治疗措施的选择还是建议进行相关科室会诊以慎重权衡利弊。

(2) 只要没有禁忌,建议早期进行药物溶栓或经皮冠状动脉内介入治疗以达到血运重建,早期、完全的冠脉血运重建是降低死亡率的关键。但该治疗措施对心脏的益处要与给急性神经病变可能带来的风险相权衡。对部分合并神经系统病变的急性 ST 段抬高性心肌梗死患者,可能仅需要支持治疗。急诊超声心动图有助于了解治疗对心脏的影响,从而更好的权衡灌注治疗的利弊。

(3) ST 段抬高性心肌梗死可引发多种威胁生命的问题,包括低血压,心力衰竭或心源性休克、心律失常等。

1）室颤在心梗后的前 4 个小时最为常见，并且仍然是 24 小时内重要的死亡原因。

2）多形性室性心动过速，多为非持续性（持续时间小于 30s），往往是心肌缺血的信号。

3）与下壁心梗相关的显著心动过缓与迷走神经张力增高有关，治疗上可以给予阿托品。

4）与心梗相关的高度房室传导阻滞是急诊安装临时起搏器指征。

5）心梗合并的急性缺血性中风通常与大面积的心肌梗死有关，在本质上属于栓子所致的栓塞。

三、总　　结

院外发生的急性冠脉综合征通常与血栓破裂相关。而在 ICU，多种原因导致的心肌需氧量增加，常是斑块稳定、无斑块破裂的冠脉病变患者发生急性冠脉综合征的原因。即便存在斑块破裂，在 NICU 中由于神经病变优先考虑的原则，再灌注治疗也常被列为禁忌，故对于这些复杂病变的患者，多个科室会诊确定最佳治疗方案是必须的。

第二节　心力衰竭

心力衰竭，简称心衰，是导致患者住院的常见病因。按发生时相的不同，心衰可分为收缩期心衰和舒张期心衰，两者均很常见，但治疗原则却不同。急性神经性疾病可导致儿茶酚胺类物质释放，过量儿茶酚胺导致冠脉痉挛，心肌功能障碍和心律失常，这些都可以进一步加重心衰。

一、临床表现

（1）患者常主诉呼吸困难、端坐呼吸、阵发性夜间呼吸困难和胸部不适等，并常伴有咳嗽。

（2）体格检查发现呼吸急促、心动过速和低氧血症，肺底常可闻及湿啰音。

（3）心脏听诊可以听到第三或第四心音或两者都能听到，以及新出现的杂音或杂音性质的改变。

（4）颈静脉压升高和周围性水肿（身体低垂部位的对称性可压陷性水肿，最常见为双下肢水肿）提示右侧心力衰竭。

二、辅助检查

（一）实验室检查可进一步确定诊断、评估失代偿的原因和监测有无并发症。

（1）常规生化检查有助于了解有无肾功能不全和电解质紊乱。

（2）全血细胞计数可发现有无贫血或感染。

（3）心肌损伤标记物检测（肌钙蛋白和 CK-MB）以了解有无急性缺血。

（4）B 型利钠肽检测能进一步明确诊断并有助于心脏病的预后判断。

（二）心电图检查了解有无心肌缺血，但需警惕蛛网膜下腔出血和颅内出血的患者心电图可出现心肌缺血改变：T 波倒置、ST 段抬高或压低，Q—T 间期延长。快速房颤可诱发心衰的急性发作。

（1）胸片通常显示心脏扩大和肺淤血，急性肺水肿时肺门影呈蝴蝶状。

(2) 超声心动图可准确反映各心腔大小变化及心瓣膜结构,评定心脏的收缩和舒张功能,及对中枢栓塞患者了解有无心源性栓子可能。颅内出血和蛛网膜下腔出血的患者可以表现左室心尖部运动减退或Tako-Tsubo心肌病,这些改变通常在过度应激下发生。

三、鉴 别 诊 断

(1) 神经源性肺水肿:中枢神经系统急性损伤后(如癫痫发作,颅脑损伤,脑出血)发生的肺水肿,且进展迅速,但左心功能正常。

(2) 吸入性肺炎:也具有呼吸困难的临床表现,而且有时很难与心衰相鉴别,血浆B型利钠肽水平检测有助于鉴别。

四、治　　疗

治疗的近期目标是改善心衰症状,同时积极控制心衰诱因:如快速房颤、心肌缺血、高血压、贫血、感染和甲状腺疾病等。

(1) 吸氧,维持动脉血氧饱和度90%以上。

(2) 合并呼吸衰竭的患者可以使用无创呼吸机辅助呼吸及予正压通气。

(3) 对体液潴留的患者推荐静脉使用袢利尿剂,用药30分钟后即起效,低钾血症是其主要副作用。为避免电解质紊乱,建议同时使用保钾利尿剂。严密监测每日出入水量,每日称重以指导利尿剂的剂量。利尿剂效果不佳患者可以考虑使用超滤法。吗啡可用于急性肺水肿的患者,可使患者镇静,同时具有小血管扩张功能,从而减轻心脏的负荷。

(4) 血管紧张素转换酶抑制剂及血管紧张素受体阻滞剂:由于这些药物可抑制心脏重构,改善预后,建议长期使用,但禁用于合并低血压、急性肾衰竭和高钾血症的心衰患者。

(5) 血管扩张剂

1) 对不伴低血压的患者,可静脉给予如硝酸甘油、硝普钠等血管扩张药,通过减轻心脏前、后负荷来减轻心衰症状。在治疗期间应密切监测血压,尤其是对中风患者。

2) 重组人B型脑钠肽,具有扩张血管、利尿、排钠作用,并且能抑制肾素-血管紧张素-醛固酮系统和交感系统活性,适用于袢利尿剂使用后疗效不佳的急性心衰患者。在治疗期间,应该密切监测血流动力学、尿量和肾功能。

(6) 增强心肌收缩力

1) 正性肌力药物(米力农或多巴酚丁胺)可用于心衰合并外周灌注不足患者,但由于这些药物对血压和心律的影响,应用时建议持续监测心律、心率和血压。

2) 洋地黄类药物的应用:最适合于快速房颤合并心衰患者,但心梗急性期24小时内不宜。

(7) 机械辅助治疗:主动脉内球囊反搏和临时心肺辅助系统,对极重危患者有条件情况下可以采用。

(8) β受体阻滞剂:可抑制心脏重构,长期应用可延缓病变进展、降低猝死率。适于无体液潴留、病情稳定的收缩期心衰患者,和单纯舒张期心衰患者。但禁用于合并支气管哮喘、心动过缓和高度房室传导阻滞的患者。

在急性失代偿期好转后,建议患者长期坚持服用肾素-血管紧张素-醛固酮系统抑制剂、β受体阻滞剂等可抑制心脏重构、改善预后药物,视心功能加用利尿、强心药物,并积极病因治疗,同时进行饮食调整、监测体重、戒烟等。

第三节　心房颤动

心房颤动,简称房颤,是一种十分常见的心律失常,因其与神经系统栓塞的相关性,故单独列一章节进行讲述。据统计,美国房颤发病率为2%~4%,我国30岁以上人群中,患病率接近1%,且随年龄增长而增加。房颤与中风的高发生率有关,房颤患者中每年有5%~6%发生血栓性中风。

一、病　因

大多数房颤患者存在心房结构异常,表现为纤维化或扩张。房颤常发生于原有心血管疾病的患者,如心脏瓣膜病、冠心病、高血压性心脏病、心肌病等,一些非心脏性疾病也可导致房颤的发生,如:

(1) 甲状腺功能亢进。
(2) 假日心脏:指在豪饮后24小时内发生的房颤。
(3) 肺部疾病包括肺炎、肺栓塞、慢性肺部疾病和急性呼吸衰竭等均可因缺氧导致心房不应期改变,从而诱导房颤的发生。

二、临床表现

房颤症状受心室率快慢的影响,很多患者可以无症状或症状轻微。对阵发性房颤患者,约三分之二的发作是没有症状的。在房颤期间,由于血液淤滞,左心耳内易形成血栓。非瓣膜病房颤患者每年中风的概率约为6%,较无房颤者高出5~7倍。中风患者,即使无心脏症状也不能排除继发于无症状性阵发性房颤导致的血栓性中风可能。

房颤时由于心房有效收缩的消失,心排血量较窦性心律时减少约30%,故可诱发心衰的发作,尤其房颤发作时心室率超过150次/分,和原有心脏舒张不全的患者,如左室肥大,主动脉瓣狭窄,心脏淀粉样变等,因为这些情况下心排血量非常依赖于前负荷。因此,严重的神经疾病患者若发生房颤更容易引发一连串的血流动力学级联反应。

房颤时心脏听诊第一心音强弱不等、心律极不规则,当心室率快时合并有脉搏短绌。

三、诊　断

(1) 房颤的诊断需结合病史、心脏体检和心电图。
(2) 超声心动图检查有助于查找病因,如是否合并有心瓣膜病或左心室功能不全。
(3) 实验室检查还应包括甲状腺功能测定以除外甲状腺功能亢进症。

四、急性期治疗

对并发房颤的中风患者建议早期进行评估以确保得到最好的神经系统预后。虽然房颤患者的中风考虑为血栓栓塞所致是合理的,但是考虑到大多数房颤患者病情的复杂性,仅依据病史,病因经常难以明确。因此对于住院患者应尽快行影像学检查,并尽可能在指南要求的三小时治疗窗内行抗栓治疗。

对急性神经病变患者合并的急性或慢性房颤的治疗选择主要取决于患者的血流动力学情况。

(1) 如果患者血流动力学不稳定,如急性心力衰竭或血压显著下降,则首选电复律。

(2) 若血流动力学稳定,治疗的目标主要是减慢快速的心室率,即心率控制,可选用静脉注射β受体阻滞剂、钙通道阻滞剂或洋地黄类药物。

(3) β受体阻滞剂,可选用快速起效的艾司洛尔。

(4) 钙通道阻滞剂

1) 钙离子通道阻滞剂地尔硫䓬能有效控制房颤患者的快速心室率。

2) 从注射钙通道阻滞剂始平均7分钟内能达到治疗效果。

3) 地尔硫䓬应用可能导致低血压,但快速心室率的控制有助于改善血压。

(5) 洋地黄类药物也可用于控制房颤心室率,但不作为首选药物。

(6) 必要时,β受体阻滞剂或钙通道阻滞剂可与洋地黄类药物合用以控制心室率。

(7) 合并心力衰竭或低血压的患者忌用β受体阻滞剂和钙通道阻滞剂。

(8) 预激综合征并发房颤禁用洋地黄、β受体阻滞剂和钙通道阻滞剂。

五、长期治疗

(一) 复律治疗

(1) 当房颤的快速心室率控制后,需决定下一步是转复窦性节律还是继续进行心室率控制。如果预计能在房颤发生后的48小时内转复,通常不需要抗凝,可直接行心脏电复律或药物复律治疗。该治疗选择的依据是心房内血栓通常在房颤持续48小时以上形成。

(2) 对阵发性房颤患者,因为绝大部分的房颤发作是没有症状的,因此,根据患者的症状判断房颤发作的开始时间是不可靠的。如果房颤发作的持续时间不能确定,或持续时间超过48小时,可选用下列两种方案进行复律治疗。

1) 第一种方案,在进行心脏电复律或药物复律之前,先进行为期3周的有效抗凝。这一期间的抗凝治疗可以使复律后栓塞的风险下降1%~5%。

2) 第二种方案,经食管超声心动图除外心房内血栓,可不经3周的有效抗凝即行复律治疗。

(3) 心房顿抑(指有窦性电活动,而无有效的机械收缩)在房颤复律后可以持续存在数周,此时仍有心房内血栓形成风险,故至少需在心脏复律后继续有效抗凝4周。在第二个治疗方案中,如果经食管超声心动图发现心房内血栓,则应持续有效抗凝3周后再行复律治疗,且在复律后继续有效抗凝4周。

(二) 预防房颤复发

心脏复律后如果不给予抗心律失常药物,房颤有很高的复发率。临床发现,复律3个月后,只有30%患者的心脏仍维持窦律。因此,需要在心脏复律前或后即开始给予抗心律失常药物。

抗心律失常药物的选择同样比较复杂。窦性心律的优点在于房室同步收缩、增加心输出量和生理性的心率调控,但这些好处必须与抗心律失常药物带来的风险相权衡。ⅠA类、ⅠC类和Ⅲ类药物都可用来维持窦性节律。一些研究已显示接受抗心律失常药物治疗的患者死亡率增加,推测可能的机制与抗心律失常药物的致心律失常作用相关。

(1) 药物如奎尼丁和索他洛尔在心率缓慢情况下致心肌复极化时间显著延长,从而增加了Q—T间期延长和室性心律失常发生的可能性。

(2) 胺碘酮，作为Ⅲ类抗心律失常药物,致心律失常的危险极低,并且可以作为结构性心脏病患者抗心律失常药物的选择。对伴有神经系统病变的患者,胺碘酮在短程治疗中可能是最安全的。

(3) 房颤经复律与维持窦性心律治疗无效者,可选用控制心室率的方法,可选用口服的β受体阻滞剂、钙通道阻滞剂或地高辛。

(三) 房颤的非药物治疗方法

该治疗方法包括房室结消融术,并同时安装心室按需或双腔起搏器,以及射频消融、外科迷宫术等。当患者病情好转,离开神经外科重症监护病房后,这些治疗方法都可以考虑。

(四) 抗凝治疗

慢性房颤患者有较高的栓塞发生率,采用华法林有效抗凝(维持INR于2~3之间)后,与安慰剂相比,华法林组患者中风的危险降低了68%,而阿司匹林与安慰剂相比差异不显著。既往栓塞史、瓣膜病、高血压、糖尿病、老年患者、左心房扩大、冠心病等使栓塞的危险性增加。如果患者存在2~3种上述情况,中风的发生率每年可达17.6%,若只有其中一项危险因素存在,那么中风的发生率约为每年7.3%。低危组包括60岁以下且没有任何危险因素的患者,这些患者可以不进行规范化抗凝治疗。

施行华法林长期抗凝治疗要考虑个体的不同状况,严密监测药物潜在出血的风险。

新型抗凝药物,如直接凝血酶抑制剂达比加群酯、直接Xa因子抑制剂利伐沙班预防房颤患者血栓栓塞事件的疗效不劣于或优于华法林,且治疗过程中无需常规监测凝血功能,更便于患者长期治疗。

六、小　　结

对于一个病情严重的神经科患者,心房颤动既可能是中风的病因,也会加大患者治疗的难度。对合并的房颤通常采用地尔硫䓬或艾司洛尔快速控制心率,稳定病情后再充分考虑后续的长期抗凝、抗心律失常药物应用等问题。非药物学治疗方法对ICU患者并不适用。

第四节　超声心动图对脑和心脏血栓的评估

心血管超声成像技术在发现心脏来源的血栓中发挥重要作用。目前尽管这项技术有了长足进步,但部分情况下我们仍不能鉴别心脏异常与血栓性中风的因果关系。这就要求我们结合病人临床资料,慎重选用超声方法,以提高诊断的准确性。

一、技　　术

三种超声方法可以用来寻找心脏来源的栓子:经胸壁超声心动图(TTE),经颅多普勒超声(TCD)和经食管超声心动图(TEE)。声学造影剂结合这三种方法可以提高检测右向左分流的敏感性和特异性。

(一) 经胸壁超声心动图(TTE)

TTE也称为"体表超声心动图",从胸部表面不同部位获取心脏超声图像。当患者取左侧卧位并配合呼吸控制就能获得最佳图像。仰卧位时由于机械通气、肥胖等因素,不易获取清晰图像。对中风患者,心源性栓子的发现更依赖于患者的心脏病症状、既往心脏病基础、异常的心电图或胸片报告。否则发现血栓来源的可能极低(2%~9%)。

(二) 心脏声学造影

将含有微气泡的声学造影剂经粗大的外周或中心静脉快速注入体内。混合有微气泡的声学造影剂在超声成像下形成对比剂效应。大到能被超声检测的气泡通常不能经肺毛细血管而进入左心腔,依据这一原理,只要在左心腔发现气泡均为异常,提示存在左右侧心脏间存在分流。但目前文献中对需要发现多少个气泡方能定义存在卵圆孔未闭却存在争议。对比左心出现微气泡和右心出现浑浊的时间是鉴别右向左分流来源于卵圆孔未闭、房间隔缺损或是肺动静脉畸形的最主要方法。经心脏超声成像出现在左心的气泡数量是对卵圆孔未闭进行大小分级的依据(5~10个:小;10~20:中;>20:大)。

(三) 经颅多普勒超声检查(TCD)

使用这项技术时,声学造影剂经周围静脉注入后,多普勒超声信号需聚焦于大脑中动脉。如在大脑中动脉内检测到微气泡则提示存在右向左分流,且可以根据检测到的微气泡数量判断右向左分流的程度。经颅多普勒超声检查对判定右向左分流的存在很敏感,记录到的微气泡数量被用来估计右向左分流的程度(1~10个微气泡是小分流,>10个但没有幕布效应是中等分流,有为数众多的微气泡是大分流)。由于缺乏成像,TCD在确定心内分流的位置和除外心外分流方面特异性差。这就使TCD仅能作为一种筛选方法。

(四) 经食管超声心动图(TEE)

TEE是一种侵入性检查方法,它需要经食管插入含超声换能装置的内镜。操作中患者需适度镇静,对机械通气的患者则常在麻醉下进行。尽管不至于造成死亡的危险,但TEE检查能造成诸如食管破裂、牙损伤、高铁血红蛋白血症等并发症。同时因需要插管,这项技术的绝对禁忌证包括食管梗阻(如肿瘤占位或未经处理的狭窄),高度静脉曲张或在中风之前即存在吞咽困难。TEE在鉴别血栓的心脏来源,尤其是在没有心脏病症状、无心脏基础疾病和心电图或胸片无异常的患者中,其诊断率达到28%,远远高于经胸壁超声心动图。TEE同样适用于疑有主动脉夹层的患者,其诊断的敏感性和特异性与MRI和CT相似。

二、评估方法选择

为提高诊断率,需根据患者情况选用相应的检查方法。

(一) 心脏来源的栓塞

虽然有多种心脏来源的栓子,但仅有少部分栓子与中风间的因果关系被证实。多数专家认为下列来源的栓子与患者的缺血性事件相关:
(1) 大的或者活动性的左心瓣膜赘生物。
(2) 左心肿瘤,如心房黏液瘤。
(3) 血栓,如心梗后的左室血栓,或房颤患者的左心耳血栓。
(4) 伴有卵圆孔未闭或房间隔缺损的右心赘生物、血栓或占位。

越来越多的证据显示既往认为与中风相关的一些异常很可能与中风并非独立相关,如二尖瓣脱垂、二尖瓣环钙化等(表23-1)。

表23-1 心脏异常与中风的相关性

心脏异常	和中风的相关度	经食管超声心动图的敏感性测试
房颤(左心耳血栓)	＊＊＊＊	＋
急性心肌梗死	＊＊＊＊	－
主动脉粥样硬化	＊＊＊	＋
卵圆孔未闭并房间隔膨出瘤	＊＊＊	＋
丝状瓣膜	＊＊	＋
非细菌性血栓性心内膜炎	＊＊	＋
风湿性二尖瓣狭窄(不合并房颤)	＊＊	－
房间隔膨出瘤	＊	＋
二尖瓣环钙化	＊	－
二尖瓣脱垂	＊	－

＊与脑缺血可能没有独立的相关风险；＊＊相关性弱:相关性是基于病例报告,和(或)结论不一致的研究；＊＊＊相关性中等:相关性证据来源于一些前瞻性但有偏差的研究；＊＊＊＊相关性强:相关性证据来源于前瞻性、随机的研究

过去的十年间对卵圆孔未闭和动脉粥样斑块进行了深入地研究,下面将重点阐述。

(二)卵圆孔未闭和房间隔膨出瘤

约有25%的人口在出生之后原发孔和继发孔未完全融合,从而导致了左右心房间潜在的单向通道。生理状态下由于左房压高于右房压,位于左房面的隔膜覆盖于房间隔,该通道不开放。咳嗽、Valsalva动作、或肺动脉高压导致右房压高于左房压时,隔膜移位,左右心房间的潜在通道开放,从而使肺循环的栓子有机会进入体循环造成神经系统的栓塞。

房间隔膨出瘤是指薄的、可活动的心房间隔,并且其活动度需达到一定的客观标准方能定义为膨出瘤,但有关膨出瘤的定义各家文献报道不一。最为严格的标准要求瘤壁长度大于15mm,其移动度大于15mm。相对宽松的标准仅要求瘤体偏移中线或整体偏移大于11mm。

尽管房间隔膨出瘤与卵圆孔未闭和房间隔缺损相关,但没有证据显示单纯房间隔膨出瘤是体循环血栓栓塞的独立危险因素。

超声心动图的检测:对卵圆孔未闭,经胸超声心动图不是敏感的检测方法,还需要结合声学造影剂明确分流的存在。尽管经食管超声心动图可以经图像和彩色多普勒血流特征来识别卵圆孔未闭,但结合声学造影剂还是最敏感和特异的诊断方法。经颅多普勒诊断卵圆孔未闭同样敏感,也能对抵达大脑中动脉的对比剂进行量化处理。关于卵圆孔未闭和脑缺血事件的因果关系目前尚未明确。但有研究对55岁以下原因不明的中风患者予以阿司匹林治疗的观察发现:只要有卵圆孔未闭和房间隔膨出瘤的患者,再发中风的危险均显著增加,但与缺损大小无关。

治疗:华法林、阿司匹林预防再次中风研究中探讨了卵圆孔未闭在不明原因卒中中的作用,这是一项随机对照研究。研究共入选了630例缺血性中风患者,随机分为华法林组或阿司匹林组,进行了为期2年的前瞻性随访,以再发心血管意外或死亡为主要研究终点,研

究表明心血管事件再发生率在华法林或阿司匹林组无显著差异;与无卵圆孔未闭患者相比,合并卵圆孔未闭的患者(占34%),无论房间隔缺损的大小如何,事件的发生率均没有显著差异;同样,卵圆孔未闭的患者伴或不伴房间隔膨出瘤对于终点事件的发生也没有显著性影响。然而,这项研究的病例入选条件是罕见的,因为它入选了大于55岁的患者(最高到85岁),而这一组患者经既往的病例对照研究证实是中风风险较小的卵圆孔未闭人群。

目前临床已有经皮卵圆孔未闭封堵的装置,但其有效性和远期安全性尚需大规模的临床实验进一步证实。AHA指南推荐对合并有卵圆孔未闭的中枢性缺血事件的患者行抗血小板治疗,若合并有其他高危因素,则建议应用华法林。对于首次缺血性事件后的卵圆孔未闭患者目前尚无足够的证据表明应行手术治疗或经皮封堵治疗,但是对于再发缺血性事件的患者,则应该进行上述病因治疗。

(三) 主动脉粥样硬化

主动脉粥样硬化是动脉粥样硬化系统性疾病的表现,和冠心病有着相同的易患因素,如高龄、吸烟、合并高血压、血脂异常和糖尿病等。

(1) 临床意义:多个临床病例对照研究显示主动脉粥样硬化和中风之间存在相关性,尤其斑块厚度增加是中风的危险因素。合并有斑块不稳定,斑块纤维帽破裂、和(或)继发血栓形成的患者,其栓塞事件的发生率显著高于斑块稳定的患者(缺血事件发生率为73%比12%,$P<0.002$)。同样,合并动脉粥样硬化的患者接受心导管介入治疗、主动脉内球囊反搏、或冠脉搭桥术时,其发生中枢性和系统性栓塞事件的可能性增加。

(2) 检测:经食管超声心动图是检测主动脉粥样硬化的常用工具,可清晰显示斑块形态和血栓,并具有便利和实时成像的特点,在神经外科重症监护病房和手术室都有优势。

CT和MRI在检测主动脉粥样硬化中的作用受劣质的运动分辨能力的限制,不能准确检测出血栓。

(3) 治疗

1) 一级预防:由于缺乏前瞻性随机治疗试验,目前对主动脉粥样硬化的治疗尚没有达成共识,各家治疗指南不一。

首先所有患者都应该积极控制动脉粥样硬化的危险因素:包括戒烟、控制血压、糖尿病患者良好的控制血糖等。

其次推荐应用他汀类药物:多个研究表明主动脉粥样硬化患者常合并存在冠心病,应用他汀降低低密度脂蛋白胆固醇(LDL)应达到二级预防的目标,即LDL小于70mg/dl,有助于改善预后。

推荐长期抗血小板治疗,但其获益但尚未被证实:美国临床药理学会和美国心脏协会均没有将抗血小板治疗列为主动脉粥样硬化一级预防药物。SPAF-Ⅲ试验建议依据INR调整华法林剂量能显著减少缺血性事件的发生。

2) 二级预防:当主动脉粥样硬化被认为是缺血事件的主要因素,首先应同一级预防一样,积极控制致动脉粥样硬化的风险因素;其次,建议服用他汀类药物,积极降低LDL,目标值与冠心病患者治疗指南一致;第三应考虑长期抗血小板治疗,虽然获益未被证实,但鉴于这种疗法的风险相对较低,所以绝大部分专家均建议行抗血小板治疗。

(4) 主动脉粥样硬化合并血栓形成:两组关于中风患者的小样本非随机试验表明当合并血栓形成时,抗凝治疗可以减少再发缺血事件的风险。然而,Tunick等的前瞻性队列研究表明只有他汀类药物治疗才能减少再发缺血事件。由于缺乏前瞻性研究,故尚无广为接受的治疗方案。

美国临床药理学会建议行抗血小板或抗凝治疗。虽然抗凝治疗可能导致斑块内出血致胆固醇血栓可能,但是这种并发症比较少见。一些专家提议另一个治疗选择是进行两个月的华法林治疗,期间根据 INR 调整华法林剂量,使 INR 维持在 2~3 之间,其后继以长期的抗血小板治疗。

三、小　　结

目前有多种超声方法可用于检测来源于心脏的栓子,就具体每一个中风患者应结合患者的临床情况,选用合适的方法以提高诊断水平。

有潜在心源性或非心源性栓子的中风患者,若出现与颈动脉相关的神经系统病变或出现多个或外周的栓子时应高度怀疑是心脏或者主动脉来源。最重要的是,检查结果若在患者中风发生以前可通过药物干预改变患者病程。

第五节　心 律 失 常

心律失常患者的临床表现多样,心悸、胸闷、晕厥是最常见的症状,还可能出现疲劳、呼吸困难或活动耐力下降等非特异性的症状。12 导联心电图、24 小时动态心电图和心电图事件记录仪有助于明确诊断。任何心律失常的急性期治疗首先是维持血流动力稳定,其次是转复窦性节律。制定心律失常的长期治疗原则前,应明确致心律失常的基础心脏疾病,有效的基础心脏病治疗有助于控制心律失常。

一、生　理　学

正常情况下,心脏的电活动由窦房结控制。冲动自窦房结形成后,由右到左,从上向下诱导心房去极化,因此,窦性心律时 P 波在十二导联心电图中表现为 Ⅰ、Ⅱ、AVF 导联直立,AVR 导联倒置。随后电冲动经房室结、希氏束和左、右侧束支激动心室产生窄 QRS 波群。基于异位起搏点位置的不同将心律失常分为室上性和室性。

二、窦性心动过速和心动过缓

(一) 窦性心动过速

窦性心律,频率大于 100 次/分,为窦性心动过速,简称窦速。多种刺激,包括生理性——如饮酒、咖啡、运动、焦虑、怀孕;病理性——如发热、感染、缺氧、甲亢心脏衰竭和应用拟交感神经药物等均可以诱导窦速的发生。

窦速的治疗主要是针对病因和去除诱发因素,必要时应用 β 受体阻滞剂或非二氢吡啶类钙通道阻滞剂。

(二) 窦性心动过缓

窦性心律,频率低于 60 次/分,称为窦性心动过缓,简称窦缓。窦缓可发生于运动员、睡眠状态等迷走神经张力增高的状况下,药物因素(如 β 受体阻滞剂,钙通道阻滞剂,α 受体阻滞剂),兴奋迷走神经(如按压眼球,Valsalva 动作,颈动脉窦按摩),以及各种疾病状态(如甲状腺功能减退,窦房结功能不全等)都可以引起窦性心动过缓。窦性心动过缓时若伴随每搏量增加,则每分搏出量可保持正常。(图23-2)

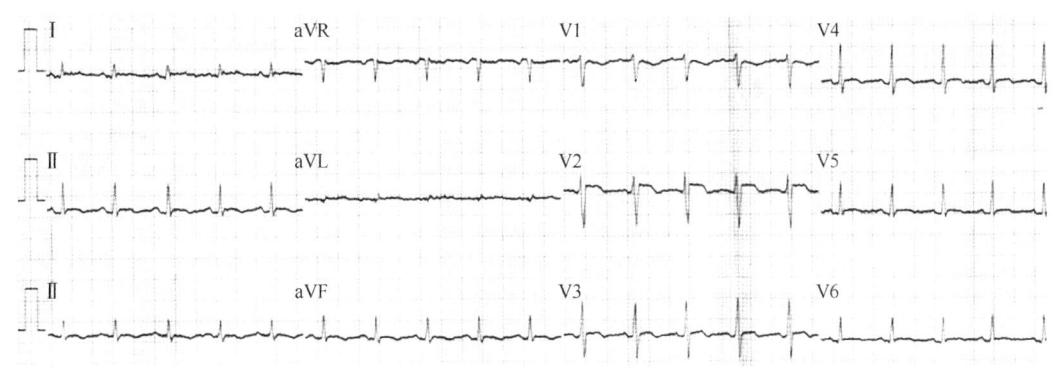

图23-2 心电图示窦性心动过速

患者为29岁女性,因"心悸"就诊,心电图示窦速,病因查找发现大量心包积液,经心包穿刺抽液后心率下降至正常

无症状的窦缓通常无需治疗。有症状的窦缓可先应用阿托品、麻黄碱或异丙肾上腺素等药物。在不可逆的病理状态下,唯一的治疗方法是安装心脏起搏器。

三、房性心律失常

(一)房性早搏

房早在心电图上的表现为提前出现的与窦性P波形态不同的P波。根据P波的提前程度,房早可以出现不下传、异常传导(心室除极波表现为左或右束支传导阻滞图形)或正常传导(心室除极波表现为正常的QRS波群),且房早的P—R间期会随着早搏提早程度的加重而延长:房早越提前,P—R间期越延长。

(1)房早是常见的良性心律失常,见于各种器质性心脏病患者,并可由饮酒或咖啡、吸烟、情绪刺激等诱发。

(2)房早可诱发折返性心动过速。

(3)房早的治疗主要是积极治疗基础心脏病,避免吸烟、饮酒等诱发因素,药物可选用β受体阻滞剂、普罗帕酮或莫雷西嗪。

(二)房性心动过速

房性心动过速指发生在心房,不需要房室结参与的一种心动过速。房性心动过速的发病率随着年龄增长和基础心脏疾病的加重而增加。当然这种心动过速也可以发生在年轻的健康人群。多数房性心动过速是阵发性的,持续的心动过速可诱发心动过速型心肌病,而随着心室率的控制,心肌病可以逆转。

根据发生机制和心电图表现的不同,房速可分为自律性房性心动过速、折返性房性心动过速和紊乱性房性心动过速三种。

房性心动过速的诊断主要依据心电图分析。

房性心动过速的显著特征是即使合并房室传导阻滞,患者房速仍持续。

导管消融术已经成为有症状的房性心动过速患者的首选治疗方法。

紊乱性房性心动过速的心电图诊断标准是:心房率大于100次/分,通常有三种或以上形态各异的P波。由于P波形态多样与PR间期不等,易与房颤混淆。

紊乱性房性心动过速通常发生于急、慢性肺疾病及相关的缺氧患者,以及心力衰竭的老年人,也可见于洋地黄中毒和低血钾的患者。

紊乱性房性心动过速的治疗主要在于纠正原发疾病。

无论心脏电复律或抗心律失常药物,治疗紊乱性房性心动过速的效果均不佳。

(三) 心房扑动

心房扑动,简称房扑,是一种常见的心律失常,可见于多种器质性心脏疾病患者,非心脏性疾病,如甲亢、急性肺栓塞、酒精中毒等亦可诱导其发作,开胸手术后亦常见,部分发生于无器质性心脏疾病者。

(1) 典型的房扑心电图显示为规律性锯齿状扑动波(F波),频率为250～300次/分。

(2) F波在Ⅱ、Ⅲ、AVF导联最为明显。

(3) 心室律规则或不规则,取决于房室传导比率是否恒定。当心房率300次/分时,以2∶1房室传导比例最常见,心室率在150次/分。房扑伴随2∶1房室传导,QRS波或T波可能掩盖心房扑动波。在这种情况下,可以通过颈动脉窦按摩或静脉注射腺苷加重房室传导阻滞程度以暴露被掩盖的F波而协助诊断(图23-3)。

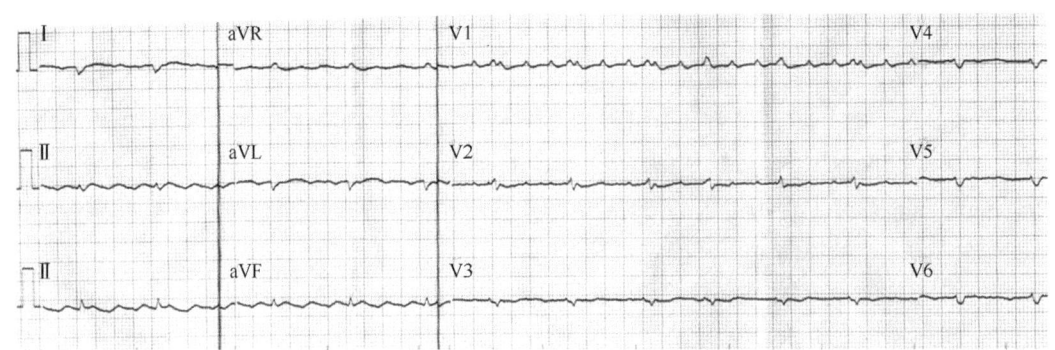

图23-3 心电图示房扑,2∶1～3∶1下传,故心室率不规则

【治疗】 房扑的治疗首先应积极医治原发病,部分患者原发病控制后房扑可自行转复为窦性心律。

(1) 同步直流电复律是最有效终止房扑的方法,通常选用低能量,25～50J即可。当患者合并血流动力学不稳定或急性缺血时首选电复律。

(2) 房扑的治疗也可选择心室率控制,可选用β受体阻滞剂、非二氢吡啶类钙通道阻滞剂或洋地黄制剂等药物。房扑的心室率不似房颤易于控制,且房扑时心室反应常具有不可预知性,房室结传导的微小变化就可导致不恰当的心室率过快或过慢。

(3) 射频消融可根治房扑:因房扑的药物疗效不如房颤确切,对于症状明显或引起血流动力学不稳定的房扑,可考虑射频消融治疗。

(4) 抗凝治疗:对有结构性心脏病基础的房扑,在上述治疗的同时,建议抗凝治疗。大多数房扑的患者,即使射频消融后,仍有发生房颤的可能,因此应如房颤患者一样实行抗凝治疗。

四、房室交界区性心律失常

(一)非阵发性房室交界区性心动过速

在非阵发性房室交界区性心动过速中,由于房室交界区组织自律性增高,超过窦房结,故心脏的电活动由房室交界区的异位起搏点控制。通常频率为每分钟100~130次,心电图上可见逆行P波,并可见房室分离。洋地黄中毒,心肌缺血或心肌炎是发生这类心律失常的基础,治疗主要是纠正病因。

(二)房室结内折返性心动过速

房室结内折返性心动过速的特点是一种R—R间期规则、QRS波群形态与时限正常的心动过速,心率为150~250次/分,其基础是房室结双径。人群中房室结双径的发生率约为1%,逆向激动心房产生的P波通常隐藏于QRS波群中或位于其终末(图23-4,图23-5)。

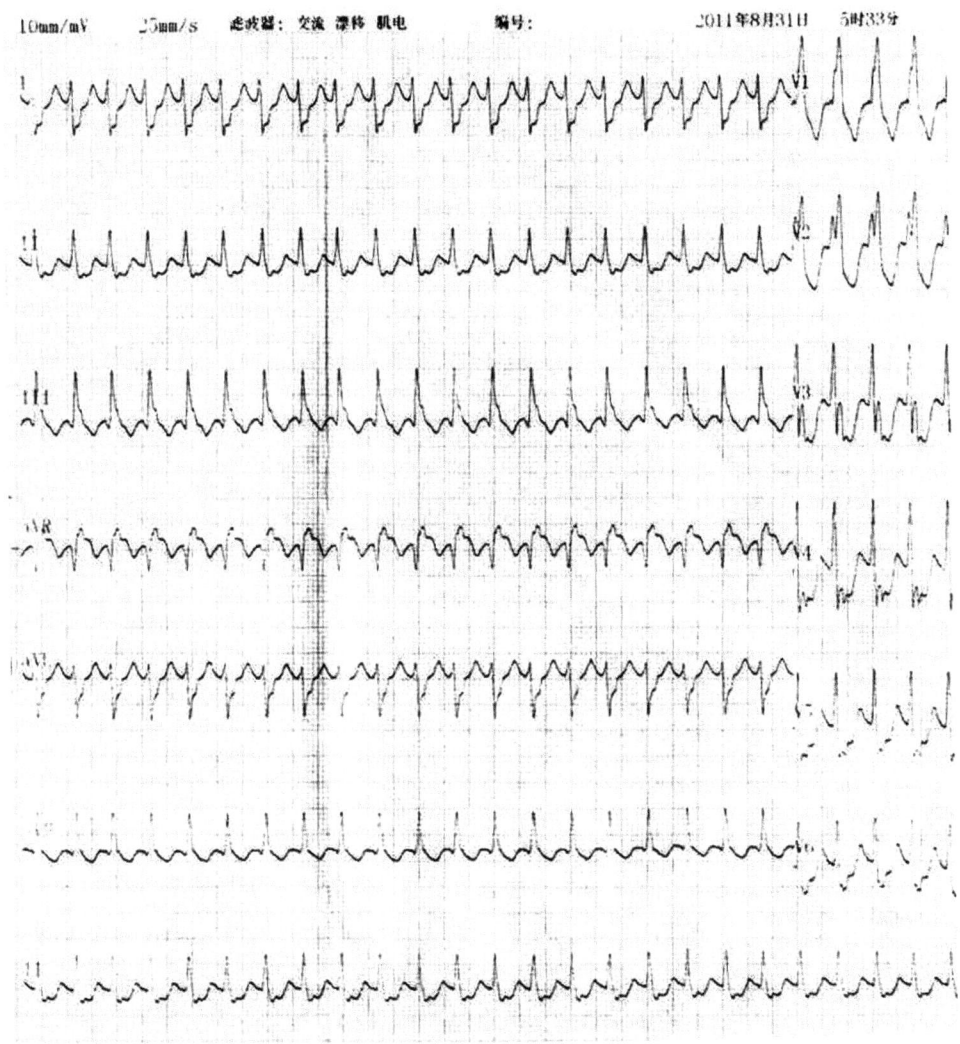

图 23-4 心电图示宽 QRS 波心动过速

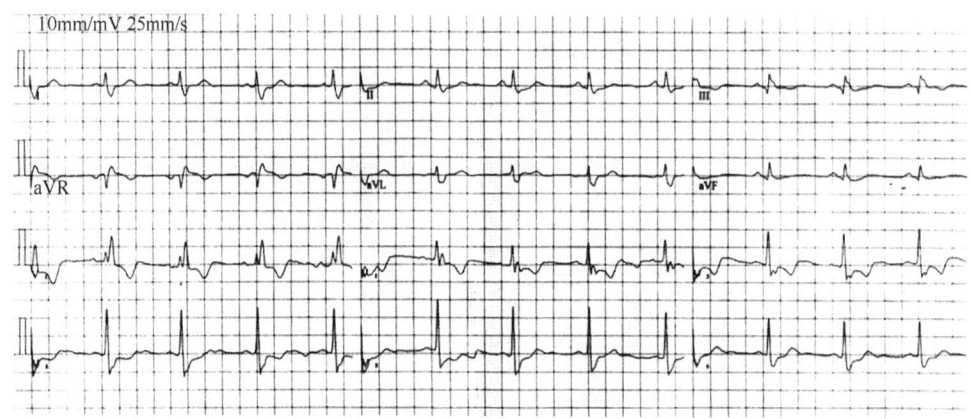

图 23-5　心电图示窦性心律，完全性右束支传导阻滞

患者为 60 岁女性，因"突发心悸 1 小时余"就诊，有类似心悸发作史 2 年余，均为突发突止。仅凭发作时心电图（图 23-4）无法判定为室上性或室性心动过速，结合患者非发作时的心电图（图 23-5），考虑室上性心动过速，最后经电生理检查确诊为房室结双径所致的房室结内折返性心动过速，经射频消融术根治

【治疗】

（1）终止发作：若患者血压、心功能正常，可先选用刺激迷走神经（颈动脉按摩、Valsalva 动作或诱导恶心等）的方法终止发作。若无效，首选治疗药物为静脉注射腺苷（6～12mg）。

（2）同步直流电复律：若患者发作时合并有低血压、心力衰竭或心绞痛，应立即电复律。

（3）预防复发：对反复发作症状性心动过速的患者，导管射频消融术是首选的治疗方法，通过对慢径的消融可达到根治。

（三）利用隐匿性房室旁路的正向房室折返性心动过速

旁路（也称为房室旁路连接）由异常的肌纤维组成，是除房室传导组织之外，连接心房和心室的另一传导组织，该旁路仅允许室房逆向传导而不具有房室前传功能，故心电图无预激图形，被称为隐匿性旁路。该旁路是正向房室折返性心动过速发生的基础，其折返环路包括经正常房室结的前向传导和经房室旁路的逆向传导，从而表现为正常时限和形态的 QRS 波，逆行 P 波落在 ST 段或 T 波的起始部分。对这类心律失常患者，可通过阻断其折返通路而终止发作。

具体治疗方法与房室结内折返性心动过速相同，可选用刺激迷走神经或静脉注射药物（首选腺苷）的方法终止心动过速发作。因消融成功率高，导管消融旁路已经成为这类心律失常患者的首选方法。

（四）Wolff-Parkinson-White 综合征

Wolff-Parkinson-White 综合征（WPW 综合征）又称预激综合征，是指窦性心律时心电图存在预激波（δ 波，由心房冲动提前激动心室的一部分或整体所致），又有阵发性房室折返性心动过速发作的症候群。预激综合征在人群中的患病率约 0.15%，男女比例约为 2∶1。预激综合征患者合并房性心律失常，如房颤或房扑时，由于旁路的前向传导功能（避开了房室结的生理性传导延迟），患者有发生快速心室率的危险。当心室率超过 200 次/分时，房颤可诱发心肌缺血、心室颤动甚至死亡。单纯预激综合征患者很少产生心源性猝死的症状。

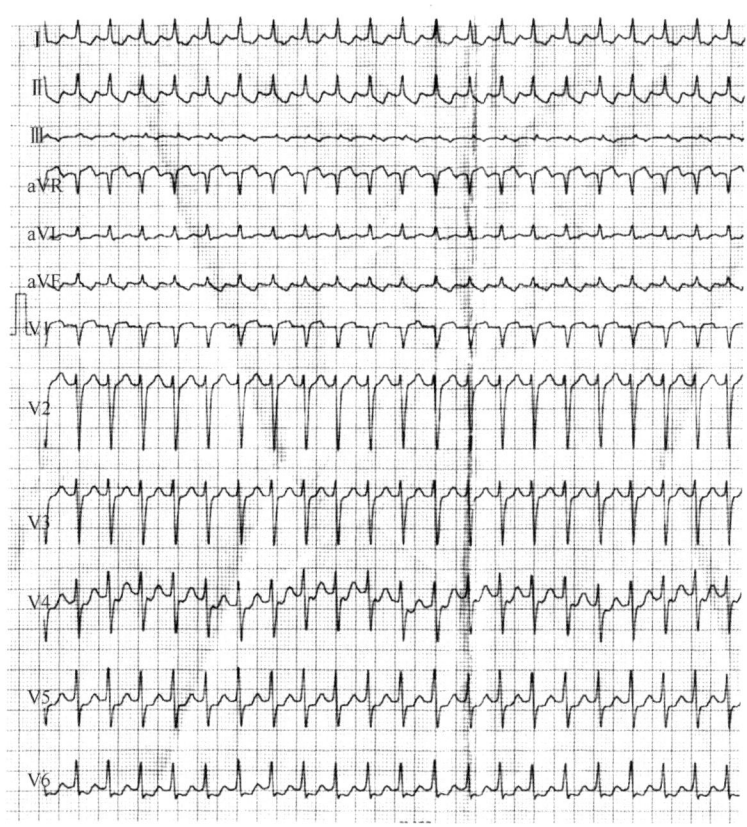

图 23-6 阵发性室上性心动过速

患者为 62 岁男性,因"反复心悸发作 10 年余,加重 2 个月"就诊,心悸发作均为突发突止。非发作时心电图正常,发作时心电图(图 23-6)提示左侧旁路所致的正向房室折返性心动过速,后经电生理检查确诊,并经射频消融术根治

【治疗】

(1) 偶有心动过速发作且症状轻微者,无需治疗。

(2) 心动过速发作频繁且伴有明显症状时,其治疗同房室结内折返性心动过速,可选用兴奋迷走神经或腺苷等药物静脉注射。

(3) 有血流动力学障碍的预激综合征并房颤患者需要立即电复律。

(4) 预激综合征并房颤时,禁用洋地黄、β受体阻滞剂、钙通道阻滞剂;因为这类药物抑制心房冲动经房室结的前向传导,从而间接促进冲动经旁路下传,且可缩短旁路不应期而使心室率加快。

(5) 预激综合征的首选治疗是对旁路进行射频导管消融术。

对上述房室交界区性心动过速总结如下:

1) 应用 12 导心电图描记,而不是单导描记,分析心律失常。

2) 如果是 1:1 房室传导,要求确定 P 波与 QRS 波群的相对位置(前、内或后)。在一般情况下,房性心动过速——P 波在 QRS 波之前;房室结内折返性心动过速——P 波在 QRS 波群中;正向传导的房室折返性心动过速——P 波在 QRS 波群之后。

3) 房室传导阻滞可终止房室结依赖性心律失常,如房室结内折返性心动过速或正向房室折返性心动过速。房室传导阻滞一般不能终止房性心动过速。

4) 兴奋迷走神经有助于快速心律失常的鉴别诊断。通过增加迷走神经的张力,①窦性心动过速患者的心率会有轻微、短暂的降低;②由于迷走神经兴奋导致的房室传导阻滞,房室结内折返性心动过速或正向房室折返性心动过速会突然终止。

5) 腺苷静脉注射具有短暂、有效阻断房室结作用,它可以终止房室结内折返性心动过速或正向房室折返性心动过速。通过腺苷的这一作用,还可用来鉴别房颤、房扑或房性心动过速。

五、室性心律失常

(一)室性早搏

室性早搏,简称室早,是一种常见的心律失常,心电图表现为提前出现的增宽畸形的 QRS 波群,并有继发性的 ST 段与 T 波改变,通常代偿间歇完全。

连续发生的两个室早称为成对室早,连续三个或三个以上的室早(频率>100 次/分)称为室性心动过速。

(1) 形态相似的室早称为单形性;如果形态各异,进一步可根据配对间期是否相同分为多源性室早或多形性室早。

(2) 每个窦性搏动后跟随一个室早,连续 3 次以上,被称作是室早二联律。

(3) 紧张、饮酒、应用拟交感药物、缺氧或各种心脏疾病均可诱发或加重室早。单纯抗心律失常治疗对室早通常效果不佳,还可能因为抗心律失常药物的致心律失常作用而增加死亡率。因此,对于室早的治疗首先是积极查找和纠正室早的诱因和基础心脏病。

(二)室性心动过速

室性心动过速简称室速,通常发生于器质性心脏病患者,临床表现视发作时的心室率、持续时间、基础心脏病和心功能不同而异,可从无症状至血流动力学紊乱。

(1) 室速的心电图表现为连续 3 个及以上、增宽畸形的 QRS 波,时限大于 120 毫秒。

(2) P 波与 QRS 波群无固定关系,表现为房室分离。

(3) 可发生心室夺获或室性融合波。

(4) 如果 QRS 波群形态一致,称为单形性室速;若 QRS 波群形态不同,则为多形性室速。

(5) 依据持续时间,室速进一步分为持续性(持续时间大于 30s,需药物或电复律方能终止,常伴有明显血流动力学障碍)和非持续性(发作时间短于 30s,能自行终止,患者通常无症状)。

宽 QRS 心动过速可以是室性心动过速,也可以是室上性心动过速伴室内差异性传导或合并束支传导阻滞或经旁路前传的室上性心动过速。既往史、发作时的临床表现和心电图有助于鉴别。当鉴别困难时,对有结构性心脏病基础的宽 QRS 心动过速应按室速进行处理。

【治疗】

(1) 对于室速发作期的治疗,可选用静脉应用利多卡因或胺碘酮。

(2) 如果患者血流动力学不稳定,为迅速恢复窦性心律,首选电复律。

(3) 对于有可能复发的持续性室速患者,往往需要植入埋藏式心脏复律除颤器(ICD)。

(4) 必须同时积极治疗基础心脏疾病。

(三) 尖端扭转型室速

尖端扭转型室速是在 Q—T 间期延长的基础上发生的多形性室速。心电图特点为 QRS 波群的振幅与波峰成周期性改变,宛如围绕等电位线扭转。尖端扭转型室速发作时心室率快,但通常可以自行终止,患者临床表现为反复发作的头晕或晕厥,其恶化导致室颤并不少见。

尖端扭转型室速可能是先天性的也可能是后天获得性的,后天获得性的扭转型室速与阻断钾电流而延长动作电位时间的多种药物(表 23-2)、电解质紊乱(如低钾血症、低钙血症、低镁血症)相关,显著心动过缓也可诱发。

表 23-2 有可能致尖端扭转型室速的药物

通用名	商品名	临床作用	注解
阿司咪唑	息斯敏	抗组胺/过敏性鼻炎	在美国不再用
胺碘酮	可达龙	抗心律失常	发生率女>男,但整体发生率低
多非利特		抗心律失常	
多潘立酮	吗丁啉	抗恶心	在美国不可用
氟哌啶醇		抗精神分裂症/抗焦虑	当静脉内给药或者超过规定剂量,猝死,Q—T 间期延长,扭转室速的危险增加
氟哌利多		镇静,麻醉辅助剂	
红霉素		抗生素	发生率女>男
克拉霉素		抗生素	
奎尼丁		抗心律失常	发生率女>男
Levomethadyl	奥拉姆	阿片激动剂/镇静、催眠	
硫利达嗪		抗精神分裂症	
氯丙嗪		抗精神病/止吐	
氯氟菲醇		抗疟疾	发生率女>男
氯喹	氯喹	抗疟疾	
美沙酮	消旋 N-甲肾上腺素	阿片激动剂/镇静、催眠	发生率女>男
美索达嗪		抗精神分裂	
匹莫齐特		抗精神病药	发生率女>男
普罗布可		抗高胆固醇血症	在美国不再用
普鲁卡因胺	普鲁卡因酰胺	抗心律失常	
三氧化二砷	三氧二砷	抗癌/白血病	
苄普地尔	伐斯可	抗心绞痛	发生率女>男
丙吡胺		抗心律失常	
司帕沙星		抗生素	
索他洛尔		抗心律失常	发生率女>男
特非那定		抗组胺	在美国不再用
戊氧苯咪	喷他脒气雾剂	抗感染/治艾滋病患者卡氏肺囊肿	发生率女>男
戊氧苯咪	依西酸喷他脒注射剂	抗感染/治艾滋病患者卡氏肺囊肿	发生率女>男
西沙比利		胃肠动力药	发生率女>男
伊布利特		抗心律失常	发生率女>男

【治疗】

(1) 对后天获得性的尖端扭转型室速,首先是查找导致 Q—T 间期延长的病因。对药物所致者,应首先考虑停用相关药物。

1) 电解质紊乱可以延长动作电位时间,导致 Q—T 间期延长。静脉注射镁(不论实际血清镁水平)可能会抑制这种心律失常,同时积极纠正低钾、低钙。

2) 可选用临时起搏器起搏心房或心室,或注射异丙肾上腺素或阿托品,以提高心率,缩短 Q—T 间期。

(2) 对于先天性尖端扭转型室速患者,至少已明确七个致病基因。治疗首先选用 β 受体阻滞剂,若无效,可考虑左颈胸交感神经切断术或植入 ICD。

(3) 对于 QRS 波群酷似尖端扭转,但 Q—T 间期正常的多形性室速,按单形性室速处理。

(四) 加速性心室自主节律

连续三个或三个以上的心室除极波,频率60~100次/分,即构成加速性心室自主节律,又称缓慢型室速。通常发生于冠脉自发性或介入治疗中血管再通、心肌再灌注时。加速性心室自主节律的发作持续时间短,通常无症状,无需治疗,但是建议对患者进行评估,以除外心肌缺血。

(五) 心室扑动与心室颤动

心室扑动的心电图表现为波幅大而规则的正弦图形,频率150~300次/分;心室颤动的心电图是振幅和周期各异的基线起伏,无法辨认 QRS 波或 T 波。心室扑动或颤动时心脏无有效收缩,患者意识丧失,除非短时间内恢复窦性心律,否则三到五分钟内患者便可死亡。

心室扑动或颤动常见于心肌缺血,严重缺氧、抗心律失常药物(特别是引起 Q—T 间期延长与尖端扭转型室速的药物)、预激综合征合并房颤与极快心室率等均可引起。

患者左心动能不全的严重度可用来预测发生室速或室颤的风险,目前对 EF 小于 35% 的左心功能不全患者主张植入 ICD 作为其一级预防。

六、心脏传导阻滞

心脏的泵血功能除依赖于心肌收缩力、前后负荷外,还受心脏传导功能的影响:正常情况下产生于窦房结的冲动最初在心房去极化,随后经房室结缓慢传播,最后通过希氏束-浦肯野纤维网传导到心室。冲动在心脏传导系统任何部位的传导均可发生减慢或阻滞,发生于心房和心室之间的,称房室传导阻滞。

1. 一度房室传导阻滞 患者存在从心房到心室的传导延缓,心电图表现为 P—R 间期延长,超过 0.20 秒,但全部冲动均能传导,患者通常无症状。其机制通常与迷走神经张力增高、药物影响或房室结本身的病变有关。

2. 二度房室传导阻滞 二度房室传导阻滞的特点是间歇性的心房冲动不能下传,分为两型:

(1) 二度 Ⅰ 型房室传导阻滞(又称莫氏 Ⅰ 型或文氏型):二度 Ⅰ 型房室传导阻滞是最常见的房室传导阻滞类型,其心电图特点是 P—R 间期逐渐延长,R—R 间期进行性缩短,直至

1个P波不能下传心室。通常情况下,紧跟在未能下传P波后的P—R间期是最短的。

此类病变最常见的阻滞部位是房室结。这类患者的QPS波群通常是狭窄的,预后良好。其病因与迷走神经张力增高有关,但是也可发生于各种病理情况下,如急性下壁心肌梗死、房室结的先天性或后天性疾病,或者减慢房室结传导的药物影响。

1) 在大多数情况下,二度Ⅰ型房室传导阻滞无需特殊治疗。然而,对新发的,尤其是伴随有严重冠脉疾病或钙化性主动脉瓣病变的老年人,建议行电生理检查以明确阻滞位点。

2) 如果阻滞的位点位于希氏束或以下,建议安装永久性心脏起搏器。

(2) 二度Ⅱ型房室传导阻滞(莫氏Ⅱ型):

二度Ⅱ型与二度Ⅰ型房室传导阻滞的区别在于没有P—R间期的逐渐延长,仅表现心房冲动传导的突然阻滞。其阻滞的位点通常在希氏束内或以下。

大多数二度Ⅱ型房室传导阻滞的常见病因为传导系统退行性疾病、前壁心肌梗死、钙化性主动脉瓣疾病、高血压性心脏病和心肌病,患者常有头昏、晕厥等症状,心电图示QRS波群增宽,治疗通常需按装心脏永久起搏器。(图23-7)

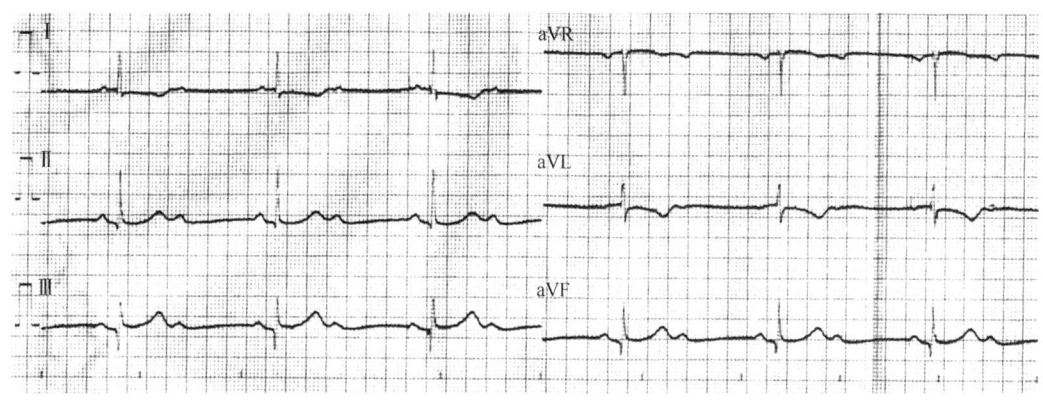

图23-7 心电图示2∶1下传的房室传导阻滞

为二度房室传导阻滞的特殊类型,因无法判断是否存在文氏现象,故无法判定为莫氏Ⅰ型或Ⅱ型

3. 三度(完全性)房室传导阻滞 三度房室传导阻滞时,由于所有的心房冲动均不能传导至心室,致心房和心室活动互不相关,心房率超过心室率,心电图显示P波和QRS波完全分离。传导阻滞的位置可能在房室结或结下(希氏束或以下),心室被低位起搏点控制,阻滞的位点决定患者的预后:

(1) 如果QRS波群狭窄,心室率超过50次/分,那么阻滞位点可能在房室结,预后良好。这些患者通常无症状,而且他们的心率可随运动增加。

(2) 如果QRS波群增宽,心室率30~40次/分,提示阻滞的位点在房室结以下部位。绝大多数的完全性心脏传导阻滞的患者由这种结下病变所致,临床表现为心室率缓慢,且对植物神经刺激无反应。头昏、晕厥症状频繁发生,且通常不可逆,需按装永久性心脏起搏器。

七、永久性心脏起搏器

永久性心脏起搏器由电极导线和脉冲发生器组成。在大多数情况下,电极导线经静脉插入,一个至右心耳,另一个送至右室心尖部。发生器置于锁骨下方的皮下囊袋中。电源是锂离子电池者有 5~10 年的寿命。

字母代码可以用来描述心脏起搏器的复杂功能。第一位字母表示起搏心腔；第二位表示感知心腔；第三位字母表示感知自身心搏后的反应方式；第四个字母表示有频率适应性起搏功能（起搏频率可根据患者的生理需要进行调整）。

永久起搏器的常见适应证包括因窦房结功能障碍或因心脏传导阻滞导致的症状性心动过缓的患者。对大多数需要植入永久性心脏起搏器的患者，建议选用双腔起搏，因双腔起搏较仅心室感知和起搏的 VVI 型起搏器具有保持房室同步的优势。

永久起搏的并发症包括感染、起搏器不能起搏心室或心房、起搏器不能准确感知心脏自身的电活动等。

植入永久性心脏起搏器的患者应定期监测。起搏频率降低提示电池耗竭，提醒医生需及时更换电池。

八、小　　结

心律失常很常见，临床表现可从无症状性至致命性，发作时心电图有利于明确心律失常的诊断和分型，明确心律失常的基础心脏病更有利于患者的危险分层，左室功能不全患者的心律失常通常提示预后不良。

（盛红专）

参 考 文 献

Abraham WT, Adams KF, Fonarow GC, et al. 2005. ADHERE Scientific Advisory Committee and Investigators; ADHERE Study Group. In-hospital mortality in patients with acute decompensated heart failure requiring intravenous vasoactive medications: an analysis from the Acute Decompensated Heart Failure National Registry (ADHERE) J Am Coll Cardiol, 46(1): 57~64

Albers GW, Amarenco P, Easton JD, et al. 2004. Antithrombotic and thrombolytic therapy for ischemic stroke: the Seventh ACCP Conference on Antithrombotic and Thrombolytic Therapy. Chest, 126: 483~512

Binanay C, Califf RM, Hasselblad V, et al. 2005. ESCAPE Investigators and ESCAPE Study Coordinators. Evaluation study of congestive heart failure and pulmonary artery catheterization effectiveness: the ESCAPE trial. JAMA, 294 (13): 1625~1633

Fuster V, Rydén LE, Cannom DS, et al. 2006. ACC/AHA/ESC Guidelines for the management of patients with atrial fibrillation: executive summary: a report of the American College of Cardiology / American Heart Association Task Force on Practice Guidelines and the European Society of Cardiology Committee for Practice Guidelines and Policy Conferences. (Writing Committee to Revise the 2001 Guidelines for the Management of Patients With Atrial Fibrillation). J Am Coll Cardiol, 48: 854~906

Heart Failure Society of America. 2006. Evaluation and management of patients with acute decompensated heart failure. J Card Fail, 12(1): e86~e103

Petty GW, Khanderia BK, Meissner I, et al. 2006. Population-based study of the relationship between patent foramen ovale and cerebrovascular ischemic events. Mayo Clin Proc, 81(5): 602~608

Sacco RL, Adams R, Albers G, et al. 2006. Guidelines for prevention of stroke in patients with ischemic stroke or transient ischemic attack. Stroke, 37: 577~617

Yancy CW, Lopatin M, Stevenson LW. 2006. Clinical presentation, management, and in-hospital outcomes of patients admitted with acute decompensated heart failure with preserved systolic function: a report from the Acute Decompensated Heart Failure National Registry (ADHERE) Database. Am Coll Cardiol, 47(1): 76~84

第24章 ICU相关的感染

由于受到医院整体医疗水平、医疗投入及国情方面等影响,目前重症监护病房(intensive care unit,ICU)、尤其是专科ICU普遍存在床位空间狭小、环境设施不佳、人员编制不到位及诊疗水平受限等缺陷,ICU患者病情多危重、免疫力低下、应用多种有创的监测与治疗手段(如人工气道、机械通气、有创血流动力学监测)、病原微生物变迁及细菌耐药性变化等,导致医院获得性感染成为ICU危重病人的主要死因。尽管现今尚无法从根本上消除ICU内医院获得性感染,但是加强和完善ICU医院感染的防控仍是进一步提高危重病人抢救成功率、改善其不良预后主要策略。

第一节 感染性疾病相关的一般知识

一、概 述

(1) ICU感染性疾病需排除具有感染相似临床表现的非感染病例。临床上常见的非感染因素有出血(特别是脑出血)、自身免疫性疾病、药物热、胰腺炎、血浆置换或血液制品的不良反应、恶性肿瘤(尤其是淋巴瘤)、甲状腺功能亢进症、肾上腺皮质功能不全等;这类病因往往导致ICU患者出现与感染类似的临床表现:如发热、血流动力学不稳定等,而且这类患者自身亦存在潜在感染可能,使得感染相关的诊断更加困难。因此对于这类患者进行抗感染干预前常需除外非感染因素、全面系统评估、确定感染部位,才能开始恰当的干预治疗。

(2) ICU患者普遍存在多种医院获得性感染相关危险因素,如高龄(>70岁)、近期使用抗生素史、自身免疫力低下(激素,化疗)、各种有创导管留置、休克、严重创伤、意识障碍、机械通气、合并器官功能不全等。

(3) 医院获得性感染是ICU患者的常见并发症,也是ICU危重病人的主要死因,可由多种致病微生物引起,其中以耐药病原微生物多见。常见的致病微生物见表24-1。

表24-1 ICU中导致感染的微生物分类

致病微生物类别	特异性微生物
细菌:革兰阳性需氧菌	金黄色葡萄球菌、表皮葡萄球菌(凝固酶阴性)、肠球菌属、链球菌属
细菌:肠道革兰阴性需氧菌和兼性厌氧菌	大肠埃希菌、肺炎克雷伯菌、奇异变形杆菌、阴沟肠杆菌及其他肠杆菌属、不动杆菌属、枸橼酸杆菌属、黏质沙雷菌、沙门菌属
细菌:非肠道革兰阴性需氧菌和兼性厌氧菌	铜绿假单胞菌、洋葱伯克霍尔德菌、奈瑟菌属、流感嗜血杆菌、副流感嗜血杆菌
细菌:厌氧菌(革兰阳性和革兰阴性)	拟杆菌属(如脆弱拟杆菌)、梭状芽孢杆菌属(如难辨梭状芽孢杆菌)、消化链球菌属
真菌	念珠菌属、曲霉菌属、组织胞浆菌、卡氏肺囊虫
病毒	水痘疱疹病毒(VZV)、单纯疱疹病毒(HSV)Ⅰ和Ⅱ型、巨细胞病毒(CMV)、EB病毒(EBV)

二、ICU 中常见高度耐药细菌的治疗

ICU 中常见的病原菌由于环境因素、宿主因素普遍存在耐药现象,即使是一些新上市的抗菌药物往往应用于临床不久就出现了严重的细菌耐药。因此抗菌药物的合理选择与使用尤为重要,以期防止细菌耐药性的进展,及时控制医院内耐药菌感染的流行。有关 ICU 患者耐药菌的抗菌药物选择见表 24-2。

表 24-2　ICU 患者细菌耐药与抗菌药物的选择

高度耐药病原体	耐药性	治疗选择
粪肠球菌 E. faecalis	对万古霉素+庆大霉素或链霉素耐药 (最小抑菌浓度>500μg/ml); 非产 β-内酰胺酶 对青霉素耐药; 产 β-内酰胺酶	全身感染:青霉素 G 或氨苄西林; 泌尿道感染:呋喃妥因或磷霉素 万古霉素 氨苄西林-舒巴坦
屎肠球菌 E. faecium	对万古霉素耐药; 对链霉素和庆大霉素高度耐药 (最小抑菌浓度>500μg/ml) 对青霉素、氨苄西林、万古霉素耐药; 对链霉素和庆大霉素高度耐药	全身感染:青霉素 G 或氨苄西林; 泌尿道感染:磷霉素,呋喃妥因 利奈唑胺 0.6 po 或 IV q12h,奎奴普丁-达福普汀 7.5mg/kg IV q8h; 泌尿道感染:磷霉素,呋喃妥因
金黄色葡萄球菌 S. aureus	对甲氧西林耐药(MRSA) 对万古霉素(VISA 和 VRSA)和甲氧西林耐药(MRSA)	万古霉素,替考拉宁 备选:达托霉素,利奈唑胺 利奈唑胺 奎奴普丁-达福普汀 达托霉素
表皮葡萄球菌 S. epidermidis	对甲氧西林耐药(MRSE) 对甲氧西林和糖肽类耐药	万古霉素 利奈唑胺 奎奴普丁-达福普汀 达托霉素
肺炎球菌 S. pneumoniae	对青霉素 G 耐药 对青霉素 G、四环素、红霉素、磺胺类耐药	头孢曲松,头孢噻肟; 亚胺培南,美罗培南; 万古霉素或加利福平 万古霉素或加利福平 莫西沙星或左氧氟沙星
鲍曼不动杆菌 Acinetobacter baumannii	对亚胺培南、抗铜绿假单胞菌三代头孢菌素、青霉素、氨基糖苷类、氟喹诺酮类耐药	氨苄西林-舒巴坦,多黏菌素 E,美罗培南+舒巴坦 米诺环素(创伤性伤口感染) 阿米卡星+替加环素
空肠弯曲菌 Campylobacter jejuni	对氟喹诺酮类耐药	红霉素、阿奇霉素、克拉霉素、多西环素
大肠埃希菌 E. coli	对口服头孢菌素、磺胺类、氟喹诺酮类耐药	尿路感染:磷霉素、呋喃妥因、厄他培南

续表

高度耐药病原体	耐药性	治疗选择
肺炎克雷伯菌 *Klebsiella pneumoniae*	对头孢他啶等三代头孢菌素、氨曲南耐药 （产超广谱 β-内酰胺酶）	亚胺培南 美罗培南 替加环素
	对碳青霉烯类、二、三代头孢菌素耐药 （产 KPC 酶）	多黏菌素 E 替加环素
铜绿假单胞菌 *Pseudomonas aeruginosa*	对亚胺培南、美罗培南耐药	抗铜绿假单胞菌氨基糖苷类（如阿米卡星），需检测药敏； 氟喹诺酮类（如环丙沙星），需检测药敏； 多黏菌素 E

第二节 ICU 医院获得性感染的预防策略

ICU 危重患者所发生的医院获得性感染，以肺炎、泌尿系感染和导管相关血行感染常见。高龄、原有慢性病基础和免疫功能抑制等宿主因素使感染发生的危险性明显升高：具有糖尿病或慢性肾脏疾病患者容易发生泌尿系感染；慢性肺部疾病的患者更易发生下呼吸道感染；抗生素使用不规范、有创机械通气时建立的人工气道、有创监测手段等，均造成患者生理屏障和防御机制的破坏，从而使病原微生物更易于通过环境传播至患者。医院获得性感染是 ICU 危重病人常见的并发症，病死率很高，是直接影响患者预后、医疗费用增加的主要原因。因此根据相关指南采取有效的非抗菌药物干预措施对于预防、控制 ICU 医院获得性感染具有重要意义。

一、ICU 中医院获得性感染的一般预防措施

（1）环境的清洁消毒：ICU 中病原微生物的传播途径有：空气、飞沫、接触和污染物品等多种方式，所以作好环境的清洁、消毒至关重要。通过 ICU 环境污染调查不难发现医务人员经常接触的区域致病微生物随处可见：如监护仪、呼吸机操作面板、呼吸机管路冷凝水、医生护士办公室工作台、水龙头等处，并且大都为多重耐药。因此须执行相关标准操作规程：

1）如在非层流洁净病房中，应每日上午、下午开窗通风 1~2 次，降低空气微生物密度。

2）注意每天的空气消毒。

3）采用 0.1% 含氯消毒剂对病房内物体表面擦拭、地面湿拖，2 次/d，地面被患者体液或粪便污染时，应立即使用 0.1% 含氯消毒剂擦拭。

4）仪器操作面板、监护仪显示屏每天用 0.1% 含氯消毒剂擦拭一次。

5）患者因出院、转科、死亡等离开后，床单元应使用 500mg/L 含氯消毒剂擦拭终末消毒。

6）对 ICU 环境清洁消毒的质控加强监管：保洁工人应先培训后上岗，其后每日严格督查其按顺序、分区域完成清洁消毒工作。

（2）执行标准预防措施，切实做好手卫生。文献报道接触传播是造成耐药菌在医院（尤其是 ICU）流行的主要传播途径，所以医务人员手卫生是防治耐药菌交叉感染的重要措施。但临床工作中由于种种原因医务人员手卫生依从性较差，须不断督查医护人员用感应式或

非手触式开关的水龙头和流体皂液洗手,在直接接触患者前后、进行无菌操作或侵入性操作前,接触患者使用的物品或处理其分泌物、排泄物后,必须洗手或用含醇类快速干手消毒剂进行手消毒。

(3) 严格执行无菌操作技术。医务人员日常操作时应遵守相关无菌技术操作和标准操作规程,特别是各种侵入性操作(如建立人工气道、深静脉置管、尿管留置、放置各种引流管等)时,避免污染。对医务人员进行教育,操作完毕确保锐器丢弃在特殊设计的锐器盒中,以减少锐器(针头、刀片等)伤和继发的血源性致病微生物传播。

(4) 建立灵敏高效的微生物监测系统。医院 ICU、微生物室、院感染办应建立了一套灵敏有效的病原微生物监测系统,对感染病人采取有效的防控措施,才能最终遏制医院感染的进一步蔓延。微生物室积极执行危急值报告制度,一有病原微生物检出,尽快通知 ICU 和院感染办;院感染办到临床现场调查 ICU 环境的污染情况,分析感染患者的临床资料,协助临床医生制定可行的防控措施;ICU 则积极配合院感染办现场调查和防控措施的落实。

(5) 做好床边接触隔离。耐药菌主要是通过接触传播,要有效控制交叉感染,必须做好传染源的隔离。详见表 24-3。

1) ICU 中若条件有限,可将危重病人依据感染与否分区隔离。
2) 条件许可空气传播患者可使用单独的负压隔离病房,佩戴相应口罩等防护用具。
3) 飞沫传播患者和耐药微生物应尽可能选择单间隔离,并按标准佩戴相应口罩等防护用具。
4) 同时尽量限制人员进出与探视。
5) 分配专人护理,做好相应的床边隔离措施。
6) 患者隔离期间需要定期监测感染情况,直至连续 3 次培养阴性或感染痊愈方可解除隔离。

表 24-3 感染性疾病传播的一般预防措施

名称	适用对象	具体措施
标准预防措施	所有住院患者	洗手
		手套、隔离衣、护目镜
		安全处理锐器
		安全处理污染物品
空气传播预防措施	结核、麻疹、水痘、水痘-带状疱疹病毒	隔离房间(负压病房),特殊口罩
飞沫传播预防措施	脑膜炎奈瑟菌、流感嗜血杆菌、风疹、支原体、腺病毒、严重急性呼吸综合征(severe acute respiratory syndrome,SARS)	隔离房间(单间隔离)
		接触时佩戴口罩
接触传播预防措施	多重耐药细菌	非无菌手套和隔离衣
		洗手

二、特殊的非抗菌药物感染防控措施

(一) 医院获得性肺炎的预防

医院获得性肺炎(hospital-acquired pneumonia,HAP),不管是否与机械通气相关即呼吸机相关性肺炎(ventilator-associated pneumonia,VAP),是 ICU 最常见的医院获得性感染,可直接导致病人住院日、医疗费用和病死率增加。预防措施主要是做好感染病人的隔

离防止交叉感染,减少胃内容反流、误吸,并防止致病菌的定植:

(1) 对于严重免疫功能低下(如器官移植、粒细胞减少症等)患者,应进行保护性隔离:可安置于层流洁净病房等。

(2) 对于存在医院获得性肺炎高危因素的患者,实施正确的口腔护理,可用氯已定漱口或口腔冲洗,每 6 小时 1 次,预防和减少口咽部细菌定植,以期有效降低 VAP 的发生。

(3) 限制使用镇静药,尽可能保持患者正常意识状态。

(4) 使患者处于合适的体位、鼓励病人半卧位,如有可能应保持患者床头抬高 30°以上;评判患者的吞咽功能决定是否经口进食,减少反流和误吸的发生。

(5) 改变患者体位能够促进分泌物的排出、减少肺不张的发生,所以绝对卧床病人应定时翻身、拍背(q2h)或使用机械振动辅助排痰,以利于痰液引流。

(6) 胃内酸度降低可以增加 VAP 发生率,因此应充分评估上消化道出血风险,尽量减少或尽早停用 H_2 受体阻滞剂和(或)质子泵抑制剂等制酸剂;尽早恢复患者肠内营养,促进肠道功能恢复。

(7) 对外科胸腹部手术病人通过卫生宣教,术前训练正确的咳嗽排痰方式,术后鼓励早期下床活动。

(8) 严格掌握气管插管或切开适应证,优先考虑无创通气;经鼻气管插管、经鼻胃管均能够增加鼻窦炎和 VAP 的发生几率,因此气管插管应首选经口途径;多数存在人工气道的患者上呼吸道分泌物积聚在人工气道的气囊上方,易不断地造成微小的误吸,所以建立人工气道的病人应使用可声门下吸引的气管导管或气切套管,定期(每小时)作声门下分泌物引流;吸痰时应严格执行无菌操作和手卫生规范。

(9) 呼吸机螺纹管每周更换 1 次,有明显分泌物污染时及时更换;积水杯应始终置于最低位并及时倾倒冷凝水。

(10) 随着呼吸机使用时间的延长,VAP 的发生概率也逐渐增加,对于人工气道、机械通气患者,应每天评估尽早撤机和拔管。

(二) 血管内导管相关感染的预防

动、静脉导管留置是 ICU 中危重病人必需的监测手段,同时这也给患者带来继发血管内导管相关感染尤其是血管内导管相关血行感染(intravascular catheter-related bloodstream infections,CRBSI)的风险,不但造成危重患者病死率增加,而且带来额外巨大的医疗费用。下列措施已被证实能显著降低导管相关感染的发生率:

(1) 严格掌握血管内导管置入的适应证,仅在必要时才留置血管内导管;已留置者一旦病情许可应尽早拔除,以减少导管相关感染的发生。

(2) 对血管内导管留置操作和护理的相关人员应予培训,严格执行无菌操作。

(3) 在置管、置管后导管维护、更换无菌贴膜等操作中注意手卫生,使用无菌手套、隔离衣、帽子和手术口罩等。

(4) 置管后注意无菌纱布或透明敷料覆盖,更换敷料时注意局部消毒、无菌操作,不在置管部位使用抗微生物软膏。

(5) 置管部位的选择:中心静脉导管置管部位主要在锁骨下静脉、颈内静脉和股静脉。导管相关感染发生率锁骨下静脉置管最低,所以应尽可能选用锁骨下静脉或颈内静脉。

(6) 常规更换导管不能减少导管感染率,所以应经常对导管相关感染的可能性进行评估;怀疑存在导管相关感染、而仍需使用血管内导管者应拔除原导管间隔一段时间后,再更换穿刺部位另行留置导管。

(7) 文献报道导管管腔数的增加与导管相关感染发生率成正相关,所以应尽量选用管腔较少或单腔导管。

(8) 为了延长导管留置时间、减少导管相关感染的发生,可选用具有抗微生物涂层的抗感染导管。

(9) 日常补液应于使用前即刻配制,并注意无菌操作。导管使用中注意保持输液系统的密闭性,输液器持续使用时可3~5天更换一次;间断使用或输血、血制品、输注脂肪乳停止输液时应更换输液器。

(10) 经皮穿刺通过外周静脉留置中心静脉导管(peripherally inserted central catheter,PICC):PICC通过手臂肘窝处外周静脉穿刺,将导管置入上腔静脉,穿刺并发症少,导管感染率低。所以当不须监测中心静脉压时,可选用PICC输注血管活性药物或胃肠外营养。

(三) 导管相关性泌尿系感染的预防

尿路感染(UTI)是医院感染的常见类型,多与尿管留置相关。以下措施可有效预防导尿管相关尿路感染:

(1) 导尿操作与尿管的留置

1) 尽量避免不必要的留置导尿;仅必要时(如频繁监测尿量、严重尿潴留、尿失禁)才留置尿管。

2) 放置尿管必须由经过培训的人员在严格无菌条件下进行,注意正确的会阴部消毒、严格手卫生与无菌操作,动作要轻柔避免尿道黏膜损伤。

3) 根据年龄、性别、尿道情况选用合适的导尿管,一般来说较小的尿管感染率低,对于多数成人14-18F的尿管可能较适宜。

(2) 尿管维护的处置

1) 为防止尿管移动或受到牵拉,应将尿管固定在患者的腿上。

2) 若尿液引流系统破损,泌尿系感染率将升高;所以应使用密闭式引流系统,保持尿液引流通畅,不轻易打开尿管与尿袋间的接口。

3) 避免进行常规膀胱冲洗。

4) 除非导尿管不慎脱落、密闭系统被破坏或尿管发生堵塞,一般不需更换尿管;长期留置导尿管病人,定期(2周)更换导尿管和尿袋(每周两次)。

5) 悬挂尿袋不可高于膀胱水平,并及时清空袋中尿液。

6) 疑似出现尿路感染,应更换导尿管后再使用抗菌药物治疗。

7) 每天评价留置导管的必要性,尽早拔除导管。

第三节 ICU相关的特殊感染

中枢神经系统感染可参考本书第19章。本节内容重点讨论ICU危重病人可能涉及的各类感染的病原学、临床特点及诊治措施。抗感染治疗方案应该在经验性初治方案的基础上,根据实验室病原微生物培养、药敏试验结果和患者对治疗的反应对抗感染方案做相应调整。

一、胸部感染

(一) 社区获得性下呼吸道感染

社区获得性下呼吸道感染是医院外罹患的下呼吸道感染,主要包括社区获得性肺炎(community-acquired pneumonia,CAP)及感染导致的慢性支气管炎(以下简称慢支)和慢性阻塞性肺疾病(chronic obstructive pulmonary disease,COPD)的急性加重(acute exacerbation of chronic bronchitis,AECB & acute exacerbation of chronic obstructive pulmonary disease,AECOPD)等。虽然其总体的病死率低,但在ICU中由于危重病人高龄、基础疾病多合并多个器官功能障碍(心脏疾病、糖尿病、肝肾功能不全等)和免疫功能低下,入院时病情严重,往往导致这类患者预后不佳、病死率较高。

1. 病原学 最常见的致病菌仍是肺炎链球菌,也可由其他革兰阳性球菌如金黄色葡萄球菌、革兰阴性菌如肺炎克雷伯菌、流感嗜血杆菌、非典型病原如嗜肺军团菌、肺炎衣原体、肺炎支原体和病毒引起。在AECB及AECOPD患者,铜绿假单胞菌、卡他莫拉菌也可引起CAP。

2. 诊断 根据症状、体征、影像学检查结果:体温>38℃、咳嗽、咳痰、胸痛、呼吸困难、听诊闻及湿啰音,同时伴全胸片的改变,诊断多无困难。X线全胸片表现可因患者基础情况和病原体不同而异:浸润影可为单叶或多叶。患者初诊时应注意病原微生物鉴别:痰液革兰染色应提示每个低倍视野中白细胞数>25个,上皮细胞数<10个;根据痰标本中优势菌推测病原微生物;特殊情况下应用纤支镜留取足量的痰标本对病原微生物鉴别更有意义。如果CAP伴发胸腔积液,可予胸腔穿刺留取胸水的革兰染色、培养、胸水常规、乳酸脱氢酶水平检测。对于非典型病原体可做相关血清学病原抗体检查助诊。

3. 治疗 由于单独根据临床表现不能确定病原微生物,所以CAP的初治方案通常是经验性治疗,多根据患者基础情况和痰革兰染色的优势菌结果决定。尽管文献报道国内肺炎链球菌对青霉素耐药率呈增高趋势,但国内的多中心流行病学调查结果提示在成人CAP中的总耐药率(耐药+中介)仅20.3%,这与欧美等发达国家(高于30%)和我国周边地区(超过60%)相比,在总体上还处于偏低水平。因此青霉素类抗菌药物在我国的成人轻症CAP的治疗中仍为首选药物。

CAP患者在抗菌药物使用前留取痰和血液标本培养、早期接受恰当的抗生素治疗、减少最初经验性抗菌药物治疗时间等措施均能有效提高医疗质量、明显改善预后。考虑到CAP病原学诊断存在困难、病原微生物耐药、为避免抗菌药物选择不当所致额外的副作用和医疗费用及资源浪费,现CAP治疗多实施临床路径指导下治疗(图24-1)。

收住ICU的重症患者初治则应早期选用广谱经验性抗菌药物治疗方案,需同时覆盖典型和非典型病原微生物:

(1) 一种三代或四代头孢菌素类抗菌药物(如头孢拉定、头孢曲松或头孢吡肟)、加一种静脉注射(IV)用氟喹诺酮类药物(如左氧氟沙星)。

(2) 一种三代或四代头孢菌素类抗菌药物、加一种静脉注射用大环内酯类药物(如阿奇霉素)。

(3) 如果是AECB及AECOPD患者,可选用一种碳青霉烯类药物(如亚胺培南西司他丁),或加酶抑制剂的β内酰胺类抗菌药物(如哌拉西林/他唑巴坦),加静脉注射用大环内酯

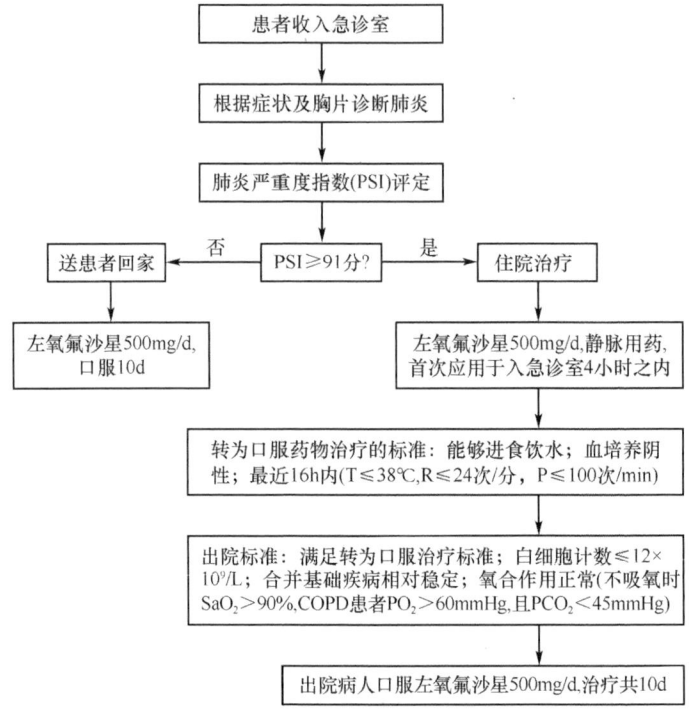

图 24-1 社区获得性肺炎的临床路径

类药物或氟喹诺酮类药物。

(二) 医院获得性肺炎(HAP)

HAP,包括与呼吸机使用有关的呼吸机相关性肺炎(VAP),是 ICU 中常见的医院获得性感染,占 ICU 中所有感染疾病的 25%;同时在医院获得性感染中病死率亦高,约 20%~50%。VAP 一般在气管插管、机械通气 48 小时后发病,多达 9%~27% 不等的机械通气患者会进展为 VAP,尤其在机械通气早期发病率高:5 天内每日 3%,约一半以上发生在机械通气 4 天内。病原微生物可经误吸、飞沫吸入、菌血症和通过仪器设备或医务人员的接触交叉污染等不同途径侵入肺内。

1. 病原学 致病微生物与 CAP 的差异很大,可为多种病原体混合感染。HAP 以耐药的需氧革兰阴性杆菌常见,如肺炎克雷伯菌、大肠埃希菌、铜绿假单胞菌和不动杆菌;而在糖尿病患者、入住 ICU 的危重病人中革兰阳性球菌近年来呈增加趋势,如耐药的金黄色葡萄球菌(尤其 MRSA)、肠球菌属和肺炎链球菌等。

2. 诊断 ICU 危重病人临床表现多不特异,痰培养需时长、是否进行细菌定量培养、使用抗菌药物后培养阳性率不高,故 HAP 确诊多较困难。临床诊断多根据:发热、白细胞计数分类升高、气道脓性分泌物、通气或氧合参数恶化、胸片或 CT 出现浸润影或在原有的基础上渗出病变增加。诊断注意事项:

(1) 一旦疑诊 HAP 应在使用抗菌药物前留取下呼吸道分泌物标本培养助诊:人工气道内抽吸的痰标本,或通过保护性毛刷、支气管肺泡灌洗(bronchoalveolar lavage,BAL)等有创方法可以获得的下呼吸道标本。

(2) 临床上获取的痰标本常进行定性培养,但多数学者认为咳出的或经气管内随机吸引的痰标本进行培养,结果并不可靠;但若培养能得到阳性结果中有可能包括致病菌,其药敏结果可能对明确抗生素耐药情况有所帮助。

(3) 使用纤支镜保护性毛刷或 BAL 等有创方法得到痰标本做定量培养较半定量或定性培养对诊断的特异性更有帮助;当保护性毛刷细菌浓度大于 10^3 菌落形成单位/ml 或 BAL 浓度大于 10^5 菌落形成单位/ml 时即可以诊断肺炎。

(4) 若持续 72 小时未使用抗菌药物而下呼吸道分泌物培养阴性,可除外细菌性 HAP;

(5) 同时需注意与菌血症、脓毒症、伴有胸腔积液者需与脓胸等相鉴别。

3. 治疗

(1) 在等待培养结果之前应先开始经验性抗感染治疗。选择抗菌药物应考虑到 ICU 患者病情严重度、原有基础疾病、住院时间长短、本地或本单位的流行病学资料(定植、流行菌株)等因素,使用与患者近期抗感染治疗不同种类的抗菌药物。

(2) 对于住院早期(<5 天)发生的无脏器功能损害的轻中度感染,通常使用一种第三代或第四代头孢菌素或碳青霉烯类药物进行治疗,青霉素过敏者可使用氟喹诺酮类药物;对于无并发症、非发酵革兰阴性杆菌感染的 VAP,抗生素的使用时间应限制在 7～8 天。

(3) 对于晚发型 HAP、健康护理相关肺炎(healthcare associated pneumonia, HCAP),多伴肺外器官功能受损,应针对多重耐药(multi-drug resistance, MDR)病原微生物使用广覆盖的降阶梯抗感染策略:铜绿假单胞菌感染应采取联合治疗,使用一种抗假单胞菌β内酰胺类药物治疗时应考虑短期(5 天)联合氨基糖苷类药;MRSA 所致 HAP 利奈唑胺疗效更优;耐碳青霉烯不动杆菌所致 VAP 应考虑使用头孢哌酮舒巴坦、替加环素或多黏菌素 B。HAP 治疗应在 48～72 小时之内在革兰染色和培养药敏的结果明确后尽早进行调整,换用能覆盖相关致病微生物的窄谱抗菌药物。

(4) 如果考虑厌氧菌感染,可选用β内酰胺/β内酰胺酶抑制剂、克林霉素或甲硝唑进行单药治疗;或与氟喹诺酮类、β内酰胺类抗菌药物联合应用以覆盖厌氧菌。

(5) 多重耐药菌所致 VAP 雾化吸入抗菌药物可能起到辅助治疗作用。

(三) 肺脓肿

肺脓肿(lung abscess)是由多种病原菌感染引起肺实质化脓性炎症、坏死、液化所形成的较大的含有液体的空腔。最常见的诱因有吸入性肺炎;另外牙龈炎、牙周病、支气管扩张和菌血症也可导致肺脓肿。

1. 病原学 吸入性肺炎所致肺脓肿的致病菌取决于误吸发生的地点在社区还是医院内。医院获得性吸入性肺炎常由厌氧菌、革兰阳性球菌(如金黄色葡萄球菌、化脓性链球菌)及革兰阴性杆菌(如肺炎克雷伯菌和铜绿假单胞菌)引起。菌血症血源性播散所形成的肺脓肿多位于两肺周边部,呈多发性分布,病原菌以金黄色葡萄球菌多见,可伴厌氧菌和革兰阴性杆菌混合感染。其他少见病原菌有结核分枝杆菌、奴卡菌、阿米巴和真菌等均可形成肺脓肿。

2. 诊断 临床上以高热、咳嗽、咳大量脓臭痰,X 线显示含气液平的空洞为特征。肺脓肿确诊需要根据胸片和胸部 CT 表现。患者咳出的痰培养结果并不可靠,可使用肺泡灌洗液或保护性毛刷收集标本进行涂片、培养确定病原菌。

(1) 吸入性肺脓肿:可有牙周病、溢脓、扁桃体炎等口、鼻咽部化脓性病灶,昏迷,全身麻醉,异物吸入等病史;X 线全胸片或胸部 CT 可见圆形透亮区的脓腔,内有液平面,周围有浓密炎性浸润阴影,病变好发于上叶后段或下叶背段,右肺多于左肺。

(2) 血源性肺脓肿:可有皮肤创伤、感染、骨髓炎、产后感染、细菌性心内膜炎等病史;胸部X线可见两肺多发、散在小斑片状影或边缘较整齐的大小不一的球形病灶,其中可见液平面或透亮区。

(3) 须排除肺结核空洞,癌性空洞或肺囊肿继发感染。

3. 治疗 急性肺脓肿的治疗原则是抗感染和痰液体位引流。

(1) 抗感染治疗:长期、足疗程的抗菌药物治疗(6~12周)是肺脓肿最主要的治疗措施;抗菌药物的选择应根据培养结果做相应调整:对于厌氧菌和革兰阳性球菌等需氧菌,可选用青霉素类药物;院内感染可根据痰培养药敏试验选用三代、四代头孢菌素(如:头孢拉定、头孢曲松、头孢吡肟等)、氟喹诺酮类和糖肽类(如万古霉素)等。

(2) 体位引流是治疗的重要措施,有利于脓痰排出,提高治愈率。纤支镜冲洗及吸引也有助于引流或清除异物。

(3) 手术治疗不作为首选的治疗措施,手术指征:①对于病程长(>3个月)、内科保守治疗脓肿不缩小;②脓腔过大(5cm以上);③内科治疗无效的大咯血;④伴有支气管胸膜瘘或脓胸;⑤异物或可疑肿瘤阻塞支气管致感染难以控制者,诊断上不能与肺癌鉴别者常需手术清除肺脓肿。

二、泌尿系感染

泌尿系感染(UTI)是最常见的医院获得性感染,与尿管长时间留置、不恰当的抗菌药物治疗、女性、氮质血症、泌尿系结构畸形、泌尿系结石等有关。临床上严重程度差异很大:轻者尿道炎、膀胱炎可在门诊服药治疗;重者可导致肾盂肾炎、肾或肾周脓肿,并发严重感染、感染性休克。

1. 病原学 细菌常常通过尿道侵入泌尿系统并向近端扩散;有时邻近腹腔感染的播散或菌血症血行播散(尤其是金黄色葡萄球菌)也可导致上尿路感染。尿培养革兰阴性杆菌包括大肠埃希菌、肺炎克雷伯菌属等最多见;有时沙雷菌属、肠杆菌属和假单胞菌属也可引起导尿管相关性感染;革兰阳性菌包括葡萄球菌属、肠球菌属;此外念珠菌属真菌、沙眼衣原体等也可致病。

2. 诊断 诊断需鉴别尿路病原微生物定植和感染:外周血白细胞计数、分类,尿常规沉渣分析和尿培养均有助于鉴别。外周血白细胞计数、分类增高往往提示尿路感染;尿沉渣白细胞管型提示感染累及上尿路(肾脏或肾小管);尿培养结果不但可用来鉴别感染与否,同时还有助于抗菌药物的选择。

(1) 下尿路感染:包括膀胱炎和尿道炎,表现为尿频、尿痛、尿急等尿路刺激症状和尿混浊或血尿。严重者可有发热、外周血白细胞计数分类增加等全身炎症反应症状。

(2) 急性肾盂肾炎:表现为寒战、高热、恶心、呕吐、腹泻和查体可有肋脊角或腰部压痛。实验室检查外周血白细胞计数增多、脓尿合并白细胞管型。未离心的尿标本革兰染色可见到细菌。临床上肾盂肾炎多合并结构畸形,因此在积极治疗同时应通过检查对泌尿系统进行全面评估,做到标本兼治。

(3) 肾脓肿和肾周脓肿:常由膀胱炎和尿道炎的逆行感染所致。表现多不典型:可有发热、白细胞增多和腹痛(腰部、侧腹、腹股沟)等。尿培养阳性率不高,尤其是抗菌药物应用后。确诊依赖于泌尿系超声和腹部CT检查结果。

3. 治疗 研究表明,导尿管相关泌尿系感染的治疗应根据临床实际情况。对于无症状患者,治疗可推迟。医院获得性尿管相关泌尿系感染多有临床症状(如有发热、寒颤、血压降低甚至休克、呼吸困难等),由于病情较重、可能为耐药菌感染,所以在获得尿培养结果前,应尽早开始经验性抗感染治疗,抗菌药物选择要做到广覆盖,覆盖可能的病原微生物:

(1) 一般可选用第三、第四代头孢菌素或氟喹诺酮类药物。

(2) 如果怀疑为假单胞菌属感染时,应选用头孢拉定、头孢吡肟或与氨基糖苷类合用。

(3) 若考虑肠球菌属感染时,可选用氨苄西林、呋喃妥因,耐药者可使用糖肽类抗菌药物或利奈唑胺。

(4) 念珠菌(尤其是白色念珠菌)约占所有ICU获得性泌尿系感染的30%,临床表现各异:从仅有实验室检查异常的无症状患者,到合并脓毒症、感染性休克的严重感染病人。无症状患者多为尿管相关的真菌定植,多数病人仅需拔除导尿管而无需抗真菌干预;对有症状的念珠菌尿患者,因为药物代谢尿液中存在高浓度药物活性成分,故口服或静脉滴注氟康唑200mg/d×(7~14)天即可有效清除尿中念珠菌。

三、血管内导管相关性感染

几乎所有ICU患者都因监测或补液需要曾留置过血管内导管:如动脉穿刺测压、脉搏轮廓温度稀释连续心排量(pulse indicator continuous cardiac output,PiCCO)监测,中心静脉置管测压,肺动脉热稀释导管(Swan-Ganz导管)等。临床上血管内导管相关性感染是一个常见的并发症,可局限于插管部位(插管部位感染)、或血行播散性感染(导管相关血行感染,CRBSI)。最常见的表现是不明原因的发热,而置管部位不一定存在红肿等感染表现。CRBSI的危险因素包括完全胃肠外营养(TPN)和导管留置时间过长。

1. 病原学 致病菌以革兰阳性菌最常见:凝固酶阴性葡萄球菌、金黄色葡萄球菌、肠球菌等;各种革兰阴性菌也可引起导管相关性感染;随着广谱抗生素应用日趋广泛,真菌在院内血行感染中的比例越来越高,其中以念珠菌属常见,占5.8%~11%。

2. 诊断

(1) 导管病原菌定植(catheter colonization):导管头部、皮下部分或导管接头处定量或半定量培养,确认有微生物生长[>15 菌落形成单位(colony forming unit,CFU)]。

(2) 导管相关感染

1) 出口部位感染(exit-site infection):出口部位2cm内的红肿、硬结和(或)触痛;或导管出口部位的渗出物培养出微生物,伴有其他感染征象和症状,伴或不伴有血行感染。

2) 隧道感染(tunnel infection):导管出口部位沿导管皮下隧道的触痛、红肿和(或)>2cm的硬结,伴或不伴有血行感染。

3) CRBSI:留置血管内导管的病人出现菌血症,经外周静脉和导管腔内各抽取血液培养、至少有1次结果为同种病原微生物阳性,同时伴有感染的临床表现,并排除导管外其他明确的血行感染源。

4) 由于复杂性心内膜炎的高发病率,血培养金黄色葡萄球菌阳性的患者,如果没有禁忌证,应做经食管超声心动图,以排除心内膜炎的疣状赘生物。

导管相关感染(尤其是CRBSI)临床上确诊病例并不多,由于多数病例有抗菌药物使用史,所以大多数病例为临床诊断。临床诊断需具备下述任一项:

a. 具有严重感染的临床表现,导管头或导管节段培养阳性,但血培养阴性,无导管以外的其他感染源,且未用新的抗生素治疗,拔除导管48小时内症状能自行好转。

b. 菌血症或真菌血症病人,有寒颤、发热和(或)低血压等临床表现,且至少导管血与外周血有两个血培养阳性结果(其中1个为外周血),为同一株皮肤共生菌,但导管节段培养阴性,且不存在其他血行感染源。

3. 治疗

(1)拔除导管:当怀疑导管相关感染时,每家医院的治疗方案可有不同:拔除导管异位重新放置或原部位更换导管,同时留取血培养,寻找感染源;如果患者无持续血流感染、血流动力学稳定、仅有发热表现,可同时送检导管腔内血与外周血两份标本进行培养,及时评估导管与感染表现的关系,暂予观察不拔除导管;对于考虑合并病情恶化(低血压、脏器功能不全等)、穿刺部位的脓肿等血管内导管导致的发热,念珠菌导致的导管相关菌血症,血管内导管合并金黄色葡萄球菌感染时均应立即拔除导管,同时留取导管尖端、导管腔内和外周血液样本的定量或半定量培养,后者尚需明确是否并发感染性心内膜炎。

(2)抗菌药物治疗:一旦考虑血管内导管相关感染,首先考虑拔除原血管内导管,且应在留取血液标本后,立即根据病情严重程度和本地病原微生物的流行病学特征,选用静脉注射的、覆盖可能病原微生物的抗菌药物;存在全身感染表现或血培养的初步结果为革兰阳性菌时,由于以葡萄球菌最常见、多是MDR,首选糖肽类抗菌药物(如万古霉素)进行经验性治疗;常需加用另一种覆盖革兰阴性菌的抗菌药物。病原微生物和药敏结果一旦明确,应依据其结果调整抗菌药物,尽快转为有针对性的目标性治疗。

疗程方面:对于无并发症的导管相关性菌血症,抗生素疗程通常为7~14天。真菌感染需要更长疗程,尤其在免疫功能低下患者,一般要在最后一次血培养阳性后持续14天。如果出现感染性心内膜炎、感染性血栓性静脉炎和骨髓炎等严重并发症,则抗菌药物疗程需适当延长(感染性心内膜炎、血栓性静脉炎4~6周,骨髓炎6~8周)。

四、难辨梭状芽孢杆菌结肠炎

难辨梭状芽孢杆菌结肠炎或称伪膜性肠炎,是伴随着抗生素(特别是广谱抗生素)使用而发生的、用其他原因无法解释的腹泻。随着抗菌药物在医院特别是ICU危重病人中大量应用,难辨梭状芽孢杆菌结肠炎渐渐成为重症患者的常见医院获得性感染并发症。

1. 病原学 本病是由于抗菌药物,特别是克林霉素、头孢菌素和氨苄西林等广谱抗菌药物长时间使用后,肠道内菌群失调、难辨梭状芽孢杆菌过度繁殖和释放毒素所造成的。难辨梭状芽孢杆菌是一种厌氧的革兰阳性产芽孢杆菌,它产生的毒素能够损伤肠道。正常人群难辨梭状芽孢杆菌的带菌率较低(约3%),而接受抗生素治疗者带菌率明显升高,可达20%。

2. 诊断 难辨梭状芽孢杆菌结肠炎临床表现有腹泻[水样便和(或)血便]、发热、腹部绞痛、严重者可有中毒性巨结肠、肠穿孔和腹膜炎,血常规检查结果可有明显的白细胞升高,可高达$50×10^9/L$。确诊需大便常规见脓细胞、红细胞且通过细胞培养检测到难辨梭状芽孢杆菌毒素证据;乙状结肠镜下见到"伪膜"对诊断亦很有帮助。因为有10%~30%的无症状患者大便中存在难辨梭状芽孢杆菌,所以粪培养结果对诊断没有太大帮助。

3. 治疗

(1)停用致病抗菌药物:对于轻症患者若病情许可,应该停用抗生素。亦可同时予补液、维持水、电解质、酸碱平衡和使用肠道微生态制剂恢复肠道正常菌群、营养支持等措施。

(2) 特异性治疗措施：可使用甲硝唑（首选口服）或口服万古霉素，有报道称经静脉应用万古霉素无效；对于部分患者不能肠道给药的，可静脉滴注甲硝唑治疗。疗程为10～14天，一般2～3天后即可见症状改善；如果症状未改善应评估是否存在中毒性巨结肠等并发症。建议的肠道剂量如下：

1) 甲硝唑 250mg 口服 q6h，或 500mg 口服 q8h。

2) 万古霉素 125～500mg 口服 q6h。

五、侵袭性真菌感染

真菌大多为条件致病菌，感染机体的不同部位导致不同的临床表现，轻者可为浅表的皮肤黏膜感染，重者侵入组织血液、累及组织和器官的全身性感染。ICU患者由于存在病情危重、复杂、免疫功能低下，病情需要广泛应用有创性监测与治疗手段、破坏生理屏障，广谱抗菌药物、糖皮质激素与免疫抑制剂的使用，常合并多种慢性基础疾病、完全胃肠外营养等危险因素，所以侵袭性真菌感染（invasive fungal infections，IFI）高发，发病率不断攀高，约占医院获得性感染的8%～15%；IFI病死率亦很高，已成为致危重患者死亡的重要病因之一。

1. 病原学 ICU患者IFI，以酵母样真菌（主要是念珠菌）和丝状真菌（曲霉为主）常见，分别占91.4%和5.9%ICU患者念珠菌IFI，尤其是血培养分离的致病真菌：其中白色念珠菌最多见（约占念珠菌的40%～60%），近年来非白念珠菌（如热带念珠菌、近平滑念珠菌、光滑念珠菌等）感染率在逐渐增加；国外文献报道，念珠菌菌血症发病率已渐升至院内血流感染的第4位；侵袭性曲霉感染的发生率亦在逐渐上升，占所有IFI的5.9%～12.0%。曲霉属中以烟曲霉、黄曲霉及黑曲霉常见，另外接合菌中的根霉属与毛霉属的感染率亦有所升高。

2. 诊断 IFI的诊断分三类：拟诊、临床诊断、确诊；具体诊断标准由宿主（危险）因素、临床特征、微生物学检查和组织病理学四部分组成。

IFI诊断的金标准仍是病原学（主要是组织病理学检查）确诊，包括常规直接镜检、培养和组织病理学检查，但临床实践中上述方法阳性率低、兼之ICU重症患者由于病情复杂、真菌感染相关的临床表现和特征不典型，导致多数ICU重症患者难以确诊。近年来应用各类临床获得的标本如引流液、血液标本、活检标本、支气管肺泡灌洗液标本，作(1-3)-β-D葡聚糖实验（G实验）、半乳甘露聚糖试验（GM试验）等替代指标的检测来提高IFI诊断的可行性、早期诊断和疗效监测。

(1) 侵袭性念珠菌感染

1) 念珠菌血症（尤其是光滑念珠菌）的特点为血培养结果阳性、并排除污染可能，同时具有符合相关致病念珠菌感染的临床症状与体征。因可扩散到其他器官，死亡率高。血培养阳性病人需要关注血管内导管留置与深部器官念珠菌感染相关性，导管拔除时应留取导管尖端的定量培养。

2) 深部念珠菌病：可源于血行播散，也可由临近组织感染灶直接侵犯或种植。这类患者因血培养结果阳性率不高，所以诊断较困难。与外界相通部位标本培养（如痰、尿或伤口）结果阳性需除外定植或污染可能；对于存在危险宿主因素的患者应高度关注。播散性感染的确诊根据局部感染组织或胸腹水、血液培养结果阳性，伤口的组织病理学见侵润表现。

(2) 侵袭性曲霉菌感染：曲霉孢子吸入后多停留在肺和鼻窦，对于免疫功能低下或受损的 ICU 患者,曲霉可在肺或鼻窦处大量生长,然后血行播散至身体其他部位;而免疫功能正常者可能仅是肺或鼻窦的局部感染。所以诊断感染时同样要排除定植;感染的诊断依据为血清学检查、组织病理活检和培养结果:因痰培养结果不可靠,所以肺组织穿刺活检是确诊的金标准,但因该方法有创、患方难以接受、依从性差而难以实现。

1) 深部曲霉菌感染:由于血行播散可至多个器官,包括 CNS、肝脏和心脏等均可累及,此外血管浸润还可以导致心肌梗死或 Budd-Chiari 综合征。

2) 肺部局部感染:侵袭性肺部感染表现为发热等全身症状和肺部浸润,肺部 X 线胸片和 CT 示晕环征、大结节或空洞等改变,肺组织活检病理可见出血、梗死、肺血栓形成。但相当一部分局限性浸润患者同时合并播散性深部曲霉菌感染。

3) 其他肺部表现:如慢性哮喘和肺囊性纤维化患者由气道内定植的曲霉菌致敏诱发的发作性哮喘;肺上叶的空洞内形成的曲菌球。

3. 治疗

(1) 念珠菌感染的治疗:白色念珠菌、热带念珠菌、近平滑念珠菌因其敏感性应首选氟康唑,另外也可选择棘白菌素类或其他唑类等药物;光滑念珠菌、克柔念珠菌因对氟康唑存在不同程度的耐药,治疗时应选择棘白菌素类、伊曲康唑、伏立康唑、两性霉素 B 及其含脂质体等。

1) 念珠菌血流感染:若有可能应尽早拔除所有血管内导管,并异位更换导管。

a. 非中性粒细胞缺乏患者,血流动力学稳定、近期内无唑类抗真菌药使用史首选氟康唑负荷剂量 800mg(12mg/kg),继以 400mg/d,IV 或 PO;而近期有唑类抗真菌药物使用、血流动力学不稳定、已明确对氟康唑耐药(如光滑念珠菌)者首选棘白菌素类如卡泊芬净负荷剂量 70mg,次日改 50mg/d IV(中度肝功能不全时剂量减至 35mg/d)。疗程为末次血培养阳性后 14 天,而存在真菌性眼内炎者疗程要延长至 4~6 周。

b. 粒细胞缺乏患者,首选棘白菌素类如卡泊芬净负荷剂量 70mg,次日改 50mg/d IV(中度肝功能不全时剂量减至 35mg/d),或脂质体两性霉素 B 3~5mg/(kg·d) IV。疗程为末次血培养阳性、体征和粒细胞缺乏缓解后 14 天。

2) 播散性念珠菌感染:常需要采取联合治疗方案:全身性抗真菌药物,病灶的引流或清创,血管内导管的拔除,必要时还需要摘除被感染的人工植入异物。抗真菌药物治疗首选氟康唑,400mg/d(6mg/kg),IV 或 PO;脂质两性霉素 B 3~5mg/(kg·d) IV;或棘白菌素类如卡泊芬净;病情重者应首选两性霉素 B。疗程需要更长时间,直到病灶消失。

(2) 曲霉菌病的治疗

1) 对播散性曲霉菌感染和侵袭性肺曲霉菌感染首选治疗为伏立康唑:首日 6mg/kg IV q12h,继以 4mg/kg IV q12h,或 200mg PO q12h(体重≥40kg),或 100mg PO q12h(体重<40kg)。备选药物脂质体两性霉素 B 3~5mg/(kg·d) IV;卡泊芬净首日量 70mg、次日改 50mg/d IV;伊曲康唑口服液 2.5mg/kg qd。对于某些病例,可联合应用伏立康唑和两性霉素治疗播散性感染。美国食品药品管理局批准卡泊芬净用于治疗两性霉素 B 反应不佳或不能耐受的侵袭性曲霉菌病的补救治疗。

2) 局限性肺部表现

a. 曲霉菌球。症状不明显可不干预,反复咯血是手术指征。与支持治疗相比,全身使用抗真菌药物不能改善预后。

b. 针对变态反应性支气管肺曲霉感染的治疗包括全身性糖皮质激素,或伊曲康唑口服液 200mg PO qd×16 周甚至更长时间。

4. 肝肾功能损害时抗真菌药物的选择

(1) 肝功能不全时药物的选择与剂量调整：唑类药物在肝功能不全患者应用时需密切监测肝功能变化：仅有转氨酶轻度升高但无黄疸、凝血功能障碍等肝功能不全表现时，可密切监测肝功能变化继续用药；若转氨酶明显升高（>正常 5 倍）并出现肝功能不全的临床表现时，应考虑停药观察，并动态监测肝功能。

1) 肝硬化患者应用伊曲康唑时，因半衰期延长需调整剂量。

2) 在肝功能不全时应慎用伊曲康唑。伏立康唑在轻、中度肝功能不全患者中，可在密切监测肝功能的基础上使用：首日负荷量不变，其后每日维持量减半。而重度肝功能障碍患者中使用伏立康唑现尚无相关经验。

3) 棘白菌素类如卡泊芬净在轻度肝功能不全(Child-Pugh 分级 5~6)时一般不需调整剂量，中度肝功能不全(Child-Pugh 分级 7~9)时需减量(维持量 35mg/d)。目前缺乏重度肝功能障碍(Child-Pugh 分级>9 分)患者的用药经验，临床上多考虑进一步减量甚至停药。

(2) 肾功能障碍或衰竭时药物的选择与剂量调整

1) 氟康唑 80%由原型经肾脏排出，肌酐清除率<50ml/min 时剂量减半。

2) 肾功能障碍时伊曲康唑赋形剂羟丙基-β-环糊精、伏立康唑其赋形剂磺丁-β-环糊精钠清除率下降，故肌酐清除率<30ml/min 时，不主张静脉给药；若患者胃肠功能完好可改用空腹使用伊曲康唑口服液(生物利用度>53%)或伏立康唑片剂。

3) 卡泊芬净主要在肝脏代谢，肾功能障碍患者无需调整药量。

4) 两性霉素 B：24 小时持续静脉注射或延长其输注时间可减少肾毒性与相关的寒战、高热等毒性反应，增加患者对其耐受性；同时应尽可能避免合并使用其他有肝肾损害的药物。两性霉素 B 的肾损害与给药剂量呈正相关，多为可逆性损害，永久性的肾衰竭少见。

(3) 血液滤过、血液透析抗真菌药物剂量的调整：血液透析或血液滤过模式的血液净化治疗对抗真菌药代动力学的影响复杂多样，药物分子量越小、水溶性越高、血浆蛋白结合率越低，则血液净化治疗时清除得越多。所以重症患者接受血液净化治疗期间应用抗真菌治疗时，应根据药物的清除率来调整药物剂量。参见表 24-4。

表 24-4 血液净化治疗模式与抗真菌药物剂量调整

药物名称	CVVH	CVVHD 或 CVVHDF	IHD
氟康唑	200~400mg,qd	400~800mg,qd	于每次血液透析后给药 1 次
伏立康唑	4mg/kg,PO,q12h	4mg/kg,PO,q12h	
伊曲康唑	—	—	血液透析前给药
卡泊芬净	无需调整剂量	无需调整剂量	无需调整剂量
两性霉素 B			
两性霉素 B 脱氧胆酸盐	0.4~1.0mg/kg,q12h	0.4~1.0mg/kg,q12h	
两性霉素脂质复合体	3~5mg/kg,qd	3~5mg/kg,qd	
两性霉素 B 脂质体	3~5mg/kg,qd	3~5mg/kg,qd	

注：CVVH：连续静脉-静脉血液滤过；CVVHD：连续静脉-静脉血液透析；CVVHDF：连续静脉-静脉血液透析滤过；IHD：间歇性血液透析；CVVH、CVVHD 或 CVVHDF 时，置换液、透析液均为 1L/h

（张　彬）

参 考 文 献

安友仲,曹相原,方强等.2008.血管内导管相关感染的预防与治疗指南.中国实用外科杂志,(6)28:413～421

胡必杰,周军.2011.导管相关血流感染预防与控制标准操作规程.见:胡必杰主编.医院感染预防与控制标准操作规程(参考版).上海:上海科学技术出版社

胡必杰,周军.2011.标准预防.见:胡必杰主编.医院感染预防与控制标准操作规程(参考版).上海:上海科学技术出版社,56

胡必杰,周军.2011.导尿管相关尿路感染预防与控制标准操作规程.见:胡必杰主编.医院感染预防与控制标准操作规程(参考版).上海:上海科学技术出版社

胡必杰,周军.2011.医院内肺炎预防与控制标准操作规程.见:胡必杰主编.医院感染预防与控制标准操作规程(参考版).上海:上海科学技术出版社

桑福德 JP.2010.热病——桑福德抗微生物治疗指南(新译第41版).范洪伟等译.北京:中国协和医科大学出版社,73～74

于凯江,方强,刘大为等.2007.重症患者侵袭性真菌感染诊断与治疗指南(2007).中华内科杂志,(11)46:960～965

朱迎钢,瞿介明.2010.临床路径在社区获得性肺炎中的应用.中国呼吸与危重监护杂志,(1)9:97～99

Attridge RT, Frei CR, Restrepo MI, et al. 2011. Guideline-concordant therapy and outcomes in healthcare-associated pneumonia. Eur Respir J. 38:878～887

Bauer MP, Kuijper EJ, van Dissel JT, et al. 2009. European Society of Clinical Microbiology and Infectious Diseases (ESCMID): treatment guidance document for Clostridium difficile infection (CDI). Clin Microbiol Infect. 15:1067～1079

Bernard MS, Hunter KF, Moore KN. 2012. A review of strategies to decrease the duration of indwelling urethral catheters and potentially reduce the incidence of catheter-associated urinary tract infections. Urol Nurs. 32:29～37

Chen SC, Playford EG, Sorrell TC. 2010. Antifungal therapy in invasive fungal infections. Curr Opin Pharmacol. 10:522～530

Ferrer M, Menendez R, Amaro R, et al. 2011. The impact of guidelines on the outcomes of community-acquired and ventilator-associated pneumonia. Clin Chest Med. 32:491～505

Kim JS, Holtom P, Vigen C. 2011. Reduction of catheter-related bloodstream infections through the use of a central venous line bundle: epidemiologic and economic consequences. Am J Infect Control. 39:640～646

Kincaid SE. 2010. Clostridium difficile-associated disease: impact of the updated SHEA/IDSA guidelines. Consult Pharm. 25:834～836

Nicolle LE. 2012. Urinary catheter-associated infections. Infect Dis Clin North Am. 26:13～27

Pagano L, Lumb J. 2011. Update on invasive fungal disease. Future Microbiol. 6:985～989

Pappas PG, Kauffman CA, Andes D, et al. 2009. Clinical practice guidelines for the management of candidiasis: 2009 update by the Infectious Diseases Society of America. Clin Infect Dis. 48:503～535

Patil HV, Patil VC, Ramteerthkar MN, et al. 2011. Central venous catheter-related bloodstream infections in the intensive care unit. Indian J Crit Care Med. 15:213～223

Wilke M, Grube RF, Bodmann KF. 2011. Guideline-adherent initial intravenous antibiotic therapy for hospital-acquired/ventilator-associated pneumonia is clinically superior, saves lives and is cheaper than non guideline adherent therapy. Eur J Med Res. 16:315～323

Yang Y, Xu F, Shi LY, et al. 2012. Efficacy and significance of various scores for pneumonia severity in the management of patients with community-acquired pneumonia in China. Chin Med J (Engl). 125:639～645

第25章 肺部疾病

神经重症监护的病人易出现多种肺部并发症,因此神经科医师需要熟悉NICU中常见的肺部疾病。几乎所有重症监护的病人院内获得性肺炎和静脉血栓栓塞症发病的风险都增加。收住神经监护的创伤患者还可能同时合并有肺挫伤或是随着疾病的进展发生急性肺损伤(ALI)。许多的神经系统问题,增加了这类患者吸入胃内容物的风险,从而增加了吸入性肺炎以及急性呼吸窘迫综合征发生率。中枢神经系统损伤的患者还有可能出现神经源性肺水肿。其他因素如高碳酸血症、镇静、镇痛以及神经肌肉阻滞药的使用等也使得NICU内ALI/ARDS病人的治疗更富有挑战性。此外,有基础肺疾病的患者(如哮喘、慢性阻塞性肺疾病、间质性肺病等)常因外伤、插管、继发感染、误吸等而使病情加重。下面讨论在神经科重症监护中常见的肺部并发症。

第一节 肺 栓 塞

一、背 景

静脉栓塞性疾病的发病率高,死亡率亦高,每年在美国估计有15万至20万人死于该疾病。VTE目前仍然是医院内最常见的可预防的导致死亡的原因。VTE形成的危险因素有静脉血液淤滞、静脉内皮系统的损伤和纤维蛋白溶解系统的异常。下肢深静脉血栓的形成是临床上肺栓塞栓子的主要来源,约占95%以上。

深静脉血栓形成的主要危险因素包括:①手术及全身麻醉超过30分钟;②下肢或骨盆的损伤或手术;③充血性心力衰竭;④任何原因的长时间制动;⑤妊娠/产褥期。其他增加深静脉血栓形成的风险因素有癌症、肥胖、高龄、静脉曲张、既往的深静脉血栓史、口服避孕药以及血液高凝状态,这些危险因素可以单独存在,也可以同时存在、协同作用。

二、VTE的预防

降低静脉血栓栓塞性疾病的发病率和死亡率的最好办法是预防。一般情况下,所有患者入住重症监护病房时,应为他们进行VTE风险评估。大部分病人都需要预防血栓形成。常用方法:①皮下使用小剂量普通肝素(LDUH)、低分子量肝素(LMWH)和口服华法林,适用于没有如活动性出血或凝血功能障碍的患者;②对于不能使用肝素的患者,应使用机械预防措施如下肢间歇序贯加压充气泵(ICP)联合或不联合加压弹力袜(GCS)。需要指出的是适当的预防可以显著降低VTE的风险,但并不能完全消除VTE的发生。针对不同的患者预防措施的选择稍有差异:

(1)神经外科:神经外科手术的患者会增加术后VTE发生的风险,应注意术后常规预防。其增加VTE风险的危险因素包括颅内手术(而不是脊柱外科手术)、活跃的恶性肿瘤、长时间的手术、腿部的肌肉无力以及高龄等。由于担心药物预防可能会导致颅内或脊髓出血,对神经外科的患者常使用机械预防措施。有研究表明手术期间使用LDUH预防DVT比IPC(联合或不联合GCS)更有效,且不会增加颅内出血的危险。另一些研究发现随机给患者低分子量肝素后出血的发生率有升高的趋势,因此低分子肝素应谨慎的使用。建议在手术时启用机械预防措施：IPC联合（或不联合）GCS。可接受的替代治疗是LDUH或术后使用低分子肝素。对神经外科的高危病人（如恶性脑肿瘤等）推荐机械预防措施和药物联合使用。

（2）创伤：从重大创伤中恢复过来的病人在没有给予预防措施时发生DVT概率超过50%。与DVT发生风险增加相关的独立因素包括：脊髓损伤、下肢或骨盆骨折、外科手术时间、股静脉穿刺或主要静脉修补、长期制动、长期住院等。IPC是常用于预防创伤患者DVT的机械措施，它不增加出血的风险。然而有研究发现创伤患者使用这种方式产生的效果并不一致，IPC除了对部分患者保护效果欠佳外，还不适用于多达三分之一的下肢低部位的骨折、使用石膏或敷料的创伤患者。因此，IPC不建议用于创伤患者的常规血栓预防，但对于有活动性出血等抗凝禁忌证的患者可能是有用的。同样，LDUH能预防低风险患者的VTE，但对于创伤患者没有特别有效的预防。对一些重大创伤患者的大样本研究发现在没有颅内出血或其他器官进行性出血的情况下，选择低分子肝素预防DVT疗效优于LDUH。低分子肝素建议用于广大中危和高危创伤患者VTE的预防。早期使用低分子肝素的禁忌证包括颅内出血、持续或不受控制的出血、不能纠正的凝血功能障碍、不完全性脊髓损伤（SCI）以及怀疑或证实的髓周血肿。没有明显出血的脑外伤、内脏器官（肺、肝、脾、肾）的挫伤或裂伤、伴有腹膜后血肿或完全性脊髓损伤的骨盆骨折，这些情况本身并不是低分子肝素使用的禁忌证，但前提是没有明显的活动性出血。大多数创伤患者可以在受伤36小时内使用低分子量肝素。尽管有证据表明，IPC或GCS只提供有限的保护，但有LMWH禁忌证的患者应考虑用机械措施预防血栓形成。这些措施应该尽早使用，并一直持续到可以使用LMWH时。对于效果欠佳或没有进行血栓预防的高危患者应进行多普勒超声筛选（尤其是在实行IPC之前）。预防应该一直持续到出院，包括住院康复期。出院后的预防主要适用于行动不便的患者。

（3）急性SCI：如果没有适当的预防，在所有住院患者中急性脊髓损伤患者的DVT发病率最高。常规筛查发现60%～100%脊髓损伤患者存在无症状DVT。肺栓塞是导致这些患者死亡的第三位原因。增加VTE风险的因素还包括高龄、下肢骨折、延迟使用纤溶酶等。虽然VTE的高危期是在脊髓损伤后的急性期，但是有症状的DVT或肺栓塞、致命的肺栓塞也可发生在康复阶段。脊髓损伤后静脉血栓栓塞的风险非常高，应在所有脊髓损伤患者中早期使用纤溶酶。一些研究表明，单独使用LDUH或IPC对脊髓损伤患者不能起到有效的预防作用，而调整量普通肝素和低分子肝素更有效。初期止血取得成功的患者，推荐早期使用LMWH或LDHU加IPC的组合。如果损伤部位或者其他部位仍然存在出血，入院后应尽快启用机械预防措施，一旦出血风险有所下降，应开始抗凝治疗预防血栓。对未及时采用有效预防血栓措施的急性脊髓损伤患者，应行多普勒超声筛选。渡过急性期的患者，应继续使用LMWH预防或者转为华法林口服，使INR达到2.0～3.0，这对康复阶段是很有益的。

三、肺栓塞/DVT的诊断策略

通过及时的诊断和正确的治疗，可以减少与肺栓塞相关的死亡率。然而，肺栓塞症状不典型，且缺乏特异性，其临床表现和常规实验室检测（如心电图、胸片、动脉血气分析）不能用来确认或排除肺栓塞的存在，给诊断带来一些困难，对重症监护患者尤其如此。因此，迫切需要一个能较好评价肺栓塞的策略。下面讨论常用的诊断检查手段以及基于特定的临床情况该如何选用这些检测手段。

(1) 实验室检测：常规化验结果如白细胞增多、血沉增加、血清 LDH 或 AST 升高等对肺栓塞诊断无特异性。

动脉血气分析通常会提示低氧血症、低碳酸血症、肺泡动脉血氧分压差 $P(A-a)O_2$ 增大和呼吸性碱中毒。在大面积肺栓塞患者中，因严重的低血压和呼吸衰竭，高碳酸血症、呼吸性酸中毒和代谢性酸中毒也是常见的。约 20% 确诊肺栓塞的患者血气结果可以完全正常。

脑钠肽(BNP)或 N 末端脑钠肽(NT-proBNP)水平在肺栓塞患者往往有明显升高，但是这一指标对肺栓塞诊断的敏感性和特异性均较差。升高的 BNP 水平反映了右心室功能不全和血流动力学损失的严重程度，与后续并发症发生的风险有关，有提示预后的作用。

在大面积或次大面积肺栓塞的病人中有 3%~50% 出现肌钙蛋白 I 和肌钙蛋白 T 升高。尽管这些指标的升高对肺栓塞没有诊断价值，但常与长期低血压和 30 天死亡率显著增加有关。心脏脂肪酸结合蛋白(H-FABP)为心肌损伤的早期标记物，优于肌钙蛋白，可以早期预测肺栓塞相关的病死率。

D-二聚体是交联纤维蛋白的降解产物。可以使用定量的酶联免疫吸附法(ELISA)或半定量乳胶凝集试验进行检测。D-二聚体检测，尤其是 ELISA 检测，对于肺栓塞的诊断有良好的灵敏度(高达 92%)，但特异性差。D-二聚体＜0.5mg/L 对肺栓塞有排除诊断价值；高度可疑肺栓塞的患者此检查的意义不大，无论 D-二聚体结果如何，都不能排除肺栓塞。另外，D-二聚体也是判断是否 DVT 复发，评价以及溶栓疗效的生物标记。

(2) 心电图：心电图异常发生于约 26% 的肺栓塞患者中，他们之前可能没有心血管疾病。但大多数肺栓塞患者心电图正常，或仅有非特异性改变。因此心电图正常不能排除本病。肺栓塞患者最常见的心电图异常改变是特异性的 ST 段和 T 波改变，最典型的异常是 $S_1Q_{Ⅲ}T_{Ⅲ}$ 改变伴随右心室心肌劳损和新发的完全或不完全性右束支传导阻滞，后者常见于大面积肺栓塞和肺心病患者中。心电图异常与预后不良相关，包括房性心律失常、右束支传导阻滞、异常 Q 波、胸导联 T 波倒置伴有 ST 段改变。

(3) 胸部 X 线检查：肺栓塞病理变化多端，胸部 X 线表现也多样，常见的有肺不张、肺炎、胸腔积液、心脏肥大等情况。影像学异常对肺栓塞诊断用处不大，因为这些异常同样常可见无肺栓塞的患者，即使胸片正常也不能除外肺栓塞。

(4) 超声检查：下肢血管超声可用于评估栓子的来源，大多数肺栓塞的栓子来源于腿部深静脉，在超声检测中发现的下肢静脉血栓，应按 DVT 处理。尽管超声检查阳性率不高，但对不能外出做其他诊断性检查的危重患者，床边超声检查还是有必要的。若病人不能耐受超声探头在皮肤上的压力，或局部有绷带、石膏以及严重创伤等无法完成检查，就需要进行其他检查措施。

(5) 通气-灌注(V/Q)：V/Q 在肺栓塞的诊断中起着重要作用，其结果可分为正常、低度可能、中度可能和高度可能。正常、低度可能的 V/Q 扫描可基本排除肺栓塞，而高度可能则是提示肺栓塞存在的有力证据。同时 V/Q 显像可以为选择性肺动脉造影提示病变所在。但是，多数可疑肺栓塞的患者进行 V/Q 扫描得到的结果是不确定的，必须进行其他的检查。

(6) CT 肺血管造影(CT-PA)和 MRA：螺旋 CT 扫描＋血管造影，也被称为 CT 肺动脉造影，现在越来越多地用于诊断肺栓塞。它可有效地显示中心性血栓栓塞，对于亚段以及亚段以下的远小分支作用有限。CT-PA 的主要优势包括特异性高、可行性好、安全、相对快速并有助于与其他肺部疾病的鉴别诊断。其劣势包括其准确性受阅片者专业水平的影响、费用较高、需要造影剂、无法检测到亚段及亚段以下的栓子。研究证实94%~96%的肺栓塞患者其栓子在近端肺血管内。临床应用中,低危患者如果CT-PA结果正常,可以排除肺栓塞;但高危患者即使CT-PA结果阴性也不能除外单发的亚段肺栓塞。

(7) 血管造影:肺动脉造影是诊断急性肺栓塞的"金标准"。肺动脉造影阴性可以排除临床相关的肺栓塞。在血流动力学稳定的情况下,一般认为肺动脉造影安全且耐受性良好。其并发症包括与插入导管相关的出血、感染、损伤,造影剂相关的过敏、肾毒性以及心血管意外等。

(8) MRA:MRA因受呼吸和心脏运动的影响,受复杂的血液流动情况以及相邻的肺内空气的影响,使其在肺栓塞诊断中的应用受到限制。随着技术的进步,MRA在将来可能发挥更大的作用。

(9) 超声心动图:床边超声心动图尤其是经食管超声检查,能在约80%的肺栓塞患者中检出异常(右心室显著增大、右心室功能下降、三尖瓣反流)。在大面积肺栓塞情况下,这些异常更为常见。对病情不稳定的患者,超声心动图可快速提供一个推定诊断以便确定是否使用溶栓治疗,这对不能外出做其他诊断性检查的患者特别有用。

四、推荐的诊断策略

肺栓塞的诊断策略如图25-1所示。当住院病人临床怀疑肺栓塞时,临床医生必须确定

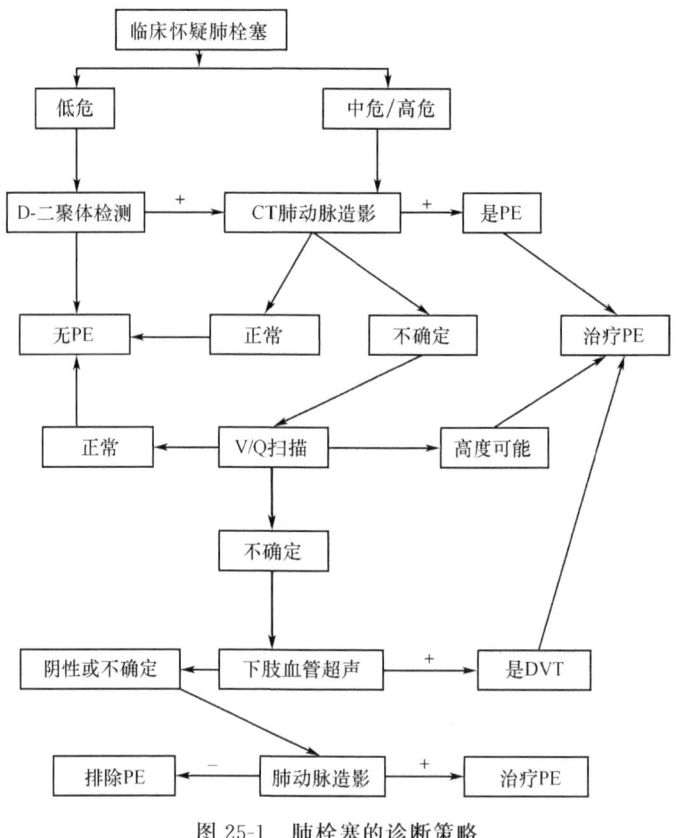

图25-1 肺栓塞的诊断策略

DVT=深静脉血栓形成,CT=计算机断层扫描,V/Q=通气-灌注

在他们的机构中哪些诊断方法是比较容易实施的。如果医疗机构有螺旋 CT-PA 使用和读片方面的经验,且病人没有做螺旋 CT-PA 禁忌证,建议行 CT-PA 检查,因为其预测的准确性高、容易实施且在鉴别诊断方面有优势。在极少数情况下会出现 CT-PA 检查结果是不确定性的或者虽然临床上高度怀疑肺栓塞但 CT-PA 结果阴性,这时应该实施其他检查措施,包括 V/Q 扫描、下肢超声或肺血管造影,这些检查也是下面即将提到的对 CT-PA 经验不足的机构可以采用的措施。

如果医疗机构无 CT-PA 的经验,建议首选 V/Q 扫描,因为 V/Q 扫描结果正常可以排除肺栓塞,扫描结果高度可能则可以确定诊断。但是,多数 V/Q 扫描结果是不确定的,甚至临床高度怀疑肺栓塞时 V/Q 扫描的敏感性仍低于 80%,出现"低度可能"的结果,需要进一步检查。此时通常使用无创性的下肢静脉超声检查,虽然其灵敏度低(确诊的肺栓塞患者超声波检查 30%~50%的结果为阴性)且阴性结果作用有限,但有研究表明,超声检查阴性结合 V/Q 扫描"低度可能"对肺栓塞的阴性预测值达 94%。当临床仍高度怀疑度肺栓塞时,有必要做肺动脉造影。

五、治 疗

急性肺栓塞往往是致命的,未经治疗的急性肺栓塞死亡率高达 30%。大多数死于肺栓塞的患者是由于在最初几个小时内肺栓塞反复发作所致。使用抗凝剂后可使死亡率降低到<8%。因此,尽可能快速诊断和有效治疗非常关键。

(1) 一般支持治疗:对于肺栓塞病人的初始治疗应侧重于对症、支持治疗以稳定患者的病情。低氧血症时,应予鼻导管吸氧或面罩吸氧。严重的低氧血症或呼吸衰竭,需要立即插管和机械通气。目标血氧饱和度应维持在 90%以上。如果病人有持续性低血压,应给予血流动力学支持,尽快静脉给予升压药物或正性肌力药物。此时静脉输液是有益的,但需要谨慎,因为增加血容量会引起右心衰,并增加右心室壁的压力,同时容量增大会降低右心室的氧供/需求的比例,导致缺血和右心室功能恶化。如果补液后,病人仍低血压,应予升压药治疗,去甲肾上腺素、去氧肾上腺素、多巴胺和肾上腺素都是可供选择的药物,没有证据表明哪个更优。去甲肾上腺素和去氧肾上腺素很少引起心动过速。多巴酚丁胺有正性肌力作用,但其相关的扩张血管作用会加重低血压,多巴酚丁胺和去甲肾上腺素的联合使用可以缓解这个问题。

(2) 抗凝:应与支持治疗同时进行。当临床高度怀疑肺栓塞时,经验性抗凝治疗应尽早开始,诊断评估应推迟到病人病情稳定以后。未经治疗的患者其死于肺栓塞复发的风险高达 30%,远远超过由于抗凝治疗所致大出血的风险。高度怀疑肺栓塞的病人,有抗凝治疗的绝对禁忌证时,必须加快诊断评估,如有必要,可以放置下腔静脉滤器。在复苏期间已予抗凝治疗的患者在行诊断评估时,应继续维持抗凝。确诊肺栓塞的患者,需要长期抗凝治疗。排除肺栓塞的患者,抗凝治疗可以停止,但同时应开始充分的预防治疗。

皮下使用低分子肝素(LMWH)或静脉注射普通肝素(UFH)启动全面抗凝治疗。对血流动力学稳定的患者通常首选低分子肝素。LMWH 具有药物吸收完全、生物利用度高、生物半衰期较长、较好的可预测抗凝剂量-效应关系、血小板减少及大出血发生率低的优点。急性大面积肺栓塞需要迅速达到抗凝效果、伴有严重肾功能不全、肥胖、已行创伤手术或有长期低血压的肺栓塞病人,推荐使用普通肝素。普通肝素在有显著出血风险的危重患者中使用更安全。

抗凝治疗的疗效取决于在治疗最初 24 小时是否能达到肝素化。推荐按体重调整肝素剂量,且在最初 24 小时内每 4～6 小时测定 APTT。美国胸科医师学会循证医学临床概要-抗凝与溶栓指南指出:对于急性肺栓塞患者,推荐从治疗第一天起给予维生素 K 拮抗剂并与 LMWH、UFH 或磺达肝葵钠重叠应用,推荐口服剂量 5～10mg,以后根据国际标准化比率(INR)调整。

表 25-1 溶栓治疗的禁忌证

绝对禁忌证:
颅内肿瘤
有活动性出血
近 2 个月有过中风或颅内手术史
——对于巨大肺栓塞和休克患者无绝对禁忌证
相对禁忌证:
难于控制的高血压,血压>180/110mmHg
2 个月内的缺血性脑卒中
出血性疾病
15 天内的严重创伤
近期曾行心肺复苏(>10 分钟)
2 周内大手术、分娩、器官活检
不可压迫部位的血管穿刺
年龄>75 岁或体重<67kg(出血的危险性增加)
妊娠
严重肝肾功能不全
左心房血栓
动脉瘤
10 天内的胃肠道出血
1 个月内神经外科或眼科手术
糖尿病出血性视网膜病变
细菌性心内膜炎

(3)溶栓治疗:因肺栓塞导致休克和低血压是被广泛接受的溶栓治疗的指证。其他临床情况如严重低氧、大范围灌注缺损、右心室功能障碍、右心室漂浮血栓和卵圆孔未闭等是否行溶栓治疗尚有争议,须根据患者的具体情况个体化确定。溶栓治疗加速急性肺栓塞栓子的溶解,但存在导致大出血的风险,必须谨慎使用。表 25-1 列出了溶栓治疗的绝对禁忌证和相对禁忌证。

下腔静脉滤器和取栓术:病人有抗凝治疗的绝对禁忌证,或在充分抗凝治疗中再次出现肺栓塞,或者病人有严重出血之类的抗凝并发症,可以考虑置入下腔静脉滤器(IVC)。下腔静脉滤器可以减少肺栓塞的再次发生率;然而,使用下腔静脉滤器的患者 DVT 的复发率明显增加。下腔静脉滤器的其他并发症包括:出血、滤器的错位移位、滤器的侵蚀和下腔静脉壁穿孔,以及由于滤器血栓引起的下腔静脉梗阻等。鉴于下腔静脉滤器的远期并发症,对年轻的预计生存期比较长的患者不主张使用永久性下腔静脉滤器,推荐使用可回收的下腔静脉滤器,滤器置入 10 天后静脉造影远端无血栓则可取出下腔静脉滤器。美国胸科医师学会循证医学临床概要-抗凝与溶栓指南指出:对于大部分肺栓塞患者,不推荐在抗凝治疗的基础上常规置入下腔静脉滤器。

对存在出血风险,不能接受抗凝治疗的患者,推荐置入下腔静脉滤器。取栓术是用手术或使用导管碎解和抽吸去除栓子。有持久性低血压不能溶栓或溶栓失败或溶栓有禁忌者可以考虑取栓术,但其死亡率很高。

第二节 急性呼吸窘迫综合征

一、背 景

ALI/ARDS 是指心源性以外的各种肺内、外致病因素导致的急性进行性呼吸衰竭,其病理特点为弥漫性肺泡毛细血管膜损伤。

目前使用的 ALI/ARDS 定义是由美国欧洲共识会议委员会于(1994 年)所推荐的。该定义所规定的 ALI/ARDS 标准:①急性起病;②胸片双侧浸润影;③临床上无充血性心力衰竭的证据,肺动脉楔压≤18mmHg;④$PaO_2/FiO_2<300$,认为是 ALI;⑤$PaO_2/FiO_2<200$,则认为是急性呼吸窘迫综合征。

中华医学会呼吸病分会提出的 ALI/ARDS 的诊断标准(草案):①有发病的高危因素;②急性起病,呼吸频数和(或)呼吸窘迫;③低氧血症;④胸部 X 线检查两肺浸润影;⑤肺毛细血管楔压≤18mmHg 或临床上能除外心源性肺水肿。

引起 ALI/ARDS 原因或高危因素很多,不同的高危因素有着不同的发病率和预后。ARDS 常见的高危因素见表 25-2。神经源性肺水肿(NPE)是神经系统疾病的一个常见并发症,通常被归为急性呼吸窘迫综合征的一种形式,但其病理生理及预后不尽相同,将在下面详细的讨论。

表 25-2 急性呼吸窘迫综合征(ARDS)的高危因素

败血症	药物过量	败血症	药物过量
吸入胃内容物或毒性物质	溺水	表面烧伤	药物反应
感染性肺炎	吸入浓烟	大量输血	神经源性肺水肿
严重创伤	心肺旁路	胰腺炎	上气道阻塞

二、发病机制

急性肺损伤的发病机制尚未完全阐明。除有些致病因素对肺泡膜的直接损伤外,更重要的是炎症细胞及其释放的炎症介质和细胞因子间接介导的肺部炎症反应导致了肺泡弥漫性损害。肺内炎症介质和抗炎介质的平衡失调是 ALI/ARDS 发生、发展的关键环节。中性粒细胞在肺部聚集、激活,并通过"呼吸爆发"释放氧自由基、蛋白酶和炎症介质,从而引起肺泡膜损伤、毛细血管通透性增加和微血栓形成,并可造成肺泡上皮细胞损伤、表面活性物质减少或消失,加重肺水肿和肺不张。其结果是通气-血流(V/Q)比例失调和生理分流导致顽固性低氧血症;生理性死腔增加导致二氧化碳弥散功能障碍(特别是在正压通气的时候);肺弹性降低致肺顺应性下降,肺的功能残气量减少,气体交换主要发生在剩余未受影响的部分肺,即使很小的潮气量也会导致气道压力急剧增加;缺氧所致的血管收缩、正压通气所致血管受压、微血栓形成等导致肺动脉高压。

ALI/ARDS 是体内系统性炎症反应综合征和代偿性抗炎反应综合征平衡失调时发生最早和最常出现的器官表现,上述平衡失调进一步发展则会导致 MODS。

三、病理改变及临床特点

ARDS 的主要病理改变是肺广泛性充血水肿和肺泡内透明膜形成。病理过程分为三个阶段:初始阶段的特点是"渗出",有弥漫性肺泡损伤和肺水肿;第二阶段为增生期,其特点是肺泡基底膜上 II 型肺泡上皮细胞的增殖,鳞状化生,间质浸润以及早期的胶原沉积;第三个阶段为"纤维变性期",部分肺泡的透明膜经吸收消散而修复,亦可有部分形成纤维化。

ALI/ARDS 的临床特征:ALI/ARDS 发病迅速,多于刺激因素(如败血症、外伤、神经损伤、休克、误吸胃内容物等)作用的 12~48 小时内发生,由于弥漫性肺泡损伤,出现肺功能障碍,表现为迅速恶化的呼吸急促、呼吸困难及难于纠正的低氧血症。体检时肺部常有弥漫性湿啰音。动脉血气通常显示急性呼吸性碱中毒、肺泡-动脉氧分压差增大和严重的低氧血症。胸片常显示两肺弥漫性渗出,伴有支气管充气征。由于肺毛细血管膜通透性一致增高,可引起血管内液体甚至有形成分渗出到血管外,胸部CT通常呈非重力依赖性影像学变化。ALI/ARDS一旦发生,即很难在短期内缓解,因为修复肺损伤的病理改变至少需要1周以上的时间。因其存在严重的低氧血症,通常需要机械通气支持。而长时间的机械通气,可能导致以下并发症:气压伤(如气胸)、呼吸机相关性肺炎、败血症和多器官功能障碍。

四、治疗措施

ARDS患者单纯由于呼吸衰竭导致的死亡仅占所有死亡患者的16%。更常见的是死于原发病或继发性的并发症如败血症、多器官功能障碍。因此,治疗的主要目的在于处理引起ARDS发生、发展的诱发因素以及加强对症支持治疗和护理避免潜在的致命性并发症的发生。

(1) 原发疾病的治疗:治疗ALI/ARDS的首要原则和基础是积极寻找原发病灶并予以彻底治疗。感染是导致ALI/ARDS的常见原因,也是引起ALI/ARDS的首位高危因素,而ALI/ARDS又易并发感染,所以对于所有患者均应怀疑感染的可能,除非有明确的其他导致ALI/ARDS的原因存在。治疗上宜选择广谱抗生素。

(2) 镇静和镇痛:大多数机械通气的ARDS患者需要镇静剂和镇痛药来缓解症状及减少耗氧量。苯二氮䓬类或异丙酚和阿片类药物通常联合使用,因为联合使用时它们提供了镇静和镇痛作用会产生协同效应,从而可以降低用药的剂量。丙泊酚尤其适用于神经重症监护的患者,因为其半衰期短,有利于随时评估神经状态。镇静剂的使用都有风险,需要再三斟酌。统计表明日常清醒的患者给予推注镇静剂达到镇静和镇痛的效果与通过持续静脉滴注达到镇静效果比较,前者使用呼吸机的时间更少、院内感染发生率更低。有些患者在机械通气过程中可能需要使用神经肌肉阻滞剂(NMBA),这些药停用后可能导致长期神经肌肉无力,因此,只有在必要时方可使用且应及早停药。

(3) 肺保护通气策略:大多数ARDS的患者需要机械通气以促进氧合作用和改善通气。肺保护通气策略是唯一已被证明可减少急性呼吸窘迫综合征死亡率的一种治疗,其目标是避免肺容积伤和气压伤,提供足够的呼气末肺容积,以避免周期性呼气末肺单位的萎陷和不张,避免吸入高浓度氧气。研究证明肺保护通气策略通过使用小潮气量、限制平台压和提高呼气末正压(PEEP)水平使死亡率明显改善。一般而言,最初的潮气量(V_T)应接近6ml/kg,吸气平台压(P_{plat})应保持在<30cmH_2O,呼吸频率应调整到能提供足够的通气和保持pH在7.35~7.45。通过调整FiO_2和PEEP使PaO_2保持在55~80mmHg。在V_T和P_{plat}达到目标后,FiO_2应尽可能降低到<60%,以减少氧中毒。

对神经重症监护的患者,我们必须要考虑到机械通气对颅内压(ICP)和脑灌注压(CPP)的影响。在ARDS机械通气治疗过程中为了避免容积伤常使用较小的潮气量,其带来的不利影响是$PaCO_2$很难维持正常,易出现高碳酸血症,后者会引起脑血流增加导致ICP增高。因此我们必须在较高的$PaCO_2$与较小的潮气量之间仔细掂量其风险和优势,找到一个对该患者最适宜的平衡点。密切监测积极消除呼吸回路中过多的死腔、确保病人与呼吸机的同步、防止气管插管部分阻塞、引流大量胸腔积液或腹水以改善呼吸系统顺应性等措施有利于二氧化碳的清除。呼气末正压通气有利于防止ARDS患者的肺泡萎陷和肺不张,但可能会因胸腔内压力的增加和中心静脉压(CVP)的逆行传播干扰脑静脉流出而造成有害的颅内影响,此外,PEEP还可能减少心输出量,导致平均动脉压(MAP)和CPP的降低。最近的研究表明,对蛛网膜下腔出血、中风及创伤性脑损伤患者只要保持其较好的肺顺应性和足够的血压，PEEP还是比较安全的。需要强调的是PEEP的应用应该在监测MAP、ICP和CPP的前提下进行。

(4) 液体管理：一方面要维持适当的有效循环，以保证心、脑、肾、肺等重要脏器的血液灌流，另一方面，又要避免过多补液增加肺毛细血管流体静压，增加液体经肺泡毛细血管膜外渗而加重肺水肿。虽然ARDS患者早期肺水肿的主要原因是由于血管通透性的增加，但通过限制液体入量、降低了静水压仍有利于限制肺水肿形成。保守的液体管理方法，可以改善肺功能并缩短机械通气时间，但不能降低死亡率。指导液体治疗的方法主要有两种：中心静脉导管测压(CVC)和肺动脉导管(PAC)测压。肺动脉导管(PAC)测压比中心静脉导管(CVC)测压更易导致心律失常等并发症。因此，在急性肺损伤患者中不推荐经常使用肺动脉导管测压指导液体治疗。

(5) 其他药物治疗：除肺保护通气策略外，使用皮质类固醇激素的患者其氧合作用、呼吸系统顺应性和需要机械通气的时间在前28天内得到改善，但在60天和180天的生存率并没有差别。此外，接受皮质类固醇治疗的病人神经肌无力发生率增加了，且在病程后期(发病超过14天)其死亡率增加。关于其他一些药物(表面活性剂、前列腺素、酮康唑等)的研究没有文献证实的获益。最近一项ARDS的大型研究表明尚没有药物治疗被证明可以提高急性呼吸窘迫综合征患者的存活率。

(6) 医院获得性肺炎：常发生在ARDS的病程中，增加了ARDS的住院时间和死亡率。定量支气管肺泡灌洗(BAL)微生物培养可以作为肺炎较特异的诊断标准，以1×10^4CFU/ml作为诊断阈值，其诊断VAP的敏感性为$(73\pm18)\%$，特异性为$(82\pm19)\%$。延迟的、不适当的或不充分的抗生素使用与不良预后相关。因此，临床上高度怀疑肺炎时，应进行经验性治疗，初始抗生素的治疗方案应考虑广谱的足以广泛覆盖可能感染的病原体。需要注意的是，无肺炎患者不恰当的治疗会导致耐药菌的出现，应尽量避免。院内获得性肺炎的预防措施包括保持床头抬高30度左右、避免使用不必要的抗生素、口腔护理、临床许可时尽早拔除气管插管和胃管、避免过度镇静、避免呼吸循环的变化等。这些措施必须应用于所有患者。

(7) 深静脉血栓形成和消化道出血的预防：急性呼吸窘迫综合征的患者，特别是那些需要长时间机械通气的人，发生肺栓塞和胃肠道出血的风险增加。若无禁忌证(如活动性出血或凝血功能障碍)，所有患者都应用低剂量肝素皮下注射(无论是普通或低分子量制剂)来预防深静脉血栓(DVT)形成。不宜使用肝素的患者，应使用下肢间歇序贯加压充气泵预防DVT。突发休克或氧合降低的患者，包括那些已采取预防措施的患者，在排除张力性气胸后，都应考虑肺栓塞可能。目前H_2受体拮抗剂和质子泵抑制剂的使用可使胃肠道出血的风险降低。

(8) 营养支持：ARDS的患者宜早期适当给予营养支持。如果胃肠道有功能，首选肠内营养，它可以减少血管内感染和消化道出血发生率，并保护胃肠黏膜屏障，减少细菌扩散到整个肠道的可能。避免过度喂食，防止产生过量二氧化碳。有证据表明，肠内含丰富的抗氧化剂的饮食如十二碳五烯酸和γ-亚麻酸，在急性肺损伤患者中可有利于气体交换、改善呼吸动力学、缩短机械通气时间，但其价格昂贵。

(9) 俯卧位：ARDS中顽固性低氧血症的患者采取俯卧位，有助于改善V/Q比例失调、增加功能残气量(FRC)、增加膈肌运动效率、较好引流分泌物，以更好地进行肺通气和促进萎陷的肺泡复张。研究发现俯卧位可以改善ARDS患者的氧合作用，但不能降低死亡率。

俯卧位的禁忌证和并发症见表25-3。

表25-3 俯卧位:禁忌证和并发症

禁忌证	并发症
休克	神经压迫
急性出血	挤压伤
多发伤	静脉淤血
脊柱不稳	气道安全问题,导管脱出或阻塞
妊娠	膈运动受限
颅内压增高	褥疮
腹部手术	中心静脉导管移出
	视网膜损伤

虽然ICP增高长期以来被认为是俯卧位的禁忌证,但最近有研究发现在蛛网膜下腔出血的ARDS患者中,大脑动脉氧合作用增加的益处远远超过了由于俯卧位导致大脑灌注压降低的潜在不良反应。因此,ICP增高的难治性低氧血症患者可考虑采用俯卧位。

(10)一氧化氮(NO)吸入:吸入NO已经用于中度至重度的ARDS患者。吸入5ppm NO可选择性地扩张肺通气良好区域的肺血管,从而改善不均匀受损肺的V/Q失调,改善氧合、降低肺动脉压而达到治疗作用。它对难治低氧血症患者有帮助,但不能改善患者的生存率和缩短呼吸机使用时间。

第三节 神经源性肺水肿

神经源性肺水肿(NPE)是严重的中枢神经系统损伤所特有的,常持续数分钟到数小时,在严重脑损伤时可演变为几小时或几天。神经源性肺水肿最初的临床特点与ARDS很难区别,但前者预后更好。NPE很多情况下是患者可以耐受的,只需氧疗即可。引起NPE的主要原因见表25-4。

NPE的病理生理机制仍然未完全明了。多数学者认为可能是脑部疾患后多种生物活性物质以及神经因素通过直接或间接途径引起肺循环血流动力学和通透性变化所致。NPE的治疗与ARDS相似,主要是支持治疗和氧疗,必要时给予机械通气。通过液体的限制来维持较低的心脏充盈压,可能会减少水肿的发生,但必须注意避免出现心输出量降低和脑灌注降低。

表25-4 神经源性肺水肿的原因

主要原因	
癫痫发作	
脑出血	
钝性或穿透性头部受伤(包括神经外科手术)	
次要原因	
格林-巴利综合征	多发性硬化症
非出血性中风	三叉神经阻滞
延髓脊髓灰质炎	椎动脉结扎
破裂脊髓动静脉畸形	脑血管空气栓塞
脑肿瘤	电休克治疗
诱导全身麻醉	胶体囊肿
脑积水	瑞氏综合征
细菌性脑膜炎	颈髓损伤

第四节 肺挫伤

一、背 景

肺挫伤包含创伤导致血液进入肺实质并伴随着实质性的组织破坏。肺挫伤很常见,任何一个病人持续的、严重的钝性胸部创伤都应该预见到发生肺挫伤的可能性。胸壁创伤,尤其是出现骨折或连枷胸会导致肺挫伤的可能性增加。

二、影像学特征

胸片局灶性或弥漫性的模糊影是诊断的主要依据。模糊影是不规则的,不符合肺段或叶的分布。肺挫伤并不一定立即有明显的影像学改变,出现模糊阴影的平均时间是6小时,但也可能长达24小时。三分之一的患者没有明显的胸片诊断依据。

胸部CT扫描提供了更准确的检测和量化肺挫伤的手段。肺实质受累的范围对预后意义重大。一项研究发现肺挫伤面积大于20%的患者中有80%的人发生急性呼吸窘迫综合征(ARDS),而肺挫伤面积小于20%的患者中仅22%出现ARDS。此外,挫伤的范围越大患者肺炎发生的风险也越高。另一项研究表明所有肺挫伤面积超过28%的患者都需要气管插管,而肺挫伤面积小于18%的患者无一例需要气管插管。

三、临床特点

病人可能会出现呼吸困难、运动耐量降低和患侧胸痛,但这些症状常常会被其他损害所掩盖。半数患者可能有咯血,也可能出现低热。大多数肺挫伤在14天之内愈合且无并发症。不少患者甚至几年后还有呼吸困难、胸闷、胸痛。持续肺功能异常和肺泡-动脉氧分压差增大的情况也并不少见。

四、处 理

肺挫伤的治疗主要是支持性的。最初要解决的问题是胸腔置管以缓解血气胸以及处理胸壁损伤引起的疼痛。吸氧以及通过咳嗽、深呼吸、按需吸痰、翻身等措施加强肺部引流,这些治疗均已被证明是有效的。不提倡在无呼吸衰竭迹象的情况下进行预防性气管插管。尽管有人认为积极的补液治疗可能会加剧肺挫伤的缺氧,但这种看法未能被研究所证实。已有研究证明使用类固醇激素不能为肺挫伤带来益处,反而有可能导致肺组织内细菌清除能力的降低。经验性使用抗生素没有必要,可能会促进耐药细菌的滋生。有确诊肺炎证据的时候应该给予能覆盖特定病原体的抗菌药物治疗。

第五节 慢性阻塞性肺病急性加重的处理

一、背 景

慢性阻塞性肺疾病(COPD)是目前在世界范围内第五位导致死亡的疾病,其患病率和死亡率预计在未来的十年内将继续增加。"慢性阻塞性肺疾病全球创议"(GOLD)定义慢性阻塞性肺疾病(COPD)是一种可预防、可治疗的疾病,伴有一些显著的肺外效应,这些肺外效应与患者疾病的严重性相关。肺部疾病的特点是一种不完全可逆的气流受限,这种气流受限通常进行性发展,与肺对有害颗粒或气体的异常炎症反应有关。COPD急性加重是指患者的咳嗽、咳痰、呼吸困难症状的变化超过了正常日间变异,必须改变原有的治疗方案的一种临床情况,其起病急,高发病率。在重症监护室的患者,由于继发感染、误吸、创伤性插管、药物如β受体阻断剂可能诱发支气管痉挛以及镇静药或麻醉剂可能减少呼吸驱动力等因素普遍存在,易导致COPD患者病情的急性加重。COPD急性加重期的处理见表25-5。

表 25-5　慢性阻塞性肺疾病(COPD)急性加重期的临床处理

评估症状的严重程度、血气、胸片
给予控制性氧疗,30分钟后重复动脉血气分析
增加支气管扩张剂剂量或频率;联合使用 β_2 受体激动剂和抗胆碱能药物,使用片剂或喷雾器
添加口服或静脉注射糖皮质激素
如果有细菌感染的迹象或严重恶化,考虑使用抗生素
考虑无创或有创通气
监测体液平衡和营养
考虑皮下注射肝素或预防深静脉血栓形成(DVT)的治疗
识别和治疗相关的情况(例如心脏衰竭、心律不齐)

二、评　估

慢性阻塞性肺病发作严重程度的评估应包括以下内容:

(1) 临床评估:根据患者呼吸窘迫的征象进行评估。发绀、肌肉无力、不能说出完整的一句话、无力清除大气道分泌物、闻及痰鸣音、意识改变是严重呼吸窘迫的征象,需要立即干预。

(2) 动脉血气分析: $PO_2<60mmHg$ 和/或 $SaO_2<90\%$,有或没有 $PaCO_2>50mmHg$,提示低氧性呼吸衰竭。$PO_2<50mmHg$,$PaCO_2>70mmHg$,$pH<7.30$,提示存在危及生命的呼吸衰竭与呼吸性酸中毒,需要密切监测,并立即给予干预。

(3) 胸片:胸片对确定肺部并发症及其他疾病的鉴别有重要意义。

(4) 心电图:心电图可以了解有无心肌缺血、右心室高压和心律失常等。在严重COPD患者中可能会出现多源性房性心动过速,表现为至少有三个不同形状的P波、P波的基线持续不规则、心房率>100次/分。

(5) 其他实验室检查:痰涂片革兰染色,痰培养+药敏,对于最初开始抗生素治疗无效的病例可能有帮助。纠正电解质紊乱对于呼吸肌无力和心律失常特别重要。对怀疑茶碱中毒和有潜在药物交叉反应的患者应进行茶碱药物浓度的监测。

三、处　理

(1) 氧疗:在COPD急性加重过程中,氧疗的目的是保证足够的氧合($PaO_2>60mmHg$ 或 $SaO_2>90\%$)。高浓度吸氧在慢性呼吸衰竭患者中可引起 $PaCO_2$ 增加和pH下降,从而导致ICP增加。因此,应该调整吸入氧浓度,以维持血氧饱和度在90%和92%之间。血气分析应在30分钟后复查,以确保足够的氧合而没有二氧化碳的潴留或酸中毒。

(2) 支气管扩张剂治疗:短效吸入型 β_2 受体激动剂(如沙丁胺醇)经常作为治疗慢性阻塞性肺病急性加重的首选支气管扩张剂。如果效果不显著,应加用抗胆碱能药物(如异丙托铵)。对于严重的COPD患者,可以考虑加用甲基黄嘌呤类药物(茶碱、氨茶碱),但需密切监测其血清药物浓度及其对心血管和胃肠道的副作用。治疗的浓度通常是 $5\sim15\mu g/ml$。由于某些药物相互作用,特别是与大环内酯类和喹诺酮类抗生素、丙泊酚、胺碘酮合用时,血清药物浓度可能增高。轻微的副作用如震颤、失眠、烦躁、肠胃不适,即使在远低于 $15\mu g/ml$ 水平下也可能发生。严重的副作用包括呕吐、心律失常、低血压和癫痫发作等,一般在较高的水平下出现。老年患者特别敏感。

(3) 糖皮质激素：建议口服或静脉注射糖皮质激素。确切的效果还不清楚，一般来说，只有10%~15%的患者对糖皮质激素治疗有效。一般使用波尼松30~40mg口服，使用7~10天，逐渐减量。延长给药时间，不能提高疗效，但会增加副作用的风险。高剂量长时间全身使用糖皮质激素可能引起低血钾、高血糖、代谢性碱中毒、急性中枢神经系统改变、高血压等副作用。

(4) 抗生素：病情急性加重的患者或有典型感染征象如痰量增多、黄痰、呼吸困难加重的患者应使用抗生素。在入院后不久病情加重的病人抗生素的选择应覆盖包括肺炎链球菌、流感嗜血杆菌、莫拉菌属和铜绿假单胞菌等。长期使用广谱抗生素和糖皮质激素者易导致真菌感染，宜采取预防和抗真菌措施。

(5) 无创间歇正压通气(NIPPV)：对急性加重的慢性阻塞性肺病患者早期使用无创正压通气能减少有创机械通气的应用和降低死亡率。NIPPV能纠正低氧血症、降低$PaCO_2$、减轻呼吸困难的严重程度、减少住院时间。然而，NIPPV并不是适合于所有患者。许多神经系统的情况可能会妨碍NIPPV的安全使用，需加以重视。表25-6是NIPPV的适应证和禁忌证。NIPPV应用最初2小时内病人症状没有改善的应做插管评估和机械通气。

表25-6 无创正压通气(NIPPV)的适应证和禁忌证

适应证：	
动用辅助呼吸肌和胸腹矛盾运动的中度至严重呼吸困难	
中度至重度酸中毒(pH<7.35)和高碳酸血症($PaCO_2$>45mmHg)	
呼吸频率>25次/分钟	
禁忌证：	
呼吸停止	呼吸道保护能力差
心血管不稳定	无法清除分泌物
精神状态受损	误吸危险性高
上呼吸道阻塞	上消化道出血
极度肥胖	颜面外科手术、外伤或畸形

(6) 插管和机械通气：对NIPPV应用2小时病情仍没有改善的急性呼吸衰竭的患者、有危及生命的酸碱紊乱的患者和(或)神志改变的患者不仅需要积极的药物治疗，还需要气管插管和机械通气。表25-7列出了慢性阻塞性肺病急性加重期机械通气的适应证。最常用的通气模式是辅助控制模式、单独或结合间歇指令通气的压力支持通气。需要注意避免机械通气的医源性并发症，包括气胸、动态过度充气伴PEEPi及静脉回心血流量减少所致的心血管功能障碍。为了避免这种并发症，应采取"三降二增"的通气策略，即降低潮气量、降低呼吸频率、降低吸气时间；增加吸气流速、增加呼气时间。

表25-7 有创机械性通气适应证

动用辅助呼吸肌和胸腹矛盾运动的严重呼吸困难
呼吸频率>35次/分钟
危及生命的低氧血症(PaO_2<40mmHg或PaO_2/FiO_2<200mmHg)
严重酸中毒(pH<7.25)和高碳酸血症($PaCO_2$>60mmHg)在2小时以内不能适应NIPPV

续表

呼吸停止

嗜睡,精神状态受损,无法清除中央气道的分泌物

心血管不稳定

其他并发症(代谢异常、败血症、肺炎、肺栓塞等)

无创性正压通气(NIPPV)失败(或禁忌)

第六节　哮喘持续状态

一、背　景

　　支气管哮喘是由多种细胞(如嗜酸粒细胞、肥大细胞、T 淋巴细胞、中性粒细胞、气道上皮细胞等)和细胞组分参与的气道慢性炎症性疾病。这种慢性炎症与气道高反应性相关,通常出现广泛多变的可逆性气流受限,并引起反复发作性的喘息、气急、胸闷或咳嗽等症状,常在夜间和(或)清晨发作、加剧,多数患者可自行缓解或经治疗缓解。所有哮喘患者都有病情加重的危险,以反复发作喘息、气急、胸闷或咳嗽、呼气峰流速(PEF)和 1 秒钟用力呼气容积(FEV_1)下降为特征。引起哮喘发作的激发因素很多,包括:室内和室外过敏原或空气污染、呼吸道感染、运动、天气变化、食品、添加剂、药物和情绪变化等。哮喘患者在围手术期有发生呼吸道并发症的风险,包括由插管诱发的支气管痉挛等。

二、评　估

　　哮喘持续状态是一种重危急症,需要立即诊断和治疗。哮喘发作的评估旨在确定发作的严重程度,以及评价对治疗的反应。

　　(1) 病史:应获得一个简短的病史以确立正确的诊断,并找出可能的触发因素,确定发作的时间和症状的严重程度、目前的药物、以前的住院情况和呼吸衰竭的发作情况。

　　(2) 体格检查:应注意有无严重呼吸窘迫的征象和即将发生呼吸衰竭的迹象。这些征象包括:辅助呼吸肌使用、胸锁乳突肌痉挛性收缩、胸廓饱满、面色苍白、口唇发绀、吸气三凹征、呼吸频率>30 次/分、心率>120 次/分、奇脉>12mmHg 等。

　　(3) 指脉氧饱和度和动脉血气:哮喘急性发作的患者,必须测量血氧饱和度以确定有无低氧血症。对存在低氧血症的患者须进行连续血氧饱和度监测,治疗的目标是维持血氧饱和度>92%。不需要常规进行动脉血气检测,但在病情严重恶化,尤其是在吸氧和用药后血氧饱和度仍然很低的情况下应立即检测动脉血气。哮喘患者常见动脉血气改变是一定程度的低氧血症和呼吸性碱中毒。低氧血症在吸氧后通常能迅速纠正。如果低氧血症在吸氧后不能纠正,应寻找原因(是否合并肺炎、气胸或心包积液等)。哮喘持续状态时,因呼吸肌疲劳可出现 $PaCO_2$ 升高。在哮喘严重发作间期升高的 $PaCO_2$ 甚至正常的 $PaCO_2$ 往往意味着发生呼吸衰竭的风险增加。

　　(4) 胸片:在没有其他潜在疾病的情况下,哮喘急性发作时胸片通常是正常的或仅有过度充气征。胸片检查有利于发现气胸、纵隔气肿、肺炎、肺动脉高压等合并症。

三、处　理

　　(1) 氧疗:低氧血症是由通气血流比值失调引起的,很容易通过适量的吸氧纠正。应给

予足够浓度的氧气以维持血氧饱和度＞92％。但对合并慢性阻塞性肺病患者,高浓度氧气可导致缺氧性肺血管收缩区域的血管舒张,并导致 PCO_2 增加,尤其是在吸氧治疗前 PCO_2 ＞40mmHg 情况下的。

(2) $β_2$ 受体激动剂:哮喘急性发作时首选 $β_2$ 受体激动剂。短效吸入 $β_2$ 受体激动剂(如沙丁胺醇、特布他林)可以迅速缓解支气管痉挛,其起效快、不良反应小,易被患者接受。急性哮喘发作不推荐使用长效 $β_2$ 受体激动剂(如沙美特罗、福莫特罗),因为长效 $β_2$ 受体激动剂不适宜短时间内重复使用。$β_2$ 受体激动剂的副作用呈剂量依赖性,通过口服和静脉途径给药比吸入的副作用更为明显。主要的副作用包括:心动过速、快速性心律失常、震颤、低血钾以及胃肠道反应。乳酸性酸中毒较罕见,其发生多与高剂量给药或连续给药有关,也可能与严重哮喘发作有关。哮喘急性发作的患者合并代谢性酸中毒时,要追查是否系乳酸性酸中毒。这种情况可能会使呼吸困难恶化,此时应暂停 $β_2$ 受体激动剂,而不是增加其剂量。

(3) 抗胆碱能药物:吸入抗胆碱能药物可以阻断节后迷走神经传出支,通过降低迷走神经张力而舒张支气管。在治疗哮喘方面,吸入抗胆碱能药物的疗效不如 $β_2$ 受体激动剂,但两者联合使用时能起到协同和互补作用,对有吸烟史的老年患者较为适宜,但对妊娠早期妇女和患有青光眼和前列腺肥大的患者应慎用。此外,还需注意不能让抗胆碱能药物溅入眼睛,否则可能导致瞳孔扩大,后者可能被误解为的一种急性神经系统体征,并导致不必要的检查。

(4) 糖皮质激素:糖皮质激素是最有效的控制哮喘气道炎症的药物。给药途径包括吸入、口服和静脉应用等,吸入为首选途径。严重急性哮喘发作时应及早静脉使用糖皮质激素。甲泼尼龙初始使用剂量通常是 80～160mg/d,根据病情调整激素用量。无激素依赖倾向者,可在短期(3～5 天)内停药;有激素依赖倾向者应延长用药时间,控制哮喘症状后改为口服,并逐步减少激素用量。高剂量激素的副作用包括低血钾、高血糖、代谢性碱中毒、急性中枢神经系统的改变、高血压、血管神经性水肿等。因此应避免长时间全身使用高剂量糖皮质激素。

(5) 无创正压通气(NIPPV):使用无创正压通气能改善急性哮喘患者的肺功能,降低 PCO_2,缓解呼吸困难,可减少一些患者气管插管的需要。对存在呼吸衰竭有导致呼吸肌疲劳高风险的患者可考虑使用无创正压通气。初始参数设置可从呼气压力(EPAP)3～5cmH_2O 和吸气压力(IPAP)5～7cmH_2O 开始,逐步增加吸气压力(每 15 分钟增加 2cmH_2O,最大值不超过 25cmH_2O)。开始无创正压通气治疗时,密切监测是至关重要的。如果病人情况不能迅速改善,或不能耐受无创正压通气,应立即改为气管插管有创机械通气。由于哮喘患者鼻窦炎、鼻息肉的发病率高,应避免经鼻气管插管。尽可能使用直径大的气管内导管,以减少因导管引起的附加阻力。此外,哮喘患者常有大量黏液栓的形成,更有可能阻塞直径小的气管插管。

开始机械通气后,通常会发生低血压,这与过度充气和内源性呼气末正压引起全身静脉回心血量减少有关。在这种情况下,短暂的脱离呼吸机(30～60s 同时密切监测血氧)往往血压会升高。机械通气应重新开始,应设定较低的潮气量和呼吸频率,并应增加血容量。如果这些措施不能有效地改善血压,要注意有无张力性气胸的可能。

机械通气策略的主要焦点是必须避免过高的气道压力和减少肺过度充气,因此采用控制性低潮气量辅助呼吸(MCHV)或压力支持呼吸较为合理。用 MCHV 时呼吸机参数通常设为常规预计量的 2/3;通气频率 6～12 次/分,潮气量 8～12ml/kg。也有报道,机械通气时让患者吸入氦氧混合气,可使气道内压降低、肺泡通气量增加、进而改善低氧,降低二氧化碳分压。由于氦氧混合气体是氦气和氧气的混合气体,比空气的密度低而黏度高,因此可以减少气体湍流、减少气道阻力、增加肺通气,并可改善雾化吸入支气管扩张剂的沉积。但氦气价格昂贵,不可能对急性重症哮喘患者常规使用,仅用于对常规治疗没有明显的效果重症哮喘患者。

(6) 抗生素:在治疗哮喘时大多数情况下不必使用抗生素。但若病人有发热、咳痰、多核白细胞增加和临床发现有肺炎或急性鼻窦炎时,应使用抗生素。

(贲素琴　王海英)

参 考 文 献

Brower RG, Lanken PN, MacIntyre N, et al. 2004. National Heart Lung and Blood Institute ARDS Clinical Trials Network: higher versus lower positive end-expiratory pressures in patients with the acute respiratory distress syndrome. N Engl J Med, 351:327~336

Büller HR, Agnelli G, Hull RD, et al. 2004. Antithrombotic therapy for venous thromboembolic disease: the seventh ACCP conference on antithrombotic and thrombolytic therapy. Chest, 126:401S~428S

Caricato A, Conti G, Cella CF, et al. 2005. Effect of PEEP on the intracranial system of patients with head injury and subarachnoid hemorrhage: the role of respiratory system compliance. J Trauma, 58:571~576

Davidson BL, Tomkowske WZ. 2005. Management of pulmonary embolism in 2005. Dis Mon, 51:116~123

Lowe GJ, Ferguson ND. 2006. Lung-protective ventilation in neurosurgical patients. Curr Opin Crit Care, 12:3~7

Merli G. 2005. Diagnostic assessment of deep vein thrombosis and pulmonary embolism. Am J Med, 118:3S~12S

National Heart, Lung, and Blood Institute Acute Respiratory Distress Syndrome (ARDS) Clinical Trials Network. Comparison of two fluid-management strategies in acute lung injury. N Engl J Med, 354 (24):2564~2575

Oddo M, Feihl R, Sehaller MD, et al. 2006. Management of mechanical ventilation in acute severe asthma: practical aspects. Int Care Med, 32:501~510

Perl M, Gebhard F, Bruckner UB, et al. 2005. Pulmonary contusion causes impairment of macrophage and lymphocyte immune functions and increases mortality associated with a subsequent septic challenge. Crit Care Med, 33(6):1351~1358

Singer P, Theilla M, Fisher H, et al. 2006. Benefit of an enteral diet enriched with eicosapentainoic acid and gamma-linolenic acid in ventilated patients with acute lung injury. Crit Care Med, 34(4):1033~1038

第26章 内分泌系统疾病

第一节 低血糖症

一、概述

过低的血糖浓度需急诊处理,因为严重和持续的低血糖可能会导致永久性的神经损伤。通常,ICU中的低血糖是孤立或短期事件。其中,常见的原因有胰岛素过量、败血症、肝或肾功能减退、肾上腺功能减退、肠外营养的突然中断。许多药物也可能会引起低血糖,包括乙醇、磺脲类药物、β-肾上腺素能受体阻滞剂。胰岛细胞瘤和其他少见的原因,可能需要诊断性的评估胰岛素水平、C-肽水平或胰岛素抗体。但这些病因比较罕见,除非低血糖长期复发,否则不需要刻意去检查。

二、低血糖症经典的诊断标准(Whipple 三联征)

①低血糖,即血糖浓度<2.8mmol/L(50mg/dl)[糖尿病患者血糖浓度<3.9mmol/L(70mg/dl)];②低血糖的临床症状和体征;③给予葡萄糖后,症状迅速缓解。

低血糖相关的临床表现可分为肾上腺素能神经兴奋过度的表现和神经性低血糖症。前者可导致震颤、出汗、焦虑、心动过速、心悸、恶心和呕吐等症状;后者可表现为头痛、骚动、行为改变、木僵、昏迷、癫痫发作等症状。

三、低血糖临床表现类型

①低血糖:血糖浓度<2.8mmol/L,但是无低血糖相关的临床表现;②低血糖症:血糖浓度<2.8mmol/L(糖尿病患者<3.9mmol/L),伴有相应的临床表现;有些患者,有典型的低血糖相关症状发作,但是即时血糖处于正常低值,达不到诊断低血糖的切点,这可能是由于采血时患者已经度过了血糖低谷期,或者是由于及时而强烈的升糖反应阻止了血糖的进一步下降(代偿性低血糖症);③低血糖昏迷:低血糖伴显著的神志改变。

四、治疗

低血糖的处理:ICU中急性低血糖病人的治疗包括下列三项措施:

(1) 高渗葡萄糖静脉注射。例如,50%葡萄糖溶液 50ml 静脉注射。如果引起低血糖症的病理生理改变持续存在,单次负荷量的葡萄糖被代谢后低血糖症状会复发。

(2) 葡萄糖持续静脉滴注。对于持续性低血糖患者,以10%葡萄糖溶液维持24小时以上,同时加强血糖监测。

(3) 频繁监测血糖。监测血糖的频度因病情的严重程度而定,一般患者可每日数次,并照顾到空腹、餐后及午夜三种状态;低血糖症发作时,随时检测;禁食的患者、病情严重或者复杂的患者,可每小时或每 2 小时监测一次,最好进行持续动态血糖监测(continuous glucose monitoring system,CGMS)。在监测过程中,随时根据血糖波动情况对静脉注射葡萄糖剂量与速度进行必要的调整。重症监护患者在接受镇静剂治疗或感觉中枢有潜在功能障碍时,这种监测尤为重要。

(4) 严重低血糖患者在缺乏静脉通道、意识丧失或无法口服葡萄糖的情况下,可肌注胰高血糖素(1mg),以强化机体的应激机能。

(5) 顽固性低血糖和肾上腺皮质功能低下的患者,给予氢化可的松200~300mg/d。

(6) 继发于低血糖症的昏迷,按照脑水肿的原则处理。

第二节 高 血 糖

一、概 述

除了糖尿病患者以外,非糖尿病患者在ICU住院期间也可发生高血糖。导致非糖尿病重症患者血糖升高的因素包括应激性激素的释放(比如儿茶酚胺和皮质醇),外源性糖皮质激素及儿茶酚胺类药物的使用,严重感染或者创伤组织炎症介质的释放;这些因素拮抗胰岛素的作用,使糖原合成受到抑制,糖异生亢进,大多数组织对葡萄糖的摄取能力下降;由以上因素引起的高血糖统称应激性高血糖。另外,在肠外营养及抗生素溶液中经常会使用葡萄糖,这也是引起高血糖的一个原因。

ICU内糖尿病患者的血糖升高,甚至表现为顽固性高血糖,并不一定预示着预后不佳;非糖尿病患者适度的应激性高血糖,可能是一种保护性反射。

在ICU新发现的高血糖患者,可根据糖化血红蛋白(HbA1c)与糖化血清蛋白(GSP)之间的关系,对既往糖代谢状态做出判断:①HbA1c升高伴GSP升高,提示近3周和近3个月都存在高血糖;②HbA1c正常而GSP升高,提示近3周内高血糖(应激性高血糖);③HbA1c及GSP都正常,提示高血糖仅仅是最近数日内才发生的。

糖尿病患者在应激状态下,血糖变化经常出人意料:

(1) 顽固性高血糖:表现为血糖居高不下,大剂量使用胰岛素也无济于事,这是应激状态下高度胰岛素抵抗的表现。严重外伤、大手术、感染等高度应激的状态下,2型糖尿病患者除了固有的胰岛素抵抗的病理生理机制之外,胰岛素的拮抗激素与拮抗因子的作用强度飙升,导致全身靶组织对胰岛素的敏感性骤降,控制血糖胰岛素需要量异乎寻常地增加,可能高达平常日用量的数倍之多。

(2) 脆性血糖变化:1型糖尿病及病程较久的2型糖尿病患者,都可能伴有升糖机制的严重缺陷,在ICU内极易发生血糖的脆性变化。肾功能不全时肾脏丧失对血糖的调节作用;ICU患者不管是肾前、肾性或肾后性因素,只要发生肾小球滤过率下降,就会对高血糖(血糖>10.0mmol/L)起推波助澜的作用,严重者甚至发生高渗性昏迷;另外,肾功能不全时,肾脏对胰岛素的清除减少,容易发生低血糖。

准确的血糖监测是正确治疗的基础。用于监测血糖的血样可以来自不同的部位(动静脉导管血、手指毛细血管血),要避免这些血样被静脉输入液体污染。床旁血糖仪测定的结果可能有20%左右的误差,特别是在血糖水平较低、组织水肿、低灌注或者贫血的患者。动态血糖监测仪虽然可以每15分钟测定一次,但那是组织液测定值的校正结果,发生一过性低血糖时,不仅容易漏诊,而且对血糖值会低估。

血糖波动过大是ICU患者死亡率增加的一个独立危险因素。前几年强化降糖治疗风靡一时,但是最近的循证医学研究结果表现,强化胰岛素治疗不仅会增加血糖的变异,而且也使低血糖的发生概率增加数倍。严重的低血糖与死亡率的升高独立相关,逃脱死亡者的神经系统后果也令人担忧。有研究发现,低血糖会引起急性的脑电图的改变,4年后强化胰岛素治疗组患者与传统治疗组相比,生活质量及社会功能有所降低。

二、治　疗

ICU 患者的降糖治疗一律需要使用胰岛素。只有胰岛素或速效胰岛素可供静脉使用。一般情况下,正常人胰岛素的生理需要量为 30U/d 左右;在应激状态下,特别是 2 型糖尿病、老年人或肥胖患者,组织的胰岛素敏感性处于低端水平,胰岛素敏感性(或胰岛素抵抗)发生细微的变化,就可能导致胰岛素的需要量大幅度改变(图 26-1),使血糖控制进入一种进退维谷的危险境地。静脉内补充葡萄糖时,通常将葡萄糖与胰岛素的比例设定为 4∶1;ICU 患者,因为应激及糖尿病的存在,胰岛素抵抗比较显著,有时会降至 2∶1 甚至更低,具体比例的调整一定要以血糖监测结果为依据。

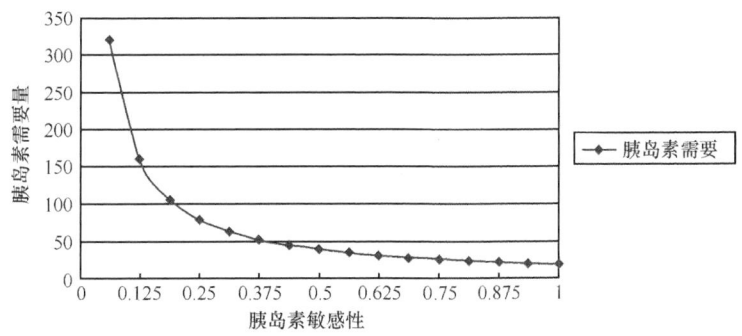

图 26-1　胰岛素敏感性与胰岛素需要量之间的关系

现在 ICU 患者最佳的目标血糖水平存在着相当多的不确定因素,在相关的证据不断的积累的同时,大多数专业指南将 ICU 患者的目标血糖水平武断地规定在 7.8～10.0mmol/L 之间。这个目标值范围虽然有些武断,但是对于已经伴有某种程度动脉粥样硬化的患者来说,确是一条保障重要器官能量供给的警戒线;因为单位时间内流过血管的血流量与血管半径 4 次方的 π 倍($R^4 \times \pi$)成正比例关系,轻度的血管半径下降,就会导致狭窄段血管下游的血流量大幅度下降;在严重血流缺失的情况下,如果再伴有血糖浓度的降低,重要组织器官(心、脑)必然发生能量窘迫。

$$F = (\pi \Delta P r^4)/(8 \eta L)$$

式中:F——血流量;ΔP——血管两端的血压差;r——血管半径;η——血液黏滞度;L——血管长度。

关于使用胰岛素的一些技术性事宜及相关的细节,最好还是请糖尿病专业人士协助解决。胰岛素的正确使用是技术、艺术与经验的有机结合!

第三节　糖尿病酮症酸中毒

一、概　述

糖尿病酮症酸中毒(DKA)是糖尿病患者不适当的胰岛素治疗或在强烈应激因素的作用下,发生胰岛素严重不足伴高胰高糖素血症(高胰高糖素刺激肝脏线粒体内长链脂肪酸辅酶 A 转运、氧化及生酮作用),引起葡萄糖利用障碍,脂肪动员与分解加速,肝脏生成酮体的速度超过肝外组织利用的速度,大量酮体堆积于血浆的一种病理生理状态。显著高血糖症及高酮血症导致渗透性利尿,水、钠、钾丢失;酮症酸中毒深大呼吸导致纯水呼出增多;典型患者最终会表现为阴离子间隙增宽性代谢性酸中毒伴高渗性脱水与低钾血症。

与 1 型糖尿病相比,2 型糖尿病患者发生 DKA 的几率不高,但是由于患者基数太大,在我国临床上见到的 DKA 大多为 2 型糖尿病患者,有些甚至以 DKA 到医院初诊,这种情况稍不注意就会漏诊。

酮症并不是糖尿病患者的专利,机体处于饥饿状态时,会大量动用脂肪,产生饥饿性酮症,这种情况在围手术禁食期以及严重妊娠反应者很常见。即使正常人来医院做健康检查,饥饿状态持续至上午 9 点钟以后,轻度酮症也很常见。

大多数糖尿病酮症的发作都有明确的诱因。在新入院的病人中,最常见的诱因有不依从胰岛素治疗、感染或并发其他疾病、酗酒,女人月经来潮有严重不适者也可诱发酮症。对于住院后发生糖尿病酮症酸中毒的患者来说,最常见原因有胰岛素治疗不当、院内感染或病情恶化。

糖尿病酮症酸中毒的诊断必须同时符合以下几个方面:①糖尿病;②尿酮或(及)血酮显著升高;③血气分析提示阴离子间隙增宽的代谢性酸中毒;④严重高血糖($>16.7mmol/L$)。那些血糖不严重升高的糖尿病酮症,大多为饥饿相关的酮症。

二、DKA 的主要病理生理变化

(1)糖尿病高血糖。
(2)高渗性脱水。
(3)阴离子间隙增宽的代谢性酸中毒。
(4)电解质紊乱。

三、常见临床表现

(1)症状:倦怠、乏力、口渴、多饮、多尿、恶心、呕吐和腹痛
(2)体征:Kussmau 呼吸、心跳过速、立位或仰卧位低血压、呼吸带有丙酮味、腹部压痛和感觉异常、全身皮肤尤其是下肢皮肤弹性下降。

四、实验室检查

(1)高血糖,一般在 16.7～33.3mmol/L 之间。
(2)代谢性酸中毒:CO_2CP 降低,剩余碱负值增大。
(3)阴离子间隙增宽:$AG=Na^+-(Cl^-+HCO_3^-)$,$>16mmol/L$ 为增宽。
(4)酮血症(血酮体$>4.8mmol/L$ 和酮尿强阳性)。
(5)电解质紊乱:未治疗时,可以发生高钾血症;胰岛素治疗后,表现为低钾血症。血浆渗透压升高。有程度不等的高钠血症,伴有严重高脂血症的患者,高钠血症可不明显。

生化指标监测除了每小时监测血糖,密切监测血钾和酸碱状态也非常重要。血钾、血阴离子间隙、血二氧化碳含量或动脉血气,开始时以不超过 4 小时的间隔进行监控。特定的诊断指标检测有助于排除可疑的诱发因素,如感染或心肌梗死。

五、治 疗

治疗 DKA 的关键是纠正脱水、电解紊乱、酮症酸中毒及高血糖。

(一) 纠正脱水与电解紊乱

除非有禁忌证,严重脱水的患者常规插入胃管,然后进行胃肠道补水,既安全经济,又快捷方便。建立两条静脉通道,一条专供补充液体与能量,另一条专供使用胰岛素。如果还要使用血管活性药物或其他药物,可在两条通道上建立三通管道。

补液速度先快后慢。在无心衰的情况下,2小时内给予 1000~2000ml 生理盐水;无呕吐、腹胀及上消化道出血者,在头 2 小时内胃肠道补液(纯水)量占补水量的一半;2 小时后静脉及胃肠道补液速度按病情调整。快速补液不能有效维持血压时,应输入胶体溶液,并采用其他抗休克措施;老年或伴心脏病、心力衰竭者,在中心静脉压监护下调整输液速度及输液量。

严密监测血钾,纠正钾平衡,注意见尿补钾。

(二) 纠正酮症酸中毒及高血糖

严密监测血糖,适量使用胰岛素:首先给予 0.15U/kg 静脉推注,然后持续静脉滴注 0.1U/(kg·h)。每 1 小时检测血糖,根据血糖调节胰岛素使用剂量。因为脱水影响血液循环功能,不推荐使用胰岛素泵皮下注射胰岛素。控制血糖以每小时下降 4.0~6.0mmol/L 为宜;血糖持续 2 小时不降者,胰岛素使用剂量加倍;血糖下降至 13.9mmol/L 时,改用 5% 葡萄糖液与胰岛素(或速效胰岛素)混用(每单位胰岛素:3~4g 葡萄糖)。

一旦酮症酸中毒得到解决,病人饮食恢复,停止葡萄糖静滴治疗,给予胰岛素皮下注射。首剂胰岛素皮下使用 1 小时后,停止胰岛素的持续静滴。然后每隔 6 小时皮下使用胰岛素治疗,并调整剂量以适应病人的血糖水平。每天两次中效胰岛素或甘精胰岛素每天一次也可。

严密监测血气结果,达到下列条件之一时谨慎使用碱性药:血 pH<7.1、血碳酸盐浓度<5mmol/L、二氧化碳结合力 4.5~6.7mmol/L(5mmol/L 左右)。DKA 之关键性病理变化是因为胰岛素缺乏导致酮体产生增多而分解减少,所以纠正这种状态有两个要领:①尽可量补充足够的能量,以抵制脂肪分解;②使用适量的胰岛素,促进酮体的进一步分解。

第四节 糖尿病非酮症高渗综合征

一、概 述

糖尿病非酮症高渗综合征(diabetic nonketotic hypersomolar syndrome,DNHS)亦称高渗性非酮症脱水综合征,过去常称为糖尿病高渗性昏迷,其实有较多患者并无昏迷发生。这是一种罕见的严重高血糖症,病人可以分泌足够的胰岛素来防止酮症酸中毒,但却不能产生足够的胰岛素防止严重的高血糖症。肾功能不全者,肾小球滤过率下降对于高血糖起着推波助澜的作用。少部分 DNHS 患者与 DKA 重叠。

与 DKA(糖尿病酮症酸中毒)类似,通常也存在诱发因素,但不同的是这种疾病更多见于老年患者。因此,潜在的诱发因素包括急性脑卒中、心肌梗死以及感染。临床表现类似于 DKA,但有几点重要区别:

(1) 起病隐匿,多见于老年人,可有或无明确的糖尿病病史。

(2) 血糖浓度极高,一般>33.3mmol/L。

(3) 严重的高血糖引起血浆渗透压升高,产生高渗性细胞脱水,可导致大脑萎缩及精神症状或昏迷。血浆渗透压>330mmol/L,常见范围为340~480mmol/L。在没有条件直接测定的情况下,可通过下列公式计算血浆渗透压:

血浆渗透压(mmol/L)=2×(Na^++K^+)mmol/L+血糖 mmol/L+血尿素氮 mmol/L

因为,尿素氮可自由通过细胞膜,对细胞内外的影响不大,所以将上述公式中的尿素氮去除后,所得的渗透压为有效渗透压。

二、治 疗

DNHS的治疗与DKA相似:①首先要纠正水电解质紊乱:第一阶段补液用生理盐水,以后如果血浆渗透压仍>350mmol/L、血钠>155mmol/L时,改用0.45%氯化钠溶液;当血浆渗透压降至<330mmol/L时,再改用生理盐水。②严密监测血糖,适量使用胰岛素:胰岛素使用方法与DKA的治疗大同小异;血糖下降至16.7mmol/L(300mg/dl)时,改用5%葡萄糖液与胰岛素混用(每单位胰岛素:3~4g葡萄糖)。③严密监测血钾,参考尿量(尿量>30ml/小时)适时补钾。④防治并发症。⑤严防不适当补液引起血浆渗透压下降过快,否则易发生脑水肿和延髓脱髓鞘病变。

第五节 甲状腺功能减退与黏液性水肿昏迷

一、概 述

甲状腺功能减退(甲减)是由多种原因引起的甲状腺激素合成、分泌或生物学效应不足所致的低代谢综合征,严重的患者可发生黏液性水肿,应激情况下患者可以昏迷。除了甲状腺疾病外,脑垂体以及下丘脑病变也可引起甲减。

二、临床表现

甲减的临床表现多无特异性,但是遇到下列情况时要警惕甲减的存在:①莫明其妙的浮肿;②低体温、心动过缓,低血压,或伴有心动过缓的心脏扩张与心力衰竭;③精神异常,注意力不集中,记忆力下,深反射减弱,知觉减退;④皮肤苍白、干燥,毛发稀疏,腋毛阴毛脱落;⑤性功能减退、高泌乳血症,过早卵巢萎缩与月经退潮;⑥实验室检查结果:高碳酸血症、低氧血症、低钠、低血糖、心肌酶升高、高脂血症。

三、实验室检查

血浆甲状腺激素的浓度深受其结合蛋白浓度的影响,ICU内患者这些结合蛋白会发生显著变化,严重影响甲状腺激素的血浓度;所以临床上,尤其是ICU,应以血清游离 T_3(FT_3)、游离 T_4(FT_4)和促甲状腺激素(TSH)水平的变化作为判断甲状腺功能的基准。确诊甲减的主要实验诊断依据是:①原发性甲减(甲状腺性甲减)的特征性改变是TSH增高伴 FT_3、FT_4 下降;②继发性甲减(垂体性甲减)的特征是TSH、FT_3、FT_4 同时降低;③三发性甲减(下丘脑性甲减)的特征是促甲状腺激素释放激素(TRH)、TSH、FT_3 和 FT_4 同时降低。

ICU内原本甲状腺功能正常的危重患者,对应激发生代偿反应,甲状腺分泌的 T_4 在外周组织内向 T_3 转化减少,更多转化为 rT_3;这可降低代谢率,以利于患者度过危险期;这些患者经典的甲状腺功能表现为 TSH 正常，FT_3 下降，rT_3 稍高，FT_4 正常。这种情况称为"正常甲状腺病态综合征（euthyroid sick syndrome，ESS）"。

一般认为，应激状态下轻度的甲减有利于患者度过危险期，所以 ICU 内轻度甲减及 ESS 不必治疗。严重甲减患者必须进行甲状腺素替代治疗，以维持一定的甲状腺激素水平。

四、治　　疗

（一）甲减的激素补充治疗原则

（1）代谢率快速增高可能导致心律失常，所以，纠正甲减不能操之过急。

（2）对年轻重症甲减患者，左-甲状腺素（L-T_4）从 100μg 开始使用，对老年患者或有缺血性心脏病病史的患者，起始剂量为 25～50μg/d，每 4 周增加 25μg，直到达到正常代谢状态。对于甲状腺激素不敏感综合征应选用 L-T_3 治疗。

（3）适宜剂量取决于临床症状和 TSH 的测量值。TSH 在正常人群中呈偏态分布，其中位素位 1.0～2.0mU/L 之间。

（4）任何剂量改变后 2 个月都应该检查 TSH，病情稳定后至少每年检查一次。

（5）对继发性及三发性甲减，FT_4 是随诊的最佳参数。

（6）对于那些不能口服和鼻饲管给予甲状腺素者，可以静脉给予口服剂量的一半。

（二）黏液性水肿昏迷患者的急救治疗

（1）找到并治疗诱发疾病。

（2）通过外部被动保温处理低体温，缓慢升高体温（0.5℃/h），监测直肠温度。

（3）面罩给予温暖而湿化的氧气，如果低通气需要机械通气。

（4）纠正低钠血症（适当限制入水量）、低血压（用晶体液或全血扩容）和低血糖。

（5）治疗之前测定 TSH、FT_3、FT_4 和皮质激素。

（6）甲状腺素：首次给予 L-T_4 300～500μg 静脉滴注或鼻饲，然后每天 50～100μg 静脉滴注。当患者病情稳定后改用维持剂量的甲状腺素口服。

（7）氢化可的松：给予一定剂量的氢化可的松是因为可能伴有肾上腺功能不全，即使肾上腺皮质功能健全，给予适量皮质激素也有利于增加患者的应激功能。对于肾上腺功能不全者每 6～8 小时给予氢化可的松 50～100mg。

第六节　甲状腺危象

一、概　　述

甲状腺危象（简称甲亢危象）是甲状腺毒症病情的极度增重，危及患者生命。多见于老年人。常见的病因依次是 Graves 病、结节性毒性甲状腺肿和胺碘酮甲亢。由非手术因素引发的甲亢危象不仅常见，而且比手术因素引起者更加严重。非手术甲亢危象透发因素：①感染；②应激；③不适当停用抗甲状腺药物；④放射性碘治疗；⑤甲状腺外伤；⑥过度触摸甲状腺。外科手术相关性甲亢危象：通常发生于手术后 4～16 小时内。多与甲亢未控制而手术有关，部分患者则是由于术中释放大量甲状腺激素。

二、诊　　断

甲亢患者遇有下列情况时应该考虑甲亢危象的诊断：①体温≥39℃；②心室率＞160次/分（＞140次/分就要高度警惕）；③大汗淋漓、呕吐、腹泻；④虚脱；⑤躁动、谵妄、昏睡或昏迷。

甲亢危象患者血清甲状腺激素水平与临床表现可不一致，所以甲状腺功能检查有助于甲亢的诊断，但对于危象的诊断没有实际意义。至今未见亚临床甲亢引起甲亢危象的报告。

三、治　　疗

（一）全身支持治疗

(1) ICU监护。

(2) 液体平衡：患者往往伴有脱水及高钠血症，要充分补水并纠正电解质紊乱。

(3) 能量与维生素：适当补充葡萄糖可抑制脂肪及蛋白质的分解；要常规补充大量的维生素。

(4) 降温治疗：发热轻者，用退热剂，常选用乙酰氨基酚类而不选择阿司匹林（增加代谢率、减少甲状腺素与血浆蛋白结合，因而增加血液激素水平）。高热者应该积极进行物理降温，可使用湿袋、冰袋、电风扇，必要时可用人工冬眠（哌替啶100mg，氯丙嗪及异丙嗪各50mg，混合后静脉持续泵入）。也可单独应用氯丙嗪50～100mg肌注，抑制体温调节中枢，还有助于控制患者的情绪激动。

(5) 抗心律失常：如果因心房纤颤需抗凝治疗，要注意甲亢患者对华法林高度敏感。

（二）特异性治疗

(1) 抑制甲状腺激素合成：丙硫氧嘧啶200～300mg每6小时一次，经鼻导管给入。优先使用丙硫氧嘧啶是因为它可以阻断外周组织中T_4向T_3转化，但是该作用有限。不宜使用丙硫氧嘧啶者可改用等效剂量的甲巯咪唑、碳酸锂或过氯酸钾。

(2) 抑制甲状腺激素的释放：在使用丙硫氧嘧啶1小时以后给予碘剂。一般每日口服复方碘溶液（卢格氏液）5滴每6小时一次，或静脉滴注碘化钠1.0g加入5%葡萄糖盐水水中静滴24小时，以后视病情逐渐减量，一般使用3～7天。要防止过快滴注碘液引起静脉炎（碘化钾更易引起静脉炎）。过去未使用过碘剂者，效果较好。碘过敏者可改用碳酸锂0.5～1.5g/d，分3次口服，连用数日。

(3) 降低外周组织对甲状腺激素的反应性：β受体阻滞剂可以拮抗甲亢危象若干临床表现，如快速心律失常、大汗、高血压、肾上腺功能亢进。一般给予普萘洛尔40～80mg/6h，或给予普萘洛尔2.0mg/6h缓慢静脉滴注。如果对β受体阻滞剂禁忌，可改用选择性β肾上腺素受体阻滞剂美托洛尔、艾司洛尔或拉贝洛尔。

(4) 迅速降低外周血中甲状腺激素水平：在血液透析基础上派生出的多种血液净化技术，如血液滤过、血液透析滤过、血液灌流、血浆置换和免疫吸附等，都可根据医疗单位的实际条件适当选用。

(5) 增强机体的应激能力：甲亢危象时肾上腺皮质激素的需要量增加，对有高热或休克者应加用肾上腺糖皮质激素。使用肾上腺糖皮质激素还有利于抑制外周组织中 T_4 向 T_3 转化。一般使用氢化可的松 200~300mg/d，或等效的其他糖皮质激素。

第七节 肾上腺皮质功能不全

一、概　述

肾上腺皮质功能不全是指肾上腺皮质不能按需分泌适量的糖皮质激素，从而引发一系列与糖皮质激素不足相关的病理生理变化，在应激情况下甚至可以引起肾上腺皮质功能减退危象。

原发性慢性肾上腺皮质功能减退症（Addison 病）是指原发致病因素破坏了双侧肾上腺的绝大部分，导致肾上腺皮质激素分泌不足。因为肾上腺皮质球状带与束状带紧密相邻，他们往往同时受损，大多数情况下，糖皮质激素与盐皮质激素分泌都不足，但有时分泌不足是以糖皮质激素或盐皮质激素为主。肾上腺皮质网状带毁损后，其性激素分泌功能可由性腺代偿。所以，Addison 病不会发生性激素缺乏。继发性肾上腺皮质功能减退由脑垂体分泌 ACTH 不足所致。临床上可以根据激素浓度以及色素沉着的有无进行 Addison 病与继发性肾上腺皮质功能减退的区别（表 26-1）：

表 26-1　Addison 病与继发性肾上腺皮质功能减退症的区别

	血皮质醇	ACTH	色素沉着	盐激素减少的表现
原发性	↓	↑	↑	+/-
继发性	↓	↓	↓	-

直到 90% 以上的腺体被破坏才会出现功能减退的表现，通常呈渐进发展，初为部分性肾上腺皮质功能减退，应激情况下患者反应减弱；最后发展为完全性的功能减退。急性肾上腺皮质功能减退（肾上腺危象）可由急性败血症或外伤引起；长期使用肾上腺糖皮质激素治疗的患者，如果突然中断治疗，可引起医源性肾上腺危象。

二、临床特征

（1）皮质醇缺乏相关的表现：①绝对或相对低皮质醇血（尿）症。②中枢神经及精神系统抑制性症状：乏力、淡漠、嗜睡、精神失常等。③心血管系统功能低下：血压偏低、直立性低血压等。④胃肠功能低下：纳欠、恶心、腹胀、腹泻等。⑤糖代谢异常：空腹血糖偏低、糖耐量曲线低平。

（2）反馈性 ACTH 分泌增多症：血浆 ACTH 升高伴色素沉着，先皮肤（掌纹、乳晕、瘢痕、会阴）后黏膜及齿龈。

（3）醛固酮缺乏相关的表现：肾脏不适当地失钠，低钠饮食时易发生低钠血症、血容量减少、直立性低血压。另外，肾脏排钾功能及排氢功能下降，可导致高钾性代谢性酸中毒（Ⅳ型肾小管性酸中毒）。

三、肾上腺危象的诊断线索

（1）低血压，尤其是对治疗无反应的低血压。
（2）严重患者遇有应激，可出现严重循环衰竭、脱水、休克。

(3) 腹痛,类似急腹症。
(4) 不明原因的发热。
(5) 消瘦伴不明原因的低血糖。
(6) 难以解释的呕吐。
(7) 绝对或相对低皮质醇血症。

四、治　疗

(1) 紧急处理:本综合征为威胁生命的急症,如临床高度怀疑就立即治疗,无须等待明确的检查结果。

(2) 检查:取血样测定皮质醇、ACTH、电解质以及血糖。

(3) 补充盐水:需大量0.9%氯化钠,纠正脱水及低钠血症,在开始24～48小时内可能需数升。

(4) 补充糖皮质激素:先给负荷剂量氢化可的松100mg静脉点滴,继以100mg/6h肌注或静脉点滴,直到患者可以口服给药。口服期间给予替代剂量的2倍,直到病情明显好转,并脱离应激状态。即使伴有盐皮质激素分泌功能低下,急症期间无需给予盐皮质激素,因为大剂量的糖皮质激素可以产生足够的盐皮质激素作用。但是在糖皮质激素改为替代剂量后,可给予氟氢可的松0.1mg/d。

(5) 补充葡萄糖:要病患者常伴有低血糖或有强烈的低血糖倾向,所以可给予5%葡萄糖液静脉滴注。

(6) 改善循环功能。

(7) 其他对症治疗。

第八节　嗜铬细胞瘤

一、概　述

嗜铬细胞瘤(pheochromocytoma)起源于肾上腺髓质、交感神经节或其他部位的嗜铬组织,这种肿瘤持续或间断地释放大量儿茶酚胺,引起持续性或阵发性高血压、多个器官功能损伤及代谢紊乱。肾上腺髓质及主动脉旁嗜铬体可产生肾上腺素和去甲肾上腺素,其他部位的嗜铬组织只能产生去甲肾上腺素。嗜铬组织还可产生多种肽类激素,其中一部分可能引起嗜铬细胞瘤的一些不典型症状,如面部潮红、便秘、腹泻、低血压、休克等。

二、临床表现

①阵发性高血压伴头痛、心悸、多汗"三联征"。②持续性高血压对常用降压药效果不佳,但对α受体阻滞剂、钙离子拮抗剂、硝普钠敏感。③伴交感神经过度兴奋(多汗、心动过速)及高代谢(低热、体重减轻)等表现。④阵发性高血压发作后以及持续性高血压患者,尿儿茶酚胺及其代谢产物(香草基杏仁酸、甲氧基肾上腺素、甲氧基去甲肾上腺素、间甲肾上腺素类物质)显著升高(后者诊断本病的特异性及敏感性接近100%)。⑤持续性高血压或阵发性高血压发作期间,酚妥拉明(≤5mg)试验阳性(血压下降>35/25mmHg);阵发性高血压在血压正常期冷压试验(血压升高至平时的最高值,但低于胰高糖素激发水平)、胰高糖素(1mg,促进嗜铬细胞瘤释放儿茶酚胺,对正常肾上腺无激发作用)试验阳性(血浆儿茶

酚胺增加3倍以上,血压比冷压试验结果升高>20/10mmHg)。⑥应用α受体阻滞剂控制血压后,影像诊断发现肾上腺或其他部位有嗜铬细胞肿瘤。

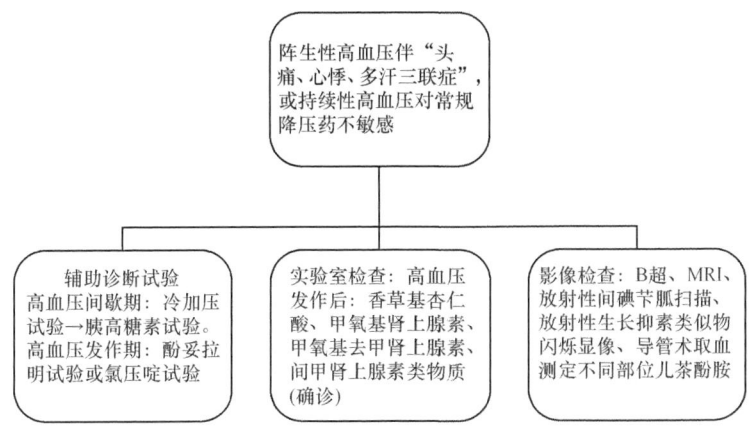

图26-2 嗜铬细胞瘤诊断流程图

三、治　疗

嗜铬细胞瘤内科治疗注意事项:

(1) 嗜铬细胞瘤的最好的治疗手段是外科手术;药物降压治疗只能用于术前准备、控制危象、不适宜手术的患者以及术后降压效果仍不能达标的患者;恶性嗜铬细胞瘤对放疗及化疗不敏感。

(2) 对于分泌肾上腺素的嗜铬细胞瘤患者,单纯使用α受体阻滞剂(酚苄明),可使β受体活性增强,诱发低血压与心律失常;所以,使用α受体阻滞剂后心率加快者,一定要加用β受体阻滞剂。反之,在使用β受体阻滞剂之前,必须首先使用α受体阻滞剂,否则会诱发血压骤然升高,甚至发生肺水肿。所以,嗜铬细胞瘤患者在明确诊断之后,首先使用α受体阻滞剂(酚苄明10mg/12h,1~2天后根据血压逐渐增加剂量,最多可用80mg/d),2~3天后给予普萘洛尔(10~40mg/8h,剂量由小到大,根据血压和心率调整)。

(3) 嗜铬细胞瘤发生高血压危象时最经典的疗法是:立即给予酚妥拉明1.0~5.0mg缓慢静注,当血压下降到160/100mmHg左右时,改用10~15mg酚妥拉明加于5%葡萄糖生理盐水500ml中静脉缓慢滴注。

(4) 使用相对选择性α_1受体阻滞剂哌唑嗪,可以避免全部α受体阻滞的不良后果;首剂小剂量0.5~1.0mg观察其反应性,然后根据血压调整剂量至理想血压水平。

(5) α、β双受体阻滞剂拉贝洛尔也是一种理想的药物选择。

(6) 嗜铬细胞瘤相关的心律失常使用β受体阻滞剂更具有针对性。

(7) 嗜铬细胞瘤术前准备过程中,并非所有患者都需要加服β受体阻滞剂,只有那些在应用α受体阻滞剂后出现持续性心动过速或室上性快速心律失常时,才考虑加服β受体阻滞剂。绝对禁忌在未使用α受体阻滞剂的前提下,单独或首先使用β受体阻滞剂。

(8) 钙离子拮抗剂和血管紧张素转换酶抑制剂可作为嗜铬细胞瘤术前准备的联合治疗手段,前者尤其适用于伴有冠心病或儿茶酚胺心肌病的患者。

(9) 在高血压危象或手术期间持续高血压者,也可使用硝普钠降压治疗。本药只能用

5%葡萄糖溶液溶解和稀释,现配现用,注意避光,从小剂量开始,根据血压调整剂量与给药速度,逐渐增加至50～200μg/min,一次配药于12小时内用完。本药不宜长期使用。

(10) 当高血压危象结束,血压得到控制,改用α受体阻滞剂口服治疗。其他可以用于嗜铬细胞瘤的还有哌唑嗪、特拉唑嗪、多沙唑嗪和甲基络氨酸等。

第九节 抗利尿激素分泌异常综合征(SIADH)

一、概 述

抗利尿激素分泌异常综合征(syndrome of inappropriate ADH secretion,SIADH)是一种在低血浆渗透压时抗利尿激素(antidiuretic hormone,ADH)仍持续不断分泌的临床综合征,临床上以水潴留,尿排钠相对增多,稀释性低钠血症等表现为特征。

二、SIADH 的病因

(一) 肿瘤

肿瘤引起 SIADH 以原发性脑肿瘤、血液系统恶性肿瘤、胸腔内非肺部癌肿、皮肤肿瘤、胃肠道癌肿、妇科癌肿、乳腺癌肿、前列腺癌肿及各种肉瘤等相对多见。最近发现胸腺神经母细胞瘤、腹膜乳头状癌(papillary serous surface carcinoma of the peritoneum)、淋巴瘤相关性噬血细胞综合征、非小细胞肺癌伴多发性副癌综合征(multiple paraneoplastic syndromes)等也可引起 SIADH。在大系列临床研究中发现,SIADH 在头颈部癌肿的发生率为 3%(47/1696),非小细胞性肺癌 0.7%(3/427),小细胞肺癌 15%(214/1473)。有些肿瘤细胞含有 ADH 分泌颗粒可直接分泌异源性 ADH。燕麦细胞肺癌可合成、储藏及释放 ADH,经生化及生物鉴定此种癌细胞能产生精氨酸血管加压素,与天然由下丘脑分泌的 ADH 相同。除 ADH 外,从癌组织及血浆中还可以找到神经垂体素,属异源性内分泌。偶尔癌肿在引起 SIADH 的同时还伴有异位 ACTH 增多症及肾磷丢失症,化疗后这些症状改善。Chubachi 等认为,淋巴瘤相关性噬血细胞综合征(lymphoma-associated hemophagocytic syndrome)时,白介素-1β 和肿瘤坏死因子-α 显著升高,他们刺激 ADH 分泌,引起 SIADH。

(二) 非肿瘤性中枢神经系统疾病

结核性或化脓性脑膜炎、脑外伤、脑脓肿、脑肿瘤、脑炎、急性感染性多发神经炎、蛛网膜下腔出血、脑血栓形成、脑萎缩、小头畸形、系统性红斑性狼疮及中枢神经系统肉芽肿血管炎等都可引起 SIADH。此外各种剧烈的精神刺激、剧痛、正压呼吸亦可引起 SIADH。在以上因素作用下,下丘脑视上核及垂体后叶直接或间接受到刺激,ADH 分泌过多。或因病变损伤涉及渗透压感受器,则血浆渗透压降低不能通过该感受器抑制 ADH 分泌,也可导致 ADH 分泌异常增多。急性脑炎、外伤等引起者常属暂时性。中枢神经系统的颅内出血、炎症或颅压升高等,破坏了下丘脑神经垂体通路上细胞的通透性,使 ADH 的释放不依赖血浆渗透压的变化。

Patwari 等对儿童细菌性脑膜炎患者进行了研究,他们发现入院时 60 例中有 22 例(36.7%)并发 SIADH,在住院 3 天后 48 例中新发现 SIADH3 例(12.5%)。与非 SIADH

性低钠血症患者相比，SIADH 低钠血症恢复较慢，一般在 10 天以内，而前者则都在 3 天内恢复。脑膜炎的严重程度与 SIADH 的发生率之间有显著相关性。由肺炎链球菌引起者最易发生 SIADH，其次是嗜血流感杆菌。伴有 SIADH 者死亡率较高，且这些患者都死于发生 SIADH72 小时内。

儿童患者发生 SIADH 的主要病因是颅内疾病或外伤。

（三）非肿瘤性肺部疾病

病毒或细菌性（尤其是葡萄球菌）肺炎、肺结核、肺脓肿、肺曲菌病可引起 SIADH。曾在肺结核病灶中找到 ADH，属异源性内分泌。肺部疾患时，肺内压下降，左房压力上升刺激左房压力感受器，通过迷走神经信号传至下丘脑，使 ADH 不适当地释放。

（四）药物

氯磺丙脲、氟西汀、舍曲林、α 干扰素、胺碘酮、长春碱、左旋苯丙酸氮芥、长春新碱、环磷酰胺、卡巴西平、全身麻醉药、巴比妥类、噻嗪类利尿剂、三环类抗抑制剂等可引起 SIADH。氯磺丙脲可刺激 ADH 释放，且加强 ADH 对肾小管的作用，氯贝丁酯可刺激 ADH 分泌，环磷酰胺等抗癌药可刺激下丘脑释放 ADH。

Abe 等报告 43 例淋巴瘤儿童患者在自体骨髓移植之前进行骨髓毁灭性化疗期间有 3 例发生 SIADH。

在使用抗精神病药物过程中发生神经阻滞剂恶性综合征（neuroleptic malignant syndrome）引起下丘脑功能失常，导致储存的 ADH 释放，发生 SIADH。

（五）其他

吸烟可引起 SIADH，随着年龄的增加吸烟与 SIADH 之间的关系更加密切。

ε氨基乙酰丙酸脱氢酶缺乏性卟啉症（delta-Aminolevulinic acid dehydratase deficiency porphyria）、急性特发性全自主神经功能异常（acute idiopathic pandysautonomia）患者下丘同时受损，引起 SIADH。

在二尖瓣分离手术时，左心房压力迅速降低，影响容量感受器，促使 ADH 异常分泌。

（六）特发性

少数 SIADH 患者在临床上始终无明确病因可寻。多见于老年人。Miller 等对一批为数 405 例非卧床的老年患者进行了研究，发现血清钠离子浓度低于 135mmol/L 者 46 例，其中 27 例 SIADH，7 例为特发性 SIADH。作者认为，在没有显著诱发因素的老年人群中，衰老可成为 SIADH 的独立诱发因素。Miller 等还对另外 119 例年龄在 60～103 岁老年人进行了研究，发现部分老年人常于进水稍多后发生低钠血症。在 23 例有过低钠血症病史的患者中，有 18 例水负荷试验证明有 SIADH。作者认为，对这些患者负荷水过多或低钠鼻饲常使具有 SIADH 倾向的患者发生显著低钠血症。

三、病 理 生 理

正常情况下，血浆渗透压增高时，ADH 分泌增加；血浆渗透压下降时，ADH 分泌抑制。SIADH 时血浆渗透压不增高，ADH 也大量分泌；血浆渗透压下降时，ADH 仍然不适当地大量分泌。异常分泌的 ADH 可来源于下丘脑或下丘脑以外的组织(异源性)。ADH 使肾远端小管和集合管水通道开放,水顺渗透梯度进入肾间质,水重吸收增加,减少纯水清除率,导致稀释性低钠血症及血浆参量下降。这种低钠血症常伴有不适当尿钠排泄增加这一矛盾现象。该现象的发生可能与容量扩张有关。容量扩张时,肾小球滤过率增加,肾素和醛固酮分泌被抑制,尿钠排出增加;细胞外液扩张时,利钠因子增加,抑制近曲小管对钠的回吸收,更促使尿钠大量排出,钠代谢处于负平衡,低钠血症及血浆低渗透压加重。

SIADH 的标志是血浆渗透压低下时 ADH 或 AVP 仍然持续大量分泌,由此导致纯水清除率不适当地降低,尿钠排泄量不适当地增加,尿渗透压不适当地增加,从而进一步加重低钠血症及低渗透压血症,大量水向细胞内转移导致全身细胞水肿,脑细胞水肿引起显著的症状(表 26-2)。

表 26-2 正常人与 SIADH 患者对血浆渗透压下降反应性的比较

四、临 床 表 现

(1) 原发病的表现。

(2) 水中毒的表现:SIADH 的表现本质系水过多及低钠血症的表现。临床以脑细胞水肿造成的功能紊乱最为明显。当血钠<120mmol/L 时则有食欲缺乏、恶心、呕吐、体重增加、软弱无力、嗜睡状态、精神失常,继之有烦躁不安与性格改变。血钠<110mmol/L 时可有肌无力,腱反射减退或消失。有时可呈现延髓麻痹或假性延髓麻痹症,惊厥、昏迷、甚至死亡。代谢性脑病的发生与发展与低钠血症的严重程度与发展速度有关。如果血钠缓慢下降,则表现深反射减退、全身肌无力、过度换气或其他病理阳性体征。

SIADH 的另一重要临床特征是水潴留而不伴有组织间隙水肿。血压一般正常。

(3) 血液稀释的表现:临床上除了低钠血症以外,还可表现为低肌酐、低尿素氮、低尿酸血症。血氯降低的程度与低钠血症一致。

五、辅助检查

（1）实验室检查：①血清钠＜130mmol/L；②血浆渗透压＜270mmol/kg；③尿钠＞20mmol/l；尿渗透压不适当地升高（在血浆渗透压下降时尿渗透压/血浆渗透压比＞1.0；④二氧化碳结合力正常或稍偏低；⑤血清氯化物偏低；⑥血和尿中ADH明显升高；⑦甲状腺、肝脏、肾脏、心脏和肾上腺皮质功能均正常。

（2）水负荷试验：在高渗尿的情况下，可采用水负荷试验予以鉴别。正常人水负荷可以抑制垂体后叶ADH释放。一般当血钠＞125mmol/l时，才可做此试验，否则有诱发水中毒的危险。当血钠低于125mmol/L时，可先限水使血钠上升后再做。方法如下：在上午6时患者排空膀胱，至7:30留第一次尿标本，测定尿量及渗透压，同时给水1.0L（或20ml/kg），在10～20分钟内服完，平卧5小时，在8:30、9:30、10:30、11:30各留尿一次，共5次。在排尿间隔期即7:00、8:00、9:00、10:00、11:00各抽血作血浆渗透压检查。正常人水负荷时均有利尿作用，于5小时内有80％水排出，尿渗透压降低至100mmol/kg（比重为1.003），比血浆渗透压低。而本病患者尿量少于摄入水量的40％，且不能排泄低渗尿，尿渗透压＞血浆渗透压。偶尔，SIADH患者在严格限钠后，尿渗透压可低于血浆渗透压，但尿渗透压仍然不能降低到理想程度（仍大于100mmol/kg）。

（3）影像检查：Papapostolou等发现，在作核磁共振检查的8例SIADH患者中有7例（87.5％）神经垂体的高密度信号消失；而在对照组中23例无SIADH的患者中，20例（87.5％）有该信号存在。所以，他们认为，MRI检查对于SIADH的诊断有重要临床价值。

六、诊断

诊断SIADH前必须首先排除ADH对血清渗透压及血管容量改变的正常反应。低血清渗透压及低血钠时持续尿钠排泄对该症的诊断殊为重要。

本症诊断指标有五点：①低钠血症、血浆渗透压下降；血钠小于130mmol/L；血浆渗透压小于270mmol/L。②相对高渗尿，低钠低渗血症时尿渗透压/血浆渗透压＞1.0，（在血浆渗透压＜250mmol/kg时尿渗透压＞100mmol/kg就具有重要诊断价值）。③低钠血症或低血清渗透压时尿钠排出持续增加，且不受水负荷影响，尿钠浓度大于20mmol/L。④血中肾素活性不增高。⑤排除肝、肾、心、肾上腺皮质及甲状腺功能不全等引起的低钠血症或低渗透压血症。

SIADH尿钠排泄是由于容量扩张抑制肾素和醛固酮分泌所致，所以在严格限钠的患者可因肾素和醛固酮的抑制解除，肾远端小管和集全管重吸收钠增加，尿钠因而减少。

有作者认为，凡临床上发现血尿素氮低于3.5mmol/L，或低尿酸血症合并低钠血症时，应高度警惕SIADH的可能性。

七、鉴别诊断

低钠血症及低渗透压血症也可见于甲状腺机能减退、肾上腺皮质功能低下、肾小管功能不全、肾病综合征、肝硬化腹水、充血性心力衰竭及慢性病细胞综合征（chronic sick cell syndrome）。甘露醇等渗透性利尿剂也可产生低钠血症。

肾上腺皮质功能低下、肾小管病变者常伴有效循环血容量减少、低渗透压、低血压、低渗脱水以及氮质血症。

慢性充血性心力衰竭、肝硬化腹水、肾病综合征时,伴水肿,呈钠正平衡,尿醛固酮增高。

慢性病细胞综合征见于久病虚弱者,长期营养不良、恶病质使细胞内有机物质丧失,细胞外钠离子进入细胞内;或者患者渗透压阈值重调,导致低钠血症。

另外要注意排除假性低钠血症,该症可见于高脂血症和高蛋白血症,但血清渗透压正常。

八、治　疗

(一)病因治疗

有恶性肿瘤者应及早诊断和切除,手术后或有转移者需加用放射治疗和化疗。感染者,积极采用适当抗菌药物控制感染。药源性 SIADH 则应立即停止用药,有报告预防卡巴西平咪嗪引起的低钠血症时可加用多西环素(强力霉素),但一般情况下当引起 SIADH 的药物必须持续使用时,则同期合并使用去甲金霉素可减少低钠血症的发生率。

Ciaudo 等报告 1 例外周 T 细胞淋巴瘤伴噬血细胞血症伴有 SIADH,每次化疗使淋巴瘤临床缓解后 SIADH 也缓解,前者复发后 SIADH 也复发。Saeki 等报告 1 例急性骨髓单核细胞性白血症(acute myelomonocytic leukemia)并发 SIADH,强有力化疗后,SIADH 缓解。

肺嗜酸性细胞浸润综合征并发 SIADH 时,给予生理盐水负荷,低钠血症持续,ADH 不被抑制。泼尼松使嗜酸性细胞浸润及 SIADH 都缓解。

中枢神经系统肉芽肿性血管炎引起的 SIADH,单纯常规抗 SIADH 治疗无效。

(二)纠正水过多和低钠血症

(1)限制水分摄入:轻型患者可以限制水的摄入,每天给水约 800~1000ml 已可见效。入水量的多少主要根据体重的变化,有效的限水应该使体重每天减少 1.0~1.5kg。一般经过 7~10 天可使血浆渗透压及血清钠浓度逐步升高至正常水平。

(2)利尿剂:仅在严重水中毒症状(如抽搐、昏迷等)出现时使用。必须使用呋塞米等快效利尿排水。袢利尿剂可以抑制肾小管髓袢升枝对钠的重吸收,妨碍髓质高渗状态的建立,使小管腔内水的重吸收受阻,从而抑制了 ADH 的作用。呋塞咪 40mg 或依他尼酸钠 50mg,一次给药,如在用药后 8 小时内尿量小于全日尿量的 60%,则可将剂量加倍。在应用利尿剂的同时,加服钠盐,可使效果更佳,利尿剂治疗会产生低钾血症,可以同时补钾,或并用保钾利尿剂氨苯喋啶与螺内酯。大剂量尿素(60mg/d)可产生渗透性利尿,应用尿素不会产生低钾血症,钠盐的摄取也不必严格规定,但可因胃肠道反应而限制其应用。噻嗪类利尿剂如双氢克脲噻往往无效,甚至因尿钠排出多于水的排出,加重低钠血症。当血钠浓度和渗透压已初步恢复后,如需补液时,可采用等渗盐水,但不可用 5% 葡萄糖水;此后尚须限制水摄入,以防本症复发。

(3)高渗盐水:在血清钠低于 115mmol/L 时可静脉输给 5% 氯化钠溶液 200~300ml,以便迅速提高血钠浓度至 120mmol/L,控制神经系统症状,但必须注意防止诱发肺水肿,同时切不要迅速纠正血清钠浓度及血浆渗透压至正常水平。血清钠浓度纠正过快可诱发"中枢脑桥脱髓鞘综合征(central pontine myelinolysis syndrome)"。渗透综合征是过快的纠正低钠血症潜在的神经病学并发症。理想的纠正速度还是一个争论,尽管缓慢发展的需缓慢纠正,然而进展较快的(小于48小时)的应该较快的纠正。对于绝大多数发展超过24小时的低钠血症,通过限制血钠浓度的上升速度<9mmol/L每天,在一定程度上可以减少髓鞘消溶的风险,同时避免形成高钠血症。

(4)盐皮质激素:盐皮质类固醇治疗SIADH低钠血症时,用量加大。纠正Addison病低钠血症时,去氧皮质酮只需5mg/d;而治疗SIADH时,剂量必须加大到20mg/d,醛固酮1mg/d,或氟可的松2~8mg/d才能有效。在用盐类固醇激素治疗的同时,仍需限水,否则无效。

(三)抑制ADH分泌及拮抗ADH作用

目前临床上尚无有效地抑制肿瘤分泌ADH的药物。

苯妥英钠虽可抑制神经垂体分泌ADH的作用,但作用短暂,故临床上少用。

麻醉药拮抗剂如奥昔啡烷也有抑制神经垂体分泌ADH的作用,试用后曾见对水负荷排出能力的改善及尿量进行性增加。

锂盐可拮抗ADH对肾小管的作用而引起多尿,但毒性很大,故临床亦少用。

地美环素治疗SIADH,剂量600~1 200mg/d,分3次口服,能引起等渗或低渗性利尿,于5~14天内低钠血症可获暂时改善。此药有拮抗ADH作用于肾小管上皮细胞受体中腺酸环化酶的作用,故可用以对症治疗。但可诱发氮质血症,必须注意。

总体上约半数SIADH患者单纯限水治疗即可取得较好的疗效,另一半患者需配合其他治疗措施。Rodriguez-Cuartero等6例SIADH患者,3例患者单纯限水有效,另3例需用盐酸去甲基金霉素。

第十节 脑耗盐综合征

一、概 述

脑耗盐综合征(cerebrum salt wasting syndrome,CSWS)是一种颅内病变引起的肾脏不适当失水丢钠综合征,临床上以低钠血症伴高尿钠、低血容量伴不适当尿量增多为特征。CSWS是引起中枢神经系统疾病急性期(起病后10天内),尤其是神经外科病人术后低钠血症的重要原因,其最常见的颅内原发疾病是蛛网膜下腔出血,其他如脑损伤、脑肿瘤、颅内出血、脑梗死、动脉瘤、脑膜炎等也可发生。

二、诊 断 要 点

①有中枢神经系统疾病存在;②低钠血症(<130mmol/L)伴尿钠排出增加(>20mmol/L或>80mmol/24h);③血浆渗透压降低(<270mmol/L)伴不适当高渗尿(尿渗透压:血渗透压>1);④脱水(口腔黏膜干燥、皮肤干燥、眼窝下陷、红细胞压积和血尿素氮增高等)、低血容量(中心静脉压<6cmH$_2$O、心率快、体位性低血压),伴不适当尿量增多(尿量>1800ml/d);⑤肾脏、甲状腺、肾上腺功能正常,排除其他原因引起的低钠血症;⑥补水、补钠后病情好转。

容量的大量丢失和水、钠的负平衡可引起脑血管痉挛,加重脑细胞的损伤,所以早期诊断及时治疗殊为重要。

CSWS 与 SIADH 区别:CSWS 与 SIADH 都可发生于颅内病变的患者,其治疗原则截然相反。SIADH 是由于在某些病理生理状态下,下丘脑神经垂体轴不适当地释放过量的抗利尿激素(ADH/AVP),导致水潴留、高血容量和稀释性低钠血症。SIADH 与 CSWS 的主要区别在于前者高血容量、总钠含量正常、尿量不适当地减少。在病情许可的情况下,可限制液体至 700～1000ml/d,如血浆渗透压增加,尿钠排出减少,则为 SIADH;如患者症状加重,则为 CSWS。补液试验即在密切观察病情下采用等渗盐水静脉滴注,如患者症状出现改善,考虑为 CSWS;如无改善,考虑为 SIADH。每日测量尿量及体重,简单易行,不仅能反映病情变化,而且有助于鉴别诊断。

三、发病机制

颅内疾病后下丘脑病变致交感神经张力减低,肾脏交感神经兴奋性下降导致肾血流增加,肾小球滤过率增加及肾素分泌减少,肾小管对钠重吸收减少。最终引起血容量下降、血钠减少、尿钠增多。房钠肽及脑钠肽可直接作用于肾髓质集合管并可抑制肾素-醛固酮的分泌,从而增加尿钠的排泄;同时,可以从脑干水平直接抑制自主神经冲动的传出从而参与神经系统对肾脏的调节。

四、治　　疗

CSWS 大多是一过性的,多可在 3～4 周后逐渐恢复,其治疗关键是适时的水钠补充。根据患者低钠血症的严重程度给予静脉和(或)口服补盐治疗。

早期可使用生理盐水,血浆渗透压降低的情况下可予 3% 的钠盐溶液输注;出现血浆渗透压升高时可予呋塞米配合治疗。在滴注 3% 的钠盐溶液时需进行中心静脉压的监测,相对而言,给予 1.5% 的盐溶液进行外周血监测即可,应该是一个更合适的选择。

部分患者即使予液体疗法也很难纠正水盐失衡,氟氢可的松可通过增加钠从肾小管的重吸收辅助纠正钠盐的负平衡,推荐口服氟氢可的松的剂量为 0.1～0.4mg/d,但需警惕继发性低钾血症的出现。

在纠正低钠血症的过程中需控制血钠的纠正速度,防止渗透性脱髓鞘综合征。有学者建议,早期每天纠钠不超过 8～10mmol/L。

第十一节　尿　崩　症

一、概　　述

尿崩症(diabetes insipidus)是指下丘脑和(或)垂体病变引起抗利尿激素(antidiuretic hormone,ADH)分泌释放不足(又称中枢性尿崩症 central diabetes insipidus,CDI),或肾脏病变引起肾远端小管、集合管上皮细胞 ADH 受体和(或)受体后信息传递系统缺陷,对 ADH 失去反应(又称肾性尿崩症,nephrogenic diabetes insipidus,NDI)而引起的一组临床综合征。尿崩症的临床特点是多尿、烦渴、低比重尿和低渗尿。

本节重点叙述 CDI。

二、病　　因

(1) 原发性(特发性):原因不明,约占尿崩症的 50%～60%。部分患者在尸检时可发现下丘脑视上核及室旁核细胞明显减少或几乎消失,一些患者上述细胞中Nissl颗粒显著减少或缺乏(表26-3)。

(2) 外伤:外伤(尤其是颅脑手术的创伤)是CDI的第二常见病因。脑垂体手术后一过性CDI最为常见。如果手术造成正中隆突以上的垂体柄受损,则可导致永久性CDI。

(3) 肿瘤:肿瘤是CDI的第三大病因,在许多情况下尿崩症是蝶鞍上肿瘤最早的临床症状。除了表中列举的常见肿瘤以外,其他一些罕见的肿瘤也可引起是CDI,如朗格汉斯细胞性组织细胞增多症(Langerhans cell histiocytosis)可在原发病皮肤表现,及CT检查发现显著下丘脑占位性病变发生之前5年,即出现CDI的表现,放射治疗后,下丘脑肿块及皮肤改变消失,但尿崩症及渴觉感受丧失持续存在。其他如Erdheim-Chester病(类似于组织细胞病,但受累组织中没有朗汉斯细胞)、促甲状腺细胞性垂体腺瘤、窦性组织细胞增生症伴重度淋巴结病(Sinus histiocytosis with massive lymphadenopathy)侵犯蝶鞍等情况下也可引起CDI。淋巴瘤样肉芽肿病引起的CDI,经化疗使肉芽肿病的中枢症状好转后,尿崩症可持续存在,可能是病变引起了垂体的永久性损害。

表26-3 CDI的常见病因

特发性	
脑垂体手术后	
蝶鞍上肿瘤	
颅咽管肿瘤	松果体肿瘤
脑膜瘤	胶质瘤
垂体瘤	错构瘤
转移性肿瘤或肿瘤浸润	
乳腺癌	直肠癌
肺癌	白血病
黄色瘤	
结节病	
组织细胞增多症	
血管性疾病	
席汉病	Wegener肉芽肿
感染性疾病	
脑炎	梅毒
结核	基底脑膜炎
外伤	

(4) 遗传性疾病及先天性疾病:家族性CDI常染色体显性遗传。可由于加压素前体基因的突变,也可由于该激素载体蛋白基因的突变引起。ADH突变引起激素前体折叠、加工、降解等方面的障碍,继而引起ADH神经元的损害。Ueta等研究发现一部分家族性CDI患者,垂体细胞ADH运载蛋白Ⅱ编码区等位基因发生杂合突变,等位基因的一半正常,另一半突变。尿崩症-糖尿病-视神经萎缩-耳聋综合征(dibetes insipidus, diabetes mellitus, optic atrophy, and deafness, DIDMOAD)亦称Wolfram综合征是一种常染色体隐性遗传性疾病伴有CDI。其CDI的发生率高达73%(33/45),个别患者可伴有脑干萎缩。病变组织细胞的线粒体DNA多发性缺失,DNA异常的比率可高达85%～90%,而在未受损组织细胞中,线粒体DNA缺失的比率只在1%～10%。

(5) 其他一些先天性疾病:如Alobar前脑无裂畸形引起渗透压感受障碍,也可导致CDI。拉特克裂口囊肿(Rathke's cleft cysts)患者常有视力障碍、下丘脑功能异常、脑垂体功能低下及头痛等表现,少数患者有CDI表现。但个别患者CDI成为该症的唯一表现。

(6) 自身免疫性疾病:自身免疫也可引起CDI。De-Bellis等报道1例患者7岁诊断为CDI,36岁时头颅CT及MRI显示有空鞍症,内分泌检查发现有糖耐量下降、高肾素正常醛固酮血症(亚临床型醛固酮缺乏症)、正常皮质醇、高ACTH血症(亚临床型肾上腺皮质功能不全)。免疫学检查发现血清抗ADH细胞抗体、抗皮质醇细胞抗体及抗胰岛素细胞抗体。Endo等报道1例自身免疫机制同时引起Graves病及CDI的患者,伴有垂体前叶功能低下。Mizokami等报道一例16岁的男性患者发生淋巴细胞性垂体炎(本病多见于女性),表现为一过性垂体功能低下和CDI,继而出现无痛性甲状腺炎。

(7) 代谢性因素：妊娠时 ADH 酶使 ADH 分解加速，产生尿崩症。

以上原因以外的因素引起的尿崩症只占 CDI 的及少数。

三、发病机制

ADH 主要作用于肾远曲小管和集合管上皮细胞管腔面的受体，激活酰胺酸环化酶，催化 ATP 形成 cAMP，后者激活膜上的蛋白磷酸激酶，使腔面膜蛋白磷酸华，膜上水通道开放，水可以随肾皮质-髓质渗透梯度被吸收，从而远端小管和集合管内尿液被浓缩，终尿量减少。

理论上，任何病因影响到下列环节之一，即可引起本病：①渗透压感受器受损。②分泌 ADH 的神经元及垂体柄被破坏。垂体柄破坏>85% 可出现部分性尿崩症，>95% 可出现完全性尿崩症。切断神经联系导致垂体后叶萎缩。③破坏 ADH 储存池-垂体后叶。因垂体前后叶有独自的血液供应，所以席汉病很少伴有尿崩症。又因 ADH 纤维也到正中隆突外侧带，所以单纯破坏垂体后叶不易引起严重的尿崩症（除非同时损失垂体柄）。④ADH 降解加速。⑤肾小管对 ADH 反应缺陷。⑥肾脏皮质-髓质渗透梯度缺陷。

CDI 时，ADH 分泌释放减少，肾远端小管及集合管上皮细胞没有足够的 ADH 作用，水通道不开放，来自于肾单位近端的低渗尿液中的水不能被重吸收，低渗尿大量排出，血浆浓缩，血浆渗透压升高，刺激渗透压感受中枢及口渴中枢，如果下丘脑-垂体仍有部分 ADH 分泌与释放功能，则在较高血浆渗透量水平上引起 ADH 分泌释放，肾排水减少，同时口渴摄水增多，使水出入量基本达到平衡；如果中枢已经完全丧失分泌 ADH 功能，肾脏浓缩功能也完全丧失，则渴觉引起足够的摄水以补充水丧失就更为重要。

多尿多饮的程度取决于多种因素，如 ADH 缺乏的程度，渴觉反射的完整性，溶质负荷量及肾功能状态等。一般认为，中枢分泌释放 ADH 功能下降 50% 以上才会引起多尿症状。

CDI 发生后，肾脏对 ADH 的反应性可发生改变。一种患者对 ADH 敏感性显著增高，极少量外源性 ADH 即可引起尿液高度浓缩，其机制可能是 ADH 长期减少后，肾远端小管和集合管上皮细胞的 ADH 受体密度增加或与 ADH 的亲和力增加；另一种患者对外源性 ADH 高度敏感的同时，肾脏最大浓缩功能下降，其机制可能是由于长期多尿，洗脱肾间质内的溶质，皮-髓质渗透递度减弱。

根据起病方式可分为暂时性、永久性和三相性尿崩症。它们各有不同的发病原理。三相性尿崩症见于颅脑外伤或手术后，往往几小时内即出现症状，继而消失，7~10 天后尿崩复现，可能由于手术或创伤引起脑水肿，下丘脑-垂体丧失 ADH 分泌调节功能，ADH 分泌停止，出现尿崩；继而水肿消失储存的 ADH 释放，尿崩症好转；第三相因下丘脑-垂体萎缩而出现永久性尿崩症。

1984 年 Barron 等报道 3 例孕妇伴有 ADH 抵抗性尿崩症，其特点是尿崩症伴血浆 ADH 水平升高，对大剂量精氨酸加压素缺乏反应，而对去氨加压素有明显反应，分娩后病情缓解。这可能是妊娠中后期 ADH 酶活性增强，产后 40 天 ADH 酶消失后症状缓解。

四、临床表现

（一）尿崩症的一般表现

(1) 一般情况：CDI 可见于任何年龄的患者，但青年人更多，男女之比约 2∶1。

(2) 多尿(polyuria)：一般起病日期明确。完全性尿崩症患者，尿量比较固定，一般在 4L/d 以上，最多可达 20～40L/d。尿比重小于 1.006，尿渗透压多 <200mmol/kg，尿色淡如水，夜尿显著。长期多尿可导致膀胱容量增加，因此排尿次数有所减少。部分患者症状较轻，每日尿量在 2.5～5.0L 之间，如限制进水导致严重脱水，尿比重有时可达 1.010，尿渗透压可大于血浆渗透压，这种患者为部分性尿崩症。

(3) 烦渴(polydipsia)：失水引起严重口渴，一般入水量与出水量大致相等。多喜饮。如饮水不受限制，可影响睡眠，引起体力下降。多饮实质上是一种保护性反射。在肿瘤或外伤时，如果下丘脑-垂体 ADH 分泌细胞与下丘脑渴觉中枢同时受损，则患者没有烦渴多饮，这种患者极易因严重脱水而死亡。

(4) 与多尿多饮相关的其他表现：智力和体格发育接近正常。烦渴、多尿在劳累、感染、月经期和妊娠期可加重。遗传性尿崩症幼年起病，因口渴中枢发育不全，可引起脱水热及高钠血症。当尿崩症合并垂体前叶功能不全，肾上腺皮质功能继发性下降时，肾脏纯水清除率下降，尿崩症症状反而减轻或缓解；皮质醇替代治疗后，尿崩症加重。

(5) 原发病的表现：继发性尿崩症除上述表现外，尚有原发病的症状与体征。肿瘤、颅脑外伤或手术累及口渴中枢时除定位症状（头痛、视力改变、视野缺失、嗜睡、肥胖）外，也可出现高钠血症的表现（谵妄、痉挛、呕吐等）。

(二) 妊娠与尿崩症

患 CDI 的妇女妊娠后尿崩症多加重，激素替代剂量增加。其机制可能是，妊娠时基础血浆渗透压降低，渗透性口渴阈值下降；肾小球率过滤增加；肾小管对 ADH 的敏感性减低；肾脏产生前列腺素增加，拮抗 ADH 的作用；孕酮分泌增加，拮抗 ADH 的作用；垂体前叶充血肿大，局部压迫垂体后叶；血循环中出现大量 ADH 酶，使 ADH 降解灭活加速。ADH 酶是一种胱氨酸氨基肽酶，能迅速灭活 ADH。它可能来源于胎盘，妊娠期间血浆中该酶活性持续增加，从妊娠第 4 周至第 38 周活性可增加 1000 倍，分娩后迅速降低，分娩 4 周后血浆中已测不到该酶。

少数患者妊娠后尿崩症改善。其机制可能是由于妊娠时内环境变化对垂体有兴奋作用。

另一小部分中枢性尿崩症患者，妊娠时尿崩症病情无变化。可能是由于 ADH 缺乏是"完全性"的，妊娠后垂体 ADH 释放功能障碍无以加重或减轻，临床表现无任何变化。

原无尿崩症的患者在妊娠中可发生尿崩症，有三种类型：①ADH 敏感型，这部分患者产后尿崩症持续存在，则难与妊娠前发病的 CDI 相区别。有些患者于妊娠期间发生暂时性的 ADH 敏感型尿崩症，占妊娠相关性尿崩症的大多数。常发生于妊娠后期，逐渐起病，在以后的妊娠中有复发倾向。这类患者的下丘脑-垂体释放、储存 ADH 的能力有限，储备功能不足，不能应付妊娠时机体对 ADH 的需要。②暂时性 ADH 抵抗性尿崩症，这是近年才被认识到的一种少见的妊娠尿崩症。在妊娠晚期出现多饮、多尿，血浆中 ADH 酶活性显著升高，对大剂量外源 ADH 无反应，但给予对抗 ADH 酶的制剂后病情改善。这是由于在大量 ADH 酶的作用下，体内 ADH 迅速失活所致。③肾性尿崩症，患者对外源 ADH 与对抗 ADH 酶的制剂均无反应。

妊娠中毒症可使尿崩症减轻,对外源性 ADH 的需要量减少。这是由于肾小球率过滤下降所致。

个别患者产前正常,产后席汉综合征与中枢性尿崩症并存。这种尿崩症的发生与席汉综合征的发生具相同的机制,不是妊娠前潜在尿崩症的发作。因为妊娠前发生的潜在性尿崩症很难以逃脱妊娠这一生理性的激惹。90%以上的席汉综合征患者虽无尿崩症的表现,但垂体后叶都有不同程度的损伤和萎缩,与其他 CDI 的病例相似。另外,席汉综合征造成尿崩症可由下丘脑损伤所致。糖皮质激素缺乏可以掩盖临床尿崩症,实际上在席汉综合征患者中,隐性 CDI 的发病率相当高。

哺乳常使尿崩症减轻,对外源性 ADH 的需要量减少甚至停用。吸吮乳头对 ADH 的释放是一个非渗透压刺激,因此哺乳可增加 ADH 的释放,使尿崩症减轻。

五、并 发 症

(1) 脱水与低血容量:下丘脑渗透压感受中枢功能障碍、拒绝水负荷、昏迷后未能及时补水等情况下都容易脱水与血容量下降。脱水时血浆渗透压及血清钠严重升高,导致高渗综合征,表现为头痛、肌痛、心动过速、性格改变、烦躁、神志模糊、谵妄与昏迷。容易死亡。

(2) 膀胱扩张与肾盂积水:可发生于严重尿崩症患者。

(3) 脱水热。

六、实验室检查与其他检查

(1) 禁水试验(water deprivation test):正常人血浆 ADH 和血浆渗透压正相关,血浆渗透压每升高 3.3mmol/L, ADH 相应升高 1.0ng/L。血浆 ADH 生理波动范围为$(0.9\pm0.3)\sim(5.2\pm2.7)$ng/L,刺激 ADH 开始分泌的血浆渗透压为 280mmol/kg。血浆 ADH 每升高 1.0ng/L,尿渗透压升高 156mmol/kg,当 ADH 升高至 5.2ng/L 后,尿渗透压达 951mmol/kg,此时血浆 ADH 即使再升高,正常人尿渗透压也难以再升高。

正常人限水 12~16 小时,血浆渗透压为(292 ± 4.2)mmol/L。CDI 患者限水试验 8 小时与正常人限水 12~16 小时达到了相同的效果。

在限水试验期间测定血浆 ADH 水平完全可以将正常人和 CDI 患者区别开来。正常人对高钠血症的反应:血抗利尿激素的浓度大于 2pg/ml;部分 CDI 患者:血抗利尿激素的浓度可能达到 1.5pg/ml;完全性 CDI 患者:血抗利尿激素的浓度无法测量;NDI 患者的反应:ADH>5pg/ml。

尿渗透压也是限水试验的可靠指标,可以反映血浆 ADH 水平。正常人对高钠血症的反应:尿渗透压超过 800mmol/kg;部分 CDI 患者的反应:尿渗透压 300~700mmol/kg;完全 CDI 患者的反应:尿渗透压小于 300mmol/kg。

做在重症监护患者禁水试验可以导致血容量不足并且造成血流动力学的不稳定。

(2) 在皮下注射加压素(5 单位皮下注射)前后测量尿渗透压。正常反应:尿渗透压升高不超过 5%。部分中枢性 DI:尿渗透压升高 10%~50%。所有中枢性 DI:尿渗透压至少升高 50%。NDI 尿渗透压没有预期的变化。如果水通道下调或严重的髓质洗脱可能使 CDI 的反应变得微弱。

(3) 高渗盐水试验:高渗盐水可扩张血容量,拮抗渗透压升高所引起 ADH 释放作用,且其盐利尿作用以及试验前过分水化也影响结果评定。此外高渗盐水可增加颅内压及心脏负担。最近有报告高渗盐水试验可以引起冠状动脉痉挛、心源性休克及脑缺氧综合征。

滴注盐水后测定血和尿渗透压,计算纯水清除率,也有助于诊断。正常人滴注后纯水清除率明显下降,尿崩症者无此反应。

(4) 血浆 ADH 测定:正常人基值为 1.0～5.0ng/ml(RIA 法)。部分性 CDI 和精神性烦渴症因长期多尿,肾髓质因洗脱作用渗透压透梯度降低,影响肾脏对内源性 ADH 的反应性,故单纯夺水试验不易与部分性 NDI 区别,此时夺水试验同时测定血浆 ADH、血渗透压及尿渗透压,有助于鉴别诊断。

(5) 其他检查:继发性 CDI 尚需测定视力、视野、蝶鞍摄片以及头颅下丘脑-垂体电子计算机断层摄影(computed tomography,CT)或核磁共振(magnetic resonance imaging,MRI)等,以明确病因。

七、诊断和鉴别诊断

(1) 分析发病环节:凡遇烦渴、多尿、低比重尿、低渗尿,需逐一排除或加以鉴别。

(2) 常见非 CDI 的特点

1) 精神性烦渴:以女性多见,常有精神因素。尿量多变,夜尿不著。可伴其他神经官能症主诉。长期强迫水化可使肾脏皮-髓质的渗透压梯度被洗脱,ADH 作用于肾小管后虽然水通道开放,但肾间质内无高渗状态存在,水不能通过水通道进入肾间质,尿液依然浓缩障碍,造成鉴别诊断上的困难。这种患者血浆渗透压和血清钠浓度轻微下降,血清 ADH 浓度无显著下降。

2) 糖尿病:除烦渴、多尿外有多食,尿糖阳性,尿渗透压往往>300mmol/kg,血糖升高。

3) NDI 分先天性或后天性(获得性)二类。先天性可能伴性隐性遗传大多以女性遗传,男性发病,但也有女性病例。往往出生后数月发病,可有高渗脱水,病死率为 5%～10%。其机制可能是肾小管上皮细胞腺苷酸环化酶缺陷或受体本身缺陷,特点是对 ADH 不敏感。根据病情轻重可分部分性和完全性 NDI。部分性 NDI 与部分性 CDI 有时较难区别。后天获得性 NDI 可由于电解质紊乱(低钾血症、高钙血症等),药物(锂盐、地美环素等)以及肾脏病(肾盂肾炎、肾淀粉样变、镰状细胞性贫血、多发性骨髓瘤、肾髓质囊性病等)引起。根据病史,肾功能检查以及血、尿电解质测定不难鉴别。

(3) 诊断步骤

1) 在自由摄水情况下测定基础血浆渗透压或(及)血清钠离子浓度,如果分别大于 295mmol/kg 或 143mmol/L,可排除精神性多尿,诊断过程直接进入第 3 步,以区别诊断 CDI 和 NDI。在血糖和尿素氮升高时,测定血清钠浓度更为准确。

2) 基础血浆渗透压和钠浓度不增高者,先进行夺水试验,如果在体重下降 5%,血浆渗透压和血清钠浓度升高到 295mmol/kg 和 143mmol/L,尿液浓缩,则精神性烦渴症诊断成立;如血浆渗透压和血清钠浓度不能达到上述标准,尿液不能浓缩,诊断程序进入第 3 步。

3) 注射加压素水剂 10mU/kg,在 2 小时内每 30 分钟留尿一次。如果最高尿渗透压比试验前基础水平增加 50% 以上,则 CDI 诊断成立;如果达不到上述标准,再给予 50mU/kg 水剂加压素,以区别部分性与完全性 NDI。

表 26-4　引起多尿多饮的发病环节

(1) 精神性多尿或手术后补液过多
(2) 下丘脑-垂体性 ADH 分泌释放功能障碍
　　下丘脑-垂体结构破坏
　　刺激 ADH 分泌反馈信号传入障碍(渴觉感受障碍)
　　ADH 分子结构异常？
(3) ADH 受体或(及)受体后信息传递障碍
(4) 肾脏皮—髓质渗透量递度减弱或消失
　　肾血供异常
　　肾小管结构与功能障碍
　　　长期高钙血症
　　　慢性小管间质性疾病
　　　双侧肾盂积水
　　　慢性低钾血症
　　　急性肾衰竭多尿期
　　　长期低蛋白饮食
　　　肝功能损害致尿素合成障碍
(5) 渗透压利尿因素存在
　　糖尿病
　　使用大量高渗糖
　　甘露醇
(6) 利尿剂应用

4) 如夺水试验引起尿液浓缩,则精神性烦渴症、部分性 NDI 及不完全行 CDI 都有可能。这时,必须在夺水试验结束时测定血浆 ADH 水平、血浆渗透压及尿渗透压,并与血清 ADH-血渗透压或血清 ADH-尿渗透压关系曲线对照,前者有助于区别精神性烦渴症与 CDI;后再有助于区别部分性与完全性 NDI。如果血浆渗透压尚不足以区别正常与异常 ADH 反应($>$ 295mmol/kg),则以 0.1mg/(kg·min)速度滴注 3%氯化钠溶液 2 小时,重复测定血浆渗透压与 ADH 水平(表 26-4)。

5) 如果测定血清 ADH 有困难,患者住院试验性给予 DDAVP25μg,每 12 小时 1 次,疗程为两天,密切观察病情变化。如多尿多饮纠正,且不发生低钠血症,CDI 诊断成立。如果多尿好转,多饮无变化,或发生水中毒的表现,极有可能是精神性烦渴,立即停止上述治疗。如果 ADH 治疗后多尿和多饮都不改善,则为 NDI。在某些患者更大剂量的 ADH 治疗,可以区别完全性与不完全性 NDI。

禁水试验诊断尿崩症时,有 25% 左右的患者仍不能明确诊断;鉴别诊断的难点在精神性烦渴症与部分性 CDI;单次血清 ADH 水平测定不能完全区分上述两种情况。

八、治　疗

发生于手术或创伤后的暂时性 CDI,下丘脑合成 ADH 的神经核未受破坏,只是 ADH 释放暂时受抑制,经过一段时间后其分泌与释放功能又恢复正常,多无需用药。对于继发性 CDI,原发病治疗殊为重要,有时随着原发病的缓解 CDI 也好转。如 Ino 等报告 1 例急性骨髓性白血症(acute myelogenous leukemia)并发 CDI,血清 ADH 水平极低,积极化疗后,随着白血病的缓解,尿崩症也自发性缓解。该作者认为,这种尿崩症的发生可能是由于白血病发病期间血管内过多的白血病细胞引起下丘脑-垂体供血障碍所致。继发性 CDI 如不能根治原发病者,也可按原发性 CDI 进行药物治疗。

严重的 CDI 患者即使很小程度全身钠消耗,也会发展为血管容量的不足,一些患者还会发展为低钾、低镁、低磷血症。以下措施会帮助避免这些严重的紊乱:严密监视水平衡(液体出入量)。频繁连续的测量血钠、钾、镁和磷的浓度。调整补液滴速防止或纠正低容量或高钠血症。

静脉给予低渗液有助于纠正高钠血症、高渗透压,并补充容量不足。患者严重液体消耗的标志是容量不足和灌注不足。尽管患者可能血钠过高,仍然需要给平衡盐溶液或其他晶体液。一旦细胞外液容量不足需要立即纠正,细胞内液容量不足逐步被纠正目的是避免脑水肿,特别是高钠血症已经持续存在超过24小时。然而,如果是不间断的多尿,甚至应该缓慢纠正容量不足也需要快速低渗溶液的输注。因为水利尿会导致髓质洗脱,应该避免水中毒。

严密观察水的出入量和静脉输液的滴速,即可控制轻度CDI的ICU患者,但是CDI或表现明显者需给予水加压素或精氨酸加压素险。

（一）原发性CDI的治疗

(1) 替代疗法:ADH替代疗法用于完全性CDI、部分性CDI使用口服药物疗效欠佳者、CDI孕妇与儿童患者。ADH制剂有:

1) 水剂加压素:皮下注射,每5~10U/ml,作用时短(4~6小时),仅适用于诊断和暂时性尿崩症的治疗(图26-3)。

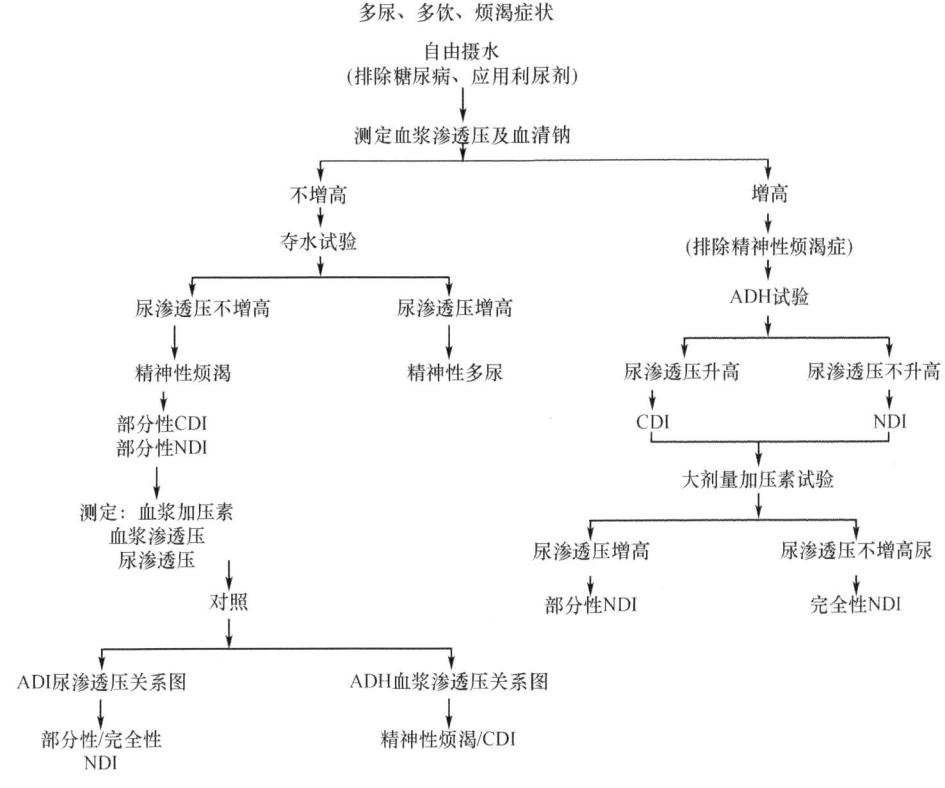

图26-3　尿崩症发病环节分析程序图

2) 粉剂尿崩停:每次鼻吸入20~50mg,4~6小时1次。长期应用可引起慢性鼻炎而影响吸收。

3) 长效尿崩停:为油剂注射液,5U/ml,从0.1ml开始,逐步增加至0.5~0.7ml/次,一次深部肌注可维持3~5天。注射前充分混匀加温,过量可引起水中毒。

4) DDAVP:DDAVP(1-脱氨-8-右旋-精氨酸加压素)是一种人工合成的精氨酸加压素的类似物,其结构中氨基端半胱氨酸脱去了氨基,因此能抗拒氨基肽酶的分解作用,使其半衰期延长为加压素的3倍以上;另外在第8位上以右旋精氨酸替代左旋精氨酸,降低了加压活性。抗利尿与升压作用之比为4000∶1。不易产生抗体,且对皮质醇和泌乳素分泌皆无影响。吸收快，使用方便，是尿崩症治疗中的首选药物。一般鼻内给药 10~20μg/次，日 2 次。有人用 5μg 一日两次或 10~15μg 每日一次也有较好疗效。一般小儿剂量不减或给药剂量按体表面积计算。鼻炎或(及)副鼻窦炎对本品吸收有影响。如果黏膜下注射，则 1~4μg 剂量足以完全控制 CDI 的烦渴多尿症状。少数患者开始用药时可发生一过性水潴留，但不中断治疗也可逐渐缓解。如果在用药过程中发生持续性低钠血症，提示渴觉反射异常，必须停药并修正诊断。本品最大的缺点是价格昂贵。

5) 脑垂体后叶素喷雾剂：赖氨酸及精氨酸血管加压素均有此制剂，疗效同粉剂等药物。

(2) 口服药：口服药适用于部分性尿崩症。对孕妇及儿童患者不用。

1) 氯噻嗪(chlorothiazide)：初始作用为抑制髓袢升枝重吸收钠盐，干扰肾脏的尿液稀释功能，产生盐利尿作用，造成轻度失盐及细胞外液量减少，继而增加了近曲小管对水和盐的再吸收，使进入远端小管的尿量减少。氯噻嗪对 GDI 患者肾脏的净作用是轻度增加尿渗透压，减少尿量。它可增强氯磺丙脲对 CDI 的抗利尿作用。与其他口服抗利尿药可能也有协同作用或相加作用，对 NDI 也有效。如用于精神性烦渴，可诱发水中毒。本药可引起低钾血症。服药时宜低盐饮食，忌喝咖啡、可可类饮料。剂量 50~100mg/d，分次服用。

2) 氯磺丙脲(chlorpropamide)：该药是磺脲类降糖药物中唯一具有抗利尿作用的药物，其他磺脲类降糖药不仅没有抗利尿作用，有时甚至产生轻度利尿作用。氯磺丙脲对部分性 CDI 具有两方面的作用，对中枢它可以刺激下丘脑分泌释放 ADH；对外周它可增加肾小管和集合管对 ADH 的敏感性。它增加远端小管 cAMP 的形成。但对完全性 CDI、NDI 及精神性烦渴症无效。与 ADH 或其类似物合并使用时作用消失。与氯噻嗪合用有协同作用。副作用有白细胞减少，引起肝损害以及低血糖反应，在用药过程中应注意避免过度运动与长时间饥饿。本品作用时间较长，可延迟到 3~4 天，甚至 7 天。剂量 0.1~0.5g/d，可顿服，但一般每日不宜大于 0.3g。下丘脑口渴中枢功能障碍时，口服氯磺丙脲每日 0.25g，可改善渴感中枢机能。

3) 氯贝丁酯(clofibrate,atromid-S)：氯贝丁酯有可能增加 ADH 释放。少数患者对本药较敏感，但对大多数患者的作用不如氯磺丙脲。对 NDI 无效，对精神性烦渴症可能有轻微的作用。与 DDAVP 合用，可对抗 DDAVP 的耐药，机制不明。剂量 0.5~1.0/次，每日 3 次。副作用有肝损害、肌炎及胃肠道反应。这些副作用大多数患者在继续用药过程中逐渐消失，但也有些患者不得不因此而停药。

4) 卡巴西平(carbamazepine)(卡马西平)1966 年发现能治疗尿崩症，作用机制同氯磺丙脲，副作用有降低白细胞，肝损害、疲乏、眩晕等。剂量 0.1g/次，每日 3 次。

(3) 其他治疗方法：人胎垂体组织移植治疗尿崩症。有人报告将培养后的垂体组织注入患者的三角肌 1~2 次，每次 5~6 个胎盘垂体组织。移植一周后烦渴、多尿、多饮症状消失，10~20 天后月经来潮，尿比重大于 1.018，血清 ADH 水平上升。随访 7 个月以上病情稳定。这种疗法有待进一步研究证实。

(4) 对症治疗：为了更好地控制多尿症状，日常生活中要注意限制溶质负荷。低钠饮食有助于促进肾单位对水的重吸收。避免服用咖啡因及茶类，也有助于减轻多尿症状。

对于急性起病的尿崩症发生严重脱水者要积极补水，并迅速应用短效 ADH 制剂。

(二) NDI 的治疗

(1) 病因治疗：一些获得性 NDI，去除病因可纠正 NDI。由长期使用锂盐引起者，停药只能使NDI部分好转,有的则长期存在。所以早期预防与动态观察极为重要,定期测定血清锂盐浓度和24小时尿量。锂盐引起NDI的危害性不仅在于它易引起脱水,而且它还可使药物的毒性作用加重。其他原因引起的继发生NDI,及时去除病因多能逆转。Buridi等报告1例成年患者,因为大量饮用软饮料,引起低钾血症、低钾性肾病、NDI,经禁食软饮料、限钠、补钾及少量使用噻嗪类利尿剂后完全康复。Ellis等报告1例原发性甲状旁腺功能亢进症患者并发NDI,在手术切除甲状旁腺后肾脏浓缩功能立即恢复。

(2) 水平衡与限钠:在任何时候都要保持充分的体液量,保持足够的水负荷对于婴幼儿患者及ADH感受中枢有缺陷的患者来说,更为重要。限钠有益于减轻多尿多饮症状。

(3) 利尿剂:氢氯噻嗪、阿米洛利、氨苯蝶啶对NDI有效。氢氯噻嗪作用于髓袢升支皮质部,抑制氯化钠重吸收,增加尿钾排泄量;阿米洛利和氨苯蝶啶作用于远端肾小管和皮质集合管,抑制氯化钠重吸收的同时对钾离子有潴留作用。以上两类药物的作用部位不同,有协同或相加利尿作用,所以临床上在治疗NDI时,常将氢氯噻嗪与阿米洛利或氨苯喋啶联合应用。利尿剂治疗NDI的机制不明,可能是此类药物引起利尿,使细胞外容量减少,导致近端小管重吸收氯化钠和水增加,因而氯化钠和水到达远端肾单位也就减少。如能同时限制钠的摄入,则疗效更显著。Ishii报告1例成年患者,三氯噻嗪及氨苯蝶啶联合使用也能显著减少尿量,提高尿渗量。Uyeki等首次报告使用氢氯噻嗪加阿米洛利治疗婴儿NDI,取得良好疗效。一般认为利尿剂治疗NDI疗效显著,毒副作用少,患者的耐受性较好。van Lieburg等对30例先天性NDI患者进行了随访,结果显示87%的患者在2.5岁之前明确诊断,大多数患者经过氢氯噻嗪-阿米洛利长期治疗没有发生显著并发症,2例患者发生肾积水,在轻微的外伤后发生轻度的尿路破裂,另有2例患者发生了急性尿潴留。Kirchlechner等报告4例儿童患者,给予氢氯噻嗪3mg/kg及阿米洛利0.3mg/kg持续5年以上,所有患者都未发生脱水及电解质紊乱,生长发育正常,没有脑部钙化及癫痫发作。1例发生心理障碍及泌尿道超声异常。

(4) 非甾体类消炎药(NSAID):NDI患者伴有高前列腺素E综合征,这是使用NSAID治疗NDI的基础。Hohler等报告,这类患者使用NSAID后,既能阻止前列腺素生成,又能改善临床症状。几点注意事项:①NSAID与噻嗪类利尿剂联合应用疗效更好。Hochberg等报告1组9例AQP2基因突变NDI患者,先给予去氨基加压素(desmopressin)5～100mg,8例患者于数日后给予低钠饮食及噻嗪类利尿剂,4～11周后再加用布洛芬。研究结果显示基础状态下,尿PGE2、6-酮-PGF-1α比正常对照组显著增高。去氨基加压素不能增加本病患者的尿渗量,尿渗量维持于60～70mmol/kg。限钠联合噻嗪利尿剂可以使尿量减少30%,血浆渗量平均下降15mmol/kg,尿渗量增加80～96mmol/kg;加用布洛芬后尿量减少38%,血浆渗量平均下降22mmol/kg,尿渗量平均增加146mmol/kg。②对于某些NDI患者,NSAID的疗效可能比利尿剂更好,甚至可作为急救用药。Lam等报告1例锂盐引起的NDI,禁食48诱发严重高渗性脱水与昏迷,尿量可达24L/day,大量补水不能纠正高渗状态,给予1-脱氨-8-右旋-精氨酸加压素、噻嗪利尿剂及阿米洛利均不能减少尿量。给予150mg吲哚美辛后尿量立即减少一半,继而尿量及血清钠浓度恢复正常。血清肌酐从135μmol/L上升到173μmol/L,当其剂量减少到75mg/d时,血清肌酐下降到152μmol/L,尿量也稳定于2L/day。③NSAID用于治疗NDI的安全性较用于其他肾脏疾病高。这可能与患者同时伴有高前列腺素E综合征有关。在1997年之前总共文献报告22例NDI(16例先天性,6例锂盐引起的)患者使用NSAID,都能在数小时内使尿量减少1/3,少数患者可引起轻度肾功能减损,大多数患者(仅1例例外)在NSAID减少剂量后肾功能改善。有人研究发现,氢氯噻嗪用于NDI,减少尿量及锂清除率的作用在加用NSAID后进一步加强,对肾小球滤过率及肾血流量没有显著影响。但是,患者对氢氯噻嗪-吲哚美辛联合用药的耐受性不如氢氯噻嗪-阿米洛利疗法。④NSAID治疗先天性NDI,在宫内及宫外都有良好疗效。Smith等报告他们先用吲哚美辛治疗羊水过多取得良好的疗效,胎儿出生后明确诊断有NDI,继续使用吲哚美辛仍有显著疗效。

(5)卡马西平:Czako等使用卡马西平分别对CDI和NDI患者进行研究,他们发现卡马西平对CDI患者有效,而对NDI患者无效,因而认为卡马西平的作用与ADH类似。但是Brooks等报告,狂躁症患者使用碳酸锂诱发NDI后,加用卡马西平可以控制多尿多饮。

(6)ADH制剂:对于部分性NDI及合并CDI的患者可能有一定的疗效。Jonat等报告1例先天性NDI患者伴顽固性遗尿症,在使用噻嗪类利尿剂及饮食治疗使尿量减少2/3而遗尿症不好转的情况下,给予1-脱氨-8-右旋-精氨酸加压素后缓解。

(崔世维)

参 考 文 献

Almandoz JP,Gharib H. Hypothyroidism:etiology,diagnosis,and management. Med Clin North Am. 96(2):203~221

Arima H,Oiso Y. 2010. Mechanisms underlying progressive polyuria in familial neurohypophysial diabetes insipidus. J Neuroendocrinol. 22(7):754~757

Cerda-Esteve M,Cuadrado-Godia E,Chillaron JJ,et al. 2008. Cerebral salt wasting syndrome. Eur J Intern Med. 19(4):249~254

Fenske W,Allolio B. 2010. The syndrome of inappropriate secretion of antidiuretic hormone:diagnostic and therapeutic advances. Horm Metab Res. 42(10):691~702

Frier BM, Schernthaner G, Heller SR. 2011. Hypoglycemia and cardiovascular risks. Diabetes Care. 34(Suppl 2):S132~137

Kitabchi AE,Nyenwe EA. 2006. Hyperglycemic crises in diabetes mellitus:diabetic ketoacidosis and hyperglycemic hyperosmolar state. Endocrinol Metab Clin North Am. 35(4):725~751

Rossi GP,Seccia TM,Pessina AC. 2012. Secondary hypertension:the ways of management. Curr Vasc Pharmacol. 2010,8(6):753~768

The NICE-SUGAR Study Investigators. 2009. Intensive versus Conventional Glucose Control in Critically Ill Patients. N Engl J Med 360:1283~1297

第27章 消化系统疾病

胃肠道、肝脏和胰腺的疾病,发病机制复杂、临床表现多样。本章主要探讨重症监护病房患者消化系统疾患的诊断和治疗的方法和途径。

第一节 消化道出血

消化道出血可表现为呕鲜血、呕咖啡样物、鼻胃管中引流出血液、便血、黑便。高危因素包括曾有消化道出血的病史、肝脏疾病、结肠癌、憩室病、腹部手术史、血管发育不良、非甾体消炎药(NSAID)和抗凝剂的使用。消化道大出血危及生命,因此及时明确出血的部位和病变性质非常重要。

一、上消化道出血

上消化道出血是指 Treitz 韧带以上的消化道,包括食管、胃、十二指肠的病变,或其临近脏器病变累及上消化道所致的出血。它可以表现为呕血、血液从鼻胃管中流出、黑便(70%的上消化道出血患者可以出现)或血便。血便一般见于快速的上消化道出血或出血量较大时。

(一)病因

上消化道出血的病因中,50%以上的患者来源于消化性溃疡,其次为胃炎、食管贲门黏膜撕裂综合征、食管胃底静脉曲张、腐蚀性食管炎、血管畸形和胃癌,在 ICU 病房,幽门螺旋杆菌感染尚未被明确为消化道出血的危险因素(图 27-1)。

(二)上消化道出血的初步评估与处置

建立输液径路,尽快用大号针静脉输液,或经锁骨下静脉插管输液并测中心静脉压,必要时静脉切开。

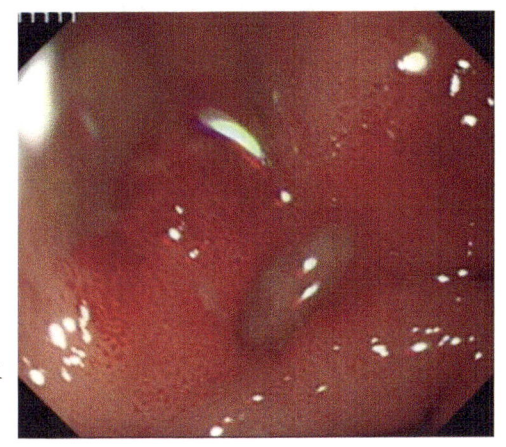

图 27-1 胃窦溃疡(A2 期)

补充血容量:酌情输入右旋糖酐(24 小时不应超过 1000ml)、生理盐水、林格氏液或其他血浆代用品。当血红蛋白低于 90g/L,或收缩压低于 12kPa(90mmHg)应即输入足量全血,以保持血红蛋白不低于 90~100g/L。心动过速或体位性低血压标志着严重出血,应积极应用等渗晶体溶液和血液制品进行液体复苏。

放置鼻胃管并灌洗胃和十二指肠是下一步的诊断措施。抽出血性或咖啡色液体表明患者存在需内镜检查的高危病变。另外,放置鼻胃管清除胃内容物也方便了内镜检查。

气管插管:气管插管通常是必要的,目的是防止血液误吸,保持气道通畅,这尤其适用于反应迟钝的患者。

实验室检查:包括血型鉴定和抗体筛选、全血细胞计数(CBC)、综合代谢率(CMP)、凝血功能检查等。需要注意血细胞计数在出血 24 小时后才能真实反映出血程度。严重失血的患者需要输血。有凝血障碍或血小板减少者,应予以纠正。

上消化道出血的诊断明确后,推荐使用大剂量质子泵抑制剂或 H_2 受体阻滞剂静脉注射治疗。经过紧急处理后,应尽快通知消化内镜专家,应尽早行胃十二指肠镜(EGD)检查以明确诊断。此外,还可在内镜下行止血治疗包括烧灼或注射疗法。

(三)特殊病例

肝硬化门静脉高压症患者容易导致食管胃底静脉曲张破裂出血。对肝硬化并发上消化道出血的患者,应尽早行胃镜检查,以明确出血病因。应尽一切努力纠正凝血功能障碍或血小板减少症。使用奥曲肽等生长抑素类药物治疗消化道出血有较好的疗效。内镜下套扎、硬化剂注射是常用的治疗措施,且控制出血的疗效很好。针对难治性出血,可选用三腔二囊管气囊压迫、手术治疗及经颈静脉肝内门体分流术(TIPS)等方法。

二、下消化道出血

下消化道出血是指 Treitz 韧带以下的肠段发生的出血;病因学包括憩室病、血管发育不良、结肠炎(感染性、缺血性、炎症性)、肿瘤性疾病或痔疮。

与上消化道出血相比,下消化道出血更易自行停止。结肠镜是常规检查,一旦病人情况稳定便可进行肠道准备。下消化道出血速度较快时,病人可能出现血流动力学不稳定,此时利用锝-99m 标记的红细胞做腹部扫描。本法可初步确定出血部位,对含异位胃黏膜的梅克尔憩室及肠重复畸形有确诊价值。如果上述检查仍不能明确出血病灶,持续出血,应及时做选择性血管造影帮助明确出血部位。血管造影可以显示每分钟仅 0.5ml 的出血。该检查不仅能诊断出血部位,并能直接进行血管栓塞治疗。血管造影不能明确出血灶时,而又持续大出血,应手术探查。术中可做肠镜检查,以明确诊断或对某些病灶作进一步定位,避免不必要的肠道切开探查。

下消化道出血的治疗,根据病情在积极止血、扩容的同时,对于动静脉畸形或憩室所致的出血,可以选择内镜下肾上腺素注射、烧灼、栓塞或手术。

第二节 缺血性肠病

急性肠系膜缺血通常分为三类:动脉血栓、非阻塞性肠系膜缺血、静脉血栓形成。风险因素包括基础心血管疾病、栓塞性疾病(即心房颤动、心内膜炎)和高凝状态。

缺血性肠病的诊断主要根据病史,包括餐后疼痛(肠绞痛)、恶心、呕吐、腹泻、便血、急性或亚急性发作的弥漫性或定位不准确的腹痛。值得注意的是,可能有 15%~25% 患者不出现腹痛。腹部体征与腹痛症状可以不成比例。部分患者可有腹膜刺激征、腹胀、肠鸣音减弱其至出现肠梗阻的表现。少部分患者可仅表现为大便潜血试验阳性。

缺血性肠病时,通常会表现为血淀粉酶增高,故应检查血脂肪酶以排除胰腺炎。血白细胞计数升高,通常为>15 000/μl,乳酸脱氢酶、肌酸磷酸激酶、乳酸通常会升高,常合并有代谢性酸中毒。腹部电脑断层扫描(CT)可评估肠管积气程度,腹部多普勒超声可了解血流情况,腹部平片可显示"指压征"、肠管积气及肠梗阻。血管造影是诊断缺血性肠病的金标准。

缺血性肠病的早期诊断和治疗对提高生存率至关重要。通常予鼻胃管留置减压、积极抗感染补液治疗。对于急性动脉栓塞,考虑溶栓或手术治疗。静脉血栓形成时可考虑抗凝治疗。对于非阻塞性肠系膜缺血,可予动脉内灌注罂粟碱,改善血流动力学。肠系膜梗死的患者可进行旁路移植术、血管成形术及肠切除术。

第三节 急性假性肠梗阻(肠梗阻)

此类肠梗阻表现为肠管扩张或阻塞,但却没有明确的机械性梗阻的迹象。高危因素包括急性或慢性疾病、电解质紊乱和药物副作用。体格检查要特别注意有无穿孔迹象。

基础代谢率、血镁、全血细胞记数、血淀粉酶及血脂肪酶检查对诊断有帮助。腹部平片检查可显示梗阻迹象。

肠梗阻的治疗包括禁食、胃肠减压、维持水电解质平衡及抗感染。如果病情允许,鼓励患者离床活动。新斯的明可用于结肠减压,但如果有机械梗阻存在,不宜使用。在出现穿孔或肠缺血时使用可考虑手术治疗。

第四节 恶心和呕吐

恶心和呕吐的病因很多,在重症监护病房最常见的病因包括肠梗阻、药物的副作用、中枢神经系统(CNS)疾病、全身性疾病、感染和胃排空延迟。由于大多数的病例有自限性,初始的治疗应侧重于支持治疗以及治疗引起呕吐的原发病,纠正液体容量不足和电解质紊乱。存在肠梗阻时,鼻胃管减压是必要的。

止吐药种类很多,多巴胺拮抗剂丙氯拉嗪(甲哌氯丙嗪)5~10mg 口服、肌内注射、静脉注射 q4h~q6h 或 25mg 栓剂 q6h;异丙嗪(非那根)12.5~25mg 口服、肌内注射 q4h~q6h;甲氧氯普帕 10~20mg 口服 q6h 或 0.5~2mg/kg 静脉注射 q6h~q8h。酚噻嗪类及相关制剂的止吐机制是能阻断多巴胺受体和镇静作用,可能出现急性肌张力障碍和其他锥体外系反应等副反应。抗组胺药/抗胆碱药如苯海拉明 25~50mg,q4h~q6h 口服、静脉注射或肌内注射;或口服美克洛嗪 12.5~25mg q24h,抗组胺药对晕动病和术后患者最为有效。$5-HT_3$受体拮抗剂受体存在于胃肠道、中枢和周围神经系统,其代表性药物为昂丹司琼,对化疗相关的恶心或顽固性恶心特别有效。镇静剂如苯二氮䓬类药物对于有心理因素导致的恶心的患者有效。

第五节 腹 泻

腹泻是指排便次数增加或粪便总量改变。在病因学上通常将腹泻分为急性(<14 天)和慢性(>14 天)。

急性腹泻按发病机制分为感染性腹泻、炎症性腹泻、吸收不良性腹泻、渗透性腹泻、分泌性腹泻以及动力相关性腹泻。其中感染性腹泻包括病毒、寄生虫(阿米巴)、细菌(大肠埃希菌、痢疾杆菌、沙门菌、弯曲菌属、艰难梭菌)等多种病原体的感染。长期住院、高龄以及重症监护病房的患者会增加患艰难梭状芽孢杆菌性结肠炎的风险。

在考虑腹泻的病因诊断时需特别注意询问旅行、饮食、药物(尤其是抗生素)、近期的肠内营养、新近住院、与病人的接触和艾滋病病毒感染等病史。体检中的一般情况、腹部检查等可提供重要线索。如果出现脱水、发热、黏液脓血便、腹痛等症状或患者最近使用过抗生素,有必要进行相关的诊断性检查。

粪便中出现白细胞、大便潜血和艰难梭状芽孢杆菌毒素可以鉴别炎症性腹泻与非炎症性腹泻；粪便发现寄生虫卵和寄生虫可以诊断非炎症性腹泻；粪便培养细菌培养阳性考虑炎症性腹泻，阴性可能为肠易激综合征；进行粪便渗透压差检测，如发现标准值与测量值之间的差值>70mmol则提示渗透性腹泻，例如肠内营养时。内镜检查对炎症性肠病的诊断很有价值。

腹泻治疗的重点是液体支持疗法和维持电解质的平衡。如新近使用过抗生素或高度怀疑伪膜性结肠炎时，可经验性使用甲硝唑治疗；对于肠内营养相关的腹泻患者，如果病人的体液和电解质保持在可接受的范围，通常没有必要停止管饲。

对于胆汁酸相关性腹泻，考来烯胺可能有效；奥曲肽可用于治疗激素介导的分泌性腹泻，如神经内分泌肿瘤。其他一些止泻药包括阿片类药物（洛哌丁胺2~4mg最高可加至16mg/d）、抗胆碱能药物（地芬诺酯）和水杨酸亚铋。

第六节 应激性溃疡的预防

应激性溃疡（SRMD）在重症监护病房是常见的引起消化道出血的原因。然而，临床上严重的上消化道出血仅发生于不到2%的患者。危险因素包括肾衰竭、药物损害胃肠黏膜、凝血机制障碍、机械通气、败血症、低血压和严重烧伤。SRMD通常是由于胃肠黏膜血液灌注不足、胃酸分泌增加和胆盐的刺激。有消化道出血高危因素的患者都需要预防应激性溃疡的发生。

治疗方面主要选用质子泵抑制剂，通过高效抑制胃酸的分泌来预防胃炎和消化性溃疡的发生。其次，组胺H_2受体阻滞剂也可以非常有效地减少临床上消化道出血的发生。

第七节 急性肝损伤/肝功能异常

肝损伤通常有两个模式：①肝细胞损伤，通常表现为转氨酶水平升高；②胆汁淤积性肝损伤，特征是碱性磷酸酶和γ-谷氨酰转肽酶（GGT）水平升高。这两种损伤经常同时存在。

急性肝损伤的诊断主要从病史、体格检查、实验室检查等方面考虑。

病史方面，应询问有无静脉滥用毒品、输血、多个性伴侣、同性性接触、文身、恶性肿瘤病史、肝脏疾病的家族病史和自身免疫性疾病病史。询问有无腹痛、右上腹疼痛、腹泻、大便发白、尿色发深或皮肤黄染等。体格检查需注意患者皮肤及巩膜的黄疸及肝脾肿大情况。

实验室检查如谷草转氨酶（AST）/谷丙转氨酶（ALT）比值升高表明肝细胞损伤；碱性磷酸酶升高表明胆汁淤积和肝内占位性病变；胆红素是血红蛋白分解的产物，在肝内或肝外胆道梗阻时其水平升高；血清白蛋白水平下降、凝血酶原时间（PT）延长提示肝脏合成功能减退；对临床疑似原发性胆汁性肝硬化的病例，可检测抗平滑肌抗体或抗线粒体抗体。对所有的急性肝衰竭患者都应该检查对乙酰氨基酚水平。此外，腹部超声检查可用于发现胆管扩张、结石、炎症，并能评估肝脏回声，质地等。增强扫描和磁共振成像（MRI）可以了解肝脏实质的特征，内镜下逆行胰胆管造影（ERCP）、磁共振胰胆管造影和经皮经肝胆道造影可显示胆管树的结构和病变。

急性肝损伤治疗的重点是消除病因和积极的支持治疗，酌情使用免疫球蛋白、白蛋白和（或）接种疫苗。对急性丙型病毒性肝炎，干扰素可能会降低进展为慢性肝炎的可能性。对乙酰氨基酚过量的患者，应立即开始用N-乙酰半胱氨酸治疗。

第八节 终末期肝病

一、门脉高压和腹水

肝硬化患者一旦形成腹水，一年死亡率以及发生自发性细菌性腹膜炎(SBP)、肝性胸水（通常发生在右半胸）和肝肾综合征的概率大幅度增加。体格检查移动性浊音和液波震颤阳性，并能出现蜘蛛痣、"海蛇头"、瘀斑等慢性肝病体征。

腹水穿刺：如果患者近期出现腹水，伴临床症状恶化、新发肝性脑病或出现感染征象时应进行诊断性穿刺。穿刺液应常规送革兰染色和培养（床边穿刺，取 20ml 腹水分装两瓶进行培养以提高病原菌检出率），并进行细胞分类计数、测白蛋白和总蛋白定量。了解血清-腹水白蛋白梯度(SAAG)以明确腹水的病因。如 SAAG>1.1g/dl，提示腹水与门静脉高压相关；SAAG<1.2g/dl 时为非门脉高压性腹水。如果疑似乳糜液，检测腹水中甘油三酯水平。其他实验室检查包括腹水癌细胞检查、分枝杆菌涂片和培养以查找抗酸杆菌，如怀疑合并有胰腺炎时应当测定淀粉酶和脂肪酶。

治疗：如果肝硬化伴腹水形成，SAAG>1.1g/dl，治疗原则是限钠、利尿，并酌情输入白蛋白。假如给予最大剂量的利尿剂治疗无效，可能需要放腹水或行经颈静脉肝内门体静脉分流术。符合肝移植标准的病人将列入肝移植名单。

自发性细菌性腹膜炎是指腹水中多形核细胞计数>250 个/μl。通常联合使用三代头孢和喹诺酮类，疗程 2 周以上。

二、食管胃底静脉曲张

肝硬化代偿期的病人中约 40% 存在食管胃底静脉曲张，而肝硬化失代偿期患者中高达 85% 存在食管胃底静脉曲张。肝静脉压力梯度大于 12mmHg 时出血风险较高（图 27-2）。

曲张静脉活动性出血时，应静脉予以生长抑素类药物、制酸剂、抗生素及内镜下曲张静脉套扎或硬化剂注射术。失败的病人可选择经颈静脉肝内门体分流术。

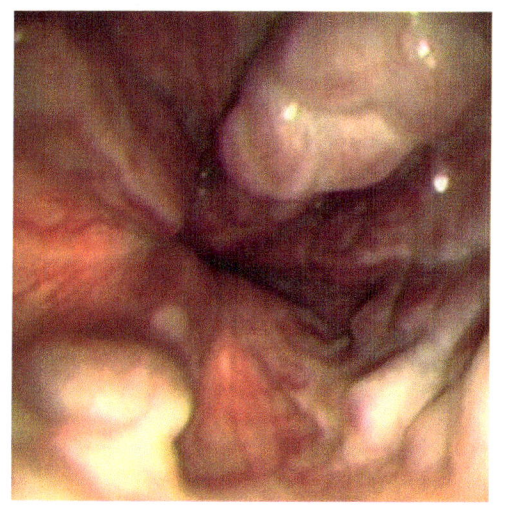

图 27-2　食管静脉曲张

三、肝性脑病

肝性脑病是各种急、慢性严重肝病时，由于肝功能代偿不全及（或）门体分流，内源性或外源性代谢产物未能经肝脏的首次通过作用予以代谢清除，以至于在体内蓄积，影响中枢神经系统功能，出现以精神神经症状为主的脑病综合征。但是氨的产生增加、氨在肝脏的代谢清除障碍是肝性脑病的重要发病机制。

肝性脑病的常见诱因包括胃肠出血、感染和便秘、大量利尿、大量放腹水等。肝性脑病的诊断主要依据肝病的病史、临床表现、肝功能损害及血氨升高可明确诊断。治疗方面，主要是积极治疗原发病，使用乳果糖及抗生素。

四、暴发性肝功能衰竭

暴发性肝功能衰竭是由多种病因引起大量肝细胞坏死及严重肝功能损害，既往无肝病史，并在病后8周内出现肝性脑病的综合征。

暴发性肝功能衰竭的主要病因是药物和毒素，其中最常见的是对乙酰氨基酚。其余的急性肝损害主要来源于病毒感染。其他器官和系统的疾病也可导致急性肝损害，包括肺部疾病（急性呼吸窘迫综合征、呼吸性碱中毒）、肾脏（肝肾综合征、急性肾小管坏死、电解质紊乱）、心源性休克、血液系统（弥散性血管内凝血、凝血障碍）、感染并发症以及内分泌疾病（低血糖症）。

暴发性肝功能衰竭起病急，在病程中因有多脏器受累，临床症状复杂多样，病情演变进展迅速，30%～50%暴发性肝功能衰竭的患者死于脑水肿，病死率高。治疗的基本原则是早期诊断，早期治疗；预防并发症。早期诊断、早期治疗可降低病死率。

五、肝肾综合征

肝肾综合征是由重症肝病引起的进行性功能性肾衰竭，常见于急、慢性肝病的终末前期，治疗棘手，预后极差，是肝病晚期的一种严重并发症。其发病机制是肾脏血管收缩，表现为进行性的少尿和氮质血症。肝肾综合征诱因包括大量放腹水、自发性细菌性腹膜炎、胃肠道出血和氨基甙类抗生素的使用。根治的唯一方法是肝移植。

第九节 急性胰腺炎

胰腺炎最常见的病因是胆石症和酒精；胆石的移行或是嵌顿于壶腹部会引起胆源性胰腺炎。其次的病因包括药物（噻嗪类利尿剂、磺胺类药物、雌激素、咪唑硫嘌呤）、代谢障碍（高甘油三酯血症、高钙血症）、外伤、胰管阻塞和感染。

急性胰腺炎的诊断主要依靠临床表现、体格检查以及实验室检查等进行。临床表现可以出现恶心、呕吐，放射到背部的上中腹部疼痛和发热。体格检查可以表现为中上腹部压痛、肠鸣音减弱（麻痹性肠梗阻常见）等。如果病情严重，会继发低血压和休克。实验室检查可以出现血、尿淀粉酶和脂肪酶升高、白细胞、尿素氮/肌酐、血糖升高、C反应蛋白升高、低血钙等。腹部增强CT和胰腺成像是诊断胰腺炎的标准方法，但在28%的轻症病例中可能表现正常。CT检查不是必须的，除非病人病情恶化。

急性胰腺炎的治疗包括禁食、胃肠减压、镇痛和维持水电解质平衡。与其他镇痛剂相比，哌替啶可以减轻Oddi括约肌的收缩，因此推荐使用。如果临床症状恶化，持续发热或在后续几天内无明显改善，可使用抗生素。如果出现胰腺脓肿等并发症，可以在CT引导下行胰腺脓肿引流、细针穿刺坏死组织。在胆源性胰腺炎患者，如果胆道梗阻得不到缓解，可进行内镜下逆行胰胆管造影及乳头肌切开取石术。

第十节 胆道疾病

胰腺和胆道系统的疾病临床症状轻重不一，轻者可为无症状的胆囊结石，重者可出现严重的致死性的感染。在这个章节中，我们探讨在ICU病房中最常见的胰腺胆道系统的疾病。

一、急性胆囊炎

胆囊炎通常是由胆囊结石梗阻导致的胆囊炎症。非结石性胆囊炎可以在重症患者中发生,它的发病率和死亡率明显升高。不能耐受手术或是抗生素治疗无效的急性胆囊炎患者可选择在超声引导下行经皮胆囊造口术。此项技术可在ICU病房的床边操作。

二、急性胆管炎

胆管炎是一种并发于胆道系统梗阻的感染,通常继发于胆结石,其他病因包括胆道狭窄和肿瘤。近期胆道手术也是一个危险因素。临床表现包括发热、腹痛,间或出现黄疸。实验室检查可以出现转氨酶、胆红素及碱性磷酸酶的升高。

腹部超声检测对诊断胆管扩张和胆石症非常敏感,准确率高达95%。由于胃肠道气体的干扰,超声检查阴性尚不能排除胆总管下端结石的存在。CT扫描能高度准确地显示胆道梗阻的程度和原因。磁共振胰胆管成像能提供非常有效的肝脏和整个胆道系统图像,且该检查无创伤性。另外,内镜下逆行胰胆管造影术和经皮肝穿刺胆管造影在必要时都可以急诊进行,均可用于胆道疾病的诊断和治疗。

如果临床疑似胆管炎,应当立即使用头孢菌素及氟喹诺酮类抗生素,维持水电解质平衡。胆道梗阻的患者应该接受急诊内镜下逆行胰胆管造影、乳头肌切开取石术,从而迅速降低胆总管压力。如果不能进行乳头肌切开取石术,经皮肝穿刺胆道引流是一种安全的替代方法,能使胆道系统充分引流。

第十一节 营 养

基础能量消耗(以千卡/天计算)大约是病人体重(kg)的25倍。压力可使基础能量消耗增加1.6倍。营养不良来源于摄入减少、吸收减少或者消耗增加。营养支持的目的是维持氮平衡,满足代谢需要,从而加快机体康复并预防感染。如果病人一周内没有营养支持,可能出现肠黏膜萎缩,导致细菌移位和败血症。可根据病人的具体需要选择饮食(如糖尿病、低钠、低脂、低胆固醇等)。

肠内营养优于肠外营养,这是由于肠内营养降低了感染的风险、容易维持电解质平衡,且费用低廉。肠内营养的禁忌证包括休克状态、肠缺血、肠梗阻和完全性的机械性肠梗阻。肠内营养配方可在营养师的协助下选择。

开始经胃营养前,需要检查胃内残留物以确保胃排空正常。如若残留物大于200ml,应及时作进一步的评估,暂停管饲。管饲的并发症包括导管阻塞、误吸和腹泻。

肠外营养:特殊情况不能进行肠内营养时,可实施全肠外营养(TPN)。最正确的操作是在营养师的配合下选择中心静脉为输注途径供给营养。由于患者在TPN过程中血糖水平显著升高,故应密切监测血糖和电解质。

经皮内镜下胃造口术(PEG)/经皮内镜下空肠造口术(PEJ):鼻胃管和鼻肠管可保留一个月。其缺点包括病人不适感,增加感染的风险如颌窦炎。PEG、PEJ可以避免因经鼻置管而导致的远期感染和解剖结构改变导致的并发症。

抬高床头和检查胃内残留物可能会减少误吸的风险。

(陆翠华)

参 考 文 献

Lee SD,Kearney DJ. 2004. A randomized controlled trial of gastric lavage prior to endoscopy for acute upper gastrointestinal bleeding. J Clin Gastroenterol,38:861~865

Modena S,Bearelly D,Swartz K,et al. 2005. Clostridium difficile among hospitalized patients receiving antibiotics:a case-control study. Infect Control Hosp Epidemiol,26:685~690

Raveh D,Rabinowitz B,Breuer GS,et al. 2006. Risk factors for Clostridium difficile toxin-positive nosocomial diarrhoea. Int J Antimicrob Agents,28:231~237

Robert R,Gissot V,Pierrot M,et al. 2006. Helicobacter pylori infection is not associated with an increased hemorrhagic risk in patients in the intensive care unit. Crit Care,10:R77

Stollman N,Metz DC. 2005. Pathophysiology and prophylaxis of stress ulcer in intensive care unit patients. J Crit Care,20:35~45

Thielman NM;Guerrant RL. 2004. Clinical practice. Acute infectious diarrhea. N Engl J Med,350:38~47

第28章 肾脏疾病

第一节 肾功能与肾损伤

一、概述

肾功能对于绝大部分医生来说,是一个比较抽象的名词,其意义等同于血清肌酐和尿素氮浓度,而与受试者肾脏的病理生理变化很少有内在联系。但是,临床实践要求医生在选择肾功能检查或者解释肾功能变化时,要对每一项指标有一个清晰而具体的概念。

肾脏功能至少包括清除代谢废物、重吸收滤过的有用物质、水电解质平衡、酸碱平衡以及内分泌等五个方面。肾单位(nephron)是肾脏泌尿的基本结构与功能单位,肾功能的维持有赖于肾脏血液供应、肾脏结构、肾脏附属器官结构(排泄尿路)与功能的正常。肾脏发生病变后必然发生肾脏结构、功能及代谢的变化。

肾脏单一功能障碍相应的临床常见表现:

(1) 清除代谢废物功能障碍:氮质血症、高尿酸血症。

(2) 重吸收滤过的有用物质功能障碍:氨基酸尿、微量蛋白尿、肾性糖尿。

(3) 水电解质平衡功能障碍:肾性脱水、肾性水肿、肾性低钾血症、肾性高钾血症。

(4) 酸碱平衡功能障碍:肾小管性酸中毒、肾小管性碱中毒、尿毒症酸中毒。

(5) 内分泌功能障碍:肾素-血管紧张素系统异常、缓激肽系统分泌异常、前列素分泌异常、活性维生素 D_3 生成减少、促红细胞生成素减少。

绝大多数情况下,临床医生所指的肾功能是狭义的肾功能,指肾脏清除代谢废物的功能,与之相应的实验指标是血清肌酐浓度(Scr)、尿素氮浓度(BUN)和肾小球滤过率(GFR)。单纯根据 Scr 和 BUN 是否在正常值范围以内来判断肾脏清除功能是否正常是很危险的,相同的 Scr 在不同年龄、体重与性别的受试者,所反映的 GFR 有较大的差别(参见下文 Cockroft-Gault GFR 公式)。临床上常用内生肌酐清除率(Ccr)作为 GFR 的替代指标。Scr 与 Ccr 之间的关系并非简单的直线相关关系,而是一种双曲线关系,在肾脏病变早期 Ccr 发生大幅度下降,Scr 只发生细微的改变;到了肾脏损害的严重阶段,Ccr 发生轻微增减,Scr 则是发生大幅度的改变。

单位时间内 Ccr = 单位时间内尿肌酐排泄量/Scr,在肾功能不全状态下每日尿肌酐排泄量与肾功能正常状态下相差甚微,基本保持一个常数;所以 Ccr = 常数/Scr。假设正常状态下 Scr 为 1.0mg/dl (88.4μmol/L),Ccr 为 100ml/min,则 Ccr 与 Scr 之间的关系为(图 28-1):

在慢性肾脏病(chronic kidney disease,CKD)状态下,肾脏清除功能的决定因素是健存肾单位数的多寡,正常人两只肾脏大约有 200 万个肾单位,每分钟可滤过生成 100ml 原尿(正常肾小球滤过率(GFR)=

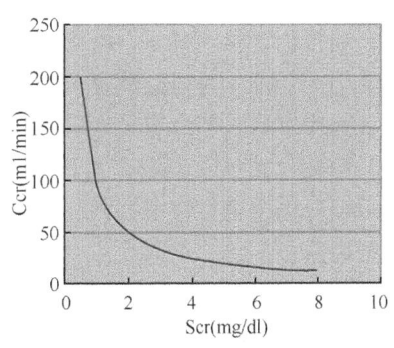

图 28-1 Ccr 与 Scr 关系曲线图

100±20ml/min)。发生器质性肾脏病变后,随着健存肾单位数的进行性减少,GFR 会相应的下降(病变之早期因为代偿的缘故,可下降不明显)。健存肾单位数与 GFR 之间的关系可用下列等式表示:

$$总体 GFR = 单个肾单位 GFR \times 肾单位总数$$

正常肾脏:正常单个肾单位 GFR×正常肾单位总数→总体 GFR 正常

轻度肾损害:单个肾单位 GFR↑×肾单位总数↓→总体 GFR 正常

严重肾损害:单个肾单位功能↑×肾单位总数↓↓↓↓→总体 GFR↓↓↓

实际急诊及 ICU 工作中,受条件的限制,限少能直接检查 GFR,留取 24 小时尿液测定 Ccr 也有诸多不便,其结果的精确性也较差,所以取而代之的则是测定 Scr 或者血清胱抑素 C(Cyst-c),然后将其转换为 GFR 的估计值(eGFR)。文献中有一些可供参考的 eGFR 计算公式:

$$\text{Cockroft-Gault GFR} = [140 - 年龄(岁)]体重/[72 \times Scr(mg/dl)]\{女性 \times 0.85\}$$

$$GFR(ml/min) = [140 - 年龄(岁)]体重/[0.82 \times Scr(\mu mol/L)]\{女性 \times 0.85\}$$

$$GFR(ml/min) = 86.7/Cyst\text{-}c(mg/L) - 4.0$$

Cockroft-Gault GFR 公式的临床价值不仅仅是能计算 eGFR,更重要的是它很直观地展示了相同的 Scr 在不同年龄、不同性别及不同体重的受试者,其 eGFR 是不相同的。

二、肾功能不全的诊断

临床上通用的肾功能不全实际上是狭义的肾功能不全,即肾脏清除功能下降,本质上是 GFR 减少。

遇到 GFR 下降的患者,首先要明确的是,其肾脏病变是急性的、亚急性的、慢性的,或者是在慢性肾脏病的基础发生急性肾损伤(AKI on CKD)。

急性肾损伤(AKI),GFR 急性下降,Scr 每天升高,基础肾功能正常的患者发生 AKI,最初几天 Scr 每天升高 $45\mu mol/L$ 以上,如果伴有高代谢状态(如感染、术后、严重创伤等),Scr 可每天升高 $90\mu mol/L$ 以上,AKI 可以伴或不伴肾单位不可逆性器质性损害(如各种情况引起的肾前性少尿及尿路梗阻)。近年研究发现,一旦发生 GFR 急性下降(不一定达到肾衰竭的程度),患者的病患率及死亡率就显著升高;所以现在临床上趋向于使用 AKI 来替代过去的"急性肾衰竭",以使轻度 GFR 急性下降的患者也能及时得到妥善的处理。AKI 患者通常肾脏体积较大,贫血及钙磷代谢紊乱的程度较轻。当然,与急性失血相关的 AKI 必定伴有严重的贫血。

亚急性肾脏病时 Scr 隔周升高。有两个典型的亚急性肾脏病:急性间质性肾炎和新月体肾小球肾炎。对亚急性肾脏病患者进行动态观察,可发现肾脏体积缩小和贫血的程度也逐月有所发展。部分患者于发病初期还伴有尿量减少(不一定达到少尿的程度)。

慢性肾脏病(CKD)患者 Scr 隔月升高,GFR 下降一定伴有肾脏的器质性损害,原发病变引起肾单位进行性毁损,健在肾单位数进行减少。大多数 CKD 患者贫血、肾脏萎缩以及低钙高磷血症的严重程度与 GFR 下降的程度密切相关。

AKI on CKD 患者,具有 CKD 的临床一些特征,在不伴高分解状态的情况下,最初几天 Scr 也可每天升高 $90\mu mol/L$ 以上,大多数患者可找到 AKI 的诱发因素。

三、急性肾损伤

AKI可发生在原先正常的肾脏,也可发生在CKD的基础上(AKI on CKD)。大多数AKI的早期有两个突出的临床表现:①少尿;②Scr、BUN和Cyst-c迅速升高。

对于所有的少尿的患者,要首先排除膀胱尿潴留。

2005年,AKI网络(acute kidney injury network,AKIN)于荷兰阿姆斯特丹制定了新的AKI的定义:不超过3个月的肾脏功能或结构方面的异常,包括血、尿、组织检测或影像学方面的肾损伤标志物的异常。AKI的诊断标准为:肾功能的突然减退(在48小时内),血肌酐升高绝对值≥0.3mg/dl(≥26.5μmol/l);或血肌酐较基础值升高≥50%;或尿量减少(尿量<0.5ml/(kg·h),时间超过6小时)。将血肌酐轻微升高(≥26.5μmol/L)就可诊断AKI,有利于临床早期诊断与早期治疗(表28-1)。

表28-1 AKI网络AKI的分期及其标准

分期	血清肌酐	尿量
1期	绝对升高≥26.5μmol/L或相对升高≥50%	<0.5ml/(kg·h)(时间>6h)
2期	相对升高>200%~300%	<0.5ml/(kg·h)(时间>12h)
3期	相对升高>300%或在≥4.0mg/dl基础上再急性升高≥0.5mg/dl	少尿<0.3ml/(kg·h)×24h 或无尿×12h

肾脏的浓缩功能是有限的,如果尿量少于0.5ml/(kg·h),即使肾脏发挥最大的浓缩功能,也不能完全清除水溶性代谢产物;所以,少尿必然伴有代谢产物的潴留(Scr、BUN和Cyst-c迅速升高)。不仅肾实质性病变可以引起少尿,各种原因导致的肾脏灌注不良或者尿路梗阻也可以引起少尿。狭义的AKI,指的肾脏实质性病变引起的GFR急骤下降,临床上出现急性少尿或者快速发展的氮质血症。

有少部分AKI患者,急性氮质血症不伴有少尿,称之为非少尿性AKI。其基本的发病机制是GFR急剧下降的同时,残留滤过功能肾单位的肾小管水重吸收率显著下降,从而终尿产量减少不明显。虽然尿量未显著减少,但是单位时间内肾脏排泄终末代谢产物的量显著减少,并且伴有尿沉渣异常(肾小球性红细胞、肾小管上皮细胞、各种管型)。

AKI的主要临床表现:①尿液发生质变的同时,大多数患者伴有尿量减少(尿量少于生理量,但尚未达到少尿的程度)或少尿[少于0.5ml/(kg·h)]。②发病初数日内(通常3天左右)Scr、BUN和Cyst-c迅速升高,每日升高的幅度与肾小球滤过率下降的程度和分解代谢率正相关。一般患者每日Scr上升45μmol/L左右,手术后以及严重感染等高分解代谢患者则每日Scr上升90μmol/L左右。③显著水电酸碱平衡紊乱,如果临床管理不善总的趋势是水中毒、高钾血症和代谢性酸中毒。④机体免疫力下降,极易发生感染。

实际上,临床遇到的急性氮质血症或少尿,可由三个方面的原因引起:①肾前性:各种原因引起的肾脏灌注不良,肾脏尚未发生器质性损害,本质上就是肾前性少尿。②肾性:各种原因引起的肾脏器质性损害或弥漫性肾内尿路梗阻。③肾后性:单侧或双侧尿路梗阻。正确处理的前提是明确急性氮质血症或少尿的原因是肾前的、肾性的还是肾后性的。

肾前性因素引起GFR下降的机制包括肾血流量减少、肾灌注压下降。在ICU,肾前性氮质血症的最通常原因是有效血容量减少(包括脱水、急性出血或由于败血症或低胶体渗透压引起的有效血容量丢失)和心力衰竭(例如心肌梗死、心律失常、心脏瓣膜病或心肌病)。罕见的肾前性的原因包括肾动脉内膜剥离、脉管炎、血栓形成(肾静脉或动脉)、动脉血栓等。

肾前性少尿或肾前性氮质血症的特点：①有引起肾脏灌注不良的病因（脱水、有效循环血量不足、心功能不全、肝肾综合征）存在。②尿沉渣正常（不伴基础肾脏病的情况下）。③肾小管代偿性重吸收钠和水增加，尿比重升高、尿渗透压增加、尿肌酐/血肌酐比值增加、尿钠浓度<20mmol/L、钠滤过排泄分数<1、肾衰指数<1、BUN倍增幅度显著高于Scr的倍增幅度。④适量补液治疗改善肾脏灌注，可以显著增加尿量。⑤肾脏对利尿剂有反应。

钠滤过排泄分数对于判断是否肾前性少尿或肾前性氮质血症，是一个很有用的指标。所谓钠滤过排泄分数是指单位时间内终尿排泄钠离子的总量占肾小球滤过量之百分比。$EFNa = [UNa \times Uvol] \div [Ccr \times PNa] \times 100\%$（EFNa=滤过钠排泄分数；UNa=尿钠浓度；Uvol=单位时间尿排泄量；PNa=血清钠浓度），以上公式可化简为 $EFNa = [UNa \times Pcr] \div [PNa \times Ucr] \times 100\%$。所谓肾衰指数，本质上就是钠滤过排泄分数，只是后者计算公式中的血清钠浓度和百分数被同时去除了（两者相约）。

肾后性少尿或梗阻性AKI，可通过影像检查加以明确或排除。部分梗阻性AKI患者可表现为尿量波动，这些患者有时尿量可超过0.5ml/(kg·h)。与泌尿系统毗邻的器官组织发生占位或炎症，也可引起尿路梗阻。如果尿路梗阻因素长期不予解除，肾脏组织也可发生器质性损伤，从而肾后性少尿或肾后氮质血症可转化为肾性少尿或肾前性氮质血症。

肾性少尿或AKI的典型模型是急性肾小管坏死（acute renal tubular necrosis, ARTN）。

急性肾小管坏死的基本概念：①最基本的病因是急性肾缺血和急性肾中毒。②急性肾缺血引起的肾小管坏死，肾小管病变弥漫，基膜破损，肾小管上皮细胞脱落形成管型；管型梗阻引起GFR下降与泌尿障碍；基膜破裂引起急性肾间质水肿，加重GFR减少与肾小管梗阻。③急性肾中毒，可发生于正常的肾脏或易感的肾脏（基础肾脏病、糖尿病、老年人、脱水等），往往同时伴有不同程度的肾缺血，轻者病变往往局限于近端肾小管（与具体中毒因素有关），多数情况下肾小管基底膜完整，康复过程比缺血性肾小管坏死容易。

急性肾小管坏死的临床经过：①起始期：基本病因作用于肾脏，引起GFR下降，但尚未发生器质性损害，临床上主要表现为原发病的症状与体征，可有尿量减少或少尿。②维持期（又称少尿期）：已经发生急性肾小管坏死；大多数患者有少尿，无少尿者也有尿质的变化，一般为期1~2周；突出的表现是Scr（每日升高45μmol/L以上，高分解代谢患者每日升高90μmol/L以上），如果临床管理不善，BUN进行性升高、水中毒（稀释性低钠血症）、血钾进行性升高（高分解状态下血钾可每日升高1mmol/L以上）、代谢性酸中毒，病程后期可伴低钙血症与高磷血症。③恢复期：肾小管上皮细胞开始再生，逐渐恢复肾小管的完整性，GFR与肾小管功能也随之逐渐恢复（部分患者可留有永久性肾脏结构与功能缺陷）；GFR恢复伊始，因为肾小管浓缩功能不健全以及水溶性潴留物质的渗透性利尿作用，可发生一过性多尿（1~3周）；肾脏水电酸碱平衡功能恢复的程度取决于肾小管结构与功能恢复的程度。

AKI的主要死亡原因包括：水中毒（心衰）、严重高钾血症和感染。所以，治疗重点有：①病因治疗。②严格控制水负荷（使体重维持在基础水平，或稍有下降），纠正水中毒，预防心衰。③防治高钾血症。④动态观察酸碱平衡，预防与治疗代谢性酸中毒。⑤防治并发症。

血液净化疗法是 AKI 治疗的一个重要组成部分,包括腹膜透析(peritoneal dialysis, PD)、间歇性肾脏替代治疗(intermittent renal replacement therapy,IRRT)和连续性肾脏替代治疗(continuous renal replacement therapy,CRRT)。近年来,出现了持续低效每日透析(sustained low-efficiency daily dialysis,SLEDD)等一些新的替代治疗模式。由于 CRRT 血流动力学较稳定、可以清除一些炎症介质,而 ICU 中 ARI 最主要的诱发因素为感染性休克,故 CRRT 在 ICU 应用极为普遍。

SLEDD 和延长的每日透析(extended daily dialysis,EDD)可以视为介于 IHD 和 CRRT 之间的一种折中方案。每天治疗 6~8 小时,每周 6 天,既有 IHD 类似的迅速清除溶质作用,又有与 CRRT 类似的心血管耐受性,且比 CRRT 时的肝素等抗凝剂剂量低,不需要昂贵的 CRRT 机器、特配的无菌置换液及专职医护人员,并有利于患者在非治疗时间进行其他必要的治疗和检查,在 ICU 危重 AKI 的替代治疗中可以作为传统 CRRT 的一种替换模式。

目前公认的急诊透析指征包括容量过度负荷、高钾血症、代谢性酸中毒以及明显的尿毒症症状和体征。但是重症 AKI 倾向于早期开始肾脏替代治疗。早期开始 CRRT 治疗可以改善重危患者的预后。

关于 CRRT 的剂量和强度。一般认为,置换剂量或超滤率应该以体重为基础,至少为 35ml/(kg·h)。更高的超滤率[>50ml/(kg·h)]能否进一步减少死亡率还不清楚。

四、慢性肾脏病

(一)概述

慢性肾脏病(chronic kidney disease,CKD)相当于过去的慢性肾功能不全或慢性肾衰竭,各种致病因素引起肾脏发生慢性进行性健存肾单位数减少,这一临床过程称为 CKD。在 CKD 期间,GFR 进行性下降(健存肾单位数减少),肾脏排泄代谢产物的功能、内分泌功能、调节水电解质和酸碱平衡的功能进行性下降。

CKD 的临床经过:①肾脏储备功能下降期:GFR 低于正常,但是仍维持于正常值之 50% 以上,Scr、BUN 维持于自身正常值的 2 倍以内,无临床症状。②氮质血症期:GFR 下降至正常值之 50%~25% 之间,Scr、BUN 维持于自身正常值之 2~4 倍;轻度贫血、夜尿增多。③肾衰竭期:GFR 下降至自身正常值之 25%~10% 之间,Scr、BUN 维持于自身正常肾功能期基础数值之 4~8 倍,有代谢性酸中毒倾向、显著贫血、低钙血症倾向,容易出现高钾血症,夜尿增多,可有消化道、心血管或神经系统的异常表现。④尿毒症期(终末期肾衰竭):GFR 下降至正常值之<10% 以下,Scr、BUN 维持于自身正常值之 8 倍左右,显著代谢性酸中毒、显著贫血、夜尿增多或出现尿量减少、低钙血症,极容易发生高钾血症。

2002 年由美国肾脏病基金会 K/DOQI 工作组对 CKD 做了如下定义:(1)肾脏损害(肾脏的结构与功能异常)伴有或不伴有肾小球滤过率(GFR)的下降≥3 个月。肾脏损害是指下列两种情况之一:①异常的病理改变;②出现肾脏损害的标志,包括血或尿成分的异常,以及影像学检查的异常。(2)GFR<60ml/(min·1.73m^2)≥3 个月,伴有或不伴有肾脏的损害。K/DOQI 工作组还对 CKD 进行了新的临床分期(表 28-2)。以上 CKD 的定义,无疑将一部分亚急性肾脏损伤纳入 CKD 的范畴,在实际应用中应该加以注意。

表 28-2　美国肾脏病基金会 K/DOQI 工作组对 CKD 的临床分期

分期	描述	GFR(min·1.73m^2)	处理规范
1	肾损伤,GFR 正常或升高	≥90	治疗原发病及并发症
2	肾损伤,GFR 轻度下降	60～89	评估是否进展及其速度
3	GFR 中度下降	30～59	评估与治疗并发症
4	GFR 严重下降	15～29	准备替代治疗
5	肾衰竭	<15 或透析	肾脏替代治疗

CKD 临床分期中最重要的是正确区分氮质血症期与肾衰竭期(K/DOQI 第 4 期),因为患者一旦进行肾衰竭期,其生活质量及治疗原则将发生质的变化。肾衰竭期治疗的重点是延长患者的生存期与提高生存质量。在开始肾脏替代治疗之前[GFR 30ml/(min·1.73m^2)左右]尤其注意不宜使用对 GFR 有负面影响的药物(例如 ACEI、ARB、NSAID等)。

肾衰竭期具有如下临床特点:①GFR 下降至自身正常值之 25% 以下,Scr、BUN 维持于自身正常值之 4 倍左右。②出现尿毒症代谢性酸中毒。③有强烈的高钾血症倾向。④可有 CKD 相关的消化道、心血管或神经系统的异常表现。

(二) 治疗

肾衰竭期以前(肾功能代偿期、氮质血症期)延缓 CKD 的发展及对症治疗是治疗重点,而对肾衰竭期患者的治疗则主要是准备肾脏替代治疗和对症治疗。

(1) 原发病治疗:因病而异。

(2) 适度的体力活动的度:过度的体力活动引起肾脏血流动力学改变,加重肾脏损害。

(3) 减少蛋白尿:优质低蛋白饮食、ACEI 和 ARB。优质低蛋白饮食具有多方面的好处:抑制肾小球高滤过、减少蛋白尿、减少磷摄入、降低代谢率(蛋白摄入可提高新陈代谢率)、减轻氮质血症、减轻肾衰竭酸中毒(非挥发性酸主要来源于蛋白)。

(4) 正确使用肾衰氨基酸:肾衰氨基酸包括必需氨基酸和 α-酮酸,使用的目的是纠正氨基酸不平衡,改善氮质血症。使用的前提:极低蛋白饮食[0.3～0.4g/(kg·d)]。临床上常有帮倒忙的事:正常蛋白饮食+肾衰氨基酸,或者优质低蛋白饮食+大剂量肾衰氨基酸。对优质低蛋白饮食及肾衰氨基酸的临床应用,可进行 BUN 与 Scr 的联合监测:BUN 升高的倍数低于 Scr 升高的倍数,提示患者处于低蛋白摄入状态;BUN 升高的倍数与 Scr 升高的倍数相当,甚至高于后者,提示患者处于高蛋白摄入状态。

(5) 治疗高血压:正确掌握降血压的度。单位时间内肾脏灌流量∝肾血管血压÷血管阻力,伴有大血管病变者,血压稍低即可引起组织器官灌注量锐减。对于大多数患者"最适血压"为 130mmHg/80mmHg,但是也要参考患者的自我感觉以及既往对降压治疗的反应。

(6) 治疗高脂血症:不同的高脂血症使用不同的降脂药。以高胆固醇血症为主者,优先使用他汀类;以高甘油三酯血症为主者,尤其是甘油三酯>4.5mmol/L 者,要优先选用贝特类调脂药;严重高甘油三酯血症伴高胆固醇血症者,可以联合使用贝特类与他汀类调脂药,同时加强肌酶的定期监测。

(7) 抑制高滤过:基本方法与抑制蛋白尿相似。

(8) 感染:肾脏路感染直接毁坏肾脏,其他部位的感染(尤其是呼吸道感染)也可诱发或加重肾脏损害。

(9) 碳酸钙的临床应用：每日口服碳酸钙 2.0～3.0g 可起到补钙、预防与治疗代谢性酸中毒、纠正高磷血症等多方面的作用，同时还能抑制继发性甲旁亢。空腹时服用，补钙效果好；餐时服用纠正高磷血症效果更好。但是，CKD 患者要使用纯碳酸钙剂，市面上供应的中成药钙剂，含有较多杂质，容易引起重金属积蓄。大多数 CKD 患者，碳酸钙不宜与活性维生素 D3 联合使用，否则容易发生高钙血症。

(10) 正确使用血管紧张素转换酶抑制剂（ACEI）或血管紧张素受体拮抗剂（ARB）：ACEI 和 ARB 的作用是多方面的：降血压、抑制肾小球高滤过、减少蛋白尿、抑制肾小球滤过膜高通透性、抑制系膜细胞系膜基质增生。但是，氮质血症的患者，使用 ACEI 容易发生高钾血症，这种高钾钾血症的本质是药物性 IV 型肾小管酸中毒。另外，对临近肾衰竭期的患者，使用 ACEI 或 ARB 后 GFR 进一步下降，极易导致患者提前进入肾衰竭期或尿毒症期。所以，CKD 患者在使用 ACEI、ARB 之前，最好常规检测 GFR，对临床分期进行尽可能精确的临床评估；氮质血症期（K/DOQI 第 3 期）的患者使用 ACEI 和 ARB 期间，要定期复查 GFR 或 eGFR。

(11) 调节药物使用剂量：ICU 内患者使用药物的品种多，剂量大，更新快。但是对伴有 CKD 的患者，要尽量减少药物品种；另一方面，对于主要通过肾脏排泄的药物，要根据 GFR 的变化，进行必要的剂量调整。调整后的药物剂量＝常规给药剂量×GFR％。CKD 患者伴显著 GFR 下降，中枢神经系统对许多药物（如 α-干扰素、青霉素类、头孢霉素类以及喹诺酮类）的敏感性增加，容易发生药物性脑病，要更加注意及时调整药物使用剂量。

(12) 避免使用肾毒性药物。

(13) CKD 心衰治疗的特殊性：①病理基础：贫血、高血压、尿毒症毒素、代谢性酸中毒、低钙血症与细胞缺钙、药物体内过程变化、动静脉瘘管、精神因素、心包积液……。②治疗要点：纠正高血压、贫血、低钙血症；管好血管通路，稍大的动静脉瘘口即可诱发难治性心衰；充分透析，注意合理使用血液滤过以清除中分子物质；必要时改用腹膜透析，以免除血液透析对循环功能的影响；避免短期内大量输血。

急诊透析的适应证：一般认为有四个急诊透析适应证：顽固性的液体超负荷、顽固性的高钾血症、尿毒症或药物过量。液体超负荷主要依据呼吸状况来判定，依病情的轻重患者可出现下列临床表现：①劳力性呼吸困难（引起呼吸困难的运动量随心衰程度加重而减少）。②夜间阵发性咳嗽。③夜间阵发性呼吸困难（轻中度左心衰时，端坐休息后可自行缓解）。④端坐呼吸。⑤急性肺水肿（气急突然发作，伴呼吸频速、端坐呼吸、面色苍白、口唇青紫、咳嗽粉红色泡沫痰）。⑥从两肺底部起始的可进行性加重的湿啰音。尿毒症纯粹是临床诊断，它有着相当宽泛可变的氮质血症水平，但典型的尿毒症患者 GFR 低于 10ml/min。轻微症状如恶心、呕吐、瘙痒、食欲下降，不需要紧急干预；但是如果发生尿毒症脑病、癫痫或昏迷，只能用急诊透析来处理。氮质血症的病人发现心包积液（心包摩擦音）需考虑是尿毒症性心包炎的表现，也需要急诊透析。

第二节　电解质紊乱

重症监护时，水、电解质紊乱很常见。虽然大多数 ICU 患者的电解质紊乱是其他疾病的伴随病症，但是能否及时诊断与正确处理，事关治疗的成败。

一、钾的平衡障碍

人体钾代谢平衡取决于体内外钾交换以及细胞内外的交换两个过程,所以,钾异常的发生有两个主要原因:①钾的摄入大于排泄或排泄大于摄入,分别引起为高钾血症与低钾血症。②钾在细胞外和细胞内之间的转移异常。钾丢失途径较多,如皮肤、消化道、肾脏、浆膜腔积液等,其中皮肤、消化道、浆膜腔积液等途径失钾,大多可通过详细的病史与体格检查找到相关的病因诊断线索,但是,肾脏丢失与细胞内外的钾离子转移,临床判断很难。多年的研究表明,表1中的实验指标有助于肾性失钾与非肾性失钾的监制诊断(表28-3)。

表28-3 肾性失钾与非肾性失钾的监制诊断

诊断指标	肾性失钾诊断切点	注意事项
24小时尿钾排泄量	≥20mmol/L 或 ≥20mmol/d	受治疗及摄食影响
钾滤过排泄分数	≥6.5%	受肾功能影响
跨肾小管钾梯度	≥4	低渗尿时无诊断价值
钾(mmol/L)/肌酐比值(mmol/L)	1.5	肌溶解症时无诊断价值

(一)高钾血症

1. 概述 在ICU内出现的血钾浓度升高有以下几个原因:

(1)假性高钾血症(血清钾正常)的发生,这是由于在测量钾浓度之前,实验室内血液标本的细胞成分发生溶血后,钾的跨膜转移所引起。

(2)急性肾损伤、慢性肾脏疾病以及肾上腺皮质功能不全(主要是盐皮质激素分泌减少),导致尿钾排泄量下降。

(3)含钾药物(中草药含钾特高!)、钾加入替代液体中以及在肠内/肠外准备时,超出肾脏的排泄能力,不论肾功能正常或不正常。

(4)横纹肌溶解症(昏迷患者易发)的肌细胞破坏,引起大量钾跨膜转移到细胞外。

(5)肿瘤溶解综合征和抗精神病药物恶性综合征同样会引起高钾血症。

(6)药物,如血管紧张素转换酶抑制剂、血管紧张素受体阻滞剂、肝素、唑类抗真菌药物,直接抑制醛固酮的分泌,导致高钾血症。非甾体消炎药通过阻断前列腺素所诱发的肾素生成,间接抑制醛固酮产生。非选择性β-受体阻滞剂在有肾上腺素存在时,抑制钾向细胞内转移。

(7)甲亢性低钾麻痹快速补钾治疗期间,可因钾离子自细胞内向细胞外逆流,发生反跳性高钾血症。

高钾血症的心脏表现:①兴奋性变化:ECG表现:随着血钾进行性升高(>6.0mmol/L)逐渐出现T波高尖、P—R间期延长、P波消失(窦室传导)、QRS增宽、ST段与T波融合、最终发生室颤。②自律性变化:窦性心律减慢,可出现室性早搏甚至室颤。③传导性变化:房内传导阻滞(P波消失)、房室传导阻滞。④收缩性变化:心肌收缩力下降,心音低钝,严重时心脏停搏于舒张期。

2. 治疗

(1)纠正血钾浓度:①迅速对抗高钾血症对心脏的抑制作用。②阻断钾的来源:饮食、药物、感染、创伤、库血。③促进钾排泄：利尿、导泻、透析。根本性治疗措施是快速清除过多的钾离子，但这是一个比较缓慢的过程，而且还需要一定的条件。对 GFR>25ml/min 的患者，使用大剂量的排钾利尿剂，可显著增加尿钾排泄量。钠型肠道交换树脂，也有一定的效果，作用不如排钾利尿剂，可与利尿剂联合使用。对于肾衰竭的患者，必须争分夺秒透析治疗。腹膜透析的除钾作用比较缓慢；使用无钾透析液（紧急性情况下普通透析液也可使用）进行血液透析，可在 1~2 小时内使血钾显著下降。

(2) 拮抗高钾对心脏的毒性作用：严重高钾对心脏的作用是致命性的。当心电图显示有高钾血症的证据时（T 波高耸、PR 间期延长、P 波振幅降低、心室纤颤），救急的办法是促进钾向细胞内转移，同时还要对抗钾离子对心脏的作用。心脏的兴奋与 $[Na^+]\cdot[Ca^{2+}]\cdot[OH^-]$ 呈正相关，与 $[K^+]\cdot[Mg^{2+}]\cdot[H^+]$ 呈负相关。所以，可采用下列措施拮抗高钾对心脏的毒性作用：①经静脉给予克分子乳酸钠或碳酸氢钠液。②经静脉给予钙剂。③经静脉给予高渗盐水。④使用选择性 $β_2$ 受体激动剂（沙丁胺醇）、葡萄糖和胰岛素促进钾离子进入细胞内，迅速降低血钾浓度。

(二) 低钾血症

1. 概述 低钾血症（血钾<3.5mmol/L）的病因分类：①钾摄入不足。②钾丢失增多（胃肠失钾、肾脏失钾、其他途径失钾）。③转移性低钾血症。④稀释性低钾血症。低血钾症最常发生于钾摄入不足。体内钾总量的丢失常见于呕吐、腹泻、利尿剂的使用以及高血糖相关的渗透性利尿。醛固酮水平升高（例如：原发性醛固酮增多症）也可导致钾的丢失。某些肾小管功能的障碍性疾病，如远端和近端肾小管性酸中毒、Bartter 综合征、Gitelman 综合征等，也会导致钾从肾丢失。胰岛素治疗时，钾向细胞内转移。应激造成的儿茶酚胺分泌增多也会引起钾的跨膜转移。重症患者人工低温可导致钾向细胞内转，在给病人复温时则钾向细胞外的转移。

(1) 各种类型低钾血症的主要诊断手段：①钾摄入不足性低钾血症-详细的病史采集。②钾丢失增多：胃肠失钾-病史采集（唾液钾浓度是血液的 4 倍、胃液 3 倍、肠液 1.5 倍、胆汁 1.5 倍、胰液 1 倍）。肾脏失钾过多-实验室检查，明确有无不适当的肾脏失钾。肾脏失钾过多既可能是肾小管病变所致，也可能是调节肾小管功能的内分泌激素分泌异常所致。其他途径失钾，如大面积灼伤、大量引流浆膜腔积液、不适当的腹膜透析或血液透析等都可通过详细的病史采集得到明确的病因诊断。③转移性低钾血症：不能用其他原因解释的低钾血症，都要考虑转移性低钾血症的可能性，最常见的转移性低钾血症见于：Graves 病、特发性周期性麻痹、大剂量使用葡萄糖（特别是同时使用胰岛素时）、代谢性与呼吸性碱中毒以及酸中毒恢复期。④稀释性低钾血症-病史采集与实验检查，明确有无水过多与水中毒。

(2) 低钾血症的重要临床表现：①骨骼肌表现：肌力下降伴腱反射减弱或消失（软瘫）与低钾程度正相关，发生呼吸肌麻痹、吞咽困难（可致窒息）者可危及生命。持续低钾血症可致肌纤维溶解和神经退变。②心脏表现：ECG 表现为心率加速、T 波增宽低平或倒置、出现 U 波、Q—T 间期延长、房性或室性快速性心律失常（甚至室颤）。病理上，严重患者可发生心肌坏死与纤维化。③消化系统表现：表现为胃肠蠕动减少，甚至肠麻痹相关的症状。

2. 治疗 补钾治疗注意事项：①理论上讲，要根据缺钾程度估计补钾总量。实际上，总体缺钾量是无法精确计算的，唯一正确的对策是根据血钾监测结果，不断调整补钾方案。②根据病情危重程度（有否发生致命性心律失常及呼吸肌麻痹的危险）决定补钾速度（快速静脉补钾时,可给予20~40mmol(相当于氯化钾1.5~3.0g)/h)与补钾途径(轻症患者尽量经过消化道补钾,每次20~40mmol(相当于氯化钾1.5~3.0g,每日三次;危重患者可同时经消化道与静脉补钾。通过外周静脉补钾局部刺激难忍时,优先选择中央静脉通道,并且速度不超过10mmol/h)。③根据原发病因决定补钾的种类,如肾小管酸中毒性低钾血症选用枸橼酸钾,伴发于肝衰竭的低钾血症选用谷氨酸钾,伴有低镁血症时选用L-门冬氨酸钾镁。④根据全身病情决定血钾监测频度,重症患者要常规进行心电、呼吸以及血压监测。⑤除非发生危及生命的情况(呼吸肌麻痹、致命性心律失常),一定要见尿(每小时尿量>30ml)补钾。⑥要注意其他电解浓度及酸碱平衡紊乱对低钾血症及其临床表现的影响。⑦对于顽固性低钾血症,要注意排除低镁血症与肾脏快速失钾等病因。⑧纠正低钾血症后,要注意继续补充细胞内缺钾。

二、钙代谢紊乱

(一)高钙血症

1. 概述 血清钙>2.75mmol/L(>10.4mg/dl)或游离钙(非化合)>1.27mmol/L时为高钙血症。血清钙离子浓度显著受到血浆白蛋白浓度的影响,正确评估血清钙水平有两个常用的实验方法:①测定血浆游离钙;②根据血浆白蛋白水平,对血清钙浓度进行校正。

$$校正钙 = 测量钙(mmol/L) + 0.02 \times (40 - 白蛋白(g/L))$$

高钙血症的常见病因:原发性甲状旁腺功能亢进、肺癌、多发性骨髓瘤等恶性肿瘤。在非肿瘤性病因中,噻嗪类利尿剂、维生素D中毒、失用性骨萎缩、甲状腺功能亢进、结节病等是高钙血症的常见病因。乳碱综合征现在已大为减少,这是因为胃酸分泌抑制剂取代了含钙的抗酸药物。

高钙血症(尤其是急性进展时)可产生神经系统症状,例如嗜睡、昏睡、神志不清、抽搐,严重时甚至昏迷。此外,高钙血症还可引起急、慢性肾衰竭(高钙性肾病)、高血压、Q—T间期缩短和多种胃肠道症状(恶心、呕吐、便秘、厌食、胰腺炎以及消化性溃疡)。

2. 治疗

(1) 病因治疗:除了特发性高钙血症之外,所有患者都可进行病因治疗。

结节病高钙血症需长期使用泼尼松。肾上腺糖皮质激素可以迅速降低血清活性维生素D样物质的浓度,从而肠道钙吸收减少,尿钙及血清钙下降。但是不适当的突然停药可使高钙血症于10天至数周内反跳,所以本病使用激素要坚持小剂量、长疗程、缓慢减量。一般认为泼尼松剂量小于15mg/d时,容易复发。对于不宜使用激素的患者也可改用甲氨蝶呤,每周5~20mg。也有人使用环磷酰胺、硫唑嘌呤及环孢素等。如果结节病患者使用肾上腺糖皮质激素无效,应考虑有无甲状旁腺功能亢进之可能,结节病患者发生甲状旁腺功能亢进的概率较高,测定血清PTH浓度有助于鉴别诊断。结节病患者还应避免室外强烈紫外线的照射。因为,强烈紫外线照射可使体内活性维生素D_3的前体合成增多,后者在结节病灶内转化为活性维生素D_3,引起急性高钙血症,诱发急性肾衰竭。

Walther等对肾切除术在转移性肾脏肿瘤伴发高钙血症中的作用进行了临床研究。肾脏细胞恶性肿瘤发生高钙血症有时与原发性甲状旁腺功能亢进相似,肿瘤细胞分泌PTH相关蛋白,他们对15例转移性肾脏细胞肿瘤在肾切除术后进行追随,并与18例无高钙血症的肾脏细胞肿瘤患者及4例无高钙血症亦无肾脏细胞肿瘤的患者进行对照,结果显示有9/

11例患者于术后1~4周血清钙浓度下降,有7/12例在术后5~16周血清钙浓度下降,有5/8例高钙血症与PTH相关蛋白有关。2例患者高钙血症伴有局部骨溶解的证据,1例为前列腺素介导的高钙血症。

多发性骨髓瘤患者有效化疗后,随着血钙浓度下降,不仅肾功能改善,而且软组织钙化如肺部钙沉着症也可显著改善。

(2) 限制钙摄入:控制每日钙摄入量小于400mg,并摄入富含草酸、磷酸盐的饮食,以减少肠道钙的吸收。

(3) 增加钠的摄入:由于本病患者往往有肾脏浓缩-稀释功能障碍,所以都有某种程度的脱水。输入含钠的液体,既可补充血容量,纠正脱水,又可以增加尿钙,同时还可以纠正代谢性碱中毒。

(4) 利尿剂:在增加含钠液体摄入的同时使用呋塞米,可在增加排钠的同时,也增加钙的排泄,但应注意避免使用噻嗪类利尿剂,后者可抑制尿钙排泄。

(5) 增加水的摄入:每日饮水不少于3000ml,以保证足够的尿量(>2000ml/d),增加钙的排出。

(6) 磷酸盐:由恶性肿瘤引起的体液性高钙血症急性肾衰竭,使用二膦酸盐[帕米膦酸盐(pamidronate)]、依降钙素及泼尼松龙可迅速降低血钙,纠正肾功能。二膦酸盐:能抑制破骨细胞活性,对破骨细胞、肿瘤细胞产生抗增殖、诱导凋亡作用,降低血钙并对抗肿瘤的骨转移,治疗恶性肿瘤诱发的高钙血症有效率达90%。一般治疗高钙危象须从静脉途径给药,维持输注4小时以上。

(7) 降钙素:其作用为直接抑制破骨细胞功能,快速抑制骨吸收,促进尿钙排泄,降低血钙。治疗剂量:鲑鱼降钙素2~8U/kg体重,鳗鱼降钙素0.4~1.6U/kg体重,每6小时1次,肌注或皮下注射,用后6小时内可降低血钙0.25~0.5mmol/L。

(8) 普卡霉素(光辉霉素):具有抑制DNA合成,减少骨重吸收和拮抗PTH作用。静脉注射25~50mg/kg体重,血钙可于36~48h降至正常。因其毒性大,对肝、肾、造血系统有毒,一般只注射1次,必要时5~7天后重复一次。

(9) 顺铂:有直接抑制骨的重吸收作用,具有安全、有效和疗效持久的特点,一次用量为24小时静脉滴注剂量100mg/m^2。癌症引起的高钙血症在其他降钙药无效时可采用此药。

(10) 硝酸镓:系抗癌药,有抑制PTH和破骨细胞活化因子的骨吸收作用,用量为200mg/(m^2·d),持续滴注5~7天。

(11) 钙螯合剂:依地酸二钠可与钙结合成为可溶性复合物,增加尿钙排出,每日2~4g,于糖盐水中静脉滴注4小时以上。肾功能减退者慎用。

(二) 低钙血症

1. 概述　血清蛋白正常时,血清钙<2.2mmol/L(8.5mg/dl)或游离钙<0.75mmol/L为低钙血症。低钙血症是重症监护病人最常见的电解质异常之一,与病人死亡率的增加直接相关。

轻度的低钙血症常无症状,常因其原发疾病的表现而发现。低钙血症最有特征的症状是口周感觉异常,重症患者可出现腕部痉挛,更严重时全身手足抽搐(痉挛)。患隐性手足搐搦症时,神经肌肉的不稳定性常可通过激发试验引起,如Chvostek's征(轻叩面神经而激发的面部肌肉收缩的反应)和Trousseau's征(将血压计袖带绑在前臂上,打气使压力维持在收缩压以上3分钟,由于手部血液供给减少而发生腕足痉挛)。低钙血症的心电图表现包括有 Q—T 时间延长、ST 段延长、T 波低平、心律失常、心脏传导阻滞。

2. 治疗

(1) 不同病因治疗的特殊性:急性发作的低钙血症需通过静脉注射葡萄糖酸钙或氯化钙治疗,可以快速静脉推注(1~2g)或连续静脉滴注。

如果有酸中毒的存在,应先行补钙,再尝试使用碳酸氢盐纠正降低的 pH。这是因为随着 pH 的增加,白蛋白分子中的氢离子会与钙进行交换,从而进一步降低了游离钙离子的水平。

横纹肌溶解症的低钙血症往往是短暂的,一般只需要治疗原发病和补充足够的液体。

慢性肾衰竭患者,往往低钙血症伴高磷血症,口服碳酸钙(1.5~3.0/d)既可以纠正低钙血症,又可以纠正高磷血症,还可以纠正代谢性酸中毒,一举三得。空腹时服用补钙效果更好,餐时服用降低血磷更快。尽量不要将碳酸钙与 1,2-维生素 D_3 联合应用,以防高钙血症。

大量输入库血可引起急性枸橼酸中毒,患者主要表现为难治性低钙血症和出血不止。对于这种患者要反复给予大剂量的葡萄糖酸钙或氯化钙,方能控制与低钙血症相关的症状。

(2) 药物使用原则:急性严重低钙血症者伴有神经肌肉症状者,治疗开始时可静脉注入钙剂,改善症状。常用10%葡萄糖酸钙溶液或10%氯化钙溶液加于25%~50%葡萄糖液20~40ml 中缓慢注射,每分钟不超过 2ml。症状反复者,数小时后可重复注射或静脉持续滴注,15mg/kg 体重,4~6h。对于慢性低钙血症或低钙血症症状不明显者可予口服补钙。常用制剂有乳酸钙(含钙量 13%)、葡萄糖酸钙(含钙量 9%)、碳酸钙(含钙量 40%)等,一般每日需补充元素钙 1~2g。

因维生素 D 缺乏、维生素 D 抵抗、肾衰竭、甲旁减或维生素 D 依赖性佝偻病均可选用适宜的维生素 D 制剂进行治疗。剂量因人而异,治疗期间应严密监测血、尿钙,及时调整剂量,避免高钙血症。

噻嗪类利尿剂和限制钠盐摄入,均可增加肾小管对钙的重吸收,减少尿钙,升高血钙水平,可用作低钙血症的辅助治疗。

(2) 纠正低镁血症:对于伴发低镁血症的低钙血症应予以补镁治疗。可将25%硫酸镁溶液 5ml 加入 25%~50%葡萄糖液 20~40ml 中缓慢推注,或肌注10%硫酸镁溶液 10ml,每天 3~4 次。治疗期间严密监测血镁浓度及心脏情况,尤其对肾功能不全者,用量应减少。

三、镁代谢紊乱

(一) 高镁血症

1. 概述　血清镁浓度高于 1.25mmol/L 时为高镁血症。

肾排镁减少是高镁血症最重要的原因,主要见于:①肾衰竭:急性或慢性肾衰竭伴有少尿或无尿时,肾排镁减少;此时如果不适当地给病人应用含镁药物,将促进和加重高镁血症。②严重脱水伴有少尿:随着尿量减少,镁的排出也减少,故易发生高镁血症。糖尿病酮症酸中毒昏迷患者在治疗前,往往因为多尿、呕吐、入水减少而发生严重的脱水和少尿,因而血清镁可以升高。此外,在胰岛素治疗前,细胞内分解代谢占优势,故细胞内镁向细胞外释出,这也是引起高镁血症的一个原因。③甲状腺功能减退:甲状腺素有抑制肾小管重吸收镁,促进尿镁排出的作用,故黏液水肿的病人可发生高镁血症。④醛固酮减少:醛固酮也有促进尿镁排出的作用,故 Addison 病患者也容易发生高镁血症。⑤偶尔,静脉内补镁过快过,也可引起高镁血症。

在血清镁浓度不超过 2mmol/L(4mEq/L)时,临床上很难觉察高镁血症对机体的影响。只有当血清镁浓度升至≥3mmol/L,才可看到高镁血症所引起的临床症状:①镁能抑制神经-肌肉接头处的兴奋传递,引起肌无力甚至弛缓性麻痹、吞咽和说话困难,严重者可因呼吸肌麻痹而死亡。②镁能抑制中枢神经系统的突触传递,引起深腱反射减弱或消失,有的病人还可发生嗜睡或昏迷。③高浓度的镁能抑制房室和心室内传导,引起传导阻滞和心动过缓。心电图上可见 P—R 间期延长和 QRS 综合波增宽。④镁对平滑肌亦有抑制作用,使小动脉、微动脉等扩张,从而导致外周阻力降低和动脉血压下降。对内脏平滑肌的抑制可引起嗳气、呕吐、便秘、尿潴留等症状。

2. 治疗

(1) 防治原发疾病,尽可能改善肾功能,包括纠正脱水,停止口服或静脉补充镁盐。

(2) 静脉内注射葡萄糖酸钙,因为 Ca^{2+} 在某些方面能与 Mg^{2+} 相拮抗。

(3) 使镁排出体外:可用透析疗法以去除体内过多的镁。如肾功能尚好,也可以适当使用利尿药使肾排镁增多。

(4) 人工呼吸:用于抢救呼吸肌麻痹患者。

(5) 治疗其他电解质紊乱:引起高镁血症的原因往往也会引起高钾血症,因此应当及时检查血清钾,发现高钾血症后应积极治疗。

(6) 严重时或有症状的情况下,可能需要透析治疗。

(二) 低镁血症

1. 概述 正常人血浆镁浓度为 0.8~1.25mmol/L,血浆镁低于 0.75mmol/L 为低镁血症。低镁血症是引起 ICU 患者死亡的独立危险因素。

一般饮食含镁也比较丰富,故只要能正常进食,机体就不致缺镁。成人每天镁的摄入量约为 10mmol。营养不良、长期禁食、厌食、长期经静脉营养未注意镁的补充,均可导致镁摄入不足,而少量的镁仍继续随尿排出,故可发生低镁血症。严重的腹泻和持续的胃肠吸引可使镁经消化道排出过多。髓袢利尿药如呋塞米、依他尼酸等可抑制髓袢对镁的重吸收,长期使用时可引起低镁血症。甘露醇、尿素或葡萄糖所致的渗透性利尿亦可引起尿镁排出过多。任何原因引起的高钙血症均可使肾小管重吸收镁减少。严重的甲状旁腺功能减退时,肾小管中镁重吸收减少。醛固酮也能抑制肾小管重吸收镁,故原发性醛固酮增多症和各种原因引起的继发性醛固酮增多症均可能引起低镁血症。糖尿病酮症酸中毒时,酸中毒能明显地妨碍肾小管对镁的重吸收,高血糖又可通过渗透性利尿而使镁随尿排出增,用胰岛素治疗糖尿病酮症酸中毒时,因糖原合成需要镁,故细胞外液中的镁过多地转向细胞内液,故有助于引起低镁血症。急慢性酒精中毒时,血中酒精浓度增高能增加肾脏排镁。洋地黄类药物也有促进肾排镁的作用。急性肾小管坏死多尿期、慢性肾盂肾炎、肾小管酸中毒等疾病分别因渗透性利尿和肾小管功能受损而导致尿镁排出增多。

低镁血症对机体的影响:

(1) 对神经-肌肉的影响:低镁血症时,神经纤维和骨骼肌的应激性就增高,临床上可出现一系列神经-肌肉应激性增高的表现,如小束肌纤维收缩、震颤、Chvostek's 征和 Trousseau's 征和手足搐搦。Mg^{2+} 还有抑制中枢神经系统的作用;低镁血症时这种抑制减弱,故可出现反射亢进,对声、光反应的过强、焦虑、易激动等症状。Mg^{2+} 对平滑肌也有抑制作用,低镁血症时平滑肌的兴奋可导致呕吐或腹泻。

(2) 对代谢的影响:①低钙血症:中度至重度低镁血症常可引起甲状旁腺机能的障碍,循环血液中的免疫反应性甲状旁腺激素减少;骨钙的动员和钙在肾小管的重吸收发生障碍,血钙得不到补充。②低钾血症:镁缺乏时常可出现低钾血症,如只补钾而不及时补镁,则血钾难以恢复。③对心脏的影响:低镁血症时,心肌快反应自律细胞的自动去极化加速,自律性增高,易发生心律失常。缺镁也可通过引起低钾血症而导致心律失常。

2. 治疗

(1) 防治原发疾病,防止或排除引起低镁血症的原因。

(2) 补镁:严重低镁血症,有症状特别是发生各种类型的心律失常时,必须及时补镁。对于缺镁引起的严重心律失常,只有静脉内缓慢注射或滴注镁盐(一般是用硫酸镁)才能奏效。在补镁过程中要常常测定血清镁浓度,必须防止因补镁过快而转变为高镁血症,如患者肾功能受损,则更要格外小心。限制静脉补镁的速度(例:2g 硫酸镁注入在 4~6 小时以上),让肾脏有足够的时间进行缓冲性排泄,有助于防止反跳性高镁血症。补镁的剂量须视缺镁的程度和症状的轻重而定,严重体内镁的不足,可能需要 8~10g 硫酸镁(48~56mEq)镁。镁可使外周小动脉等血管扩张,所以静脉内补镁时应注意防止低血压的发生。对于较轻的低镁血症,可以肌内注射补镁。口服补镁作用有限,这是因为随着口服剂量的增加,胃肠道容易出现腹泻和呕吐等副作用。

(3) 纠正水和其他电解质代谢紊乱:包括补水,特别是补钾和补钙,因为低镁血症常伴有失水、低钾血症和低钙血症。

四、磷代谢异常

(一) 高磷血症

1. 概述 成人血清磷浓度>1.9mmol/L(6mg/dl),即可诊为高磷酸盐血症。

高磷血症通常症状很轻或无症状,严重高磷血症的临床表现主要取决于原发病、伴随的低钙血症、其他代谢紊乱和异位钙化灶的情况,可出现感觉异常、手足搐搦、腹痛、恶心、呕吐、肌阵挛、惊厥和意识障碍等症状。

确诊高磷血症不难,其后需寻找病因,其主要原因如下:

(1) 肾脏排泄降低:可见于急、慢性肾功能不全,甲旁减或假性甲旁减,肢端肥大症,低镁血症等。临床上最常见的是慢性肾脏病引起的高磷血症。

(2) 外源性磷进入体内过多:含磷药物摄入、注射、灌肠,或维生素 D 过量。

(3) 磷从细胞内释出:代谢性或呼吸性酸中毒,细胞溶解及高热、挤压伤等。

2. 治疗 高磷血症主要针对病因治疗。肾功能不全时,为了减少外源性磷的摄入,应该严格执行优质低蛋白饮食。每日摄入足够的热卡,有助于减少组织分解,从而减少内源性磷的释出。降血磷治疗包括去除含磷药物、低磷饮食、服用含钙铝的磷结合剂如氢氧化铝凝胶(慢性肾功能不全者不宜使用)每日 75~200ml 或无钙铝的磷吸附剂,降低肠道磷的吸收。进食时服用碳酸钙,可有效地抑制磷的吸收,慢性肾衰竭高磷血症可于 2 周内纠正。

严重高血磷者,可做血液透析治疗,尤其是由肿瘤溶解、肾衰竭等引起者。

(二) 低磷血症

1. 概述　正常成人血清磷浓度为 0.83~1.45mmol/L,当血清磷浓度<0.8mmol/L 即为低磷血症。

低磷血症的病因主要包括以下几方面:①摄入过少:由于磷在自然界食物中含量丰富,故摄入过少不是低磷血症的常见原因。②肠道吸收减少:在营养不良、脂肪泻及吸收不良综合征时,可引起低磷血症。另外服用铝镁抗酸剂或维生素 D 缺乏时,可因肠道磷吸收减少而致低磷血症。③经肾脏丢失:主要见于维生素 D 缺乏、肾小管功能不全、甲状旁腺功能亢进症、抗维生素 D 低血磷性佝偻病、肿瘤、醛固酮增多症、长期应用甘草制剂、特发性高尿钙症、抗利尿激素分泌不当综合征等。④磷转移入细胞:主要见于1糖尿病酮症酸中毒、碱中毒等。⑤其他:严重烧伤及急、慢性酒精中毒。

低磷血症通常无明显症状,重度低血磷可使脑细胞内钙磷改变或因无机磷缺乏、体内高能磷酸化合物的减少而影响神经传导功能。此外,血磷降低使红细胞内 2,3-二磷酸甘油(2,3-DPG)减少,影响氧与血红蛋白的解离,而导致脑缺氧,从而引起一系列中枢神经系统症状,包括眩晕、昏睡、抽搐、昏迷,甚至死亡。严重慢性低磷酸盐血症可引起厌食、肌肉无力及伴有骨痛的骨软化。严重肌无力可伴有横纹肌溶解。最常见于糖尿病酮症酸中毒恢复期、急性乙醇中毒、严重烧伤恢复期和严重呼吸性碱中毒时。严重低磷血症还可导致血小板和白细胞功能的缺陷,引起溶血、出血与感染。

2. 治疗　首先去除低磷血症的原因,如停用可与磷酸盐结合的抑酸药或利尿剂,纠正低镁血症。对无症状或轻症患者,一般无须补磷,只要治疗原发疾病和增加饮食中磷的摄入量即可;轻中度减少者,可予以口服磷酸盐补充磷(0.08~0.16mmol/kg,每日 2~3 次)。但口服补磷可引起呕吐、腹泻而影响疗效。严重低磷血症伴有神经肌肉、心血管和血液系统症状者,应予以静脉补磷。如低磷血症是新近发生者,首次剂量为 0.08mmol/kg 体重(注:mmol 数×30.974 即得 mg 数);若低血磷为时较久,首剂可用 0.16mmol/kg 体重;对症状明显者,首剂应增加 25%~50%;对合并高钙血症者则应减少 25%~50%。间隔 6 小时后可重复给药,其间应多次监测血钙及血磷浓度,结合临床情况调整下一次补充量。

补磷时应注意以下问题:患者合并肾衰竭、少尿、大量组织坏死及高钙血症时,补磷应慎重。伴有低钙血症时需同时补钙,但不宜加于含有磷酸盐的溶液中或通过同一静脉输注。静脉补磷的副作用或危险性包括:低血钙,迁徙性软组织钙化,低血压,高血钾(补充磷酸钾盐时),失水与高钙血症(由于高渗透性利尿所致)等。为减少危险性,补磷时每次剂量不要超过 0.24mmol/kg 体重。

补磷药物主要包括有机磷盐和无机磷盐,甘油磷酸钠为有机磷盐,它克服了无机磷酸盐制剂的刺激性大、吸收不完全等缺点,与钙有很好的相容性。补充甘油磷酸钠,除纠正低磷血症外,还可以用于预防磷缺乏或低磷血症。无机磷盐磷酸钾,静脉使用时 1L 生理盐水中加入不超过 20mg 磷酸钾,在 6 小时内输入。

第三节　酸碱平衡紊乱

一、酸碱平衡失常的基本概念

人体新陈代谢不断产生酸性代谢产物,其中蛋白质、磷脂产生非挥发性酸;脂肪及糖不彻底氧化时产生非挥发性酸(乳酸与酮体),彻底氧化则产生挥发性酸(碳酸)。维持血液 pH 于 7.35~7.45 有赖于肺、肾脏和血液缓冲系统的调节。其中肺呼出挥发性酸(CO_2),肾脏排泌非挥发性酸(大约 1mmol/kg 体重),缓冲系统只对血液内过多的酸(H^+)产生暂时的缓冲作用。

存在导致酸碱平衡失常的病因时,血液 pH 仍能维持于 7.35~7.45 有三种可能:①酸碱平衡正常。②代偿期酸碱平衡异常。③混合性酸碱平衡失常。

(1) 动脉血二氧化碳分压($PaCO_2$)变化的临床意义:反映溶解于血液的 CO_2 张力。因为肺脏是排出 CO_2 的主要途径,所以 $PaCO_2$ 是反映肺功能和呼吸性酸碱平衡紊乱的敏感指标。正常人 $PaCO_2$ 35~45mmHg,$PaCO_2$ 降低提示肺通气过度,发生了呼吸性碱中毒;$PaCO_2$ 升高提示肺通气不足,发生呼吸性酸中毒;原发性代谢性酸中毒时,缓冲系统碱基被大量消耗,肺脏代偿性通气增加,$PaCO_2$ 下降;原发性代谢性碱中毒时,缓冲系统碱基大量堆积,肺脏代偿性通气减少,$PaCO_2$ 升高(表 28-4)。

表 28-4 动脉血液 pH 与 $PaCO_2$ 之间的关系

pH 升高	$PaCO_2$ 下降	呼吸性碱中毒	pH 下降	$PaCO_2$ 下降	代谢性酸中毒
pH 升高	$PaCO_2$ 升高	代谢性碱中毒	pH 下降	$PaCO_2$ 升高	呼吸性酸中毒

(2) 标准碳酸氢盐(standard bicarbonate,SB)与实际碳酸氢盐(actual bicarbonate,AB)的临床意义:SB 是指将动脉血置于标准状态(37℃、$PaCO_2$ 40mmHg)下测得的碳酸氢盐的含量,目的是排除呼吸因素对血液碳酸氢盐浓度的影响。AB 是动脉血标本在实际 $PaCO_2$ 状态下直接检测的碳酸氢盐的含量,受到受试者呼吸功能的影响(表 28-5)。

表 28-5 动脉血液 SB 与 AB 之间的关系

SB=AB,数值都正常	正常人
SB=AB,数值都升高	未代偿的代谢性碱中毒
SB>AB,数值都升高	代偿后代酸,代偿后呼酸,代碱+呼酸
SB=AB,数值都低下	未代偿的代谢性酸中毒
SB>AB,数值都低下	代偿后代酸,代偿后呼碱,代碱+呼酸

(3) 缓冲碱(buffer base,BB):是指血液中碳酸氢盐、血红蛋白、血浆蛋白、磷酸盐等碱量的总和,正常值 45~55mmol/L。BB 不受呼吸因素的影响。

(4) 碱剩余(base excess,BE)与碱缺乏(base deficit,BD):是指在标准条件下(排除呼吸因素的影响)将标本血滴定至 pH 7.4 所消耗的酸量(BE,以正数表示,数值增加提示代谢性碱中毒)或碱量(BD,以负数表示,数值增加提示代谢性酸中毒)。

(5) 二氧化碳结合力(CO_2CP):是指血液中碳酸盐、碳酸二者二氧化碳之总和,其测定值受呼吸与代谢因素的双重影响。CO_2CP 增加提示代谢性碱中毒或代偿后呼吸性酸中毒;CO_2CP 下降提示代谢性酸中毒或代偿后呼吸性碱中毒。

(6) 阴离子间隙(anion gap,AG):反映血液中常规检查未能测定的阴离子和阳离子的当量差。其理论基础是血液中总阴子与总阳离子的当量数相等。AG 增加最常见于血液中常规电解质检查未能测定的阴离子(乳酸根、酮体、磷酸根、硫酸根等)增加。

$$[Na^+]+[K^+]+[未测定阳离子]=[Cl^-]+[HCO_3^-]+[未测定阴离子]$$

$([Na^+]+[K^+])-([Cl^-]+[HCO_3^-])=$[未测定阴离子]$-$[未测定阳离子]

二、代谢性酸中毒

1. 概述

(1) 代谢性酸中毒的定义:非挥发性酸进入或在体内产生的速度超过机体排泄(主要是肾脏)的能力,导致其在机体内积蓄的这种病理生理状态称之为代谢性酸中毒。按其严重程度分为代偿性(非挥发酸积蓄量未超过机体缓冲系统的缓冲能力,血 pH 尚能维持正常)和失代偿性(非挥发酸积蓄量超过机体缓冲系统的缓冲能力,血 pH 显著下降)两种。由碳酸氢根丢失增多或盐酸盐摄入增多引起者为阴离子间隙正常性代谢性酸中毒(又称为高氯血症性代谢性酸中毒),由其他非挥发性酸根积蓄引起者为阴离子间隙增宽性代谢性酸中毒。

(2) 阴离子间隙增高型代谢性酸中毒:最常见的疾病包括酮症酸中毒(见于糖尿病、严重饥饿、酒精中毒、遗传性新陈代谢异常),与缺氧相关的乳酸性酸中毒(与组织低血流灌注、肺功能下降、缺氧环境下运动、癫痫或严重贫血有关),与缺氧无关的乳酸性酸中毒(与肝脏代谢功能下降、糖尿病、肾衰竭、各种药物或遗传性新陈代谢异常有关),尿毒症,毒物(甲醇、乙二醇、三聚乙醛、水杨酸或氨基己酸),以及横纹肌溶解症。

(3) 阴离子间隙正常型代谢性酸中毒:以 HCO_3^- 缺乏为特征,HCO_3^- 从肾和胃肠道丢失,后者更常见。与肾脏有关的病因包括各种形式的遗传性肾小管功能障碍(肾小管性酸中毒),药物(如乙酰唑胺、保钾利尿剂、血管紧张素转换酶抑制剂、各种有毒药物)、激素(如甲状旁腺功能亢进症、维生素 D 代谢紊乱以及盐皮质激素的缺乏或抵抗)和毒素(甲苯、重金属、锂以及其他等等)对肾脏的使用。胃肠道 HCO_3^- 丢失的原因包括腹泻、输尿管回肠吻合术、胰腺引流以及考来烯胺的使用等。

(4) 代谢性酸中毒血气分析的基本特点:①pH<7.35(代偿性则正常)。②HCO_3^-、CO_2CP、AB、SB、BB 下降。③血液酸碱滴定呈碱缺失(BD)。④临床上常见的乳酸酸中毒及糖尿病酮症酸中毒,其 AG 增宽。

2. 治疗

(1) 积极防治原发病,纠正水、电解质紊乱,恢复有效循环血量,改善组织血液灌流状况,改善肾功能等。

(2) 给碱纠正代谢性酸中毒:严重酸中毒危及生命,要及时给碱纠正。一般多用 $NaHCO_3$;乳酸钠也可用,不过在肝功能不全或乳酸酸中毒时不用。三羟甲基氨基甲烷(THAM)很有特色,它不含 Na^+、HCO_3^- 或 CO_2,它是以其 OH^- 中和 H^+。1g $NaHCO_3$ 含有 11.9mmol 的 HCO_3^-,1g 乳酸钠相当于 9mmol 的 HCO_3^-,1gTHAM 相当于 8.2mmol 的 HCO_3^-。$NaHCO_3$ 溶液作用迅速、疗效确切、副作用小。

纠正代谢性酸中毒时补充碱量可用下式计算:

$$补充碱(mmol)=(正常\ CO_2CP-测定\ CO_2CP)\times 体重(kg)\times 0.2$$
$$或=(正常\ SB-测定\ SB)\times 体重(kg)\times 0.2$$

临床上可先补给计算量的 1/3~1/2,再结合症状及血液化验结果,调整补碱量。在纠正酸中毒时,大量 K^+ 转移至细胞内,引起低血钾,要随时纠治低钾。

对于像糖尿病酮症这样的特殊代谢性酸中毒,临床治疗有其特殊性,请参见相应的章节。

（3）处理酸中毒时的高钾血症和病人失钾时的低钾血症：酸中毒常伴有高钾血症，在给碱纠正酸中毒时，H^+从细胞内移至细胞外不断被缓冲，K^+则从细胞外重新移向细胞内从而使血钾回降。但需注意，有的代谢性酸中毒病人因有失钾情况存在，虽有酸中毒但伴随着低血钾。纠正其酸中毒时血清钾浓度更会进一步下降引起严重（甚至致命）的低血钾。这种情况见于糖尿病人渗透性利尿失钾，腹泻病人失钾等。纠正其酸中毒时需要依据血清钾下降程度适当补钾。

严重肾衰竭引起的酸中毒，则需进行腹膜透析或血液透析方能纠正其水、电解质、酸碱平衡以及代谢尾产物潴留等紊乱。

三、代谢性碱

1. 概述 代谢性碱中毒血气分析的基本特点：① pH > 7.45（代偿性则正常）。②HCO_3^-、CO_2CP、AB、SB、BB升高。③血液酸碱滴定呈碱剩余（BE）。④常伴有低钾血症（向细胞内转移）及低钙血症的表现（血浆结合钙增加，游离钙减少）。⑤临床最常见的原因是胃液大量丢失。

2. 治疗 对氯化物治疗有效者，通常在输注生理盐水使血容量充足后，代谢性碱中毒能有效纠正。当然，对慢性肺部疾病患者来说，可能需要补充氯化钾，以防钠负荷诱发或加重心衰。使用H_2受体抑制剂或质子泵抑制剂阻断胃酸的生成，可以纠正因长期鼻胃管抽吸或呕吐所致的代谢性碱中毒。乙酰唑胺是一种碳酸酐酶抑制剂，可抑制近端肾小管对HCO_3^-的再摄取，从而纠正氯化物治疗无效的代谢性碱中毒；它同时可治疗病理性水肿状态、慢性高碳酸血症。在极少数情况下，可以直接将酸性物质从静脉输注，可以使用盐酸精氨酸、盐酸氯化铵，甚至盐酸，以纠正患者的碱中毒。这些患者往往症状严重，表现为组织明显缺氧（由于氧与血红蛋白的亲和力增加和通气减少）或神经肌肉兴奋性增高（表现为抽搐、手足搐溺或癫痫发作）。严重病例，透析也有效，特别是在肾衰竭的情况下。

氯化物治疗无效的代谢性碱中毒原因是醛固酮增多，例如原发性醛固酮增多症、肾素-血管紧张素系统紊乱或病理性水肿状态（肝病、肾病综合征、充血性心力衰竭）。氯化物治疗无效的代谢性碱中毒还可以在患有先天性肾小管功能障碍的患者（Barter病和Gitelman综合征）中发现，通常伴有低血钾。螺内酯或依普利酮可阻断醛固酮过量引起的肾小管过度排酸。

四、呼吸性酸中毒

1. 概述 呼吸性酸中毒实际上就是通气功能障碍或者严重换气功能障碍引起的CO_2潴留。

2. 治疗 治疗的重点在于改善通气功能，这可能需要气管插管和机械通气。急性呼吸性酸中毒的治疗更为紧急，而慢性患者对酸中毒的改变能很好耐受。在治疗慢性阻塞性肺病（COPD）时，如果有可能，必须降低气道阻力。而且应避免过度吸氧，这是因为COPD患者相对于高碳酸血症来说，更依赖某种程度的缺氧来维持呼吸。对于严重COPD患者，氧疗的合理目标是血氧分压60mmHg，以避免抑制呼吸。针对麻醉抑制，适合使用纳洛酮来恢复呼吸；使用呼吸兴奋剂（如氨茶碱或多沙普仑）有助于药物性的中枢抑制和气道阻塞的治疗。有些病人出于治疗的需要，为使肺损伤减轻到最小，针对肺通气不足引起的呼吸性酸中毒，可以补充碳酸氢盐来治疗。

五、呼吸性碱中毒

1. 概述 呼吸性碱中毒是由于过度换气，CO_2 排出过多，导致 $PaCO_2$ 下降。虽然它是一种常见的疾病，呼吸性碱中毒很少严重影响病人的治疗，并很少要求通过治疗逆转过度通气。神经外科的患者在术后，可故意过度通气，利用生理性的反应减少脑血流量并随之减轻脑脊液压力。

呼吸性碱中毒的三个主要原因是缺氧、肺部疾病以及中枢神经系统疾病。缺氧既可通过中枢机制（直接刺激颈动脉体氧感受器），也可通过外周机制（通过周围组织产生的乳酸间接刺激颈动脉化学感受器）来兴奋呼吸。多数肺部疾病最终是通过缺氧机制触发过度通气，但在有些情况下，即使没有缺氧，似乎也可以通过其他引起过度通气的机制来触发。中枢神经系统疾病是最常见的原因。焦虑症通常与过度通气联系在一起，但许多脑内的损伤也能导致过度通气。水杨酸、茶碱和孕激素是常见的造成过度通气的药物。过度通气可能是革兰阴性细菌性败血症的早期征象，而且还可在肝性脑病中发生，这可能是由于体内氨和胺的积聚。恐惧、无力和濒死感是呼吸性碱中毒的常见表现，可伴有神经肌肉兴奋性增加（如代谢性碱中毒所述）和感觉异常的表现。

2. 治疗 治疗应针对基础病因。对于焦虑症患者，适当安慰并通过一个小纸袋让其吸回呼出的空气，通常足以恢复正常的呼吸状态，同时也可纠正与过度通气相关的感觉异常和濒死感。对于肝脏疾患所致的过度换气，增加吸入空气中的 CO_2 来治疗是无效的。β肾上腺素能阻滞剂有助于严重病例的治疗，也适用于焦虑症的特定治疗。乙酰唑胺可用于治疗严重顽固病例引起的代偿性的代谢酸中毒。

（崔世维）

参 考 文 献

崔世维. 1994. 卡托普利对肾脏酸化功能的影响及引起Ⅳ型肾小管酸中毒2例. 新药与临床. 13(6)：377

DuBose TD, Jr. 2000. Acid-Base Disorders. In, Brenner and Rector's The Kidney. Edited by Brenner BM. 6th ed：925~997

Glassock RJ, Winearls C. 2010. Diagnosing chronic kidney disease. Curr Opin Nephrol Hypertens. 19(2)：123~128

K/DOQI. 2002. K/DOQI clinical practice guidelines for chronic kidney disease：evaluation, classification, and stratification. Kidney Disease Outcome Quality Initiative. Am J Kidney Dis, 39（Supp l 2）：S1~246

Srisawat N, Hoste EE, Kellum JA. 2010. Modern classification of acute kidney injury. Blood Purif. 29(3)：300~307

Wen X, Murugan R, Peng Z, et al. 2010. Pathophysiology of acute kidney injury：a new perspective. Contrib Nephrol. 165：39~45